中国海洋大学一流大学建设专项经费资助
中国海洋大学文学与新闻传播学院资助

中国文化产业经济前沿问题研究

Research on the Frontier Issues of Chinese Cultural Industries

高乐华◎著

经济管理出版社
ECONOMY & MANAGEMENT PUBLISHING HOUSE

图书在版编目（CIP）数据

中国文化产业经济前沿问题研究/高乐华著. —北京：经济管理出版社，2017.7
ISBN 978-7-5096-5209-1

Ⅰ.①中… Ⅱ.①高… Ⅲ.①文化产业—产业经济—研究—中国 Ⅳ.①G124

中国版本图书馆 CIP 数据核字（2017）第 148529 号

组稿编辑：梁植睿
责任编辑：梁植睿
责任印制：黄章平
责任校对：张晓燕

出版发行：经济管理出版社
（北京市海淀区北蜂窝 8 号中雅大厦 A 座 11 层 100038）
网 址：www. E-mp. com. cn
电 话：（010）51915602
印 刷：北京晨旭印刷厂
经 销：新华书店
开 本：787mm×1092mm/16
印 张：25.5
字 数：573 千字
版 次：2017 年 7 月第 1 版 2017 年 7 月第 1 次印刷
书 号：ISBN 978-7-5096-5209-1
定 价：78.00 元

前　言

文化产业作为交叉的、兼有文化与经济双重特性的领域，其发展具有自身独特的变化与运行规律，在市场经营活动中表现出种种特殊性。文化产业各部门间，如文化产业结构的对立和联系、文化产业布局的集聚和非均衡、文化产业组织的竞争和垄断等，都会在文化产业经济成长过程中产生深刻的影响。本书的研究任务，就是通过对文化产业经济领域实践前沿的独特性与变化性进行探讨，揭示当前文化产业经济发展呈现的规律，并针对存在的突出问题给出优化建议。具体而言，就是在理论上进一步形成系统的文化产业经济学体系，促进文化学与经济学的沟通和文化产业经济学的学科建设；在实践上适应文化经济一体化和文化经济全球化发展的要求，把握文化产业经济发展的前沿动态，推动建立并形成合理的文化产业结构、关联网络、空间布局、市场组织、企业行为、市场绩效和规制体系，为全面实现文化产业优化升级助力。

本书融合现代经济学的新思想，从一般产业经济学理论的角度深入探究当前中国文化产业的新经济形态，在理论成果解析、统计模型构建、典型案例列举的支撑下，系统探讨中国文化产业的结构与布局、组织与竞争、政府立场与规制，广泛吸收国内相关著作、学术论文的智慧、信息和成果，尽可能地反映当前中国文化产业经济在理论研究和实践发展领域的新特征、新资讯和新趋势，既突出文化产业经济学作为产业经济学重要分支所应具有的理论体系完整性，又兼顾其在交叉实证应用时须体现的前瞻性。本书共设置四篇十五章内容，每章配有理论解析、模型梳理、实证应用、成果述评、趋势探讨、问题优化，以供读者全面掌握文化产业经济前沿问题参考使用。

笔者所供职的中国海洋大学文学与新闻传播学院文化产业系和国家文化产业研究中心，多年来承担着为国家和地方文化产业开展基础理论和实证应用课题研究、政策咨询与信息服务、专业人才培养、相关学术会议组织等任务，本书在题目确定、章节设置和内容架构等方面得到了院系和中心领导修斌院长、赵成国副院长、曲金良老师、张胜冰老师、徐向昱老师、马树华老师等的大力支持和诚恳建议。同时，本书在撰写过程中也得到了中国海洋大学研究生雷为尧、罗潇丽、张美英的鼎力协助，其分别在文化企业市场行为、产业组织理论、产业空间布局、产业集群等章节做出了突出贡献。在此表示由衷的感谢。

在构建文化产业经济前沿问题的研究框架和内容时，笔者过去的学术积累有了用武之地，且在撰写过程中对各前沿问题有了更加全面、深刻的思考和收获。但是，由于入行资历尚浅，作为学术著作，尚有诸多不尽如人意之处，实证结论和优化建议都有待继续追踪和深入探讨。书中的不当之处，恳请各位专家和读者批评指正，后续定会认真修改完善。

高乐华

2017 年 5 月 31 日于青岛

目 录

第一篇 概述

第二篇 文化产业结构与布局

第一篇

概述

第一章　文化产业的产生与发展

第一节　产业与文化产业

一、产业的概念

“产业”一词在不同的历史时期及不同的研究领域有着截然不同的界定，且随着社会生产力水平的不断提高其内涵和外延不断延展。在重农学派时期，手工业尚未成为普遍的社会经济活动，社会生产以农业为主，产业主要指的是农业；在资本主义工业时期，社会化工业生产开始在国民经济中占据重要地位，产业的内涵逐渐演变为工业；伴随产业部门分工逐渐细化，服务业的发展愈加引人注目，金融业、信息业、商业、运输业等新兴服务部门接连出现，产业的指向扩大到涵盖农业、工业、服务业三大产业的范畴。至今，凡是有着投入产出活动的行业及相关部门均可纳入产业的内涵，[①] 其不仅涵盖物质资料部门的生产、流通、服务活动，也涵盖非物质资料部门如信息部门、文化部门的生产、流通和服务活动；不仅包括生产领域的活动，也包括流通、服务等领域的活动。

学界普遍认为，所谓产业，指的是具有某种同类属性的企业经济活动的集合。产业发展的根本目的是营利，作为国民经济的载体，其本质是生产、提供产品或服务。[②] 一个产业可以由一两家乃至成千上百家企业的同类经济活动所组成，通常这些企业的同类属性包括：一是就需求而言，这些企业提供的是同类或具有密切替代关系、竞争关系的产品或服务；二是就供给而言，这些企业有着类似的生产过程、生产工艺和技术，进行着类似经济性质的物质生产或服务活动。

经过多年的探讨，国内外采用的产业分类方法形式不一、目的不同，已形成三次产业分类法、关联方式分类法、国际标准分类法、国家标准分类法、两大部类分类法、生产要素分类法、农轻重产业分类法等多种分类体系。其中，普遍采用的是三次产业分类法，但各国对每一类产业的界定又不尽相同。根据中国《国民经济行业分类》

---

① 苏东水. 产业经济学（第四版）［M］. 北京：高等教育出版社，2015：4.

② 江奔东. 文化产业经济学［M］. 济南：泰山出版社，2008：10.

（GB/T 4754-2011），“三产”的划分范围分别为：第一产业是指农、林、牧、渔业；第二产业是指采矿业，制造业，电力、热力、燃气及水生产和供应业，建筑业；第三产业即服务业，是指除第一产业、第二产业以外的其他行业，包括批发和零售业，交通运输、仓储和邮政业，住宿和餐饮业，信息传输、软件和信息技术服务业，金融业，房地产业，租赁和商务服务业，科学研究和技术服务业，水利、环境和公共设施管理业，居民服务、修理和其他服务业，教育、卫生和社会工作，文化、体育和娱乐业，公共管理、社会保障和社会组织，国际组织。

产业既不属于微观经济所指的居民消费行为、企业经济活动，也不是宏观经济所指的国民经济运行，而是介于微观经济与宏观经济之间的中观经济范畴。微观经济学研究的内容主要是家庭与企业的经济行为，包括家庭如何利用有限的收入购买到效应最大化的产品或服务、企业如何利用有限的资源生产出利润最大化的产品或服务等；宏观经济学研究的内容主要为国民经济的总量和运行规则，包括国民生产总值、总投入、总消费、国际收支、货币发行、通货膨胀、失业等的变化规律及其相互关系。产业经济学主要探讨的是产业内部各企业之间相互作用关系、产业自身发展规律、产业之间互动关联和空间布局等，着眼于产业发展过程中的各种内外均衡问题，目的是为国家制定产业发展战略和产业政策提供理论依据。

二、文化产业的界定

“文化产业”由于与“文化”一词有着密切联系，使其无论从理论论证还是实践证明都不容易予以厘清和界定。从广义上讲，文化指的是人类创造的一切物质与精神财富的总和，几乎涉及人类生产、生活的方方面面，由此决定了世界各国及各领域学者对“文化产业”内涵与外延把握的困难。

当前，世界各国对文化产业的称谓各有不同，英国、新加坡、新西兰等国将其称为“创意产业”（Creative Industry）；美国称为“版权产业”（Copyright Industry）；韩国多采用“文化内容产业”（Culture Content Industry）。英国作为最早提出“创意产业”的国家，通过对创意活动及创意文化的诠释，使其发展成为强调文学、艺术作品的创作与传播，推崇智力创造、创新，对国民经济起着巨大支持和推动作用的新兴理念、思潮及实践活动。尤其是伦敦作为极富创意、变化的国际化大都市，文化创意产业已成为其第三大支柱产业。美国则主要从文化产品的知识产权角度出发对版权产业进行界定和诠释，通过制定“北美行业分类系统”（North American Industry Classification System，NAICS）将新闻出版、电影、音像录制、通信、在线服务等列入信息产业，强调美国已进入以知识和信息为基础的经济时期，成功地将文化信息产业从传统工业体系中剥离出来，形成新的产业体系。韩国将“文化内容产业”界定为与内容相关的创意、生产、制作、流通等经济活动的集合，这些活动内容可能源于任何类型的信息、知识及其相关文化资源，包括漫画、动画、音乐、电影、图书、互联网内容、游戏、娱乐、广播电视等。相较而言，创意产业的概念更加侧重于对创造性、创意性行为、过程及其结果的肯定和重视；版权产业的概念更加突出对智力创造成果的所有权、使用权等权利的肯定与保护；内容产业的概念更加强调文化产品的精神内涵和价值意义；文化产业则是更加综合的概念。

同时，世界各国的相关组织对文化产业的阐释也存在较大差异。1972 年联合国教科文组织（UNESCO）在蒙特利尔召开大会时提出“文化产业是按照工业标准，生产、再生产、储存以及分配文化产品和服务的一系列活动”。所谓“工业标准”指的是批量化、规模化、连续化的生产；所谓“系列活动”，指的是文化产品或服务的全部生产经营活动。即符合标准化、系列化以及生产过程分工精细化、消费过程大众化的文化产品或服务才被纳入到文化产业的范畴。中国较多采用的是文化部、统计局等官方组织部门对“文化产业”的界定。如在文化部颁布的《关于支持和促进文化产业发展的若干意见》（2003 年 9 月）中，文化产业被界定为“从事文化产品生产和提供文化服务的经营性行业”；在国家统计局下发的《文化及相关产业分类》（2004 年 4 月）中进一步将文化产业的内涵与范畴进行明确，界定为“为社会公众提供文化娱乐产品和服务的活动，以及与这些活动相关联的活动的集合”；为适应文化产业迅速发展的新形势，国家统计局再次颁布《文化及相关产业分类》（2012 年 8 月），将文化产业重新界定为“为社会公众提供文化产品和文化相关产品的生产活动的集合”。

在学界，不同研究领域的学者也对文化产业进行了若干界定，反映出其在不同角度、不同层次对文化产业的理解。如最早提出“文化工业”概念的德国法兰克福学派学者西奥多·阿多诺（Theodor W. Adorno）和马克斯·霍克海默（Max Horkheimer）于《启蒙辩证法》中，将文化工业界定为“在先进的现代科学技术手段基础上大批量复制、传播商品化、标准化的文化产品的娱乐工业体系”，从批判的角度指出，所谓文化工业产品是在资本主义控制下的物化的文化，不仅不再具备太多艺术价值，瓦解了艺术本身的个性，而且更好地操纵甚至控制了群众的心理结构，使其失去独立的头脑和判断能力。随后，世界各国学者不断对法兰克福学派的观点进行修正，并更加强调文化产业发展的积极意义。如澳大利亚学者戴维·思罗斯比（David Throsby）在《经济学与文化》中指出，文化产业是以创意为核心的延伸与拓展，是以创意为核心并与其他各种投入要素相结合而生成各类文化产品的经济集合。中国学者孙安民（2005）则提出，文化产业是生产文化产品或提供文化服务以满足社会精神文化需要的行业门类的总称，涵盖影视业、出版业、网络信息业、演出业、娱乐业、体育业、广播业、文化教育业、音像业、博物馆业、旅游业、展示业、艺术品业、广告业、装饰业、设计业、时装业等。[①] 江奔东（2008）认为，文化产业即是生产提供文化商品或服务的企业集合。[②] 能够看出，继法兰克福学派之后，各国学者一方面不断肯定文化产业在满足大众文化需求上的正面价值；另一方面也更加着意突出文化产业的商品性、市场化本质，强调其作为经济活动集合的有偿营利性。

“文化产业”作为与文化相关的经济概念，通常被认为属于第三产业，但在社会经

---

① 孙安民. 文化产业理论与实践［M］. 北京：北京出版社，2005：8-10.

② 江奔东. 文化产业经济学［M］. 济南：泰山出版社，2008：13.

济实践中，文化产业的产品、服务及其生产过程已经延伸至第一、第二产业，产业链条横跨三大产业，如休闲农业旅游将文化、农、林、牧、渔紧密结合在一起，工业生产的包装、建筑装潢设计、机械制造艺术设计等都离不开文化产业的介入。随着时代发展，文化产业与各产业间的结合、融合变得愈加普遍、深入，已较难分清其具体产业归属。

三、文化产业的特征

（一）边界不确定性

通常国民经济体系中的产业应具有清晰的、相对独立的边界，但由于文化产业与其他产业的交融渗透，经济与文化两大领域的各个环节都可能纳入文化产业链条，且在经济与文化之外文化产业还开拓了以知识、信息等为资本的生产空间，有着数字资本、文化资本、智力资本等运营方式，决定了文化产业的渗透性、包容性和延展性，使其较难界定出一个清楚、稳定的产业边界。尤其是以创意为核心的文化产品，作为想象力、艺术、文化、技术、资本等共同作用的产物，与传统产业部门的物化产品或无形服务相嫁接，更难将其产业价值从传统产业中剥离出来。由此，一方面加剧了学术研究和数量统计的困难，另一方面也给文化产业发展的科学规划和有序管理带来难度。

（二）市场导向性

文化产品尽管包括有形物质产品和无形精神产品两种形态，但其区别于其他产业产品的独特内涵和本质特征在于它是一种以提升公众精神文化生活为目的的特殊产品，主要用于满足公众的精神需求。在基本生理需求得到满足后，人们势必产生更高的精神需求，文化由此成为人们精神生活的核心消费对象。在强劲的市场需求增长态势下，文化产品的生产、营销、传播、消费等各个环节逐一展开，形成了一条条集创意、生产、销售于一体的产业链条，构成文化产业体系。进入市场的文化产品与文化公共物品有着本质上的不同，其目的在于营利性，必然需要遵循商品生产的普遍价值规律，顺应市场供需关系，以市场需求为导向，商品性文化生产也便成为国民经济的重要组成部分。

（三）高附加值性

资本、机械等物质力量仅是文化产品生产的“润滑剂”，人的智慧、精神、思想才是文化产品的内核和财富的直接来源。[①] 在文化产业链条中，内容创意始终是产品生产的起点，其余的再生产、营销、交换等环节均围绕创意展开。作为一种精神需求产品，文化产品的生产也受文艺规律的支配，在追求经济价值的同时，也追求审美价值。由于文化产品创作者高智力、想象力、思想、人生经验、审美力等的投入，加之现代化印刷技术、信息技术、传播技术、自动化技术、激光技术等的广泛运用，使得文化产业的生产过程较之其他产业价值增值更多，尤其是具有自主知识产权的文化产品所富

① 赵晶媛. 文化产业与管理（第 2 版）［M］. 北京：清华大学出版社，2013：7.

含的附加值更高。

（四）高风险性

相较其他产业，文化产业运营的风险性更高。一方面，由于文化产品的意识形态属性，为文化及政治安全起见，国家及各级政府势必对文化产业加以调节、规制和管理，对种种文化资源的配置不可能完全任由市场自主发挥作用，从而给文化产业的运营带来了较高的政治风险，任何政策的变动都可能引发产业的巨大波动；另一方面，尽管复制的边际成本较低，但大多数文化产品的生产都需要投入巨大的固定成本，即需要具备一定的规模经济才能够进入市场，然而，由于信息化时代的到来，人们可选择的文化产品愈加多样，许多文化产品尚未流行开来，新的文化产品就已出现，更是给产业运营带来了较大的市场风险。加之盗版产品对市场的侵蚀和瓜分，使得许多文化产品经营者难以获得正常收益，在很大程度上妨碍了产业的健康发展，也加剧了产业的运营风险。

第二节　文化产业与事业的区别与联系

由于文化的外部性特征，许多文化产品不能以收费的方式提供给消费者，只能由政府或公益机构以公共物品的形式进行供给，这便有了文化产业与文化事业的区分。古往今来，世界各国或地区政府都会直接掌握一部分文化产品以满足公众的基本文化需要。进入商业时代，文化产品开始更多地以商品的形式到达消费者手中，既方便快捷，又能满足消费者多样化的文化需求，但经营性文化产业与公益性文化事业的区隔却随着公众文化需求层次的模糊、供给机构的交叉变得越来越难以划定。

一、文化产业与文化事业的联系

伴随公众文化需求的增多，在现在以及今后的文化格局中，公益性的文化事业与经营性的文化产业越发不能彼此孤立地存在，中国也始终把这两种事业作为双轮驱动，让彼此融合，相互促进，以实现文化事业的整体振兴。两者之间的关系，可以简单地这么表述：公益性文化事业的发展为经营性文化产业的繁荣提供了重要的基础，该基础一方面是普遍性的文化基础设施以及公共文化服务支撑的公众素质的普遍提高，不断刺激着公众对更多文化产品的需求；另一方面是对珍贵文化资源的整理和保护服务，让文化产业有了可以依托的生产资料和内容根基。由于公益性文化事业完善着文化基础设施，培养着文化人才，激发着消费潜力，并且为社会维护着大量的濒危文化资源，因此，对公益性文化事业投入就是对经营性文化产业进行间接投资，公益性的文化事业得到良好扶持，必然会为文化产业创造一个广阔的市场空间。

同时，文化产业的繁荣也可以反过来为公益性文化事业提供源源不断的资金支持和动力牵引。很多公益性文化机构市场化运营的尝试，就是为了“以文养文、以文补文”，国外公益性文化资金也大多来自相关文化领域的产业化运营，如博物馆附属的纪念品店、书店、咖啡馆、电影院等文化设施的运营。此外，经营性文化产业获得的经济利益刺激能更强地激发广大文化从业者的工作积极性和创造性，带来源源不断的新式文化产品，让文化市场更加活跃，也更能满足群众日益个性化、全方位的文化需求，与公益性文化事业互为补充。

由于这种唇齿相依的相互作用关系，公益性文化事业与经营性文化产业的界限越来越模糊，交叉重叠关系越来越多。目前，两者的关联关系更多地体现在产品转换上，如一些公益性文化，尤其是传统文化、高雅文化，当公众的消费水平和文化素养提高之后，有可能发展成为经营性文化产品，比如交响音乐会；而许多有艺术价值的文化产品，当消费者逐渐减少、不再受青睐后，可以转为公益性项目加以维持、保护和改进，比如众多地方戏曲等。

二、文化产业与文化事业的区别

长期以来，制约国家文化产业发展的体制性障碍，是将文化产业功能与文化事业职能相混淆，本应由市场主导的经营性文化产业无法离开政府的干涉和扶持，而本应由政府主导的公益性文化事业却不能获得足够的关注和投入，不仅使得许多文化企业游离于市场经济之外，也造成大量文化事业单位出现经营困难，愈加走向边缘化。可见，对经营性文化产业和公益性文化事业的本质、性质和功能进行区分十分必要。

（一）生产目的不同

公益性文化事业部门主要是生产公共文化产品和服务，经营目的主要为：①提供同国际社会基本一致的福利性文化；②传播与弘扬国家意识形态和价值观念；③丰富公众业余文化生活所需要的各种基层文化、群众文化；④维持高层次、高品位的高雅文化；⑤保护遗址、遗迹、遗产和非物质文化。具体任务包括：文化基础设施建设，文学艺术创作，博物馆、图书馆、文化馆、歌剧院、教育基地、广场、公园等单位运营。公益性文化事业满足的是公众最基本的文化需求，维护的是国家文化内核和濒危文化的稳定性，通常以国家意志为转移。

经营性文化产业部门生产的是市场化、商业性文化产品，根本目的是获得经济收益，经营目的主要有：①提高文化产品创新能力；②增强市场拓展能力；③完善成本控制能力；④提升产业可持续发展能力。具体涵盖影视、音像、文化娱乐、动漫、游戏、出版等行业类别。经营性文化产业满足的是公众个性化、多样化的文化需求，创造的是文化市场的经济利益及公众的社会文化效益，通常以市场需求为导向。

（二）资金来源不同

公益性文化事业单位的生产资本主要由国家提供、社会赞助，依靠的是维持社会公平、有序的外部推动力；而经营性文化企业的生产资本是面向市场，经由私人、银行、投资基金、自我积累等多种途径获取，依靠的是依法经营、自我发展的内部驱动力。在社会主义市场经济体制下，由于多种经济成分并存，尤其是政府资金的强力作用，经营性文化产业的资金来源也时常来自政府财政扶持，但随着文化产业的纵深发展，广泛吸收民营资本才是确保文化产业市场化健康运行的重要举措。

（三）运营机制不同

文化事业单位作为公益性文化事业的主要经营主体，是隶属于政府的运营机构，不仅在财政上依靠政府投入，而且在运营时主要以自上而下的金字塔行政模式进行管理，为确保生产任务的上行下达，运营机制较为僵硬，通常以寻求最高社会效益为经营原则；文化企业作为经营性文化产业的经营主体，是尊崇市场价值规律的自由经济机构，运营时采用现代企业制度进行自主管理，经营模式和管理模式灵活多样，但其运营本质都是以有限的资源投入获得最大的经济产出，通常以寻求最高经济利润为经营原则。

（四）规制方式不同

对于公益性文化事业单位，政府主要采取直接行政指令的方式进行调控和规制，通常在成立之初便下达该单位怎样为公众提供服务、主要生产何种文化产品、以何种方式进行人财物管理的任务。对自主经营的文化企业，政府一般采取间接规制的方法进行干预，具体包括：①立法，国家经由立法程序将与经营性文化产业相关的生产、经营、销售文化产品或服务的基本规则列入法律，由司法机构裁决其生产经营过程是否合法，从而予以规制。②税收，通常国家会对生产经营公众最需要、最有益的文化产品或服务的文化企业实行低税收优惠政策，而对生产娱乐性或在一定程度上有损文化资源本底、青少年健康等文化产品的企业，如游戏公司，实行高税收政策，以起到激励或抑制的作用。③经济杠杆，与文化产品价值形成有关的经济活动以及在此基础上进行的收入分配，都可以用经济工具进行调控，具体包括工资、利率、价格、信贷、汇率、财政补贴、政府投资等，以经济利益为诱导，发挥价值规律对文化产品生产、流通以及消费的促进作用。④战略规划，文化产业生产部门繁多，专业各种各样，运作细节十分细密，通常需要把生产运营工作尽量统一到实现国家文化事业建设的总目标上来，必须制订一系列政府战略规划，来协调局部与整体的步调和关系，尤其在有计划、有重点地实施重大文化建设项目时。⑤行政手段，国家对文化产业运营进行行政监管主要体现在三个方面：一是设置市场准入门槛，严把文化企业经营许可证发放，负责审核、审批市场经营主体的资质、经营范围等；二是对文化产品尤其是电影、电视等有着较多内容和价值观含量的产品进行行政审查；三是在日常中监督文化企业的经营行为，进行市场稽查。此外，政府还会采取道德教育、舆论引导等规制手段，间接引导和控制文化企业的运营与发展。

第三节 世界文化产业的产生与发展

一、世界文化产业的发展阶段

随着“二战”后稳定社会环境的形成，物质消费水平和科技水平大幅度提升，文化产业萌芽并形成于西方资本主义国家，并已有全球化扩张态势。文化产业的萌芽与资本主义崛起密不可分，其发展壮大则与第三次科技革命紧密相关。[①] 文化产业的运营环境离不开成熟的市场经济条件、繁荣的城市消费经济、先进的科学技术水平、充足的就业人员供给、完善的素质教育体系、有力的法律保障机制、和平民主的社会氛围、坚强的政府支持后盾，而这些均在资本主义国家确立尤其是“二战”后的西方国家得以实现。从文化产业生产力水平来看，可大致将以西方国家为代表的世界文化产业发展历程划分为形成时期、发展时期和全球化时期三个阶段。

（一）形成时期（20 世纪 30~50 年代）

传统哲学观点通常认为，文化属于上层建筑，仅在意识形态的精神领域发挥作用。从古至今绝大多数国家都将文化作为政府主导的公益事业来发展，鲜有将其纳入产业范畴，与文化相关的政策出台也多出于社会或政治目的，而非经济目的。20 世纪 30 年代至“二战”后，经过了两次工业革命的准备，文化产业在西方资本主义国家形成的经济社会条件逐渐成熟。自 17 世纪中叶资产阶级革命在英国兴起，资产阶级政权体制陆续在欧洲和北美洲大陆站稳脚跟，伴随新兴的资产阶级于社会中广泛推行民主与法制的思想价值观，社会环境变得日益宽松、自由。尤其是“二战”后，和平民主的发展格局在世界逐步形成，有效地推动了世界经济的飞跃发展，资本主义生产方式日渐巩固，带来了社会财富的极大繁荣，生产力不断提高，物质商品愈加丰富，公众在基本物质需求得到满足后，更高层次的需求开始萌动，城市消费经济普遍蔓延，公众对文化产品的需求应运而生，不同阶级甚至有了依托文化产品消费关联其社会归属感的倾向。

同时，两次工业革命带来的科学技术进步引发了文化传播方式翻天覆地的变化，印刷机、录音机、留声机、摄放机等发明相继出现，催生了出版业、广播业、电影业等文化产业门类的萌芽，使得文化产品和服务的供给有了赖以实现的物质和产业实体。更为重要的是，英国、美国等国家开始重视并加强知识产权的立法保护工作，除纷纷出台国内法之外，关于知识产权、工业产权、文化资源保护的国际组织、国际公约也不断出现，如 1946 年成立的联合国教育、科学与文化组织，1967 年成立的世界知识产权组织，以及《保护工业产权的巴黎公约》（1884 年）、《保护文学艺术作品的伯尔尼公

---

① 刘吉发，陈怀平，李雯. 中西方文化产业比较研究［M］. 北京：中国社会科学出版社，2013：3.

约》(1886 年) 等为世界文化产业的形成与发展提供了有力的制度保障。

"二战"后，世界各国、各民族的联系更为紧密，各种文明得以在国际舞台上交流、交汇，全球文化格局有了新的变化。受资本主义国家的影响，民族觉醒促使各国文化被重新认知，新式教育体制也于世界范围内得以蔓延，在不断提高公众文化素养的同时，也在很大程度上为文化产业创新人才、管理人才的培养奠定了基础。这一时期，图书报刊业迅速发展，戏剧、音乐、绘画、博物馆、图书馆等产业开始萌发，但总的来说，文化产品与服务的生产规模、销售范围仍然十分有限，主要集中于西方相对发达的资本主义国家，文化资本尚未成为一种新兴的独立资本，从事文化产品与服务生产的工作人员也未能形成自身的职业特征，世界文化产业体系建设仅仅处于起步阶段。

(二) 发展时期 (20 世纪 60~80 年代)

20 世纪 60~80 年代，伴随第三次科技革命成果被广泛运用于社会生产领域，人类进入了"信息时代"。此时，世界经济开始走向成熟，全球政治格局发生了重大变化，西方两大阵营的对峙将全球割裂为两个并行市场，但由于殖民体系瓦解，两大市场内部的经济隔阂逐步消除，尤其到 20 世纪 80 年代，和平与发展成为时代主题，世界形势出现了缓和的局面，为文化产业的成长创造了较好的国际环境。在相对有利的政治经济条件下，国际分工开始由垂直分工体系向水平分工体系转变，国际资本与贸易的流通速度和规模不断提升，国际直接投资日渐增多，跨国公司开始在国际经济与文化交往中扮演更为重要的角色，不仅促进了世界经济全球化发展趋势，也为文化产业的发展壮大提供了契机。在该时期，西方资本主义国家的产业结构普遍升级，传统工业逐渐退居次席，金融、旅游、物流等服务业兴起，文化产业所占比重实现了巨大增长，并逐渐有国际扩张的态势。

自 20 世纪 70 年代，伴随资本的大规模更新，第三次科技革命的成果在经济领域实现了广泛应用，其中，无线通信技术、计算机技术、互联网技术对文化产业的成长产生了深远的影响。该时期，运用计算机进行创意设计已经走进文化产业领域，更为引人注目的是随着通信卫星的出现，电视进入了无线电传播阶段，传播速度、传播范围前所未有地扩大，从根本上加快了文化产业体系的完善。依托电视，西方各国与之相关的文化产业，如广告业等得到了更大的发展空间，过去以报纸、广播为主的传统传媒业也逐步转型，取而代之的是以电视为主导的电子传媒业，配备了图像的新闻、电视剧等文化内容变得更加具有吸引力。此外，美国以展频技术为基础，研发出 CDMA (Code Division Multiple Access) 系统，成为无线移动通信工具商业化运营的开端，引发了数字化时代的纵深发展，也为文化产业的内容生产和传播开拓了新的疆土。

在科技进步的促进下，文化成为参与社会生产和价值分配的重要要素，使得传统经济学关于劳动、资本、土地"三位一体"分配理论又有了新的延伸。[①] 文化产业的进一步壮大表明，文化资源创造经济价值的同时参与社会经济分配已然成为客观事实，

① David Throsby. Cultural Capital [J]. Journal of Cultural Economics, 1999 (23): 3-12.

引致学界开始重新审视文化作为一种包含价值的资产的重要性，[①] 并将文化分为有物质载体的显性文化（如雕塑、绘画、建筑、景观等）和非物质的隐形文化（如习俗、信仰、创意、传统等），其中参与文化产业生产更多的是显性文化。将文化视为生产要素，表明这一时期人们开始对文化资源的经济价值予以认同，并接受了文化产业的形成。然而，由于西方两大阵营对峙的存在，第三次科技革命的成果在第三世界国家并没有得到广泛普及，使得许多新兴的文化产品生产与消费未能在全球范围内得以输出，在一定程度上妨碍了世界文化产业走向成熟。

（三）全球化时期（20 世纪 90 年代至今）

伴随计算机的普及和通信技术的发展，互联网以其爆炸式的传播速度、地毯式的传播范围，使得地球数亿公众实现了信息和文化的共享。至 20 世纪末，移动通信技术与互联网技术的汇流，以及计算机与电视的融合，引发了一场轰轰烈烈的数字革命，对世界文化产业的成熟发展乃至其全球化进程产生了重要的推动作用，催生了一批新兴文化产业门类，如数字出版业、游戏业等。

这一时期，多数发达资本主义国家相继制定文化产业发展战略，如澳大利亚于 1994 年以“创意国家”为核心发布了第一份文化政策公报；日本于 1995 年出台了《新文化立国：关于振兴文化的几个重要策略》；英国于 1997 年成立了“创意产业特别工作小组”；韩国于 1998 年认定文化是 21 世纪最重要的产业。当看到美国、英国、日本等文化产品和服务在国际贸易中的出色表现，其他国家如法国、德国、加拿大、中国等一方面对文化产业在扩大经济规模、优化产业结构方面的巨大作用有了进一步认知，另一方面也感受到了文化强势国家“文化新殖民主义”的倾向，纷纷将发展文化产业上升为国家战略，积极培育着本国的文化企业和文化资本，从而使世界文化产业实现了普遍繁荣。

基于新科技革命和资本主义发展经验，世界各国生产力普遍提升，国际分工继续深化，市场经济成为全球经济发展的主要模式，为文化产业在全球蔓延进一步提供了有利的经济环境。同时，各类国际组织不断完善，积极推动着各国、各地区之间的经济合作，实现经济共赢已成为当前国际共识，也为世界文化产业走向全球化奠定了基础。作为微观经济主体、基本经营单元的企业逐渐积累了百余年的管理经验，使得现代企业管理制度不断完善，管理方法日渐成熟、多样，也为文化企业的发展壮大和国际化运营提供了有力支撑。在经济全球化的推动下，依托自由贸易潮流，许多文化跨国企业，如索尼公司、新闻集团、迪士尼集团、贝塔斯曼公司等，不断打破国家界限，将生产和销售触角延伸至亚欧美各地，进行着猛烈的文化内容输出，并从资本、技术、信息的全球流通中获益，逐步在国际市场占据有利地位。

内容和资本的强力结合满足了全球范围不同国家、不同阶层、不同文化背景消费者的文化需求，使得全球文化消费市场不断扩大，反过来又进一步促进了文化资源开发、文化产业生产力度的持续增强。尽管以西方发达国家为主导的世界文化产业全球

① 刘吉发，陈怀平，李雯. 中西方文化产业比较研究［M］. 北京：中国社会科学出版社，2013：15.

化仍然面临着一些后进国家“文化主权”捍卫、“文化安全”防范的阻碍，但其全球化进程已是大势所趋，一方面表现为西方发达国家文化产品及服务的全球市场供应态势，另一方面体现在西方发达国家文化资本的全球扩张态势。虽然由于金融危机、经济下行等原因，西方发达国家文化产业的全球扩张有所放缓，但其在世界市场中的引领地位已然确立，且由于后进国家的文化产业目前无法全面满足国民日益多样化的文化需求，寻求西方发达国家文化资本、生产经验、先进科技、创意人才的帮助也不失为实现本国文化产业崛起的有效途径。

二、世界文化产业的现状

自 20 世纪 90 年代以来，在市场经济、企业资本、内容创意、科学技术等因素推动下，世界文化产业实现了突飞猛进的发展，全球化市场规模持续扩大，对经济规模增长和就业机会增加的贡献日渐增强，已成为许多国家的支柱型产业。

（一）市场总体规模

根据普华永道（PWC）估算，2011 年，美国、日本、中国、德国、英国、法国、意大利、加拿大、巴西、韩国的娱乐和传媒业市场规模分别位居世界前十位。其中，美国娱乐与传媒业的营业额已达到 3630 亿美元，是日本 1730 亿美元的 2 倍以上；中国则以 890 亿美元位列世界第三，随后排名是德国 720 亿美元、英国 690 亿美元、法国 610 亿美元、意大利 590 亿美元、加拿大 370 亿美元；巴西和韩国均约为 350 亿美元。该机构同时对娱乐和传媒业的营业额进行了预测，得出 2016 年美国将达到约 4900 亿美元的市场规模，仍然位居世界第一，日本、中国、德国、英国则分别为 2030 亿美元、1680 亿美元、840 亿美元和 830 亿美元。而根据韩国文化内容振兴院的测算，世界文化产业的市场营业额于 2013 年已达到 2.34 万亿美元，其中，北美地区市场所占份额最高，为 35.2%；欧洲、非洲和中东地区市场共占 30.9%；亚太地区市场占 27.4%；中南美洲地区市场占 6.5%。①

同时，根据联合国贸发会议提供的数据，2012 年，全球文化产品进出口贸易额高达 9055 亿美元，是十年前 2003 年的 1.9 倍，年平均增长率为 7.4%，其中，文化产品的进口总额为 4317 亿美元，是 2003 年的 1.8 倍，年平均增长率为 6.7%；文化产品的出口总额则为 4738 亿美元，是 2003 年的 2.1 倍，年平均增长率为 8.6%。值得一提的是，2002~2008 年，世界文化服务的进出口总额增加了 1.6 倍，年平均增长率为 17.5%，进出口总额于 2008 年达到 3538 亿美元，其中，文化服务的进口总额为 1687 亿美元，年平均增长率达到 15.2%；文化服务的出口总额为 1851 亿美元，年平均增长率高达 19.9%。

（二）增加值与就业

根据世界知识产权组织公布的数据，2013 年世界文化产业创造的增加值占 GDP 比重达到 5.26%，超过 75%的国家或地区文化产业增加值比重为 4.0%~6.5%，其中，美国

① “世界主要经济体文化产业发展现状研究”课题组. 世界主要经济体文化产业发展状况及特点［J］. 调研世界，2014（10）：3-6.

以11.3%的比重位居世界第一，随后依次为韩国、巴西、澳大利亚、中国、新加坡、俄罗斯，比重均超过了6.0%，而加拿大、英国、中国香港、南非和中国台湾的比重分别为5.4%、5.2%、4.9%、4.1%、2.9%，如图1-1所示。此外，根据2014年联合国贸发会议预测，2015年世界文化产业占GDP的比重会达到7.0%左右，增长速度约为每年0.7个百分点。

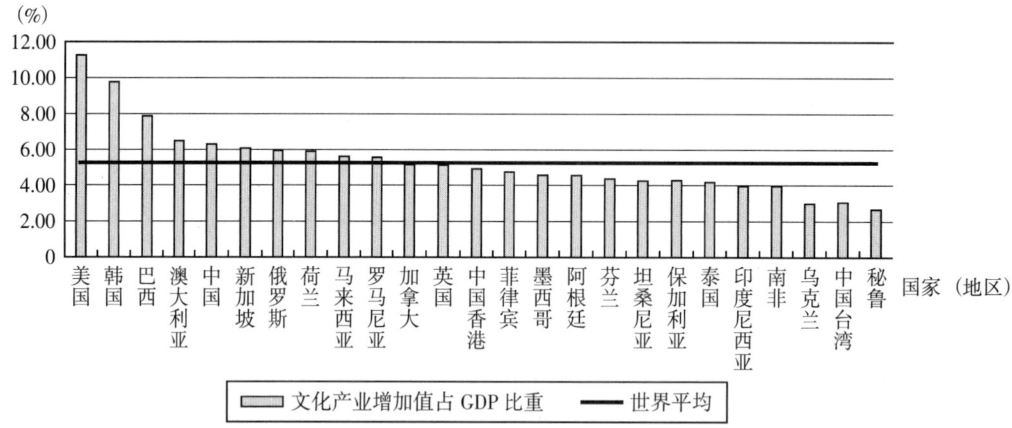

图1-1　世界主要国家和地区文化产业增加值占GDP的比重

注：其中，阿根廷和印度尼西亚为2013年数据；美国、韩国、英国、中国香港、坦桑尼亚及泰国为2012年数据；澳大利亚、保加利亚及南非为2011年数据；芬兰、马来西亚、罗马尼亚、乌克兰、新加坡、俄罗斯、菲律宾、墨西哥、加拿大、中国台湾、巴西为2010年数据；中国、荷兰和秘鲁为2009年数据。

资料来源：世界知识产权组织网站，http://www.wipo.int/portal/en/index.html.

据测算，目前世界各国、各地区文化产业增加值增长速度普遍快于其他产业。例如，2008~2012年英国文化产业实现的增加值年增长率为3.9%，同期GDP年增长率仅为1.4%；2009~2012年，美国文化产业创造的增加值年平均增长5.0%，而同期GDP的增长速度仅为2.9%；类似的还有中国香港、新加坡等，分别在1995~2012年和1986~2010年实现了文化产业增加值年增长9.4%、8.9%的成绩，分别高出同期GDP增长速度4个百分点和1.3个百分点。

同时，根据世界知识产权组织公布的数据，2013年，世界文化产业的从业人员占全社会从业人员的比重已达到5.49%，超过75%的国家或地区文化产业从业人员比重为4.0%~7.0%，其中，美国、澳大利亚、俄罗斯、马来西亚、菲律宾、墨西哥文化产业从业人员比重超过了7.0%，新加坡、韩国则在6.2%左右，加拿大、英国为5.6%，中国香港约为5.5%，如图1-2所示。

总体而言，世界文化产业的发展劲头十足。尽管2008年国际金融危机的爆发使得全球市场需求萎靡，国际贸易骤降12%，但世界各国文化产业发展规模逆势而上，文化产品与服务进出口贸易也持续增长，印证了学界关于文化产业“口红效应”① 的存在。

①“口红效应”是指当经济不景气，消费者购买预期下降时，口红作为非生活必需品的销量反而直线上升，因其廉价且能带来满足消费欲望和心理慰藉的双重愉悦。

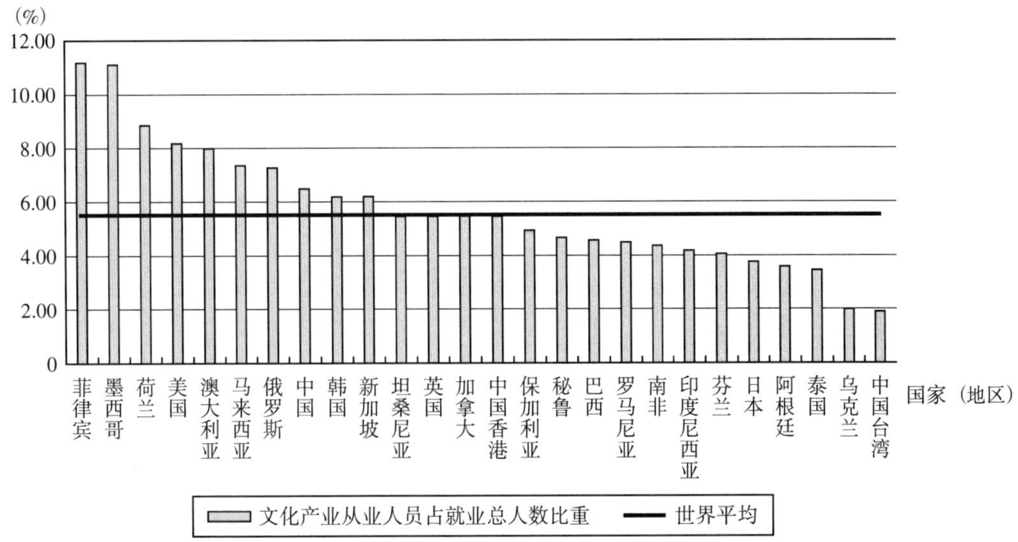

图 1–2　世界主要国家和地区文化产业从业人员占就业总人数的比重

注：其中，菲律宾和保加利亚为 2013 年数据；中国、英国、加拿大、阿根廷、中国台湾为 2012 年数据；美国、墨西哥及荷兰为 2011 年数据；韩国、新加坡、秘鲁、芬兰、巴西、马来西亚、俄罗斯、南非、坦桑尼亚、印度尼西亚、罗马尼亚、澳大利亚、中国香港、泰国、乌克兰、日本为 2010 年数据。

资料来源：世界知识产权组织网站，http://www.wipo.int/portal/en/index.html.

（三）企业盈利情况

据统计，世界各国、各地区文化企业的平均经营规模普遍较小。如 2010 年，19 人以下的文化企业在全部法国文化企业中占据了 23.8%之多，250 人以上的文化企业则为 22.3%，250 人以上的专业创意公司几乎为零。2012 年，雇员在 10 人以上的广告公司有 1144 家，仅占全部广告公司数量的 3.9%，无雇员的广告公司在西班牙有 16777 家，占广告公司总数的 58.9%。尽管世界范围内文化企业普遍规模不大，然而作为新兴的朝阳产业，营业利润率却相对较高。如根据加拿大统计局的调研数据，2011 年，加拿大视频企业和电影企业的平均利润率约为 18.5%，比所有企业 9.9%的平均利润率高出 8.6 个百分点，2012 年加拿大娱乐休闲企业的平均利润率已达 18.7%，作为传统文化企业的报纸出版平均利润率也在 11.0%左右，显著高于所有企业 9.7%的平均利润率。另据统计，2013 年，法国电子游戏发行企业、电影发行企业、电视节目生产企业、电视节目发行企业的利润率，分别高达 68%、64%、54%、51%，属于营业利润率最高的行业，而全部文化企业的平均利润率也在 30%左右，远高于其他产业。

（四）辐射带动能力

文化产业生产的核心内容是信息、知识、创意、精神，其产品和服务往往是新技术、新思想、新内容的实现载体，尤其是当代数字技术、艺术创意与文化内容的交融升华，使得文化产业不断向其他产业渗透，并对其他产业有着较强辐射与带动作用。不仅对广告、时装、餐饮等相近产业有着关联影响，对休闲农业、工业设计、信息技术等其他产业也有牵引带动作用。例如，以博物馆、文化遗址、人造景观为核心吸引物的文化旅游业对其他产业影响力十分显著，在加勒比地区，已成为当地主要经济来源和支柱产业。2011 年，文化旅游上升为阿根廷第三大收入来源；2012 年，文化旅游收入占墨西哥 GDP 的 8%；2012 年，西班牙文化旅游入境旅游者实现 15.9 万人次，占全部入境人次的 50.7%；2013 年，美国至离家 50 英里以上目的地旅游的 1 亿多成年旅游者中，以文化游览为目的的约占 81%。①

根据新加坡国家统计局的调查研究，2011 年，新加坡文化产业对国民经济的增加值和产值乘数效应分别达到 0.58 和 1.43；而文化产业历史较久、产业链相对成熟的英国，2011 年文化产业对国民经济的增加值和产值乘数效应分别达到 0.86 和 1.80，比后进的新加坡略胜一筹（见表 1-1）。

表 1-1　2011 年新加坡、英国文化产业增加值和产值乘数效应

文化产业门类	新加坡		英国	
	增加值乘数效应	产值乘数效应	增加值乘数效应	产值乘数效应
出版	0.72	1.33	0.72	1.70
信息技术	0.61	1.27	0.88	1.54
广播媒体与表演艺术	0.62	1.68	0.88	1.82
电影	0.55	1.78	0.88	1.80
建筑设计	0.70	1.66	0.95	1.60
广告	0.48	1.63	0.94	1.70
制造业（平均）	0.49	1.41	0.83	1.90
服务业（平均）	0.75	1.49	0.91	1.70
文化产业（平均）	0.58	1.43	0.86	1.80

三、世界文化产业的趋势

（一）文化产业引领产业结构升级

文化产业顺应了信息时代知识经济发展的科技需求和文化需求，在强化内生演进动力的基础上，引领了世界各国产业结构升级改造的潮流。根据英国文化、传媒、体育部的调查，1996~2010 年英国文化产业（即其创意产业）的产值增长率是国民经济增长率的 2 倍，市场中文化企业发展至 10 万多家，占全国所有企业总数的 5.13%，提供了 150 万余个工作岗位。在经济低迷期，日本通过文化立国着力发展了动漫、音乐、游戏、时装等文化产业，将创意思维融入到其他产业链条的多个环节中，不仅改造了传统以制造业为主的陈旧产业结构，也使国民经济发展再次迸发活力。伴随数字技术的发展，数字型文化产业成为世界各国产业升级的“生力军”。② 据统计，2002~2009 年，世界以新媒体数字技术为生产要素的网络游戏、视频、音频、电影、数据库等数字型文化产业规模年平均增长 33%左右，尤其是生产的移动数字文化产品、互联网数字文

① “世界主要经济体文化产业发展现状研究”课题组. 世界主要经济体文化产业发展状况及特点［J］. 调研世界，2014（10）：3-6.

② 刘丽伟，高中理. 世界文化产业发展的新趋势［J］. 经济纵横，2015（10）：118-123.

化产品和数字动漫影音产品数量占数字文化产品总量的85%以上。[1] 数字型文化产业目前已成为美国、日本、英国等发达国家的文化经济新增长点。例如，2010年美国数字音乐专辑销售额在所有专辑音乐销售额中占比已达26.5%，成为世界规模最大的数字音乐市场。而2002~2011年，日本数字型文化产业占文化产业的比重明显增加，文化产品与服务的数字化率由27.3%提升至63.5%，特别是形成了数字影音、数字教育、数字出版、数字动漫、数字会展等优势显著的产业门类。

（二）各地区不均衡发展态势显著

由于政治与经济体制不同、起步时间不一致、市场及科技等条件迥异，目前世界各国、各地区文化产业发展差距较为明显，发达国家与发展中国家不均衡态势日渐凸显。根据《中国文化及相关产业统计年鉴2016》，在世界文化产业格局中，美国、韩国、英国等的文化产业产值所占GDP比重分别为11.25%、9.89%、5.2%，而中国只有3.97%。《2016~2017年全球竞争力报告》则指出，发达国家在文化企业价值链宽度方面优势明显，是其文化产业竞争力较高的原因之一。在具体产业方面，美国的电影和传媒业、日本的动漫业、韩国的游戏业、法国的出版业、英国的创意业等均在附加值较高的产品创意研发、生产包装、市场传播方面彰显出巨大优势，而衍生品的加工制作等附加值较低环节则在不断地向发展中国家转移。在国际贸易方面，在发展中国家出口的文化产品和服务中不仅印刷品、影视、出版物、表演艺术等传统产品所占比重较低，网络游戏、新媒体等新兴文化产品比重也不高。总体来讲，在许多发达国家文化产业已然成为新的国民经济增长点甚至支柱型产业，但发展中国家的文化产业普遍处于起步阶段，无论是文化资源开发还是文化产品消费均有巨大潜力有待挖掘。

（三）西方国家有垄断化发展趋势

在全球化、信息化的背景下，以美国为首的西方发达国家的文化产业较为显著的发展趋势之一是产品高科技化、市场垄断化，特别是在内容创造力、文化影响力、科技使用力、渠道控制力以及资本扩张力的共同作用下，部分文化企业的全球市场权力越来越集中。据统计，排名前50家媒体娱乐公司拥有着世界95%的文化市场份额，而世界90%的音乐出口由美国和日本音乐发行集团掌控。[2] 这种现象出现的背后主要有三个方面的原因：一是强势文化的作用。语言的通用性以及文化价值观的认同度是主宰文化产品是否具有强大的国际影响力的重要因素。目前，文化产业全球化的进程，从某种程度上也可以被视为是英语文化的全球化过程，尤其以好莱坞为代表的欧美电影文化借助强势的国际主流价值观风行于全球，也强化着英语文化在全球的强势地位。二是强势科技的作用。强势科技能够增强文化内容的表现力，由于美、英、日等国有长期借助科技增添艺术魅力的经验，在内容创意方面也就有着更大的自由和更大胆的想象，同时，拥有强大科技实力的国家在文化产品研发、生产、传播以及营销等方面都有领先于其他国家进行创新并降低成本的可能，在其他国家还没有能力追随之前，

① CCID. 2008中国数字内容产业及2009~2013年预测研究报告［R］. 2009：114-119.

② 刘丽伟，高中理. 世界文化产业发展的新趋势［J］. 经济纵横，2015（10）：118-123.

享受垄断的利润。三是强势资本的作用。目前，文化产业中的大部分企业都属于知识和资本密集型行业，资本的力量在文化产业拓展时的重要价值主要表现在两个方面：一方面，强大的资本可以支持长期的文化产品研发与品牌化建设，尤其是进行昂贵的固定资产投资；另一方面，强大的资本可以帮助实现众多资源的整合，如新闻集团70%的收益来自它遍布全球的传播网络，而迪士尼的大多数收购之所以能够成功，主要在于其利用资本运作成功地将新业务嫁接在媒体平台上，以品牌和创意吸引众多的文化资源和合作伙伴，以此助推新业务成长，最终实现共赢。

第四节　中国文化产业的发展与演变

一、中国文化产业的发展阶段

与发达国家文化产业的发展水平相比较，中国文化产业有着形成时间短、市场化程度较低、物质基础薄弱、相关科技落后、原创意识不强、产业结构不健全等劣势，但伴随政府对文化产业的重视程度持续提高，公众对文化产品消费需求的日渐旺盛，以及文化产业市场的逐步成长、相关政策法规的日益健全，中国文化产业的发展不断进入新篇章。

纵观改革开放近 40 年来，中国的经济、政治、科技、文化等各领域都发生了翻天覆地的变化，尤其是中国由计划经济体制转变为市场经济体制，加之微电子技术和通信技术的迅速普及，在政府的大力支持下资本、文化等生产要素的自由流动，促进了中国文化产业的产生与发展。目前，学界关于中国文化产业发展演变历史的划分有三阶段、四阶段等不同观点，但对改革开放以来的关键节点认识基本相同，由此将中国文化产业的成长历程划分为以下三阶段。

（一）起步阶段（1985 年之前）

在计划经济时期，中国一直将文化产业视为由政府主导的文化事业，长期未能形成产业经营的理念，尤其在文化资源开发和文化产品生产方面，过于强调政治目的和意识形态价值，始终没有形成统一的产业生产体系和文化消费市场。自 1979 年广州东方宾馆开设首家收费音乐茶座开始，许多经营性文化娱乐场所在各大城市竞相开业，文化工作者也由此思考着文化经营的新方式，文化产业化的势头初现端倪，但文化产业的概念尚未形成，企业的自发性经营较为明显。

在改革开放之前，受意识形态所限，中国文化事业管理体制较为死板、僵硬，遵从的是国家统一行政管理下的计划生产模式，尚不具备文化产业化生产条件。20 世纪 70 年代末至 80 年代中期，伴随对“文化大革命”的正本清源，经济发展的开放政策得以确立，国民经济逐步走上正轨并获得了初步发展，同时，公众也在思想上有所解放，冲破了禁锢的牢笼，尤其是港台地区等地音乐、影视产品的涌入，使得公众开始对新知识、新观念、新文化生活产生渴望，对文化产品的消费需求开始释放。根据历年《中国统计年鉴》，1978 年中国城镇居民的人均消费金额为 311.2 元，到 1985 年上升至 673.2 元，增长了 1 倍之多，为文化消费市场的形成提供了有力支撑。在相对平稳、积极向上的社会背景下，中国文化产业的发展潜力开始展现，特别是休闲娱乐业实现了从无到有的起步。

（二）成长阶段（1985~1992 年）

1985 年中国人均 GDP 为 858 元，到 1992 年该值上升为 2311 元，每年增长幅度达 24%之多。自进入 20 世纪 90 年代，中国居民消费恩格尔系数下降至 50%以下，社会生活水平得以显著提高，在很大程度上促进了文化产品消费需求的增长。如 1992 年上海作为中国最发达城市，人均 GDP 超过 8200 元，人均文化消费占全部消费总额的比重从 20 世纪 80 年代的不足 4%上升至 1992 年的 7.8%。[①] 在经济发展、收入提高的过程中，许多城镇居民的消费重心逐渐由食品、日用品转向教育、旅游、科技及书籍等精神产品。根据《中国统计年鉴》（1993），1992 年社会文化娱乐用品零售收入较 1978 年增长了 12.13 倍，书报刊零售收入较 1978 年增长了 12.24 倍，远远高于 GDP 的增长速度。公众尤其是大城市居民收入水平和消费需求的增长，有效地刺激了中国文化产业的发展壮大。

在该时期，中国文化生产部门开始积极探索市场改革的道路，文化工作者的市场意识、产品意识、竞争意识等不断增强，面对日益旺盛的文化市场，“多业助文”、“以文养文”等新型经营模式开始尝试性地实施。同时，为解决多年来中国文化生产部门普遍存在的政文不分、政企不分、经营效率低下等问题，在部分文化事业单位和文化企业开始推行“班子建制”、承包经营等改革方案，如剧团完成了院长、团长负责制改制，报社推行了社长负责制，沈阳市电影公司对下属 12 家电影院进行“三挂钩”改革等，使得中国文化领域呈现出锐意进取的市场化态势。

1985 年之后，中国文化领域呈现出文化消费娱乐化、多样化发展的显著趋势，文化生产部门也开始逐步转向娱乐性、休闲性文化产品与服务的供给，各种文化娱乐设施纷纷架设，经营性文化企业明显增多，产生了一批文化制造企业和文化服务企业。尤其在 1988 年政府实施体制改革之后，文化产业司自文化部机关精简中成立，表明文化产业开始得到中央的正式认可，进而标志着文化产业由民间零星自发进入了政府自觉引导的新阶段。

（三）扩张阶段（1992 年至今）

在社会主义市场经济体制建设的带动下，中国文化体制改革的步伐明显加快，政府对文化事业开始提倡“市场机制调节、行政管理辅助”的经营模式，并由“直接管理”向“间接管理”、从“办文化”到“管文化”转变。在此种文化体制革新的有效刺激下，社会资本广泛参与到文化产业演变新格局中，极大地带动了文化产业在中国的全面兴起与扩张。例如，到了 1997 年中国国有文化部门创办的娱乐、艺术、书刊、音

---

① 尹继左. 2000 年上海文化发展蓝皮书［M］. 上海：上海社会科学院出版社，2000：92.

像等经营单位只占全部文化生产部门的 10%左右，非国有文化部门创办的已达 88.6%之多。①

在 2000 年中共十五届五中全会上通过的《国民经济与社会发展第十个五年计划》中，中国政府首次将文化产业列入发展规划；中共十六大又进一步强调了文化产业的重要地位、作用、发展目标以及文化产业与事业之间的关系。随后，文化部出台了《文化部关于支持和促进文化产业发展的若干意见》，各地方政府也开始将文化产业纳入地区经济发展的重点领域，文化生产单位的市场化、产业化意识更加显著，并催生了一批大中型文化企业。根据国家统计局发布的数据，1990~1998 年 9 年间，中国文化产业增加值上升了 6 倍，达到 148.6 亿元，至 2009 年文化产业增加值约为 8786 亿元，占 GDP 比重上升到 2.5%。② 2015 年中国文化产业增加值进一步提高至 27235 亿元，比上年增长 11.0%，占 GDP 比重已达 3.97%，成为国民经济体系中重要的产业门类。

与此同时，政府进一步出台了众多推动文化产业发展的政策文件，如 2001 年的《关于深化新闻出版广播影视业改革的若干意见的通知》、2003 年的《中共中央宣传部、文化部、国家广电总局、新闻出版总署关于文化体制改革试点意见》、2005 年的《文化产品和服务出口指导目录》及《关于鼓励和支持文化产品和服务出口的若干政策》、2006 年的《关于深化文化体制改革的若干意见》、2007 年的《文化标准化中长期发展规划(2007~2020)》、2008 年的《关于实施西部大开发战略加强西部文化建设的意见》、2009 年的《文化产业振兴规划》、2010 年的《关于金融支持文化产业振兴和发展繁荣的指导意见》、2016 年的《电影产业促进法》等，为中国文化产业持续提供着强有力的制度保障。

当前，文化产业俨然成为中国各地区经济发展的重要组成部分，多数省市如北京、上海、江苏、四川、陕西、云南等实施了文化产业园区、文化产业集群建设，许多文化事业单位如广电、出版、报刊、演艺团体等继续实施市场化改革，新的文化企业集团不断涌现，产业“领头羊”如万达、腾讯、百度、阿里、华谊兄弟、中传媒等发展迅猛，数种产业业态交织而成的产业链条不断成熟，文化产业逐步走向正规化、规模化发展阶段。

二、中国文化产业的现状

自 1992 年至今，中国文化产业在经过了 20 余年热态发展之后，增长态势逐渐趋缓，随着文化产业与实体经济的交融，目前已显现出与西方发达国家类似的常态化景象。③ 本小节所列文化产业数据，按照国家统计局《文化及相关产业分类（2012)》确定

① 程恩富. 文化经济学通论［M]. 上海：上海财经大学出版社，1998：328.

② 国家统计局. 2009 年中国文化产业继续较快发展［EB/OL]. http：//www.anhuinews.com/zhuyeguanli/system/2010/05/14/002939613.shtml，2010-05-14.

③ 张晓明，王家新，章建刚. 中国文化产业发展报告（2015~2016)［M]. 北京：社会科学文献出版社，2016：1.

的两大部分、10 大类、50 中类的文化产业范围，依据国家经济普查和历年《中国文化及相关产业统计年鉴》的统计口径而获得。

（一）文化产业生产现状

根据历年《中国文化及相关产业统计年鉴》可知，2015 年，中国文化及相关产业共创造增加值 27235 亿元，较 2014 年增长了 11.10%，增长速度较前些年有所下降，但仍比同期 6.90%的 GDP 增长速度要快。2004~2015 年，中国文化及相关产业创造的增加值共增长了 6.91 倍之多，文化产业增加值占 GDP 比重由 2004 年的 2.15%，上升至 2015 年的 3.97%，表明其在中国国民经济体系中的地位愈加重要（见图 1-3）。

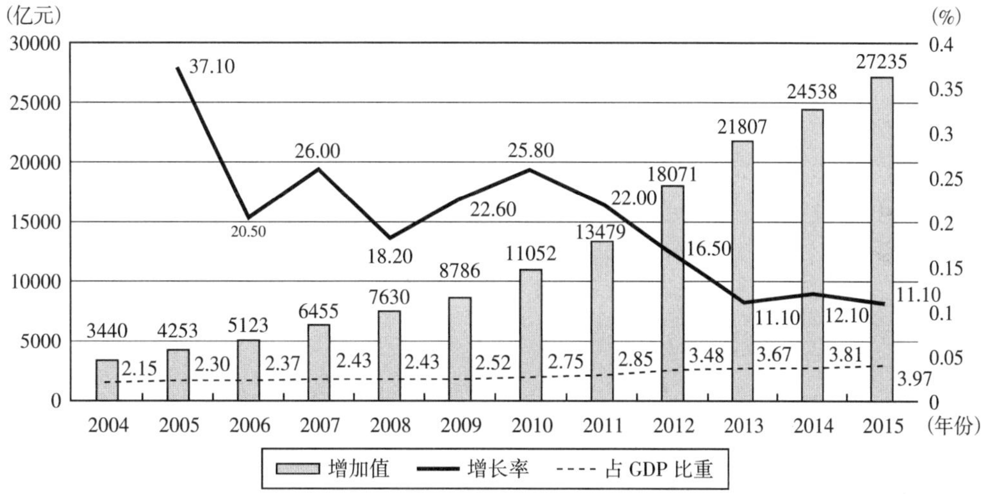

图 1-3　2004~2015 年中国文化产业增加值与所占 GDP 比重

资料来源：根据历年《中国文化及相关产业统计年鉴》整理。

据第三次全国经济普查，2013 年中国文化产业共有企事业单位 91.85 万户，其中，文化企业 78.56 万户，文化事业单位 13.29 万户，分别占中国文化产业法人单位数量的 85.5%、14.5%；所有文化企事业单位从业人员总计 1760 万人，其中，文化企业从业人员 1548.27 万人，文化事业单位从业人员 211.72 万人，分别占产业从业人员的 88%、12%，表明各类文化企业提供了绝大多数就业岗位。文化企事业单位总资产达 95422.1 亿元，共完成营业收入 83743.4 亿元，其中主营业务收入 82611 亿元，占全部营业收入的 98.65%。各类文化产业法人单位主要指标如表 1-2 所示。2015 年，中国文化及相关产业企事业单位增加至 114.03 万户，比 2004 年增加了 2.59 倍，其中，文化制造业企事业单位 19.16 万户，占全部单位的 16.80%；文化批发零售业 17.73 万户，占全部单位的 15.55%；文化服务业企事业单位数最多为 77.14 万户，占全部单位的 67.65%。2004~2015 年主要年份各类文化产业法人单位数量如表 1-3 所示。

2015 年，中国文化产业共完成投资总规模 28503.4 亿元，同比增长 17.03%，比 2004 年增长了 8.85 倍，其中新增固定资产 20913.3 亿元，固定资产交付使用率 72.4%。在固定资产投资去向方面，文化艺术业获得固定资产投资额最高，占全部固定资产投

表 1–2　2013 年中国文化产业法人单位主要指标

行业	法人单位数（万户）	从业人员（万人）	资产总计（亿元）	营业收入（亿元）	主营业务收入（亿元）
全国	91.85	1760	95422.1	83743.4	82611
文化制造业	16.25	805.5	32478.1	43501.9	42916.3
文化批发和零售业	13.99	146.1	12290	18479.6	18336.7
文化服务业	61.61	808.4	50654	21762	21358

资料来源：《中国文化及相关产业统计年鉴（2016）》。

表 1–3　2004~2015 年主要年份中国文化产业法人单位数　　单位：万户

年份	企事业单位数	文化制造业	文化批发和零售业	文化服务业
2004	31.79	6.89	5.11	19.79
2008	46.08	8.88	5.53	31.66
2012	66.30	13.30	11.34	41.66
2013	91.85	16.25	13.99	61.61
2014	99.62	17.26	15.28	67.08
2015	114.03	19.16	17.73	77.14

资料来源：《中国文化及相关产业统计年鉴（2016）》。

资额的 14.20%，其次为娱乐业，获得了 9.02%的固定资产投资。在大类行业固定资产方面，2015 年获得投资最多的行业为文化休闲娱乐服务业，占全部固定资产投资总额的 37.32%，其次为文化用品的生产，获得了 16.85%的投资。相较于 2014 年，广播电视电影服务获得的固定资产投资显著下滑，文化信息传输服务、新闻出版发行服务、文化创意和设计服务则明显成为资本投资的热土。2015 年各主要行业获得投资资金来源及固定资产投资情况如表 1–4 所示。2014~2015 年文化产业固定资产投资行业分布情况及其变化如表 1–5 所示。2005~2015 年，中国文化产业呈现投资总额放缓但固定资产投资增长加快的迹象，总体而言，自筹资金仍然是文化产业的主要资金来源，占总投资比重的 70%~80%，其次为国内贷款，占总投资比重的 6%~10%。2005~2015 年中国文化产业投资资金来源及其增长情况如图 1–4 所示。

表 1–4　2015 年文化产业主要行业固定资产投资情况　　单位：亿元

主要行业	合计	国家预算资金	国内贷款	利用外资	自筹资金	其他资金	新增固定资产	固定资产交付使用率（%）
新闻出版业	133	8.3	5.8		117.6	1.4	99.7	76.80
广播、电视、电影和音像业	480.5	19	9.3	1.8	439	11.4	317.5	64.50
文化艺术业	2970.5	359.7	135.3	3.2	2298.7	173.5	2207.7	71.70
娱乐业	1886.3	39.6	132.5	20.1	1631.2	62.9	1270.2	63.90

资料来源：《中国文化及相关产业统计年鉴（2016）》。

表 1-5 2014 年、2015 年文化产业固定资产投资行业分布　　单位：万元、%

行业	2014 年	2015 年	增幅
合计	236950339	288979574	21.96
新闻出版发行服务	1353446	1902887	40.60
广播电视电影服务	5650320	4919705	-12.93
文化艺术服务	31827433	36786353	15.58
文化信息传输服务	4387147	7770801	77.13
文化创意和设计服务	12298235	16994508	38.19
文化休闲娱乐服务	84712558	107842684	27.30
工艺美术品的生产	12926890	16171100	25.10
文化产品生产的辅助生产	36319273	41099460	13.16
文化用品的生产	42682360	48703945	14.11
文化专用设备的生产	4792677	6788131	41.64

资料来源：《中国文化及相关产业统计年鉴（2016）》。

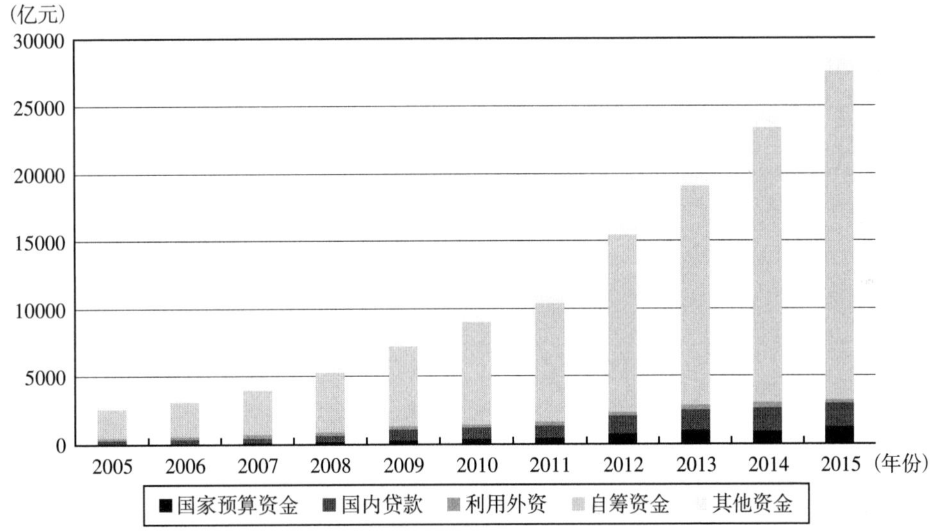

图 1-4 2005~2015 年中国文化产业投资资金来源

资料来源：《中国文化及相关产业统计年鉴（2016）》。

（二）文化产业消费现状

研究表明，“十一五”、“十二五”期间，中国文化体制改革释放出巨大的市场活力，已初步形成以需求为导向的市场供求平衡机制，文化消费成为拉动文化产业发展的主要动力来源，如 2013 年居民文教娱乐支出对文化产业增加值的贡献达到 70.88%，表明中国文化产业约 2/3 的增加值来自市场消费力的贡献。[①] 国际文化产业发展经验表

① 张晓明，王家新，章建刚. 中国文化产业发展报告（2015~2016）[M]. 北京：社会科学文献出版社，2016：112.

明，旺盛的文化消费能够引导各类资源向文化产业链条上游扩散，不仅使最终和中间环节消费更具活力，也能从源头倒逼文化创意和设计等高附加值服务的长足发展，实现文化产业由规模化生产向个性化定制升级。

根据《中国统计年鉴（2016)》数据测算，2015 年中国城乡居民共消费文教娱乐产品 24225.54 亿元，较上年增长 13.38%，其中，城镇居民文教娱乐支出总额达 18375.2 亿元，较上年增长 14.49%；农村居民文教娱乐支出总额 5849.34 亿元，较上年增长 10.00%，城镇和农村居民文教娱乐支出分别占全国支出总额的 75.85%和 24.15%。在商业性文化娱乐服务消费方面，中国城乡居民文化娱乐服务消费总额达 10820.35 亿元，比 2014 年的 9430.74 亿元增长了 14.73%。其中，城镇居民文化娱乐服务消费总支出达 9378.08 亿元，占全国文化娱乐服务消费总额的 86.67%；农村居民文化娱乐服务消费总支出达到 1442.27 亿元，仅占全国文化娱乐服务消费总额的 13%左右，城乡居民文化娱乐服务消费分别比 2014 年上涨了 15.07%、12.62%。

近年来，中国城乡居民文化消费需求持续增长，拉动文化产业发展效应显著。如图 1–5 所示，2004~2015 年，全国人均文教娱乐支出始终保持稳步上升，从 2004 年的 575.50 元上升至 2015 年的 1762.27 元，年均增长 10%以上，尤其是 2015 年增幅达到 12.81%，突破了以往 10%上下波动的局面，远高于同期人均消费支出的增长率(8.97%)，反映出中国文化消费仍有较大潜力可挖掘。

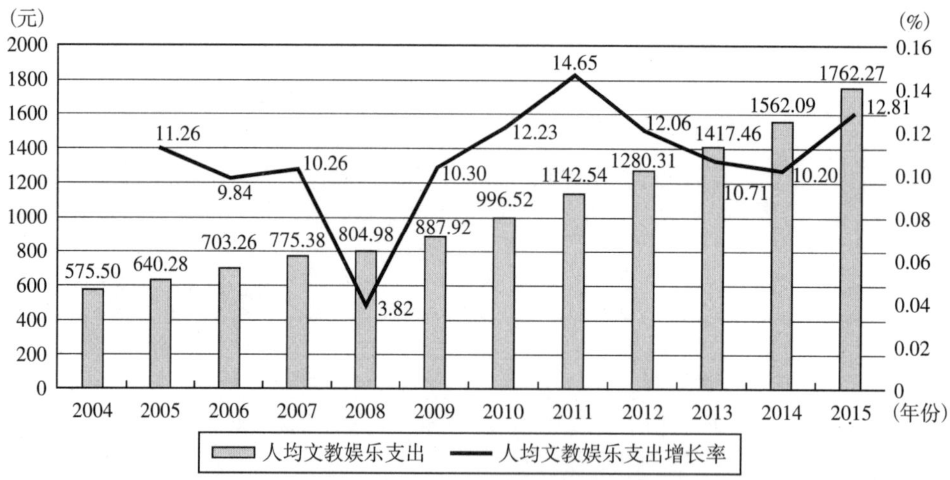

图 1–5　2004~2015 年中国人均文教娱乐支出及增长率

资料来源：根据历年《中国统计年鉴》整理。

从城乡差距来看，如图 1–6 所示，2004~2015 年，城镇和农村人均文教娱乐支出均保持稳步增长态势，尽管 2015 年城镇人均文教娱乐支出仍是农村人均文教娱乐支出的 2.46 倍，但与 2004 年的 4.17 倍相比，两者差距正在逐步缩小。由图 1–7 可知，自 2012 年起由于政府倾斜政策和农村文化基础设施建设的推动，农村人均文教娱乐支出增长速度明显快于城镇，2015 年两者分别为 12.77%、11.23%，改变了以往文化市场消费增长重心始终在城镇的局面。

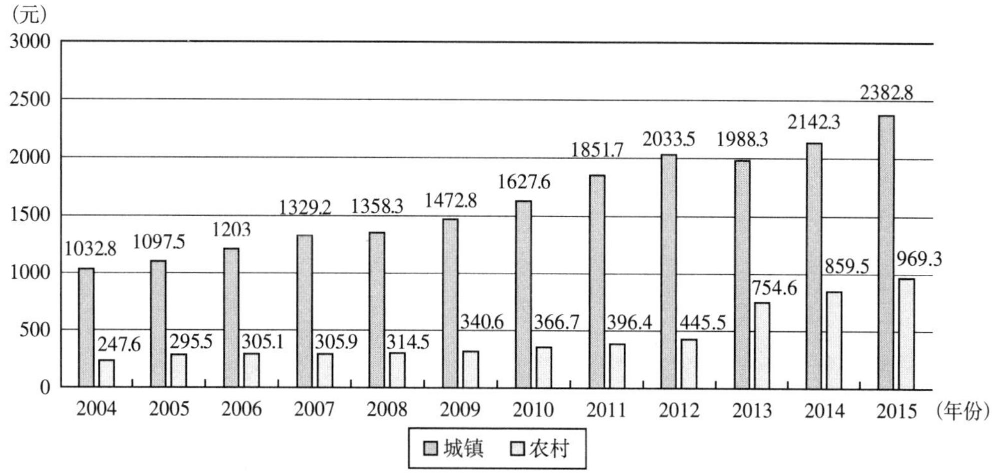

图 1–6 2004~2015 年城镇和农村人均文教娱乐支出

资料来源：根据历年《中国统计年鉴》整理。

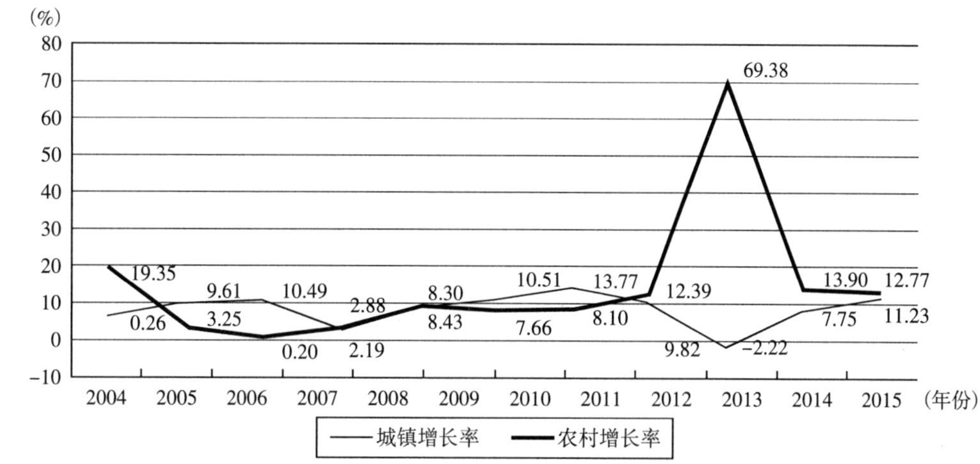

图 1–7 2004~2015 年城镇和农村人均文教娱乐支出增长率

资料来源：根据历年《中国统计年鉴》整理。

如图 1–8 所示，2004~2015 年中国城乡居民文教娱乐支出占消费支出比重较为平稳，上下波动范围不大，始终在 10%~14%区间徘徊，但近年呈现略微下降趋势，这与城镇居民文教娱乐支出比重自 2004 年的 14.38%下降至 2015 年的 11.14%有关，可能与国民经济增长放缓、城镇居民可支配收入增幅下降有关。而农村居民文教娱乐支出比重受政府政策和市场发展影响，波动较为明显，先由 2004 年的 11.33%下降至 2013 年的 7.30%，后上升至 2015 年的 10.51%。

三、中国文化产业的趋势

尽管经过 30 余年的迅速发展，中国文化产业在市场化生产、产业化经营方面取得了突出成绩，但与西方发达国家相比，无论是产业规模、需求满足还是文化资源开发创意方面都存在较大差距。总体而言，中国文化产业尚处于初级发展阶段，但从产业

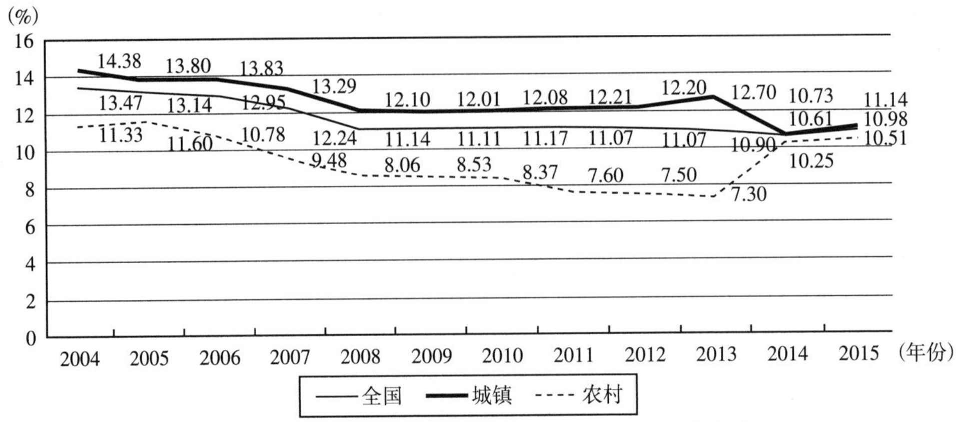

图 1-8　2004~2015 年城镇和农村文教娱乐支出占消费支出比重

资料来源：根据历年《中国统计年鉴》整理。

实践领域来看，未来一段时期，其将有着以下演进趋势。

(一) 产业间融合力度增大

随着中国文化产业发展水平日益提高，其与其他产业的合作、洽接、渗透不断加强，对国民经济发展的辐射带动作用逐步显现。尤其是文化资本与金融资本的融合，软件开发、硬件制造与信息服务之间的融合，创意设计部门与物质生产部门之间的融合等都将在未来一段时期继续于中国文化产业扩张过程中显现。尤其是各类渠道提供的社会资本包括国外资金将以多种形式进入中国文化产业生产经营的各主要环节，以金融资本为主要驱动力，介入中国文化产业经营变革，积极推动中国文化产业的市场竞争，进而成为影响中国文化产业发展格局和未来走向的重要力量。同时，鼓励文化产业多元化投资的行政指令和政策措施将进一步引导各渠道社会资本投向与文化产业紧密关联的咨询服务业、信息业、广告业等，使得与文化产品相关的上下游产品及其他相关产品的开发生产带来更大的拓展空间，实现文化产业体系的进一步成熟和完善。

(二) 区域不均衡格局显现

由于较早地将文化产业确立为战略性产业，加之文化资源本底较好、市场消费能力较强等原因，中国文化产业在各大城市、东部沿海地区率先实现了飞速发展。根据《中国文化及相关产业统计年鉴（2016)》，东部沿海 11 省市以占全国 55.97%的生产部门数量，创造了全国文化产业 63.65%的增加值。目前，中国绝大多数省（市、自治区）都提出了建设“文化大省”、“将文化产业作为重要战略产业发展”等口号，推进文化产业发展已成为各地区实现产业结构优化升级、改进传统生产方式、加快城市化进程、改善民生的重要工作。伴随文化产业区域化竞争的全面展开，以东、中、西地域区隔为明显特征的产业不均衡空间格局愈加凸显。东部地区于 2015 年实现国内生产总值 401651.69 亿元，人均 GDP 达 75450.55 元，尤其是环渤海、长三角、珠三角三大城市群经济发展水平已相当于中等发达国家，这些地区文化产业生产日趋饱和、文化消费逐渐旺盛、内容创新不断活跃，成为中国文化产业发展的热土和领头军。中西部地区尽管大多数省份本土文化资源丰厚，但由于产业化开发程度较低、文化消费刚刚兴起，产业发展尚有较大空间，目前仍处于生产要素聚集阶段，有待采取差异化发展战略，打造属于自身特色的文化品牌。

（三）企业集团进一步壮大

如今，在中国文化产业体系的10个产业大类、50个产业中类、120个产业小类中，都有发展相对成熟的大中型文化企业集团引领产业发展。如文化艺术类的保利文化集团、广播影视类的中国电影股份有限公司、出版发行类的江苏凤凰出版传媒集团、文化科技类的上海东方明珠新媒体股份有限公司等。据统计，2016年，中国文化企业前30强共实现主营收入3253亿元，获得净利润315亿元，其中17家企业完成上市。[①]这些大型文化企业集团借助文化和金融资本，实现了企业集团资金规模和经营业绩的迅速增长。在未来一段时期，中国文化企业集团将进一步改变传统"生产—传播—接受"的运营模式，以现代化、市场化的"文化生产—市场运作—大众消费"为基础，继续强化竞争意识、品牌意识，积极进行跨地区、跨行业兼并重组，为其他文化企业的发展壮大提供宝贵的经营经验，同时，代表中国文化产业更为广泛地参与国际文化市场竞争。

（四）数字型内容生产增多

在中国宽带通信网络、数字电视网络、4G移动网络等信息基础设施建设日益完善的基础上，积极推进三网融合，激励广播、电视、出版、动漫、教育、艺术等领域的数字内容产业成长，丰富数字内容文化资源和产品，将成为下一阶段中国文化产业发展的重点。数码电影、数字电视、视频点播、电子出版、数字娱乐等新兴文化产业将引领文化产业发展新潮流，文化产品内容数字化程度进一步提高，传统文化产业尤其是文化产品制造业比重过大的产业结构弊端将有所改变。作为新型传播技术，数字化已是不可逆转的发展趋势，尽管目前中国仍然面临体制制约，国际数字技术的更新也有所放缓，但伴随中国数字基础设施建设的日臻完善，数字型文化产业将会实现突飞猛进的跳跃式发展。

（五）文化走出去持续推进

根据《中国文化及相关产业统计年鉴（2016）》，2015年，中国文化产品与服务进出口贸易总额达1013.1亿美元，其中进口贸易额为141.9亿美元，出口贸易额为871.2亿美元。尽管由于全球经济萎靡，较2014年进出口贸易额度有所下降，但与2005年相比，出口贸易总额仍增长了4倍之多，特别是工艺美术品、游艺器材及娱乐用品、玩具、广电专用设备等制造产品所占比重较大，但也反映了"走出去"的中国文化产品大多为低端制造，拥有自主知识产权的产品较少，所含附加值较低。根据"政府引导、企业主体、市场化运作"的基本原则，为提升中国文化在国际上的话语权与影响力，下一步中国文化产业将在充分依托政府引导作用和服务职能的基础上，继续推进对外文化交流与文化出口贸易，积极鼓励文化企业尤其是知名文化集团、文化品牌产品走向国际市场，培育出一批具有国际竞争力的外向型文化企业。

---

① 崔俊超. 2008-2016：历届"全国文化企业30强"名单［EB/OL］. 搜狐网，http：//mt.sohu.com/20160622/n455729652.shtml，2016-06-22.

第二章　文化产业经济前沿问题研究导论

第一节　文化产业经济学的兴起

经济的发展与改革的深入不断推动着文化产业向前发展，文化产业作为一门独立的产业门类在越来越得到社会认可的同时，其作为一种“硬实力”在经济发展中的优势作用也越来越得到显现。在社会经济中，国家逐步将文化产业纳入国民经济核算体系，建立了文化产业的统计指标体系，以具体的文化产业增加值来衡量其在国内生产总值（GDP）发展中的比重，并进一步提出将文化产业打造为国民经济的支柱产业。[①]从2000年中央政策中第一次正式使用“文化产业”这个概念，到2010年中央提出推动文化产业成为国民经济支柱性产业，再到2012年文化及相关产业分类的界定，十余年间，从新兴产业到支柱性产业，文化产业历经了从无到有、从有到优、从分散化到系统化的演变历程，发展成果显著。文化产业地位与实力的不断提升要求在理论研究中逐步深入探索其发展状态和变化规律，通过实践对所得结论进行检验，为推动该领域研究的不断纵深提供支撑。文化产业经济学就是强调文化产业作为一个产业所具有的经济属性，其市场化与产业化的运营规律对社会经济发展的影响，是文化产业学与产业经济学跨学科融合发展的新方向。

一、文化产业经济学兴起的背景

中国文化产业经济学的兴起受到西方国家文化产业经济学相关理论发展的影响。西方国家对文化产业的研究历经了百年的探索与深思，在市场运作、人才培养、资金、科技、创新、竞争等方面形成了相对完整的理论体系。其中，文化产业经济学领域的研究经历了从文化与经济关系探讨到运用主流经济学方法对文化产业、产品以及其市场运作进行全面研究的历史发展过程，形成了“狭义的文化经济学”与“广义的文化经济学”双学科研究方向并存的局面。马克思在《〈政治经济学批判〉导言》中界定了文化与经济发展的关系，即两者间存在不平衡性，物质生产可以直接引出文化生产，物质生产水平的高低也直接决定了文化生产水平的高低，为后世学者对文化产业经济学

① 焦斌龙. 文化产业经济学 [M]. 北京：高等教育出版社，2014：2-3.

的进一步探讨奠定了正确的理论基石。1973 年，文化产业经济学应世界文化产业发展的需要而生，随着西方国家工业化的完成与精神文化需求的不断提升，文化产业经济学理论体系逐步完善。

狭义的文化经济学兴起于 20 世纪 60 年代，主要以个别文化领域里的经济活动为研究对象，解析其发展规律和特征。1966 年，威廉·J.鲍莫尔和威廉·G.鲍恩《表演艺术的经济困境：一个关于戏剧电影和音乐舞蹈问题的研究》的出版标志着狭义文化经济学的正式诞生。20 世纪 90 年代，鲁斯·陶斯等编写的《文化经济学》是狭义文化经济学走向成熟的标志。广义的文化经济学兴起很早，以文化与经济的关系为核心议题，但一直以来被排除在文化经济学范畴之外。马克斯·韦伯于 1904 年发表的《新教伦理与资本主义精神》一文被看作广义文化经济学的奠基之作，文章指出，不同的文化观念对经济发展有不同的影响，文化与经济之间存在相互作用关系。① 在较长一段时期，广义的文化经济学一直处在主流经济学的质疑与抵制声中，直到 20 世纪 80 年代新制度经济学兴起，广义文化经济学中原本难以计量的虚拟变量开始得以统计，才带动了广义文化经济学的繁荣。②

中国对文化产业经济学的研究则得益于 20 世纪 90 年代西方文化产业经济学相关论著的引入，以此产生了一系列研究文化产业经济学的代表性学者，如谢名家、胡惠林、李新家、顾江等，其研究成果涉及文化与经济的关系、文化产业组织、文化产业结构、文化空间布局、文化产业政策等方方面面，掀起了文化产业经济学的“中国化”热潮。

中国文化产业经济学的兴起是文化产业发展实践不断纵深的要求。文化产业在中国创造了“十年崛起”的奇迹。“九五”期间尚未确定文化产业的概念，“十五”期间文化产业开始初创，“十一五”伊始各省（市、自治区）文化产业纷纷提出“大干快上”的口号，“十二五”期间文化产业实现倍增计划，目前正在进行的“十三五”将逐步把文化产业发展变成国民经济的支柱性产业。与文化产业崛起如影随形的不单是战略规划，还有统计指标体系的逐步创建，日见扩大的“政策群落”，以及不断扩大的市场规模。③ 文化产业在中国发展的短短十余年里，国家对文化产业的战略定位由“解决经济发展的结构性矛盾和体制性障碍”、“市场经济条件下繁荣社会主义文化、满足人民群众精神文化需求的重要途径”转变为“推动经济结构调整、转变经济发展方式的重要着力点”、“国民经济的增长点”、“国民经济的支柱性产业”，在国家各级政府的支持下，文化产业成为国民经济支柱性产业正逐渐从“进行时”步入“完成时”。④ 随着文化产业在中国国家经济战略规划中的地位越来越高，它所发挥的

---

① 熊正贤，何小松，陈立佳，秦鸿冰. 文化经济研究的国外进展评述［J］. 重庆文理学院学报（社会科学版），2014（1）：95-100.

② 梁碧波. 文化经济学：两种不同的演进路径［J］. 学术交流，2010（6）：74-78.

③ 沈望舒. 文化产业十年崛起历程：新业态的文化产业与文化产业的新业态［J］. 北京规划建设，2009（5）：70-74.

④ 焦斌龙. 文化产业经济学［M］. 北京：高等教育出版社，2014：2-3.

实质关联带动作用越来越明显，学术界对文化产业内部市场结构、产业关联度、区域布局、文化企业竞争力等问题的探索也不断加深，从而满足着其在社会经济发展中的适应度与契合度。

中国文化产业经济学的兴起也是文化产业自身属性深化的结果。文化产业具有文化与经济的双重属性，在其经济属性下，文化产业的本质是一个产业，且是不断走向独立发展的产业。作为产业，文化产业的发展必然遵循经济发展的规律。随着产业门类的不断细分及各产业门类链条式、网络化的发展态势，文化产业呈现出多领域融合与产业界限模糊化的特征。各学者基于不同的学科背景对其属性、分类、态势、特征等进行深入研究，哲学、社会学、艺术学、历史学等学科率先涉足，随后经济学、管理学成为该领域研究的重要理论依据和视角。在经济学领域，文化产业作为产业经济的重要分支，产业经济学的相关计量方法与基本理论被重点应用，所得结论不断加深，相对客观、科学的成果更为准确、全面地指导着文化产业更好、更快、更理性地发展。

二、文化产业经济学的学科联系

文化产业经济学是一门新兴的学科，涉及文学、艺术、新闻、出版、广播、电影、电视、动漫等众多文化经济范畴，是文化学与经济学跨界研究中一个充满生机而又富有个性的领域。所谓文化产业经济学，就是基于经济学、产业经济学的视角对文化经济现象形成、发展与变化进行考察，其倾向于运用微观经济学、中观产业经济学的理论、方法与原则来分析文化产业的活动规律。具体而言，“文化产业经济学”是在回答文化产业何以成为经济事实这一总问题的基础上，对文化产业结构、文化产业组织、文化产品生产的关联关系等核心问题进行经济理论阐释的一门新学科。① 作为一门交叉学科，文化产业经济学与许多学科都存在联系。

（一）文化产业经济学与政治经济学

政治经济学主要从生产关系方面研究各个阶级在经济发展过程中的地位和作用，其研究的对象是社会生产关系，主要探讨国民经济活动的一般性规律，属于理论经济学。文化产业经济学主要侧重于研究文化产业自身运行的规律，研究范围较小。因此，政治经济学可视为文化产业经济学的基础性指导学科。

（二）文化产业经济学与产业经济学

文化产业经济学是产业经济学的一个分支，是对产业经济中具体领域的研究。总体来说，文化产业经济学是运用产业经济学的理论与方法对文化产业领域进行实证分析和理论总结。在中国，产业经济学课程的设置既可以面向经济类又可以面向管理类专业的学生，而文化产业经济学课程的设置往往仅面向管理类专业中细分的文化产业管理专业的学生。

---

① 陈庆德. 文化经济学的基点与内涵［J］. 湖南师范大学社会科学学报，2006（2）：83-88，124.

（三）文化产业经济学与文化经济学

安应民（1995）认为，文化经济学从大文化视角研究社会经济现象，包括物质、精神领域的文化和经济双重属性，其重点是探讨经济发展与经济进步的文化意义，揭示文化与经济发展相互影响、相互作用的种种规律及其深层的社会意义。① 文化产业经济学相对于文化经济学，其研究的方向更倾向于运用产业经济学的理论和工具来探讨文化产业领域的发展问题及其演变趋势，关注于产业结构、空间布局、产业组织、企业行为、市场绩效等具体事项，主要目的是为文化产业发展战略和政策的制定提供科学参考。文化产业经济学的产生是文化经济学发展到一定时期的一个具体分支，文化经济学更为宏观，文化产业经济学则属于中观范畴。

（四）文化产业经济学与创意经济学

"创意经济"的概念最早由英国政府提出，旨在通过发达国家或地区形成以创意为基础的经济发展模式，为其产业体系演进提供源源不断的动力因子。所谓创意经济学即以创意经济型产业和创意经济型企业为研究对象，探讨创意的形成机理，揭示创意经济发展的内在本质和规律，为创意活动提供思维方法，探寻创意在创意经济型产业的不同行业和部门中具体运用的应用性科学。简言之，创意经济学是研究创意在创意型产业中生成和运用的科学。② 创意经济学虽涵盖了文化产业这一研究对象，但并未涉及文化产业的所有领域，只研究文化产业具有创意的部分，因而，创意经济学与文化产业经济学研究的领域略有交叉，但研究视角不同，研究范围也有所差别，前者所涉范围小于后者的范畴。

（五）文化产业经济学与文化政策经济学、艺术经济学等

文化政策经济学、艺术经济学等是针对具体文化领域的经济学分析，主要研究某一类文化产业现象的运行规律，是文化产业经济学的具体分支，属于特殊性研究范畴。文化产业经济学则是研究文化产业领域整体运行规律，所探讨的问题和结论具有普遍性。

第二节　文化产业经济前沿研究的对象与范围

一、文化产业经济前沿研究的对象

中国的文化产业正如春雨滋润后的迎春花，经过改革开放后一段时间的酝酿，冲脱寒风白雪的羁绊，驱散冬日里的阴霾，于 20 世纪 80 年代后迅速崛起。国际上，关于文化产业经济问题的研究主要侧重于两个方向：一是基于文化经济学的方向，认为

---

① 安应民，高新才．论建立文化经济学的几个问题［J］．兰州大学学报，1995（1）：3-10.

② 王铁军．创意经济学［J］．金融管理与研究，2013（2）：82.

文化产业经济学是狭义的文化经济学，以文化产品、文化企业以及文化市场为研究对象，着重运用经济学的标准理论对其进行分析和探讨；二是基于产业经济学的方向，认为文化产业经济学是产业经济学下的一个细化分支，是关于文化产业经济运行和发展一般规律的科学理论体系。[①]本书以后者为标准，即文化产业经济学主要是产业经济学与文化产业学的交叉学科，来开展研究。

当文化作为独立的社会活动形态存在时，它只是一种文化现象，当文化与经济结合在一起发展为产业时，它便成为一种复杂的文化经济综合现象。在中国十余载的文化产业研究过程中，文化产业已由文化现象过渡为跨界综合体，因此，关于文化产业经济问题的研究逐步融入了文化、经济的跨界整合思维。文化产业经济学是产业经济学理论在文化产业领域中的具体应用，即是产业经济学的一个细化分支。因此，文化产业经济学同产业经济学一样，不同于文化经济学以文化要素对经济思想与行为的影响为研究对象，而是以产业，即市场化经营活动为主要研究对象。[②]具体而言，本书关于文化产业经济前沿问题探讨的是市场化经营的文化产业，即以为社会公众提供文化相关产品与服务的生产性活动的发展演变规律及其结果为研究对象。

二、文化产业经济前沿研究的范围

有关文化产业经济研究的内容，中国学者更多侧重于文化产业原理、文化产业行业部门以及文化产业相关政策三方面的研究。在原理方面，文化产业结构、文化产业投资、文化产业布局、文化产业关联、文化产业组织等是其普遍的着眼点，大多为产业经济学一般原理与文化产业个性特点的充分融合；在行业方面，传统文化产业、新媒体产业以及文化相关产业中部分特色部门，如新闻出版业、广播电视电影业、网络动漫产业、演艺娱乐业等运行发展规律是其关注的焦点；在政策方面，重点集中于国际与国内两个层面，通常以国际典型国家的文化政策解析为出发点，借鉴探讨中国文化产业政策及其规制的优化问题。为此，在已有研究成果的基础上，本书基于产业经济学的视角，以经济学的方法为手段，着重于揭示文化产业的现实运行规律，通过结构、布局、组织、行为、规制等基本内容框架来分析文化产业在市场经济体制中的发展前沿与变化，所涉文化产业经济的前沿问题主要由以下几部分组成：

（一）文化产业的产生与发展

从对产业与文化产业的概念梳理出发，辨析文化产业与文化事业的区别与联系，通过翔实的数据资料，清晰地分析西方国家与中国文化产业的产生、发展和演变，用事实说话，为读者更简洁明了地阐明文化产业发展的“前世今生”。

（二）文化产业经济前沿问题研究导论

作为全书的统领性章节，用全局的视角深入分析文化产业经济的学科性质、前沿

---

① 江奔东. 文化产业经济学［M］. 济南：泰山出版社，2008：3-6.

② 刘轶. 我国文化创意产业研究范式的分野及反思［J］. 现代传播（中国传媒大学学报），2007（1）：108-111，116.

问题研究的对象与范围、研究的方法、目的与意义，奠定全书总—分的脉络结构，为下文深入探讨文化产业经济前沿问题的各个方面奠定理论基础。

（三）文化产业结构

在阐述产业结构理论与常用实证模型的基础上，结合对文化产业结构研究成果的总结，对中国文化产业结构的合理化、高度化以及文化产业结构存在的突出问题进行实证计量和深入分析，提出中国文化产业结构优化的走向及相关政策。

（四）文化产业关联

根据灰色、回归、投入产出等产业关联模型，对中国文化产业关联度、影响力、感应度等进行数据测算，结合文化产业关联研究成果的总结，对中国文化产业关联性问题进行优化。

（五）文化产业空间布局

基于空间布局理论、空间布局模式及其影响因素的分析，充分运用数据与图表，总结目前中国文化产业空间布局的具体形态，站在现有研究成果的理论基础和主要结论上，对中国文化产业的空间布局问题进行优化探讨。

（六）文化产业集群

基于产业集群理论、产业集群模式与模型的分析，从区域聚集、城市聚集、园区聚集等视角入手对中国文化产业集群的发展态势进行总结与分析，并站在现有研究成果的理论基础和结论总结上，对中国文化产业集群的发展问题进行优化探讨。

（七）产业组织基本理论

从哈佛学派、芝加哥学派、新奥地利学派、新制度学派等不同学派视角阐述产业组织理论的发展概况，从历史演变的角度介绍产业组织理论的演变趋势，着重运用SCP分析框架，探讨产业组织的研究范式与逻辑，为后文框架和内容的设计提供依据。

（八）文化产业市场结构

通过对市场结构的类型、规律、模型等理论介绍，对中国文化产业当前的市场结构形态进行数据测算，在现有研究成果解读的基础上，分析中国文化产业市场结构形成的原因、存在的问题，并着重进行优化探讨。

（九）文化企业价格行为

以市场理论为依据，以案例描述的形式剖析中国文化企业存在的价格行为现象，如价格歧视、限制性定价、掠夺性定价、捆绑定价、多重收费等，并在现有文化企业价格研究成果的基础上，探索中国文化企业价格行为问题及其优化。

（十）文化企业竞争行为

基于市场竞争理论与现有研究成果，深入解读目前中国文化企业常见的质量竞争行为、价格竞争行为、服务竞争行为、垄断竞争行为、广告竞争行为以及有奖销售竞争行为等，分析具体竞争实例，并从中进行规律总结，对存在的突出问题予以优化。

（十一）文化企业合作行为

基于重复博弈和默契合谋等市场合作理论，通过具体实例对文化企业合作网络、战略联盟、供需链管理、企业集团（包括并购、参股）、业务外包、虚拟企业等合作行为进行剖析，在总结现有研究成果的基础上，优化中国文化企业合作行为存在的突出缺陷。

（十二）文化企业创新研发行为

创新是文化企业持续发展的动力，从创新、研究与开发行为的功能和意义入手，剖析中国文化企业创新研发行为，并在现有研究成果的基础上，对中国文化企业创新研发行为问题进行优化。

（十三）文化企业市场绩效

通过对市场绩效理论、评价指标与模型等基础性理论的介绍，对中国文化企业市场行为进行绩效评估，并在现有文化市场绩效研究成果的基础上，探索中国文化企业市场绩效优化的方案。

（十四）文化例外

主要介绍文化例外与文化多样性，公共物品理论与版权保护，并在此基础上引出文化安全与国家利益的讨论。文化具有多样性，而文化产品既有商品属性，又有精神与价值层面的意义。在文化产业的发展过程中，维护与尊重文化产品的精神价值和意识形态属性变得极其重要，而从国家层面出发制定文化政策，保护文化安全是当前发展文化产业、维护文化多样性、保护文化精神价值的重要途径。

（十五）文化产业政策规制

文化产业经济的研究始终以为政府制定科学的产业政策提供支撑性研究工具为导向。文化产业政策规制的研究不仅要探讨当前中国文化产业政策本身的制定、实施、反馈与修正的合理性，而且需广泛借鉴国外文化产业规制的发展，深入分析文化产业规制的类型与工具，如立法、政策、行业自律等，了解中国文化产业规制的演变及存在的差距，探索扶持政策、反垄断与不正当竞争政策、直接规制政策、中小企业政策、投融资政策等中国文化产业政策群的发展情况，并对政策发展趋势进行预测，为实现中国文化产业规制的不断优化提供借鉴和支撑。

三、文化产业经济前沿研究的意义

中共十八届五中全会关于“十三五”规划建议已明确指出，到 2020 年，文化产业将发展成为国民经济的支柱性产业。发展文化产业是社会主义市场经济条件下满足人民多样化精神文化需求的重要途径。在建设与完善社会主义市场经济体制的过程中，开展文化产业经济研究，能够为认识与协调文化产业运行出现的结构优化、产业布局、企业竞争、市场绩效以及产业政策等前沿问题提供细化的理论依据与借鉴模式，具有重要的现实意义。

首先，学习和研究文化产业经济前沿的有关问题，有利于用正确的理论来指导文化产业公共政策的制定，推动文化产业更好更快发展。对文化产业、文化市场和文化企业的研究，有利于了解文化产业结构、文化市场组织、文化企业运行及其对文化资源配置效率的影响，指导建立完善的文化产业组织政策和公共管理体系，从而维护文化市场的竞争秩序，规范文化企业行为，形成有利于激发创新与推动产业优化的竞争环境。

其次，以文化产业经济前沿问题为研究对象，既融合了文化领域的精神价值，又融合了经济领域的商业价值。以追求社会经济、文化效益的最大化为价值导向，作为推动文化产业发展的工具性、前瞻性研究，在文化产业化、产业文化化的过程中将发挥不可或缺的理论总结和实践指导作用。

再次，文化产业经济前沿问题研究弥补了产业经济学所面临的产业延伸的挑战。现有的产业经济学主要以制造业为研究重点，在新的形势下，随着第三产业在国民经济中所占的比重越来越大，特别是以知识网络经济为核心的“无形产业”在国民经济新型产业体系构建和全球经济一体化发展过程中扮演着不可替代的角色。将着眼点聚焦于“文化产业”，而文化产业具有极强的融合延展性、生态性以及知识信息性，在很大程度上弥补了产业经济研究的空白，为产业经济学领域理论的延伸以及内容的丰富提供了新的视野和思路。

最后，文化产业具有普通产业难以同时具备的包容性、意识形态性、政治导向性与娱乐性，而产业经济学以研究产业经济活动的整体规律与运行条件为核心，更倾向于三大产业共性的研究，难以专精于某一产业。因此，对文化产业经济前沿问题的探讨将视角固定在文化产业领域，聚焦于文化产业发展的特殊性，更有利于指导文化产业制定合理的战略与政策，实现文化资源的有效配置，全面提升国家文化软实力、文化企业竞争力和文化产业持续发展力。

第三节　文化产业经济前沿研究的目的与方法

一、文化产业经济前沿研究的目的

文化产业作为交叉的、兼有文化与经济双重特性的领域，其发展具有自身独特的变化与运行规律，在市场经营活动中表现出种种特殊性。文化产业各部门间，如文化产业结构的对立和联系、文化产业布局的集聚和非均衡、文化产业组织的竞争和垄断等，都会在文化产业经济成长过程中发生深刻的作用。本书的研究任务，就是通过对种种文化产业经济领域实践前沿的独特性与变化性进行探讨，揭示当前文化产业经济发展运动呈现的规律，并针对存在的突出问题给出优化建议。具体而言，就是在理论上进一步形成系统的文化产业经济学体系，促进文化学与经济学的沟通和文化产业经济学的学科建设。在实践上适应文化经济一体化和文化经济全球化发展的要求，把握文化产业经济发展的前沿脉络，推动建立并形成合理的文化产业结构、关联网络、空间布局、市场组织、企业行为、市场绩效和规制体系，为全面实现文化产业优化升级助力。

本书融合现代经济学的新思想，从一般产业经济学理论角度深入探究当前中国文化产业的新经济形态，在理论成果解析、统计模型构建、典型案例列举的支撑下，系统探讨中国文化产业的结构与布局、组织与竞争、政府立场与规制，广泛吸收国内相关著作、学术论文的智慧、信息和成果，尽可能地反映当下中国文化产业经济在理论研究和实践发展领域的新特征、新资讯和新趋势，既突出文化产业经济学作为产业经济学重要分支所应具有的理论体系完整性，又兼顾其在交叉实证应用时须体现的前瞻性。每章配有理论解析、模型梳理、实证应用、成果述评、趋势探讨、问题优化，以供读者全面掌握文化产业经济前沿问题参考使用。

二、文化产业经济前沿研究的方法

文化产业经济学的学科性质决定了其是一门交叉性的边缘学科，决定了在研究文化产业经济前沿问题时要运用多样化与综合化的手段去论证、剖析文化产业经济的实际情况。[①] 在文化产业高速发展的关键阶段，提升对文化产业经济前沿的研究迫在眉睫，不能总是站在以往单一的平台上总结文化产业经济发展的经验，而要以高度的科学态度、研究方法探讨文化产业结构调整、空间布设、产业组织和政府规制等领域出现的新问题。为此，本书关于文化产业经济前沿问题的研究方式是基于不同学科视角和方法的集合。

（一）系统分析方法

文化产业经济研究的是文化产业整个领域，即整个文化产业系统，因此，应将系统分析方法作为文化产业经济前沿问题的首要研究方法。所谓系统分析方法，即把要解决的问题作为一个系统，对系统要素进行综合分析，找出解决问题可行方案的咨询方法。[②] 通过系统分析方法研究文化产业经济前沿问题，不仅要着眼于组成系统的各个单位即各个文化经济体之间的相互关系与相互作用产生的结果，还要着眼于相互作用的文化经济体如何在各个层次内相互制约、配合，有效地组成一个分工明确、目标清晰的完整体系。研究文化产业经济前沿问题要重点关注文化产业内部结构各组成部分之间的平衡发展，同时，以系统的视角看待文化产业经济的发展演变，用动态的眼光看待整体系统的状态，将整个系统置于更为宏观的环境中进行观察，而不能仅局限于部分最优，忽视整体最优的效果。

（二）唯物辩证方法

用唯物辩证法看问题，就是要求在分析文化产业经济现实运行规律时，以客观的、发展的、联系的观点看待问题。在研究文化产业经济前沿问题过程中，既要实事求是地论证文化产业在当前分工、结构以及空间布局上的不平衡性与差异性，又要用发展的眼光和开拓的思维探索文化产业的演变规律，寻求实现文化产业问题优化的思路，推动文化产业的持续性延展。文化产业不是孤立存在的个体，其产业内部各部门之间、与其他产业之间都存在着普遍的联系，具有关联性的产业之间往往相互支撑、彼此制

---

① 焦斌龙. 文化产业经济学［M］. 北京：高等教育出版社，2014：6-8.

② 马文钰，毛根旺. 基于图论及矩阵理论的系统层次结构划分［J］. 兰州交通大学学报，2009（6）：150-154.

约，形成社会型生态体系，共同融合演变。因此，在研究文化产业经济现象时，要着眼于文化产业各部门间及其与其他产业的关联性，不能盲目地单独研究一种经济现象或市场行为，割裂产业间的整体互动。

（三）结构主义分析方法

根据产业组织理论，结构主义分析方法认为系统的行为和结果是由系统的结构决定的。对于文化产业而言，文化企业的行为是由市场结构决定的，文化产业的整体绩效水平也是由文化产业的内部结构所决定的。因此，在文化产业经济前沿问题研究过程中，学术界十分重视研究产业之间比例的变化以及市场中企业规模的变化对文化产业和文化市场发展的影响，通过探寻文化经济主体彼此相互作用产生的关系结构演变，来更清晰地认识文化产业体系的发展情况。结构主义分析方法要求从文化产业和文化企业构成的内部结构入手，基于各组成部分所占比例的动态变化，分析整个文化产业和文化市场的发展状态，依据产业效率和市场绩效结果，得出重新进行结构和行为调整的方案。

（四）案例研究方法

文化产业是一门实践性较强的学科，研究具体的产业活动，若仅进行单纯的理论分析，则缺乏动态性和说服力。案例研究是把文化产业实际运行中出现的典型事迹和问题作为案例，对其进行总结分析，有助于揭示普遍的文化产业经济规律在不同条件下呈现出的不同形式，是一种理论研究与实际问题探讨相结合的研究方法。案例研究方法最初由哈佛大学于 1880 年开发完成，后被哈佛商学院用于培养高级经理和管理精英的教育实践，逐渐发展成今天的“经典案例分析法”，被广泛应用于多学科的研究中。[①]

（五）统计分析与比较分析相结合的方法

在文化产业经济前沿问题的研究中，为了使研究成果能够更清晰地展示在读者面前，着重运用统计分析的方法对问题进行总结。所谓统计分析法，就是运用数学公式，建立数学模型，对调查获取的各类数据及资料进行数理统计和分析，形成定量的结论。[②]统计分析法是一种相对科学、精确和客观的测评方法，同时也是目前各类经济学研究中不可或缺的研究方法之一。相较于统计分析法，比较分析法也称对比分析法，是把客观事物加以比较，以达到认识事物本质和规律并做出客观公正评价的目的。[③] 对文化产业经济前沿问题实证分析时，同时结合数理统计和对比分析，能够全面、精准地判断出文化产业在结构、关联、布局等方面存在的缺陷和应达到的理想状态。

（六）规范分析与实证分析相结合的方法

实证分析主要研究经济现象“是什么”，在文化产业运行过程中，通过实际数据的统计或文化产业经济主体行为间的对比可以反映文化产业的真实运营状况和前沿动态，

---

① 郑金洲. 案例教学指南［M］. 上海：华东师范大学出版社，2000：5-11.

② 贾俊平，何晓群，金勇进. 统计学［M］. 北京：高等教育出版社，2015：3-8.

③ 张龙平，李璐. 现代审计学［M］. 北京：北京大学出版社，2012：3-12.

但实证分析仅仅是阐述事实，而不对这种现象产生的原因和结果做出评价。规范分析主要研究经济活动“应该是怎样的”，依据一定的价值标准，对经济行为及其结果做出科学、理性的判断，能够对文化企业的决策行为以及文化产业政策的制定与实施提出导向性意见。因此，在实际运用中，将规范分析与实证分析相结合，通过实证分析了解文化产业实际的发展动态，再通过规范分析，运用经济规律对其进行管理，对当前缺陷进行优化解决。

（七）定性分析与定量分析相结合的方法

在实际应用过程中，一方面，以定量分析为基础，对文化产业经济现实进行数据研究，通过数学模型与计量分析将各种关系、问题进行数量化表达，寻求其普遍规律和突出缺陷；同时，在数据的支撑下，基于复杂的关系网络，运用定性分析，将相关因素之间的关系“捋顺”，将具体的表层现象转化为抽象的理论问题，更加深入地剖析现象背后的原因及其本质。另一方面，将定量分析作为检验定性分析结果的标准，针对复杂的问题，先通过定性分析提出假设，再运用定量分析进行检验，更容易减少直接运用定量分析的武断性、片面性，有利于共同发掘文化产业运行的特殊轨迹和应有路径。

（八）静态分析与动态分析相结合的方法

静态分析是用于考察文化产业在某一时间点上的现象和规律的方法，即着重分析文化产业现象的均衡状态以及有关经济变量达到均衡状态所需具备的条件，完全抽调了时间因素和具体变动过程，是一种静止的、孤立的考察方法。动态分析是研究文化产业各相关经济变量随着时间的推移所显示出的种种变化及演化规律，① 特别是在分析各文化产业之间和文化企业之间关系在经济发展中此消彼长的作用时采用。在实际运营中，文化产业的发展不是静态不变的，因而动态分析是研究文化产业经济前沿问题的主要方法。但在进行多个文化产业比例结构和文化企业行为之间的横向比较时，往往将其中的经济变量、行为方式看作暂时静态不变的，以便进行定量或定性分析，得出更为明确、清晰的结论。静态分析与动态分析方法通常配合使用，以全方位体现不同状态下文化产业发展演进的结果。

① 焦斌龙. 文化产业经济学［M］. 北京：高等教育出版社，2014：6-8.

第二篇

文化产业结构与布局

第三章　文化产业结构

通过对文化产业结构的历史、现状及未来演变趋势进行探究，重点揭示的是随着文化经济演进，文化产业结构变化的一般规律及其动因，进而对文化产业结构存在的问题进行分析，目的是为推动文化产业结构优化升级、提升文化产业生产效率提供参考，并为制定文化产业调控政策提供服务，同时，也可为文化企业的发展战略、技术进步、市场开发等找寻目标和依据。文化产业结构分析主要是依据经验性理论和计算法则，对产业中观领域的现实经济问题进行实证研究。

第一节　产业结构理论

产业结构的概念形成于 20 世纪 40 年代，按照内涵与外延的不同，目前产业经济学界对产业结构的界定大致有两种：一种“产业发展形态理论”的观点认为：产业结构是市场中各产业经济资源之间的相互关联、相互影响、相互依存资源配置效率的动态关系；另一种“产业关联理论”的观点认为：产业结构是产业之间技术经济的数量比例关系，即产业之间的“投入”和“产出”数量比例关系。[①] 可见，对产业结构进行分析，是通过探索产业之间量的规定和质的组合，得出产业之间经济资源的分布结构，该结构既能反映产业之间静态的数量比例联系，又能揭示产业之间动态的质量有机耦合。

当前，以文化产业为核心引领的产业结构升级，是现代经济发展演进的重要趋势之一。关于产业结构与经济增长的关系，一方面，经济总量规模的扩大是引致产业结构高变换频率的原因之一；另一方面，产业之间生产效率、技术进步、组织结构、制度变迁等因素的差异，导致了经济总量规模增长幅度和特征的差异。因此，学界对产业结构的研究，通常有两种视角：一种是从经济增长带动产业结构变化的视角，探讨不同经济发展水平下应有的产业结构变化规律和特点；另一种是从产业结构变化推动经济增长的视角，寻求促进经济增长的产业结构变动方向及条件。由此，在产业结构领域，形成了三个主要研究方向，即结构演变理论与第一种视角相关，结构调整理论和结构演变模式则基于第二种视角展开。

① 李悦. 产业经济学（第三版）[M]. 大连：东北财经大学出版社，2014：115.

一、结构演变理论

（一）配第—克拉克定理

在 1672 年出版的《政治算术》著作中，英国经济学家威廉·配第基于英国经济发展轨迹指出，制造业比农业、商业比制造业能够获得更多的收入。[①] 该论断从不同产业附加值的角度揭示了产业之间收入相对差异的规律，被称为配第定理。柯林·克拉克在配第研究的基础上，进一步计算并比较了不同收入水平下，就业人员在三次产业中的分布结构及其变动趋势，发现伴随社会经济进步，从事农业生产的就业人员比重逐步下降，从事制造业生产的就业人员比重不断上升，进而从事制造业生产的就业人员比重下降，从事服务业生产的就业人员比重趋于上升。经过对比，柯林·克拉克指出，就业劳动力在三次产业之间移动是各产业之间收入的差异所导致的。[②] 克拉克的研究结果印证了配第的说法，故将二人观点合二为一，称为配第—克拉克定理。

关于产业收入差异和劳动力转移的原因，克拉克认为主要是市场需求的变动和生产效率的差异。一方面，随着人均收入的提高，公众对农产品需求比重会有所下降，而对制造产品乃至服务产品的需求会逐步增多；另一方面，服务业较制造业、制造业较农业的生产效率更高，由此带来不同产业收入的差距及劳动力的迁移。能够看出配第—克拉克定理仅是对产业结构演变的基本方向进行了粗略揭示，且其仅运用了收入、劳动力这样简单的指标进行论证，未能从更深层次揭示产业结构演变的总趋向及其动因。

（二）库兹涅茨法则

美国经济学家库兹涅茨基于配第—克拉克定理，进一步扩大了统计样本范围，对一定经济条件下产业结构变动的规律进行了更为深入的考察。通过对比众多国家和地区的数据，库兹涅茨发现，随着人均 GDP 产值的增长，农业无论是产值比重还是就业人员比重，均有所下降；工业的产值比重和就业人员比重均有所上升，但就业人员比重上升速度较慢；在工业内部，与现代技术密切相关的新兴产业产值比重和就业人员比重上升较快，传统工业两种比重则有下降趋势；服务业的产值比重和就业人员比重有上升趋势，但与工业不同，就业人员比重上升较产值比重更快，且服务业内部不同产业的两种比重上升速度也存在差异。[③] 库兹涅茨发现的定律也被称为“人均收入影响理论”。

（三）霍夫曼定律

霍夫曼在其 1931 年出版的代表作《工业化阶段和类型》中，利用近 20 个国家的时序数据，通过计算消费资料工业净产值与资本资料工业净产值的比重，即霍夫曼系数，着重对工业化演进规律及其特征进行了探索。霍夫曼定律表明，随着工业化进程的推进，霍夫曼系数不断下降，可有四个阶段的划分：工业化第一阶段，消费品工业生产

① ［英］威廉·配第. 政治算术［M］. 马妍译. 北京：中国社会科学出版社，2010.
② ［英］Colin Clark. The Conditions of Economic Progress［M］. Macmillan，1957：493-494.
③ ［美］库兹涅茨. 国民收入及其构成［M］. 北京：经济科学出版社，1992：342.

在制造业中占据主导地位，资本品工业生产相对较弱；工业化第二阶段，资本品工业生产增长速度加快，但仍未超过消费品工业生产的规模；工业化第三阶段，资本品工业生产持续增长，规模逐渐与消费品相当，两者处于均衡状态；工业化第四阶段，资本品工业生产开始在制造业中占据主导地位，规模超过消费品。[①] 尽管霍夫曼对工业化进程进行了开拓性研究，但其结论未能全面揭露国民经济产业结构的变动趋向，其提出的消费品工业、资本品工业与轻工业、重工业并非完全对应关系，容易使人产生"优先发展重工业"的论断，对信息技术产业、知识密集型产业尤其是服务业的发展未能给出合理解释。

（四）钱纳里标准产业结构理论

美国经济学家钱纳里在与赛尔昆合著的《发展的型式：1950~1970》一书中，通过对 130 个变量的 2 万个数值进行计算，比较分析了 20 年间 101 个国家产业结构变动的一般趋势，并使用基本回归方程得出不同人均 GDP 下的标准产业结构比例值，如表 3–1 所示。需要注意的是，由于国家和地区都有不同的资源禀赋条件、经济发展历史、内外政治形势、工业化水平，政府所设立的中长期发展战略也各有差异，使得钱纳里的标准产业结构与国家或区域实际产业结构之间的差距仅能作为判断产业结构发展水平的参考值，并非绝对、唯一的衡量标准。

表 3–1　不同人均 GDP 下标准产业结构比例

模式	人均 GDP 或 GNP	产值构成			就业构成		
		第一产业	第二产业	第三产业	第一产业	第二产业	第三产业
钱纳里、艾尔金顿、西姆斯模式（1970）（1964 年美元）	200	36.0	19.6	44.4	58.7	16.6	24.7
	300	30.4	23.1	46.5	49.9	20.5	29.6
	400	26.7	25.5	47.8	43.6	23.4	33.0
	600	21.8	29.0	49.2	34.8	27.6	37.6
	1000	18.6	31.4	50.0	28.6	30.7	40.7
	2000	16.3	34.2	49.5	23.7	33.2	43.1
	3000	9.3	40.5	50.2	8.30	40.1	51.6

资料来源：［美］H. 钱纳里，M. 赛尔昆. 发展的型式：1950~1970［M］. 李新华等译. 北京：经济科学出版社，1988：27.

二、结构调整理论

（一）刘易斯二元结构转变论

美国经济学家刘易斯在《劳动无限供给条件下的经济发展》一文中，提出用以揭示发展中国家经济问题的二元结构理论，认为发展中国家国民经济通常由较强的传统农业部门和相对弱小的现在工业部门构成，但发展中国家可以利用丰富的劳动力资源平

① ［美］霍夫曼. 工业化阶段和类型［M］. 北京：中国社会科学出版社，1991：12.

衡两种产业，[①] 加快国民经济发展的步伐。

根据刘易斯的假设，农业由于生产力过剩边际劳动生产率接近于零，农业部门转移出的劳动力工资水平由人均产出决定，同时城市工业利润的储蓄倾向高于农业。由此可知，农业剩余劳动力在城市工业中供给价格较低，且由于工业生产边际劳动生产率远高于农业工资水平，因此工业能够从农业部门获得无限的劳动力供给，而无须支付太高工资，工业便可从劳动力供给价格与边际劳动生产率的差额中获得超额利润。加之，工业利润的储蓄倾向较高，随着工业资本积累支持的生产规模不断扩大，对农村剩余劳动力的吸纳能力将持续增强，在劳动力自农业到工业的转移过程中将产生平衡效应，即工业劳动力边际生产率渐渐降低而农业劳动生产力逐步提高，直到两者边际生产率相等，劳动力停止转移，此时，城市和农村、工业和农业的二元经济结构转变为一元经济结构，实现均衡发展。但这种转变的实现前提条件是，工业能够吸纳农业的全部剩余劳动力，但在多数发展中国家，城市工业的就业岗位有限，且对劳动力素质、技能等要求较高，使得许多农业剩余劳动力无法转移到城市，甚至造成劳动力供给过剩，导致工资水平极低，便不能实现一元经济结构。

（二）罗斯托主导产业选择论

美国经济学家罗斯托在《经济成长的阶段：非共产党宣言》等代表作中相继提出过“主导产业扩散效应”、“经济成长阶段”等论断，如其根据技术标准，将国家经济成长演进划分为六个阶段，并认为每个阶段的演进是以主导产业交替为牵引，每个阶段都有相应的主导产业部门来支撑。在传统社会阶段，由于科技水平落后、生产力低下，主导产业通常为农、林、渔业；在起飞前阶段，科技革命开始在工农业生产中发挥作用，大多数劳动力将从农业转移到工业、交通运输业、商业乃至服务业；在起飞阶段，利润积累率在国民收入中所占比重逐渐上升，资本积累带来的规模拓展，将使一个或者几个产业脱颖而出，成为主导产业带动国民经济增长；在成熟阶段，利润积累率更高，尤其是现代科学技术的普遍运用，将引致更多新兴产业的崛起，产业体系更为丰富，产业结构会得到不断优化；在高额民众消费阶段，制造业高度发达，商业消费需求逐步增多，主导产业通常由耐用消费品及服务产业取代；在生活品质阶段，随着公众个性化消费需求的增多，文教、保健、娱乐、旅游等满足高级需求的产业将逐渐占据主导地位。[②]

尽管罗斯托以技术标准为依据划分经济发展阶段与马克思的主张相背离，但其关于主导产业通过投入产出的辐射效应带动经济增长且主导产业更替有序可循的观点可资借鉴，即任何国家的经济和主导产业演进均是自低级阶段向高级阶段发展，不能跳跃式成长。

① [美] W.A.刘易斯. 劳动无限供给条件下的经济发展 [A]. 现代国外经济学论文选（第 8 辑）[C]. 外国经济学说研究会译. 北京：商务印书馆，1984：49-95.

② [美] W.W.罗斯托. 经济成长的阶段：非共产党宣言 [M]. 郭熙保，王松茂译. 北京：中国社会科学出版社，2001：23.

三、结构演变模式

（一）赤松要雁行形态理论

雁行形态理论是日本经济学家赤松要在考察日本羊毛产品贸易的演变轨迹后提出，又经过小岛清等在日本钢铁工业、汽车工业、纺织工业中验证。该理论的核心观点是，由于技术落后、资本供给较少等原因，工业后进国家无法率先研发、生产较为先进的产品，只能通过进口满足国内对先进产品的需求，此为“产品导入期”。伴随国内需求的增长，看到市场前景的企业通过借鉴、引进技术等手段，在资本供给充足的情况下，开始逐步以同类国产产品代替进口产品，扩大生产规模，并形成自己的产业部门，该阶段为“进口替代期”。在国内需求持续扩大、重工业化进程逐步推进的基础上，后进国家廉价生产要素、规模经济的优势不断累积，加上技术转化率的提高和经营管理的改善，产业竞争力逐步提升，所生产产品不仅能够满足国内市场需求，而且能够以较低价格在国际市场获得一席之地，实现产品出口，进入“产品出口期”。[①] 依托产品“进口—国产—出口”的发展轨迹，如同三只飞翔的大雁，后进国家最终可实现产业升级、经济增长的目的。

（二）产品循环发展模式

美国经济学家弗农认为，产品如同生物生长一样，也有由“导入期”、“成熟期”、“标准化期”等阶段构成的生命周期。一些先进国家，依托技术、资本、人才等优势，率先对产品进行创新、研发、生产，可迅速进入新产品的导入期，占领国内市场。伴随技术的不断更新、生产规模的持续扩大，该产品经过市场检验后逐步走向成熟，在国内市场日渐饱和的情况下，开始向后进国家出口，扩大其销售范围，占据国际市场。而由于产品在更广范围内拓展，市场竞争将随着后进国家的模仿、引进等变得日益激烈，先进国家为了维持其国际影响力和市场份额，将逐步由产品出口转向技术、资本出口，并将工厂迁移至生产要素廉价的后进国家，实现就地生产和销售，以产品的“标准化”运营，进一步降低生产成本，转而通过进口产品满足国内市场需求。当产品生产完成异地迁移后，先进国家又会依托技术、资本和人才开始新一轮的产品研发、生产，进入产品循环发展模式，进而带动产业结构由劳动、资源密集型向资本密集型而后向技术密集型演进，实现产业结构的优化升级。[②] 对于后进国家而言，此种发展模式也极为有利，不仅可以规避由于市场压力、研发成本等造成的高风险，而且能够充分利用先进国家的技术和资金，与自身廉价生产要素相结合，实现成本优势效应返销到先进国家市场，从而缩短后进国家发展进程。

（三）同时开发发展模式

伴随工业技术装备的更新，传统产业逐渐衰退，技术密集型新兴产业不断涌现，

---

① 王乐平. 赤松要及其经济理论［J］. 日本问题，1990（3）：117-126.

② Vernon. International Investment and International Trade in the Product Cycle［J］. Quarterly Journal of Econmics，1966（5）：131-153.

产业结构面临重大更迭。此时，国际市场中，先进国家之间的技术竞争愈加激烈，发展高新技术产业成为各国抢占市场制高点的重点。由于后进国家面临同样的高新技术冲击，为获取后发优势，往往与先进国家同时进行技术创新研发，扶持高新技术产业发展。世界各国竞相开发高新技术产品，使得此类产品相互进出口的数量较其他产品要少，且未来增长幅度也较小。高新技术的同步发展，让处于同时开发模式中的后进国家有了赶超先进国家的机会。在赶超接近尾声时，为确保本国在高新技术产业领域始终保持领先地位，各国只能不断投入更多资金、人力等生产要素到科技研发环节，[①] 持续保障技术竞争优势，以使经济更为强劲地增长。

（四）进口替代与出口导向模式

后进国家为推进本国工业化、现代化进程，通常在一些弱势产业领域推行产业保护政策，鼓励以国产产品代替进口产品满足国内市场需求。此种进口替代的模式被“二战”后的许多新兴独立国家采用，被认为是后进国家实现自身发展的必由之路。在相关政策扶持下，采取进口替代的国家，以本国产业为核心，建立起相对完整、独立的产业体系，然而在长期保护下建立起来的产业通常具有生产效率低下、经营成本较高等缺点，在国际市场难以形成有效竞争力，导致本国产业结构无法融入全球经济一体化潮流中，甚至有些国家在实现消费品国产化时仍需要他国技术、中间产品乃至资本的支持，更易造成外汇短缺的问题。实践证明，进口替代的发展模式仅适用于一些经济大国在工业化某个时期对个别产业短期执行，当产业发展到一定阶段，需要相机转变，即由进口替代转变为开放性贸易模式。

出口导向模式指的是后进国家为实现经济增长，重点扶持和鼓励一些优势产业以国际需求为导向，积极开展国际竞争的产业发展模式。[②] 这种出口导向产业发展模式的形成主要是基于国际市场分工，尤其是一些经济小国依托特殊的资源支撑获得特定产业优势，可在国际市场中占据一席之地，为本国带来经济效益，并促进国家产业结构的顺利演化和升级。

第二节　产业结构模型

产业结构反映了一个国家或地区或某种产业经济发展的水平。文化产业结构的合理化、高级化程度是确保产业持续、健康演进的核心指标，对文化产业结构变动及其效益进行分析评价，也便成为文化产业经济学研究的重要内容之一。一般而言，评价某个产业部门内部产业结构优劣与否，可从以下方面进行：①各类产业（或产业内部的行业）比例关系，能否与国家或地区资源结构相适应，能否发挥区域优势；②产业

① 李悦. 产业经济学（第三版）［M］. 大连：东北财经大学出版社，2014：115.

② 龚仰军. 产业经济学教程（第四版）［M］. 上海：上海财经大学出版社，2014：36.

结构的变化程度，能否体现产业转换与应变的能力，尤其向高级化结构转化、抗干扰性的能力；③产业（或行业）门类的多样化及合理性程度，能否带动产业规模化、专业化发展，能否承担起国家或地区劳动分工的任务；④产业结构的效益，能否带来低成本高收益的最佳资源配置效果，引领科技进步，具备强劲市场竞争力。此外，对产业结构进行分析评价，也能够帮助国家或地区或某个产业部门确定可重点依赖、扶持的主导产业。

一、产业结构变动程度计量

通常有三种指标可以反映产业结构的变动程度，即产业结构变动值、Moore 结构变动值、产业结构超前系数。

（一）产业结构变动值

计算公式[①]为：

$$Z = \sum \left| U_q^i - U_0^i \right| \tag{3-1}$$

式（3-1）中，Z 为产业结构变动值，U_q^i 第 q 报告期时第 i 产业产值（或增加值等）占总产值（或增加值等）比重，U_0^i 为基期第 i 产业产值占总产值比重。Z 值越大，表明产业结构变化幅度越大。但该指标仅是将各产业产值占总产值比重变化的绝对值进行简单叠加，并不能反映各产业具体的变动方向。若需要计算某产业的变动程度及方向，则可用公式：

$$Z_i = [(U_q^i - U_0^i)/U_0^i] \times 100\% \tag{3-2}$$

式（3-2）中，Z_i 为第 i 产业的结构变动值，当 Z_i 为正数，表明其产业份额正在上升；反之，当 Z_i 为负数，表明其产业份额正在下降。

（二）Moore 结构变动值

产业 Moore 结构变化指标运用空间向量测定法，以向量空间中夹角为基础，将 n 个产业的产值（或增加值等）比重运算处理后生成 1 组 n 维向量，并把两个时期之间两组向量间的夹角用以表征产业结构变化的程度。其计算公式[②]为：

$$m_{t+1} = \sum_{i=1}^{n} (U_{it} \times U_{it+1}) / (\sum_{i=1}^{n} U_{it}^2)^{\frac{1}{2}} \times (\sum_{i=1}^{n} U_{it+1}^2)^{\frac{1}{2}} \tag{3-3}$$

式（3-3）中，m_{t+1} 表示第 t + 1 期产业 Moore 结构变化值，U_{it} 为第 t 期第 i 产业产值在全部产业产值中所占比重，U_{it+1} 为第 t + 1 期第 i 个产业产值在全部产业产值中所占比重，n 为全部产业部门数，m_{t+1} 越大表明产业结构变化幅度越大。从平面几何的角度理解 Moore 结构变动值，即矢量长度表示第 i 产业产值比重，整个经济体系或产业体系的 n 个产业平面上可以用闭合的 n 边形表示，当 n 边形某一夹角增大时，其所对应

---

① 韩增林，狄乾斌，刘锴. 辽宁省海洋产业结构分析 [J]. 辽宁师范大学学报（自然科学版），2007：30（1）：107-111.

② 孙东琪，朱传耿，周婷. 苏、鲁产业结构比较分析 [J]. 经济地理，2010，30（11）：1847-1853.

边所表示的那个产业产值比重一定在增加；反之则减少，由此定义矢量即产业产值比重之间的夹角为 θ，则有 $\cos\theta = m_{t+1}$，$\theta = \arccos m_{t+1}$，θ 越大，表明产业结构变化越显著，转换越快。

（三）产业结构超前系数

产业结构超前系数用来反映某一产业部门结构增长比整个经济体系或产业体系中产业平均增长趋势的超前程度。计算公式[①]为：

$$E_i = a_i + (a_i - 1)/R_t \tag{3-4}$$

式（3-4）中，E_i 表示第 i 产业部门的结构超前系数，a_i 表示第 i 产业部门在期末所占比重（产值或增加值等比重）与期初所占比重之比，R_t 表示同期经济体系或产业体系中所有产业的平均增长率。产业结构超前系数计算的是某一产业的具体变化程度，能反映产业结构变化的程度与方向。当 E_i 小于 1 时，表示第 i 产业部门在所有产业中所占比重有下降趋势，且越小于 1，表明产业地位下降幅度越大；当 E_i 大于 1 时，表明第 i 产业部门在所有产业中所占比重有上升趋势，且越大于 1，表明产业有超前发展倾向。

二、产业结构专门化、多样化程度计量

（一）结构相似系数

产业结构相似系数通常用以反映不同国家或地区之间产业结构的一致程度。计算公式[②]为：

$$S_{ij} = \frac{\sum_k X_{ik} X_{jk}}{\sqrt{\sum_k X_{ik}^2 \sum_k X_{jk}^2}} \tag{3-5}$$

式（3-5）中，S_{ij} 表示 i 国家或地区与 j 国家或地区产业结构的相似程度；X_{ik} 表示第 k 产业部门在 i 国家或地区经济体系或某产业体系中产值（或增加值等）所占比重；X_{jk} 表示第 k 产业部门在 j 国家或地区经济体系或某产业体系中产值（或增加值等）所占比重。

（二）产业结构熵数

产业结构熵数源自信息理论中干扰度的概念，即将结构比重变化视为产业结构的干扰因素以综合反映产业结构变化的程度。计算公式[③]为：

$$S_t = \sum_{i=1}^{n} [U_{it} \ln(1/U_{it})] \tag{3-6}$$

式（3-6）中，S_t 为第 t 期产业结构熵数值，U_{it} 为第 t 期第 i 产业产值（或增加值等）在全部产业产值（或增加值等）所占比重，n 为产业部门数。由于 $\sum_{i=1}^{n} U_{it} = 1$，当 U_{it} 均相等时，s_t 有最大值，因此，若产业产值比重相对均匀，则产业结构熵数值就越

①② 刘志彪. 产业经济学［M］. 北京：机械工业出版社，2015：221.

③ 吴健鹏. 广东省海洋产业发展的结构分析与策略探讨［D］. 广州：暨南大学硕士学位论文，2008.

大，反之则越小。换言之，s_t 越大，说明产业结构发展形态趋于多元化，各产业部门发展较为均衡；反之则 s_t 越小，说明产业结构发展形态趋于单一化，各产业部门发展程度差距较大、产业结构较为失衡。

（三）Hamming 贴近度

Hamming 贴近度通过计算某国家或地区产业结构与标准产业结构的相近程度来表征产业结构的合理化程度。计算公式为：

$$T_h = 1 - \frac{1}{3}\sum_{i=1}^{3}\left|S_i^d - S_i^r\right| \tag{3-7}$$

式（3-7）中，T_h 表示 Hamming 贴近度，S_i^d 表示国家或地区经济体系内各个产业的产值比重，S_i^r 表示作为参照的标准产业结构，通常选取钱纳里的三次产业结构标准。T_h 越接近于 1，表明产业结构与标准产业结构越相近。

三、产业结构效益分析计量

合理的产业结构不仅在产业部门之间具有恰当的数量比例，而且能够以较低的投入创造较高的经济产出，带动经济有效增长。

（一）比较劳动生产率

比较劳动生产率衡量的是经济体系或产业体系中不同产业创造的国民收入（或产值、增加值等）占全部国民收入（或产值、增加值等）的比重与所投入的劳动力比重之比。计算公式为：

$$B_i = \frac{G_i/G}{L_i/L} \tag{3-8}$$

式（3-8）中，B_i 表示产业 i 的比较劳动生产率，G_i 表示产业 i 创造的国民收入（或产值、增加值等），G 表示全部产业创造的国民收入（或产值、增加值等），L_i 表示产业 i 从业人员数量，L 表示全部产业从业人员数量。进行比较劳动生产率计算，不仅能够得知国民收入在各产业部门的构成，劳动力在各产业部门的分布，而且可以了解各产业部门劳动生产率的增长水平、比较生产率的相对水平，通过与同一时期内其他产业的横向比较，反映某产业在国民经济体系或产业体系中的地位。如库兹涅茨对 1948~1954 年 40 个不同人均 GNP 水平的国家进行三次产业比较劳动生产率计算，发现发展中国家第一次产业与第二次、第三次产业的比较劳动生产率差距比发达国家要悬殊，即国家越贫穷落后，三次产业的比较劳动生产率差距越大。[①]

（二）产业结构增长波动值

产业结构增长波动值反映的是各产业部门之间稳定增长、协调增长的情况，无论是产业结构中有某产业“异军突起”还是“兀自衰落”，都是结构波动剧烈、效益低下的表现。产业结构的增长波动值通常用绝对差异指数——标准差和相对差异指数——变异系数来表示。计算公式分别为：

---

① [美] 西蒙·库兹涅茨. 各国的经济增长：总产值和生产结构 [M]. 常勋等译. 北京：商务印书馆，2015：3.

$$S=\sqrt{\frac{\sum_{i=1}^{n}(p_i-\bar{p})^2}{n}} \tag{3-9}$$

$$V=\frac{\sqrt{\frac{\sum_{i=1}^{n}(p_i-\bar{p})^2}{n}}}{\bar{p}} \tag{3-10}$$

式（3-9）和式（3-10）中，S 表示各产业发展标准差，p_i 为第 i 产业产值（或增加值等）增长率，$\bar{p}$为 p_i 的平均值即所有产业产值（或增加值等）平均增长率，n 为所有产业部门数。V 表示各产业发展变异系数，也称离散系数。产业之间的绝对差异和相对差异越缩小，则表明各产业发展越趋于稳定化、协调化，稳定协调的产业结构变动通常能够带来平稳增长的经济效益。

（三）技术进步率

技术进步率通常用综合要素生产率（TFP）来表示，其衡量的是投入生产资料数量转换为产出经济效益的水平。计算公式为：

$$T=U_i-(\alpha\times C_i+\beta\times L_i) \tag{3-11}$$

式（3-11）中，T 表示技术进步率，U_i 表示第 i 产业产值（或增加值等）的增长率，C_i 表示第 i 产业投入的资本增长率，L_i 表示第 i 产业投入的劳动力增长率，α、β 则分别为资本投入权重和劳动力投入权重，通常 α 为资本产出弹性，β 为劳动产出弹性，假定在一定生产时期内 α、β 为常数，并且 $\alpha+\beta=1$。技术进步是引发产业结构向高附加值、高级化、合理化方向演进的重要原因，技术进步率能够反映产业科技转化为现实生产力的水平，时常被视为衡量产业结构经济效益的关键指标之一。

（四）出口产品竞争力指数

出口产品竞争力指数用以衡量产业产品或服务在国际进出口贸易中的地位，综合反映该产业加工深浅程度、附加值高低程度、技术密集程度等方面的情况，是产业结构效益测算的重要指标。计算公式①为：

$$R_{ij}=\frac{X_{ij}/\sum_{i=1}^{m}X_{ij}}{\sum_{j=1}^{n}X_{ij}/\sum_{i=1}^{m}\sum_{j=1}^{n}X_{ij}} \tag{3-12}$$

式（3-12）中，R_{ij} 表示第 i 个国家第 j 产业出口竞争力指数，X_{ij} 表示第 i 个国家第 j 产业出口额，则 $\sum_{i=1}^{m}X_{ij}$ 为世界市场中 i 产业出口总额，$\sum_{j=1}^{n}X_{ij}$ 为第 i 个国家所有产业出口额，$\sum_{i=1}^{m}\sum_{j=1}^{n}X_{ij}$ 为世界所有产业出口总额。R_{ij} 越大，则表明某国家某产业在国际市场

① 刘志彪. 产业经济学［M］. 北京：机械工业出版社，2015：224.

出口贸易额中所占比重较大，即该产业国际市场占有率较高、竞争力较强。必然有 $R_{ij}>1$，表示该产业出口竞争力较强，$R_{ij}<1$ 则表示该产业出口竞争力较弱。

四、主导产业选择计量

主导产业是指在产业结构中，处于主要支配地位，比重较大，综合效益较高，与其他产业关联度高，对国民经济的驱动作用较大，且具有较大增长潜力的产业。[①]国家经济体系或某产业体系的主导产业（行业）一般依据产业结构的演进阶段、产业关联带动效应、产业经济效益等因素确定。在产业经济学领域，用以判别选择主导产业的标准主要有需求收入弹性、生产率、关联度等，常用模型包括洛伦茨曲线、SSM 模型等，还有学者提出过劳动内容、过密环境、增长后劲、瓶颈效应、短替代弹性等标准。[②]

（一）需求收入弹性

日本经济学家筱原三代平于日本经济高速增长时提出需求收入弹性这一判别主导产业的标准，用以反映市场上某产业产品需求增长对收入增加的依赖程度。在收入水平提高时，消费者对有些产品的需求增长幅度大于收入水平提高幅度，而对有些产品的需求增长幅度小于收入水平提高幅度，甚至对一些产品的需求反而呈下降态势。在国民经济平稳运行即人均收入水平逐步提高的国家，一般选择需求收入弹性最高的产业作为主导产业，随着其在产业结构中所占比重逐步提高，带动国民经济或产业体系顺势增长。需求收入弹性计算公式为：

$$E_i=\frac{\Delta Q_i/Q_i}{\Delta Y/Y} \tag{3-13}$$

式（3-13）中，E_i 表示 i 产业的需求收入弹性系数，ΔQ_i 表示 i 产业的需求增加量，Q_i 表示 i 产业的原需求量，ΔY 表示收入的增加量，Y 表示原收入量。以需求收入弹性为基准确定主导产业，是以满足市场需求为导向选择能够带动经济增长最快的产业，符合经济动态演进的一般规律和客观要求。根据世界银行的测算，人均收入在 390~1230 美元时，房地产、交通工具及文化娱乐业的需求收入弹性最高。

（二）生产率上升率

需求收入弹性从需求角度确定主导产业，生产率上升率则是从供给角度筛选主导产业，同样是由筱原三代平提出。生产率根据产出与全部生产要素投入之比来计算。全要素生产率上升最快的产业作为主导产业，一方面能够带动资源利用效率的提升，另一方面则有利于提高产品或服务的出口竞争力。据世界银行测算，中等收入发展中国家增加值的 1/3 由全要素生产率的提升创造，而发达国家将近一半的增加值由全要素生产率的提升创造。生产率上升率的计算公式为：

$$P_{i+1}=(S_{i+1}-S_i)/S_i\times 100\% \tag{3-14}$$

① 林洁. 基于投入产出表的山东省主导产业选择［D］. 济南：山东大学硕士学位论文，2010.

② 臧旭恒，杨蕙馨，徐向艺. 产业经济学（第五版）［M］. 北京：经济科学出版社，2015：308.

式（3-14）中，P_{i+1} 表示第 i + 1 年国民经济或某产业生产率上升率，S_i 表示第 i 年国民经济或某产业的生产效率，S_{i+1} 表示第 i + 1 年国民经济或某产业的生产效率。市场需求的大幅度增加，能够促进全要素生产率迅速上升，生产率上升则能进一步降低成本，减少消费者的实际支付，更进一步推进市场需求的增加，从而形成良性循环。可见，当国民经济或产业处于发展上升期时，需求收入弹性的提高与生产率上升率的提高是同步的。随着收入不断扩大的市场需求是生产率上升率提高的基础，但由于落后的发展中国家收入水平提升极其缓慢，以市场需求为导向的消费增长也变化较缓，导致社会积累效应不显著，收入需求弹性与生产率上升率便会出现矛盾，[①] 此时单纯追求高生产率并不能达到理想效果。

（三）SSM 模型

SSM（Shift-Share Method）分析方法即“偏离—份额分析法”，由美国学者 Dunn、Perloff、Lampard 和 Muth 等在 20 世纪 60 年代提出并不断完善，逐渐成为主导产业选择的主要方法。SSM 通常以区域某产业体系为研究对象，将其看作动态演变的系统，以区域所在大区或国家为参考标准，将一定时期内区域产业经济总量变动分解为经济增长偏离、结构偏离、竞争偏离三个分量，用以判断区域产业经济的增长或衰退情况，分析产业结构优劣尤其是各产业竞争力的强弱，进而将具有相对竞争力的产业作为主导产业来发展。具体计算过程如下：

选择区域 t 年数据作为研究对象，假设区域某产业体系总值为 y，全国该产业总值为 Y，区域该产业体系由 j 个具体产业部门构成，则 $y_{j,0}$、$y_{j,t}$、$Y_{j,0}$、$Y_{j,t}$($j = 1, 2, \cdots, n$) 分别代表区域该产业体系中各产业部门与全国相应产业部门在［0，t］年间的初期与末期产值（或增加值等）。区域和全国该产业体系中第 j 个产业部门在［0，t］年间的变化率则可表示为 $r_j = (y_{j,t} - y_{j,0})/y_{j,0}$，$R_j = (Y_{j,t} - Y_{j,0})/Y_{j,0}$($j = 1, 2, \cdots, n$)。对区域产业体系中各产业部门产值进行标准化处理，得 $y_j' = y_0 \cdot Y_0$($j = 1, 2, \cdots, n$)。则［0，t］年间，区域各产业部门增长量以 G_j 表示，经济增长偏离、结构偏离和竞争偏离三个分量分别为 N_j，P_j，D_j，则有 $G_j = N_j + P_j + D_j$，$N_j = y_j' \cdot R_j$，$P_j = (y_{j,0} - y_j') \cdot R_j$，$D_j = y_{j,0} \cdot (r_j - R_j)$，($j = 1, 2, \cdots, n$)。

其中，经济增长分量 N_j 表示该产业在全国各区域的平均增长效应，即区域标准化后的 j 产业产值按照全国平均增长率所应产生的变化；结构偏离分量 P_j 表示产业结构效应，通过假定区域 j 产业产值增长率与全国平均率一致，来分析该产业结构对经济增长的贡献，值越大则表明产业结构对产业经济总量增长贡献越大；竞争力偏离分量 D_j 表示区域份额效应，计算的是区域 j 产业与全国 j 产业增长率不同引起的偏差，其值越大表明区域该产业竞争力越强，对经济的拉动作用越明显。

由此可得，区域该产业体系增长量 $G = N + P + D$，$N = \sum_{j=1}^{n} y_j' \cdot R_j$，$P = \sum_{j=1}^{n} (y_{j,0} - y_j') \cdot R_j$，

① 臧旭恒，杨蕙馨，徐向艺. 产业经济学（第五版）［M］. 北京：经济科学出版社，2015：308.

$D=\sum_{j=1}^{n}y_{j,0}\cdot(r_j-R_j)(j=1, 2, \cdots, n)$。进而，根据区域产业体系中各产业部门在全国于期初和期末所占比重值 $K_{j,0}=y_{j,0}/Y_{j,0}$，$K_{j,t}=y_{j,t}/Y_{j,t}$，计算出相对增长效应指数 L、结构效应指数 W、竞争效应指数 V，则有：

$$L=\frac{y_t}{y_0}:\frac{Y_t}{Y_0}=\frac{\sum_{j=1}^{n}K_{j,t}\cdot y_{j,t}}{\sum_{j=1}^{n}K_{j,0}\cdot Y_{j,0}}:\frac{\sum_{j=1}^{n}Y_{j,t}}{\sum_{j=1}^{n}Y_{j,0}}$$

$$=\left[\frac{\sum_{j=1}^{n}K_{j,0}\cdot Y_{j,t}}{\sum_{j=1}^{n}K_{j,0}\cdot Y_{j,0}}:\frac{\sum_{j=1}^{n}Y_{j,t}}{\sum_{j=1}^{n}Y_{j,0}}\right]\cdot\left[\frac{\sum_{j=1}^{n}K_{j,t}\cdot Y_{j,t}}{\sum_{j=1}^{n}K_{j,0}\cdot Y_{j,t}}\right]$$

$$=W\cdot V \tag{3-15}$$

根据 SSM 模型可知，当 $L>1$ 时，表明该区域产业增长率高于全国平均水平；当 $W>1$ 时，表明该区域新兴产业多且产业结构较为合理；当 $V>1$ 时，表明该区域产业竞争力较强。由此，选择主导产业的三个主要标准，可确定为：①净额偏离标准，由 $G-N$ 得知，表示区域产业发展好于全国平均水平，值越大表明发展水平越高；②结构偏离标准，即为 P，表示区域产业结构优劣，值越大表明区域新兴产业比重较高，产业结构越优良；③竞争偏离标准，即为 D，表示区域产业相对竞争力，值越大表明区域产业增长速度越快，竞争力越强。

第三节 中国文化产业结构分析

当前，世界各国或地区由于文化多样性的存在、对文化产业理解的差异、文化产业地位的不同以及文化和意识形态管理体制的迥异，决定了对文化产业的分类存在较大区别。如英国文化部将其创意产业划分为音乐产业、表演艺术产业、文化艺术产业、彩票业四大类，涵盖了音乐、出版、电影、电视和广播、表演艺术、软件、游戏、艺术品和古董、建筑、广告、设计、时装、手工艺品 13 个产业门类；美国在与加拿大和墨西哥建立的北美产业分类系统（NAICS）中将文化信息产业划分为印刷业和出版业、娱乐业和电子传媒业、旅行与旅游业三大产业类别共 30 个产业门类；韩国在《文化产业振兴基本法》中将文化产业分为广播、影视、音像、动画、游戏、演出、文物、出版印刷、美术、文物、传统工艺品、创意设计、传统食品、传统服装、网络、多媒体影像设计等产业类别。2004 年，中国国家统计局制定发布了《文化及相关产业分类》，并于 2012 年进行了全面修订，不仅为国内学界开展文化产业统计研究提供了统一依据，而且为厘清文化产业边界及构成奠定了基础。

根据《文化及相关产业分类（2012）》，文化产业由文化产品的生产和文化相关产品的生产两大部分构成，依据管理需要和生产活动的共性，进一步划分为新闻出版发行服务、广播电视电影服务、文化艺术服务、文化信息传输服务、文化创意和设计服务、文化休闲娱乐服务、工艺美术品的生产、文化产品生产的辅助生产、文化用品的生产、文化专用设备的生产 10 个大类，根据生产活动的相近性大类又具体由 50 个中类、120 个小类构成。

依据产品和服务文化、创意、内容含量的不同，学界习惯将文化产业划分为核心层、外围层和相关层三个层次。其中，文化产业核心层主要由新闻服务、出版发行和版权服务、广播电视电影服务、文化艺术服务等产业构成；外围层主要由文化休闲娱乐服务、网络文化服务等产业构成；相关层主要由文化用品、设备及相关文化产品的制造等产业构成，具体如图 3-1 所示。

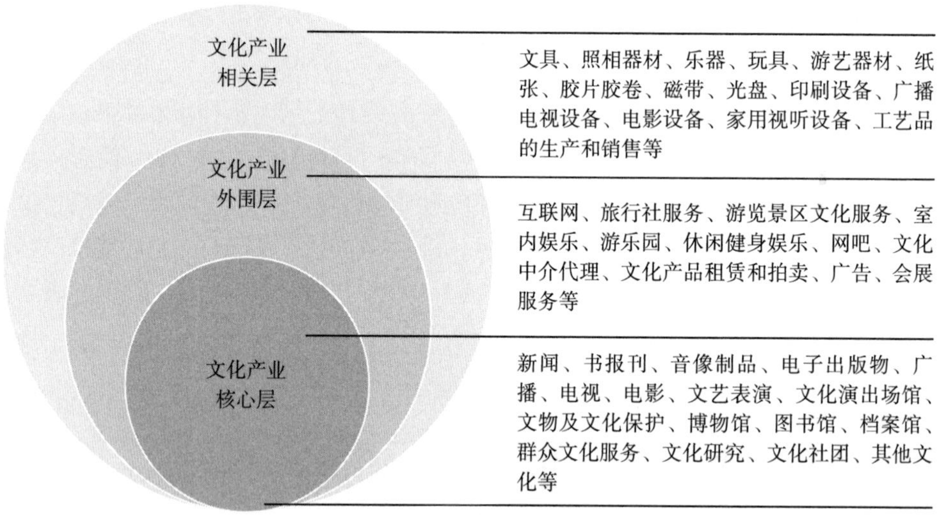

图 3-1　文化产业层次划分

基于产业链理论，可进一步将文化产业分为内容产业、渠道产业和制造产业。内容产业（也称文化服务业）即文化产业的上游产业，主要提供内容创意、设计与制作服务，包括文学创作、艺术生产、舞台表演、影视剧拍摄、音乐制作、书报刊出版等；渠道产业（也称文化批发和零售业）即文化产业的中游产业，主要提供文化产品传播与销售服务，包括出版物发行、广电节目复制传输、电影放映、文化贸易代理与拍卖等；制造产业即下游产业，主要进行文化产品及设备的工业制造，包括工艺美术品、园林陈设艺术、办公用品、乐器、玩具等的生产制造。本章则按历年《中国文化及相关产业统计年鉴》的统计口径，把文化产业分为文化服务业（内容产业）、文化批发和零售业（渠道产业）以及文化制造业三大门类及其下属的 10 个大类、50 个产业中类，进行产业结构分析。

一、中国文化产业结构静态分析

（一）三大门类结构分析

在 2015 年文化产业结构中，文化服务业虽然占据了文化产业一半以上的企业数量、资产总额，但其从业人员尤其是营业收入所占比重相对较少，总体生产规模仍然以文化制造业为主。如图 3-2 所示，2015 年，文化服务业由 61.78 万家企业构成，占全部文化企业的 62.62%，共吸纳从业人员 768.14 万人，占全部文化从业人员的 42.87%，资产总额达 78661.86 亿元，占全部文化企业资产总额的 57.77%，营业收入为 33317.78 亿元，占全部文化企业营业收入的 29.51%，利润总额为 13640 亿元，占全部文化企业利润的 50.08%，劳动生产率为三大门类最低，只有 43.37 万元/人，资产收益率也不高，仅为 0.17。

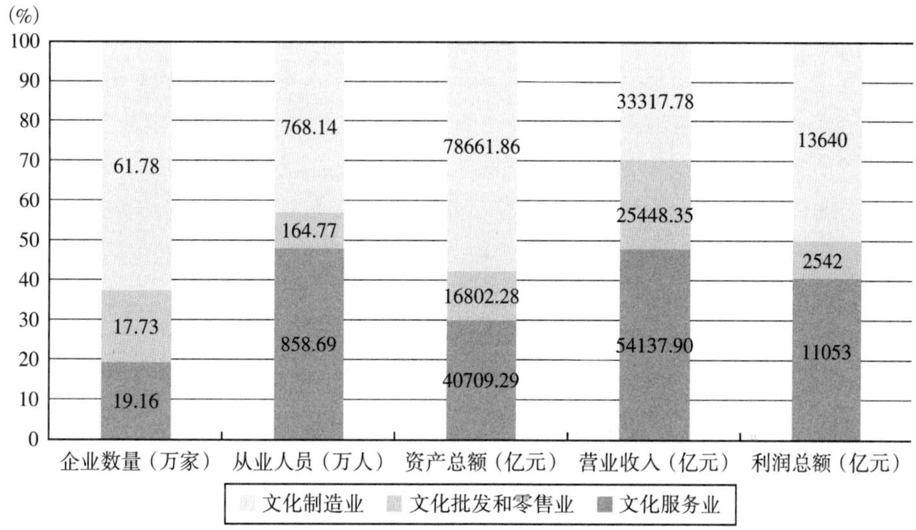

图 3-2 2015 年三大门类文化产业经济指标

资料来源：根据《中国文化及相关产业统计年鉴（2016）》整理。

文化制造业尽管拥有的企业数量仅占全部文化企业的 19.42%，却吸纳了 47.93%的文化从业人员，并以 29.90%的文化企业资产总额创造了 47.95%的文化企业营业收入，利润总额达 11053 亿元，占全部文化企业利润的 40.58%，资产收益率和劳动生产效率均较高，分别为 0.27 和 63.05 万元/人。

发展相对较弱的文化批发与零售业，2015 年企业数量仅为 17.73 万家，从业人员 164.77 万人，资产总额累计 16802.28 亿元，营业收入完成 25448.35 亿元，实现利润总额 2542 亿元，分别占文化产业总数的 17.97%、9.20%、12.34%、22.54%和 9.33%，由于文化批发与零售业为渠道型产业，主要负责文化产品的规模化复制、批发和销售，依托机械设备、网络通信等，劳动生产效率为三大门类最高，达 154.44 万元/人，但由于花费固定资产比重较大，资产收益率仅为 0.15。

（二）10大类结构分析

按照文化产业10大类划分，2015年文化用品的生产总体规模最大，该大类共有企业约14.10万家，吸纳从业人员444.85万人，积累资产总额26925.82亿元，实现营业收入36753.95亿元，分别占全部文化企业的14.29%、24.83%、19.77%和32.55%，除企业数量和资产总额占比外，从业人员和营业收入分别比排位第二的文化创意和设计服务高出4.86个和16.35个百分点，说明在工业化规模生产的条件下，该产业劳动生产效率较高，为82.62万元/人，能够以较少的劳动力创造较多的收入。

工艺美术品的生产、文化创意和设计服务以及文化产品生产的辅助生产三个大类产业规模也相对较大，2015年三个大类产业营业收入占全部文化企业收入总额的比重分别为18.06%、16.20%和12.18%。同时，此三大类产业所拥有企业分别占全部的11.58%、31.73%和16.56%，吸纳的从业人员比重分别为15.48%、19.97%和15.29%，累积资产总额占比分别为10.14%、20.76%和11.90%，其中，文化创意和设计服务资产总额为10大类产业中最高，达28268.64亿元。

其余6个大类产业总体规模相对较小，按营业收入排序，文化专用设备的生产、文化信息传输服务、新闻出版发行服务、文化休闲娱乐服务、广播电视电影服务、文化艺术服务所完成营业收入分别占全部收入的7.28%、4.80%、3.63%、2.63%、1.82%和0.84%，该6个大类产业拥有企业数量、吸纳从业人员以及累计资产总额所占比重分别只有25.84%、24.43%和37.43%，尤其以文化艺术服务和文化休闲娱乐服务的劳动生产率最低，仅为19万元/人左右（见表3-2）。通过以上分析能够看出，10个文化大类产业发展参差不齐，文化产业结构不均衡态势显著。

表3-2　2015年10大类文化产业经济指标

2015年	企业数量（个）	从业人员（人）	资产总额（万元）	营业收入（万元）
新闻出版发行服务	22592	583493	85795705	40978678
广播电视电影服务	15095	356059	60351602	20569907
文化艺术服务	50736	491926	41346557	9458911
文化信息传输服务	26616	778441	133648299	54141049
文化创意和设计服务	313102	3577258	282686392	182937481
文化休闲娱乐服务	125313	1546022	145791711	29738298
工艺美术品的生产	114227	2774030	138069212	203950993
文化产品生产的辅助生产	163356	2739518	162005891	137552704
文化用品的生产	141015	4448458	269258212	367539466
文化专用设备的生产	14654	620784	42780747	82172875
合计	986706	17915989	1361734328	1129040362

资料来源：根据《中国文化及相关产业统计年鉴（2016）》整理。

（三）50中类结构分析

2015年在50个中类产业中，极少数产业创造了中国文化产业大部分产出份额。按照营业收入占比排序，工艺美术品的制造产出规模最大，约为12853.05亿元，占全部文化企业营业收入的11.38%。随后，印刷复制服务、视听设备制造、广告服务、工艺美术品的销售、文化用纸的制造、文化用家电的销售6个中类产业产出规模也较大，占全部文化企业营业收入的比重分别为9.22%、7.27%、6.68%、5.78%、4.89%和4.63%。以上7个中类占全部文化企业营业收入的比重达49.85%，接近50个中类的一半，且除广告服务外，6个中类产业均属于文化制造业和文化渠道业。此外，各中类文化产业在其他经济指标所占比重的差距也较大，排序前7位的产业拥有企业数量、吸纳从业人员以及累计资产总额分别占全部文化企业的58.44%、50.50%和45.44%（见表3–3）。这说明文化产业生产规模及生产要素均在少数产业部门得以集中，各文化产业部门发展水平有高有低，且仍以文化制造业生产规模最大、生产要素集聚最多，产业结构距离多样化、高级化、创意化的格局仍较远。

表3–3　2015年50中类文化产业经济指标

2015年	企业数量（个）	从业人员（人）	资产总额（万元）	营业收入（万元）
文化制造业	**191569**	**8586868**	**407092883**	**541379044**
工艺美术品的制造	56085	2053312	81926025	128530540
园林、陈设艺术及其他陶瓷制品制造	4391	232933	5475931	10145285
印刷复制服务	74588	2045088	86554482	104141550
办公用品的制造	6425	245627	7145435	10705349
乐器的制造	2031	99205	3486637	4495161
玩具的制造	10629	898799	14679731	26033378
游艺器材及娱乐用品的制造	1928	81007	3924472	5246972
视听设备的制造	5045	723652	52183672	82082411
焰火、鞭炮产品制造	5710	591103	9282695	20676184
文化用纸的制造	6224	476904	72074405	55213180
文化用油墨颜料的制造	2500	104293	8305498	10271582
文化用化学品的制造	502	64518	9627571	9070180
其他文化用品的制造	8102	432850	23505417	38181711
印刷专用设备的制造	2872	85139	5051430	5780568
广播电视电影专用设备的制造	3154	287613	15831735	18685548
其他文化专用设备的制造	1383	164825	8037747	12119445
文化批发和零售业	**177300**	**1647749**	**168022811**	**254483502**
发行服务	17415	275784	31150884	26030165
工艺美术品的销售	53751	487785	50667256	65275169
文化贸易代理与拍卖服务	6970	70473	7302156	12027494
文具乐器照相器材的销售	50166	305277	23070955	35804495
文化用家电的销售	19303	256280	28065173	52268468

续表

2015年	企业数量（个）	从业人员（人）	资产总额（万元）	营业收入（万元）
其他文化用品的销售	22450	168943	13906552	17490396
广播电视电影专用设备的批发	4668	52234	11466506	40543811
舞台照明设备的批发	2577	30973	2393329	5043504
文化服务业	**617837**	**7681372**	**786618635**	**333177820**
新闻服务	301	12446	1574350	306204
出版服务	4876	295263	53070472	14642309
广播电视服务	1760	91331	19193899	6288187
电影和影视录音服务	13335	264728	41157703	14281721
文艺创作与表演服务	10058	202971	10007750	2933364
图书馆与档案馆服务	395	3545	133737	60557
文化遗产保护服务	1264	25490	5765747	557909
群众文化服务	5491	39238	3420827	812640
文化研究和社团服务	1522	23759	7138396	829788
文化艺术培训服务	8756	74844	2522194	1116263
其他文化艺术业服务	23250	122079	12357907	3148390
互联网信息服务	22565	448959	83983647	40344993
增值电信服务 (文化部分)	1050	42331	5343260	2756854
广播电视传输服务	3001	287151	44321391	11039202
广告服务	192279	1431471	121186940	75370836
文化软件服务	33546	719394	65655452	39684011
建筑设计服务	41472	917270	64259038	40710712
专业设计服务	45805	509123	31584963	27171922
景区游览服务	11584	473768	107362215	11308517
娱乐休闲服务	103967	977899	36568840	16802793
摄影扩印服务	9762	94355	1860656	1626989
版权服务	3285	33929	3431534	1418352
文化经纪代理服务	4966	29737	3245018	910305
文化出租服务	1025	36033	1661375	1080539
会展服务	31001	266185	31323004	10773367
其他文化辅助服务	41521	258073	28488320	7201096

资料来源：根据《中国文化及相关产业统计年鉴（2016）》整理。

二、中国文化产业结构动态分析

为全面了解中国文化产业结构变动方向、程度及各产业相对发展水平，这里选取产业结构变动值、结构相似系数、产业结构熵数、比较劳动生产率、需求收入弹性对文化产业三大门类、10 大类、50 中类产业结构动态演变进行进一步分析。受统计数据的可获得性，且为确保计算结果的延续性和可比性，以目前各层次文化产业的营业收入为基础进行以下计算和分析。

（一）文化产业结构变动程度

根据式（3–1）产业结构变动值的计算结果，从文化产业三大门类来看，尽管文化制造业营业收入在 2015 年仍然占据最大比重，为 47.95%，但相较于 2004 年的 53.81%，下降了 5.86 个百分点，同时下降的还有文化批发和零售业的比重，自 2004 年的 25.52%下降为 22.54%，而文化服务业所占比重则由 2004 年的 20.67%上升至 2015 年的 29.51%，上升了 8.84 个百分点。由此可以看出，文化产业正在由以第二制造业为主导向第三服务业为主导的结构演变，产业结构逐步优化，发展格局日趋合理，只是这种演变速度相对缓慢，目前尚未完全摆脱以第二产业为主导的低端化阶段，不仅对各类生产要素尤其是机械等固定资产的消耗较大，而且阻碍了内容、创意、技术等高级生产要素价值创造的发挥。

从 10 大类文化产业结构变动值来看，如图 3–3 所示，2013~2015 年，除文化专用设备的生产外，文化用品的生产、工艺美术品的生产等文化制造业所占比重均有显著下滑，分别下降了 2.30 个、1.03 个百分点，同时文化创意和设计服务、文化信息传输服务、文化休闲娱乐服务等文化服务业所占比重不断上升，上升幅度分别为 1.85 个、1.13 个、0.35 个百分点。值得一提的是，由于网络新媒体带来的冲击，在文化信息传输服务比重上升的同时，新闻出版发行服务比重已有下降趋势。

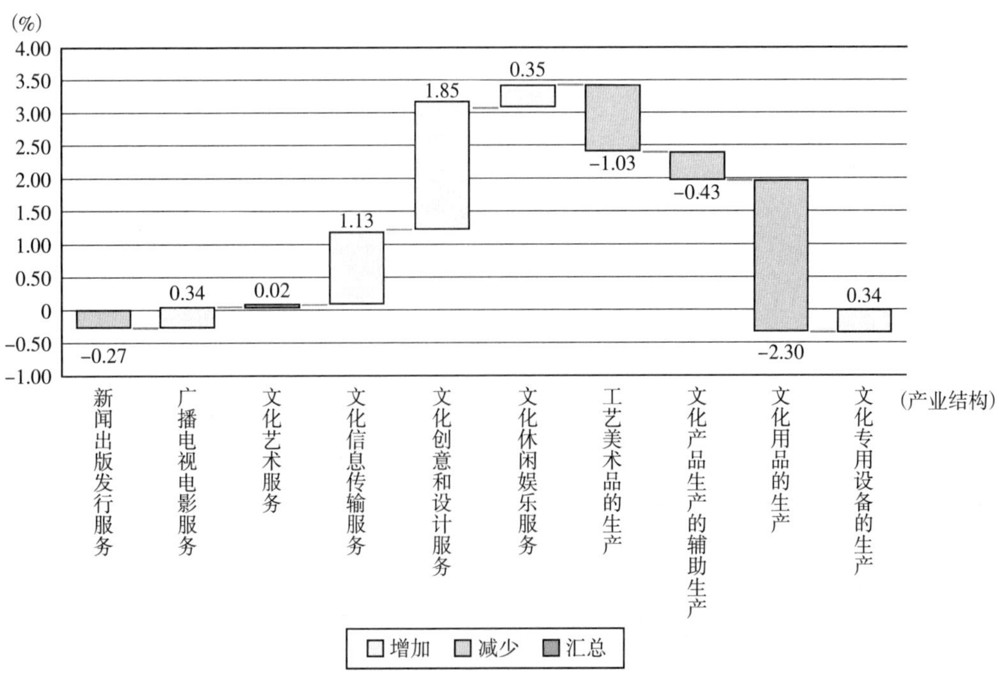

图 3–3 2013~2015 年 10 大类文化产业结构变动值及方向

具体从50中类文化产业结构变动值来看，2013~2015年，以互联网信息服务、文化软件服务、专业设计服务、电影和影视录音服务、娱乐休闲服务等为代表的新型文化服务业收入比重上升幅度较大，同时，其他文化用品的制造、园林、陈设艺术及其他陶瓷制品制造，游艺器材及娱乐用品的制造等文化制造业比重也有所上升，广播电视电影专用设备的批发等文化批发和零售业比重同步抬高。印刷复制服务、出版服务、广播电视传输服务、新闻服务以及文艺创作与表演服务等传统文化服务业收入比重显著下滑，相应的视听设备的制造、文化用纸的制造、工艺美术品的制造、其他文化专用设备的制造等文化制造业，包括工艺美术品的销售、舞台照明设备的批发、文具乐器照相器材的销售等文化批发与零售业的比重均有所下降。

表 3-4　2013~2015 年 50 中类文化产业结构变动值及方向　　单位：%

2013~2015年	产业结构变动	2013~2015 年	产业结构变动
工艺美术品的制造	-0.63	出版服务	-0.34
园林、陈设艺术及其他陶瓷制品制造	0.18	广播电视服务	0.03
印刷复制服务	-0.71	电影和影视录音服务	0.31
办公用品的制造	-0.08	文艺创作与表演服务	-0.09
乐器的制造	-0.03	图书馆与档案馆服务	0.00
玩具的制造	-0.21	文化遗产保护服务	0.02
游艺器材及娱乐用品的制造	0.12	群众文化服务	0.01
视听设备的制造	-1.66	文化研究和社团服务	0.06
焰火、鞭炮产品制造	-0.12	文化艺术培训服务	0.02
文化用纸的制造	-0.75	其他文化艺术业服务	0.01
文化用油墨颜料的制造	-0.03	互联网信息服务	1.18
文化用化学品的制造	-0.06	增值电信服务（文化部分）	-0.01
其他文化用品的制造	0.61	广播电视传输服务	-0.04
印刷专用设备的制造	0.00	广告服务	0.23
广播电视电影专用设备的制造	0.02	文化软件服务	0.77
其他文化专用设备的制造	-0.65	建筑设计服务	0.14
发行服务	0.09	专业设计服务	0.72
工艺美术品的销售	-0.59	景区游览服务	0.12
文化贸易代理与拍卖服务	0.09	娱乐休闲服务	0.23
文具乐器照相器材的销售	-0.15	摄影扩印服务	0.00
文化用家电的销售	0.08	版权服务	0.06
其他文化用品的销售	-0.03	文化经纪代理服务	0.01
广播电视电影专用设备的批发	1.13	文化出租服务	0.08
舞台照明设备的批发	-0.15	会展服务	0.00
新闻服务	-0.02	其他文化辅助服务	0.05
产业结构变动值		12.68	

（二）文化产业结构多样化程度

在结构相似系数方面，由于数据可获得性的限制，这里参考《中国文化产业发展报告（2015~2016）》公布的数据（见图 3-4）得知，以北京市 10 大类文化产业营业收入的构成为基准，2013 年，绝大多数省（市、自治区）文化产业结构与北京市的相似系数在 0.50 以上，尤其是新疆、西藏、云南、湖北、甘肃、贵州、宁夏、内蒙古、陕西等中西部省份与北京相似系数均高于 0.80，上海的文化产业结构相似系数也高达 0.87。相对而言，江西、山东、四川、湖南、青海等省份文化产业大类构成与北京差异较大，表现出一定的异质性发展空间。

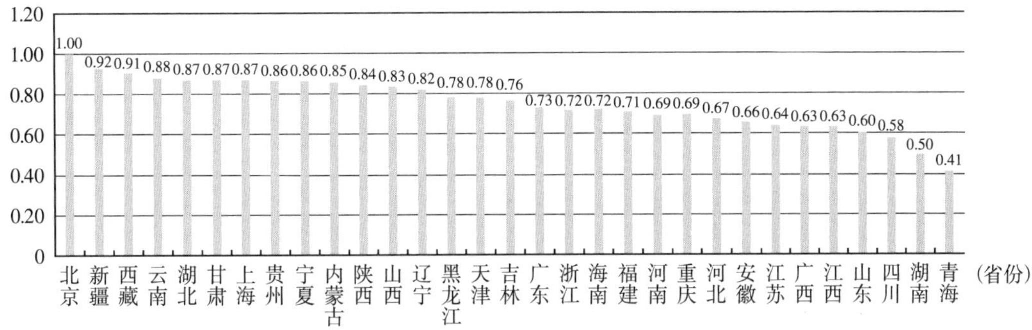

图 3-4 2013 年 31 个省份 10 大类文化产业结构相似系数

资料来源：张晓明等. 中国文化产业发展报告（2015~2016）［M］. 北京：社会科学文献出版社，2016：89. 根据该文献数据整理。

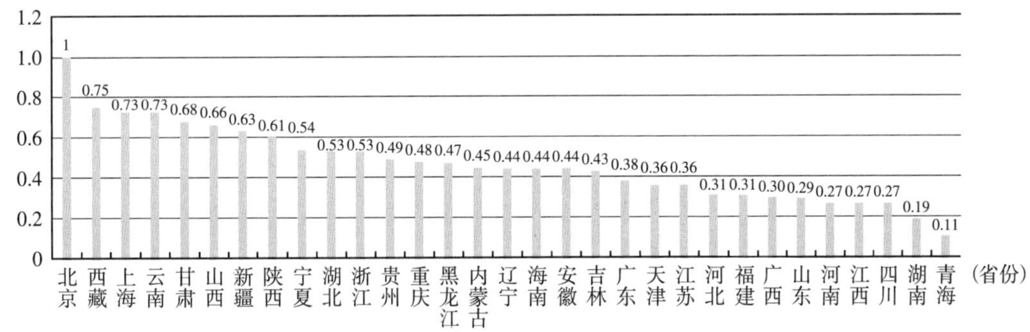

图 3-5 2013 年 31 个省份 50 中类文化产业结构相似系数

资料来源：张晓明等. 中国文化产业发展报告（2015~2016）［M］. 北京：社会科学文献出版社，2016：89. 根据该文献数据整理。

但以北京市 50 中类文化产业营业收入构成为基准，进行产业结构相似系数计算，如图 3-5 所示，30 个省份文化产业中类构成与北京的相似系数均小于 0.80，相似性较高的省份仍然集中在西藏、上海、云南、甘肃、山西、新疆、陕西、宁夏、湖北等，而广东、天津、江苏、河北、福建、广西、山东、河南、江西、四川、湖南、青海等省份与北京的相似程度均不足 0.40，表明文化产业中类结构呈现出较为显著的地区差异，各地文化产业生产的侧重点有一定不同，产业结构多样化发展格局初步形成，但各地特色性文化产业结构需进一步塑造，差异化竞争格局有待巩固，同质化内耗仍要避免。

为进一步确定中国文化产业结构多样化程度，基于式（3-6）产业结构熵数的计算结果得知，2015 年中国 50 中类文化产业结构熵数值高达 3.30，远高于同期中国国民经济体系 19 个主要产业的产业结构熵数值 2.53，也高于 2013 年 50 中类文化产业结构熵数值 3.24，表明中国文化产业结构发展形态正日趋多元化，与其他产业相比，各中类文化产业部门发展格局相对均衡，文化产业构成逐渐稳定（见表 3-5）。

表 3-5　2015 年 50 中类文化产业结构熵数值

类别	产业结构熵值	类别	产业结构熵值
工艺美术品的制造	0.25	出版服务	0.06
园林、陈设艺术及其他陶瓷制品制造	0.04	广播电视服务	0.03
印刷复制服务	0.22	电影和影视录音服务	0.06
办公用品的制造	0.04	文艺创作与表演服务	0.02
乐器的制造	0.02	图书馆与档案馆服务	0.00
玩具的制造	0.09	文化遗产保护服务	0.00
游艺器材及娱乐用品的制造	0.02	群众文化服务	0.01
视听设备的制造	0.19	文化研究和社团服务	0.01
焰火、鞭炮产品制造	0.07	文化艺术培训服务	0.01
文化用纸的制造	0.15	其他文化艺术业服务	0.02
文化用油墨颜料的制造	0.04	互联网信息服务	0.12
文化用化学品的制造	0.04	增值电信服务（文化部分）	0.01
其他文化用品的制造	0.11	广播电视传输服务	0.05
印刷专用设备的制造	0.03	广告服务	0.18
广播电视电影专用设备的制造	0.07	文化软件服务	0.12
其他文化专用设备的制造	0.05	建筑设计服务	0.12
发行服务	0.09	专业设计服务	0.09
工艺美术品的销售	0.16	景区游览服务	0.05
文化贸易代理与拍卖服务	0.05	娱乐休闲服务	0.06
文具乐器照相器材的销售	0.11	摄影扩印服务	0.01
文化用家电的销售	0.14	版权服务	0.01
其他文化用品的销售	0.06	文化经纪代理服务	0.01
广播电视电影专用设备的批发	0.12	文化出租服务	0.01
舞台照明设备的批发	0.02	会展服务	0.04
新闻服务	0.00	其他文化辅助服务	0.03
文化产业结构熵数		**3.30**	

（三）文化产业结构效益分析

为探讨当前中国文化产业结构取得的实际效益及其对经济增长的贡献程度，这里运用比较劳动生产率和需求收入弹性对中国10大类文化产业、50中类文化产业作进一步动态分析。

根据式（3-8）比较劳动生产率的测算结果，2015年中国10大类文化产业劳动生产率均较高，最高为机械化、规模化水平较高的文化专用设备的生产，达132.37万元/人，其次为文化用品的生产。文化服务类产业如文化艺术服务、文化休闲娱乐服务、文化创意和设计服务、广播电视电影服务劳动生产率则相对较低。但与同期中国所有产业的平均劳动生产率8.81万元/人相比，10大类文化产业的比较劳动生产率均较高，最高文化专用设备的生产率可达15.02，其次为文化用品的生产率为9.37，工艺美术品的生产、新闻出版发行服务、文化信息传输服务的比较劳动生产率也较高，分别为8.34、7.97、7.89（见表3-6）。

表3-6　2015年10大类文化产业劳动生产率、比较劳动生产率

类别	劳动生产率（万元/人）	比较劳动生产率
新闻出版发行服务	70.23	7.97
广播电视电影服务	57.77	6.55
文化艺术服务	19.23	2.18
文化信息传输服务	69.55	7.89
文化创意和设计服务	51.14	5.80
文化休闲娱乐服务	19.24	2.18
工艺美术品的生产	73.52	8.34
文化产品生产的辅助生产	50.21	5.70
文化用品的生产	82.62	9.37
文化专用设备的生产	132.37	15.02

具体从50中类文化产业的比较劳动生产率来看，广播电视电影专用设备的批发、文化用家电的销售、文化贸易代理与拍卖服务、舞台照明设备的批发、文化用化学品的制造等文化制造业或文化批发与销售业，排名前11位。文化服务业中比较劳动生产率最高的发行服务以10.71排在第12位，随后是互联网信息服务排在第13位。同时，从末尾数，文艺创作与表演服务、文化艺术培训服务、图书馆与档案馆服务、娱乐休闲服务等11种文化服务业比较劳动生产率最低，这与文化服务业生产的知识性、创意性及可借助的机械化生产设备少有关，但也反映了科学技术在文化服务业中的普及程度远远不够（见表3-7）。

同时，根据式（3-13），选择2013~2015年各文化产业营业收入增长率与城镇居民可支配收入增长率作对比，三大门类中文化服务业需求弹性为最高，达2.96，其次是文化批发与零售业为2.10，文化制造业最低，仅为1.36。10大类文化产业需求收入弹

表 3–7 2015 年 50 中类文化产业劳动生产率、比较劳动生产率

类别	劳动生产率（万元/人）	比较劳动生产率	类别	劳动生产率（万元/人）	比较劳动生产率
工艺美术品的制造	62.60	7.10	出版服务	49.59	5.63
园林、陈设艺术及其他陶瓷制品制造	43.55	4.94	广播电视服务	68.85	7.81
印刷复制服务	50.92	5.78	电影和影视录音服务	53.95	6.12
办公用品的制造	43.58	4.94	文艺创作与表演服务	14.45	1.64
乐器的制造	45.31	5.14	图书馆与档案馆服务	17.08	1.94
玩具的制造	28.96	3.29	文化遗产保护服务	21.89	2.48
游艺器材及娱乐用品的制造	64.77	7.35	群众文化服务	20.71	2.35
视听设备的制造	113.43	12.87	文化研究和社团服务	34.93	3.96
焰火、鞭炮产品制造	34.98	3.97	文化艺术培训服务	14.91	1.69
文化用纸的制造	115.77	13.14	其他文化艺术业服务	25.79	2.93
文化用油墨颜料的制造	98.49	11.17	互联网信息服务	89.86	10.20
文化用化学品的制造	140.58	15.95	增值电信服务（文化部分）	65.13	7.39
其他文化用品的制造	88.21	10.01	广播电视传输服务	38.44	4.36
印刷专用设备的制造	67.90	7.70	广告服务	52.65	5.97
广播电视电影专用设备的制造	64.97	7.37	文化软件服务	55.16	6.26
其他文化专用设备的制造	73.53	8.34	建筑设计服务	44.38	5.04
发行服务	94.39	10.71	专业设计服务	53.37	6.06
工艺美术品的销售	133.82	15.18	景区游览服务	23.87	2.71
文化贸易代理与拍卖服务	170.67	19.36	娱乐休闲服务	17.18	1.95
文具乐器照相器材的销售	117.29	13.31	摄影扩印服务	17.24	1.96
文化用家电的销售	203.95	23.14	版权服务	41.80	4.74
其他文化用品的销售	103.53	11.75	文化经纪代理服务	30.61	3.47
广播电视电影专用设备的批发	776.20	88.07	文化出租服务	29.99	3.40
舞台照明设备的批发	162.84	18.48	会展服务	40.47	4.59
新闻服务	24.60	2.79	其他文化辅助服务	27.90	3.17

性的测算结果如图 3–6 所示。2015 年，文化信息传输服务是 10 大类文化产业中需求收入弹性最高的产业，达 4.26，随后是广播电视电影服务、文化休闲娱乐服务与文化创意和设计服务，分别为 3.64、3.10 和 2.91，表明随着国民收入水平的提升，公众尤其是城镇居民对文化数字信息、广播电视电影、休闲娱乐、创意设计等文化服务产品的需求与日俱增，相较于文化专用设备、文化用品、工艺美术品等文化制造产品，需求弹性更高，市场潜力更大，对经济增长的响应带动作用更强。值得一提的是，在 10 大类文化产业中，新闻出版发行服务的需求弹性最低，为 1.42，这说明随着科技的进步，公众对报刊、书籍等传统文化产品的需求增长有所减弱。

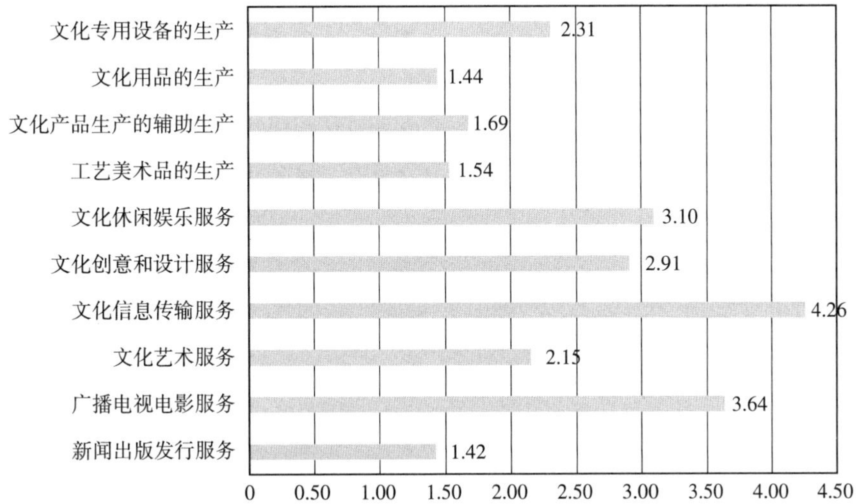

图 3-6 2015 年 10 大类文化产业收入需求弹性

具体从 50 中类文化产业的比较劳动生产率来看，2015 年，文化研究和社团服务、文化出租服务、版权服务、文化遗产保护服务、互联网信息服务、专业设计服务等文化服务业需求弹性排名最靠前，需求弹性均在 5.00 以上。相较而言，文化用纸的制造、视听设备的制造、舞台照明设备的批发、其他文化专用设备的制造等文化制造业和文化批发零售业的需求弹性最低，均低于 1.00，表明市场对此类产品和服务的需求增长幅度小于收入增长，甚至其他文化专用设备的制造弹性为负数，市场需求随收入增长显著降低。在文化服务业中，出版服务和新闻服务的需求弹性小于 1，尤其是新闻服务为-1.05，表明收入增长已对传统文化产品产生挤出效应（见表 3-8）。

表 3-8 2015 年 50 中类文化产业收入需求弹性

类别	收入需求弹性	类别	收入需求弹性
工艺美术品的制造	1.55	出版服务	0.37
园林、陈设艺术及其他陶瓷制品制造	3.83	广播电视服务	2.35
印刷复制服务	1.41	电影和影视录音服务	4.35
办公用品的制造	1.38	文艺创作与表演服务	0.01
乐器的制造	1.45	图书馆与档案馆服务	2.41
玩具的制造	1.32	文化遗产保护服务	6.30
游艺器材及娱乐用品的制造	4.70	群众文化服务	2.75
视听设备的制造	0.54	文化研究和社团服务	37.72
焰火、鞭炮产品制造	1.48	文化艺术培训服务	3.30
文化用纸的制造	0.94	其他文化艺术业服务	2.25
文化用油墨颜料的制造	1.73	互联网信息服务	5.64
文化用化学品的制造	1.41	增值电信服务（文化部分）	1.68
其他文化用品的制造	3.59	广播电视传输服务	1.65

续表

类别	收入需求弹性	类别	收入需求弹性
印刷专用设备的制造	1.87	广告服务	2.20
广播电视电影专用设备的制造	2.03	文化软件服务	4.03
其他文化专用设备的制造	-0.90	建筑设计服务	2.25
发行服务	2.26	专业设计服务	5.15
工艺美术品的销售	1.25	景区游览服务	2.96
文化贸易代理与拍卖服务	2.64	娱乐休闲服务	3.30
文具乐器照相器材的销售	1.61	摄影扩印服务	2.08
文化用家电的销售	2.07	版权服务	7.84
其他文化用品的销售	1.82	文化经纪代理服务	2.44
广播电视电影专用设备的批发	5.37	文化出租服务	32.33
舞台照明设备的批发	0.04	会展服务	1.96
新闻服务	-1.05	其他文化辅助服务	2.60

第四节　中国文化产业结构研究成果与结论

文化产业是现代社会构成的重要组织形态和发展方式之一，其以自己的内容和形式，反映并整合社会构成的文化形态变动及背后蕴藏的权利与利益关系，正是这种关系，奠定了文化产业结构形成与演变的基础。[①] 文化产业结构的形成与演变不仅决定着文化产业的规模、质量和效益，也影响着产业结构整体的发展进程、水平和走向。作为文化产业研究的基本方向之一，文化产业结构领域近年来取得了较多研究成果，研究视角从理论探讨到实证分析、从国家层面到地方层面皆有涉及。总结研究成果可以发现，国内学界关于文化产业结构的研究方向大致有三个：一是从整体视角剖析文化产业结构特点及其变化趋势，以理论探讨为主；二是以省份为对象分析地区文化产业结构现状，并提出优化调整策略；三是探讨文化产业的形成与发展对国家或地区产业结构优化、升级的意义和作用。

一、中国文化产业结构理论研究

国内学者基于产业整体视角，主要从理论角度定性探讨文化产业结构形态、演变及其调整，尤其是随着文化产业的纵深发展，学者们逐步将文化产业内部结构优化调整作为研究重点加以探索，依据产业经济学、经济学、统计学等理论与方法，剖析文

① 胡惠林. 论文化产业结构的战略性调整与制度创新［J］. 思想战线，2003（4）：51-54.

化产业的内涵，深入论证文化产业的构成，对文化产业结构优化调整的影响因素进行多方探讨，考察国外先进国家文化产业结构演进历程与调整经验并对中国形成借鉴，促使研究结论不断加深，但大多数研究仍以定性分析为主，缺乏细节性、长远性、系统性研究。

代表性成果及结论主要有：胡惠林（2003）认为，文化产业结构是现存一切文化关系的制度性反映和总和，中国文化产业结构的战略性调整，必须在多重结构的路径选择和制度变迁中实现。[①] 张海燕（2004）以马克思政治经济学为基础，着重论述了文化产业链的构造以及价值规律和美的规律在文化产业结构演变中起到的基础作用。[②] 王亚川（2007）基于核心要素的视角，按照产业结构演进历程，将文化产业发展划分为资源型文化产业、制造型文化产业和创意型文化产业三个主导阶段。[③] 杨吉华（2007）认为当前文化产业内部发展不平衡、结构不尽合理，主要表现为：传统文化产业增长乏力，与新兴文化产业快速增长不协调；[④] 文化内容业供给不足，与发达的文化制造业不协调；产品结构不合理，与多层次文化需求不协调等，其原因主要为观念、体制、消费环境、企业等条件不具备。江奔东（2008）提出，供求因素变化是文化产业结构升级的重要原因，城市化是文化产业结构升级的直接原因，其他产业发展是文化产业结构升级的间接原因，政府引导则是文化产业结构升级的政策原因。[⑤] 郭萌萌（2009）在总结美国文化产业先进经验的基础上，提出依托金融危机下的“口红效应”对山东省文化产业结构进行主动优化调整。[⑥] 许梦博和许罕多（2009）认为，中国文化产业结构中存在产业集群发展不充分、规模经济效应不明显、创新动力不足等问题，需要借以组织创新、制度创新和技术创新，实现文化产业的高级化和合理化。[⑦] 刘术（2012）经过理论总结，提出文化产业结构具有等级性、系统性、变动性、意识形态性等特点。[⑧] 迟树功（2012）认为，中国文化产业结构存在低端化、同质化、科技贡献率低等问题，且民营文化企业发展滞后，缺少规模化、有创新的企业。[⑨] 刘杨和徐文廷（2012）强调了文化产业结构与产业分类的关系，提出文化产业结构演变主要受经济增长、收入变动、科学技术、国际化等因素的影响。[⑩] 赵莹和沈山（2012）基于收入需求弹性测算提出，经济增长带动文化产业结构不断从低级向高级演化，主导产业依次更迭，从单一的传统图书报刊出版业逐步升级为以网络文化产业为主导的多元化发展格局，文化产

---

① 胡惠林. 论文化产业结构的战略性调整与制度创新［J］. 思想战线，2003（4）：51-54.

② 张海燕. 论文化产业的结构形态与价值趋向［D］. 济南：山东师范大学硕士学位论文，2004.

③ 王亚川. 论文化产业内部结构的划分与演进——基于核心要素的视角［J］. 北京社会科学，2007（3）：70-75.

④ 杨吉华. 中国文化产业结构存在的问题及对策［J］. 番禺职业技术学院学报，2007（1）：12-16.

⑤ 江奔东. 文化产业经济学［M］. 济南：泰山出版社，2008：23.

⑥ 郭萌萌. 借势“口红效应” 推进文化产业结构优化［A］. 山东省社会科学界联合会，山东社会科学院，中共山东省委党校. 建设经济文化强省：挑战·机遇·对策——山东省社会科学界 2009 年学术年会文集（4）［C］. 山东省社会科学界联合会，山东社会科学院，中共山东省委党校，2009：8.

⑦ 许梦博，许罕多. 文化产业结构的演进及中国的战略选择［J］. 社会科学战线，2009（3）：243-246.

⑧ 刘术. 文化产业结构特点研究［J］. 文学教育（下），2012（4）：19-21.

⑨ 迟树功. 调优文化产业结构研究［J］. 理论学刊，2012（1）：50-53.

⑩ 刘杨，徐文廷. 新时期中国文化创意产业结构理论刍议［J］. 数位时尚（新视觉艺术），2012（3）：42-43.

业结构高级化演进的深层次动因是需求结构的升级，目前正由消遣、娱乐型需求向发展、享受型需求转变。[①] 穆宝江（2012）通过对韩国文化产业结构演进的历程进行总结发现，韩国政府采取法律、预算等多种手段不断引导生产要素在各个文化产业分支部门流动，以政策为指向建立起了高效的文化产业结构。[②] 王国平和刘凌云（2013）认为，以互联网和数字化技术为主导的新型文化业态的兴起与发展是文化产业结构调整及优化升级的先导，是促进文化产业成为主导产业的助推器。[③] 田蕾（2013）通过对欧美等文化产业发展历程进行总结发现，发达国家文化产业结构软化趋势明显，尽管传统文化产业仍保持主体地位，新兴文化业态正异军突起，其文化产业结构演进的根本动力源于科技进步与创新，而中国文化产业缺乏战略定位，多处于全球价值链最低端，国际竞争力非常弱。[④] 曲金华（2013）认为，当前中国在推进文化产业结构优化时，存在地方政府支持力度不足、社会资金支持欠佳、专业人才流失严重、高层次人才培训机制不完善等问题，应当经由加强政策扶持力度、提高企业融资能力、强化专业人才吸引力、健全人才培养机制等途径予以改进。[⑤] 黄勤（2015）提出，文化产业结构优化的趋势为“四化”，即高技术化、高附加值化、高集约化、高关联化。[⑥] 沈继松和胡惠林（2016）提出，比较优势战略、资源禀赋结构和制度创新构成了文化产业结构演进的内生动力机制。[⑦]

二、区域文化产业结构实证研究

伴随各地发展文化产业热潮的兴起，国内学界对区域文化产业结构形态、特征、问题、趋势、优化措施等的研究日渐增多，但大多数成果偏重于对区域文化产业结构短期现状的定性描述和评价，长期定量化、规律性的实证研究较少，少数定量研究成果多以省域为单位，采用产业结构相似性系数、偏离—份额分析、区位熵等方法，重点关注了文化产业结构的区域趋同、产业结构竞争力、产业结构效益等问题，部分研究得出了较为深入、具体的结论。

代表性研究成果及结论主要有：晏林（2011）发现各地区文化产业在集聚度不断提高的情况下，出现了严重的产业同构现象，造成了资源浪费、重复建设等一系列问题。[⑧] 董红琴（2011）提出，为调整山西省文化产业内部结构，需要整合各类文化产业，合理规划文化产业发展战略，加快文化产业与高新技术的结合。[⑨] 宋志涛（2011）基于博弈模型和回归分析，得出了市场分割是区域文化产业趋同的最重要影响因素，应通过规范地方政府行为、塑造市场行为主体、建立统一大市场等途径加以克服。[⑩] 刘颖斐

---

① 赵莹，沈山. 中国文化产业结构演变及产品需求模型研究［J］. 经济研究导刊，2012（10）：175-178.
② 穆宝江. 韩国文化产业结构演进的政策指向解读［J］. 经济视角（中旬），2012（2）：72-73，80.
③ 王国平，刘凌云. 新型文化业态是文化产业结构优化升级的先导［J］. 求索，2013（7）：223-225，198.
④ 田蕾. 世界文化创意产业结构优化的发展趋势及启示［J］. 经济问题探索，2013（11）：55-60.
⑤ 曲金华. 文化产业结构优化中的问题及成因［J］. 长春理工大学学报（社会科学版），2013（10）：102-104.
⑥ 黄勤. 优化文化产业结构迫在眉睫［J］. 政策，2015（3）：55-57.
⑦ 沈继松，胡惠林. 中国文化产业结构内生动力机制探究［J］. 学术论坛，2016（10）：139-144.
⑧ 晏林. 中国文化产业地区分布与结构分析［D］. 大连：东北财经大学硕士学位论文，2011.
⑨ 董红琴. 山西文化产业内在结构的调整路径［J］. 山西社会主义学院学报，2011（2）：79-80.
⑩ 宋志涛. 市场分割对区域文化产业结构趋同影响的实证分析［J］. 山东社会科学，2011（2）：28-32.

（2012）利用产业集聚度和产业结构偏离度两项指标测算得知，陕西省文化产业对经济发展的贡献度高于全国，文化产业结构与经济增长率存在正相关关系，但集聚度与经济增长率呈反方向发展。[①] 邓安球（2012）以湖南省为例，对文化产业结构进行分析发现，虽然产业规模增长较快，但结构演变不甚理想，应从供需两端，在完善文化产业政策、深化文化产业体制机制改革的基础上，推进文化产业结构调整。[②] 安烨和钟廷勇（2012）对 1998~2009 年吉林省文化产业区位熵进行计算发现，其产业结构经历了三个发展阶段并呈现一定收敛趋势，几个典型产业出现了空间聚集现象，但由于产业结构的非均衡发展导致各产业优势存在显著差异。[③] 王俊票（2012）将杭州文化产业结构与北京、上海进行相似性比较，发现相似系数都在 0.6 上下，产业同构现象不突出，但有增强趋势。[④] 宗刚和徐珊珊（2013）通过对 2011 年北京市文化产业结构进行偏离度、比较劳动生产率、产值比重、收入需求弹性、就业弹性计算发现，北京市文化产业结构偏离度较低，产业结构效益较高，内部产业之间协调性较好，劳动力吸纳能力较强，但劳动生产率亟待提高。[⑤] 贾春迎和甘巧林（2013）通过定量评价得出，2002~2009 年广东省文化产业恢复缓慢增长势头，对外辐射力逐渐变强，规模经济效应显著，文化产业结构高度不断提升，但省内文化消费能力弱、政府投入不足制约了文化产业的进一步演进；[⑥] 高原（2016）通过运用增加值核算及投入产出表，对重庆市文化产业规模和结构进行分析得知，重庆市文化产业内部结构较合理，且效益水平较高，具备发展为支柱产业的潜力。[⑦] 占绍文等（2016）基于偏离—份额分析法对陕西省文化产业结构效益进行实证研究发现，陕西省文化产业仍以新闻出版发行服务为主，但该产业竞争力较差、增长性变弱，需要以竞争力强、增长性快的文化休闲娱乐服务取而代之。[⑧]

三、文化产业对产业结构调整的作用研究

作为文化产业较早的研究领域，无论在理论还是实证层面，无论国家层面还是各地方层面，学者们普遍认为文化产业的形成与发展能够显著促进产业结构优化调整，引领产业结构向知识密集型、技术密集型等高级化方向演化升级。在该领域丰硕的成果中，关于文化产业与产业结构调整的关系、文化产业促进产业结构转型升级的机理等深入探索陆续增多。总结已有研究成果不难发现，除个别成果运用灰色关联、回归方程、投入产出等计量模型外，多数成果论证视角相似，多为定性推演，

---

① 刘颖斐. 陕西省文化产业结构调整与升级研究［D］. 西安：西安工业大学硕士学位论文，2012.

② 邓安球. 文化产业的结构演变与调整［J］. 商业时代，2012（29）：131-132.

③ 安烨，钟廷勇. 吉林省文化创意产业规模、结构的时空分布和趋势——基于信息熵和区位熵的分析［J］. 税务与经济，2012（5）：106-112.

④ 王俊票. 基于产业结构相似度的杭州文化创意产业分析［J］. 经济视角（上），2012（4）：22-23.

⑤ 宗刚，徐珊珊. 北京市文化创意产业结构分析［J］. 特区经济，2013（3）：51-54.

⑥ 贾春迎，甘巧林. 从区域和结构角度看广东文化产业——广东文化产业的演变特点与影响因素分析［J］. 华南师范大学学报（自然科学版），2013（2）：107-112.

⑦ 高原. 文化产业结构、效益研究［D］. 重庆：重庆工商大学硕士学位论文，2016.

⑧ 占绍文，居玲燕，茆宇星. 基于偏离—份额分析法的陕西省文化产业结构效益研究［J］. 江苏商论，2016（2）：72-74.

所持观点能够基本达成一致。

钱光培和高起祥（1997）提出，在开发文化的时代到来之际，文化的经济价值能够使北京跨越一般城市发展的阶段性，提前进入现代化城市前列。[①] 温如春（2006）论述了新兴网络文化产业如现代音像业、网络服务业、互联网传媒业、电子娱乐游戏业的发展对湖北省支柱产业结构调整的启示。[②] 杨润森（2007）提出，中国要大力发展“虚拟经济”，产业结构将围绕精神产品的生产和消费进行调整；经济增长所需能源、劳动力等硬投入会逐步减少，文化、教育、智力等软投入会不断增大，产业结构中的科技含量与附加值将越来越高。[③] 焦斌龙（2008）总结发现，文化产业推动产业结构调整路径大致有三条：一是文化产业—文化渗透产业—产业结构调整；二是文化产业—文化提升产业—文化渗透产业—产业结构调整；三是文化产业—文化驱动产业—文化提升产业—文化渗透产业—产业结构调整；[④] 蔡旺春（2010）基于投入产出模型，从非均衡市场条件下产业结构变动的经济增长效应和路径入手，探讨了中国文化产业的波及效果，发现文化产业具有很强的扩散作用，有利于产业结构优化，对经济增长有显著拉动作用。[⑤] 陈要立（2011）基于文化产业的功能特征，构建出文化产业促进区域产业结构高级化演进的机理框架模型。[⑥] 王信东（2011）提出，文化产业促进中心城市产业结构优化升级的作用主要表现在两个方面，一是促使三次产业各个细分产业的高度化，二是促使产业链条的升级优化。[⑦] 周宇（2012）以 1996~2009 年文化产业和产业结构的多元线性回归分析结果得知，文化产业对产业结构优化确有促进作用，两者之间存在长期稳定的均衡关系。[⑧] 王立真（2012）认为，文化产业具有很强的辐射性、渗透性和融合性，能够将文化创意因素融入第一产业，推进全新的农业化道路，并通过产业价值链各环节带动第二、第三产业的发展，赋予各行业深刻文化内涵，从而推动产业结构优化升级。[⑨] 朱文静和顾江（2012）为证实文化贸易对产业结构变迁的效应，运用线性回归计算发现，文化贸易进出口增速与第一产业比重呈负相关关系，与第二、第三产业比重呈正相关关系，且文化服务贸易增长快于第三产业，能够对产业结构起到良好调节作用。[⑩] 许辉（2013）通过总结英国、法国、美国、日本等国家文化产业发展经验，发现文化产业在促进经济结构调整时有优益性表现。[⑪] 应思思（2013）运用经

① 钱光培，高起祥. 发展文化产业与北京产业结构调整的战略抉择［J］. 北京社会科学，1997（4）：4-10.

② 温如春. 网络文化产业的发展与湖北省支柱产业结构的调整［J］. 科技创业月刊，2006（4）：3-4.

③ 杨润森. 新兴经济驱动下的文化产业结构演变［J］. 艺术百家，2007（1）：164-167.

④ 焦斌龙. 文化产业怎样推动产业结构调整［J］. 思想工作，2008（1）：20.

⑤ 蔡旺春. 文化产业对经济增长的影响——基于产业结构优化的视角［J］. 中国经济问题，2010（5）：49-55.

⑥ 陈要立. 文化创意产业促进区域产业结构高级化的机理研究［J］. 湖北社会科学，2011（7）：102-105.

⑦ 王信东. 文化创意产业促进中心城市产业结构优化升级路径分析——以北京为例［J］. 工业技术经济，2011（1）：90-96.

⑧ 周宇. 文化创意产业发展与产业结构调整的关系分析［J］. 经济问题，2012（10）：55-57，63.

⑨ 王立真. 浅谈文化创意产业在中国产业结构优化中的作用［J］. 现代经济信息，2012（7）：308-310.

⑩ 朱文静，顾江. 文化贸易的产业结构变迁效应——基于中国 1997~2008 年数据的实证研究［J］. 现代管理科学，2012（6）：15-17，21.

⑪ 许辉. 文化视域下文化创意产业在经济结构中的优益性研究 ［J］. 浙江工商职业技术学院学报，2013（4）：15-22.

济系统模型，模拟了浙江省文化产业与产业结构转型升级之间的互动关系和机制，提出应促进传统文化产业改造与新兴文化产业发展协同进行，探索潜在中间需求的显化和转化机制，以创新和需求引领文化产业发展。[①] 单奎等（2014）基于1992~2003年文化产业占GDP比重和第三产业占GDP比重的协整检验和格兰杰因果检验，发现文化产业发展与经济结构转型之间存在长期均衡，两者存在单向因果关系，即文化产业发展是经济结构转型的格兰杰原因。[②] 罗艳（2014）通过分析文化产业对广东省贸易结构的影响发现，重点发展文化产业能够优化进出口商品结构，增加高技术含量和高附加值的产品与服务在出口贸易中的比重，改变地区在国际价值链中的地位。[③] 单康康（2016）通过实证分析发现，文化资本通过影响人力资本积累、技术发展、经济主体行为、制度等直接或间接作用，与第二、三产业和高技术产业占GDP比重都呈显著正相关，对产业结构优化有着明显推动作用，且作用关系不断增强。[④] 孙智君和谢红玲（2016）基于产业结构偏离度、泰尔指数、灰色关联分析、产业结构高度化和协整分析等方法，探讨长江中游地区整体和湖北、湖南、江西三省文化产业发展对区域产业结构的影响及其关联大小，结果表明，长江中游地区文化产业发展对产业结构优化有显著的正面促进作用，但尚需制定产业融合发展政策、培养专业人才、完善知识产权保护法律等继续予以加强。[⑤]

四、已有研究成果述评

文化产业结构是文化产业领域研究较早、成果较多的方向，学者们大多基于文化产业的复杂构成，积极探讨国家或区域文化产业结构的形态、特征、问题、趋势、优化措施等，同时，对文化产业结构优化调整的方向、影响因素以及文化产业对整体产业结构转型升级的关联带动效应进行了多方探讨，对国外先进国家文化产业结构演进经验也有涉及。所得结论可以总结为：①从文化产业内部来看，中国及各地区文化产业结构尚处在低端化、粗放式发展阶段，尽管以互联网信息、创意设计、娱乐休闲等为代表的新型文化产业正在演替出版、新闻、广播电视、文艺表演等传统文化产业，并由此带来了文化制造业、文化批发与零售业等生产、销售重点的变动，但文化制造业仍然是文化产业最重要的构成。②在文化产业外部，尽管各地文化产业结构效益和竞争力参差不齐，且多地文化产业结构存在同构现象，相似程度较高，但均表现出显著的经济增长带动作用，对其他产业的辐射效应、渗透效应十分明显，文化产业的形成与发展对产业结构转型升级、优化调整有着积极的正向促进作用。③文化产业自身

---

① 应思思. 文化产业发展促进产业结构转型升级的机制研究［J］. 中国传媒大学学报（自然科学版），2013（5）：72-78，71.

② 单奎，朱洪兴，李璐. 北京市文化创意产业发展对经济结构转型的影响——基于1992~2013年时间序列的协整分析和格兰杰因果检验［J］. 中国商贸，2014（26）：161-162.

③ 罗艳. 发展文化产业对广东贸易结构的影响分析［J］. 经济论坛，2014（6）：22-25.

④ 单康康. 文化资本对产业结构升级的影响效应研究［D］. 成都：西南大学硕士学位论文，2016.

⑤ 孙智君，谢红玲. 长江中游地区文化产业发展对区域产业结构演进的影响分析［J］. 贵州财经大学学报，2016（4）：11-23.

的结构优化有赖于国民经济、居民收入、市场需求、企业供给、城市化、国际化、其他产业、创新能力、科学技术等众多条件的变化、完善，但政府引导、制度创新也是不可或缺的必要条件。

总体而言，国内学者们基于价值链、演化经济学和一般均衡等理论与方法，比较重视运用宏观数据揭示文化产业内部产业部门结构形态及其变动，对文化产业的结构升级、区域文化产业结构问题及文化产业对国民产业结构的优化调整作用进行了着重研究，但大多数研究成果囿于定性分析，偏重于对国家或区域文化产业结构短期现状的描述和理论探讨，且由于过去文化产业界定和统计范畴差别较大，难以在统一框架内进行纵向比较和规律总结，长期定量化、综合性的实证研究较少，尤其缺乏对文化产业结构优化与升级方向系统、深入的探索。

目前，文化产业结构研究缺陷具体表现在：①从研究数量上看，尽管国内对文化产业结构的研究较丰富，但是专门针对文化产业结构范畴、突出问题、影响因素的综合判别却不多，针对文化产业结构应有的合理化、高级化、集约化演进建议更少。②从研究内容上看，目前关于文化产业带动产业结构整体转型升级的研究较多，但对文化产业内部结构比例、多样性、效益、主导产业等的探讨相对匮乏，描述地区文化产业结构问题的研究较多，但分析其背后原因机理的却较少。③从研究方法上看，对文化产业结构的研究以定性描述或简要图表表达为主，少有的定量成果也多使用相对简单的灰色关联、回归等模型，运用结构方程、系统动力学等复杂计量方法探讨文化产业结构演进规律及其动因机制的研究尚未得见。

第五节　中国文化产业结构优化

一、中国文化产业结构存在的问题

（一）文化产业结构构成不合理

从文化产业内部结构构成来看，尽管文化服务业所占比重正在逐步上升，文化制造业及文化批发零售业比重却日渐下降，且文化服务业收入需求弹性显著高于文化制造业，是文化市场将来的发展重点方向，但目前文化产品生产供给、文化人员就业去向等仍以制造业为主。文化制造业包括一部分传统文化服务业至今仍然是众多地区文化产业的主导产业，其原因主要是这些产业对创新创意、内容含量的要求相对较低。互联网信息、创意设计、娱乐休闲等高附加值文化服务产业对文化市场的贡献和拉动力度仍然存在欠缺，数字出版、手机电视、数字电影、现代物流、VR、AR 等以数字技术为核心的文化产业目前仍处于起步阶段，生产规模小，缺乏竞争力。可见，就文化产业整体结构布局而言，新兴文化产业尤其是创意、内容含量高的文化服务业比重仍偏低。

（二）文化产业结构效益不突出

目前，文化服务业劳动生产效率较文化制造业明显偏低，一方面是由文化服务业的劳动密集性、知识密集性、创意密集性所决定，其对观念、技术、手艺等无形生产要素的需求显著大于资本、机械设备、材料等有形生产要素的需求，以致较难促成规模化、机械化大生产，单位产品成本难以降低，生产效率以及产业利润率提升十分困难；但另一方面也反映出目前中国文化产业生产的科技含量较低，运用现代科技手段充分挖掘文化资源、创新文化产品形式和内容、改造提升文化产业链条、增加各环节附加值的能力仍然较弱，科技研发与文化产业的融合度亟待提升，运用科技实现文化产品和服务转化力度不足，使得传统文化产业占比仍较大，产业结构效益始终偏低。

（三）区域文化产业结构不均衡

在区域结构方面，中国各省份文化产业发展格局与国民经济发展格局基本一致，呈现东、中、西三大区域不均衡发展态势，文化产业结构效益和文化产业竞争力的区域差距显著。从文化生产单位、从业人员、营业收入、增加值等数量的地区分布来看，东部沿海地区所占比重接近全国的2/3，表明文化产业区域结构级差较大，产业空间集聚度较高，极化之后的带动、扩散、均衡作用尚未显现。同时，部分省份还存在较为严重的文化产业结构雷同、产业结构构成单一问题，尤其是在行政条块分割、市场割据的影响下，文化产业结构配比基本相似，文化资源配置分散，区域之间的文化产业关联程度低，难以形成完整的产业链条网络，导致各省份各自为战，文化产业规模效应低下，且重复建设造成了严重资源浪费，特色文化产业得不到应有投入，显然不利于区域文化产业竞争优势的形成。

（四）文化市场主体结构不健全

从市场主体的企业构成结构来看，中国文化产业中，国有文化企业仍占市场主导地位，民营企业以及民间投资在文化市场中所占比重较小。根据文化企业资产平均占有量计算，中国文化企业规模普遍偏小，骨干型文化企业屈指可数，企业自主创新能力、资本实力均较弱，难以形成知名文化品牌，文化产品运营的市场化程度以及市场竞争力还不成气候。同时，当前中国文化企业能够供给的文化产品和服务种类偏少、质量较差，增值应用发展滞后，无法高效满足公众文化需求，尤其是优质消费者的多样化、个性化、高级化需求，难以以公众自发的市场需求带动文化产业结构合理化、高级化演进，文化产品供给的单一、匮乏、随意、低质阻碍了产业结构升级的道路。

二、中国文化产业结构优化对策

合理化、高级化是产业结构优化的基本方向。根据西方发达国家文化产业结构演进的经验，缺乏合理化的文化产业结构基础较难完成文化产业结构高级化的转型。通常来说，合理化的文化产业结构应当满足以下要求：①能够有效地满足文化市场需求，包括公众对最终文化产品和服务的需求以及其他产业对中间文化产品和服务的需求；②形成了较为显著的产业结构效益，生产效率较高；③能够合理配置文化资源，并进行充分利用，出现资源供给不足或产品生产过量时，能够迅速补充、调整；④能够吸收利用先进科学技术，确保产品科技含量和生产高效；⑤各文化产业之间、区域之间能够有效分工、协作、补充、配套发展。[①]

文化产业结构的合理化必然指向高级化，而高级化指的是文化产业结构不断向高附加值化、高技术化、高集约化方向演进，从而更加充分、有效地配置、利用文化资源，更好地满足文化建设和文化市场经济发展需要。[②]在当前中国文化产业结构演进过程中，高级化就是从以新闻、出版、广播电视、设备制造等传统文化产业为主的结构向以互联网、创意设计、休闲娱乐、数字文产等新型文化产业为主的结构转变，从初级文化物质产品制造向高端文化无形服务提供转变，从劳动密集型、资本密集型向创意密集型、内容密集型、技术密集型转变。

简单来说，判断文化产业结构是否合理、高级，一看对市场需求的适应程度，二看产业之间、区域之间均衡的比例关系，三看对文化资源的充分、高效利用，[③]四看文化产品和服务的内容、创意和科技含量。从中国文化产业结构演进的现状能够看出，其距离合理化、高级化的要求仍甚远，其中，既有历史原因，也有现实原因，既有经济体制、政府政策的问题，也有消费需求、供给行为的问题，总体而言，可从以下几个方面予以调整改进。

（一）提升文化市场需求

在工业经济时代，人类对自然资源的掌控能力空前提高，物质消费水平得到前所未有的进步，但伴随收入水平和生活质量的提升，物质消费的边际效用显著下降，物质产品消费开始被文化等高级精神产品消费所取代，文化的市场需求日益显现。根据恩格尔定律和马斯洛需求理论，在一个国家或地区，公众对食物等低端需求的减少必然伴随着旅游、文化等高端需求的增加，势必导致与食品相关产业地位的下降，旅游、文化等产业比重的上升。可见，经济的演进、收入的增长所带来的公众需求结构变化是产业结构演进的根本动力之一。现阶段，随着公众对物质性文化产品，如乐器、文具、纸张、办公用品、视听设备等需求的下降，对专业设计、互联网信息、版权、广播电视电影等非物质性文化服务的需求不断上升，能满足公众高层次精神需求的文化产品和服务将逐渐占据市场更多位置。因此，继续提高公众收入水平，提升公众文化素养，积极培养文化消费习惯，引导公众向着精神性、原创性、个性化、多元化文化消费方向发展，使文化消费需求结构不断升级，必然能够拉动文化产品和服务供给结构的转变，带动文化产业结构演进。

（二）改良传统文化产业

尽管中国历史文化悠久，但文化产业的发展不能故步自封，应在充分利用优势文化资源的基础上，不断融合新思想、新创意、新技术，使老文化“新起来”，新文化“特起来”。伴随文化创意水平和现代科技水平的不断提升，在各类新兴网络、数字文

---

① 李京文，郑友敬. 技术进步与产业结构——模型［M］. 北京：经济科学出版社，1989：45.

② 胡惠林. 文化产业学——现代文化产业理论与政策［M］. 上海：上海文艺出版社，2006：230.

③ 龚仰军. 产业经济学教程（第四版）［M］. 上海：上海财经大学出版社，2014：47.

化产业崛起的同时，也应该运用合理的创新、高明的创意、先进的技术改良传统文化产品生产与传播的方式，形成附加值较高、技术较好、集约程度显著的文化产业链条。同时，加强传统文化产业与新兴文化产业、文化产业与其他产业之间的内外联动，相互融合、共谋发展，以各自优势实现互补、共赢的发展局面，借助多方发展平台，从供给侧全面进行文化产业结构调整，积极增加文化产品和服务种类，改进文化产品质量，促进多元化、高级化文化产品供给结构的形成。

（三）确立文化主导产业

文化产业结构优化，本质上是正确选择文化的主导产业、潜导产业和关联产业，优化产业发展格局，引导产业结构适时、顺利演进。根据中国文化产业结构现状以及实证研究结果，当前中国应大力发展文化信息传输服务、广播电视电影服务与文化创意和设计服务等需求弹性高、市场潜力大的文化核心产业作为主导产业，带动文化产业规模增长，引领文化产业向合理化、高级化方向转变。同时，应在核心产业周围寻找适合大力发展的外围层产业，如景区文化服务、文化休闲娱乐服务、广告服务、会展服务等关联带动性强的产业，形成外围发展严密的格局，不断拓展文化产业空间和市场规模，为文化产业结构进一步调整奠定坚实基础。在文化产业相关层，则可选择目前较为火爆的游艺器材、娱乐用品、园林陈设艺术品等文化制造业、批发零售业作为发展重点，一方面为核心产业和外围产业提供中间产品和服务支持，另一方面以新旧结合的生产方式，促进文化产业结构向纵深方向演进。

（四）推动文化科技创新

中国文化产业整体科技含量低，导致文化产品生产附加值不高，文化产业结构效益不突出，与当前愈加丰富的科技资源形成巨大反差。科技进步是文化产业结构升级演化的重要动力，从电影、电视的诞生到网络文化产品的出现，能够看出，没有高新技术的发展就没有现代文化产业的崛起，文化产业每一个新兴产业部门的产生都伴随着新一轮技术的创新。科技进步能促使各类文化生产要素在不同产业部门之间流动，改变文化产业内部投入产出比例，在生产要素重新组合的前提下，助推文化产业结构的调整。同时，科技的使用也能在很大程度上提升文化产业生产效率，降低生产成本，增强产业市场竞争和获益能力。伴随三次科技革命以及当前数字虚拟技术的更迭，科技进步源源不断地向文化产业提供着新的生产技术装备和传播手段，一方面提升着文化产业的生产力，另一方面革新着文化产业的生产、销售、消费模式，只有不断将科技研发成果及时转化为文化产业的生产要素，才能更加高效、有力地推动文化产业结构向高附加值化、高技术化、高集约化方向演进。

（五）平衡区域产业布局

当前，中国文化产业发展区域格局主要以东部沿海省份和部分中西部省份为核心。改进区域文化产业结构布局，首先，应当继续加强对重点核心省份文化产业的扶持与保护，促进重点省份尽快发挥极化后的扩散、带动作用，辐射周边省份文化产业实现跨越式发展。其次，应当重点打造一批创意、技术、集约水平高的文化产业园区和基地，使其成为各地区文化产业发展的地标和“领头羊”，改善各地区内部文化产业的发展格局，形成地区内文化产业的多极核带动模式，全面引领文化产业结构升级。再次，在重点省份和文化产业园区周围，应进一步健全文化产业关联网络和信息、技术等生产要素传输网络，使增长极能够真正带动周边文化产业的发展，在合理分工、充分协作的基础上，形成优势互补、彼此融合的局面。最后，应逐步缩小中西部省份与东部沿海省份的差距，充分发挥文化资源优势，坚持走特色品牌道路，依托高质量、高内容、高创意的文化产品或服务创造品牌效应，提升市场竞争力，改进单一式、雷同化的文化产业结构，防止资源浪费。

第四章　文化产业关联

产业关联指的是产业与产业之间以各种要素投入和价值产出为作用纽带的技术经济联系。所谓要素投入既包括资本、劳动力、原材料等有形投入，也涵盖技术、创意、文化等无形投入。所谓技术经济联系，既可以是实物形态的联系，也可以是价值形态的联系。三次产业及各产业部门之间相互作用、相互联系、相互制约以及互为市场、互为因果的交互胁迫关系，构成了国民经济体系动态演进的原动力。产业关联研究的主要是具有相似性和连续性生产技术、工艺流程、商业运作的产业之间的投入产出联系，其核心分析工具是投入产出表。通过对投入产出表的定量计算，探讨国家或地区文化产业体系在一定时间内各文化产业部门之间的技术经济关联，能够认知文化产业部门的数量比例关系，彼此之间及与其他产业部门之间的中间投入、中间需求和最终产出联系，具体而深刻地揭示文化产业结构演进的内部原因，不仅能够静态评价各文化产业部门现有投入产出情况及其合理性，而且可以动态探讨文化产业结构的演变趋势及其影响因素。

第一节　产业关联理论

产业关联分析以定量方法来衡量上下游产业部门之间需求拉动与供给推动的双重关联作用及其结果，进一步阐释产业结构的演进规律，为制定产业发展战略、确定主导产业发展方向提供理论参考。最初对产业关联的探讨源自法国经济学家魁奈《经济表》一书，他在该代表作中率先提出产业之间存在贸易关系。马克思在魁奈的研究基础上，提出了生产、流通、分配循环流转理论和两大部类理论，进一步拓展了国民经济体系各产业之间相互链接的观点。随后，瓦尔拉斯于 1874 年利用联立方程揭示了产业发展的一般均衡状态及各产业部门之间错综复杂的经济关联。进入 20 世纪，伴随产业分化日渐精细，产业部门之间技术经济联系更为复杂，加之国民经济统计数据不断完善，对于产业关联的研究开始进入实证阶段。20 世纪 40 年代，列昂惕夫在其代表作《1919~1929 年美国经济结构》中，首次提出了投入产出模型，系统论述了投入产出计算原理及其意义，初步形成探讨国民经济各产业部门之间相互依存关系及其一般规律的计量方法。由此，产业关联研究框架得以确立，并在宏观、中观、微观经济领域得到广泛运用。数位经济学家如钱纳里、赫希曼、罗斯托等也将投入产出关联分析作为主导产业选择的重要依据。

一、产业关联的内容

产业之间彼此连接、相互依存和互为制约的纽带，构成了产业关联的内容，主要有以下几种。

（一）产品服务关联

一些产业部门为另一些产业部门提供产品或服务，是产业之间发生关联最基本的纽带。不同性质的产业在生产过程中对其他产业的影响制约及受其他产业的影响制约程度存在差异。通常，产品类型相关、生产工艺接近尤其共处同条产业链上的产业部门产品服务关联最为紧密。许多产业的生成和发展依赖于其他产业，而有些产业的发展能够引致新兴产业的出现。在数量比例均衡的产品服务关联基础上，往往会继续派生出技术关联、价格关联、劳动就业关联等纽带，进一步凝结产业之间的联系。

（二）技术关联

在社会再生产过程中，产业部门通常不会被动接受其他产业部门提供的产品或服务，而是根据本产业的技术特点、产品特性等对所需产品和服务提出技术标准、生产工艺等特定要求，以确保本产业的产品质量和性能。这也使得产业之间发生着更加复杂的技术关联。一般而言，技术关联强的产业部门同处于一个技术层次，技术进步以及技术关联关系的变化会直接影响产业部门之间的产品和服务供求比例关系，甚至导致产业之间依存度发生显著变化，因此，生产技术往往被视为推动产业关联演进最活跃的因素。

（三）价格关联

价格关联是产业之间产品和服务关联的价值表现。一些产业部门在生产技术、经营模式、管理策略等改善的基础上，提供的产品和服务价格不断下降，能够降低与其后向关联的产业部门的生产成本，从而这些产业部门更具市场竞争力。此种关联效应扩大开来，也会使与其前向关联的产业积极改善经营、提升技术，降低对该产业部门的投入。可见，产业产品和服务价格的变动，不仅能够引发自身市场需求的扩大或缩小，也会带来其他相关产业产品和服务的价格变动，进而对其市场供需关系产生影响。

（四）就业关联

产业人力资源配置情况的变化亦能引起相关联产业人力资源配置情况的变化。在投入产出关系中，产业之间的协调发展不仅要求物质资源投入比例实现均衡，同时要求从事生产的人力资源数量和质量也要达到相对均衡。一些产业发展往往带动与其关联程度高的产业同步发展，甚至促进新的产业生成，引发就业岗位数量增加，促使就业结构发生变化，若带动产业属于劳动密集型产业，增加的岗位将远远多于技术、资金或知识密集型产业。人力资源素质的提高能够促进产业经营绩效、产品质量、服务功能等的同步提升，使产业市场规模和竞争力不断加强，必然要求与之关联的产业在人力资源素质上相应提高，从而使产业之间人类资源的变化重新达到均衡。

（五）投资关联

投资能够改进甚至形成新的生产力，一些产业投资的增加，一方面使其产品和服务的生产数量和质量不断提升，促进其扩充现有生产能力；另一方面由于产业关联，也会使与之相关的产业扩大产业规模，改进生产、经营方式，提高产品的市场占有率，以实现产业之间数量比例关系的再次均衡。一些产业在技术改造、科技研发方面的投资，则能够提高其生产要素转换效率和产品技术含量，促进与之相关联的产业同时改进技术，引致产品技术升级。

二、产业关联的方式

（一）前向与后向关联

赫希曼在其《经济发展战略》一书中提出，前向关联指的是经由供给关系与产业链前方产业部门发生的关联，即一个产业部门与消耗该部门产出的产业之间的联系；后向关联指的是通过需求关系与产业链后方产业部门发生的关联，即一个产业部门与投入到该部门的产业之间的联系。[①] 但在现实经济活动中，产业部门之间的联系方式十分复杂，前向与后向关联往往交织在一起，一些产业部门甚至形成了蛛网式的关联网络。

（二）单向与多向关联

单向关联指的是一系列产业部门之间，先行产业部门为后续产业部门提供产品和服务，供其生产时直接消耗，但后续产业部门不再提供产品和服务返回至先行产业部门的关联方式。多向关联则是一系列产业部门之间，先行产业部门为后续产业部门提供产品和服务，供其生产时直接消耗，同时后续产业部门的产品和服务业也返回先行产业部门的关联方式，如煤炭部门与电力部门相互供给，从而形成错综复杂的投入产出关系。

（三）直接与间接关联

在社会再生产过程中，一些产业部门之间有着直接提供产品和服务，发生技术、价格、就业等关联的联系，被视为直接关联；有些产业部门之间不发生直接技术经济联系，而是通过其他部门的中介嫁接才发生联系，被称为间接关联。如汽车工业与采油设备制造业之间的联系。

第二节　产业关联模型

列昂惕夫创立的投入产出表有效地揭示了产业之间技术经济联系的量化关系，学界通常将产业关联理论等同于投入产出理论，投入产出模型也便成为产业关联分析的基本工具。此外，灰色关联、回归方程等也常被用于衡量产业之间的依赖关联程度。

---

① ［美］艾伯特·赫希曼. 经济发展战略［M］. 曹征海，潘照东译. 北京：经济科学出版社，1991：24.

一、投入产出模型

投入产出模型通过编制棋盘式的投入产出表，并建立一系列线性代数方程，模拟现实国民经济中各产业部门之间产品和服务彼此“流入”、“流出”的社会再生产过程，来揭示各产业之间的数量比例关系和相互影响、彼此感应的程度，可据此进行经济分析、预测和安排预算计划。投入产出表包括实物型和价值型两种，应用最广泛的是价值型投入产出表。投入产出表中的“投入”指的是产业生产产品或服务时所消耗的原材料、动力、燃料、固定资产折旧、劳动力等生产要素的实际数量或其价值，即从事生产活动的消耗；“产出”指的是产业生产出的产品和服务数量或其价值，即从事生产活动的结果。

如表 4-1 所示，投入产出表的纵列表示各产业对所有产业的投入，即各产业为了进行生产，自包括本产业在内的各个产业购进中间产品和服务，购货的投入支出涵盖各类生产要素支付的费用、工资、利息等，每一列反映了各个产业投入的构成，其和即为该产业的总投入。横行则表示各产业的所有产出，包括中间产出和最终产出，以及这些产出在各个产业的销路和分配去向，每一行反映了各个产业部门产出的构成，其和即为该产业的总产出。纵列由物质消耗的中间价值转移和该产业新创造的价值两部分构成，能够体现社会总产品的价值构成，包括固定资产折旧和新增净产值（劳动者报酬、社会纯收入）；横行则由中间产品和最终产品构成，且能够体现社会总产品的使用流向，大致分为四个流向，即个人消费（家庭消费）、社会消费（政府购买、社会保障、公共福利等）、投资（固定资产更新、新增固定资产）和出口。

投入产出的模型建立可分为两步：一是先直接依据投入产出表计算各类系数；二是在系数的基础上，基于投入产出表的平衡关系，建立各类有关投入产出的数学函数表达式。其中，常用于产业关联分析的主要系数计算公式如下：

（一）直接消耗系数

$$a_{ij}=\frac{x_{ij}}{X_j}(i,\ j=1,\ 2,\ \cdots,\ n) \tag{4-1}$$

其中，x_{ij} 是 j 产业生产中消耗的 i 产业产品的价值量，也就是 i 产业对 j 产业的投入；X_j 表示 j 产业一年内的总投入（等于总产出）。直接消耗系数 a_{ij} 能够反映在一定的技术水平和生产管理条件下各产业部门之间的直接经济技术联系。由全部的直接消耗系数组成的矩阵称为直接消耗系数矩阵，用符号 A 表示。

（二）其他直接系数

（1）直接折旧系数是各产业生产单位产品所提取的直接折旧费，计算公式为：

$$a_{Dj}=\frac{D_j}{X_j}(j=1,\ 2,\ \cdots,\ n) \tag{4-2}$$

其中，a_{Dj} 表示 j 产业的直接折旧系数，D_j 表示 j 产业一年内提取的全部折旧费。国民收入系数也被称为净产值系数，表示各产业生产单位产品所创造的国民收入或净产值，计算公式为：

表 4-1 价值型投入产出

供给部门 \ 需求部门		中间使用（中间需求）					最终产品 Y								总计：总产值（总产出）
								积累 K			消费 W				
		部门 1	部门 2	……	部门 n	小计	固定资产更新与大修	生产性积累	非生产性积累	小计	个人消费	社会消费	小计	合计	
物质消耗	部门 1	x_{11}	x_{12}	……	x_{1n}	$\sum_{j=1}^{n} x_{1j}$	G_1	$K_1$①	$K_1$②	K_1	$W_1$①	$W_1$②	W_1	Y_1	X_1
	部门 2	x_{21}	x_{22}	……	x_{2n}	$\sum_{j=1}^{n} x_{2j}$	G_2	$K_2$①	$K_2$②	K_2	$W_2$①	$W_2$②	W_2	Y_2	X_2
	⋮	⋮	⋮		⋮	⋮	⋮	⋮	⋮	⋮	⋮	⋮	⋮	⋮	⋮
	部门 n	x_{n1}	x_{n2}	……	x_{nn}	$\sum_{j=1}^{n} x_{nj}$	G_n	K_n①	K_n②	K_n	W_n①	W_n②	W_n	Y_n	X_n
	小计（不包括折旧）	$\sum_{i=1}^{n} x_{i1}$	$\sum_{i=1}^{n} x_{i2}$	……	$\sum_{i=1}^{n} x_{in}$	$\sum_{i=1}^{n}\sum_{j=1}^{n} x_{ij}$	$\sum_{i=1}^{n} G_i$	$\sum_{i=1}^{n} K_i$ ①	$\sum_{i=1}^{n} K_i$ ②	$\sum_{i=1}^{n} K_i$	$\sum_{i=1}^{n} W_i$ ①	$\sum_{i=1}^{n} W_i$ ②	$\sum_{i=1}^{n} W_i$	Y	X
	固定资产折旧	D_1	D_2	……	D_n	D									
	合计（包括折旧）	C_1	C_2	……	C_n	C									
新创造价值	劳动报酬	V_1	V_2	……	V_n	V									
	社会纯收入	M_1	M_2	……	M_n	M									
	合计	N_1	N_2	……	N_n	N									
总计：总产值（总投入）		X_1	X_2	……	X_n	X									

$$a_{Nj}=\frac{N_j}{X_j}(j=1,\ 2,\ \cdots,\ n) \tag{4-3}$$

其中，a_{Nj} 表示 j 产业的净产值系数，N_j 表示 j 产业一年内创造的国民收入。

（2）劳动报酬系数表示各产业生产单位产品所支付的劳动报酬，计算公式为：

$$a_{Vj}=\frac{V_j}{X_j}(j=1,\ 2,\ \cdots,\ n) \tag{4-4}$$

其中，a_{Vj} 表示 j 产业的劳动报酬系数，V_j 表示 j 产业一年内支付的劳动报酬总额。

（3）社会纯收入系数表示各产业生产单位产品所创造的社会纯收入，计算公式为：

$$a_{Mj}=\frac{M_j}{X_j}(j=1,\ 2,\ \cdots,\ n) \tag{4-5}$$

其中，a_{Mj} 表示 j 产业的社会纯收入系数，M_j 表示 j 产业一年内创造的社会纯收入。

（三）完全消耗系数

各产业在生产产品的过程中除与相关产业发生直接消耗关系外，还有间接消耗关系，完全消耗系数能够全面反映产业的直接和间接消耗，更为深刻地揭示产业生产与其他产业发生的经济技术联系。完全消耗系数等于直接消耗系数与间接消耗系数之和，即：

$$b_{ij}=a_{ij}+\sum_{k=1}^{n}b_{ik}a_{kj}(i,\ j=1,\ 2,\ \cdots,\ n) \tag{4-6}$$

其中，b_{ij} 为完全消耗系数，表示 j 产业直接和间接消耗 i 产业产品的价值量，$\sum_{k=1}^{n}b_{ik}a_{kj}$ 为间接消耗系数，表示 j 产业通过 k 中间产业消耗 i 产业产品的全部价值量。经过矩阵转换，可得：

$$B=(E-A)^{-1}-E \tag{4-7}$$

其中，B 是由完全消耗系数 b_{ij} 组成的完全消耗系数矩阵，b_{ij} 数值越大表明 j 产业通过整个国民经济系统对 i 产业的直接与间接依赖性或带动性越强。

（四）影响力系数

由于存在关联关系，当某一产业发生变化时，不仅会使该产业自身生产技术、成本支出、产品性能、价格、就业等发生变化，而且也会通过产业之间的技术、价格、就业、投资等纽带，波及相关产业部门，相关产业部门也会继续将这种变化传递给与其相关的产业部门，形成波及效果。通常将一个产业对其他产业的波及称为该产业的影响力，将一个产业受其他产业的波及称为该产业的感应度。则影响力系数公式为：

$$r_j=\frac{\sum_{i=1}^{n}\bar{b}_{ij}}{\frac{1}{n}\sum_{i=1}^{n}\sum_{j=1}^{n}\bar{b}_{ij}}(i,\ j=1,\ 2,\ \cdots,\ n) \tag{4-8}$$

其中，$\bar{b}_{ij}$ 是列昂惕夫逆矩阵 $\bar{B}$（即完全需要系数矩阵）中的元素，[①] 社会平均影响力 $\frac{1}{n}\sum_{i=1}^{n}\sum_{j=1}^{n}\bar{b}_{ij}$ 是矩阵 $\bar{B}$ 每列与每行和之均值，$\sum_{i=1}^{n}\bar{b}_{ij}$ 是矩阵 $\bar{B}$ 中每一列的合计，表示 j 产业增加一个单位最终产品时，对各产业所产生的需求拉动和波及程度，即 j 部门影响力。为了在各产业之间进行比较，把其与各行合计的平均值对比，这样得到的比值称为影响力系数，[②] 即 r_j。r_j 大于或小于 1，说明该产业的带动能力在全部产业中属于平均水平以上或以下。某个产业的影响力系数越大，说明该产业对其他产业的拉动作用越大，如果达到一定标准（通常为 1）便可将其作为国民经济发展的主导产业部门。[③]

（五）感应度系数

$$r_i = \frac{\sum_{j=1}^{n}\bar{b}_{ij}}{\frac{1}{n}\sum_{i=1}^{n}\sum_{j=1}^{n}\bar{b}_{ij}}(i，j=1，2，\cdots，n) \tag{4-9}$$

其中，$\sum_{j=1}^{n}\bar{b}_{ij}$ 是完全需求系数矩阵中每一行的合计，表示当国民经济各产业均增加 1 单位最终使用时，第 i 产业由此受到的需求感应程度，即 i 部门的感应度。为了在各部门间进行比较，把其与各行合计的平均值对比，得到的比值称为感应度系数，即 r_i。r_i 大于或小于 1，说明该产业的感应能力在全部产业中属于平均水平以上或以下，以上则表示该产业容易受到其他产业变动的波及影响。由此可得到：

综合关联度系数 =（影响力系数 + 感应度系数）÷ 2　　（4-10）

影响力系数和感应度系数都较高的产业部门对国民经济的拉动和支撑作用大，即与其他部门的关联度较大。这样的产业部门是实施主导产业或产业集群发展战略的最佳选择。[④]

二、灰色关联模型

在投入产出表之外，学者们还经常采用灰色关联模型，来测算某产业体系内部、某产业与其他产业之间的关系密切程度。灰色关联度分析法（Grey Relational Analysis）是灰色系统分析方法的一种，是根据因素之间发展趋势的相似或相异程度，亦即"灰色关联度"，作为衡量因素间关联程度的一种方法。[⑤] 其计算过程如下：

设系统行为序列（通常为某产业历年产值、增加值等）为：

$$x_i=(x_i(1)，x_i(2)，\cdots，x_i(n))，(i=0，1，2，\cdots，m)$$

---

① 郭海明. 浅析完全消耗系数与完全需要系数的关系［J］. 甘肃高师学报，2014（2）：54-56.

② 蔡旺春. 文化产业对经济增长的影响——基于产业结构优化的视角［J］. 中国经济问题，2010（5）：49-55.

③ 李连友，李宾. 基于投入产出方法的北京市文化创意产业对经济贡献分析［J］. 中央财经大学学报，2012（6）：86-91.

④ 向蓉美. 互联网产业对国民经济影响的投入产出分析［J］. 统计与决策，2008（11）：75-77.

⑤ 罗党，刘思峰. 灰色关联决策方法研究［J］. 中国管理科学，2005，13（1）：101-106.

原始行为序列（通常为其他产业历年产值、增加值等）为：

$x_0=(x_0(1),\ x_0(2),\ \cdots,\ x_0(n))$

进行规范化处理，得：

$$x_i'=\frac{x_i(k)-\min\limits_{i}(x_i(k))}{\min\limits_{i}(x_i(k))-\min\limits_{i}(x_i(k))},$$

$$x_0'=\frac{x_0(k)-\min\limits_{0}(x_0(k))}{\max\limits_{0}(x_0(k))-\min\limits_{i}(x_0(k))}$$

$$r(x_0'(k),\ x_i'(k))\frac{\min\limits_{i}\min\limits_{k}|x_0'(k)-x_i'(k)|+\rho\max\limits_{i}\max\limits_{k}|x_0'(k)-x_i'(k)|}{|x_0'(k)-x_i'(k)|+\rho\max\limits_{i}\max\limits_{k}|x_0'(k)-x_i'(k)|} \tag{4-11}$$

$r(x_0'(k),\ x_i'(k))$ 为 x_i 对于 x_0 的关联系数，其中 ρ 为分辨系数，一般取 $\rho=0.5$。

$$r(x_0,\ x_i)\frac{1}{n}\sum_{k=1}^{n}r(x_0'(k),\ x_i'(k)) \tag{4-12}$$

$r(x_0,\ x_i)$ 为 x_i 对于 x_0 的灰色关联度。某产业体系内部整体关联度 r 可在计算出产业内各产业部门之间或与产业整体发展水平的灰色关联度 $r(x_0,\ x_i)$ 后，进行加权运算得出。

第三节　中国文化产业关联度测算

文化产业有与传统产业类似的产业投入产出关联方式，但文化产业发展的核心驱动要素即内容、创意、技术决定其具有不同于一般传统产业的关联特质。如前所述，传统产业之间的关联纽带以产品、价格、劳务、投资等有形资源为载体，文化产业与其他产业之间的关联则主要以其核心驱动要素内容、创意、技术等无形价值为桥梁，产业关联输出主要为知识产权资本、文化资本、高级人力资本和技术资本，[①] 这种无形资产的关联洽接不仅能引发其他产业生产运营方式的转变，也能直接或间接引起产业之间产品、劳动、投资等供求比例的变化，因此，文化产业关联也被视为促进国民经济产业结构演进的积极因素。通常产业之前关联以基于前向、后向产品和服务供需关系的纵向垂直技术经济联系为主，但文化产业以内容、创意、技术等要素为载体可与其他产业发生纵向、横向乃至环向辐射关联、融合，渗透到产业链各个环节价值创造过程，这种扁平式的关联形态[②] 正是文化产业真正的价值所在。

---

① 厉无畏. 创意产业促进经济增长方式转变——机理·模式·路径［J］. 中国工业经济，2006（11）：5-13.

② 周强. 文化创意产业的关联特性与关联度研究［J］. 沈阳大学学报（社会科学版），2013，15（4）：458-461.

一、中国文化产业灰色关联度测算

灰色关联分析通过对灰色关联度的测算，衡量不同产业、要素之间的联系强度，被广泛运用于自然科学、社会科学的众多研究领域。其原理为根据两个研究对象序列数据曲线形状的类似程度判断两者之间联系是否紧密，曲线形状越接近，则两者关联度越大。①

根据文化产业高创意、高知识、高内容、高技术含量的特点，其产业关联辐射范围较大，这里选择中国产业体系中所有主要产业与文化产业作灰色关联分析。以《中国统计年鉴》公布的2004~2015年18个产业增加值为基础，以2004年为基期，将2005~2015年各个产业的增加值与2004年增加值进行比较，无量纲化处理后的标准值如表4–2所示。

根据式（4–11），首先计算2005~2015年18个产业增加值与文化产业增加值的灰色关联系数，如表4–3所示，进而依据式（4–12）对历年各个产业灰色关联系数取平均值，即得到18个产业与文化产业的灰色关联度，如图4–1所示。

根据灰色关联理论，灰色关联度在［0，0.35］区间，可视两个产业之间关联强度为弱关联；在［0.35，0.65］区间，可视两个产业之间关联强度为中等关联；在［0.65，1］区间，则可视两个产业之间关联强度为强关联。由计算结果可以得知，国民经济18个主要产业与文化产业的关联强度均达到中等关联及以上，说明借由内容、创意、技术等无形资源，文化产业与其他产业之间产生了显著的关联关系，文化产业提供的知识产权资本、文化资本、高级人力资本和技术资本起到了较强的经济孵化作用。同时不难发现，与文化产业有强关联的多是技术、创意含量较高的第三产业和第二产业，如科学研究和技术服务业、房地产业、商务服务业、建筑业等，但与其上游的公共管理、社会保障和社会组织、金融业、教育、信息传输、软件和信息技术服务业等关联强度一般，说明文化产业基本为需求型基础产业，其文化产品和服务通常作为供给方流入其他产业，而文化产业对其他产业的产品和服务消耗较少。此外，文化产业与交通运输、仓储和邮政业、电力燃气及水的生产和供应业、农林牧渔业等创意、内容、技术含量较低的基础性产业关联较弱。

总之，文化产业与国民经济各产业都有较强的关联效应，平均关联度高达0.70，大力发展文化产业能够高效率地带动产业体系的繁荣和国民经济的快速增长，国民经济文化化、创意化、技术化将是主导发展趋势。通过文化产业的无形资产关联纽带，结合中国经济增长方式转变和产业结构调整的目标，把内容、创意、技术融入传统产业体系，将能大大促进传统产业改造、升级的步伐，实现产业体系高级化演进。

① 邓聚龙. 灰色预测与决策［M］. 武汉：华中理工大学出版社，1986，246.

表 4-2　2004~2015 年各产业增加值无纲量化后数列

产业 \ 年份	2004	2005	2006	2007	2008	2009	2010	2011	2012	2013	2014	2015
文化产业	1.00	1.24	1.49	1.88	2.22	2.55	3.21	3.92	5.25	6.36	7.13	7.92
农林牧渔业	1.00	1.05	1.12	1.34	1.57	1.65	1.89	2.22	2.45	2.66	2.81	2.94
采矿业	1.00	1.35	1.58	1.76	2.57	2.19	2.74	3.45	3.29	3.34	3.07	3.23
制造业	1.00	1.16	1.38	1.69	1.98	2.13	2.52	3.02	3.28	3.51	3.78	3.90
电力、燃气及水的生产和供应业	1.00	1.16	1.37	1.65	1.39	1.44	1.62	2.12	2.40	2.57	2.54	2.79
建筑业	1.00	1.19	1.43	1.76	2.16	2.58	3.07	3.79	4.24	4.70	5.16	5.35
交通运输、仓储和邮政业	1.00	1.15	1.31	1.57	1.76	1.80	2.06	2.35	2.55	2.80	3.06	3.26
信息传输、软件和信息技术服务业	1.00	1.16	1.34	1.58	1.86	1.93	2.10	2.43	2.82	3.24	3.76	4.11
批发和零售业	1.00	1.12	1.33	1.68	2.10	2.33	2.87	3.51	4.00	4.52	5.01	5.32
住宿和餐饮业	1.00	1.14	1.31	1.51	1.81	1.94	2.20	2.34	2.60	2.79	3.04	3.32
金融业	1.00	1.13	1.50	2.29	2.76	3.29	3.89	5.69	6.52	7.64	8.65	10.66
房地产业	1.00	1.19	1.45	1.92	2.05	2.60	3.18	3.93	4.36	5.02	5.30	5.76
租赁和商务服务业	1.00	1.19	1.44	1.79	2.13	2.36	2.96	3.60	4.28	5.08	5.81	6.61
科学研究和技术服务业	1.00	1.23	1.53	1.96	2.27	2.68	3.20	4.51	5.37	6.26	6.96	7.54
水利、环境和公共设施管理业	1.00	1.11	1.23	1.45	1.65	1.93	2.28	2.77	3.33	3.98	4.52	4.77
居民服务、修理和其他服务业	1.00	1.26	1.43	1.61	1.87	2.12	2.46	3.03	3.29	3.48	3.91	4.21
教育	1.00	1.18	1.31	1.57	1.82	2.14	2.46	3.02	3.40	3.87	4.32	4.79
卫生和社会工作	1.00	1.14	1.27	1.53	1.77	1.94	2.28	2.83	3.44	4.21	4.86	5.69
公共管理、社会保障和社会组织	1.00	1.20	1.44	1.76	2.24	2.47	2.64	2.94	3.27	3.53	3.83	4.13

资料来源：文化产业增加值来自历年《中国文化及相关产业统计年鉴》，其他产业增加值来自历年《中国统计年鉴》。

表 4-3 2005~2015 年各产业与文化产业灰色关联系数

产业 \ 年份	2005	2006	2007	2008	2009	2010	2011	2012	2013	2014	2015	关联度
农林牧渔业	0.93	0.88	0.83	0.80	0.74	0.66	0.60	0.48	0.41	0.37	0.34	0.64
采矿业	0.96	0.97	0.96	0.88	0.88	0.85	0.85	0.57	0.46	0.39	0.35	0.74
制造业	0.97	0.96	0.93	0.92	0.86	0.79	0.74	0.57	0.48	0.43	0.39	0.73
电力、燃气及水的生产和供应业	0.98	0.96	0.92	0.76	0.70	0.62	0.59	0.47	0.40	0.36	0.33	0.64
建筑业	0.99	0.98	0.96	0.98	0.99	0.95	0.95	0.72	0.61	0.57	0.50	0.84
交通运输、仓储和邮政业	0.97	0.94	0.90	0.85	0.77	0.69	0.62	0.49	0.42	0.39	0.36	0.67
信息传输、软件和信息技术服务业	0.97	0.95	0.90	0.88	0.81	0.70	0.63	0.51	0.45	0.43	0.40	0.69
批发和零售业	0.96	0.94	0.93	0.96	0.92	0.88	0.87	0.67	0.58	0.55	0.50	0.80
住宿和餐饮业	0.97	0.94	0.88	0.86	0.81	0.72	0.62	0.49	0.42	0.39	0.36	0.68
金融业	0.96	1.00	0.86	0.83	0.78	0.79	0.59	0.67	0.67	0.63	0.48	0.75
房地产业	0.98	0.99	0.98	0.94	0.98	0.99	1.00	0.74	0.66	0.58	0.54	0.85
租赁和商务服务业	0.99	0.98	0.97	0.97	0.93	0.91	0.89	0.73	0.67	0.66	0.66	0.85
科学研究和技术服务业	1.00	0.99	0.97	0.98	0.95	1.00	0.81	0.96	0.96	0.94	0.87	0.95
水利、环境和公共设施管理业	0.95	0.91	0.86	0.82	0.81	0.73	0.69	0.57	0.52	0.50	0.45	0.71
居民服务、修理和其他服务业	0.99	0.98	0.91	0.88	0.86	0.77	0.74	0.57	0.47	0.44	0.41	0.73
教育	0.98	0.94	0.90	0.87	0.86	0.78	0.74	0.58	0.51	0.48	0.45	0.73
卫生和社会工作	0.97	0.92	0.88	0.85	0.81	0.74	0.70	0.59	0.55	0.53	0.54	0.73
公共管理、社会保障和社会组织	0.99	0.98	0.96	0.99	0.97	0.82	0.73	0.57	0.48	0.44	0.40	0.76

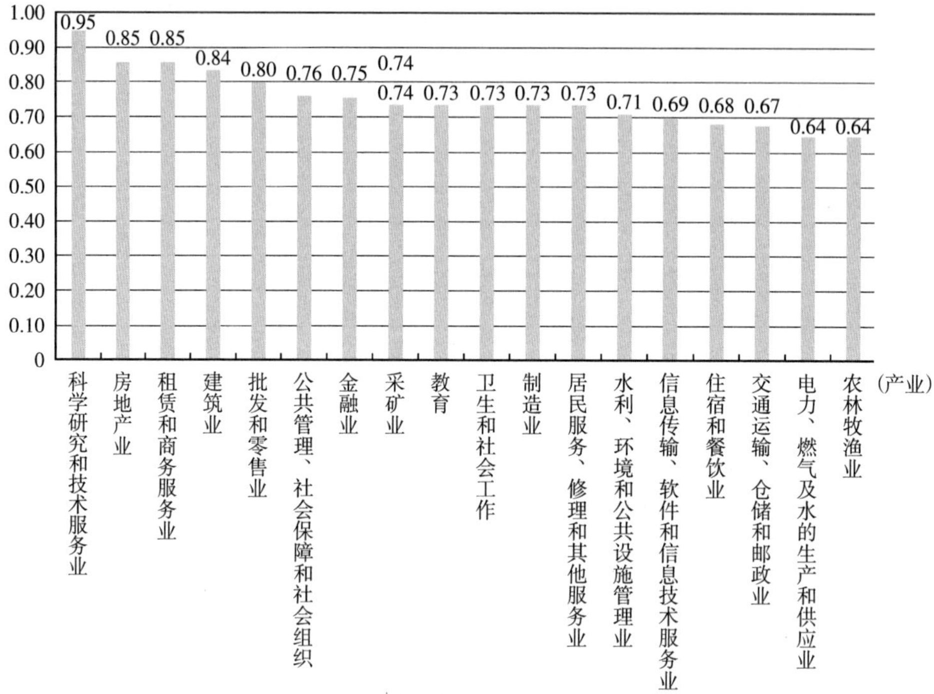

图 4-1 国民经济各产业与文化产业灰色关联度

二、中国文化产业投入产出系数测算

根据 2012 年国家统计局新修订的文化及相关产业分类，[①] 新增了涂料、油墨、颜料及类似产品制造业、陶瓷制品制造业、建筑装饰和其他建筑服务业、电信和其他信息传输服务业、软件业、商务服务业等产业，而减少了之前的旅游业和体育业两个行业。虽有旅游业和体育业部分活动与文化有关，但对于已形成自身完整体系的生产活动，不予纳入文化产业分类，以免削弱分类文化产业的文化特征。

基于中国 2012 年投入产出表[②] 数据，从 139 个产业部门中整理划分出 15 个属于文化产业的类别，主要有：造纸和纸制品业，印刷品和记录媒介复制品制造业，文教、工美、体育和娱乐用品制造业，涂料、油墨、颜料及类似产品制造业，陶瓷制品制造业，视听设备制造业，文化与办公用机械制造业七个文化制造业，建筑装饰和其他建筑服务业，电信和其他信息传输服务业，软件和信息技术服务业，商务服务业，新闻和出版业，广播、电视、电影和影视录音制作业，文化艺术业，娱乐业八个文化服务业。

① 国家统计局设管司. 文化及相关产业分类（2012）［DB/OL］. http：//www.stats.gov.cn/tjsj/tjbz/201207/t20120731_8672.html，2012-07-07.

② 国家统计局. 2012 年全国投入产出表［DB/OL］. http：//www.stats.gov.cn/tjsj/tjbz/201207/t20120731_8672.html，2012-07-31.

（一）文化产业对外投入产出分析

1. 影响力系数

通过对 2012 年 139 个产业部门的投入产出表分析计算，根据式（4–8）得到 139 个产业部门的影响力系数与排名，其中 15 个文化产业部门的影响力系数及其排名如表 4–4 所示。

表 4–4 2012 年中国文化产业影响力系数及排名

产业	影响力系数	排名
造纸和纸制品	1.07	62
印刷品和记录媒介复制品	1.05	65
文教、工美、体育和娱乐用品	1.14	44
涂料、油墨、颜料及类似产品	1.23	17
陶瓷制品	1.06	64
文化、办公用机械	1.31	**2**
视听设备	1.30	**3**
建筑装饰和其他建筑服务	1.03	69
电信和其他信息传输服务	0.75	120
软件和信息技术服务	0.96	87
商务服务	0.99	81
新闻和出版	0.91	97
广播、电视、电影和影视录音制作	0.75	121
文化艺术	0.73	122
娱乐	0.70	126

从表 4–4 中可以看出，在中国影响力系数最大的 10 个产业部门中，有 2 个属于文化产业，即文化、办公用机械产业和视听设备产业，而影响力系数大于 1 的文化产业部门有 8 个，包括造纸和纸制品，印刷品和记录媒介复制品，文教、工美、体育和娱乐用品，涂料、油墨、颜料及类似产品，陶瓷制品，文化、办公用机械，视听设备，建筑装饰和其他建筑服务。同时，小于 1 的文化产业部门影响力系数都在 0.5 以上，可见文化产业整体在国民经济产业体系中具有重要的拉动作用。文化产业多个部门影响力系数大于 1，表明文化产业的发展能够在很大程度上引领一批产业的前进，率先发展文化产业比发展一般产业对经济增长的促进作用要大。但也能够看出，影响力较大的文化产业部门基本都属于第二产业，建筑装饰和其他建筑服务业虽然属于服务业，但也是基于建筑工业而生的，文化产业部门中的第三服务产业，如软件和信息技术服务、新闻和出版、文化艺术、娱乐等文化核心产业部门对经济的带动能力还远远不够。

2. 感应度系数

通过对 2012 年 139 个产业部门的投入产出表分析计算，根据式（4–9）得到 139

个产业部门的感应度系数与排名，其中 15 个文化产业部门的感应度系数及其排名如表 4-5 所示。

表 4-5　2012 年中国文化产业感应度系数及排名

产业	感应度系数	排名
造纸和纸制品	1.72	20
印刷品和记录媒介复制品	0.79	45
文教、工美、体育和娱乐用品	0.65	71
涂料、油墨、颜料及类似产品	0.77	53
陶瓷制品	0.40	121
文化、办公用机械	0.34	134
视听设备	0.42	117
建筑装饰和其他建筑服务	0.76	55
电信和其他信息传输服务	0.86	42
软件和信息技术服务	0.47	98
商务服务	2.57	12
新闻和出版	0.38	126
广播、电视、电影和影视录音制作	0.39	123
文化艺术	0.36	128
娱乐	0.43	112

从表 4-5 中可以看出，中国文化产业只有造纸和纸制品制造业与商务服务业两个部门感应度系数大于 1，其他文化产业部门均在 139 个产业部门平均水平以下，而且没有排名前十的产业，可见，中国文化产业对国民经济整体的感应程度并不是很高，即其他产业对文化产业的推动影响作用并不大，公众及其他产业对文化产业的需求程度尚不高。在文化产业内部，商务服务业感应度系数比较高，如果国民经济各部门的最终使用均增长 1 万元，需要商务服务业总产出增加 2.57 万元，表明其需求感应程度较强，受其他产业影响较大，当其他产业部门增长时，需要为其他产业部门提供较大的产出量。

影响力系数和感应度系数是常用的评价产业部门拉动作用和推动作用的方法。① 比较直观地看（见图 4-2），2012 年影响力系数和感应度系数都大于 1 的文化产业部门只有造纸和纸制品制造业，说明文化产业在拉动并支撑中国国民经济发展上造纸和纸制品制造业发挥了较大的作用，商务服务业感应度系数接近 1，有发展潜力，其他文化产业部门尤其是新闻和出版业，广播、电视、电影和影视录音制作业，文化艺术业，娱乐业等文化产业核心部门，影响力系数和感应度系数远远低于 1，其对其他产业的拉动和支持

① 贾传亮，胡发胜，孙颖. 主成分分析法在产业关联度研究中的应用［J］. 运筹与管理，2006（2）：73-76.

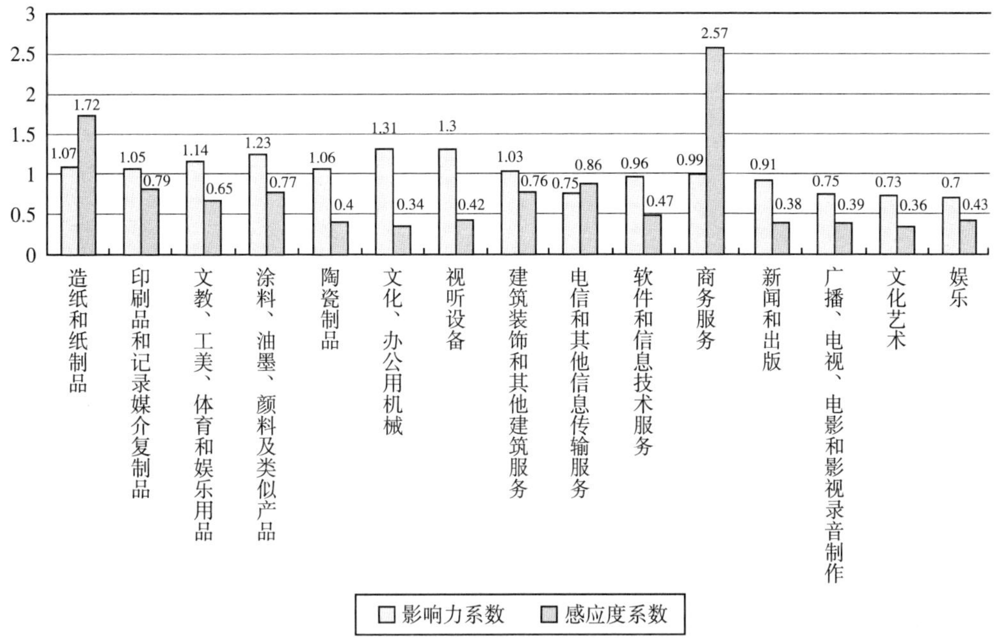

图 4-2　2012 年中国文化产业影响力系数和感应度系数分布情况

能力都尚小，还需要不断完善和发展，需要着重注意，适当发展提高其推拉作用。

3. 综合关联度系数

依据影响力系数和感应度系数，可以得出 2012 年 139 个产业部门的综合关联度系数与排名，其中 15 个文化产业部门的综合关联度系数及其排名如表 4-6 所示。

表 4-6　2012 年中国文化产业综合关联度系数及排名

产业	综合关联度系数	排名
造纸和纸制品	1.39	21
印刷品和记录媒介复制品	0.92	48
文教、工美、体育和娱乐用品	0.90	52
涂料、油墨、颜料及类似产品	1.00	36
陶瓷制品	0.73	106
文化、办公用机械	0.82	76
视听设备	0.86	60
建筑装饰和其他建筑服务	0.90	53
电信和其他信息传输服务	0.80	88
软件和信息技术服务	0.71	110
商务服务	1.78	12
新闻和出版	0.65	123
广播、电视、电影和影视录音制作	0.57	130
文化艺术	0.55	133

续表

产业	综合关联度系数	排名
娱乐	0.56	131
合计	13.14	

从表 4-6 中可以看出，2012 年 15 个文化产业部门的综合关联度系数没有进入中国所有产业的前十位，只有造纸和纸制品制造业，涂料、油墨、颜料及类似产品制造业，商务服务业这三个行业综合关联度系数大于 1，高于全国所有产业平均水平，说明目前文化产业对中国国民经济的综合拉动和支撑作用一般，尚有巨大潜力可供挖掘。在 15 个文化产业部门中，由于与其他产业有着千丝万缕的关系，商务服务业的综合关联度较高，为 1.78，说明其与其他产业的关联度强，它的发展对国民经济增长的拉动作用十分明显，同时受其他产业的推动和制约作用也较为显著。

（二）文化产业内部投入产出分析

为了进一步分析文化产业内部各个产业部门的相互作用和依赖关系，将 15 个文化产业单独进行计算，得出其直接消耗系数和完全消耗系数矩阵，然后根据公式计算影响力系数、感应度系数和综合关联度系数，能够看出哪些产业部门在 15 个文化产业内部具有主导性，对其他文化产业部门的拉动和推动作用较强，可将其判断为文化产业内部的主导产业。[①]

1. 内部影响力系数

对文化产业内部产业进行投入产出测算，可得 15 个文化产业部门的内部影响力系数及其排名，如表 4-7 所示。

表 4-7　2012 年中国文化产业内部影响力系数与排名

产业	影响力系数	排名
造纸和纸制品	1.18	3
印刷品和记录媒介复制品	1.33	1
文教、工美、体育和娱乐用品	0.99	5
涂料、油墨、颜料及类似产品	0.97	8
陶瓷制品	0.92	11
文化、办公用机械	0.86	14
视听设备	0.91	12
建筑装饰和其他建筑服务	0.89	13
电信和其他信息传输服务	0.97	6
软件和信息技术服务	1.08	4

① 赵云. 文化产业对国民经济的影响及内部关联分析——基于 2012 年投入产出表［J］. 中国市场，2016（42）：42-44.

续表

产业	影响力系数	排名
商务服务	0.97	7
新闻和出版	1.19	2
广播、电视、电影和影视录音制作	0.93	10
文化艺术	0.96	9
娱乐	0.84	15

从表 4-7 中可以看出，2012 年文化产业各部门的内部影响力大小不一。文化制造业中除造纸和纸制品制造业、印刷品和记录媒介复制品制造业外，其他的影响力系数均小于 1。如印刷品和记录媒介复制品制造业影响力系数为 1.33，这表明其最终使用每增加 1 万元，会拉动文化产业总产出增加 1.33 万元；文化服务业中软件和信息技术服务业、新闻和出版业系数大于 1。影响力系数大于 1 说明它们对文化产业经济发展有相当的拉动作用，属于文化产业内部的动力部门。但广播、电视、电影和影视录音制作业，文化艺术业，娱乐业这类创意附加值较高的产业部门尚未发挥对其他文化产业部门的引领作用。

2. 内部感应度系数

对文化产业内部产业进行投入产出测算，可得 15 个文化产业部门的内部感应度系数及其排名，如表 4-8 所示。

表 4-8　2012 年中国文化产业内部影响力系数与排名

产业	感应度系数	排名
造纸和纸制品	2.03	1
印刷品和记录媒介复制品	1.09	3
文教、工美、体育和娱乐用品	0.94	6
涂料、油墨、颜料及类似产品	1.09	4
陶瓷制品	0.85	11
文化、办公用机械	0.82	13
视听设备	0.89	8
建筑装饰和其他建筑服务	0.88	9
电信和其他信息传输服务	1.04	5
软件和信息技术服务	0.87	10
商务服务	1.12	2
新闻和出版	0.82	14
广播、电视、电影和影视录音制作	0.84	12
文化艺术	0.89	7
娱乐	0.82	15

可以看出，2012 年文化产业各部门的感应度大小差距比较大，有 5 个部门感应度系数大于 1，甚至造纸和纸制品制造业感应度大于 2，这表示如果文化产业各部门的最终使用增长 1 万元，需要造纸和纸制品制造业追加超过 2.03 万元的产品产出，其需求感应程度较强，能够随着其他文化产业部门的飞速发展实现同步演进，为其他部门的生产提供较大支持。但新闻和出版业，广播、电视、电影和影视录音制作业，娱乐业的内部感应度系数小于 1，表明其对文化产业各个部门的支撑作用较小，受其他文化产业部门发展的辐射带动不明显。

3. 内部综合关联度系数

依据影响力系数和感应度系数，可以得出 2012 年 15 个文化产业部门的内部综合关联度系数与排名，如表 4–9 所示。

表 4–9 文化产业内部综合关联度系数及排

产业	综合关联度系数	排名
造纸和纸制品	1.60	1
印刷品和记录媒介复制品	1.21	2
文教、工美、体育和娱乐用品	0.97	8
涂料、油墨、颜料及类似产品	1.03	4
陶瓷制品	0.88	12
文化、办公用机械	0.84	14
视听设备	0.90	10
建筑装饰和其他建筑服务	0.89	11
电信和其他信息传输服务	1.01	5
软件和信息技术服务	0.98	7
商务服务	1.05	3
新闻和出版	1.01	6
广播、电视、电影和影视录音制作	0.88	13
文化艺术	0.93	9
娱乐	0.83	15

从计算结果可以看出，造纸和纸制品业，印刷品和记录媒介复制品业，涂料、油墨、颜料及类似产品业，电信和其他信息传输服务业，商务服务业，新闻和出版业这六个文化产业部门的内部综合关联度系数都大于 1，说明这六个部门对文化产业整体的拉动和支撑作用比较强，可以将其视为目前中国文化产业内部的重要部门，基本决定着中国文化产业的发展水平。综合来看（见图 4–3），各文化产业部门的三个系数都接近于 1，可见文化产业内部关联作用相对均衡。其中，造纸和纸制品制造业较为突出，而文化、办公用机械制造业和娱乐业综合关联程度较低，需要积极发展，发挥其对文化产业整体的拉动和推动作用。

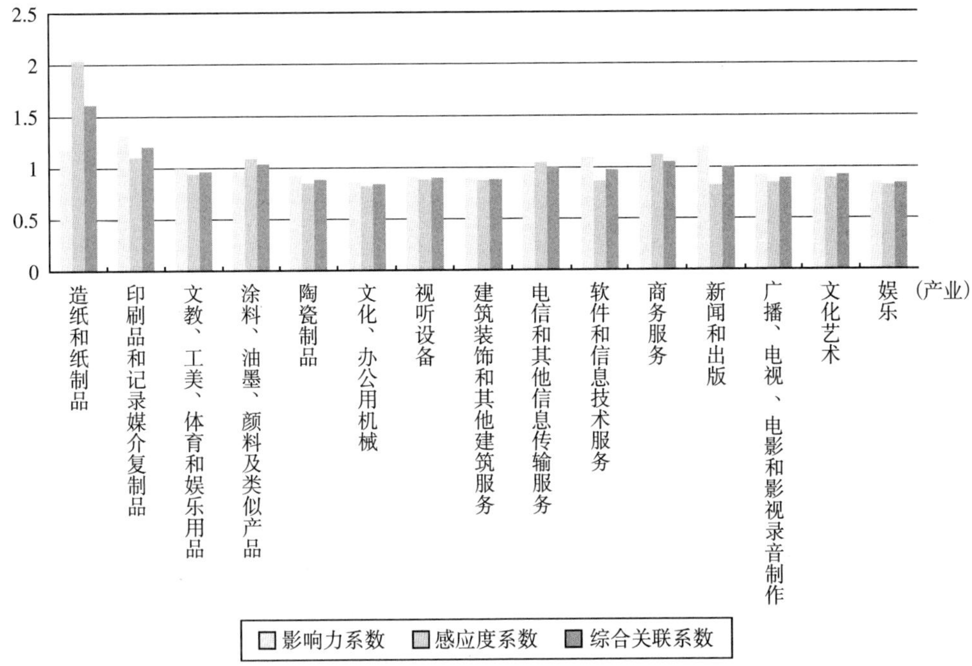

图 4–3　2012 年中国文化产业内部各关联系数

总体而言，在全国 139 个产业的分析中，造纸和纸制品制造业，涂料、油墨、颜料及类似产品制造业，商务服务业的综合关联度系数高于 1，属于对国民经济拉动和推动作用显著的文化产业部门。如表 4–6 所示，15 个文化产业部门的综合关联度系数合计为 13.14，平均值小于 1，说明文化产业整体对国民经济的推拉作用还不够强，发展文化产业尚有较长的路要走。

在文化产业内部 15 个产业的分析中，造纸和纸制品制造业，印刷品和记录媒介复制品业，涂料、油墨、颜料及类似产品制造业，电信和其他信息传输服务业，商务服务业，新闻和出版业六个部门的综合关联度系数高于平均水平，是目前中国文化产业体系中的重要部门，但这一以文化制造产业为主导的内部关联模式亟须予以转变，创意附加值较高的广播、电视、电影和影视录音制作业、文化艺术业、娱乐业等文化服务产业有待发挥其引领带动作用，以推动中国文化产业升级演化。

第四节　中国文化产业关联研究成果与结论

文化产业自兴起以来，一直以其飞快的增长速度和强大的关联带动作用备受关注。文化产业位居产业链高端，具有高附加值、强渗透力、广辐射力，尤其是各类文化资源与现代科技手段、不同产业业态的“无缝衔接”，一方面重新塑造着原有产业体系，另一方面不断融合出新的产业模式。[1]中共十七届六中全会指出，推动文化产业与体育、物流、信息、旅游、建筑等产业融合发展，延伸文化产业链，增加相关产业文化含量，提高产业附加值。文化产业与经济发展日益融合，呈现出良好的产业关联效应。为此，学界近年来关于文化产业关联的研究日益增多，研究视野从国家层面到地方层面皆有涉及，但所用方法大多局限于投入产出模型、灰色关联模型和回归方程。总结研究成果可以发现，国内学界关于文化产业关联的研究方向大致有三个：一是直接评价国家文化产业关联程度，以文化产业与其他产业的外部关联为主；二是以省份为对象，测评各区域文化产业关联度，并对其存在的突出问题予以总结；三是探讨影响文化产业发展的关联要素，如版权保护、资本运营、财税调控等。

一、中国文化产业关联研究

随着文化产业运营实践的纵深和学术研究的推进，学者们关于文化产业带动国民经济增长、促进产业结构升级、提升生产附加值的认知不断加深，对文化产业的关联效应测算陆续增多。总结已有研究成果不难发现，多数成果研究视野类似，除个别成果外所用方法大致相同，所得结论也差别甚小。学者们普遍认为文化产业受其他产业拉动感应度较小，但对其他产业的带动影响力较强。

代表性成果和结论有：贺寿昌（2009）认为，文化创意产业不是自给自足的生产体系，也不是垂直的产业类型，其价值通过与其他产业前向、后向和横向关联效应来体现。[2]王志标（2009）应用2002年中国投入产出表计算了文化产业的影响力系数、感应度系数和分配系数，发现文化产业的前向关联度较小，后向关联度较大，表明公众对文化最终产品的消费尚不多，但文化产业对相关产业的辐射带动作用较强。[3]王花毅（2010）运用投入产出模型，得知2002年中国文化产业影响力系数为1.13，感应度系数为0.88，表明文化产业对国民经济发展的推动作用较大，但受其他部门发展的拉动作用不大。[4]刘莹（2012）通过对文化产业与其他相关产业2005~2007年灰色关联度的计算，发现文化产业与制造业关联度较高，但与商贸业、教育业关联度较低。[5]王苗宇等（2012）运用冲击响应函数模型、方差分解、向量自回归（VAR）等计量工具，对2001~2010年文化信息产业与经济增长之间关联性进行测算，得知文化信息产业对经济增长影响显著，但中国GDP季度同比增长率对文化信息产业带动作用较小。[6]厉无畏（2012）认为，文化创意产业是推动国民经济增长方式转变的重要助力，主要通过资源转化、结构优化、价值提升和市场扩张四种途径实现。[7]周强（2013）运用灰色关联模

① 厉无畏. 创意产业促进经济增长方式转变——机理·模式·路径［J］. 中国工业经济，2006（11）：5-13.

② 贺寿昌. 创意产业价值系统的对外延伸与价值捕获［J］. 湖南社会科学，2009（2）：101-104.

③ 王志标. 文化产业关联效应分析［J］. 统计与决策，2009（20）：88-90.

④ 王花毅. 文化产业聚集中的产业链关联性研究［D］. 西安：陕西师范大学硕士学位论文，2010.

⑤ 刘莹. 文化产业与相关产业的灰色关联度分析［J］. 沈阳工业大学学报（社会科学版），2012（2）：163-167.

⑥ 王苗宇，吴翔，印重. 中国文化信息产业与经济增长之间的关联性研究［J］. 情报科学，2012（11）：1662-1667.

⑦ 厉无畏. 创意产业与经济发展方式转变［J］. 社会科学研究，2012（6）：1-5.

型进行计算发现，2004~2010 年文化产业与教育业、金融业的关联度呈下降趋势，而与制造业、交通运输业和邮政业关联度呈上升趋势，其中与制造业关联度最高。[①] 郭新茹和谭军（2014）经研究发现，在文化产业领域同样存在演化经济学提出的相关产业关联互动、企业分蘖机制与产业空间集群演进的内在关联性。[②] 梅国平等（2014）基于阿里数据平台收集的网络交易大数据构建了文化产业关联复杂网络，并运用最可能最大流算法对关联效应进行分解，发现文化产业对商务服务等 11 大产业有正面推动作用，但对农业等 13 大产业有负向挤出效应。整体而言，文化产业每增加 1 单位投入能带动其他产业 8.13 个单位产出，对国民经济拉动作用十分显著。[③] 周强（2014）通过分析 2007 年文化创意产业与国民经济其他产业的比例关系认为，文化创意产业是最终需求基础型产业，对其他产业有强劲拉动作用，但受到的推动作用尚不显著。[④] 张亚丽等（2015）通过对 2007 年投入产出表进行计算得出，中国文化产业对经济增长贡献还不大，文化服务业和文化制造业受国民经济增长推动作用较小，对其他产业支撑作用尚不明显，但文化制造业相较于文化服务业对其他产业的拉动作用明显。[⑤]

二、区域文化产业关联研究

由于文化产业的迅速崛起并发挥了对地区经济显著的拉动作用，国内学者关于区域文化产业关联效应的研究不断增多，成为文化产业关联领域研究成果最多的方向。现有研究大多以省域为单位，采用投入产出模型、灰色模型对文化产业与其他产业的关联度、影响力、感应度进行测算，但大多数成果偏重于短期现状评价和对比，长期跟踪性、规律性的归纳总结较少，部分研究结论呈现出了细致、深入的特点。

代表性研究成果及结论主要有：黄常锋等（2012）结合投入产出法和结构模型（ISM）分析认为，新疆文化产业在经济体系中地位较低，附加值低、基础支撑作用强的传统文化产业是当前新疆文化产业的主要构成，污染和消耗低的新型文化产业规模尚小。[⑥] 范中原和刘长喜（2012）选取经济发展、市场需求、产业规模、科研创新四个方面 14 个指标计算与上海文化产业及贸易的灰色关联度，结果表明，城乡人均可支配收入对文化产业有重要关联作用，人均生产总值、互联网普及率对文化贸易有重要关联作用，但科技成果与文化产业及贸易关联度均不高。[⑦] 章迪平（2013）根据 2004~

---

① 周强. 文化创意产业关联机制和关联度的动态分析——基于灰色关联模型［J］. 重庆理工大学学报（社会科学），2013（8）：22-25.

② 郭新茹，谭军. 相关性产业关联互动、企业分蘖机制与文化产业空间集群演化研究［J］. 江苏社会科学，2014（6）：184-190.

③ 梅国平，刘珊，封福育. 文化产业的产业关联研究——基于网络交易大数据［J］. 经济管理，2014（11）：25-36.

④ 周强. 中国文化创意产业关联程度与波及效果分析——基于投入产出方法［J］. 重庆工商大学学报（社会科学版），2014（1）：9-15.

⑤ 张亚丽，张延延，林秀梅. 中国文化产业的关联拉动效应分析［J］. 统计与决策，2015（11）：134-137.

⑥ 黄常锋，何伦志，甘晓成. 基于投入产出法和 ISM 的文化产业关联度和波及效果分析——以新疆为例［J］. 新疆大学学报（哲学·人文社会科学版），2012（2）：12-17.

⑦ 范中原，刘长喜. 上海文化产业及贸易发展影响因素的灰色关联度分析［J］. 资源开发与市场，2012（6）：504-507.

2011 年灰色关联计算发现，浙江省文化产业发展主要借助经济增长的快速带动和信息技术的广泛运用，但文化消费不足和人才匮乏制约了产业的进一步延伸。[①] 田园（2013）根据 2007 年投入产出表分析得知，环渤海地区文化产业与制造业关系最为密切，与信息产业、租赁与商务服务业关联效应较强，对交通运输和仓储业、批发零售业等传统服务部门后向需求拉动作用显著。[②] 刘玉玲和张润清（2014）运用灰色关联模型计算得出，河北省文化产业与地区 GDP、财政收入的整体关联度不高，与第一产业、第二产业、旅游产业和交通运输业的融合度尚不密切。[③] 赵娉乐（2014）基于 2007 年 30 个省份的投入产出表计算发现，长江中游和西南地区文化产业对第二、第三产业贡献力度较小，尚处于起步阶段，东部沿海地区文化产业在经济体系中价值实现程度较高，文化产业与其关联产业协同发展的方式主要有战略联盟、市场合作、产业融合三种方式。[④] 王叶军（2015）基于 2002 年、2007 年、2012 年北京市投入产出表的计算结果显示，北京文化产业的劳动密集性特征逐步显现，盈利水平显著下降，开始由中间产品型产业转变为最终需求型产业，生产者服务业转变为消费者服务业，但与其他产业的融合水平亟待提升。[⑤] 柴国君和陈通（2015）运用耦合协调度模型计算内蒙古文化产业与区域经济之间的耦合度，结果表明，两者耦合关系呈“S”形动态演变，“协调—磨合—协调”为其基本规律。[⑥] 侯婷婷（2015）以 2007 年黑龙江省投入产出表为基础进行实证分析得知，黑龙江省文化产业扩散效应强，内部关联度大，文化制造业对其他产业需求拉动强，但文化服务业呈现低影响力和低感应度。[⑦] 翁旭青（2015）以回归方程为基础进行实证结果表明，杭州市文化创意产业对供给结构、需求结构、产业结构、国贸结构、国际投资结构等优化均有显著正向作用。[⑧] 耿蒙蒙（2016）选取 2010~2014 年数据进行关联性分析，发现福建省文化产业与其他产业融合度存在显著差异，即便是融合度最高的建筑业，产业融合模式也仍不成熟。[⑨] 张秀峰和康军（2016）基于 2002 年、2007 年甘肃省投入产出表计算发现，甘肃省文化制造业对其他产业发展有显著促进作用，文化服务业则不明显，且文化产业长期呈现低感应度特征，难以通过其他产业的发展来拉动，对直接投入的依赖较明显。[⑩] 温雅茹（2016）通过对比 2007 年和 2012 年

① 章迪平. 基于灰色关联分析的文化产业发展影响因素研究——以浙江省为例［J］. 浙江工商大学学报，2013（3）：92-97.

② 田园. 基于投入产出模型的环渤海地区文化产业关联效应研究［J］. 城市，2013（7）：47-50.

③ 刘玉玲，张润清. 产业融合视角下河北省文化产业灰色关联度分析［J］. 统计与管理，2014（8）：57-59.

④ 赵娉乐. 中国区域文化产业与其他产业关联度测算及协同发展研究［D］. 长沙：湖南大学硕士学位论文，2014.

⑤ 王叶军. 北京市文化产业关联特征的动态演变——基于建设文化中心的视角［J］. 未来与发展，2015（12）：109-113，100.

⑥ 柴国君，陈通. 内蒙古文化产业与区域经济的耦合关联分析［J］. 干旱区资源与环境，2015（11）：73-78.

⑦ 侯婷婷. 黑龙江省文化产业关联度及波及效果分析［J］. 北方经贸，2015（5）：134-136.

⑧ 翁旭青. 文化创意产业与地区产业结构优化的关联度研究——基于杭州市的实证分析［J］. 经济论坛，2015（8）：37-40.

⑨ 耿蒙蒙. 福建省文化产业融合发展研究——基于灰色关联分析［J］. 龙岩学院学报，2016（6）：62-66，78.

⑩ 张秀峰，康军. 甘肃省文化产业的关联特征——基于投入产出表的分析［J］. 兰州交通大学学报，2016（2）：111-116.

投入产出表，得出广西壮族自治区文化产业发展速度偏低是由于文化服务业发展缓慢导致的，文化服务业具有显著低影响力、低感应度的特点，而文化制造业则呈现高影响力、低感应度的特征。[①] 张航航（2016）基于 2007 年西北五省投入产出表比较分析发现，西北地区文化产业以文化制造业为主，尚未成为核心产业，对第二、第三产业的依存度较高，且对上游产业需求的拉动作用明显大于对下游产业供给的推动作用。[②]

三、文化产业关联因素研究

为研究文化产业发展演进机理，国内学者也将文化产业关联因素作为重点，积极探讨版权保护、艺术、大众传媒、资本运营、财税调控、城市化、人力资本等因素与文化产业的关系，论证两者间相互交融、彼此促进的作用，但以定性论述为主，研究结论略显单薄，对现实的解释和指导作用有限。得出的主要结论包括：祝青（2002）认为文化产业发展能够带动城市规模扩张、生活质量提高、引领城市工商业及其他产业繁荣，而城市则为文化产业提供基本的物质设施空间，是文化产业发展的主要动力源。[③] 刘飒和王强（2009）基于 1997~2007 年数据对中国人力资本与文化产业灰色关联度进行定量分析，结果表明，人力资本尤其是中等教育人口比重与文化产业关联度较高。[④] 李朝晖（2010）通过理论探讨发现，大众传媒经由与文化创意产业链上各类组织的互利合作，在“创意为王”的背景下，与文化创意产业呈现出融合互动的趋势。[⑤] 姚颉靖和彭辉（2011）以 1999~2008 年数据为样本进行灰色关联度计算发现，版权保护对文化产业创新投入能力、产出能力和创新管理能力影响均较显著，需针对性立法优化版权保护环境。[⑥] 杨京钟（2013）着重探讨了政府财税调控对文化产业经济的促进作用，明晰了政府财税介入文化产业发展的理论依据和宏观调控的作用机理。[⑦] 周宸宇（2015）认为，文化产业的发展与延续需要以文化资本的有序运营为推动力，文化资本运营的价值和经济效益则有赖于文化产业的创新和兴盛。[⑧]

四、已有研究成果述评

从以上研究成果梳理中可以发现，目前国内学界关于文化产业关联的研究逻辑思路和方法模型较为一致，大多是通过对文化产业的投入产出关联或灰色关联的衡量，揭示文化产业与其他产业及要素的后向拉动关系和前向推动关系，且无论在国家层面还是地区层面得出结论一致认为，文化制造业对国民经济增长和其他产业发展的拉动

---

① 温雅茹. 广西文化产业的关联拉动效应分析［J］. 现代商贸工业，2016（30）：5-7.

② 张航航. 中国西北地区文化产业关联度比较分析［J］. 洛阳理工学院学报（社会科学版），2016（5）：38-41.

③ 祝青. 文化产业发展与城市化发展的关联性分析［J］. 中共浙江省委党校学报，2002（3）：42-45.

④ 刘飒，王强. 中国人力资本与文化产业发展的灰色关联分析［J］. 当代经济管理，2009（12）：59-62.

⑤ 李朝晖. 大众传媒与文化创意产业关联性分析［J］. 声屏世界，2010（1）：48-49.

⑥ 姚颉靖，彭辉. 版权保护与文化产业创新能力的灰色关联分析［J］. 首都经济贸易大学学报，2011（2）：31-37.

⑦ 杨京钟. 文化产业经济发展与政府财税调控的关联度［J］. 江南大学学报（人文社会科学版），2013（3）：74-79.

⑧ 周宸宇. 试析文化资本运营同文化产业之间的关联［J］. 大众文艺，2015（3）：264.

作用较强，但处在文化产业核心地带且附加值较高的文化服务业对其他产业的辐射拉动作用尚未显现，亟待通过内部调整、优化、升级，进一步强大创新内核，发挥产业链顶端创意设计作用，加强与其他产业的融合，将其潜力释放出来。同时，多数研究成果发现，文化产业受其他产业的影响推动作用不明显，表明文化产业目前仍是一个相对独立的产业部门，不容易受到其他产业需求波动的影响乃至制约，而同时也说明其他产业对文化中间产品和服务的依赖，尤其是终端市场对文化产品和服务的需求仍然不够巨大，尚有较大的市场空间待填充。

从总体来看，对文化产业关联的研究还存在严重不足，主要体现在三个方面：一是国内学者在运用计量方法测度文化产业关联时，多运用投入产出表、统计年鉴等数据，存在一定的数据滞后问题，且多数数据为宏观数据，相对粗略，导致计算结果无法连续、深入、细致地反映文化产业关联实际，且对文化产业感应度不足等突出问题未能给予充分、合理的解释，研究思路、所用方法以及采用数据亟待更新、完善。二是国内目前对文化产业关联问题主要还是从产业投入产出关联的框架入手进行测算分析，大部分定量研究也多集中在对文化制造业、文化服务业的关联性探索，对更进一步的区域之间文化产业关联、文化产业内部关联以及文化企业关联等，由于数据获得等困难，并没有真正探索。三是由于产业关联研究视野和工具所限，目前文化产业关联研究仅停留在简单模仿阶段，对文化产业关联的综合运行机理、独特关联要素进行系统、深入研究的成果尚未得见，也可能是由于文化产业内部各产业部门运营模式、盈利方式、与其他产业和要素融合嫁接程度等不一，较难从中抽离独特关联要素和普遍关联规律，限制了文化产业关联机理的深入探讨，也就无法达到通过理论和实证分析结合各地文化产业关联实际给予普遍指导的目的。

第五节　中国文化产业关联优化

一、中国文化产业关联规律总结

经过实证测算，同时参考国内学界已有研究成果，可将当前中国文化产业显现出的基本规律总结如下：

（一）文化产业后向较之前向关联更为显著

中国文化产业后向产业链延伸较长，后向关联较之前向关联更为显著。作为衡量产业后向关联效应强弱的直接消耗系数和影响力系数，经前文测算以及相关学者研究发现，中国文化产业直接消耗系数排名靠前，历年影响力系数均大于 1，超过所有产业平均水平，表明文化产业作为最终需求型基础产业，能够经由直接或间接的后向关联效应对国民经济增长和其他产业发展起到显著的拉动作用，其中，文化产业与科学研究和技术服务业、房地产业、商务服务业、建筑业等第二、第三产业的后向关联紧密，可在较大程度上带动此类产业优化转型，提高创意附加值，并进一步促进产业结构优化升级。但文化产业的前向关联效应不明显，感应度系数偏低，历年始终未能突破0.8，表明文化产业以产品和服务供给的方式对其他产业的推动和支持作用仍较弱，这主要是由于：一方面中国国民经济增长的技术贡献率仍偏低，创意研发、科学试验、信息交流与科技推广等取得的成果转化十分有限，对制造业、交通运输业、农林牧渔业等传统产业影响支持作用尚不明显；另一方面市场及传统产业对文化产业提供的内容创意、艺术设计等精神产品有效需求仍不足，消费层次远未达到发达国家水平。

（二）文化制造业较之服务业关联效应更强

许多实证研究表明，无论在国家层面还是地方层面，文化产业与其他产业的关联度都处于中等关联强度以上，说明文化产业的发展与其他产业息息相关。产生这种高强度关联效应的原因主要为：一是文化产业作为高创意性、高附加值和强渗透力的内容产业，处于产业链条的高端环节，在信息技术的助推下，具有较强的产业融合力，能够与其他产业形成协同发展态势；二是中国各级政府将文化产业列为战略性新兴产业，在财政补贴、优惠政策等有利条件下，成长速度迅猛，在多地发展为重点产业，以创新运作为核心，以创意、内容、技术等为依托，通过与其他产业的交叉合作，有效带动了其他产业的发展。然而，经过投入产出模型测算，多数研究成果证实，中国文化制造业对其他产业包括文化产业内部的拉动作用要显著大于文化服务业，再次验证了文化市场及其他产业仍处于对文化产品和服务的低端需求阶段，对纸制品、印刷品、涂料、油墨、颜料等文化制造产品的需求远大于娱乐、文化艺术、信息等文化服务的需求，一方面显示出文化产业内部目前结构仍不健全，各产业部门发展存在失衡，与创意化、高级化产业结构仍有较大差距；另一方面也表明中国尚未完全步入罗斯托于《政治与成长阶段》中描述的“追求高品质生活”阶段，耐用消费品工业仍是国民经济主导产业，人均 GDP 水平尚不能全面满足人们的精神需求消费。

（三）文化产业关联效应存在较大区域差异

从国内学者对区域文化产业关联的研究成果来看，中国文化产业关联效应存在显著区域差异这一事实已得到普遍认同。例如，东北地区文化产业与交通运输、仓储和邮政业、居民服务、修理和其他服务业、教育等产业部门关联较为密切；北部沿海地区文化产业与制造业、教育关联度最高；东部沿海地区文化产业与卫生和社会工作关联最为密切；南部沿海地区文化产业与水利、环境和公共设施管理业关联度第一；黄河中游地区文化产业与建筑业关联程度始终较高；长江中游地区文化产业与教育业关联最为紧密；西南地区文化产业与批发和零售业、电力、燃气及水的生产和供应业关联度相对较高；西北地区文化产业则与农林牧渔、交通运输、仓储和邮政以及金融等产业关联较为密切。由此可以看出，由于资源优势、产业结构、政府政策尤其是文化产业发展水平和侧重点不同，中国文化产业与其他产业之间的关联关系存在明显的区域分异，但文化产业在全国各地与不同产业的融合洽接，也为文化产业的全面融合、渗透积累着宝贵的实践经验。

二、中国文化产业关联优化对策

（一）提高文化产业前向感应度

目前，中国文化产业距离成为国民经济主导产业尚有很长的路要走，文化产业前向关联效应不显著，受其他产业拉动的感应度偏低，市场及其他产业对文化产业无法形成大量的有效需求，最终将严重影响文化产业在国民经济体系中的影响力和辐射效果，文化产业只有与其他产业形成密切的前后双向关联，才能更为有效地引领国民经济增长，为此，迫切需要从各条途径推进对文化产品的需求，提高文化产业前向感应度。一方面，需要积极探索社会创意、科技整合机制，提高各类产业产品创意内容、科学技术的含量。从非线性创意角度来看，产业链条各环节都可能是新创意、新科技产生的源泉和体现的载体，加强创意、科技等无形资源在生产环节的运用，不仅能够提升各类产业产品的质量和功能，增强产品的设计感和艺术感，而且能为生产过程注入新的活力，提高各产业附加值。另一方面，则需要从教育模式入手，改变传统教育成绩至上的观念，寻求公众尤其是中小学生综合素质培养新模式，增加城市和农村地区各类文化内容的展示空间，增进公众对艺术、文学、音乐等文艺作品的兴趣，从而刺激公众对“非必需”文化产品的消费，从源头上改进文化产业感应度。

（二）增加文化制造业创意含量

文化制造业是中国文化产业的基础，也是满足当前公众文化消费需求和其他产业中间需求的主要供给方，继续维持并增强文化制造业对其他产业包括其他文化产业的辐射带动作用。首先，要加强对文化制造业的技术改造，积极鼓励现代高新科技尤其是新兴信息技术在文化制造业中的应用，提高传统文化制造产品，如媒介复制品、文化器械、视听设备等的科技含量，实现文化制造业的转型升级。其次，要进一步提升文化制造业的创新创意能力，通过研发具有自主知识产权的新型文化产品制造技术，提升文化产品制造环节的创意内容含量，增强文化制造产品的设计感、艺术感，满足消费者个性化等高层次需求，使文化制造业创新创意成为提高中国文化产业市场竞争力的重要手段。最后，要延伸文化制造业的影响范围，通过自主研发、市场推广、成本降低等管理运营手段，促进文化制造品的形式和使用领域持续拓展，不断增加文化制造业新的增长点，确保其在市场中的地位不降低。

（三）提升文化服务业发展实力

文化服务业的全面提升不仅有利于提高文化产业创意附加值，创造更多经济、社会效益，而且有助于推动文化产业结构优化调整，对其他产业产生更强的关联带动作用。大力发展新闻出版、广播、电视、电影和影视录音制作、文化艺术、娱乐等文化服务业。首先，要通过整合各类传播渠道，直接为广大消费者提供文化含量高、创意好、内容优的文化服务产品，促进文化服务产品的流通空间变得更广、更大，使文化服务产品获得更广泛消费者的认可，从而大大地提升文化服务业的价值创造能力。其次，要继续丰富文化服务的形式和内容，通过自主创新和与其他产业的联合创新，对服务样式、传播方式、表现形式进行改进、改革，增加文化服务产品种类，提高文化服务实效，充分发挥文化服务软实力效应。最后，要不断提高文化服务质量，满足文化制造业、其他产业和广大消费者对文化服务日益增长的需求，充分发挥文化资本、智力资本、数字资本等无形资本的作用，使文化服务业在产业同步关联发展时创造更高的价值增值。

（四）助推文化产业区域性联动

中国各地区存在着文化资源、资金、技术、人力、创意等文化产业生产要素的差异，但这些差异也往往构成了地区之间的关联互补关系。如中西部地区虽然产业资金相对短缺、创意人才严重匮乏，但历史文化资源十分丰富，能够通过加强区域性联动合作，推进生产要素的自由流动，提高地区间文化产业的关联度，实现文化资源的优化配置，缩小差距，形成互促共赢、相辅相成的竞合局面。首先，应以文化产业为主导，依托各地区优势生产要素，以提升文化产业市场竞争力为目的，建立地区之间文化产业对接的利益协调机制。其次，应促进不同地区的文化企业、行业协会以及政府之间的交流合作，防止不透明、不公平的地方保护和恶性竞争。再次，应加快各地区在文化产业关联协同发展中的明确分工、特色定位，各自承担应有角色，减少各地区文化产业雷同发展，形成差异化产业发展格局。最后，应通过跨地区的文化企业集团以及相关行业协会的引领作用，积极落实地区之间文化产业的关联合作，同步促进地区之间文化产业的升级演化。

第五章　文化产业空间布局

产业空间布局指的是产业在一国或一地区范围内的空间分布和组合的经济现象。[①]从静态上看，空间布局是产业的各部门、各企业、各要素、各链条在空间上的分布态势和地理上的组合架构；从动态上看，空间布局则表现为产业内各部门、各企业、各要素乃至链条网络为寻求最佳区位优势而形成的在空间地理上流动、转移或重新组合的配置与再配置过程。[②]文化产业空间布局则是指在一国或一地区内的文化产业生产力及各要素的空间分布和地理组合结构，其合理性、科学性、均衡性将影响到该国或地区文化资源、人力资源、资金资源、科技资源等优势的发挥，决定文化产业的发展规模、水平和速度。研究文化产业布局，实质上是探讨文化产业生产力及各要素空间配置的现状及存在问题，找寻优化文化产业各类资源空间配置的规律和路径，提升空间配置的效率和协调度。

第一节　空间布局理论

一、产业空间布局解析

在社会经济活动背景下，各产业为追求最优区位而形成了环境选择、资源整合以及生产力要素流动、转移和配置的空间分布形式。从整体发展来看，各产业的空间分布总体是不均衡的，均衡是有条件和相对的；从微观发展来看，产业的空间分布说到底是企业的布局规划。空间布局理论认为，产业布局是基于自身发展条件扬长避短、发挥优势而形成的产业结构。[③]其合理化布设是优化资源配置和制定区域开发战略的基础。

1926 年，法国经济学家杜能《孤独园》一书的问世，标志着区位领域开始有人涉足，杜能也被称为产业空间布局领域的鼻祖。中国对空间布局的早期研究一直以区域经济发展为核心，偏重于区位选择与地理空间架构，在一定程度上脱离了产业的范畴。

① 江奔东. 文化产业经济学［M］. 济南：泰山出版社，2008：299.

② 张艳利. 广西海洋产业发展战略研究［D］. 南宁：广西大学硕士学位论文，2012.

③ 卢福财，吴昌南. 产业经济学［M］. 上海：复旦大学出版社，2013：127-137.

对产业空间布局较早的研究是胡序威和胡听主（1965）关于工业空间布局的探讨，指出中国工业布局既包括在全国较大地区范围内进行轮廓性的“大布局”，也包括在小地区范围内把工业项目落实到具体地点的“小布局”。① 可以看出，空间布局的概念具有一定的灵活性和延展性，在实际应用过程中，既可作为国家发展的整体战略布局依据，也可作为区域间甚至更小范围具体产业的空间布局规划依据。具体而言，产业空间布局在形式、组织方式以及地理结构上有三种解读：在形式上，产业空间布局是对产业空间转移和产业集聚的战略布设和整体规划；在组织方式上，产业空间布局是在空间地域上各产业间、部门间、企业间的分工与协作；在地理结构上，产业空间布局是大到国际范围，小到国家、区域、城镇、乡村范围内的产业分布状况。

二、产业空间布局理论概述

（一）理论形成期

产业空间布局理论的形成时期被认为是 19 世纪初到 20 世纪中叶，主要发展了产业区域分工理论、古典区位理论两大领域。

1. 产业区域分工理论

产业区域分工理论在一定程度上不能完全算作空间布局理论范畴，但为推动产业空间布局核心理论的形成和发展奠定了基础，其最早从产业要素配置的角度解释了空间布局现象的产生。该领域的代表性理论及其核心观点如表 5-1 所示。

表 5-1 产业区域分工理论的代表性理论简介

理论	代表人物	核心观点
资源禀赋理论	赫克歇尔	要素禀赋的相对差异决定了区域及国际分工与贸易的产生；贸易产生的结果是逐渐消除国家间的商品价格差异，进而使两国生产要素价格趋于均等。这使得贸易活动适应了生产要素地区的供应情况。该理论将国际贸易活动看作是国际间要素流动的一种形式
产品生命周期理论	雷蒙德·弗农	一种新产品从开始进入市场到被市场淘汰的整个过程被称为生命周期。产品的生命周期体现了产品在不同国家间出现的时差，反映了同一产品在不同国家市场上竞争地位的差异，因而可以解释部分工业品的国际贸易格局，解释世界性产业转移和结构调整的趋势
中心—外围理论	劳尔·普雷维什	发达国家所构成的生产结构同质化“中心”和发展中国家所构成的生产结构异质化“外围”是相互联系的。可从国际收支的角度来考察产业国际分工、贸易与经济发展的关系。为“外围”国家改善贸易条件、制定产业布局战略提供了思路

2. 古典区位理论

（1）农业圈层理论——杜能。杜能通过分析农业布局现象，提出什么地方适合种什么作物，并不完全由自然条件决定，农业经营也不是在任何地方越集约越好。在确定农业活动最佳配置点时，要把交通运输因素考虑在内。为此，杜能设计了孤独国六层

① 胡序威，胡听主. 工业布局的技术经济论证［J］. 地理学报，1965（3）：179-193.

农业圈来确定农业要素空间分布的理想格局。尽管农业圈层理论摆脱了唯自然因素论，并具有一定的科学性和合理性，但由于过于理想化，在实际生产中很难实现，且研究的范围仅限于农业方面，对与农业相关的其他产业要素布局未能考虑。农业圈层理论直接启发了西方工业区位理论的形成，具有较大影响力。

（2）工业区位理论——阿尔弗雷德·韦伯。韦伯认为，工业布局主要受到运输费、劳动费和聚集力三种因素的影响，其中由于数额巨大，运输费用对工业布局起着决定性作用，工业的最优区位通常选择在运输费最低点上。但对劳动费在生产成本中占很大比重的工业而言，运输费最低点不一定是生产成本最低点，当存在劳动费最低点时，劳动费同样会对工业区位的选择产生影响。聚集力是指企业规模扩大和在一地集中带来的规模经济效益和外部经济效益的增长。韦伯的工业区位理论分析了影响产业空间布局的基础因素，但其仅仅考虑了影响产业空间集聚的作用力，忽视了影响产业空间转移的作用力。

（二）理论发展期

产业空间布局理论的发展期是第二次世界大战以后至今，主要形成了现代区位理论、以后起国家为核心的产业布局理论、马克思主义产业布局理论三大领域。

1. 现代区位理论

现代区位理论在对古典区位理论继承与批判的基础上，对区位理论进行了深化和发展。在研究过程中，现代区位理论以更广阔的视野来看待区位布局要素，营造了更符合实际的理论假设，使得区位理论从纯粹的单一经济主体区位选择理论衍变为集区位选择、区域经济增长和持续发展等内容为一体的综合区域经济理论。①

（1）成本学派。成本学派的主要代表人物有龙赫德、阿尔弗雷德·韦伯、埃德加·M.胡佛、赖利等，其核心思想都是根据最低成本来选择产业的最优区位。其中，韦伯认为合理的工业区位应位于三个指向总费用最小的地方，② 其将最优区位选择学说发展成为系统影响学说，是成本学派的集大成者。胡佛在韦伯的观点上继续完善，提出运输费用由路线运输费用和站场费用构成，在考虑最低成本时应尽量避免站场费用。

（2）市场学派。市场学派的主要代表人物有谢费尔、费特尔、帕兰德、瓦尔特·克里斯塔勒等，其核心思想是在进行最优区位选择时不能只考虑成本因素，还应充分考虑市场因素，只有靠近市场才可能带来利润的最大化。市场学派主要分为两个研究方向：一是市场划分理论，即根据利润的大小对产品的市场销售范围进行科学规划。二是市场的网络合理化结构理论，尤其是瓦尔特·克里斯塔勒创立的“中心地理论”，在继承杜能思想的基础上建立了“理想地表”聚落分布结构图，提出高效的物质生产和流通的空间结构，必然是以城市这一大市场为中心，并由相应的众多小市场构成的网络体系。

---

① 冯邦彦，叶光毓. 从区位理论演变看区域经济理论的逻辑体系构建［J］. 经济问题探索，2007（4）：90-93.

② 尚雪英. 区域旅游产业布局优化研究——以甘肃河西地区为例［D］. 兰州：西北师范大学硕士学位论文，2008.

（3）行为学派。行为学派的代表人物主要有普雷德、G.克鲁梅等，其核心思想是人的主观态度和行为对区位的选择产生一定的影响，其追求的是最满意的区位而非最佳区位。该学派认为以客观因素来研究区位选择的学派忽视了人的主观心理思想，现实中的人不可能是完全理性的，大多数情况下，其对区位的选择是凭借自己的主观分析来完成的。其中，G.克鲁梅将工业区位和行为科学相结合，提出区位的决策是依靠感应—行为的决策，区位的选择是外部区位因素（成本、市场、土地、政策等）和内部区位因素（兴趣爱好、消费习惯等）共同作用的结果，同时，人的可能行为空间要受财政、经验、技术、制度和生理等因素制约。

2. 以后起国家为核心的产业布局理论

第二次世界大战以后，一些殖民地国家纷纷获得解放，走上独立自主发展的道路。许多西方学者通过对后起国家的研究，提出了一些新的布局理论，如增长极理论、点轴理论和地理二元经济论，这在一定程度上改变了区位理论建立在发达殖民国家产业布局条件下的局面，扩大了理论的形成和应用范围。

（1）增长极理论。增长极理论由法国经济学家佩鲁提出，其核心内容是在一国经济增长过程中，由于某些主导部门或者有创新力的企业在特定区域或城市聚集，从而形成一种资本、技术等要素高度集中、增长迅速并有显著规模经济效益的经济发展机制。在之后的发展中，许多学者对“增长极”的内涵进行延伸，使其逐步融入区域经济理论范畴，如法国经济学家布代维尔，美国经济学家弗里德曼、赫希曼等的成果，促使增长极理论逐渐演变为区域发展规划中流行的观点。从佩鲁的增长极理论可以看出，该理论强调的是一个增长极聚集与辐射的过程，即经济增长在增长中心完成要素高度集中和规模效益之后，将产生带动效应，逐渐向周边扩散，促进周边区域的均衡化发展，其扩散是一个动态转移、变换的过程。因此，在进行区位选择时必须注意增长极这一影响因素。

（2）点轴理论。点轴理论由中国地理学家陆大道提出，是对增长极理论的发展和延伸。其核心内容是从区域经济发展的过程看，经济中心总是首先出现在少数条件较好的区位，呈斑点状分布，即增长极（轴点），随着经济的发展，数量逐渐增多的轴点将围绕交通干线或一些利于生产要素转移、交换的渠道线而形成经济带。[①] 点轴理论可以看作是经济中心随着发展的纵深化逐渐沿交通干线向欠发达区域进行线性延伸的理论。点轴模式认为，经济中心所影响的区域范围取决于点点之间线的延伸能力。

（3）地理二元经济论。地理二元经济论是由瑞典经济学家缪尔达尔在 1957 年《经济理论和不发达地区》一书中提出的，其核心观点是不发达国家经济中存在着一种“地理上的二元经济”，即经济发达地区和不发达地区并存的二元结构。经济发达地区由于人才、区位、资本、资源、技术等优势吸引了大量的企业集聚，并进一步促进了发达地区的经济发展，但发达地区发展到一定程度后，由于人口稠密、交通拥挤、污染严重、资本过剩、自然资源相对不足等原因，其优势逐渐下降，大量企业开始寻找新的

① 康伟. 基于点轴理论的山东半岛蓝色旅游空间结构研究［D］. 青岛：中国海洋大学硕士学位论文，2012.

发展环境，逐渐迁移到不发达地区，从而刺激不发达地区经济的发展，发达与不发达地区间经济差距逐步缩小，二元经济结构渐渐被打破。[①]

3. 马克思主义产业布局理论

马克思主义的劳动地域分工理论是中国和前苏联进行产业布局时所遵循的主要理论依据，一直以来为中国区域发展战略的制定和区域产业格局的调整提供了基础理论支撑。劳动地域分工理论是基于公有制条件下的产业布局理论，其核心观点是人类经济活动主要按地域进行分工，即各个地域依据各自的条件与优势，着重发展有利的产业部门，以其产品与外区交换，又从其他地区进口所需要的产品，产业布局是在一个地区为另一个地区生产产品并相互交换的过程中形成的。[②] 该理论认为区域间分工和生产的专业化有利于节约社会资源，能够促进区域产业空间布局的优化。

三、文化产业空间布局的特点

文化产业已成为世界各国新的经济增长极和区域竞争力的重要来源。中国对文化产业空间布局还没有形成统一的概念，基于文化产业是为社会公众提供文化产品和文化相关产品的生产活动的集合。文化产业空间布局的现象大致可以被定义为：在文化经济一体化背景下，为社会公众提供文化及相关产品的企业和相关支撑机构，以追求依附于消费者最满意区位条件而形成的基于分工与协作的资源整合及其要素流动、转移和配置的空间分布形式。和其他产业空间布局一样，文化产业空间布局也是一个动态、发展的过程。同时，由于文化产业是一种特殊的产业形式，具有经济和文化的双重属性，受到来自政治、社会和科学技术等多方面的影响，是一个多层次的复杂综合体，因而，文化产业形成的空间布局往往具有以下特征：①文化整合性。不同的文化产业空间布局形式内存在着不同形式的文化冲突，文化产业对要素、资源进行合理的空间整合和配置，不仅体现在硬性的执行标准上，更体现在文化的认同感和归属感上。②人口依附性。文化产业布局不能像其他产业尤其是农业、工业那样远离人口聚居区，凭空形成一个产业部门或业态，由于文化产业所提供的文化产品和服务主要为满足人们的精神消费需求而生产，越接近市场，越能契合并满足市场的需求，人口聚居的区域往往也是文化产业布局的聚集区。[③] ③寻求最满意区位而非最优区位。由于文化产业本身是一种以人为本的产业，文化产业的空间布局更应遵循其自身的发展规律与个性化要求，以消费者满意为最基本准则，不应该仅仅考虑产业利益的最大化。④层次性。根据“微笑曲线”原则，文化产业基于附加值的大小可分为三个层次，即处于高端的研发与设计、中端的营销与服务、底端的生产与制造，其中，处于高端位置的文化产业在空间布局上由于对人才、科技、信息等要素需求更高，其布局要求也更苛刻，中端次之，底端要求相对较低，区域适应性也更强。

---

① 江浩. 论中国区域经济发展战略的演进和布局调整［J］. 合肥工业大学学报（社会科学版），2005（3）：51-56.

② 苏东水. 产业经济学［M］. 北京：高等教育出版社，2007：30-54.

③ 胡惠林. 关于区域文化产业战略与空间布局［J］. 山东社会科学，2006（2）：5-14.

第二节 空间布局模式与影响因素

产业布局在一定地域范围内展开，地域的具体条件是决定布局模式的依据。不同的发展阶段和不同的地域所创造的条件不尽相同，因此，产业空间布局模式的选择具有一定特殊性和偶然性，但“他山之石，可以攻玉”，通过对不同类型的布局模式进行分析与归纳，并探讨影响产业空间布局形成机制的因素，有利于文化产业进行地理空间分布的干预，实现文化产业资源和各类要素合理的空间配置。

一、产业空间布局模式概述

产业空间布局的基础模式主要是针对中国区域性产业发展而形成的布局形态，这些模式的形成与应用，体现了中国区域产业布局由“均衡发展到非均衡发展”的演变过程，阶段性特征明显。此外，这些基础模式多是在借鉴和吸收国外产业空间布局理论的基础上，结合中国实际的经济和人文地理格局而形成的，具有一定的实践性。

（一）均质布局模式

所谓均质布局，即以分散态势为主，产业的地区集中布设不明显。在新中国成立初期，中国70%以上的工业都集中在东部沿海地带，内陆地区工业布设几乎一片空白。为追求均衡化发展，中国开始大规模向内陆地区推行工业生产方式，逐步在东北、西北、华北、华中、西南等地区兴建工业基地、引入工业企业，形成了相对均质的工业分布格局，各地区工业生产优势均不突出。

（二）增长极布局模式

该布局模式分为两个建设阶段：一是培养阶段，即选择一些特殊区域，根据当地的自然、文化、交通等条件确定其主导产业或创新产业，通过政策倾斜将其扶持、培养为增长极。二是辐射阶段，通过增长极集聚后的辐射作用带动周边和其他地区的经济均衡发展。如在改革开放后，中央率先在东部沿海地区设立部分“经济特区”、“沿海开放城市”等增长极以促进当地经济快速成长，随后带动中西部地区的长远发展。

（三）点轴布局模式

点轴模式在增长极模式的基础上发展形成，通过建立和完善点与点、极与极之间各类线路和渠道的连接，形成贯通各增长极的轴线，通过轴线的培育壮大，带动两侧经济的全面发展。中国目前较为常见的两种点轴模式分别是“T”形模式（即以上海为交点，以沿海与长江为轴线，涵盖轴线上所有主要城市，展开的点轴产业布局）和“弓箭形”模式（即以沿海或京沪线为弓、京广线为弦、长江为箭、上海为箭头形成的点轴产业布局）。[①]

---

① 史振乐. 银行业产业组织理论综述［J］. 经济研究导刊，2014（16）：133-135.

（四）网络布局模式

网络模式又称块状模式，是点轴模式的延伸。网络模式强调由区域产业布局的“节点”、“域面”、“网络”三要素共同连接形成空间网络。所谓“节点”指各级城镇，“域面”指节点的聚集和辐射范围，“网络”指交通、资源、信息等各要素流通所形成的各级节点和域面间的连通渠道。网络布局模式最重要的是加强和深化原有的点轴发展并不断完善点面间的交通线和渠道，使点、面、网络三者实现一体化发展。网络布局模式通过网络不断向外延伸，加强本地区与其他地区的联系，实现人才、技术、信息、资金等要素的扩散，从而达到更大范围内的要素优化配置，是一种较为完备的布局模式，适用于产业相对发达的地区，网络布局模式的形成也标志着产业空间布局走向成熟化。

（五）区域梯度布局模式

区域梯度布局模式建立在区域的非均衡发展理念的基础上，强调技术、人才、资本等要素的空间推移过程，生产力的移动首先从有条件的第一阶梯区域开始，即先由经济发达的地区引入先进生产要素，在产业形成一定规模后，逐步向处在第二、第三阶梯的区域推移，缩小地区经济差距。区域梯度布局模式是一种循环模式，在完成一轮推移后，新的生产要素开始重新推移，有时可能存在多种产业并进发展的局面。在改革开放初期，中国就曾按照经济技术发展水平把全国划分为高梯度的东部沿海地带、中梯度的中部地带和低梯度的西部地带，以此作为产业空间布设的依据。[①]

（六）地域生产综合体布局模式

地域生产综合体布局模式基于苏联学者科洛索夫斯基的生产循环理论。其核心观点是，生产始于原料、燃料等资源的结合，每个生产过程都是资源的综合循环过程，即从原料的采集到成品的完成。一个地区之所以可以实现生产循环，是具备生产所需的各种资源和运输条件。该模式体现在工业上是指应按照各区的资源情况来合理安排产业，以实现企业的生产循环。受苏联的影响，中国也曾广泛采用这种布局模式，国土规划纲要中提出的 19 个重点开发区中有很大一部分即属于此种开发模式。但随着区域产业分工的纵深，差异化、互补化定位更符合区域产业发展规律，此种模式已不太适用于当今产业的空间布局要求。

二、产业空间布局的影响因素

产业空间布局的形成是一个复杂的过程，受自然、社会、经济、技术等多重因素的影响，按照因素出现的先后，可分为基础因素和新兴因素两大类。

（一）产业空间布局的基础因素

1. 自然因素

自然因素是指影响产业布局的先天优势，包括自然条件和自然资源。自然因素又称“自然禀赋”，即某地区存在适合某类产业发展的自然资源丰度和自然条件组合优

① 陈仲常. 产业经济理论与实证分析［M］. 重庆：重庆大学出版社，2005：24-45.

势。一般而言，自然条件和自然资源是产业发展的基础性条件，在科学技术相对落后的时期，依靠自然优势可以降低产业发展成本，特别是一些资源型产业，其布局往往趋向于原材料产地。随着科学技术的发展，经济增长方式的转型，产业门类的更迭，自然因素对产业布局的影响逐渐减弱。

2. 社会因素

（1）经济区位。经济区位是一种综合性的社会发展因素，指地理范围内具有集聚、辐射或孵化能力的经济增长带。区位本身不能产生财富，但其具有积聚资本、技术、人才、信息等要素的能力，利用其自身的平台功能还可将无形要素转换为有形优势。并不是所有的地理区位都具备“积聚”的功能，地区与地区之间存在的“区位落差”，使得经济区位优势更加凸显，成为影响产业布局的重要因素之一。同时，良好的区位往往具备一定的历史基础，基础设施较为完善，社会发展氛围较为和谐，拥有一定的产业发展积淀，能够快速形成规范化和标准化的生产经营模式和社会网络系统，因此是大多产业向往的发展空间。

（2）人口因素。人口对产业空间布局的影响主要体现在劳动力的数量、质量、成本、结构、迁移以及增长等方面。以人口即劳动力为核心生产要素的产业主要包括两类：第一类是劳动力密集型产业，此类产业在空间布局时多追求人口的数量、密度、成本等相对有利的区域，如农业、加工制造业、交通运输业等，目前中国大部分地区仍依靠劳动力的成本优势来吸引产业入驻。第二类是以高新技术、内容创意为核心的产业，此类产业在布局时更倾向于高素质人才的集聚区，特别是高校、研究机构集中或便于引进人才的地区。

（3）制度因素。制度因素主要体现在政府政策的优惠性、强制性和信服感上。其中，优惠性是通过一些财政优惠政策，如减免税收、财政补贴等吸引产业按其规划布局；强制性是政府通过宏观调控对产业布局进行规范性调整；信服感是指政府作为国家形象往往具有令企业信服的安全感，促使许多企业主动趋向政策以求扶持。制度因素在发展中国家是影响产业空间布局的重要因素之一。

（4）行为因素。行为因素主要是基于行为学派的理论而被发掘，其核心思想是人（尤其是企业家、政府决策者等）的主观态度和行为对区位的选择可产生一定影响。行为因素对产业布局的影响主要是来自人的主观判断，主观决策追求的是最满意区位而非最佳区位。并不是所有的产业都寻求最优区位，这是一种对传统布局的偏离，而这种偏离主要取决于决策者的个人特质和经验，在很大程度上，影响产业布局的因素是决策者个人的素质和能力。

（5）社会文化因素。社会文化是指区域内的社会结构、风俗习惯、价值观念、行为规范、生活方式、文化传统、人口规模等因素的形成和变动。社会文化因素具有超经济性，受社会文化因素吸引的产业往往具有一定地域特色，在很大程度上会影响产业布局的方向，特别是文化产业，在空间布设时受社会文化因素影响较为明显，在各区域易形成别具特色的文化产业集聚区。

3. 经济因素

（1）市场条件。文化产业的生产不同于文化事业，归根结底要面向市场，因此，是否具有市场即卖点，是文化产业发展所关注的重要问题之一。市场对产业布局也存在较大影响，主要体现在：①无论是产业地区布局还是厂址选择，都要考虑当地市场需求量的问题，尤其是文化产业这类需要紧贴当地市场的业态门类。②市场具有导向性，市场的需求和结构影响产业的发展方向和规模，市场因素可将产业划分为不同的等级，如核心产业、相关产业、边缘产业等，并对不同等级的产业产生不同程度的吸引力，从而影响产业布局的空间结构。③市场竞争会在一定程度上加速提升产业分工和协作能力，促进产业的优化重组，使产业布局趋向均衡化、合理化。

（2）基础设施。基础设施是产业发展的前提，不仅指为产业生产所提供的生产性基础设施，也指为大众生活所提供的非生产性设施，前者为产业生产提供便利，后者为产业发展提供市场。在基础设施中，交通运输条件、信息服务设施、能源供应条件以及文化基础设施等对产业布局的影响程度最大，尤其是展览馆、图书馆、博物馆、文化馆、科技馆、歌剧院、音乐厅、纪念堂、公园、广场等公益性文化基础设施的架设为文化产业的发展和空间布局提供赖以依存的生产设施和市场条件。

（3）技术因素。一般而言，技术因素对产业的布局影响主要体现在两个方面：一是技术的进步通常拓展了人们对资源利用的深度，使自然因素对产业布局的影响程度降低，有利于产业发现新的生产空间，促进产业布局优化，并调整至更为合理的布局形态。二是技术的创新能力催生新的产业部门产生，不同的产业对布局有不同的要求，新产业布局的加入能够推动整体产业空间布局的改变。

（二）产业空间布局的新兴因素

自然、经济、社会等传统的基础布局因素促成了产业空间布设的基本格局，但随着经济和科技的纵深发展，基础因素的作用正在逐步下降。在经济全球化和科学技术革新的背景下，许多新的因素越来越成为影响产业空间布局的重要力量。

1. 经济全球化

当前，经济全球化发展与产业空间布局紧密联系，主要体现在经济全球化引导产业在世界范围内实现要素配置和经济空间重组。一方面，跨国公司通过大量资金投入与企业进驻，在促进中国产业技术升级的同时，也加速了地区竞争的激烈化程度，导致产业的优化重组、企业迁移、市场优胜劣汰不断更迭，在一定程度上改变了地区原有产业布局形态。另一方面，中国部分优质产业在经济全球化发展中逐步在国际市场站稳脚跟，形成竞争优势，推动了部分非核心产业的国际空间转移，在一定程度上推动了产业空间布局的演变。

2. 信息化

俗话说："时间就是金钱。"在高速运转的信息时代，时间成本越来越成为衡量经济发展的重要指标之一。信息化进程不仅提高了知识扩散的速度和影响范围，而且促进了科技的快速创新和应用。信息化也导致了区域经济的空间重组，一些对信息和科技依赖程度较高的产业、企业逐渐在空间范围内形成集聚态势，促进产业空间布局的动态化演进，同时也加剧了区域间产业发展不均衡现象的发生。当然，信息化进程催生的虚拟经济盛行，也在很大程度上颠覆着传统产业空间集聚态势的形成，许多产业渐渐形成特色导向的差异化分散竞争格局，如好莱坞目前只有一些企业总部和专业人才还在，资本、设备、市场等都已实现全球化分散运营。互联网带来的便利，已经不需要一些产业考虑地理区位因素，世界各地的生产者和消费者随时都可能通过网络结成合作伙伴，网络虚拟空间的出现，在很大程度上改变了以往产业空间布局的实体形态。

3. 新型理念

随着中国“五位一体”总格局的提出，生态化逐渐成为中国经济发展的重要衡量指标之一。在“生态文明”理念的指导下，环保产业应运而生，以防治环境污染、改善环境质量、保护生态平衡为目的的产业活动不断增多，[①] 旅游产业、文化产业等环境友好型产业逐步上升为国家发展战略。这种要求产业在生产过程中，综合利用经济、生态、科技等多重手段，不断改善产业结构中不利于环境保护因素的新型理念，不断完善产业的整体空间架构。以高新技术、创意设计等为核心的第三产业作为环境友好型产业的主要代表，逐渐在各地区脱颖而出，随着发展的不断深化，日渐改变着各地区乃至全国的产业布局方式。

第三节　中国文化产业空间布局形态

文化产业空间布局是产业布局的一种特殊形态，是指一个国家或地区文化产业各个部门、各要素、各环节在地域上的动态组合与分布形式。[②] 随着中国经济进入发展新常态，以文化产业为核心的现代新兴产业逐渐成为推动中国产业空间结构转型的关键动力，各地方纷纷布局文化产业，建设文化产业园区，文化产业逐渐“落地生根”呈现“遍地开花”之势。

一、中国文化产业空间分布及区域差异分析

（一）中国文化产业空间分布

在中国文化产业结构日渐合理，内容、创意、科技和文化产业融合度不断提高，各地方政府鼓励挖掘特色文化资源，以及有利宏观政策的引导下，中国文化法人单位、文化企业、固定资产投资、从业人员、资产规模、营业收入等分布的空间格局逐步成型，市场对文化资源的空间配置和流动开始起到决定性作用，文化产业的区域化聚集态势明显，重点区域文化产业的发展亮点和特色进一步凸显。如表 5-2 所示，在 2015

---

① 任赟. 环保产业对国民经济的影响［J］. 商业文化（学术版），2008（11）：54.

② 张文霞，林宪生. 大连市文化产业空间布局研究［J］. 云南地理环境研究，2010（6）：45-50.

年中国文化产业法人单位总数中，以东部地区拥有数量最多，为686443家，其中，广东、江苏、浙江、北京、山东五个省市所占比重较大，分别为10.73%、10.65%、9.91%、9.20%和6.30%，合计所占比重接近全国的半壁江山。从三大产业门类来看，全国71.98%的文化制造业法人单位集中在东部地区，其次为中部地区和西部地区，分别占全国的15.95%和8.77%，东北地区仅占全国的3.31%，具体到省市，以浙江、广东、江苏、山东、福建五省的文化制造业法人单位最多，合计占全国的63.15%，空间聚集态势十分显著。同时，有66.14%的文化批发和零售业法人单位集中在东部地区，中部地区、西部地区和东北地区分别仅占全国的17.17%、12.63%和4.06%，同样以浙江、广东、江苏、山东、福建五省的文化批发与零售业法人单位最多，合计占全国的59.40%之多。但在第三产业中，东部地区拥有的文化服务业法人单位比重最小，仅占全国的55.91%，中部地区和西部地区分别占全国总数的20.99%和17.48%，东北地区则占全国的5.62%，具体到省市，以北京、江苏、广东、浙江、山东五省市的文化服务业法人单位最多，合计占全国的42.89%。2015年中国文化产业法人单位空间分布如图5-1所示。

表5-2 2015年31个省份文化产业法人单位数及构成

地区	合计		文化制造业		文化批发和零售业		文化服务业	
	法人单位（家）	占全国比重（%）	法人单位（家）	占全国比重（%）	法人单位（家）	占全国比重（%）	法人单位（家）	占全国比重（%）
全国	**1140290**	**100.00**	**191569**	**100.00**	**177300**	**100.00**	**771421**	**100.00**
东部地区	**686443**	**60.20**	**137884**	**71.98**	**117261**	**66.14**	**431298**	**55.91**
北京	104870	9.20	2527	1.32	17610	9.93	84733	10.98
天津	22299	1.96	3398	1.77	4447	2.51	14454	1.87
河北	33883	2.97	6218	3.25	6032	3.40	21633	2.80
上海	42874	3.76	4488	2.34	8008	4.52	30378	3.94
江苏	121450	10.65	26111	13.63	19937	11.24	75402	9.77
浙江	112984	9.91	35105	18.32	18400	10.38	59479	7.71
福建	48991	4.30	11680	6.10	7359	4.15	29952	3.88
山东	71814	6.30	14052	7.34	15819	8.92	41943	5.44
广东	122397	10.73	34025	17.76	19054	10.75	69318	8.99
海南	4881	0.43	280	0.15	595	0.34	4006	0.52
东北地区	**56905**	**4.99**	**6341**	**3.31**	**7206**	**4.06**	**43358**	**5.62**
辽宁	34589	3.03	3865	2.02	4733	2.67	25991	3.37
吉林	11077	0.97	1268	0.66	1138	0.64	8671	1.12
黑龙江	11239	0.99	1208	0.63	1335	0.75	8696	1.13
中部地区	**222946**	**19.55**	**30551**	**15.95**	**30440**	**17.17**	**161955**	**20.99**
山西	16628	1.46	1188	0.62	2238	1.26	13202	1.71
安徽	43404	3.81	5603	2.92	5551	3.13	32250	4.18

续表

地区	合计		文化制造业		文化批发和零售业		文化服务业	
	法人单位（家）	占全国比重（%）	法人单位（家）	占全国比重（%）	法人单位（家）	占全国比重（%）	法人单位（家）	占全国比重（%）
江 西	24890	2.18	5844	3.05	2588	1.46	16458	2.13
河 南	52103	4.57	7410	3.87	8853	4.99	35840	4.65
湖 北	46263	4.06	3897	2.03	6927	3.91	35439	4.59
湖 南	39658	3.48	6609	3.45	4283	2.42	28766	3.73
西部地区	**173996**	**15.26**	**16793**	**8.77**	**22393**	**12.63**	**134810**	**17.48**
内蒙古	11152	0.98	667	0.35	1545	0.87	8940	1.16
广 西	22016	1.93	2038	1.06	3115	1.76	16863	2.19
重 庆	29726	2.61	2562	1.34	4682	2.64	22482	2.91
四 川	31366	2.75	3177	1.66	2151	1.21	26038	3.38
贵 州	12280	1.08	2318	1.21	1490	0.84	8472	1.10
云 南	18751	1.64	1250	0.65	2732	1.54	14769	1.91
西 藏	1072	0.09	126	0.07	151	0.09	795	0.10
陕 西	21214	1.86	1942	1.01	2907	1.64	16365	2.12
甘 肃	10614	0.93	1293	0.67	1389	0.78	7932	1.03
青 海	3009	0.26	340	0.18	439	0.25	2230	0.29
宁 夏	2980	0.26	252	0.13	479	0.27	2249	0.29
新 疆	9816	0.86	828	0.43	1313	0.74	7675	0.99

资料来源：《中国文化及相关产业统计年鉴（2016）》。

（二）中国文化产业区域差异分析

2015 年，中国文化产业固定资产投资增长率为 21.96%，较 2014 年的 24.41%下降了 2.45 个百分点，较 2012 年的 49.75%下降了近 28 个百分点，其中，2015 年东部地区、东北地区和西部地区固定资产投资增长率分别为 17.24%、-0.09%和 31.43%，较 2014 年下降了 2.19 个百分点、11.71 个百分点和 12.87 个百分点，表明这些地区在经历了高峰期之后，文化产业的投资热度逐渐降低，投资力度正趋于理性，仅中部地区仍然保持相对较高的投资增长率。从图 5-2 中可以看出，2005~2015 年，东部地区文化产业固定资产占全国的比重逐年下降，由最初的 61.88%下降为 2015 年的 43.50%，投资热度逐渐消散，东北地区变化不大，维持在 6%~8%的稳定水平，而中部地区和西部地区的文化产业固定资产占比稳步上升，正在成为投资追逐的重点区域，资本转移趋向十分明显。2015 年中国文化产业固定资产投资空间分布如图 5-3 所示。

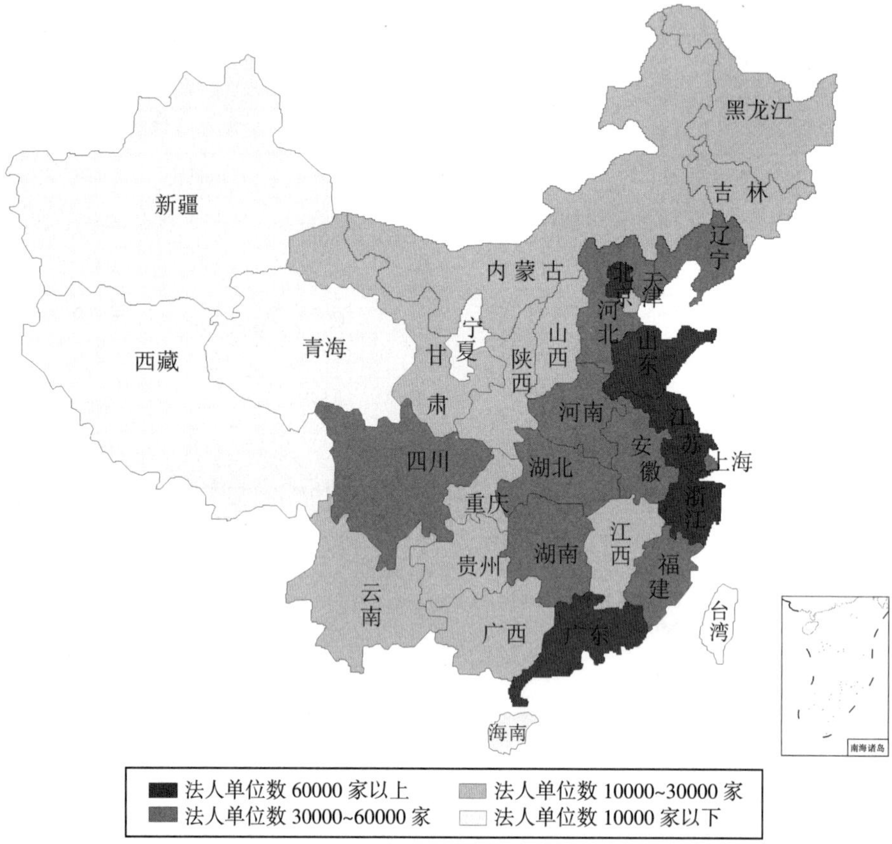

图 5-1　2015 年中国文化产业法人单位空间分布

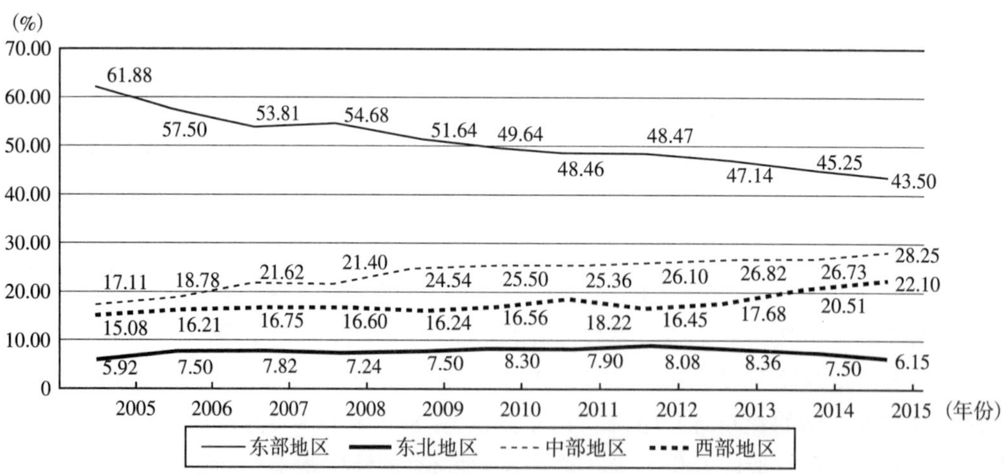

图 5-2　2005~2015 年中国各地区文化产业固定资产投资所占比重

资料来源：《中国文化及相关产业统计年鉴（2016）》。

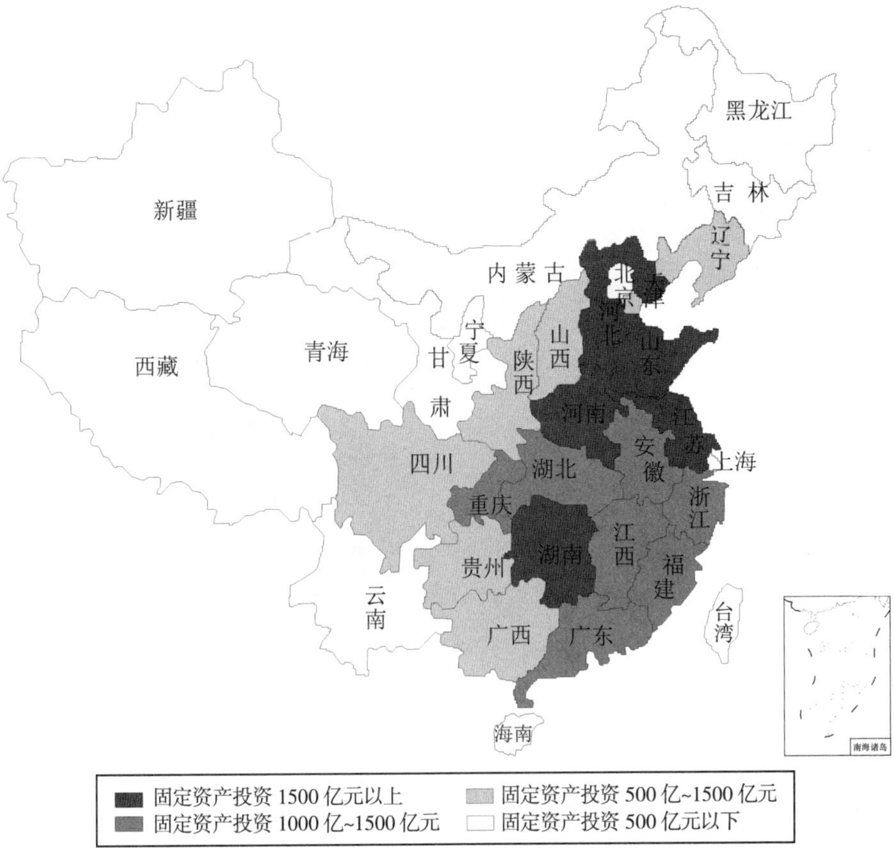

图 5-3　2015 年中国文化产业固定资产投资空间分布

如表 5-3 所示，2015 年，在文化企业数量和资产总额两项指标中，广东、江苏、浙江、北京和山东五个省市均排名前五位，其合计占全国文化企业数量和资产总额的 50.35%、54.66%，成为文化企业发展的重点省份，尤其是广东省两项指标均位于 31 个省份榜首，所占全国文化企业数量和资产总额比重分别为 11.67%、13.54%。在营业收入产出指标方面，江苏、广东、山东、上海和浙江创造的文化产业营业收入最多，依次占全国的比重为 15.21%、14.83%、9.96%、9.18%和 8.26%。在 31 个省份中，占全国文化产业营业收入 10%以上的省份有两个，5%~10%的省份有 4 个，1%~5%的省份有 12 个，1%以下的省份有 13 个，形成了明显的阶梯级差。无论是文化企业数、从业人员数、资产总额还是营业收入，都是东部地区高居首位，所占比重超过全国的 60%，中部地区其次，占比为 15%~20%，西部地区又次，占比在 15%以下，东北地区均不足全国的 5%。

从文化产业三大门类来看，各类文化企业数量的空间分布除东部地区趋向文化制造业外，东北地区、中部地区和西部地区对于文化服务业的选择都高于文化制造业和文化批发与零售业，四大区域文化制造业、文化批发与零售业、文化服务业的比重分别为：1.18∶1.08∶1、1∶1.23∶1.58、1∶1.08∶1.19、1∶1.44∶1.69，固定资产投资越活跃的区域，对文化服务业的投资倾向就越显著，区域文化特色化发展趋势便越明

表 5-3　2015 年 31 个省份文化产业三大门类产业主要财务指标

地区	文化制造业				文化批发和零售业				文化服务业				合计			
	企业单位数(个)	从业人员(万人)	资产总计(亿元)	营业收入(亿元)	企业单位数(个)	从业人员(万人)	资产总计(亿元)	营业收入(亿元)	企业单位数(个)	从业人员(万人)	资产总计(亿元)	营业收入(亿元)	企业单位数(个)	从业人员(万人)	资产总计(亿元)	营业收入(亿元)
全国	**191569**	**858.69**	**40709.29**	**54137.90**	**177300**	**164.77**	**16802.28**	**25448.35**	**617837**	**768.14**	**78661.86**	**33317.78**	**986706**	**1791.60**	**136173.43**	**112904.04**
东部地区	**137884**	**593.49**	**29531.48**	**38256.60**	**117261**	**108.81**	**12447.23**	**20228.02**	**376936**	**452.73**	**56372.63**	**24946.69**	**632081**	**1155.03**	**98351.35**	**83431.31**
北京	2527	6.80	612.23	441.39	17610	10.47	2074.82	2243.86	81916	71.46	11216.33	6355.57	102053	88.72	13903.38	9040.82
天津	3398	13.06	841.47	1449.61	4447	2.86	611.43	425.42	12903	17.81	3121.22	1128.19	20748	33.73	4574.12	3003.22
河北	6218	22.93	899.45	1268.86	6032	5.12	306.37	332.77	16273	19.09	1817.10	383.74	28523	47.14	3022.92	1985.36
上海	4488	14.67	1046.24	1409.92	8008	9.22	1658.63	4792.49	26643	59.51	9009.46	4163.23	39139	83.39	11714.33	10365.63
江苏	26111	112.16	6347.07	9169.33	19937	21.11	2716.89	4457.61	65186	75.38	7969.08	3543.47	111234	208.65	17033.04	17170.42
浙江	35105	82.68	4132.12	3935.58	18400	14.70	1292.93	2035.25	49643	48.09	7048.05	3355.54	103148	145.48	12473.11	9326.37
福建	11680	49.12	1634.41	2771.75	7359	4.84	494.12	761.36	23871	29.31	1591.98	783.05	42910	83.27	3720.51	4316.16
山东	14052	81.58	5309.09	7652.05	15819	20.24	1243.32	2132.74	35389	47.21	6027.92	1458.57	65260	149.03	12580.33	11243.36
广东	34025	209.89	8371.27	10056.09	19054	19.77	2008.89	3023.24	62031	80.37	8062.25	3663.78	115110	310.03	18442.41	16743.11
海南	280	0.61	338.13	102.03	595	0.48	39.83	23.27	3081	4.50	509.25	111.56	3956	5.58	887.21	236.86
东北地区	**6341**	**13.06**	**863.76**	**799.07**	**7206**	**5.87**	**296.09**	**344.39**	**32384**	**27.81**	**2322.78**	**699.65**	**45931**	**46.73**	**3482.63**	**1843.11**
辽宁	3865	7.30	595.57	490.95	4733	3.76	203.20	251.76	20909	16.53	1271.30	423.88	29507	27.59	2070.07	1166.59
吉林	1268	2.43	156.96	159.15	1138	0.92	34.10	42.39	5850	6.35	611.89	173.53	8256	9.71	802.96	375.07
黑龙江	1208	3.33	111.23	148.96	1335	1.18	58.79	50.24	5625	4.92	439.59	102.25	8168	9.43	609.60	301.45
中部地区	**30551**	**182.95**	**6805.26**	**10811.49**	**30440**	**27.30**	**1955.92**	**2556.39**	**116895**	**155.81**	**10612.60**	**4143.31**	**177886**	**366.06**	**19373.78**	**17511.19**
山西	1188	3.28	122.32	60.41	2238	1.50	117.69	132.63	8954	8.80	519.76	114.71	12380	13.59	759.76	307.74

续表

地区	文化制造业				文化批发和零售业				文化服务业				合计			
	企业单位数（个）	从业人员（万人）	资产总计（亿元）	营业收入（亿元）	企业单位数（个）	从业人员（万人）	资产总计（亿元）	营业收入（亿元）	企业单位数（个）	从业人员（万人）	资产总计（亿元）	营业收入（亿元）	企业单位数（个）	从业人员（万人）	资产总计（亿元）	营业收入（亿元）
安徽	5603	25.13	1278.98	1724.14	5551	4.00	431.97	550.34	27668	30.04	1577.35	811.12	38822	59.18	3288.30	3085.60
江西	5844	37.35	1127.67	1897.16	2588	2.35	202.25	169.59	11000	12.55	763.32	393.41	19432	52.26	2093.24	2460.16
河南	7410	43.53	1851.09	2648.14	8853	8.05	447.25	623.47	22311	33.44	2195.93	745.84	38574	85.01	4494.27	4017.45
湖北	3897	14.78	938.49	1278.13	6927	6.63	394.86	605.54	27015	35.64	3321.71	988.62	37839	57.05	4655.06	2872.30
湖南	6609	58.88	1486.71	3203.51	4283	4.77	361.91	474.82	19947	35.33	2234.53	1089.60	30839	98.98	4083.15	4767.93
西部地区	**16793**	**69.19**	**3508.79**	**4270.75**	**22393**	**22.80**	**2103.04**	**2319.55**	**91622**	**131.79**	**9353.85**	**3528.14**	**130808**	**223.78**	**14965.68**	**10118.43**
内蒙古	667	1.15	82.79	117.65	1545	1.70	119.72	106.30	6023	12.57	1180.46	400.08	8235	15.43	1382.98	624.03
广西	2038	12.72	348.70	544.35	3115	2.25	116.98	105.71	11539	9.78	495.17	171.40	16692	24.74	960.85	821.46
重庆	2562	10.35	530.80	694.99	4682	4.40	294.05	399.96	16828	23.16	1549.30	754.71	24072	37.91	2374.15	1849.66
四川	3177	20.23	1463.40	1732.07	2151	3.81	498.97	496.46	16192	27.88	1870.03	633.19	21520	51.92	3832.40	2861.72
贵州	2318	4.78	204.61	222.93	1490	1.48	191.85	139.34	5896	14.18	1135.13	364.00	9704	20.44	1531.59	726.26
云南	1250	4.34	228.20	243.72	2732	2.77	334.44	334.37	9288	11.74	1060.58	273.92	13270	18.85	1623.22	852.00
西藏	126	0.31	15.22	6.62	151	0.20	9.84	7.14	372	0.38	19.85	12.56	649	0.90	44.91	26.32
陕西	1942	5.88	270.57	498.52	2907	3.28	213.66	531.53	12803	16.72	1276.72	624.34	17652	25.88	1760.95	1654.39
甘肃	1293	5.50	98.60	45.64	1389	1.59	185.30	80.64	4998	8.49	329.71	118.65	7680	15.58	613.61	244.93
青海	340	1.45	149.30	93.59	439	0.31	29.83	43.08	1245	1.29	63.18	21.63	2024	3.05	242.31	158.30
宁夏	252	0.91	73.65	42.83	479	0.28	25.48	11.78	1519	2.59	189.89	43.88	2250	3.77	289.02	98.49
新疆	828	1.57	42.94	27.84	1313	0.73	82.92	63.24	4919	3.02	183.83	109.77	7060	5.32	309.70	200.86

资料来源：根据《中国文化及相关产业统计年鉴（2016）》整理。

显。在劳动效率方面，东部地区文化制造、文化批发与零售、文化服务三类企业从业人员分别以占全国 69.12%、66.04%、58.94%的比重创造了 70.67%、79.49%和 74.87%的营业收入，相对劳动生产率分别为 1.02、1.20 和 1.27，但东北地区、中部地区和西部地区三大文化产业门类的相对劳动生产率均小于 1。表明尽管东部地区文化产业内部结构尚不尽合理，但劳动生产效率远高于其他区域，劳动者素质及对科技的使用能力相对较高。2015 年中国文化产业营业收入空间分布如图 5-4 所示。

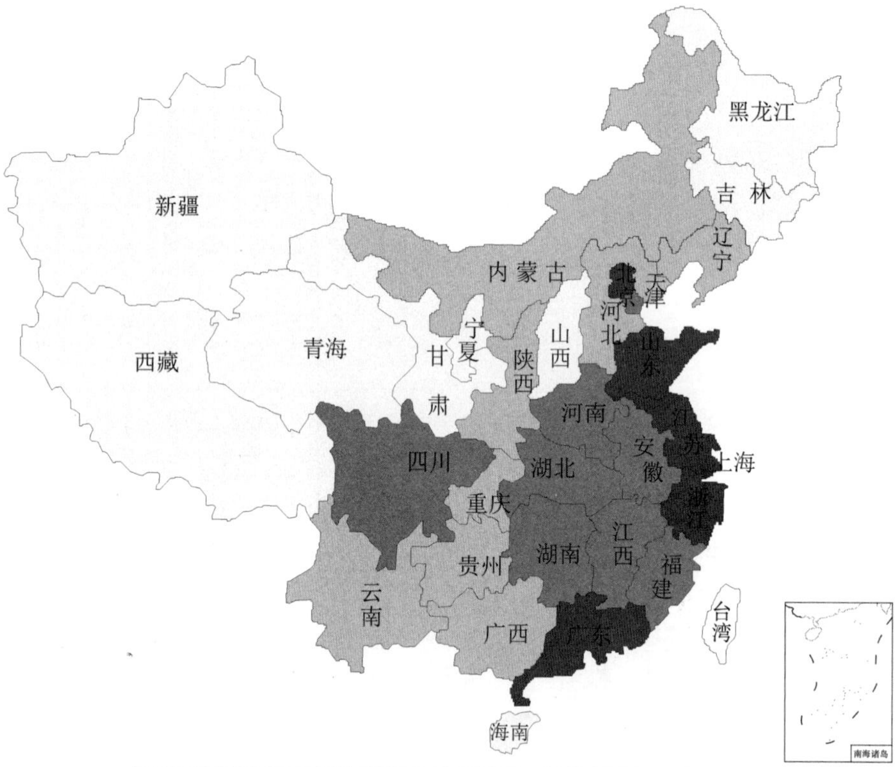

图 5-4　2015 年中国文化产业营业收入空间分布

整体而言，由于不同区域经济基础、人文地理特质、资源禀赋、市场条件等的差异化，东中西部地区在文化产业发展中体现出显著的不均衡性。各区域推动文化产业聚集的业态结构、消费市场、投入产出等内外动力均有一定区别，资源禀赋的集中度、地缘文化的联结性、行政区划的区隔等空间要素，影响了各区域文化产业发展的路径选择与表现形态，应当在横向对比各区域文化产业发展特质的基础上，重点关注区域间竞合态势，引导区域空间关联网络的形成，促进文化产业空间格局的互补化、均衡化发展。

二、中国文化产业空间布局的基本形态

在“十三五”规划实施背景下，文化产业空间布局逐渐呈现出新的发展态势。从产业类型来看，文化产业跳出了影视、出版、演艺等传统领域，融入国民经济的“大循环”中，逐渐与建筑业、信息业、旅游业、体育等传统产业深度结合，形成“文化产业+”的新局面。[①] 在拓宽文化产业发展路径的同时，也在全国范围内形成了新的动态化空间布局形式。

（一）点轴视角下的基本形态

运用点轴理论，以中国 31 个省份的中心城市为点，生产要素流动干线和渠道为轴，从宏观视角，可将中国文化产业空间布局大致描述为“三纵两横”。所谓“三纵”即以东部沿海地区文化产业发达城市北京、天津、济南、青岛、上海、杭州、南京、福州、厦门、深圳等为主形成的东一纵；以中部地区文化产业发达城市太原、武汉、长沙、南宁等为主形成的中二纵和以西部文化产业较发达城市银川、成都、昆明等为主形成的西三纵；“两横”即以北方地区文化产业发达城市西宁、兰州、西安、郑州、济南、青岛等为主形成的北一横和以南方文化产业发达城市成都、重庆、武汉、上海等为主形成的南二横。

从“三纵两横”的文化产业空间布局中，可以看出：一是从整体看，中国文化产业的分布跨越了东、中、西三大经济阶梯且涉及南北两方，呈东多西少态势，南北跨度较大。二是各纵轴内，城市之间文化产业增加值的差距不大，但各横轴内，城市之间文化产业增加值呈现出由东到西显著递减的趋势。三是交点城市是点轴格局中的枢纽，辐射能力较强且易形成分支，具有独特的区位优势。然而，文化产业空间布局现象是一个动态过程，点轴格局主要以城镇为视角，难以清晰、准确地反映城镇内部文化企业、文化产业园区的分布状况。

（二）点面视角下的基本形态

文化产业空间布局的点面结构主要体现在以文化企业“星火燎原”为特点的城镇“点状布局”、以区域文化产业园区（文化产业基地）为特点的“面状布局”和以各要素带动形成的“跨区域网络”布局形态上。但不论是文化产业的点、面还是点面网络分布，中国文化产业空间布局的整体规律呈现出“东多西少”的三级阶梯状特点。

1. 散布城镇的“点状布局”

“点状布局”即指城镇内文化企业的布局形态，一方面，文化产业具有市场依附性，其本质是以满足人们的精神消费需求为出发点为社会大众提供文化产品和服务的产业，因此文化企业趋于人口集聚的地方而居，直接面对消费者，受文化消费市场分布的影响，文化产业往往呈现点状散开布设，且在各个城镇均有分布；另一方面，文化产业又需要贴近信息、技术、人才、文化资源等生产要素，在布局时往往选择高校、

---

① 欧阳雪梅. 十八大以来社会主义文化强国建设的理论与实践［J］. 毛泽东邓小平理论研究，2015（9）：19-26，91.

研究机构或文化资源集聚区，多种相关企业、机构共同在城镇某区域内选址布设，以便进行合作与分工。文化企业点状布局的特点，有利于广泛带动各地区创新机制的产生，并在城镇某区域形成企业聚集现象。

根据数据统计，从2015年中国100强文化企业省域分布来看，北京和广东的百强文化企业数量之和达到46个，接近总数的50%，加上上海、浙江、江苏总数达到71个，超过总数的70%，中部地区的省会城市也存在一些百强文化企业，西部地区的文化企业则规模普遍偏小，布局呈分散状态。[①] 可见，中国东部地区由于文化企业点状分布较为密集，极易连接形成“面状布局”，而中西部各省份文化企业“点状”分布的特征更为明显。截至2015年，中国共有340家文化产业示范基地，这些基地也呈现明显的点状分布格局，从表5-4可知，整个西部地区文化产业示范基地总数仅占全国的27.35%，正与百强文化企业的分布规律一致，呈现出“东多西少”的局面。[②]

表5-4 2015年国家文化产业示范基地分布 单位：家

地区	国家文化产业示范基地	地区	国家文化产业示范基地
东部地区	**154**	**东北地区**	**34**
北京	28	辽宁	14
天津	9	吉林	11
河北	12	黑龙江	9
上海	15	**西部地区**	**93**
江苏	17	内蒙古	7
浙江	17	广西	7
福建	10	重庆	6
山东	14	四川	15
广东	26	贵州	6
海南	6	云南	10
中部地区	**59**	西藏	2
山西	8	陕西	11
安徽	9	甘肃	8
江西	9	青海	9
河南	12	宁夏	6
湖北	10	新疆	6
湖南	11	**全国**	**340**

① 詹蕾. 2015中国文化企业100强名单［EB/OL］. http：//news.cnhubei.com/xw/jj/201512/t3469440.shtml，2015-12-01.

② 智研数据中心. 2015年中国文化创意产业现状［EB/OL］. http：//www.chyxx.com/industry/201609/452799.html，2016-09-01.

2. 区域集聚的“面状布局”

“面状布局”主要指区域内文化产业园区或集群的空间分布现象。文化产业的空间布局运动具有一定的趋集中性。具体体现在文化产业是依托于大城市市场和现代工业发展起来的产业形态，由于现代社会运动的城市化趋势，以往分散的文化产业布局不断朝着大城市、超大城市集中。[①] 这种集中往往受到产业政策、市场需求、创意型人才、文化禀赋等相关要素的影响。同时，在集聚过程中，各文化企业之间共享资源、信息、技术以及一些基础设施，容易形成一定的集聚效应、规模经济效应和外部经济效应，从而发展成为文化产业集群或园区。在文化产业集群（园区）较强的集聚和辐射能力下，随着集群（园区）的系统化发展，其“造血”和“孵化”功能日益凸显，成为促进区域特色经济和优势产业发展的主要动力。通常在区域经济发展过程中，合理推动文化产业集群的形成，以点带面，更有利于实现文化产业空间布局形态的优化。如图 5-5 所示，根据 2015 年中国文化产业园区的分布规律来看，其整体格局大体呈现出“东多西少，中部过度”的格局，与各省份文化企业的发展规模、水平等状况较为一致。

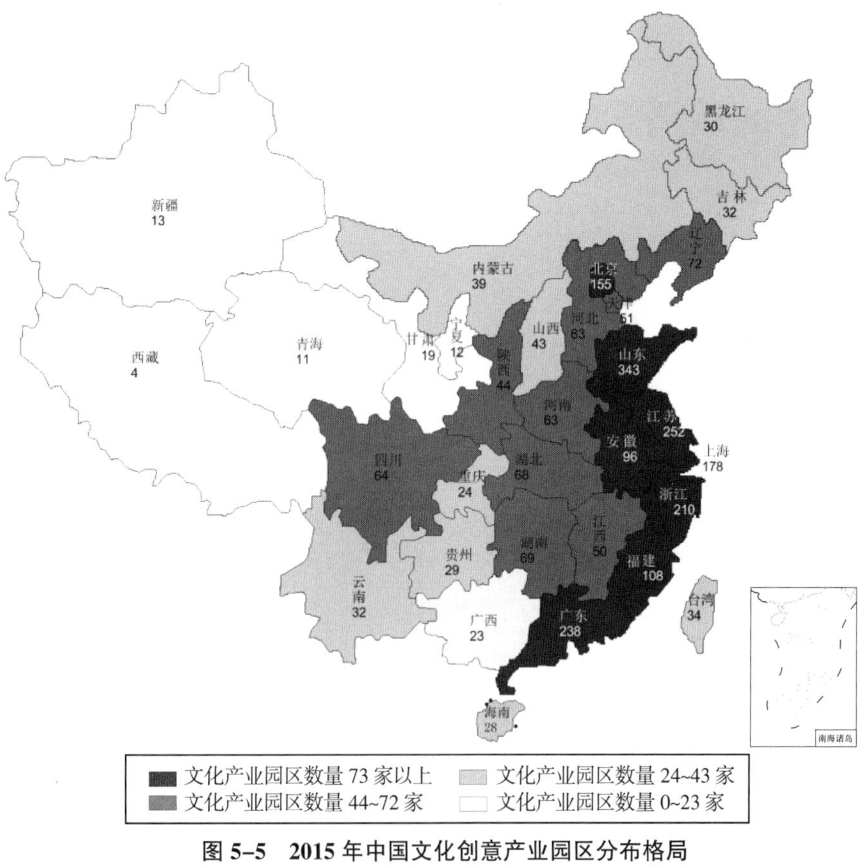

图 5-5　2015 年中国文化创意产业园区分布格局

注：未得到中国香港、澳门地区数据。

资料来源：中国产业信息网。

① 胡惠林. 关于区域文化产业战略与空间布局 [J]. 山东社会科学，2006（2）：5-14.

3. 跨区域的“点面网络布局”

“点面网络布局”主要指各区域文化产业集聚现象突破了原有行政界限的划分和产业门类的分割，逐步实现文化产业要素的自由流通和择优集聚，形成了代替原有闭合环式布局而更有利于延伸和扩展跨区域线性布局或网状布局的形态。“十二五”和“十三五”规划实施以来，中国文化产业开始更多地呈现出“带状线性布局”①的集聚趋势，目前较有影响力的文化产业带主要有“一带一路”文化产业发展空间、东部沿海文化产业带等。

（1）“一带一路”文化产业发展空间。“一带一路”是“丝绸之路经济带”和“21世纪海上丝绸之路”的简称，其发展旨在借用中国古代丝绸经济的文化符号，加强与沿线国家和地区的合作交流，建立起彼此间的经济合作、文化融合、科技交流、政治互信的跨区域联动平台。简言之，“一带一路”是经济全球化和区域经济合作大发展背景下的一次以文促商的开放格局布设。

“丝绸之路经济带”主要是以新疆、重庆、陕西、甘肃、宁夏、青海、内蒙古等13个省（市、自治区）在内的文化带为依托，其在空间布局上跨越东中西部三大地理阶梯，穿越南北方界限，直接打破了原先各区域闭门发展文化产业的格局。“21世纪海上丝绸之路”是对陆上丝绸之路的延伸，其范围主要覆盖上海、福建、广东、浙江、海南五个省市在内的东南部沿海地带。

“一带一路”文化产业发展空间在历史演进、政策导向、文化共荣以及经济全球化等因素的作用下产生，既是一种区域谋求发展的交流与合作现象，更是一种产业空间布局的新形态。从地理跨度来看，“一带一路”文化产业发展空间在很大程度上打破了中国文化产业原有分布东中西严重不均衡的局面，有利于实现中东西区域联动，促进文化产业要素更广泛、更自由地流通，缩小区域阶梯差异，在更广范围内推动文化产业全面发展。

（2）东部沿海文化产业带。东部沿海文化产业带包含着中国最具影响力的三大文化产业集聚群，即环渤海文化产业带、长三角文化产业带和珠三角文化产业带（见表5-5）。东部沿海地区经济发展程度高、经济区位良好、交通条件便利、基础设施完备是中国文化产业发展的领军地区。三大文化产业带围绕核心城市在空间上自北向南依次发展，也体现了东部地区文化产业空间分布的均衡性和系统性。

此外，“十三五”规划期间，中国仍有三个文化产业带处于积极筹备状态，分别是：西部藏羌彝文化产业走廊、黄河中原地区文化产业带以及连接东部沿海南北方的京杭大运河文化产业带。

---

① “带状发展”由文化产业学者范建华提出，所谓的“带状发展”就是指在大数据时代，文化产业空间布局突破传统区域环状分布而代之以线性带状分布相关联，将文化产业的诸多要素进行有机的市场化配置与整合，从而突破行政区划的阻隔和产业门类的分割，最终实现国际化生产、交换与消费的整体共赢的文化产业发展大格局。

表 5-5　东部沿海文化产业带简介

文化产业带	空间布局	主要形成原因
环渤海文化产业带	形成了“一核，两翼，三省二市，多节点，广辐射”的文化产业发展格局，所谓“一核”即京津冀；“两翼”指辽东半岛、山东半岛；“三省二市”指北京、天津，河北、山东以及辽宁五大主要省市协同发展；“多节点”指带动青岛、大连、济南、秦皇岛等多层次节点的发展；“广辐射”是指广义的环渤海文化产业带辐射到山西、内蒙古等部分西北地区，形成横向联合	政策干预；区位优势；交通条件；经济条件；区域块状分割等
长三角文化产业带	形成了“雁形方阵”的文化产业空间格局，以上海为龙头，南京和杭州处于第二阵营，苏州和宁波构成第三阵营，绍兴、扬州、无锡为第四阵营，南通、嘉兴和常州为第五阵营，台州、镇江、湖州和舟山为第六阵营，泰州等为第七阵营。基于城市群网络初步形成群雄崛起、错落有致、差序化发展的局面	社会发展；历史积淀；经济区位；经济实力；开放性政策；消费市场等
珠三角文化产业带	形成了“A”字形文化产业总体空间布局，即由珠江口东岸（广州东部和中部—东莞—深圳等）的知识密集型产业带、珠江口西岸（广州北部和南部—佛山—中山—珠海）的技术密集型产业带和珠三角沿海（惠州—深圳—珠海—江门等）的文化创意产业带构成	历史积淀；政策机遇；地缘优势；文化的包容性和开放性；“侨乡”优势

三、中国文化产业空间布局的一般规律

文化产业空间布局和其他任何产业的布局一样，其发展运动有一定的特殊规律。[①]不同的产业有不同的产业布局特性，不同的产业布局特性往往反映了产业内在联系动态变化的要求，而中国文化产业空间布局具有明显的政府参与痕迹。

文化产业空间布局的第一个显著的规律是趋特色性。文化产业不像其他产业那样以满足公众物质需求为最大布局趋向，文化产业的文化属性要求在规划文化产业布局时，必须追求一定的特色和个性化文化元素，以有利于文化创意、内容、科技的研究与开发为主要诉求，尤其是创意和内容通常需要丰富的文化资源做支撑，从各地区的文化产业形成与发展来看，其首先是公众文化需求的产物，而后才是经济发展的产物。因此，文化产业空间布局以文化资源的地理结构为依托，在东西南北不同文化特色的支撑下，形成了地域区隔明显的分布格局。

文化产业空间布局的第二个显著的规律是趋融合性。根据《关于推进文化创意和设计服务与相关产业融合发展的若干意见》，当前文化产业与相关产业边界日益模糊，文化产业与旅游产业、体育产业、电信产业、制造业和农业等形成了融合化发展格局。[②]目前，中国许多文化企业都是以文化产业为主导的综合型企业，“文化产业+”的趋势逐步改变着空间发展格局。如京杭大运河文化产业带，其空间规划依托历史上鲜明的文化符号——运河文化展开产业布设，但没有单纯地依靠文化产业、旅游产业或河道运输业，而是规划了以文化创意、旅游休闲、电子商务、金融服务、高技术产业为内

---

① 胡惠林. 关于区域文化产业战略与空间布局［J］. 山东社会科学，2006（2）：5-14.

② 国务院. 国务院关于推进文化创意和设计服务与相关产业融合发展的若干意见［EB/OL］. http：//www.gov.cn/zhengce/content/2014-03/14/content_8713.htm，2014-03-01.

核的综合性、系统性产业体系，力求将大运河的文化内核融合到所有产业形态中，推动京杭大运河文化产业带的融合式、跨越式和超常规发展。①

文化产业空间布局的第三个显著的规律是辐射性。文化产业在各地区最初发展往往是少数企业的个别经济现象，从相对发达的城市、文化资源区开始，随着时间的推移、资源的开发、信息的流通、生产力的提升以及周边地区城市化的发展，文化产业逐渐呈现出星星之火的燎原之势，即从点状布局逐步向网络状布局演变的发展态势。从宏观层面来看，文化产业在市场、资源、人才、科技、政策等因素的影响下逐步形成了由东部向西部、由南方至北方辐射的跨区域空间布局形态，在由点到线、由线带面、由面到跨区域带状的格局演变之后，随着生产要素更为广泛、自由地流通，各区域文化产业合作项目的增多，以大型文化企业、文化产业园区、文化产业集群跨区域交流、并购、联盟、重组为依托的空间关联网络结构即将形成，大文化产业格局将在31个省份愈加特色化、互补化、均衡化的发展中得以完善。

第四节　中国文化产业空间布局研究成果与结论

产业空间布局的相关研究最早源于区位论，国外经济学家运用抽象概括、逻辑推理的研究方法最先对其进行研究，开创了空间结构分析的先河。②其中，杜能的农业圈层理论和韦伯的工业区位理论通过对影响产业空间布局的因素进行分析，清晰地证明了产业布局可能存在最优效果，影响和启发着一代又一代的研究者进行积极探索。近些年来，文化产业作为促进经济发展的新生产业正日益受到相关决策者与学者的关注，成为产业空间布局理论研究中的新亮点。从当前中国文化产业空间布局的研究成果来看，文化产业空间分布的区域差异、分布特征、城市内布局形态的形成机制、构建规律、政策引导以及发展趋势等均有学者涉及。能够看出，中国关于文化产业空间布局理论与模式的研究多是基于国外布局经验总结的基础上进行的“中国化”借鉴与延伸。一般而言，国内研究成果大致从两个层面展开：一是基于区域或国家的宏观视角，对文化产业整体布局形态进行研究；二是基于城市微观视角，对文化产业区位选址及布局规划开展研究，通常是具体的实例分析。宏观研究多集中于对文化产业的点轴分布形态进行探讨，微观研究则更集中于以不同标准细分的文化产业类型集聚合理程度或在具体城区的布局规律为分析对象。但无论从哪个视角出发，其逻辑思路都是通过对某地区或某文化产业的空间布局形态进行分析，提出相应的优化建议。

---

① 王鑫，车林. 大运河文化产业带有望成国家战略［EB/OL］. http：//news.hexun.com/2014-07-29/167079177.html，2014-07-29.

② 曾艳林. 成都市产业空间布局演变与发展研究［D］. 成都：西南交通大学硕士学位论文，2009.

一、基于城市视角的文化产业空间布局研究

文化产业空间布局是产业经济学、管理学、经济地理学、区域经济学等多学科共同的关注对象，随着经济创新和产业结构转型实践的推进，对文化产业空间布局现象的研究也进一步深入和扩展。目前，国内关于城市文化产业布局研究已形成基本的理论体系。

（一）城市文化产业空间分布特征研究

不同的文化产业门类有不同的空间分布特征，且文化产业的部门种类繁多，一般而言，学者对城市文化产业空间布局特征的研究多集中于文化产业整体布局特征的归纳，偏重于针对特定城市核心文化产业布局特征的总结。如张文霞和林宪生（2010）从新兴和传统文化产业的角度出发对各自产业布局特征进行总结，认为新兴文化产业一般集中集聚且依附于经济发达的商业文化中心，但其区际差异明显，而传统文化产业（如图书馆、文博业等）在产业布局时往往分散于城市各个角落。[①] 薛东前等（2011）以西安文化产业空间布局特征为例，将西安市文化产业分为核心区、潜力发展区以及产业分散区三类空间，并一一对其布局特征进行总结，提出核心区是城市文化产业最集中的区域，往往文化企业总数较多、所涉行业范围广、规模集中度较高；潜力区一般依靠区位因素和政府推动文化产业的发展，文化企业通常随市场和政策而分布；产业分散区一般远离内城，所涉行业较均匀，但缺少主导行业。[②] 高宏宇（2007）、[③] 杨锦坤（2011）[④] 等学者分别指出“靠近轨道交通”已经成为城市文化产业空间布局越来越明显的特征。中国学者对城市空间布局特征虽然基于不同的地区和不同的视角来进行观察，但其总体旨在阐明文化产业空间布局不同于一般产业，具有一定的趋集中性和趋依附性，然而对于城市文化产业布局现象的特征研究需着重分析两大方向即新兴文化产业和传统文化产业的布局差异，不能一概而论。

（二）城市文化产业空间布局影响因素研究

中国关于城市文化产业空间布局影响因素的研究一般从两个方向入手：一是基于城市层面，研究文化产业在城市规划中的布局现状，探讨其影响因素；二是基于集聚区或产业园区的层面，探讨其在城市的布局规划，并着重分析区位选择或布局形态的影响因素。不论哪个层面的研究，都主要从自然因素、经济因素、社会因素、生态因素等多方面综合考虑。如陈建军和葛宝琴（2008）总结出影响创意产业区位选择的因素主要有产业政策、相关产业的布局、市场需求、交通、创意型人才、文化要素禀赋等；[⑤] 李鑫（2013）将文化产业集聚规划的区位选择总结为受政策因素、市场经济因素、创意人才和大众的需要、文化资源因素、交通因素五个方面的影响，并通过对 30 个不

① 张文霞，林宪生. 大连市文化产业空间布局研究［J］. 云南地理环境研究，2010（6）：45-50.
② 薛东前，刘虹，马蓓蓓. 西安市文化产业空间分布特征［J］. 地理科学，2011（7）：775-780.
③ 高宏宇. 文化及创意产业与城市发展［D］. 上海：同济大学博士学位论文，2007.
④ 杨锦坤. 广州市创意产业园空间分布研究［D］. 广州：广州大学硕士学位论文，2011.
⑤ 陈建军，葛宝琴. 文化创意产业的集聚效应及影响因素分析［J］. 当代经济管理，2008（9）：71-75.

同类型的集聚空间进行评价，证明了政策、交通和资源是影响文化产业空间布局的主导因素。① 根据相关文献的统计结果可以得知，影响城市文化产业空间布局的影响因素主要有：交通条件、产业基础设施、文化资源禀赋、科学技术、政策、相关服务和支持行业等。中国文化产业在进行空间布局时十分看重相关产业基础、资源禀赋、交通和城市功能等因素的影响，但对创意人才、社会文化氛围、倾斜政策等因素的重视不足（见表 5-6）。

表 5-6 城市文化产业空间布局主要影响因素统计

学者 \ 代表	交通	政策	文化资源	科技创新	产业基础	城市功能	市场因素	创意人才	环境因素
王缉慈②					√	√		√	
蒋慧和王慧③		√	√				√	√	
刘展展④	√			√	√		√		
阮仪三⑤			√						
诸大建和黄晓芬⑥				√					
黄鹤⑦	√				√				
俞剑光⑧			√		√	√			
邹金凤⑨	√	√			√				
高艳艳等⑩					√				
刘丽娟⑪			√		√	√			√

（三）城市文化产业空间分布差异研究

对于城市文化产业空间分布的差异性研究主要集中在两个视角：一是基于不同文化产业自身特点而产生的分布差异；二是由于城市空间差异而导致的文化产业布局差异。从文化产业自身特点来看，由于其具有显著的多样性特征，包含的产业范围具有宽泛性，在不同学者处难以达成统一观点，因此，在分析城市文化产业空间布局的差

① 李鑫. 北京文化创意产业集聚区空间分布特征及其影响因素研究 [D]. 长沙：中南大学硕士学位论文，2013.

② 王缉慈. 我国制造业集群分布现状及其发展特征 [J]. 地域研究与开发，2003（6）：29-33.

③ 蒋慧，王慧. 城市创意产业园的规划建设及运作机制探讨 [J]. 城市发展研究，2008（2）：6-12.

④ 刘展展. 深圳市文化产业空间布局及区位因素研究 [J]. 特区经济，2009（3）：39-41.

⑤ 阮仪三. 论文化创意产业的城市基础 [J]. 同济大学学报（社会科学版），2005（1）：39-41.

⑥ 诸大建，黄晓芬. 创意城市与大学在城市中的作用 [J]. 城市规划学刊，2006（1）：27-31.

⑦ 黄鹤. 基于企业数据分析的文化创意产业城市空间布局研究——以北京市朝阳区为例 [J]. 西部人居环境学刊，2015（1）：19-26.

⑧ 俞剑光. 文化创意产业区与城市空间互动发展研究 [D]. 天津：天津大学博士学位论文，2014.

⑨ 邹金凤. 城市双核空间结构形成中的产业布局研究——以成都为例 [D]. 成都：西南财经大学硕士学位论文，2013.

⑩ 高艳艳，王方雄，毕红星，付革. 城市公共体育设施布局规划研究进展 [J]. 吉林体育学院学报，2015（1）：37-40，74.

⑪ 刘丽娟. 县域文化产业发展与城乡空间布局研究 [D]. 重庆：重庆师范大学士学位论文，2011.

异时往往细化到具体的文化产业类别上。如常艳（2010）在研究北京文化创意产业集聚区的空间分布状况时提出，由于文化创意产业内容庞杂，不同产业类别集聚区的空间分布及其影响因素各异，分产业类别进行讨论更有针对性。[①]

1. 文化产业内部等级导致的分布差异

文化产业具有一定的等级性，中国学者习惯根据“微笑曲线”理论将文化产业分为高端、中端、低端三个等级，位于高端位置的文化产业偏向于设计与研发环节，其生产主要是“头脑风暴”的集合，在区位选择时一般更趋向于学习网络与高端消费人群的集聚区。处于文化产业中、低端位置的生产性服务往往更重视地租等基本成本问题。如刘力菲（2013）通过探讨北京科研行业的布局情况，提出由于历史原因或特殊事件，一些有名且科研能力强的大学建成，一般会吸引大量其他高校或者科研机构向其周边集聚。[②] 朱华晟（2015）依据集聚动力的不同，将创意产业园区划分为：依托消费市场、依托创意源地、依托技术高地、依托产业基地四种类型，并认为依托消费市场型与依托产业基地型的创意产业园具有不同的区位偏好，前者趋向于城市商圈，后者则靠近传统工业区。[③] 总结已有研究成果可以发现，文化产业的设计型与科研型产业偏向追求特定人群（高校人才或消费者）和地理位置的优越性，文化产业的制造型产业则偏向追求成本的合理性。

2. 文化产业自身属性产生的分布差异

文化产业具有文化与经济的双重属性，可以根据文化产业的趋经济性（科技性）与趋文化性的强弱程度，将文化产业大致排成一个“光谱”：文化艺术类→新闻出版业、电视电影、广播→休闲娱乐业→软件网络、计算机服务业→文化产业辅助服务业，“光谱”从左到右依次排开，其趋文化性渐弱，趋经济性渐强。黄斌（2012）在研究北京市创意产业的空间演化中提出，创意产业不同行业的圈层集聚从内到外依次呈现为文化艺术业（二环内及附近），新闻出版业、广播、电视、电影业和广告业（三环至四环间），软件、网络和计算机服务业（四环及四环外），其他辅助性服务业（新城和远郊区县），休闲娱乐业则较为均质地分布于北京各区县。[④] 张文霞和林宪生（2010）在研究大连市文化产业空间布局时发现趋文化性的传统文化产业分布较为分散，而演出娱乐业、出版发行业、影视图书音像业、旅游会展等现代文化产业多分布于市中心。[⑤] 赵雅萍和吴丰林（2015）通过研究北京市文化产业布局现象发现产业内部存在空间竞争关系，主要表现为随着要素、交易成本的增加，资源消耗量大、技术知识含量低、处于“微笑曲线”底端的文化产业，会逐渐将发展空间让渡给处于“微笑曲线”两端的文化产业，文化制造业、批发零售业，以及影视产业的外景拍摄基地正逐步向北京外

---

① 常艳. 北京市文化创意产业集聚区发展研究——空间分布及其演进机制［D］. 北京：中国人民大学博士学位论文，2010.

② 刘力菲. 北京科研行业的集聚发展与空间布局［J］. 海内与海外，2013（6）：4-6.

③ 朱华晟. 杭州市创意产业园区空间布局的研究［D］. 杭州：浙江大学硕士学位论文，2015.

④ 黄斌. 北京文化创意产业空间演化研究——以杭州为例［D］. 北京大学，2012.

⑤ 张文霞，林宪生. 大连市文化产业空间布局研究［J］. 云南地理环境研究，2010（6）：45-50.

转移，将发展空间留给文化服务业尤其是创意设计服务业。[①] 通过研究发现，大多数城市的文化产业通常按“光谱”进行空间布局，一般而言，文化艺术类等趋文化性产业靠近市中心分散布局；软件网络、计算机服务业等趋经济（科技）性产业远离市中心集聚分布；休闲娱乐业作为沟通文化性与经济性且在大众生活中起着关键作用往往分散在城市的各个角落。

3. 文化企业规模实力造成的分布差异

不同的文化企业在进行区位选择时首先考虑自身的经济条件，规模、竞争力等文化企业的内在条件，往往制约着区位布局的选择范围。文化企业的空间布局，与其说是文化企业对区位的自主选择，不如说是区位对文化企业的“门槛式”淘汰。黄鹤（2008）从文化创意企业的构成角度分析认为，小型创意企业和创意工作室组织形式比较灵活，受经济成本的影响，具有特色且租金低廉的场所（如废旧厂房、衰败的工业区等）通常成为这类企业优先考虑的场所，以销售为主要业务的文化企业需要经常会见客户，对交通区位以及配套设施的要求相对较高。[②] 旗舰类的文化企业考虑到自身形象，会选择发展较好的市中心。赵雅萍和吴丰林（2015）指出在文化产业发展过程中，文化企业为了更好的生存往往相互争夺产业空间，许多小微、中小企业的发展空间被大型企业所挤占。[③]

4. 异质性城市空间影响的分布差异

除了以上三个方面外，城市空间的差异性也往往导致文化产业布局的差异。随着城市化进程的推进，城市出现了分区而建的现象，尤其是老城区的改造与新城区的完善。文化产业作为一种新兴业态，在新老城区的建设中起着重要的作用。阮仪三（2005）针对老城区文化产业具体布局选择的问题，提出文化产业是“旧城更新”的动力，旧工厂区由于满足了文化产业的发展空间需求，开辟出了城市文化遗产保护的新路径。[④] 洪再生等（2013）通过对比新老城区建设，阐明了文化产业在其中的布局形态，认为老城区具有浓厚的历史文化底蕴，但伴随人口密集度高、环境条件差等问题，许多老城区制定了“退二进三”的改造策略，将制造业从城中心迁出，使新产业如艺术业、旅游业、时尚业、创意业等获得一定的生存和发展空间；而新城区以人才、环境、经济、政策以及创新网络等优势，往往成为科技型产业，如集成电路设计、网络、动漫及网络游戏、信息软件、多媒体和移动通信终端增值等的聚集区。[⑤] 根据已有研究成果可知，在异质性明显的城市空间中，文化产业布局受政府影响程度较深，在老城区，文化产业作为推动传统产业结构转型与城区重塑的动力，往往与历史文化相结合，创意型文化产业布局较多，整体分布较均衡；在新城区，文化产业作为一种新兴主导力量，科技型文化产业布局较多，整体分布多围绕科研机构或高校集聚。总体而言，产

---

①③ 赵雅萍，吴丰林. 文化创意产业空间布局优化机制研究——以北京市为例［J］. 开发研究，2015（5）：74–78.

② 黄鹤. 文化及创意产业的空间特征研究［J］. 城市发展研究，2008（S1）：150–154.

④ 阮仪三. 论文化创意产业的城市基础［J］. 同济大学学报（社会科学版），2005（1）：39–41.

⑤ 洪再生，俞剑光，赵城. 文化创意产业区在旧城空间发展策略研究［J］. 建筑学报，2013（S1）：132–135.

业链高端文化产业与低端文化产业、龙头型文化企业与中微型文化企业、创意型文化产业与科技型产业在城市化建设的不同城区内，空间分布状况各不相同。

此外，还有学者运用定量方法，对城市内文化产业布局现象进行研究，代表性成果及结论如表 5-7 所示。

表 5-7 基于定量方法的城市文化产业空间布局代表性成果

方法	研究学者	研究城市	分布现状
定量	杨丛栏[①]	雅安市	应用空间关联维数测算出雅安市旅游文化城镇和旅游景点之间的分布规律
	王娟和周骏[②]	杭州市	运用基尼系数和区位熵对杭州文化创意产业布局特点进行研究，发现时尚消费类、文化艺术类、信息软件类三类产业地方集聚性最强
	刘振锋等[③]	西安市	应用基尼系数、网格分析法、Kriging 空间插值等方法研究了西安市文化产业空间尺度效应，证明了西安市文化产业是沿着散点、极核、轴带、团块的格局进行演变
	杨槿等[④]	苏州市	应用 Moran's I 指数对苏州老城区文化产业的布局情况进行研究，结果显示 2004 年以后老城区文化企业整体集聚程度减弱,且 2008 年的集聚程度最低，每年新增企业分布具有由古城内集聚转为古城外扩散的趋势
	张雪[⑤]	北京市	基于 HErfindahl-hirschman 指数对北京文化产业进行分析，结果显示北京文化产业 HHI 值为 0.0121，仅略大于 0，单从数值推析，可以认为北京文化产业空间分布状态与全市经济总体分布近似，不存在突出的产业集聚现象

二、基于国家视角的文化产业空间布局研究

（一）布局模式研究

张雍雍（2012）通过对增长极理论和点轴模式的分析，构建了基于时间轴线的城镇文化产业空间布局模式，总结出点式自由布局模式、轴带沿线布局模式、中心集聚布局模式和区域网络布局模式等文化产业常见的四种动态布局模式，文化产业空间布局的形成过程通常为，在城市发展初期形成一两个文化核心，随后沿主要交通干线进行文化传播，形成产业集聚态势，随后通过要素完善，形成多个文化产业核心区，最终集聚成区域性文化发展片区。[⑥] 汪洋等（2011）提出文化产业的空间布局应遵循点、线、节点、面的规律，形成文化产业发展核心、发展轴线、发展节点和发展板块四个

① 杨从栏. 雅安市休闲旅游产业空间布局研究［D］. 成都：四川农业大学硕士学位论文，2008.

② 王娟，周骏. 文化创意产业的空间布局研究——以杭州市为例［J］. 生产力研究，2012（6）：177-178，224.

③ 刘振锋，薛东前，庄元，张志杰，马蓓蓓. 文化产业空间尺度效应研究——以西安市为例［J］. 地理研究，2016（10）：1963-1972.

④ 杨槿，陈雯，袁丰. 苏州老城区文化产业空间格局演化及其机理分析［J］. 地理科学，2015（12）：1551-1559.

⑤ 张雪. 北京市文化产业空间集聚特征及影响绩效研究［D］. 北京：北京大学硕士学位论文，2013.

⑥ 张雍雍. 文化产业空间布局与区域城镇发展互动机制初探——以浙江文化城·暨海宁文化产业集聚区规划为例［A］. 中国城市规划学会. 多元与包容——2012 中国城市规划年会论文集（01.城市化与区域规划研究）［C］. 中国城市规划学会，2012：11.

分阶段的进程式文化产业空间布局模式。[①] 国内学者关于文化产业空间布局模式的分析大都从演化的视角指明，空间布局是一个动态发展的过程，不能一蹴而就，一般沿着点、线、面、跨区域、网络的进程分阶段推进，随着文化产业生产要素的优化配置，其空间布局会进行同步演化。

（二）文化产业点轴分布形态研究

国内学者基于当前中国文化产业整体布局态势，重点研究了“十二五”、“十三五”期间逐渐出现的点轴式文化产业带分布格局，从国家视角开展了文化产业空间布局形态的分析。如花建（2012）通过“一带一路”战略提出了中国文化产业的空间新布局，指出要打造文化产业发展的“π”形动力带，完善文化内外贸易的大通道，构建文化生产力的三条动力联动轴，即依托海上丝绸之路，以中国沿海 11 个省份为第一条文化产业发展轴；以江苏连云港为起点，向西通过海陆联动贯穿东中西七省的亚欧大陆桥为第二条文化产业发展轴；以覆盖上海、江苏、浙江、安徽、江西、湖北、湖南、重庆、四川、云南、贵州 11 个省份的长江经济带为第三条文化产业发展轴。[②] 康明（2013）依据点轴理论提出“三纵两横”的中国文化产业分布格局，认为应大力打造东部的环渤海文化产业带、长三角文化产业带、珠三角文化产业带、中部的中原文化产业带、西部的西北文化产业带和西南文化产业带六条文化产业经济带。[③]

三、已有研究成果述评

中国对文化产业空间布局从宏观层面到微观层面都有较为系统的理论与实证研究，且在研究过程中，逐渐摆脱了国外学者的理论束缚，开始寻求“中国特色”的理论与模式总结。从城市文化产业空间布局的特征、影响因素、分布差异以及全国文化产业空间布局模式的构建四个角度进行梳理，可以看出，相对于理论性的研究，国内学者更倾向于实证性的应用分析。取得的一致结论主要有：大多数学者在研究中发现，文化产业空间布局的具体模式是一个由点及线到面的连续性动态演化过程，文化产业布局需分阶段推进；合理的文化产业空间布局是基于经济、社会、政策、资源等多重因素共同作用的结果，因此对其研究也应涉及多学科的交叉分析；不同类型的文化产业在城市中的区位选择存在明显差异，产业链位置、规模与实力、内在属性、城市空间差异等都是影响区位选择的关键因素。

就总体而言，国内学界对文化产业空间分布的研究还存在诸多不足，主要体现在理论框架和研究内容两个层面。

从理论框架方面来看：一是国内学者对文化产业空间布局更倾向于实际应用层面的分析，在一定程度上忽视了基础性概念和理论的深入探讨，至今学者们对文化产业

---

① 汪洋，王晓鸣，杨俊. 城市发展脉络视角下的文化产业空间布局研究［J］. 土木工程与管理报，2011（1）：16-19.

② 花建. 面向 2020 年的上海文化产业空间布局［J］. 上海城市规划，2012（1）：7-10.

③ 康明. 我国六大文化产业带战略布局研究——基于点轴理论视角［J］. 重庆与世界（学术版），2013（8）：52-55.

空间布局、点状分布、点轴模式、跨区域网络等基本概念没有明确的定义，且在大多数研究文献中没有涉及文化产业空间布局架构的规律发现和理论总结。二是国内大部分文化产业空间布局的研究是基于东部沿海地区进行的，对于西部地区文化产业空间架设和产业集聚的研究相对缺乏，尤其是专门性和具体化的研究成果尚未得见。三是国内针对文化产业空间布局优化，尚未进行相关保障体系，如组织保障体系、政策保障体系、技术保障体系、人事保障体系等的系统化研究，提出的优化对策较为薄弱，可行性不强。四是基于城市文化产业区位选择的定性研究较多，而关于文化企业分布、创意阶层布局、区域差异性比较、文化产业迁移现象等的定量研究较少。五是从研究方法来看，对文化产业空间布局现状的研究多集中运用经济地理学、区域经济学的相关理论和模型，综合运用统计学、人文地理学、产业经济学等学科领域的交叉研究成果有限。

从研究内容方面来看：一是所得结论在理论与实践层面存在一定差异和自相矛盾之处。在理论层面，中国文化产业的布局应更倾向于文化特色区域，如中西部文化资源较为丰富的城市，或城市内的废旧工厂等，但从实际情况来看，中国文化产业多分布在东部沿海地区，或城市的中心商务区或新兴科技城区。二是文化产业空间布局研究中存在一些偷换概念的做法。如文化产业空间布局具有趋集中性，一些学者便将文化产业集聚的形成因素作为影响文化产业空间布局的因素。

总体而言，国内关于文化产业空间布局的研究虽已形成初步体系，但研究成果总量仍较少，研究范围十分有限，尤其是对城市内文化产业空间布局差异性的研究较多，但对东中西部区域间文化产业空间布局差异性的研究较少；对东部文化产业布局现象研究较多，但对中西部地区文化产业布局现象研究较少；对具体的文化产业或文化产业园区、文化企业的区位选址、布局规划较多，但对文化产业整体的空间聚集选址、布局规划较少。

第五节　中国文化产业空间布局优化

文化产业空间布局是文化产业经济发展特征的空间反映。[①] 目前，中国文化产业的发展已获得显著进步，逐步成为国民经济增长的支柱性产业，但作为一种新兴的产业业态，其地理空间分布格局仍存在诸多不完善之处。文化产业空间布局的合理、均衡与否是关系整个文化产业、区域乃至全国经济发展的关键因素。因此，分析文化产业空间布局过程中所存在的突出问题并提出相应的优化措施，对于构建合理化、互补化、均衡化的文化产业格局具有重要的理论及现实意义。[②]

① 胡惠林. 区域文化产业战略与空间布局原则［J］. 云南大学学报（社会科学版），2005（5）：45-58，97.

② 王成强，毕西娟，刘兆莹. 我国文化产业布局存在的问题及对策探究［J］. 电子测试，2016（3）：150-151.

一、中国文化产业空间布局面临的主要问题

一个国家或地区的文化空间布局，不但受到自然地理和历史积淀的制约，而且受到区域发展定位和产业结构的深刻影响。① 早期文化产业布设往往逐区位而集聚，具有一定的盲目性和从众性，随着城市化进程的不断推进，原有的文化产业布局形式显示出一定的局限性。

（一）地域差距明显，整体发展不均衡

与中国经济发展格局基本一致，文化产业的发展也呈现出“东高西低”的不均衡发展态势。② 与东部地区相比，中西部地区包括东北地区的不足不仅体现在文化产业基础、文化企业实力、生产效率、信息技术、创意人才等基础环节上，还体现在消费市场、创意能力、品牌与品质等文化产业发展质量上。据统计显示，2015 年在文化产业单位、从业人数的空间比重上，东部地区分别以 64.06%与 64.47%的优势碾压中西部地区，且就文化企业的资产总额和营业收入来看，东部地区占全国资产和收入的 72.23%、73.90%，占据绝对优势，而西部地区仅占 10.99%、8.96%。地区之间的文化产业发展严重失衡。然而，即使是在同一个省份内，文化产业的发展也存在不平衡现象，主要体现在城市与城市之间、城市与乡村之间。以山东省为例，梁纪尧（2015）通过对山东省 17 个地市文化产业发展状况进行主成分（包括行业收入水平、产业供给与市场需求、行业收入增长速度、参政支持）分析发现，青岛、淄博、济南等文化产业发展水平较高，是山东省文化产业发展的“领头羊”，而枣庄、日照、菏泽等地文化产业发展状况有待改善，其中，青岛与菏泽差距较大，且就青岛市内部来看，其各区文化产业的分布状况也不尽相同。③

（二）文化带辐射跨度大，彼此联系不紧密

文化产业空间布局具有趋集中性的特点，从整体布局现状来看，中国已在全国范围内形成了六个较有影响力的文化产业集聚带，且集聚态势仍将继续。然而，部分文化带代表性城市之间距离较远，发展水平相差较大，彼此间协作能力十分有限。文化带内部通常缺乏统一的发展目标，协作互动较为零散，且由于产业定位雷同，时常出现内部恶性竞争。如川陕文化产业带，以西安、成都、重庆三市为中心，整个集聚带跨越南北两方，西安市着力于打造数字创意之都，成都市着力于培育数字娱乐产业，重庆市着力于发展优势文化创意产业，三座城市文化产业定位类似，各自发展目标明确但基本一致，缺乏统一的战略布局、差异化的市场开发策略，确保信息、资源共享的网络化平台也尚未建立，严重制约了文化带的互补、共赢发展。

（三）地方保护主义严重，不利于区域间合作

中国文化产业，特别是新闻出版、广播电视等传统文化产业受到“块状分割”和

---

① 花建. 面向 2020 年的上海文化产业空间布局［J］. 上海城市规划，2012（3）：7–10.

② 韩业庭. 文化产业与公共文化如何融合发展［EB/OL］. http：//www.ce.cn/culture/gd/201511/11/t20151111_6972355.shtml.2015–11–11.

③ 梁纪尧. 山东省十七地市文化产业发展状况评价研究［J］. 山东行政学院学报，2015（6）：116–122.

地区保护主义的阻碍，往往发展成为以省份为单位的“孤岛”，区域性标签十分明显。随着知识经济时代的到来，文化产业作为一种传播渠道，其互联互通的功能应得到有效加强和利用，而一些地区为了确保自身经济增长，严加控制文化传播、资源共享、信息交流和市场互通，忽视了文化经济一体化、开放化的发展要求，限制了文化产业生产要素的自由流动，妨碍了文化产业在更大范围内的壮大和升级，加剧了文化产业区域分布的不均衡和市场区隔。此外，地方保护主义严重，对违法行为惩治力度不够，也在很大程度上导致了盗版、走私现象猖獗，知识产权未得到有效保护，通常制约了文化产业的健康演进。

（四）高级要素贡献不明显，格局层次偏低

中国文化产业整体结构层次偏低，各地创意设计类产业增加值所占比重较制造类、批发零售类比重均偏低，甚至相对发达的东部地区文化制造业、文化批发零售业、文化服务业的产业结构比例仍为 1.18：1.08：1，产业布设合理化、高级化、集约化程度落后，说明创意、知识、信息、科技等高级生产要素文化产业空间布局的引力作用尚不明显，文化产业布局还未表现出趋人才性、趋科技性、趋知识性。此外，根据已有研究结论，国内学者发现影响城市文化产业空间布局的因素，多为交通、市场、资源、产业基础等基础性因素，而对于创意人才、创意环境、社会文化氛围、倾斜政策、信息化网络等因素的重视程度不够。同时，文化产业园区（基地）、文化企业的区位选择也倾向成本、交通、市场等基本有利条件，对人才、知识、信息等要求层次较低，创意活跃、知识共享、科技发达、网络通畅的生态聚集体系远未形成。

（五）产业定位趋同，发展优势不明显

目前，中国各省份之间及其内部存在着不同程度的文化产业结构、市场定位、战略目标、发展路径等趋同现象，各地区普遍追求“大而全”的产业结构、“多而广”的市场定位，依靠类似的资源、人才、资金来源发展着雷同的文化产业门类。[①] 文化产业准入门槛低，且在规划布局时，未能充分发挥各地区特色资源优势，产业项目建设重点不突出，异质性文化内涵不明显，重复建设现象严重，不仅导致了各区域内耗竞争的局面，也使得区域之间难以实现合理分工和互补协作。这种趋同性既存在于传统文化产业中，也出现在新兴文化产业中，还体现在文化产业园区（基地）建设上。[②] 近年来，中国建设的大量文化产业园区，不是依靠市场和文化产业链联动的需求进行的集约化布局，而多是盲目选址和文化企业数量上的堆砌，造成当地文化资源特色与产业优势的丧失，也未能形成有效的集聚和辐射效应，且在很大程度上导致区域间的恶性竞争与文化产业整体竞争力的下降。

二、中国文化产业空间布局的优化思路

伴随着信息化与知识经济时代的到来，文化产业逐步展示出其傲人的魅力，各地

---

① 宋一森，陈海华. 我国区域产业结构趋同问题研究［J］. 市场论坛，2005（2）：45-48.

② 迟树功. 调优文化产业结构研究［J］. 理论学刊，2012（1）：50-53.

产业布局犹如春天般的嫩芽，在夏日里枝繁叶茂，彼此间交错形成网络化的文化产业体系。正如《2012 年伦敦市长全球文化都市报告》中指出，文化是世界级城市公共政策的核心，世界级城市把文化作为创意经济的引擎，作为包容文化多样性和吸引人才的磁石。因此，世界级城市必然要为文化的发展，科学地安排智力和物理空间。①

（一）文化产业空间布局优化模式选择

从目前中国文化产业形成的核心区域（产业带）辐射带动的发展形式来看，构建基于国情的文化产业网络化空间布局模式，形成“以点带面，以面连带，以带成网”的发展格局是文化产业空间格局演进的下一步趋势。所谓网络化空间布局模式是基于点轴形态而形成的更具动态化、生态化、自由化、均衡性、连通性的发展模式，其强调在各地区文化产业发展过程中相关要素的流动配置以及区域间的合理分工与紧密协作。

空间网络主要由城市节点和相互交叉的轴线共同构成，其中轴线不仅包括公路、铁路、航道，也包括电力网、通信网、互联网等。根据文化产业在各省份、城市的发展水平进行多层级节点体系构建，将初步在一级节点（文化产业相对发达城市）之间形成的连通网络结构，延伸至二级节点（文化产业相对较发达城市）、三级节点（文化产业相对欠发达城市），形成多层级轴线体系和空间网络关系。随着各地区文化产业的进一步发展，届时各级节点的空间网络联系将进一步加强，一级节点和集聚区的辐射效应更强，产业内部各生产要素的流通将更加理想，产业节点和面状聚集区的极化效应将能得到更有效地发挥，从而改进文化产业一直存在的区域条块分割、市场机制不健全、合作意识差等缺陷，积极推动各地区、各城市、各文化企事业单位之间的交流和协作，通过资源共享、信息流通、业务衔接和经验交流等形式，提高整个产业的生产规模、结构配比和经济效率，促进区域布局的互补化、均衡化，实现网络联系效应、技术和知识溢出效应等更充分地发挥。

（二）文化产业空间布局优化策略

1. 以政策为支撑实现市场—政府双驱动

在文化产业空间布局规划时，各级政府的宏观构想和适当调整必不可少，但中国多数文化产业空间架构和园区、企业等区位选择往往是政府官员、企业家等的主观决策结果，缺乏科学性、合理性，且时常与市场真实需求、文化产业链互补联动、宏观经济发展战略布局等要求相违背，在今后的发展中，中国应注重加强各级政府同市场两者间的协调，形成以市场为主、政策为辅的文化产业空间布局双驱动机制。首先，政府应立足于区域经济发展的宏观视角，不断加大东北地区、中部地区和西部地区重点文化产业带的建设力度，缩小与东部地区的差距，立足于“保留、改造、重置”的产业布局原则，实现文化产业空间布局的优化、协调和互联互通。其次，各地方尤其是中西部地区政府应继续完善文化基础设施建设，为文化产业的壮大奠定市场基础，培育文化消费潜力，辅助主导产业的成长与新兴产业的孵化。最后，单一的政府主导

① 花建. 面向 2020 年的上海文化产业空间布局［J］. 上海城市规划，2012（3）：7-10.

易使各区域文化产业失去活力和灵活性，产业政策引导只是实现产业空间布局和优化的手段之一，真正适合文化产业发展的布局方式必须经得起市场检验，应着重在市场“看不见的手”的引导下，通过制定相关产业政策、完善管理工具来调整原有产业布局，对原有产业布局进行改造、优化，培育产业新发展空间。①

2. 以城市为重点加强区间横向联系

一直以来，中国经济发展多以行政区划为单位进行，文化产业也不例外。在产业成长中，各地区往往处于竞争状态，难以依托差异化分工，形成洽接、融合的网络化格局，造成合作效率低下，不能实现资源和市场共享。同时，彼此间“孤岛”式的发展状态使得文化产业重构、低构问题突出，各类资源闲置浪费现象严重。古人云：“鱼乘于水，鸟乘于风，草木乘于时”，要建设新形势下的文化产业发展大格局，就要顺应文化经济一体化、个性化发展态势，加强区域间的合理分工与密切协作，形成强集聚、多组团、差异化、网络化的文化产业格局。② 区域间的协作要以文化产业重点城市为开端，确定明确、统一的共同发展目标，建立共同的网络化平台，在差别化定位的基础上形成“主干+分支”的发展模式。在跨区域的文化产业集聚带中，各地区间、城市间应将彼此相同或相似的文化产业项目合并为战略共同体，构建统一的“高速公路”式的共赢模式，即信息流通、市场统一、不受区域行政区划限制的发展渠道。

3. 以创意技术为支撑优化空间架构

互联网信息时代的到来，大数据、云计算等为各区域文化产业的共享平台与联合发展提供了技术支撑，使跨界融合、区域联盟、开放创新逐步成为产业演进的主要特点和趋势。③ 文化产业应顺势而行，抓住机遇，更多地依托创意、知识、信息、科技等高级生产要素布设文化产业，确定文化产业园区（基地）、文化企业的最佳区位选择，重视创意人才、文化氛围、倾斜政策、信息化网络等因素的作用，力争建成数据共享、知识交流、创意活跃、科技发达、网络互通的文化产业空间格局。首先，应在各地区文化产业发展过程中，逐步优化产业结构，加强传统文化产业的现代化适应能力，催生新产业、新产品和新的发展模式，按照文化产业发展的现代化、国际化、知识化、科技化、创意化的标准，构建新渠道多元化的文化产业空间网络结构。其次，应在对现有文化产业园区（基地）进行评估、整改、取缔的基础上，加强各园区信息化创新平台的建设，营造共创分享、网络协同、全员创新的环境，大力推动互联网、大数据、云计算等技术应用，着力发展平台经济，推动园区品牌化发展的新局面。

4. 以特色产业为方向减少同质化现象

目前，中国文化产业存在“扎堆”发展的问题。动漫产业是发展热点，一群文化企业就集中于北上广从事动漫产业，只注重发展的数量而忽视了质量，造成彼此恶性竞争。各区在进行文化产业布局时，应当促进创新创意，实行区域差异化发展战略，

---

① 黄炳翔，谢映. 南宁市城区产业空间布局优化分析［J］. 学理论，2011（10）：133-134.

② 花建. 上海文化产业的空间布局［N］. 解放日报，2012-11-17（8）.

③ 李后强. 大数据时代的互联网思维［EB/OL］. http：//www.qstheory.cn/laigao/2014-11/13/c_1113224609.htm.，2014-11-13.

改变区域间和区域内文化产业恶性竞争的局面，防止文化产品的模仿和标准化，根据不同地区的文化资源禀赋和创新创意优势进行恰当的产业类型定位和组合，明确主导产业、相关产业以及辅助性产业，构建多层次产业格局，形成若干个差异性、互补性明显的产业集聚区，推动各地区文化产业从单一结构向形式多样、内容丰富的多元化结构转变。同时，应适当提高文化企业准入门槛，以“质”代“量”，推进部分文化企业向规模化、品牌化方向发展，打造特色鲜明的代表性文化产品，延长文化产品的成长期和成熟期，并进行经营模式创新、管理方法创新、理念创新、营销创新等，促进各地区文化产业、文化企业的差异化演进，从而形成创新创意能力突出、特色显著的文化产业空间结构。

第六章　文化产业集群

产业集群，也被称为“块状经济”、“产业聚合”、“专业化产业区”、“产业聚集区”、“产业聚集空间”、“企业群落”等，指的是以区域产业为主体追求优势竞争力，构成产业联动、企业集聚、政府参与的专业化空间经济。[①] 现代组织理论认为，产业集群是创新因素的集聚和竞争能力的放大。[②] 在当今世界经济版图上，具有显著竞争优势的产业，大多聚集在特定区域，根植于当地独特的社会、经济、制度、文化背景，进行着高强度的知识流通和信息交换，拥有良好的竞争、合作与创新精神，具备一定的社会信任感和专业化劳动力市场，从而形成了具有较强经济活力、较高就业水平、良好创新力与竞争力的产业空间。作为一种社会化的高效率生产组织模式，近年来，文化产业也开始聚集于特定区域空间，依靠比较稳定的分工协作，形成了具有独特竞争优势的文化产业集群。就中国文化产业本身而言，与国外发达国家相比，仍然存在许多迫切需要解决的问题，如区域空间联系网络没有最终形成，规模经济效应、技术和知识溢出效应、创新效应等尚未充分发挥作用，产业发展停留在较为低级的同质竞争和市场模仿阶段，产业内知识流动、科技扩散、信息传播速度较慢，文化企业的整合能力与创新能力亟待提高，特别是随着跨国文化企业进驻速度加快，更加剧了培育根植于地方文化有利于创新的区域网络系统的要求，这些只有通过文化产业集群推动文化产业全面升级才能得到有效解决，也只有形成自我发展能力、调节能力较强的文化产业集群，才能实现文化产业经济持续、稳定、健康演进。

第一节　产业集群理论

一、产业集群概述

经济学家们很早就注意到这样一种现象，产业发展与区域环境有着密切的联系，很多产业聚集于特定的区域而发展。分工理论使人们意识到专长于一项工作或者其中一部分，使产业或企业内部存在密切合作的关系，将大大提升生产效率。经济学家在

① 唐凯江，江永穆. 产业集群演化论［M］. 北京：社会科学文献出版社，2013：34.
② 齐骥. 中国文化产业集群研究［M］. 昆明：云南出版社，2014：13.

考察含有区域地理因素的经济活动时发现，区域与区域之间似乎也存在着某种分工关系，产业活动的聚集性是区域经济发展的一种规律性特征。[①]

国外学者通常认为20世纪初产生的聚集经济理论是产业集群理论的基础，包括阿尔弗雷德·韦伯的工业区位论（1909年）、地域生产综合体理论（1930年），胡佛的产业聚集最佳规模论（1948年），佩鲁的增长极理论（1950年），巴顿的城市聚集经济论（1976年）等。从经济外部性的视角，英国经济学家阿尔弗雷德·马歇尔和美国经济学家保罗·克鲁格曼对产业集群发展的内在机制进行了较为深入的研究，分别形成了产业区理论（1920年）和新经济地理论（1990年）。

20世纪70年代末到80年代初，西方学界开始了对新产业空间组织理论的研究，形成了新产业区理论、基于交易费用的集群理论、基于新竞争经济学的集群理论、社会经济网络理论和区域创新网络理论等新兴理论，进一步推动了产业集群理论的成熟与发展。

1990年和1991年两篇重要文献的刊出，引发了国际上关于产业集群的研究热潮。一篇是刊于《哈佛商业评论》的迈克尔·波特的《论国家的竞争优势》，同年波特以同样的题目出版了《国家竞争优势》一书，[②]在该书中，波特首次界定了产业集群的概念，并分析了空间聚集对规模经济的作用、对要素流动的影响以及政府政策与聚集经济的关系等，为其后20多年的产业集群研究起到了开创性的作用；另一篇文章是1991年保罗·克鲁格曼在美国《政治经济学季刊》上发表的《收益递增与经济地理》，在该文中，克鲁格曼建立了关于中心—外围的模型，提出这种模型的形成及其效率取决于运输成本、规模经济和制造业的聚集程度，[③]通过该模型克鲁格曼说明了区域地理因素在生产要素配置和产业竞争力形成中的重要作用。此外，藤田昌久、维纳布尔斯、蒂斯等学者的研究也一起推动了经济地理学和产业集群理论的发展，并加深了人们对经济聚集现象的认识。[④]

从现阶段来看，真正意义上的产业集群至少具备地域化聚集、专业化分工和社会化协作三个基本特征。首先，产业集群应具有地域化聚集特征，即大量企业、产业在某一特定地理区域内聚集，此为产业集群在空间上的外在表现形式。其次，产业集群应具有专业化分工特征，集群内单个企业的生产集中于特定产品和过程，体现出较强的专门化、集中化特质。最后，产业集群还应具有社会化协作的特征，类似于生态系统，集群是一个有机的、相互作用、相互依存的企业共生体，集群中企业之间更多的是协作而非竞争，最终目的是实现共同发展，产业集群内外相关、支持或互补性的企业和机构，往往通过正式或非正式合作，形成密切的产业协作网络体系。

---

① 徐康宁. 产业聚集形成的源泉［M］. 北京：人民出版社，2006：3.

② ［美］迈克尔·波特. 国家竞争优势［M］. 李明轩等译. 北京：华夏出版社，2004：26.

③ Krugman P. R. Increasing Returns and Economic Geography［J］. Journal of Political Economy，1991，99（3）：483-499.

④［日］藤田昌久，［比］蒂斯. 集聚经济学：城市、产业区位与区域增长［M］. 刘峰等译. 成都：西南财经大学出版社，2004：3-15.

学者们通常认为，产业集群是培育学习与创新能力的“温床”。一方面，集群内企业间经常进行面对面的交流和学习，加速了各种新思想、新观念、新技术以及新知识的传播和应用，有着明显的知识和科技外溢效应；另一方面，产业集群内企业彼此接近，受到竞争的隐形压力，迫使企业不断进行技术创新、内容创新、组织管理创新等，从而加速了产业的升级演进。产业集群形成后产生的创新效应，是产业获得竞争优势的一个重要原因。

产业集群的发展，引起了有关国际经济组织、一些国家和地方政府经济决策部门和产业规划部门的浓厚兴趣。如联合国工业发展组织（UNIDO）和经济合作与发展组织（OECD）极力提倡并推广地方发展产业集群战略。产业集群现象不单单出现在工业上，在商业、金融、娱乐、大众传播、旅游、文化等服务业领域同样能发现，且不同类型和不同城市产业集群的发展规律各具特色。产业集群作为一种独特的经济现象，既是历史和分工的产物，也是工业化、城市化进程的一般规律。

二、产业集群理论梳理

20 世纪 70 年代以后，世界范围内掀起了产业集群研究的热潮。由于不同的发展阶段，产业集群呈现出不同的特征和形态，关于产业集群理论的探讨也随着实践的发展侧重点各有不同，因而产生了诸多理论学派。

（一）理论经济学中的产业集群理论

在《经济学原理》一书中，马歇尔继承了亚当·斯密对于分工集群现象的观点，对地方产业集群与规模经济进行了更为详尽的研究，被认为是从新古典经济学的角度系统研究产业集群现象的第一人。马歇尔将规模经济分为内部、外部两类，内部经济源于个别企业的资源、组织和经济效率，是由于企业生产规模扩大而体现出来的经济，外部经济是依赖于整个产业发展水平产生的外部溢出效应而创造的经济。[①] 产业集群现象的产生，主要是由于地理集中的便利条件使企业生产成本得以降低，形成内在经济，或使无法获得内部经济的企业通过外部方式获得规模经济。

马歇尔认为，集群形成以后，企业通常会永久入驻，集群所在区域内的知识与科技交流、扩散及创新，以及外部经济带来的协同发展、辅助行业的产生和专门化机械的使用都是集群经济优势和竞争实力的源泉。此外，在经济优势的影响下，企业更愿意到专业技术突出的产业聚集区建厂，而相关技术性人才也会被这些企业聚集区所吸引，从而形成生产要素聚集效应。

经济学家杨小凯基于分工理论，提出应用超边际分析法来研究分工的产生和演进过程。所谓超边际分析法，[②] 就是将产品的种类、厂商的数量和交易费用等纳入分析框架的方法。虽未直接对产业集群现象进行研究，但却为产业集群内高度专业化分工的产生和相互依赖提供了新的视角和工具。杨小凯认为产业空间集聚能够实现企业报酬

---

① [美] 马歇尔. 经济学原理（中译本）[M]. 朱志泰译. 北京：商务印书馆，1964：1-34.

② 杨小凯. 新兴古典经济学与超边际分析 [M]. 北京：社会科学文献出版社，2003：34-60.

递增而不是收益递增，产业集群的产生即是分工不断深化的结果，同时集群的发展又进一步推动了分工的深化。集群内专业化程度高的企业通过长期协作，彼此之间建立了信任关系，使得交易、监督成本显著降低，竞争能力、收益能力则不断提高。

（二）经济地理学中的产业集群理论

在《工业区位论》一书中，阿尔弗雷德·韦伯探讨了工业在地域范围内集聚的原因和过程，是第一个系统论述工业区位的学者。对于工业集聚的过程，可分为两个阶段。[①] 第一阶段，企业通过简单的规模扩大产生初步聚集效应；第二阶段，优势企业通过不断的组织完善，吸引大量相关企业向其靠拢，进一步扩大聚集效应。韦伯的区位理论排除了其他社会因素的影响，仅单纯研究自然地理条件对工业聚集的作用，因而具有一定的局限性。

克鲁格曼作为新古典区位理论的杰出代表，将不完全竞争经济学、递增收益等理论应用到产业空间集聚的研究中，提出产业集聚要素，即需求、外部经济效益和产业地方化是推动产业集群形成并发展的重要因素。他将马歇尔的外部经济效益进一步归纳为劳动力市场共享、外部专业化资源投入以及知识信息流动三个来源。此外，克鲁格曼在借鉴张伯伦的垄断竞争思想和迪克西特—斯蒂格利茨模型（D–S 模型）之后，设计了“中心—外围”模型，提出是否发生集聚取决于产业的集聚力与离心力二者的消长。[②]

（三）管理学中的产业集群理论

用“产业集群”一词进行产业聚集现象研究，首次出现在迈克尔·波特 1990 年出版的 《国家竞争优势》一书中。波特关于产业集群提出了著名的钻石模型，由生产要素、需求条件、相关支撑性产业、企业的战略、结构和竞争六大要素构成，并认为钻石模型不是一个静态模式，而是一个有机动态系统，只有保障每一个要素的积极参与，集群内企业才能产生最大的竞争优势。波特还从企业绩效、组织行为、价值链等角度对集群现象产生的竞争优势进行了系统分析。青木昌彦和安藤晴彦共同提出了钻石产业模块理论，认为模块化融合会对组织结构产生巨大影响，现代企业进行的拆分、权力下放、部门精简、部门横向沟通，实际上就是企业内部组织模块化的过程。[③] 外部企业间的协作、业务外包，包括聘请专业管理团队进驻企业等都属于模块化发展，企业外部模块化通常会促成产业集群网络化格局。

（四）社会经济学中的产业集群理论

社会经济学将社会结构引入产业集群研究，形成了三个基本的主题：文化根植性、社会网络和制度，使得产业集群不再仅仅局限于自然地理领域，而融入了更多历史、文化等社会人文因素。社会学家格兰诺维特在 1985 年较为完整地提出了根植性的概

① ［德］阿尔弗雷得·韦伯. 工业区位论［M］. 李刚剑等译. 北京：商务印书馆，1997：54–71.

② ［美］克鲁格曼，［日］藤田昌久，［英］维纳布尔斯. 空间经济学——城市、区域与国际贸易［M］. 梁琦译. 北京：中国人民大学出版社，2005：45–76.

③ ［日］青木昌彦，安藤晴彦. 模块时代：新产业结构的本质［M］. 周国荣译. 上海：上海远东出版社，2003：20–54.

念，指出经济行为根植在社会网络与制度之中，网络与制度由社会构筑并具有文化意义。他认为，通过企业在地方的扎根和结网所形成的产业聚集，可以构筑起交流与合作的网络渠道，从而增强企业的竞争力。[①] 区域性产业集群的形成与发展必然受到地方性文化、制度等因素影响，主要作用在集群的发展规模、方向、信息技术应用程度、社会关系网络、知识交流渠道等方面。同时，集群并不是孤立存在的个体，集群的壮大、升级在很大程度上得益于集群间的社会网络化互动，这种互动基于人与人、企业与企业、集群与集群间的信任，为了共同的利益，彼此保持相对稳定的关联关系，以更高的效率达成一致目标。简言之，社会经济学视角下的产业集群是对区域社会文化形成的一种认同感根植。然而，社会文化根植在集群未来的市场化、国际化进程中常会带来一定负面影响，如极具北方特色的剪纸产业集群在面向南方的市场化推广时，就很难适应南方市场的需求。

三、文化产业集群界定

结合文化产业的特点，借鉴国内外学者对文化产业集群概念的界定，可以认为文化产业集群是文化产业在某地理空间聚集到一定程度的结果，是众多与文化生产经营活动相关的企事业单位在地域空间上集聚，并相互协作、密切联系，由此产生一系列良性经济效应，使文化产业竞争优势不断增强的现象。它不仅是区域内文化企业组合的新方式，更是区域文化产业发展的新模式、新战略、新格局，它的产生与发展将有利于区域文化产业的整体提升与协同发展。

文化产业作为涵盖范围广、关联带动强的产业，其特性决定了文化产业集群在具有一般产业集群共同特征的同时，又具有明显的特殊性，这些特殊性是文化产业集群区别于其他产业集群的标志，主要体现在以下几个方面。

（一）地域聚集的生产要素导向性

人才、资金、科技、市场、文化资源等是文化产业赖以生存和发展的基础，由于文化产业构成复杂、范畴较广，不同的文化产业依托不同的核心生产要素形成了资金导向型、科技导向型、市场导向型、资源导向型等多元化的文化产业集群地域聚集态势，如中关村科技园区，是中国第一个国家级高新技术产业开发区，聚集了以联想、百度为代表的高新技术企业近 2 万家，有“中国的硅谷”之称。浙江义乌则以人力资源为导向，发展出文化制造产业集群，其既是文化小商品的主要销售基地，也是文化小商品的重点生产基地，拥有文化生产和经营单位 1 万余家，但进入集群的文化企业大多不是凭借产品的种类、质量、品牌等进行市场开拓，而是依靠集群的知名度和聚集效应，实现了信息、资源和市场的共享。

（二）专业分工的产业链关联效应

文化产业后向关联性强、产业链延伸长而广的特点决定了文化产业集群内外专业化分工具有较强的关联效应，即通过文化产业的发展，能够带动交通、通信、旅游、

① 范晓屏. 工业园区与区域经济发展［M］. 北京：航空工业出版社，2005：10–23.

金融、保险等相关产业和诸多部门的发展，从而加速文化产业集群的形成和拓展，其他产业的产业链通常较短且固定，产业关联带动效应往往不如文化产业明显，有的制造产业集群甚至形成“孤岛效应”,[①] 对其他产业的影响力较弱。

（三）社会协作的企业纵横一体化

与其他产业企业上下游垂直一体化合作较为密切不同，文化产业集群中的企业基于为消费者提供全方位文化产品和服务而协调配合，通常文化产业集群中横向一体化和垂直一体化同时存在。在集群内部，社会协作主要表现为各文化及相关企业依照价值链、产业链联系形成网络化的格局。一是通过共享某种内容或创意而形成的纵向网络延伸格局。二是通过相关企业彼此间协作实现信息、市场等资源的共享而形成的横向网络拓展格局，如青岛灵山湾影视文化产业区由影视产业园、会展中心、文化创意产业园、国际生态养生城等构成，形成了集商业、娱乐、餐饮、旅游、文化等多产业横向协作的格局。三是通过整合各类产业生产要素而形成的全产业链网络格局，迪士尼乐园将文化资源的供应、创意的产生、内容的策划、文化产品的加工、人才的培训、资金的通融、市场的宣传、衍生品的开发等相关产业聚集而居，形成了显著的规模经济优势和知识技术外溢效应。[②]

（四）协同创新的可持续性

文化产业集群具有普通产业集群无法比拟的优势——创新创意能力。创新创意能力具有持续性，主要体现在文化产品具有很高的附加值和更新换代的能力。在人才方面，集群内的创意型企业拥有吸纳高素质人才的能力。在管理方面，以人为本、组织结构灵活的文化企业能够根据时代要求不断调整内部文化，管理方式更注重人与企业的和谐发展。此外，创新能力还体现在文化产业集群具有很强的凝聚和带动能力，可以根据市场需求较快孕育新的产业业态。

第二节　产业集群模式与模型

产业集群作为一种高效生产组织形式在经济发展过程中起着重要的作用，研究特定运营环境中不同产业集群的运营模式并将其分类，分析各类型产业集群的共同形态及其差异，归纳其普遍性与特殊性，有利于更好地把握产业集群的本质。此外，除了对产业集群现象进行模式分析以外，国内外学者纷纷建立模型，通过对产业集群识别和效应的实证分析将集群现象进行规律化、理论化总结，以追求产业集群发展的最优效果。

---

① 毛剑梅. 旅游业与制造业产业集群的比较分析［J］. 经济问题探索，2006（6）：125-128.

② 齐骥. 中国文化产业集群研究［M］. 昆明：云南出版社，2014：16-37.

一、产业集群发展模式

（一）国外产业集群模式研究

国外学者对产业集群模式的研究成果颇多，为国内研究提供了丰富的理论基础和实证方法，这里列举两种代表性模式分类。

1. 马库森的产业集群模式分类

美国学者马库森通过对世界范围内经济发达地区的产业集群现象进行研究，归纳了四种集群模式：①

（1）马歇尔式产业集群模式。集群内主要以中小企业为主，没有核心企业的带动与辐射，企业间彼此独立发展，竞争较为激烈。此模式主要以劳动密集型产业的集聚为主。

（2）政府主导产业集群模式。为了国家或地区形成新的产业结构，政府有计划地引进先进技术、人才以及产业，以弥补空缺，在特定区域形成生产加工产业园区。此模式主要依靠政府投资来促进集群生成与发展，由于受到政府管控具有一定的被动性。

（3）卫星平台式产业集群模式。一般指跨国公司在其他地区设立的分厂集聚现象。产业的研发机构与生产加工机构分离，在智力经济相对发达的地区设立研发机构，通过外包或建厂在生产成本较低的地区建立生产加工机构，这种模式往往缺乏内部关联性，具有不稳定的特征。

（4）轮轴式产业集群模式。集群内至少有一个大型核心企业对其他中小企业产生辐射作用，众多中小企业依靠为核心企业提供配套服务实现发展。

2. 林·米特卡的产业集群模式分类

林·米特卡基于对集群内部企业的社会经济关联度分析，将产业集群模式归纳为三类。②

（1）非正式产业集群发展模式。集群内企业规模小，彼此间联系有限，创新能力较弱，内部企业所处产业链环节等级较低。

（2）有组织的产业集群发展模式。集群内以中小企业为主且存在少数核心企业，彼此间存在社会经济关联，但联系较不稳定，竞争较激烈，有一定的自主创新能力，集群整体发展水平较高。

（3）创新型产业集群发展模式。集群内企业规模较大且整体发展水平高，企业有持续的自主创新能力，生产专业化程度高，企业彼此间合作密切。此模式主要集中在发达国家或地区的高技术产业区。

（二）国内产业集群模式研究

中国产业集群模式研究是对国外研究成果的继承与发展，主要在分析企业规模、关联度、外部资源等基础上，更加重视集群的产业链、创新能力、柔韧性和社会环境

---

① 郭胜利. 中国产业集群分类研究［J］. 中国市场，2010（32）：133-134.

② 翁智刚. 产业集群论［D］. 成都：西南财经大学博士学位论文，2008.

等发展指标，尤其重点关注了政府这一参与者对集群发展的影响。

1. 基于产业集群形成自发程度分类

陈继海和唐翌（2003）根据国家干预强弱程度以及市场机制和政府作用的互动程度，将产业集群发展模式分为三种：①

（1）市场自发型产业集群模式。受市场需求的吸引，企业出于自身的发展要求，不断追求专业化经济优势、生产要素聚集优势以及社会文化优势而逐渐形成的集聚现象。此模式中政府仅仅作为调节服务机构，在市场调节失灵时进行暂时代管，以促进产业集群的自由、稳定发展。

（2）政府推动型产业集群模式。在产业集群形成过程中，政府的帮扶起主导性作用，主要表现为政府为追求区域发展的经济效益，通过一系列优惠政策和资金帮扶不断促成产业集聚，在产业集群发展相对稳定后，政府又逐渐退出干预。中国产业集群的形成多以此模式为主。

（3）计划型产业集群模式。在公有制条件下，社会主义国家通过中央计划经济的手段，迅速转移和调配资源，重点扶植某类产业，有目的、有计划地推进独特产业集群的形成。此类集群模式随着苏联的解体和中国改革开放的进程而逐步消失。

2. 基于产业集群内部市场结构分类

曹洪军和王已伊（2006）以内部市场结构为标准将产业集群划分为五种模式：②

（1）轮轴式产业集群模式。大型企业为完成其生产需要，带动周围中小企业发展，中小企业通过提供资源、加工或相关服务等，与大型企业形成完整产业链条。轮轴式产业集群模式有其显著特点：一是集群内有至少一个核心企业辐射、带动中小企业；二是产业链最终生产成品依靠核心企业的品牌进行销售；三是数量众多的中小企业依靠为核心企业提供性价比较高的中间产品或服务实现发展，但彼此间相对独立。

（2）多核式产业集群模式。在轮轴式产业集群模式的基础上发展而来，在轮轴式模式发展后期，集群内形成数个新核心企业与原有核心企业并列发展，众多中小企业同时围绕多个核心企业提供中间产品或服务。多核式产业集群模式的特点：一是围绕多个核心企业形成多条产业链；二是链条内部紧密合作，链条之间相互竞争；三是集群内中小企业拥有更多合作与选择的机会。

（3）网状式产业集群模式。众多相关性较强的中小企业在特定领域内聚集，共同分享资源、信息以及市场，其特点：一是集群内企业规模较小，实力相当；二是企业间彼此独立发展，竞争较为激烈，但同时又共同面对集群外的挑战；三是地方性特色明显。

（4）混合式产业集群模式。同一集群内既存在多核式产业集群模式又存在网状式产业集群模式。混合式产业集群模式兼顾了多核式集群和网状式集群的特点，其中，集群内不能加入产业链的小型企业主要依靠集群的名声和自身价格优势实现发展。

---

① 陈继海，唐翌. 中国产业集聚模式的动态考察［J］. 当代财经，2003（10）：96-97.

② 曹洪军，王已伊. 国外产业集群发展模式及启示［J］. 理论参考，2006（9）：49-51.

（5）无形大工厂模式。由共享同一创意或资源而形成产供销一条龙服务的众多中小企业集聚模式。其特点：一是企业间分工明确，合作紧密，不存在明显的竞争关系；二是集群内形成良好的生态系统，牵一发而动全身。

二、产业集群相关计量模型

（一）产业集群识别模型

如何识别产业集群是产业集群定量研究的起点与核心。目前，学界识别产业集群时运用的方法可大致分为两类：一类侧重于定性分析，如专家意见法、区位熵法、企业调研法等；另一类侧重于定量分析，且大多以投入产出表为基础数据，如多元统计聚类法、主成分因子分析法、Czamanski 法、共识集群法、图论法等。另外，还有一些测量产业集群集聚（也称地理集中）程度的方法，如空间基尼系数、G 指数、行业集中度指数 CRn、赫芬达尔指数 H 等。[①]

通过对现有研究成果的总结发现，关于产业集群识别模型的建立，往往从产业集聚度、产业联系、产业规模、产业创新以及产业竞争五个方面入手。[②] ①产业集聚度主要从空间集中指数、空间基尼系数、产业集中度三个方面进行识别。所谓空间集中指数是用来测算某种产业在一定区域内的集中程度的指标；空间基尼系数是用来衡量某种产业空间分布与经济发展格局匹配程度的指标；产业集中度也称市场集中度，是用来衡量某种产业的市场集中程度以及对市场支配能力强弱的指标。②产业联系主要依据链关联系数、产业空间关联度、产业内部联系度三种方法进行识别。所谓链关联系数是指某一产业形成的产业链间生产活动关系情况；产业空间关联度主要应用修正的区域经济联系强度模型，[③] 计算分析某产业集群地域联系的强弱；产业内部联系度通常在灰色关联模型的基础上进行改造，用于测量区域相对全国的某种产业内部关联强度的模型。③产业规模主要用基于不同类型指标的区位熵来识别。产业规模区位熵也称区域规模优势指数，是用来判断区域内是否存在产业集聚现象的主要方法之一，用于表示该区域某产业的规模在全国的地位。④产业创新主要由相对劳动生产率、比较劳动生产率、创新人员比例等方法来识别。所谓相对劳动生产率是用来衡量某产业从业人员相对于全国从业人员的生产和技术水平；创新人员比例用于反映产业的创新潜力。⑤产业竞争主要基于波特钻石模型进行三要素或六因素识别。其中三要素为基础、企业、市场，六因素为构成三要素的资源、设施、供应商与相关企业、厂商结构与战略、本地市场、外部市场，用于衡量某产业在全国范围内的竞争能力。各识别层面所用模型的计算公式及判定标准如表 6-1 所示。

---

① 魏后凯. 现代区域经济学［M］. 北京：经济管理出版社，2006：34.

② 高乐华. 山东省旅游产业集群及其发展战略研究［D］. 北京：中国海洋大学硕士学位论文，2009.

③ 刘宏盈，马耀峰. 入境旅游流空间转移与省域旅游经济联系强度耦合分析［J］. 资源科学，2008，30（8）：1162-1167.

表 6–1 产业集群识别模型

模块	指标	计算公式	判定标准
产业集聚度识别	产业空间集中指数	$C = 1 - \frac{H}{T}$ (6–1) C 为区域产业空间集中指数，H 为按照从高到低排列，占到区域（或全国）产业总收入一半的地区人口数量之和，T 为区域总人口	C 在 0.5~1 变动，越靠近 1 表示区域内产业越集中。C 为 0.5 时表示区域产业高度分散；0.5~0.6 较为均衡；0.7~0.8 相对集中；大于 0.9 为高度集中
	产业空间基尼系数	$G = \sum_{i=1}^{n}(S_i - X_i)^2$ (6–2) G 为区域产业空间基尼系数；S_i 是 i 地区产业的总收入占区域(或全国）产业总收入的比重；X_i 是 i 地区国内生产总值占区域（或全国）国内生产总值的比重；n 是区域（或全国）内地区的个数	产业空间基尼系数 G 在 0~1 变化，接近于 0 表示产业在地区分布于国民生产趋于一致，在经济发达地区集中；接近于 1 表示产业在经济欠发达地区集中
	产业集中度	$\sum_{i=1}^{m} S_i = 80\%$　　$CR = 1 - \frac{m}{n}$ (6–3) CR 表示区域产业集中度；S_i 表示地区 i 产业在区域（或全国）所占的份额；m 表示地区产业总产值由大到小排列，总和占区域（或全国）产业份额 80%时的地区个数；n 为区域（或全国）内地区的个数	CR 取值范围为 0~1，越接近 1 表示区域产业呈现集聚态势
产业联系识别	链关联系数	$L = \frac{I_i}{I}$ (6–4) L 表示区域产业链关系系数，I_i 是区域产业总值，I 是区域服务业总产值	L 取值范围是 0~1，越靠近 1，表示产业链活动越强
	产业内部关联度	产业内部关联度，通常采用灰色关联模型确定 $r(x_0'(k),\ x_i'(k)) = \frac{\min\limits_i \min\limits_k \lvert x_0'(k) - x_i'(k)\rvert + \rho\max\limits_i \max\limits_k \lvert x_0'(k) - x_i'(k)\rvert}{\lvert x_0'(k) - x_i'(k)\rvert + \rho\max\limits_i \max\limits_k \lvert x_0'(k) - x_i'(k)\rvert}$ 为 x_i 对于 x_0 指标的关系系数，其中 ρ 为分辨系数，一般取 ρ = 0.5； $r(x_0,\ x_i) = \frac{1}{n}\sum_{k=1}^{n} r(x_0'(k),\ x_i'(k))$ (6–5) 为x_i 对于x_0 的灰色关联度	r 的取值范围为 0~1，越接近于 1，表明区域产业内部关联性越强
产业规模识别	就业人数区位熵	$LQ = \frac{X_{ij}/X_j}{X_i/X}$ (6–6) LQ 表示就业人数区位熵，是指区域某产业的劳动力占该区域劳动力总和的比重与全国该比重的比值；X_{ij} 表示 i 产业在区域 j 的就业人数，X_j 表示区域 j 所有产业的总就业人数，X_i 表示全国范围该产业 i 的就业人数，X 表示全国所有产业的总就业人数	若LQ大于 1，则意味着区域产业相对专业化，大于 1.12 则表示高水平的专业化。LQ大于 1 即可认为区域有产业集群迹象
	固定资产区位熵	$L_1 = \frac{x_{ij}/x_j}{x_i/x}$ (6–7) L_1 表示产业固定资产区位熵；i 表示某产业，j 表示第 j 个区域；x_{ij} 表示第 j 个区域某产业固定资产；x_j 表示第 j 个区域全社会固定资产投资额；x_i 表示全国该产业固定资产，x 表示全国全社会固定资产投资额	若L_1 大于 1，则意味着区域产业相对专业化，大于 1.12 则表示高水平的专业化。L_1 大于 1 即可认为区域有产业集群迹象
	总收入区位熵	$L_2 = \frac{z_{ij}/z_j}{z_i/z}$ (6–8) L_2 表示某产业总收入区位熵；i 表示某产业，j 表示第 j 个区域；z_{ij} 表示第 j 个区域该产业总收入；z_j 表示第 j 个区域国内生产总值；z_i 表示全国该产业总收入，z 表示全国国内生产总值	L_2 若大于 1，则意味着区域产业相对专业化，大于 1.12 则表示高水平的专业化。L_3 大于 1 即可认为区域有产业集群迹象

续表

模块	指标	计算公式	判定标准
产业创新识别	相对劳动生产率	$R_{ij}=\frac{P_{ij}}{P_i}$　(6-9) i 表示某产业，j 表示 j 个区域；R_{ij} 表示 j 区域产业的相对劳动率；P_{ij} 表示 j 区域此产业劳动生产率；P_i 表示全国此产业的劳动生产率	R_{ij} 大于 1，则这种产业创新能力较强；反之则较弱
	比较劳动生产率	$RI_{ij}=\frac{G_{ij}/L_{ij}}{10\times G_j/L_j}$　(6-10) i 表示某产业，j 表示第 j 个区域；RI_{ij} 表示 j 区域产业的比较劳动生产率；G_{ij} 表示 j 区域产业的总收入，L_{ij} 表示 j 区域产业的劳动力从业人数，G_j 表示 j 区域各产业总的增加值，L_j 表示区域各产业总的劳动力从业人数	RI_{ij} 大于 1，则表明区域产业的创新水平较高
	产业创新人才比例	$H=\frac{S_{ij}/L_{ij}}{S_i/L_i}$　(6-11) i 表示某产业，j 表示 j 个区域；H 表示区域 j 的相对企业创新人员比例；S_{ij} 为区域 j 的高校人才数量；L_{ij} 为区域 j 产业的从业人数；S_i 为全国高校人才数量；L_i 为全国此产业的从业人数	H 大于 1，则表明区域产业创新潜力较大；反之则较小
产业竞争识别	产业竞争因素指数	产业竞争因素基于 GEM 模型[①] 进行的测算，主要分为三步： 第一步对影响集群竞争力的六个因素（资源、设施、供应商与相关企业、厂商结构与战略、本地市场、外部市场）赋值。 第二步进行"因素对"计算和转换，计算"因素对分值"。 $(PAIR\ SCORE)=(D_{2i-1}+D_{2i})/2$，i = 1，2，3。 PAIR SCORE："因素对分值"，D_{2i-1}，D_{2i}：表示各个因素的得分。 D_{2i-1}，D_{2i} 代表的"因素对"是可以相互替代的两个因素。例如：优良的"设施"可以替代"资源"的不足。 第三步计算"集群线性分值"和最终结果。 线性分值 $(LINEAR\ CLUSTER\ SCORE)=\prod_{i=1,3}(PAIR\ SCORE)$ LINEAR CLUSTER SCORE：集群线性分值 最后做两次转换，第一次将集群线性分值（LINEAR CLUSTER SCORE）转换为各个"因素对分值"相乘。第二次为比例上的转换，使最后得分满分为 1000。 GEM 模型的量化表达式：$GEM=2.5(\prod_{i=1,3}(D_{2i-1}+D_{2i}))^{2/3}$　(6-12)	第一步赋值范围 0~10，其中 6 为及格线，越接近 10 表明要素的竞争能力越强。当值为 5 时，表示适当及格，是全国平均水平 第三步取值范围是0~1000，当 GEM ≥ 250 时，表示此产业集群的竞争力达到国内平均水平；GEM 越接近 1000 时产业集群的竞争力越强

（二）产业效应评价模型

产业集群形成后能够产生诸多良好经济效应，包括促进区域产业的完善和发展，因此，在识别出产业集群后，往往需要详细评价产业集群已经产生的效应，以了解产业集群的真实状态及其优势、缺陷，从而为制定产业集群发展战略和相关政策提供依据。根据一般产业集群所能产生的效应，可选取的效应评价指标如下。

1. 增量效应

产业集群形成后所能产生的第一个效应便是增量效应，能够促进区域产业的快速增长。产业集群内企业既相互补充又相互竞争，共同推动区域产业生产的专业化进程，加快公共基础设施建设步伐，促使企业联盟的形成，从而不断提高区域产业的发展速度。取 $R_i=\frac{M_i^{测算年}}{M_i^{上年}}$ 为产业集群增量效应测算指标，其中，$M_i^{测算年}$ 为测算年产业总收入增

① 王锦秀. 产业集群竞争力评价指标体系研究［D］. 广州：广东省社会科学院硕士学位论文，2007.

长率，若 R_i 大于 1 则表明产业集群已经发挥增量效应。

2. 效率效应

产业集群中，由于地理位置接近，容易使企业间形成密切的合作关系，实现资源优势互补，将信息网扩大到整个集群范围，共同占有更高份额的市场，从而提升产业整体经营效率。可应用公式 $F_i = \frac{P_i^{测算年}}{P_i^{上年}}$ 测算产业集群的效率效应，$P_i^{测算年}$ 为测算年产业营业利润率，$P_i^{上年}$ 为上年产业营业利润率，若 F_i 大于 1 则表明产业集群已经发挥效率效应。

3. 规模经济效应

产业集群不是简单的企业空间汇集，而是有着强大整合力的企业聚集体，它们之间能够进行优势互补，实现聚集的规模经济效应，也就是"1 + 1 > 2"的效果。[①] 从根本上讲，规模经济是一种能够提高劳动生产率、降低长期平均成本的系统力量，反映的是要素投入与产出的关系。在此，借鉴唐杰提出的公式 $h = \frac{1+\gamma}{1-\beta}$ 来测算产业集群规模效应的良莠，公式中 β 为产出利润弹性，表明每增加单位产出所实现的利润，γ 为固定资产占用的利润弹性，即每增加单位固定资产所实现的利润，如果 h 大于 1，则规模报酬递增；如果 $h = 1$，则规模报酬不变；如果 h 小于 1，则规模报酬递减。[②]

4. 内部聚集经济效应

产业集群不仅能够产生外部经济效应，如技术和知识溢出效应等，对其本身也将产生强烈的内部聚集经济效应，主要通过对资金、客源和人才强大的吸引力和聚集力来实现。在此应用公式 $I_i = \frac{A_i^{测算年}/NUM_i^{测算年}}{A_i^{上年}/NUM_i^{上年}}$ 对产业集群产生的内部聚集经济效应进行测算，其中，$A_i^{测算年}$ 和 $A_i^{上年}$ 分别表示测算年及其上年产业固定资产量，$NUM_i^{测算年}$ 和 $NUM_i^{上年}$ 分别表示测算年及其上年企业数，若 I_i 大于 1，则表明产业集群已经发挥内部聚集经济效应。

5. 降低成本效应

产业集群形成后能有效降低企业的成本和费用，可应用公式 $D_i = \frac{C_i^{测算年}/I_i^{测算年}}{C_i^{上年}/I_i^{上年}}$ 对产业集群的降低成本效应做出测算，其中，$C_i^{测算年}$ 和 $C_i^{上年}$ 分别表示测算年及其上年区域 i 企业发生的成本和费用，$I_i^{测算年}$ 和 $I_i^{上年}$ 分别表示测算年及其上年企业的营业收入，若 D_i 小于 1 则表明产业集群已经发挥降低成本效应。

6. 技术和知识溢出效应

产业集群的技术和知识溢出效应是指由于集群内企业间的紧密联系，使得企业在生产和服务过程中进行创新获得的新产品、服务、技术、知识和管理经验等，容

① 史楠. 产业集群的发展与效应分析［J］. 辽宁经济，2006（12）：52-53.

② 唐杰. 城市产业经济分析—— 一项经济案例研究［M］. 北京：经济学院出版社，1989：102.

易通过各种渠道溢出到集群内其他的企业，从而使集群整体获益的现象。采用 $T_i=\frac{N_i^{测算年}/G_i^{测算年}}{N_i^{上年}/G_i^{上年}}$ 测算产业集群的技术和知识溢出效应，其中，$N_i^{测算年}$ 和 $N_i^{上年}$ 分别表示测算年及其上年新产品的收入，$G_i^{测算年}$ 和 $G_i^{上年}$ 表示测算年及其上年产业总收入，若 T_i 大于 1 则表明产业集群已经发挥技术和知识溢出效应。

7. 人力资源效应

马歇尔在总结空间集聚三个作用中提到产业集群为具有专业化技能的工人提供了集中的市场。[①] 在产业集群所在区域，一般能够形成较为成熟的劳动力市场，聚集较多拥有丰富经验的从业人员，而这些从业人员的流动性较强，不仅能够促进其新知识的学习和技能的积累，也将带动集群内知识、信息、技能的流通，产业集群的存在将有利于产业人力资源的聚集和人力资源素质的提升。应用公式 $S_i=\frac{H_i^{测算年}}{H_i^{上年}}$ 测算产业集群的人力资源效应，其中 $H_i^{测算年}$ 和 $H_i^{上年}$ 分别为测算年及其上年产业从业人数增长率，若 S_i 大于 1 则表明产业集群已经在一定程度上发挥了人力资源效应。

8. 网络联系效应

有学者认为产业集群就是在一定区域内，经济个体通过彼此间的社会交往和产业联系所结成的关系网络体系。[②] 在产业集群中企业间的网络联系通常表现为产业链纵向分工合作和企业的水平联合，一般而言，由产业合作关系网络、非正式社会网络和区域创新网络共同构成。产业集群内的网络联系构成了一个完善的产业运行系统，企业则是基于网络联系实现共同成长，网络内旅游企业相互作用和协调将产生良好效应，促进着产业集群的成长和发展。

9. 竞争效应

产业集群形成后产生的一个显著效应就是竞争效应，同产业企业在空间上聚集，将加剧市场竞争，为企业的生存增加压力，但竞争不仅可以迫使企业不断改进产品和服务，激励其不断进行创新，学习先进的管理经验，引进先进的技术设备，而且集群内的竞争对手能够增加该区域的市场需求，在带来客源的同时，提高知名度，形成良性发展。产业集群竞争程度可以用公式 $V_i=\frac{NUM_i/I_i}{NUM/I}$ [③] 表示，其中 NUM_i 表示企业个数，NUM 表示全国同类企业个数，I_i 表示产业营业收入，I 表示全国产业营业收入，若 V_i 大于 1 则表明产业集群已经发挥竞争效应。

10. 开放效应

产业集群的形成不仅能够加强和完善集群内部成员间的关系，同时也将促进集群与外界的交流与经济往来。出口依存度是区域出口贸易总额占其国内生产总值的

---

① 姜海燕. 临港产业集聚程度评估指标体系研究［D］. 大连：大连理工大学硕士学位论文，2005.

② 范晓屏，刘志峰. 网络化——产业集群发挥效应的关键［J］. 特区经济，2005（12）：283-284.

③ 龙志和，蔡杰. 中国工业产业发展中知识溢出效应的实证研究［J］. 经济评论，2008（2）：45-52.

比重，是衡量区域经济外向程度的重要指标，[①] 可以用作验证产业集群的开放效应。选取产业入境营业收入占产业总收入的比重这一指标代表产业集群的开放程度，公式为：$O_i = \frac{F_i^{测算年}/G_i^{测算年}}{F_i^{上年}/G_i^{上年}}$，其中，$F_i^{测算年}$表示测算年产品出口收入，$G_i^{测算年}$表示测算年产业总收入，$F_i^{上年}$表示上年产品出口收入，$G_i^{上年}$表示上年产业总收入，若 O_i 大于 1 则表明产业集群已经发挥开放效应。

11. 竞争优势效应

产业集群形成后，往往能够形成资源整合优势、人才吸引优势、产业规模相对优势等，从而增强区域产业的市场竞争优势。公式为：$E_i = R_i \times V_i = (G_i/L_i) \times (G_i/K_i)$，[②] E_i 表示产业集群综合经济效率，R_i 表示产业的劳动生产率，V_i 表示产业的资本产出率，G_i 表示产业的增加值，K_i 表示产业的资本量，L_i 表示产业的劳动力从业人数，为便于比较，可将测算年与上年之比作为衡量产业集群的竞争优势效应指标，公式为 $E_i = \frac{E_i^{测算年}}{E_i^{上年}}$，若 E_i 大于 1 则表明产业集群已经发挥竞争优势效应。

12. 区域品牌效应

产业集群一旦形成，立足于本区域的资源特色，参与市场竞争，必将产生巨大的影响，这种影响经过汇集与积累，将产生产业集群的品牌效应。具体来讲，大量中小企业聚集在同一区域，根植于同一种地方文化，逐步形成具有区域特色的产业，能够使其在市场享有盛誉，而企业通过集群来集中进行市场宣传，发挥整体优势，将有利于形成区域品牌。形成品牌后，每个企业都能受益，不仅可以减轻单个企业广告投入负担，而且集群品牌比单个企业品牌更具有影响力、更形象、更直接，是整个集群的精华浓缩和提炼，因此将能更持久、更广泛地发挥良好的效应，反过来促进区域产业的发展。

第三节　中国文化产业集群发展态势

文化产业集群是中国产业集群的一种新形态。自改革开放以来，中国的部分地区，特别是沿海地区逐渐形成了多个具有特色的区域化文化产业经济集聚区，随着此种范围经济聚集区逐步由沿海向内陆拓展，形成了数条的专精化、具体化的文化产业经济带和众多城市文化产业园区。在“十三五”规划的开局之年，2016 年国家提出“支持产业创新中心、新技术推广应用中心建设，支持创新资源密集度高的城市发展成为新兴产业策源地。推动新兴产业创新链快速发展，加速形成特色新兴产业集群”。目前，

① 刘彬. 江苏省制造业产业集群分布及其经济效应分析 [D]. 南京：南京航空航天大学博士学位论文，2006.
② 刘彬，陈圻，王志华. 产业集群的识别研究——以江苏省为例 [J]. 科学学研究，2007，25 (1)：85-88.

中国文化部通过在全国范围内命名 10 家示范园区、12 家试验园区和 340 家示范基地的方式，全面带动、促进了全国文化产业集群的快速发展，文化产业集群不再是少数地区的特殊现象，现已成为中国区域发展和文化产业布局的重要模式。[①]

一、中国文化产业集群识别

（一）文化产业区位熵计算

选择区位熵和产业集中度两种最常用的方法，识别中国文化产业集群的发展态势。首先，基于公式（6–8）计算出中国大陆 31 个省份文化产业营业收入区位熵，如表 6–2 所示。若区位熵大于 1，则意味着该省份文化产业发展相对专业化，大于 1.12 则表示高水平的专业化。区位熵大于 1 即可认为区域有文化产业集群迹象，区位熵大于 1.12 即可认为区域内文化产业集群发展已较稳定。由计算结果可知，相较于中部地区、西部地区和东北地区，中国东部地区的文化产业发展专业化水平较高，形成了较为稳定的文化产业集群现象，产业集聚度较好。其中，北京、上海两市的区位熵最高，表明其文化产业专业化程度最佳，文化产业在地区生产总值的产出比重最高，文化产业集群发展最稳定。同时，天津市、江苏省、浙江省、山东省和广东省等东部沿海省份的文化产业集群也已步入稳定阶段，产业集聚态势良好。福建和湖南两省的产业集群刚刚萌芽，集聚迹象日渐凸显。总之，东部地区除河北省和海南省外，大部分省份已形成文化产业集群。中西部和东北地区，除湖南省外，其余 20 个省份均没有文化产业集群现象。

表 6–2　2015 年 31 个省份文化产业营业收入区位熵

地区	区位熵	地区	区位熵
东部地区	**1.43**	**东北地区**	**0.20**
北京	2.52	辽宁	0.26
天津	1.16	吉林	0.17
河北	0.43	黑龙江	0.13
上海	2.66	**西部地区**	**0.45**
江苏	1.57	内蒙古	0.22
浙江	1.39	广西	0.31
福建	1.06	重庆	0.75
山东	1.14	四川	0.61
广东	1.47	贵州	0.44
海南	0.41	云南	0.40
中部地区	**0.76**	西藏	0.16

① 智妍数据中心. 2016~2022 年中国文化创意产业园行业市场分析及发展趋势规划报告［EB/OL］. http：//www.chyxx.com/industry/201610/461065.html，2016–10–10.

续表

地区	区位熵	地区	区位熵
山西	0.15	陕西	0.58
安徽	0.90	甘肃	0.23
江西	0.94	青海	0.42
河南	0.70	宁夏	0.22
湖北	0.62	新疆	0.14
湖南	1.05		

（二）文化产业区域集中度计算

进一步根据第三次全国经济普查数据，计算得知 2013 年中国 10 大类文化产业营业收入的省域集中度，如表 6-3 所示。从 CR2 能够看出，文化信息传输服务的省域集中度较高，仅排名前两位的省份所占比重接近 40%，而省域集中度较低的文化休闲娱乐服务，排名前两位的省份所占比重也接近 30%；从 CR4 能够得知，营业收入最大的前四位省份所占文化信息传输服务的比重最高，为 67.0%，其次为文化创意和设计服务，超过 60%，比重所占最低的文化休闲娱乐服务也超过了 40%；从 CR6 能够得知，营业收入最大的前六位省份所占文化专用设备的生产比重最高，为 81.1%，其次为文化信息传输服务，比重所占最低的新闻出版发行服务也在 50%以上；营业收入最大的前 10 个省份所占广播电视电影服务比重最高，为 85.2%，其次为文化信息传输服务，比重所占最低的新闻出版发行服务也超过了 65%。由此说明，10 大类文化产业在中国大陆 31 个省份的空间分布聚集程度均较高，大部分产业份额由少数省份创造，为各类文化产业集群在各地区的发展壮大奠定了坚实基础。

表 6-3　2013 年 10 大类文化产业营业收入的省域集中度　　单位：%

文化产业大类	CR2	CR4	CR6	CR10
新闻出版发行服务	29.0	41.8	51.9	67.9
广播电视电影服务	38.0	59.8	73.4	85.2
文化艺术服务	34.2	54.3	64.8	79.1
文化信息传输服务	39.6	67.0	77.2	84.8
文化创意和设计服务	34.9	61.8	71.4	83.3
文化休闲娱乐服务	26.0	41.6	53.4	69.6
工艺美术品的生产	34.6	52.0	68.5	84.3
文化产品生产的辅助生产	27.8	46.8	59.6	75.4
文化用品的生产	36.3	56.7	63.7	79.5
文化专用设备的生产	37.3	51.7	81.1	86.1

资料来源：张晓明等. 中国文化产业发展报告（2015~2016）［M］. 北京：社会科学文献出版社，2016：88.

如表 6–4 所示，在这些文化产业集群现象突出的省份中，广东、江苏、山东、上海、浙江、北京六个省市对十大类文化产业营业收入贡献最多，其中江苏在八个大类产业中所占营业收入比重均超过 10%，广东在六个大类中所占比重超过 10%，北京、山东、浙江所占比重超过 10%的大类产业有四个，上海有一个。一方面，说明中国 10 大类文化产业集群以东部地区六省市为主的空间布局严重不均衡，生产要素的空间集聚效应显著；另一方面，则说明该六个省市萌生各大类文化产业集群的基础最好，产生产业集群关联效应、溢出效应等优良聚集与扩散效应发挥作用的可能性最大。

表 6–4　2013 年营业收入比重超过各大类文化产业 10%以上的省份

文化产业大类	省份（所占该大类营业收入比重）
新闻出版发行服务	北京（16.6%），广东（10.6%）
广播电视电影服务	浙江（17.7%），北京（13.0%）
文化艺术服务	北京（23.7%），江苏（12.6%）
文化信息传输服务	江苏（13.8%），四川（11.1%）
文化创意和设计服务	江苏（14.7%），广东（13.4%），上海（10.9%），北京（10.0%）
文化休闲娱乐服务	江苏（12.9%），山东（11.7%）
工艺美术品的生产	浙江（15.9%），广东（15.2%），江苏（12.1%）
文化产品生产的辅助生产	广东（16.0%），江苏（13.2%），浙江（12.7%），山东（12.3%）
文化用品的生产	江苏（15.4%），广东（13.7%），浙江（13.0%），山东（10.9%）
文化专用设备的生产	山东（28.4%），江苏（22.3%），广东（14.9%）

资料来源：张晓明等. 中国文化产业发展报告（2015~2016）［M］. 北京：社会科学文献出版社，2016：88.

（三）文化产业空间自相关计算

为进一步验证 31 个省份尤其是东部地区已经形成文化产业集群的省份集聚与扩散效应的发挥程度，运用 1995 年安塞林（Anselin）提出的 Moran 指数，[①] 对文化产业集群空间自相关程度进行计算，公式为：

$$I_i = \frac{(x_i - \bar{x})}{S^2}\sum_{j\neq i} W_{ij}(x_j - \bar{x})$$

其中，x_i 为空间单元即某省份文化产业集群 i 的属性值，$\bar{x} = \frac{1}{n}\sum_{i=1}^{n} x_i$，$S^2 = \frac{\sum_{j=1,j\neq i}^{n} W_{ij}(x_j - \bar{x})^2}{n-1}$，W 为空间权重矩阵，$W_{ij}$ 代表文化产业集群 i 和 j 之间的影响程度，可以通过邻接标准或距离标准来量度，一般可用邻接、距离和 k 最近点三种方式确定。这里采用邻接方式确定，即：

① Anselin L.. The Local Indicators of Spatial Association–LISA［J］. Geographical Analysis，1995（27）：93–115.

$$W_{ij}=\begin{cases}1 & \text{若空间单元 i 与空间单元 j 相邻}\\ 0 & \text{若空间单元 i 与空间单元 j 不相邻}\end{cases}$$

正的 I_i 表示某省份文化产业集群 i 与邻近省份文化产业集群的属性值相似，即 i 文化产业集群与邻近省份集群的属性值存在正相关关系，其已经发挥集群要素集聚后的扩散效应，I_i 越大，正相关性就越强，扩散效应就越显著；负的 I_i 表示某省份文化产业集群 i 与邻近省份文化产业集群的属性值不相似，即 i 文化产业集群与邻近集群的属性值存在负相关关系，I_i 的绝对值越大，负相关性就越强，表明关联扩散效应尚未发挥。如果不考虑 I_i 为 0 的情况，可将局部空间自相关的结果分为四种类型：[①]

（1）HH 型（high-high），$I_i>0$，且某省份文化产业集群 i 的属性值 x_i 高于全国平均水平，即文化产业集群 i 发展较好，其周边发展也较好，已经产生显著的集聚与扩散效应。

（2）LL 型（low-low），$I_i>0$，且某省份文化产业集群 i 的属性值 x_i 低于全国平均水平，即文化产业集群 i 发展不好，其周边发展也不好，尚未形成一定的集聚与扩散效应。

（3）HL 型（high-low），$I_i<0$，且某省份文化产业集群 i 的属性值 x_i 高于全国平均水平，即文化产业集群 i 发展较好，但其周边发展不好，仅产生了集聚效应，集群的扩散效应尚未发挥。

（4）LH 型（low-high），$I_i<0$，且某省份文化产业集群 i 的属性值 x_i 低于全国平均水平，即文化产业集群 i 发展不好，其周边发展却较好，周边集群已形成集聚效应，但尚未辐射扩散到集群 i。

以 2015 年营业收入为属性值，计算得到各省份文化产业集群与全国平均水平的差值及其局部空间自相关程度，如表 6-5 所示。

表 6-5　2015 年 31 个省份文化产业集群与均值的差及空间自相关程度

省份	与均值的差	空间自相关 I_i
北京	5398.82	-117.93
天津	-638.78	-2.25
河北	-1656.64	3.62
山西	-3334.26	39.44
内蒙古	-3017.97	29.81
辽宁	-2475.41	26.18
吉林	-3266.93	32.80
黑龙江	-3340.55	31.84
上海	6723.63	18.00
江苏	13528.42	58.22

① 陈斐，杜道生. 空间统计分析与在区域经济分析中应用［J］. 武汉大学学报（信息科学版），2002，27（4）：391-396.

续表

省份	与均值的差	空间自相关 I_i
浙江	5684.37	20.37
安徽	−556.40	−1.53
福建	674.16	1.73
江西	−1181.84	−3.31
山东	7601.36	14.32
河南	375.45	−0.10
湖北	−769.70	9.03
湖南	1125.93	0.63
广东	13101.11	−78.17
广西	−2820.54	−3.81
海南	−3405.14	−7.80
重庆	−1792.34	−2.46
四川	−780.28	7.57
贵州	−2915.74	29.64
云南	−2790.00	28.14
陕西	−1987.61	19.84
甘肃	−3397.07	33.47
青海	−3483.70	31.68
宁夏	−3543.51	36.31
西藏	−3615.68	35.17
新疆	−3441.14	29.49

根据计算结果和局部空间自相关分类标准，可以将 31 个省份文化产业集群进行如下分类，如表 6–6 和图 6–1 所示。

表 6–6　基于集聚与扩散效应的 31 个省份文化产业集群分类

分类标准	分布城市	说　明
HH($I_i>0$，$X_i>\bar{X}$)	上海、江苏、浙江、福建、山东、湖南	这些省份多位于东部沿海地带，自身文化产业集群发展较好，且其周边省份集群发展均较好。在实际发展过程中，这些省份经过长时间的积累，已经集聚了一定的文化产业资本、技术、人才、市场等资源，并通过资源的扩散，带动了周边地区文化产业集群共同发展，加速进行文化产业集群的优化升级，使得省域间文化产业集群的差距逐渐缩小，实现了强强联合
LL($I_i>0$，$X_i<\bar{X}$)	内蒙古、辽宁、吉林、黑龙江、贵州、河北、山西、湖北、陕西、云南、新疆、西藏、宁夏、青海、甘肃、四川	从空间分布来看，这些省份多靠近中西部和东北地区，不仅自身文化产业集群发展较差，且周边省份集群尚未成熟，被认为是文化产业集群发展的“洼地”。但这些省份局部空间自相关大于 0，表明其与其周边省份文化产业集群有着显著的关联度，集聚效益和扩散效益发挥作用的潜力较大。应当予以政策指导，适当进行政策倾斜和产业扶植，以帮助其发展成为文化产业集群的后备潜力区域

续表

分类标准	分布城市	说　明
HL($I_i<0$，$X_i>\bar{X}$)	北京、河南、广东	与周边相比，这些省份文化产业集群发展相对较好，但周边省份集群发展较差，在一定程度上形成了文化产业集群增长极格局。在发展过程中两省份通过自身优势吸引周围相关资源集聚，形成“垄断”，抑制了周边省份的发展。今后，应作为文化产业集群的重点培养对象，充分发挥其辐射扩散的带动作用，实现以点带面的局面，与周边省份形成“一超多特色”的文化产业集群经济带
LH($I_i<0$，$X_i<\bar{X}$)	天津、安徽、江西、广西、海南、重庆	与周边相比，这些省份自身文化产业集群发展较差，但其周边集群发展较好，在一定程度上造成了相关人才、信息、市场、企业等资源的严重外流。在今后发展中，应作为文化产业集群延伸区，注重与周边省份进行跨区域协作，共同打造“泛文化产业集群圈”，实现资源共享，承接辐射扩散效应

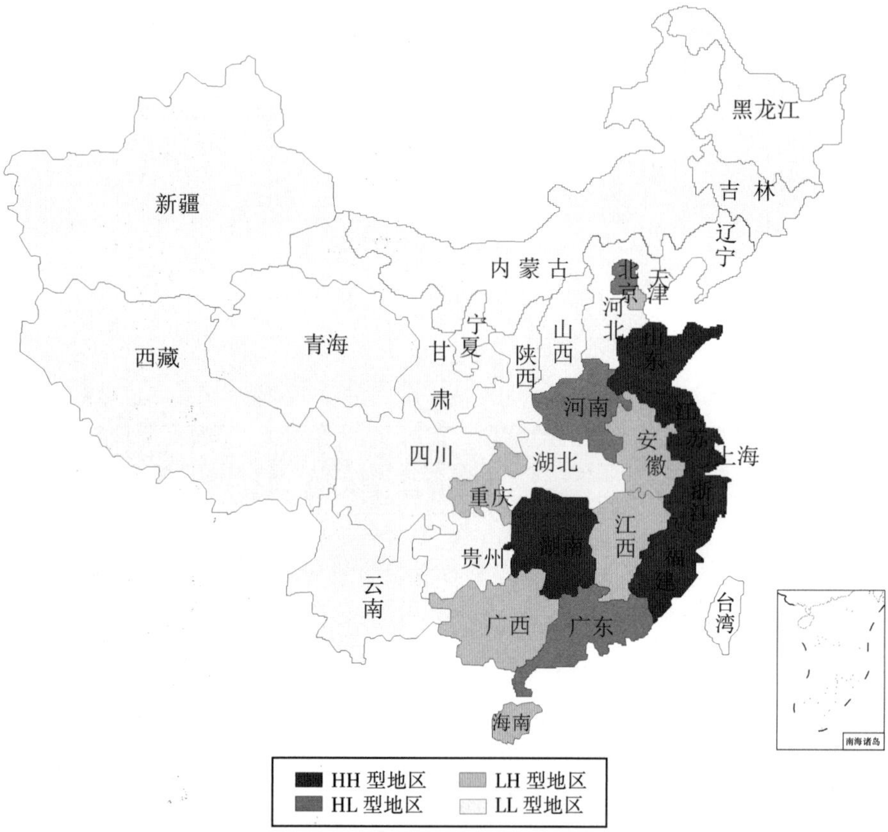

图 6-1　2015 年基于集聚与扩散效应的 31 个省份文化产业集群分类

综合考虑产业生产要素聚集力、社会文化根植性、空间布局结构和规模、产业关联程度等方面，按空间层次，可将中国文化产业集群进一步划分为两种类型：区域性文化产业集群和园区式城市文化产业集群。

二、区域性文化产业集群发展态势

总体来看，中国文化产业经济带主要分布在六大区域，也形成了六大文化产业集群区：环渤海文化产业集群（以北京为核心）、长三角文化产业集群（以上海、南京、杭州和苏州为核心）、珠三角文化产业集群（以广州和深圳为核心）、滇海文化产业集群（以昆明、大理和丽江为核心）、川陕文化产业集群（以西安、成都和重庆为核心）以及中部文化产业集群（以长沙为核心）。

（一）环渤海文化产业集群

环渤海地区是北方文化经济最为发达、文化产业最为集中的区域，加之拥有全国行政中心、密集的城市群、便利的现代交通体系以及完善的文化基础设施等，在丰富的历史文化资源、先进的科技创新能力等支撑下，文化产业集群发展要素齐全，以北京为核心，涵盖天津、山东、河北、辽宁等省市（见表 6-7），成为中国当前最为重要也是最发达的文化产业集群之一。

表 6-7　环渤海文化产业集群代表省市简介

地区	重点发展方向	发展目标	发展现状	发展成果
北京	以四大优势行业（软件、网络及计算机服务、新闻出版，设计服务和广播、电视、电影）为龙头	把文化产业作为北京未来重点发展的支柱产业	北京文化产业集群在空间上形成中轴线文化和两翼文化。中轴线是历史文化区，以文化旅游为主；两翼包括奥运、演艺区和新媒体产业区	2015 年北京文化产业增加值占地区生产总值的比重 8.5%，在全国占比最高。其中，全市规模以上文化产业收入合计 13451.3 亿元，同比增长 14.0%；资产总数 20140.2 亿元，同比增长 20.6%；从业人员 122.3 万人，同比增长 6.2%
天津	工业设计、文艺演出、艺术品经营、动漫、影视音像	打造北方创意产业之都	天津市相继建成和平 6 号院、河北区 3526 创意工厂、太阳城“建筑师走廊”等 20 多个创意产业基地	文化产业的发展势头迅猛，在国民经济中占据重要地位。据统计，2015 年天津市文化企业现已达 2 万余家，从业人员超过 40 万人
山东	新闻出版、广播影视、印刷发行、文化旅游	推进半岛蓝色经济区文化产业发展，大力发展海洋文化产业	山东省着力推动海洋经济与文化产业的融合发展，建设了一批具有海洋性质的文化产业集聚区，如董家口海洋高新科技产业集聚区、丁字湾海上新城等	2015 年，山东省文化产业增长值 2481 亿元，比上年增长 13.6%，占 GDP 的比重为 3.94%，产业结构渐趋优化
河北	以传统文化产业领域如文化用品设备的生产和销售、出版发行、文化休闲娱乐等为优势进行发展	力争 2020 年文化产业成为河北支柱性产业	在文化产业集群的空间布局和产业基地建设中着力打造“两区四带”（京津冀文化产业协同发展区、冀中南文化产业转型引领区，沿海、太行山、长城、大运河文化产业带）	共有国家级文化产业试验园区 1 家、文化产业示范基地 12 家，省级文化产业示范园区 30 家、文化产业示范基地 121 家。在“十二五”期间，文化产业增加值年均增速超过 20%
辽宁	文艺演出、文艺培训	以发展文化产业来振兴东北老工业基地	在重点发展文艺演出、文艺培训的同时，也逐步形成了以出版印刷、影视音像、演出娱乐、文化旅游、动漫游戏等为代表的优势产业	共有国家级文化产业示范园区 1 家、文化产业示范基地 16 家，省级文化产业示范园区 3 家、试验园区 3 家，文化产业示范基地 13 家

资料来源：笔者整理。

以北京市为龙头的环渤海文化产业集群起步较早，发展速度较快，在一定程度上代表了国家发展实力。

1. 文化产业的发展势头良好

北京市文化产业在“十二五”期间取得巨大进展。2015 年北京文化产业增加值达 3179.3 亿元，已发展成为除金融业外的第二大支柱产业。[①] 同时，以北京为代表的环渤海文化产业集群与以上海为代表的长三角文化产业集群都十分重视创意产业的发展，相比之下，以深圳为代表的珠三角文化产业集群则在创意产业方面发展程度相对较低，仍受传统劳动密集型文化制造业发展的束缚（见图 6–2）。

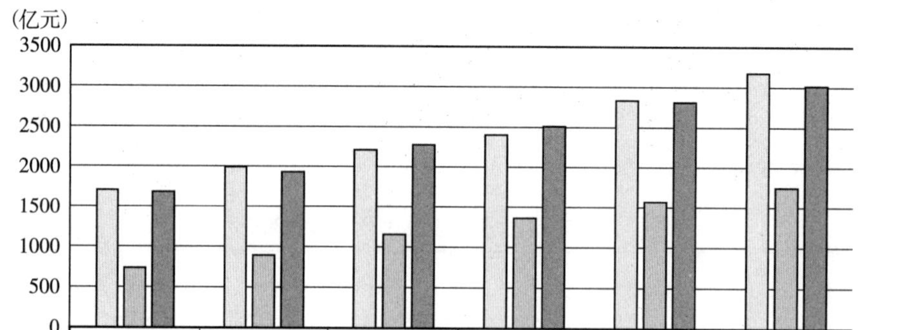

	2010	2011	2012	2013	2014 年	2015
□北京	1697.7	1989.9	2189.2	2406.7	2826.3	3179.3
▨深圳	726	875	1150	1357	1560	1757
■上海	1673.7	1923.7	2269	2500	2820	3020

图 6–2　2010~2015 年北京、上海、深圳文化产业增加值对比

资料来源：根据百度资源整理。

2. 以海洋文化产业集群为新方向

在环渤海文化产业集群中，部分临海省市山东、河北、辽宁逐渐将文化产业集群的方向扩展到海洋。山东省着力打造“半岛蓝色经济”，大力发展海洋文化产业集群。除进行海洋工业开发外，积极推动沿海城市如日照、青岛、威海等地区探索发展海洋文化旅游、海洋节庆会展、海洋休闲娱乐业等集聚区。辽宁省提出“五点一线”的发展布局，在沿海城市大连、锦州等地建立海洋文化产业园区，设想建立北方海洋文化服务基地。在“十三五”时期，河北省加快推动秦皇岛、唐山、沧州三市发展，形成带动全省海洋文化经济发展的三个重点区域。同时，积极发展海洋动漫游戏、文艺会展、海洋文化旅游等海洋文化产业，加快文化产业集群转型。

（二）长三角文化产业集群

2004 年以来，长三角文化产业集群迅速崛起，就其发展规模、竞争能力以及创新

---

① 张雪. 北京文化创意产业发展白皮书［EB/OL］. http：//www.ce.cn/culture/gd/201611/22/t20161122_18008974.shtml，2016–11–22.

程度而言，已在全国范围内形成深远影响，是中国文化产业的领军地区。经过多年的发展，已形成了以上海为核心，带动南京、杭州、苏州等城市的多层次文化产业集群网络体系，并以工业设计、装饰设计、广告策划、动漫科技以及影视制作等产业生产要素集聚为主。[①] 长三角文化产业集群代表城市发展情况，如表 6-8 所示。

表 6-8　长三角文化产业集群代表城市发展简介

主要城市	重点发展方向	发展目标	发展现状	发展成果
上海	文化艺术传媒、创意设计产业、网络信息、创意生活体验（时尚消费、旅游休闲）	以打造“国际创意产业中心”为目标	上海市作为长三角文化产业集群的区域龙头，其文化产业已初具规模	2015 年上海市文化产业增加值为 1632.68 亿元，占 GDP 的比重为 6.5%，呈迅速提升态势，文化服务业发展迅速，文化与信息、科技、金融的融合趋势明显。到“十二五”末，上海完成了 10 多个国家级文化产业示范基地、工业设计示范基地、50 多个文化产业园区和 100 多个创意产业集聚区建设
南京	建筑设计、广告影视设计、工艺美术、计算机软件设计、动漫游戏、时尚设计、表演艺术、出版发行、工业设计	打造具有世界影响力的历史文化名城和著名古都	重点建设以“一带、五片”为格局的文化产业集群	2015 年，南京文化产业增加值超 580 亿元，占 GDP 比重超过 6%。目前，全市共有 3 家省级和 7 家市级文化产业示范园区（基地）
杭州	动画科技、数字娱乐、艺术设计、装饰设计	以建设国际知名、国内一流的“文创内容中心、文创人才中心、文创科技中心、文创金融中心、文创交流中心、文创研究中心”为依托，把杭州打造成为以文化、环境、生活、创业高度融合为特色的全国文化创意中心	杭州市在大力发展文化休闲业的同时，形成了一批高新技术产业园区，如国家动画产业基地、西湖数字产业园等	2015 年，文化产业增加值达 2232.14 亿元，占全市 GDP 的比重达 22.2%
苏州	创意产业生产基地	跻身全国文化产业第一方阵	苏州作为文化产品生产的基地，是上海文化创意产业链的延伸	2015 年，苏州文化产业增加值达 1015.5 亿元，占 GDP 比重的 7%。目前，已形成了以 8 个国家级、15 个省级和 55 个市级文化产业示范园区（基地）为主体的产业集群空间格局

资料来源：根据百度资源整理。

以龙头地区上海为例，从最初的自发集聚到由政府推动集聚，其文化产业集群在短短几年内获得了快速发展。在加强高新技术产业建设的同时，上海市在原有老旧建筑的基础上进行现代化改造，形成了一批独具特色的文化产业园区，如泰康路创意设

① 杨国华. 论长三角地区文化创意产业集群竞争力的提升［J］. 中国浦东干部学院学报，2013（1）：85-88.

计中心、八号桥创意园区、老码头创意园等。经过多年的发展，以上海为代表的长三角文化产业集群具有以下特征。

1. 发展规模持续扩大

从整体上看，上海市文化产业呈迅猛增长趋势发展，从 2010 年增加值 973.6 亿元到 2015 年增加值 1632.8 亿元，增长了 67.7%。同时，上海文化产业生产规模也在不断壮大，到 2015 年，其文化及相关产业法人单位数达 42874 个，在全国 31 个省份中排名第十位（见图 6-3）。文化产业集群已经成为上海文化产业发展的重要组织形式，成为"创新驱动发展、经济转型升级"的重要力量。[①]

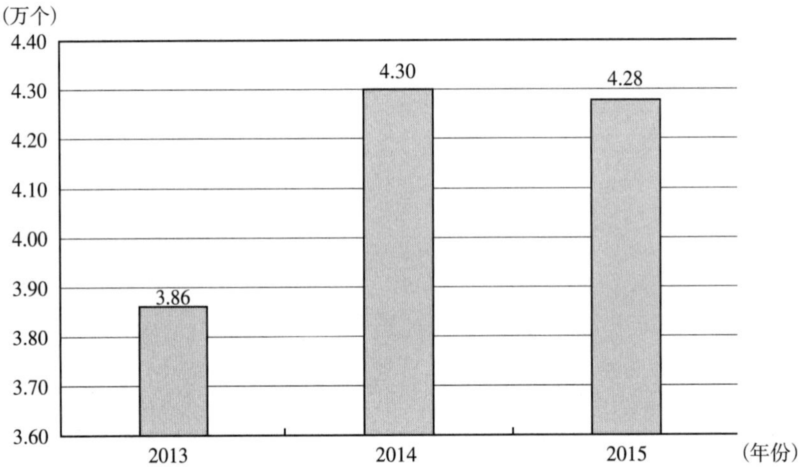

图 6-3 2013~2015 年上海文化及相关产业法人单位数

资料来源：根据百度资源整理。

2. 集群具有"海派文化"[②] 特色

以上海为龙头的长三角文化产业集群在发展过程中，既结合了江南文化的古典与雅致，又融合了国际大都市的现代与时尚。上海作为"东方巴黎"，是"海派文化时尚"的代言人，以此形成了上海时尚产业园、创意产业园、尚之坊创意园等一系列现代元素强烈的产业园区；在实现个性化、差异化发展的同时，上海融合古典元素，形成了一系列具有文化保护性质的产业园区，如老码头创意园、多伦路文化街等。

（三）珠三角文化创意产业集群

改革开放以来，珠三角凭借其优越的地缘优势，大量吸收国际转型、转移产业，迅速成为全国最大的产业集聚区之一。如今珠三角文化产业集群积极探索文化产业转型之路，努力实现文化产业从劳动力密集型文化制造业向知识密集型、技术密集型的文化服务业转移。以广州、深圳两市为中心，以珠三角地区为主体，以粤东西北特色

① 王斌. 东方文创网受权发布：2014 年上海文化产业发展报告［EB/OL］. http：//shcci.eastday.com/c/20150128/u1ai8558349.html，2015-01-28.

② "海派文化"是在中国江南传统文化（吴越文化）的基础上，融合开埠后传入的对上海影响深远的源于欧美的近现代工业文明而逐步形成的上海特有的文化现象。

地市为补充的文化产业集群格局，带动了一大批自主创新型文化企业的成长，有利于推动整个珠三角地区文化产业的升级演进。2015 年，广东省文化产业增加值为 3648.8 亿元，是珠三角文化产业集群发展最为发达的省份。[①]

目前，深圳共有 12 家国家级文化产业示范园区和 54 家市级文化产业园区。总体上看，以深圳为代表的珠三角文化产业集群自主创新能力较强，产业园区知名度较大，在国内乃至国际上都有一定的影响力。深圳文化产业发展规模不断扩大，2010 年深圳文化产业实现增加值 726 亿元，占 GDP 的 7.00%，到 2015 年，增加值已达到 1757 亿元，占 GDP 的 10.10%，相比 2010 年增长了 53.5%（见图 6-4）。可见，以深圳为代表的珠三角文化产业集群发展速度快，有望缩短传统文化制造业的转型期。

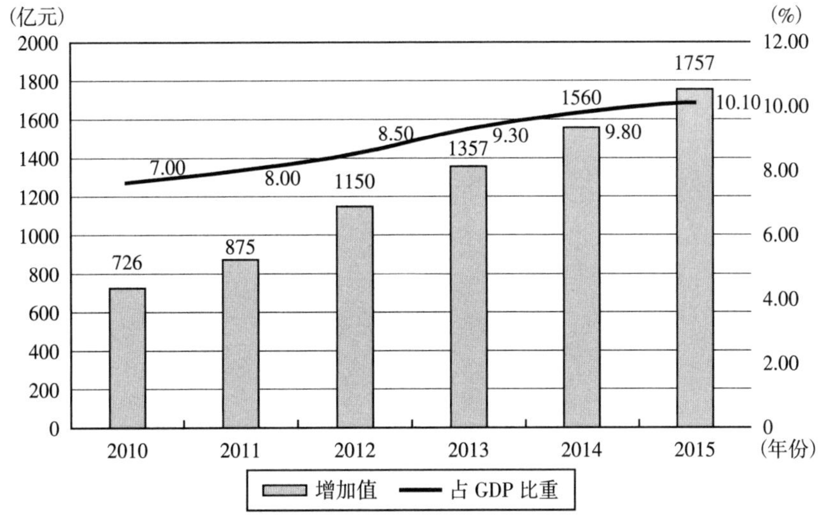

图 6-4 2010~2015 年深圳市文化产业增加值及占 GDP 比重

资料来源：根据百度资源整理。

除上述三个规模较大、影响力较广的东部沿海区域性文化产业集群外，还存在一些起步较晚、规模较小，但各具特色、发展较快的内陆性区域文化产业集群，如表 6-9 所示。

表 6-9 其他区域性文化产业集群简介

集群名称	发展现状	发展成果
滇海文化创意产业集群	以昆明、大理、丽江三市为主，依靠丰富的民族特色文化资源，大力发展民族文化产业。同时，重点扶持广播影视业、民族艺术文化、特色会展业、文化旅游业、现代传媒业以及充当知识产权保护平台等	以昆明为例，2015 年昆明市文化产业增加值为 193.84 亿元，占全市 GDP 的 4.9%。到 2015 年年底，昆明市建成 4 家国家级文化产业示范基地，3 家省级文化产业园区和 10 家市级文化创意产业园区

① 黄宙辉. 广东文化产业增加值连续十三年全国第一［EB/OL］. http：//finance.southcn.com/f/2017-05/10/content_170448122.htm，2017-05-10.

续表

集群名称	发展现状	发展成果
川陕文化创意产业集群	以西安、成都、重庆三市为中心。其中，西安大力发展研发设计、数字娱乐、文化艺术等高端产业，着力打造数字创意之都；成都着力发展新闻出版业、广播电视业、文化演出和娱乐业、数字娱乐业，致力于打造西部文化中心；重庆逐步形成了出版发行、广播电视、动漫网络影视制作、演艺娱乐以及印刷包装、当代艺术品生产等优势文化产业	以重庆为例，全市文化产业增加值从2010年的238亿元增至2015年的540亿元，占全市GDP比重从3.0%升至3.4%。截至2015年，重庆市共有3家国家级文化产业示范基地，8家市级文化产业园区（基地）
中部文化创意产业集群	以长沙市为龙头，辐射周边地区。着力发展三大文化产业品牌：传媒产业、人文旅游、文化休闲，致力于打造中部"休闲娱乐文化之都"和区域性文化产业集聚区	2015年，长沙市文化产业增加值为774亿元，占GDP的比重9.1%。截止到2015年，全市共有国家级文化产业园区（基地）13家，省级示范基地和重点园区13家，市级示范基地和重点园区14家

资料来源：根据百度资源整理。

三、园区式城市文化产业集群发展态势

通常而言，城市经济越发达，文化产业集群现象越明显，文化产业集群的发展程度是一座城市乃至一个地区文化产业经济发展程度的检测指标之一。迈克尔·波特曾提到，基于文化的优势是最根本的、最难以替代和模仿的、最持久的和最核心的竞争优势。社会学家马克·格兰诺维特则认为，一切经济活动均是根植在广泛的社会关系网络中，经济行为是社会行为的一种形式，经济生活依赖于社会网络而运作。因此，城市文化产业集群的形成不能简单地归结于文化产业经济的发展，从国内来看，城市文化产业集群现象可以归为四类。

（一）基于社会网络化形成的文化产业集群

仇勇懿和沈玉芳（2005）认为，城市网络即是资本、劳动力、产品等信息和其他市场信息传输所形成的网络。① 生产相关或相似产品的大中小企业往往在特定范围，依靠城市网络形成既合作又竞争的产业集群。城市产业集群从空间结构上来看，也可以认为是由多个生产空间组成的网络，每个企业在网络中都有自己的价值和定位，对整个网络提供服务和产品，从而促进整个网络的正常运作与能力、效益的提升。

中国浙南地区的文化产业集群是典型的依靠社会网络而形成的集聚现象，如温州文化小商品批发市场，在其发展过程中，形成了企业、市场和网络三者之间的要素流通，基于几个零星的企业点，通过要素、信息等的传递、交通的延伸逐渐拓展到周边地区形成面状集聚。文化企业在专业化分工下，不断推动市场的繁荣和扩大，并反过来进一步推动分工的深化，从而形成了良性循环的集群网络结构。其主要特点：一是文化市场组织结构呈裂变式发展；二是多数文化企业规模较小但专业化程度较高；三是政府扶持力度较大。

① 仇勇懿，沈玉芳. 城市集群发展与网络化现象研究［J］. 世界地理研究，2005（3）：7-12.

（二）工业转型中形成的文化产业集群

部分城市在发展过程中，原先以资源密集型、劳动力密集型为主的高耗能、低层次工业体系无法匹配城市经济增长趋势，不能满足公众追求高品质生活的要求，逐步退出经济舞台，转而以高附加值、知识技术密集型服务业所取代。在产业转型中，工业用地上逐渐形成了众多新兴产业的集聚区。如北京 798 产业园区、西安半坡文化创意产业聚集区、上海 8 号桥、田子坊等（见表 6–10）。从废旧工厂到文化产业园区的蜕变过程中，一方面实现了城市土地资源的合理利用和生产生活环境的改善，另一方面也相对降低了重新建造集群的成本投入，满足了文化产业创新理念和个性化发展的需求。

表 6–10　部分城市工业转型中形成的文化产业集群介绍

名称	简介	特点
北京的 798 产业园区	由北京国有电子工业老厂区改造为集画廊、艺术展示、艺术机构、餐饮酒吧一体的文化产业空间聚合	①以艺术类产业为发展主体，搭建交流平台 ②艺术与商业形成融合 ③具有较强的辐射和带动作用 ④是城市的文化地标，大多具有文化旅游、休闲娱乐服务功能
西安半坡文化创意产业聚集区	由纺织城改造为集历史文脉、当代艺术、文化产业、建筑空间、休闲生活于一体的综合艺术园区，主要进行文化旅游和作为文化艺术创作、交流的平台	
上海田子坊	由马路集市改造为集创意店铺和画廊、摄影展、设计室、餐饮为一体的文化休闲场所	

资料来源：根据百度资源整理。

（三）遗产合理利用形成的文化产业集群

历史文化遗产、老街区等作为城市的记忆，体现了城市在不同时期鲜明的文化特色、风俗习惯和艺术风格，是一座城市中最具魅力的文化载体。评价城市进步的标准，不仅有经济发展指标，还有当地文化给个人和城市精神面貌带来的塑造效果。城市“文化地缘”在很大程度上体现了一座城市文化底蕴的“厚度”和“广度”。一些城市在规划中，对文化遗产进行改造并融入新的发展元素，赋予遗产新时代的特征，在推动文化资源转化为文化产品、产生文化经济效应的同时，合理布局特色文化产业园区，也促进了遗产型文化产业集群的形成（见表 6–11）。

（四）产业升级形成的文化产业集群

当城市资源逐渐枯竭，文化才是最大的不动产。文化与城市不可分割，城市经济的发展除依靠物质性资源外，文化作为一种生产元素也是其发展土壤。随着传统经济进入“瓶颈”期，各大城市都在寻求新的经济亮点促进产业升级，以创新为基础的文化产业作为一种新的生产组织形式，具有很强的黏合性和兼容性，逐渐在新经济增长形势下形成了“文化产业+”的产业升级模式。在该模式的带动以及政府的推动下，出现大量城市文化产业集聚现象（见表 6–12）。

表 6-11　部分城市依托文化遗产形成的文化产业集群介绍

名称	简介	特点
敦煌文化创意产业园	以文化遗产敦煌资源为基础，通过“保护性传承、创新性转换、创造性开发”的途径，成就传统文化与现代产业对接的平台。以文化与科技信息、教育、旅游相融合，以动漫企业和软件研发企业为主，以及推出与动漫形象有关的服装、玩具、电子游戏等衍生产品的企业为辅	①是传统文化与现代产业的结合 ②大多以文化旅游功能为主 ③具有很强的地域文化特色 ④其发展模式在全国具有普适性
大召文化产业群落	以宗教文化游览为核心，形成具有明清风格的商业区，辐射两侧大盛魁博物馆、席力图召、塞上老街、乃莫齐召、麦香村、月明楼、五塔寺、弘庆召、观音寺、宝尔汗佛塔等众多历史、人文、商业建筑和景观，形成“一核牵引、多点联动、协调推进”的文化产业集群发展格局	
微山岛镇文化产业集群	作为自然、传统文化景观和抗日根据地，以运河文化为核心的微山岛，在开发非物质文化遗产的同时，招商引资，引进以剪纸、工艺、饰品装饰为主的企业，形成中华剪纸文化博览园	

资料来源：根据百度资源整理。

表 6-12　部分城市产业升级形成的文化产业集群介绍

名称	简介	特点
上海多媒体产业园	以数字媒体产业为发展方向，集聚影视动画、宽带多媒体应用和多媒体展览展示领域多家重点企业，其中有 DELL、埃森哲、LG 等世界 500 强以及上海市多媒体行业协会、亚洲艺术科学学会等中介机构	①以政府建设和监管为主导 ②以高科技信息产业集聚为核心 ③集中于相对发达省份、城市或地区 ④有一定的高校人才基础
张江文化科技创意产业基地	具有产业孵化器、研发平台、展示交易平台的功能，集聚国内外重量级的网络文化企业，如盛大网络、第九城市、网星游戏、CORK 等游戏软件企业，以及矽幻科技、创新科技等电影后期制作企业等	

资料来源：根据百度资源整理。

从整体上看，园区式文化产业集聚现象是构成区域性文化产业集群和城市文化产业集群最基本的单元和要素。简言之，园区式文化产业集聚是文化产业集群的组成细胞。从园区式文化产业集聚产生的动力机制来看，又可将其大致分为以下六类，如表 6-13 所示。

表 6-13　按动力机制划分的园区式文化产业集群

类型	简介	缺点	典型园区
政策导向型园区	这是中国文化产业园区发展的主要方式，政府把建设产业园区作为推进文化产业集群发展的重要工作，通过资金、政策、平台等一系列帮扶促成园区集聚	单纯的政府调节存在弊端，可能造成园区的文化事业化发展	国家新媒体产业基地
艺术家主导型园区	最初由艺术家自发形成集聚，在具有一定规模和影响力后，政府介入进行规划管理并推动产业集群化发展	后期政府介入导致企业涌入，房价提高，艺术家退出	北京 798 艺术区 深圳大芬村 上海 M50
房地产导向型园区	一些开发商为了提升地产价格，以发展文化产业为手段，在社区内兴建大量文化娱乐设施吸引大量文化企业入驻形成集聚	其核心是追求经济利益的最大化，以导致文化产业集群只是空有其名	万达文化旅游城 杭州乐富·智汇园

续表

类型	简介	缺点	典型园区
资源依赖型园区	根据资源富集情况来推动文化产业园区建立，可以分为两类：一类是依赖周边高校的学术、科研、人才资源，依托高校建立文化产业园区；另一类是借助文化资源形成产业园区	单纯依靠文化资源形成的园区可能因缺乏创新演变为文化旅游景观	深圳大学3号艺栈 中国人民大学文化科技园 微山岛镇文化产业集群
成本导向型园区	企业因追求成本优势或资源共享自发形成的集聚或受地方龙头企业的吸引而进行的集聚	同质化现象比较严重	成都的浓园国际艺术村 北村艺术村
环境导向型园区	优渥的自然环境、良好的配套设施、悠久的历史文化，便利的交通网络以及宽松、自由、活跃的文化氛围构成文化产业园区形成与发展的重要条件，其中包含对废旧工厂的改造而形成的艺术创意产业园区	部分园区由于教化性、同质性严重，而缺少市场竞争力	西安半坡文化创意产业聚集区

资料来源：中国经济网，http：//www.ce.cn/culture/gd/201505/26/t20150526_5465830.shtml.

以上六种类型的文化产业园区并不是独立发展的，在实际建设中往往是多种动力交叉作用来促成。近年来，中国出现了文化产业园区建设的热潮，根据有关数据统计，从2002年48座园区到2010年1234座，实现96%的跨越式增长，并在2014年达到最大值2570座。2015年，园区数量稍有回落，全国正常运作的园区有2506座左右，其中由国家命名的文化产业各类相关基地、园区已超过300个（见图6–5）。在政府积极引导下，中国文化产业集群已经初步形成了以国家级文化产业示范园区和基地为龙头，以省市级文化产业园区和基地为主干，以各地特色文化产业园区为支点，共同推动文化产业集群加快发展的格局（见图6–6）。[①]

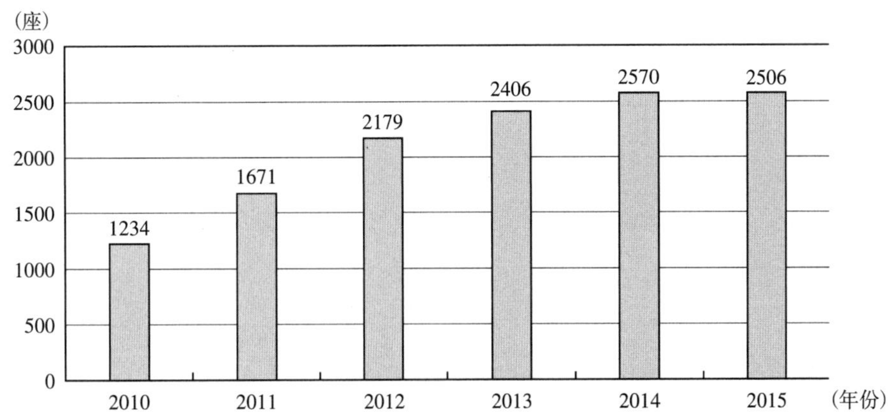

图6–5　2010~2015年中国文化产业园区数量统计

资料来源：中国产业网，http: //www. chyxx. com/industry/201610/461071. html.

① 智妍数据. 2016年中国文化创意产业园区分布及关注格局现状回顾［EB/OL］. http：//www.chyxx.com/industry/201610/461071.html，2016–10–01.

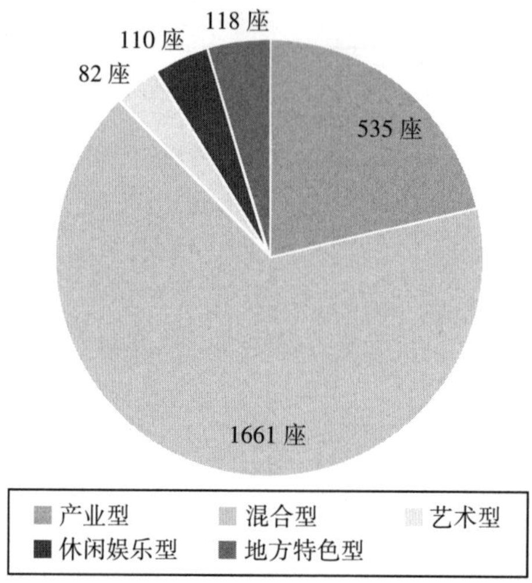

图 6-6　2015 年中国各类文化产业园区类型结构

资料来源：中国产业网，http: //www. chyxx.com/industry/201610/461071. html.

第四节　中国文化产业集群研究成果与结论

产业集群的发展，特别是处于“微笑曲线”高端位置的文化产业集群的发展，能够有效联结相关产业，实现资源、创意、技术、人才等要素的共享，越来越成为创意经济下，文化产业升级演进的必由之路。从发展规律来看，国内关于文化产业集群的研究源于对文化产业地理空间集聚现象的描述、分析和比较，从概念引入、现状描述、形成机制到优势分析、演变机制探索[①]等。文化产业集群沿着这一逻辑方向形成了许多理论成果与实证结论。概括来说，国内学者在借鉴和吸收西方集群理论的基础上，对文化产业集群主要集中在三个方向开展了研究：文化产业集群基础研究、扩展性研究以及具体案例分析。

一、文化产业集群基础性研究

基础性研究即从文化产业集群现象本质出发，研究其作为独立个体所具备的特征，主要包括：概念、发展模式、形成机制等问题的探索。

（一）文化产业集群的概念

由于对文化产业集群现象观察的出发点与视角差异，其概念内涵被多样化、多角度解读，并未形成统一的定论，如表 6-14 所示。但无论何种界定，学者们认为其概念都旨在阐明相关文化企业形成一定地域性集聚的原因和结果，因而，对文化产业集群

① 程金亮. 文化产业集群研究述评［J］. 吉林工商学院学报，2014（4）：5-9，65.

概念已达成三个基本的共识：一是文化产业集群的构成是文化与文化相关企业；二是文化企业有在特定地理空间集聚的现象；三是集群内部文化企业之间必定存在特定关联关系。

除基本含义相似外，关于文化产业集群概念还存在两大争议：①研究维度争议，一部分学者强调文化产业集群内的横向联系，即辐射和孵化作用；另一部分学者则强调集群内的纵向联系，即产供销上下游关系。②概念范围延伸争议，主要集中在两方面，一是文化产业集群的概念与文化创意产业集群的概念是否一致，二是由于产业文化化而形成的集聚现象是否被包含于文化产业集群的概念之中。

表 6-14　文化产业集群概念集合

研究学者	相关概念
欧阳友权[①]	文化创意产业集群是相互关联的文化创意企业、金融机构及其他相关产业群集聚于某个文化领域，形成产业组合、互补与合作，以产生孵化效应和整体辐射能力的独特产业群落
齐骥[②]	以文化及相关产品为主营业务的企业，按照一定关联关系集中在特定空间范围内，形成基于分工与合作的有机产业群落
雷宏振和宋立森[③]	文化产业集群是文化企业和支撑机构根据分工和协作建立起来的专业化产业组织
侯兴霞[④]	文化产业集群是在分工不断深化的条件下，大量联系密切的文化及相关支撑机构以创意为核心、文化为纽带、产业链为支撑在某个空间上的集聚，且不断扩大的一种动态产业组织形式
孟来果和李向东[⑤]	文化产业集群是在一定地理空间上的集聚，通过专业化分工和产业协作，由众多互相关联的文化企事业与机构建立起来的产业组织。其构成必须具备以下条件，一是要有核心文化企业和分工协作的企业群，形成一个互动机制和企业网络；二是企业配合起来要形成完整的产业链；三是要有地理空间集聚，空间化集聚程度较高；四是要有相关辅助机构和服务组织的强力支撑，形成整体联动机制
张莉[⑥]	文化产业集群是指在文化产业领域中大量独立又相互关联的文化企业以及相关中介机构（包括研究机构）基于专业化分工和协作关系在一定区域集聚而形成的产业组织，是产业集群的一个门类

（二）文化产业集群的发展模式

就文化产业集群发展模式而言，部分学者偏向于通过中西方发展模式比较或相关概念辨析来提出模式优化的路径，而部分学者则倾向于直接进行现行文化产业集群发展的具体模式思考。如陈少峰（2009）从区分文化园和文化产业集聚园入手，认为不具备产业规模的文化园不是真正意义上的文化产业集群，只是简单的文化企业集聚现象，同时，根据集群产业链发展形态可将文化产业集聚园划分为三种模式：内在产业

① 欧阳友权. 我国文化产业发展的四个拐点与两大趋势［J］. 福建论坛（人文社会科学版），2010（8）：43-46.

② 齐骥. 国外文化产业集群发展的借鉴与思考［J］. 城市观察，2013（3）：102-110，124.

③ 雷宏振，宋立森. 文化产业集群内组织间的知识外溢对知识创新的影响研究［J］. 软科学，2011（4）：14-18.

④ 侯兴霞. 中国文化产业集群发展初探［J］. 商场现代化，2012（20）：98-99.

⑤ 孟来果，李向东. 我国西部地区文化产业园集群发展的特征、问题及对策［J］. 学术交流，2012（3）：116-119.

⑥ 张莉. 我国文化产业集群发展问题与对策建议［EB/OL］. http：//biyelunwen.yjbys.com/fanwen/jingjiguanli/627752.html.2016-10-01.

链模式、协同产业链模式以及整合产业链模式。① 一般而言，大多数学者均是基于不同文化产业集群的特征进行发展模式划分，具体如表 6-15 所示。

表 6-15 按不同特征划分的文化产业集群发展模式

研究学者	划分标准	发展模式
詹成大②	产业集聚的主导因素	地域型文化产业集群模式 主导产业型文化产业集群模式 产品关联型文化产业集群模式
《沈阳晚报》③	产业内容	生态旅游产业集群模式；数码创意产业模式；影视传媒产业模式；会议会展产业模式；生态科技产业模式；景观地产业模式
王慧敏④	发展的不同阶段	1.0 产业型模式——起飞阶段，以融合渗透为主要特征； 2.0 经济型模式——成熟阶段，以辐射带动为主要特征； 3.0 社会型模式——高级阶段，以创意要素的辐射联动为主要特征
陈煦⑤	纵向产业链的上、中、下游各环节	设计研发型文化产业集群模式 生产加工型文化产业集群模式 营销型文化产业集群模式

关于文化产业集群发展模式的研究除以上视角外，还有学者从政策导向、空间布局、社会根植性等角度出发进行探讨，且涉及范围涵盖区域文化产业集群、城市文化产业集群、园区文化产业集群。但不论基于什么角度和空间范围，其研究的共性是：文化产业集群发展模式具有一定的普适性，而不是针对个例的研究。

（三）文化产业集群的形成机制

国内学者对文化产业集群形成机制的研究主要从两个方面进行：一是基于理论的定性分析。在理论经济学领域，徐文燕和周佩（2012）将文化产业集聚现象看作一个组织的整体发展，通过探索其组织的市场化运营因素，包括技术设备、劳动力、市场、经常性开支成本和地区社会文化等，来分析文化产业集聚的形成机制。⑥ 胡惠林（2006）指出，文化经济活动的不可分性是集群形成的重要条件，如果几个文化企业集中于一个地点能够带来新文化产品创新的利益预期，推动产品和产业结构调整，便会形成文化产业集聚区。⑦ 在经济地理学领域，沈正平等（2004）指出，文化产业集群的地理集中是一种普遍的空间经济现象，其内生源泉主要在于分工与协作、劳动力共享市场、

① 陈少峰. 关于提升文化产业集聚园效益的思考［J］. 北京联合大学学报（人文社会科学版），2009（3）：27-30.

② 詹成大. 文化产业集群及其发展模式［J］. 浙江经济，2009（9）：47-48.

③ 沈阳晚报. 六大文化产业集群［J/OL］. http：//epaper.syd.com.cn/sywb/html/2009-09/17/content_507682.htm. 2009-09-17.

④ 王慧敏. 文化创意产业集聚区发展的 3.0 理论模型与能级提升——以上海文化创意产业集聚区为例［J］. 社会科学，2012（7）：31-39.

⑤ 陈煦. 文化产业集群的特性研究［D］. 南京：南京艺术学院硕士学位论文，2014.

⑥ 徐文燕，周佩. 文化产业园区的集聚效应与全产业链发展模式分析［J］. 南京财经大学学报，2012（5）：104-108.

⑦ 胡惠林. 关于区域文化产业战略与空间布局［J］. 山东社会科学，2006（2）：5-14.

学习与创新机制。[①] 在社会学领域，唐士亚（2016）指出，地域文化的异质性是促成文化企业集聚的主要原因，尤其在文化产品供给方面，集群内部文化企业往往因地制宜，充分发掘本地社会文化资源优势，提供具有特色的文化产品以谋求共同发展。[②] 在跨学科研究领域，朱康对（1999）认为，文化产业集群产生和发展的内生因素主要有：区域地理环境因素、资源禀赋因素以及历史传统因素，尤其是当地政府、企业和居民的文化创新精神至关重要。外生因素主要有：外在制度条件、经济机遇因素和外商投资因素等。[③] 刘蔚（2007）把影响文化产业集群生成和发展的因素分为文化市场需求因素、资本支持因素、产业之间的关联因素。[④]

二是基于数据的定量探讨。如王猛和王有鑫（2015）基于 35 个大中城市的数据，定量测算了影响城市文化产业集聚的因素。[⑤] 杨宇等（2014）基于区域 Moran’s I 指数，计算出经济基础对文化产业空间集聚具有显著正向作用，而对外开放在初期对文化产业空间集聚具有一定促进作用，但随着时间推移逐渐将对文化产业空间集聚产生抑制作用。[⑥]

在文化产业集群形成机制研究中，各学者研究方向多集中于经济相关领域，从社会领域出发的研究偏少，未能形成完整的理论体系和统一共识。此外，多数学者认为文化产业集群的形成机制并不是单一因素作用的结果，而是由多种内生因素与外生因素共同作用的结果。

二、文化产业集群扩展性研究

在有关文化产业集群的扩展性研究中，学者们通常认为，文化产业集群本身不是孤立存在的，其发展与多种区域、城市经济要素有关，并相互联动。由此，将文化产业集群现象作为一种社会组织形态，研究其与社会经济活动产生的相互作用关系是扩展性研究的主要方向，包括文化产业集群的竞争力分析、集聚效应研究、相关政策研究等。

（一）文化产业集群竞争力分析

从文化产业集群发展来看，分析其竞争力，构建指标体系并进行评价，有利于展示集群具备的优势和未来发展潜力。国内对文化产业集群竞争力的研究主要集中在三个方向：一是集群竞争力的理论分析；二是集群竞争力的实证评价；三是集群竞争力的提升路径探讨。

关于竞争力理论的研究，主要集中于分析文化产业集群竞争力的构成因素及其相互关系，以全面反映集群竞争力的综合水平。如江沛（2009）在波特钻石模型的基础

① 沈正平，刘海军，蒋涛. 产业集群与区域经济发展探究［J］. 中国软科学，2004（2）：120-124.

② 唐士亚. 基于地域文化异质性与市场根植性的文化产业集群研究——以少女偶像组合产业集群为例［J］. 广西经济管理干部学院学报，2016（1）：56-62.

③ 朱康对. 经济转型期的产业群落演进——温州区域经济发展初探［J］. 中国农村观察，1999（3）：37-43.

④ 刘蔚. 文化产业集群的形成机理研究［D］. 广州：暨南大学博士学位论文，2007.

⑤ 王猛，王有鑫. 城市文化产业集聚的影响因素研究——来自 35 个大中城市的证据［J］. 江西财经大学学报，2015（1）：12-20.

⑥ 杨宇，王子龙，许箫迪. 文化产业集聚的空间经济模型与实证检验［J］. 经济问题探索，2014（7）：55-62.

上提出文化产业集群竞争力“1+6”因素模型，其中“1”即区域文化；“6”分别是生产要素、需求条件、企业、政府、关联产业、区域品牌，六个因素通过区域文化和知识创新进行连接，共同反映文化产业集群竞争力的优劣势。[①] 杜聪（2016）将文化产业集群竞争力的构成因素归结为宏、中、微观层面的市场需求、制度、基础设施、资源禀赋、信用机制、竞争、价值链、企业发展、创新以及人才十个方面，并选取 21 个指标（如人均可支配收入、政策法规数、合作项目数量、研究开发费用等）综合判断文化产业集群竞争力的高低。[②]

基于理论分析，近年来，国内学者也开始尝试运用定量模型来判断文化产业集群竞争力的强弱。如史征（2009）将影响文化产业集群竞争力的八大因素（资源、设施、供应商、相关辅助产业、企业结构、战略和竞争、本地市场、外部市场）分为三个因素对 I–基础（资源和设施）、II–企业（企业的结构、战略和竞争）、III–市场（本地市场和外部市场），运用 GEM 模型对以杭州数字娱乐产业集群为代表的文化产业集群竞争力进行分析评价。[③] 麻敏和李勇（2014）[④] 将影响文化产业集群竞争力的影响因素分为内生要素、内部协调创新度、市场需求、与其他集群协调度、政府政策及扶持、支持产业和创新能力七个方面，采用模糊三角数模型制定出文化产业集群竞争力的评定等级。

在文化产业集群竞争力提升路径方面，不同学者基于不同视角提出的观点愈加丰富，对集群升级演进有着较强的现实指导意义。其中，彭民安（2006）认为，提升城市文化产业集群竞争力，使其发展为区域文化产业集聚中心，必须实施要素提升战略、资源整合战略、龙头带动战略、品牌提升战略、环境优化战略和区域营销战略六大战略。[⑤] 李高业（2008）提出文化、文化产业和文化产业集群都是宏大的概念，若不能在执行层面转向依靠由各类具体策略组合而成的多维度对策体系引导，发展文化产业集群将很可能形式大于内容，具体而言，一要制定完善的文化产业集群发展战略；二要充分发挥文化产业集群的比较优势，即集群自身的规模经济性、范围经济性、知识积累性和学习创新性；三要制定科学的文化产业集群布局规划；四要重视政府辅助作用的发挥，如基础设施建设、制度完善、公关服务供给等，帮助解决集群共同面对的难题。[⑥] 胡静（2009）提出应从宏观的文化管理体制改革、文化产业政策制定到具体的文化人才培养、文化融资等方面加快文化产业集群的发展。[⑦]

概括而言，国内学者对于文化产业集群竞争力提升路径的思考多集中在集群自身的完善、政府政策的扶持、相关人才的培养等方面，研究层面较为宏观，且缺少跨学

---

① 江沛. 杭州文化创意产业集聚区竞争力研究 [D]. 金华：浙江师范大学硕士学位论文，2009.

② 杜聪. 文化产业集群竞争力评价及政策建议 [D]. 西安：西安建筑科技大学硕士学位论文，2016.

③ 史征. 文化产业集群竞争力评价实证研究——以杭州数字娱乐产业集群为例 [J]. 生产力研究，2009（18）：141–143，180.

④ 麻敏，李勇. 文化产业集群竞争力的评价方法 [J]. 统计与决策，2014（1）：83–86.

⑤ 彭民安. 基于产业集群的城市文化产业竞争力提升研究——以长沙文化产业为例 [J]. 求索，2006（10）：58–61.

⑥ 李高业. 文化产业集群竞争力的提升 [J]. 理论学习，2008（4）：35–36.

⑦ 胡静，彭坚. 江苏文化产业集群竞争力研究 [J]. 文化产业研究，2009（00）：167–170.

科的分析探讨。同时，许多学者将文化产业集群竞争的研究归结为普通集群范畴，忽视了对文化产业集群特有核心竞争力——创新能力与知识共享的研究。在文化产业集群竞争力的理论分析与实证计量方面，相关理论和模型多借鉴于国外学者的研究成果，缺少突破性的创新。此外，研究在内容上也缺少对具体细分领域文化产业集群竞争力的专门研究，对于不同类型、不同地区文化产业集群竞争力的比较分析尚未得见。

（二）文化产业集群集聚效应研究

优质文化产业集群不仅具有较强的竞争力，还能够产生诸多优良的集聚效应。国内学者对该领域的研究成果主要集中在三个方面：一是经济效应，即通过规模经济和范围经济促进文化产业集群自身发展的同时，在充分发挥"孵化效应"和"造血功能"的基础上，还可带动相关产业及区域的经济增长。钟韵和刘东东（2012）以广东省为例，发现文化创意产业集群不仅能够产生直接的经济效应，如创造财富、推动产业结构升级等，还能产生极强的经济溢出效应，如带动城市旅游业、使周边房地产增值、延伸产业链等。文化创意产业集聚区有低容积率、大公共空间、高绿化率、少交通工具、少废物垃圾的特征，客观上也为植被和生物的生存创造了良好的条件。[①] 华正伟（2011）认为，文化创意产业集群作为一种新的产业空间组织模式，具有规模经济效应、成本节约效应、创新连锁效应、区位品牌效应、竞争效应和互补效应六个方面的经济效应。[②] 二是社会效应，即文化产业集群对城市品牌、城市空间、城市文脉、城市生态环境等方面所做出或可能做出的贡献。 三是创新效应，主要体现在知识和科技溢出对集群和文化企业的影响。袁海（2012）认为，文化产业集群是建立在基于信任和创新环境中的集体学习组织，具有明显的知识外部性效应，可以推动文化产业创新绩效的提升。[③]

在对文化产业集群产生效应影响的研究中，国内学者大多将焦点集中于集群所产生的正面效应上，不仅回避了部分文化产业集群并未产生实质性正面效应的问题，而且忽视了文化产业集群发展可能带来一定的负面影响，如同质化、低端竞争等，对文化产业集群自身的风险性及其关联带动的风险性亟须开展研究。

（三）文化产业集群相关政策研究

为了促进文化产业集群的形成和发展，政府往往采取一系列人文政策、产业政策、财政税收政策等加以扶持，在一定程度上形成了人为干涉。在研究过程中，学者们偏向于强调政策的重要性。如刘蔚和郭萍（2007）认为，文化产业集群政策是产业集群动力机制的重要组成部分，既是促进集群经济发展和内部结构调整的有效方法，也是繁荣区域文化产业的必要手段。[④] 杜聪和王欣欣（2016）认为，在营造有利于竞争力发展的外部环境，指导文化产业集群平稳有序成长以预防其走向衰退方面，政府的政策

---

① 钟韵，刘东东. 文化创意产业集聚区效益的定性分析——以广州市为例[J]. 城市问题，2012（9）：95-100.

② 华正伟. 文化创意产业集群空间效应探析 [J]. 生产力研究，2011（2）：9-10.

③ 袁海. 文化产业集聚的形成及效应研究 [D]. 西安：陕西师范大学博士学位论文，2012.

④ 刘蔚，郭萍. 文化产业的集群政策分析 [J]. 江汉大学学报（社会科学版），2007（4）：60-64.

作用是必不可少的，文化产业集群竞争力的提升离不开相应政府政策的大力支持。[①]总体来看，国内学者关于文化产业集群政策的研究，多是针对具体文化产业集群优化升级提出的政策性建议，一般而言，此类政策研究主要用于三个方面：一是鼓励和推动多元化文化产业集群投资格局的形成；二是推动文化产业园区建设规划；三是加强对文化产业集群的财政贴息。将文化产业集群的相关支持政策作为独立课题进行研究的成果相对匮乏。

三、文化产业集群案例分析

目前，国内关于文化产业集群的研究更多地集中于案例解读方面。通过选取某区域内特定类型的一个或多个具体文化产业集群现象，分析其发展特征、现状、问题，并提出相应解决对策和优化思路。如胡腊妹（2011）以北京平谷区“中国乐谷”为例进行实证研究，发现其文化产业集群载体较为薄弱、管理体制存在弊端，提出政策保障、搭建平台、园区规划以及产业升级是其发展之路。[②]宋充和程磊（2014）以景德镇陶瓷文化产业集聚现象为例，在分析景德镇文化产业集群已取得成就的基础上，提出其目前有定位不清晰、产业链不完整等问题，以全球视野规划园区并充分认识园区发展的本质是其可行之路。[③]刘玲（2012）以大连主题公园演艺文化产业园区为例，分析其发展现状和特点，发现其存在产业意识淡薄、产业链不完善、产品同质化严重、缺乏差异性品牌等问题，提出产业升级、创立品牌、加强区域建设以及政府扶持等是其发展之路。[④]此外，还有钱紫华等（2006）[⑤]进行的深圳大芬油画案例分析、刘莹（2013）[⑥]关于“中关村”品牌打造的研究、林玮（2015）[⑦]对“准文化产业—茶文化”进行的个例分析等。

案例解读一般是将文化产业集聚现象化整为零进行探讨，具体问题具体分析，因而具有很强的地域性和针对性。在分析案例问题时，学者们倾向于从文化产业集群内部的发展水平、定位、产业链、产业结构、产品创新、管理机制、品牌宣传等角度进行探讨，在解决思路方面一般包含优化产业结构、开展区域联动、强化政策保障以及打造品牌等。

四、已有研究成果述评

集群研究发展于西方国家，立足于中国本土实践，目前形成的文化产业集群理论

① 杜聪，王欣欣. 文化产业集群演化动力的多学科视角分析［J］. 商，2016（2）：259，226.

② 胡腊妹. 城市音乐创意文化产业集聚发展模式——以北京平谷区“中国乐谷”为例［J］. 社会科学家，2011（7）：151-154.

③ 宋充，程磊. 景德镇陶瓷文化产业集聚发展研究［J］. 江西社会科学，2014（11）：57-60.

④ 刘玲. 大连主题公园演艺文化产业发展研究［D］. 大连：辽宁师范大学硕士学位论文，2012.

⑤ 钱紫华，闫小培，王爱民. 城市文化产业集聚体：深圳大芬油画［J］. 热带地理，2006（3）：269-274.

⑥ 刘莹. 北京文化创意产业集聚区“中关村”打造品牌的研究［D］. 北京：首都经济贸易大学硕士学位论文，2013.

⑦ 林玮. 特色文化产业集群的资源开发与乡村实践［J］. 西北农林科技大学学报（社会科学版），2015（5）：89-94.

与实证研究成果视角多样、结论丰富，对中国文化产业集群的发展具有很高的参考价值。从文化产业集群的基础性研究、扩展性研究以及案例解读三个方向以及七个具体方面总结文化产业集群的理论和实践研究成果，可以看出，针对文化产业集群现象，学者们有一个认识过程：初期以分析和总结国外研究成果居多，主要是集群理论的延续、发展模式分类、竞争力等优势分析，随着文化产业集群数量的增多，文化产业集群地域化、经济性、社会性的影响增强，国内学者对其研究也越来越倾向于形成机制剖析、经济社会效应评价、政府政策扶持等更具实践性的领域。目前，学界关于文化产业集群达成的一致共识主要包括：影响文化产业集群产生与发展的因素来源于多方面，是多种内生因素与外生因素共同作用的结果；对文化产业集群的研究不应仅仅局限于经济领域，应结合自然地理、管理学、社会学等多学科交叉进行分析；文化产业集群的发展具有两面性，在注重其竞争优势、经济效应、社会效应、创新效应的同时，也应注意其负面风险的分析。

但从总体来看，国内关于文化产业集群的研究还存在明显不足，主要体现在两方面：一是从理论框架方面来看，国内对文化产业集群的理论探讨多基于西方理论的继承和延续，缺少具有影响力的重大理论创新与突破；国内关于文化产业集群的实证研究大部分基于东部相对发达省市开展，缺少对中西部欠发达省份文化产业集群专门性和体系化的研究；关于文化产业集群竞争力多为借鉴引用的研究成果，缺少专门的文化产业集群竞争力理论和模型，对不同文化产业集群之间竞争力的比较分析尚未得见；对中国文化产业集群发展特有风险及集群可持续发展的研究基本处于空白状态；目前大量案例分析都是针对典型、成功的文化产业集群现象进行总结，缺少对失败案例的深入分析。总体而言，文化产业集群探讨和理论支撑多来自相关经济学领域，交叉学科领域的研究成果有限。

二是从研究内容方面来看，最突出的问题在于学者们关于文化产业集群界定尚不统一，如陈少峰认为文化产业集聚园（文化产业集群）与文化园区、特色文化街区、艺术家集聚园等是截然不同的概念，而国内大部分学者都将文化园区看作文化产业集群。文化产业集群概念的不明确，加之文化产业本身范畴较广，加剧了边界确定和内容展开的困难，不仅导致研究视野较为狭窄，而且使得诸多结论自相矛盾，对实践的指导意义不强。而且有许多文化产业集聚现象，如产业文化化而形成的集聚现象是否属于文化产业集群，无法被正确看待，更难以合理开展研究。同时，由于中国文化产业集群的发展实践还处于探索和吸收借鉴的阶段，完整的中国特色集群模式尚未形成，如何将国外研究成果和实践经验正确运用到中国，如何有针对性地为各类文化产业集群制定发展战略和扶持政策，[①] 是否所有文化产业都适合走集聚发展之路等基础问题尚需深入探讨和研究。各类文化产业集群如何与科技成果相融合，文化产业集群的差异化、创新化发展，文化产业集群内外企业关联网络结构的形成，文化产业集群的演化升级，文化产业集群集聚效应的充分培养与发挥等课题仍是今后应重点研究的方向。

---

① 谢贞发. 产业集群理论研究述评［J］. 经济评论，2005（5）：118-124.

第五节 中国文化产业集群发展优化

随着文化产业进入迅速发展的历史时期，文化产业对经济发展的贡献逐渐增大。近年来，国内积极推动文化产业集群发展战略，促进文化产业走集聚化、协作化、创意化之路，而文化产业集群作为文化产业发展的空间集聚现象，对促进文化产业做大做强起着举足轻重的作用，因此，优化集群发展中所面临的问题已成为各地区提升文化产业竞争力的重要途径。

一、中国文化产业集群发展面临的主要问题

文化产业集群的形成主要有三个原因：[①] 第一是自发形成；第二是人为促进；第三是自发和人为共同推动。国内文化产业集群的形成是自发和人为共同作用的结果，但起决定性作用的一般是政府人为促进。目前，中国文化产业集群在政府主导下呈现出“快车道”发展态势，但整体仍处于成长期，在形成了一定规模的同时，主要面临以下困境。

（一）集群发展受地域限制

中国文化产业集群的发展水平呈现东、中、西部阶梯状递减趋势，体现在东部领先、中部追赶、西部快跑的发展态势上，集群的形成和壮大受地区限制明显。东部地区凭借优越的区位优势、发达的科学技术以及规模性的文化消费市场占据了全国六大文化产业集群中规模最大、发展最为成熟的三大集群，即环渤海文化产业集群、长三角文化产业集群和珠三角文化产业集群。相对而言，中西部地区产业集群数量少、规模小、集聚程度较弱。但从总体而言，国内文化产业集群的发展水平同西方国家相比仍有较大差距。中国文化产业集群依特定地域而生，受地域文化影响明显，在一定程度上形成了集群协作与信息的内部垄断和地区锁定，不利于集群的跨区域合作。集群的空间由地理空间、经济空间和社会空间共同构成，[②] 地理空间只是文化产业集群形成的物质载体，经济空间和社会空间才是影响集群形成和发展的核心要素，而经济空间和社会空间不受具体地理界限的限制，具有跨区域性，因而，存在于集群中的技术、信息以及人才等要素应具有很强的流通性，但国内文化产业集群主要的技术、信息、人才等为区域所困，区域间互动和交换有限很难形成综合集聚效应，经济效应、社会效应和创新效应都不突出。文化产业集群作为一种创新式、开放式的产业集聚现象，封闭只能导致集群的不可持续性发展。

① 曾贵. 深圳文化产业集群现状分析及其竞争力的提升［J］. 南方论丛，2010（2）：17-23.

② 齐骥. 我国文化产业集群发展的障碍与路径［J］. 中华文化论坛，2013（8）：93-99，192.

（二）集群创新能力不足

文化产业虽规模日渐壮大，但总体来说，仍然依靠第二产业——制造业的生产贡献，文化产业还处在“中国制造”阶段，未形成“中国创造”优势。持续的创新能力是文化产业集群的核心竞争优势之一，也是促进文化产业转型升级的重要途径。然而，一方面，中国文化产业集群产品价值链层次仍较低。除创意设计和研发等内容性生产外，以文化装备制造和生产，如广播电视电影设备、家用视听设备以及其他电子设备加工，和玩具、工艺品、纸张以及其他非电子产品等为主营业务的制造型集群是中国文化产业集群的重要组成部分，大部分文化产业集群依靠接收低附加值、低效益，高产量的生产加工服务聚集而成，影视、音乐、出版物及版权等知识技术密集型的核心产品所占比重较小，创新创意研发、市场营销、品牌打造等核心产业链环节十分薄弱，且集群内企业多为独立生存，存在明显的内部竞争。另一方面，集群内文化产品的市场竞争力尚未凸显。文化产业集群的竞争力除本身的规模、经济实力、集聚效应外，其文化产品带来的持续收益才是保障集群可持续发展的核心竞争力，而这种核心竞争力主要体现在集群所生产的文化产品 IP（知识产权）上。目前，国内文化产业集群生产的文化产品普遍缺少品牌 IP 和内容 IP。就文化产品的品牌 IP 而言，集群中完全依靠自主研发形成的文化品牌少之又少，国际影响力尚未形成。就文化产品的内容 IP 而言，集群严重缺乏的是对传统文化资源的挖掘和创新，远未将丰富的文化效益转化为充足的经济效益。

（三）集群内缺少关联效应

中国诸多文化产业集群内部机制不完善，产业链上下游企业缺乏配套合作，辅助性中介机构少之又少，部分集群通过相关企业彼此间协作，实现信息、市场等资源的共享而形成了横向网络拓展格局，但由于缺乏内容 IP，通过共享某种内容或创意而形成的纵向网络延伸尚不多见；通过整合各类产业生产要素而形成的全产业链网络格局凤毛麟角，多数集群没有形成完整的社会网络化生态系统，集群内部分工与协作能力较弱，难以实现企业间的互补，不仅导致集群整体发展水平不高，也使得规模经济效应、成本节约效应、创新连锁效应、区位品牌效应、竞争效应、互补效应以及城市品牌、空间、文脉、环境等塑造效应未能全面显现。许多集群仅仅只是文化企业的集聚地、文化产品的加工地，多数企业处在“大而全、小而全”的碎片化状态，生产链条单一且专业化程度不高，企业间恶性竞争激烈。这类文化产业集群难以发挥“孵化效应”和“造血功能”，[①] 不但不能吸引人才、资本、技术乃至新企业入驻，发挥其集聚作用，甚至由于资源浪费和严重内耗，在一定程度上对文化产业整体的竞争力产生了负向影响。

（四）政府作用发挥不当

中国文化产业集群的形成与发展，受政府影响的痕迹明显，有的地区文化产业园区建设直接被政府视为政绩的体现。事实上，促成和影响文化产业集群形成发展的因

① 裴洁. 文化产业竞争力与文化产业集聚关系的实证研究［D］. 上海：上海师范大学硕士学位论文，2015.

素很多，如市场运营、社会文化、产业关联等。在一定技术设备、劳动力、经济环境条件下，文化企业基于产业链纵横向的联系和要素共享的需要，往往会自动形成地理集聚，国外大多数文化产业集群均是依靠市场自发模式而发展，且一些集群如伦敦西区戏剧中心，能够充分发掘本地社会文化资源，靠提供特色文化产品而形成集聚，集聚后集群内部产业关联上下游和横向关联十分显著，支持性产业或互补产业能够迅速促成关联网络的形成。然而，中国文化产业集群在政府加速推动、直接干涉、过度控制之下，不仅造成了许多文化让步于商业地产的虚假集群兴起，而且一些相对成功的集群，如 798 艺术区，也因后期政府介入，促使大量无关企业入驻，造成房价上涨，导致了艺术家的大批搬离。各地方政府为了积极响应国家发展文化产业的号召，利用国家优惠政策，纷纷促成文化产业集群生长。但由于缺乏专业人员的合理规划和长远布局，导致建成的文化产业集群有着严重的同质化、低端化现象。同时，许多地区文化产业集群间往往倾向于共享一种文化资源，如动漫设计，盲目跟风，缺少发展创意，不仅难以将文化效益转化为经济效益，还造成了集群间的恶意竞争以及文化资源的浪费和滥用。

（五）集群政策出台不规范

文化产业集群的发展除可享受集群本身带来的集聚效应外，相关优惠政策的颁布对其发展也有极大的鼓励和促进作用，而政策因素是一把“双刃剑”，在产生积极作用的同时，也使集群产生了一定的依赖性，造成应变市场风险的能力显著降低。一方面，中国多数文化企业因政策而集聚，各级区政府为促进本地区文化产业集群的良性发展，往往出台一系列相关政策和措施以吸引文化企业入驻，而文化企业随土地和税收等优惠政策暂时形成的集聚，聚而不实，并未真正产生根植性，一旦优惠政策到期，这些企业会追随新地区的优惠政策而搬离，致使原有集群成为“荒地”。另一方面，政府评定标准的不统一直接也影响了各地文化产业集群的发展，使公众不能清晰地了解集群的真实发展情况，如当前文化产业增加值以及增加值占 GDP 的比重成为衡量文化产业集群发展效果的重点指标，在进行各地区文化产业集群发展水平对比、分析和扶持、优化时起到了重要作用，但各省份在进行增加值计算时往往按照地区标准而非国家统一标准进行统计，造成了许多不符合条件甚至濒临市场淘汰的集群同样被扶持、被补贴，不仅导致大量资源浪费，而且出现了“劣币驱逐良币”，对正常发展的集群和企业造成了人为挤压的现象，加剧了市场竞争的不公平、不合理，也使得集群市场化运营能力愈加低下。

二、中国文化产业集群发展优化思路

（一）平衡集群空间布局

中国文化产业集群建设应提前做好中长期战略规划，不能贪图眼前集群发展热潮的捷径，特别是文化产业园区建设，必须与地区经济、社会、文化发展情况相匹配、相协调。对于占据良好地理位置的东部地区，其文化产业起步较早，适合打造高附加值的文化创意、科技、传播以及信息交流平台式的发展路径，而中西部地区，文化产业发展相对落后，但区域文化特色突出，适合生产凸显地方魅力的文化内容产品、制造品及其衍生品的产业集群。同时，文化产业集群的布设要注意打破区域地理界限的限制，避免出现“区域排外”、“内部竞争”的现象，加强人才、技术、信息以及市场等资源的空间共享，在保护知识产权的基础上，实现文化产业要素的开放式流通，加强东中西部地区的合作发展。对于文化产业集群来说，跨区域的合作更有利于“思想碰撞”，实现创新。

（二）提升集群整体竞争力

1.促进集群创新发展

文化产业集群与普通产业集群的显著区别在于其创新创意能力，文化产业集群从根本上来讲是文化创意的生产者，企业创新、产品创意是推动其发展的持久动力，也是文化资源转化为文化产品并创造经济价值的桥梁。因此，在发展文化产业集群过程中，应该注意采取多元化激励措施鼓励并提升集群的创新创意能力。如制定完善的财政措施奖励文化企业运营模式创新，鼓励自主创业；引导文化产业集群与高校的对接，为产业集群创新创意注入新鲜的血液；建立规范的知识产权机制，最大限度地尊重企业创新创意成果。给予企业创新创意发展宽松、开放的文化环境。

2. 完善集群产业链条

中国文化产业集群的产业链结构不合理，企业大多集中于附加值和技术含量较低的低端环节，是世界文化产业发展的“加工厂”。因此，在未来发展中，文化产业集群要想取得突破性进展，首先，需要改造传统文化产业集群，将现代科技成果应用到传统文化集群生产领域，同时转变其营销和宣传方式。其次，应加强新兴文化产业集群的建设，推动新媒体、创意设计、动漫、休闲娱乐、数字出版等文化产业集群的发展，使文化产业集群与现代科技融合度更高。最后，取缔虚假文化产业园区，提高产业园区的准入门槛，建立数量有限的核心文化产业园区，提升园区整体发展水平。

集群的良性发展需要依靠良好的经济社会环境，通过建立集群生态系统，完善内部产业链，增强集群与其所属经济社会的融合。着力增加集群间、企业间的交流合作机会，包括组织培训、参观学习、项目合作、信息共享、要素流通，使其产生经济社会归属感、根植性。① 同时，推进形成相关企业、配套服务和支持机构等相互协作、相互补充的一体化社会网络结构，避免“空心集群”的产生，让集群真正产生并发挥集聚效应。

（三）完善集群发展的保障机制

1. 明确政策制定目标

文化产业越来越成为中国国民经济建设的主要推动力，但相比第一、第二产业来说，其统计标准体系尚不明确，且缺少完整的统计制度。统计局在 2012 年重新规范了文化及相关产业分类标准后，针对文化产业数据统计方法、范围的技术规范却迟迟没

① 柳晓玲，张晓芬. 产业集群生态系统演进及平衡分析［J］. 辽宁工业大学学报（社会科学版），2014（5）：20–23.

有推出，使得文化产业统计工作无法适应、满足发展形势的需要。陈悬（2010）认为所谓文化产业统计指标，要能够反映文化产业现状、规模、水平、结构及其变化情况，应从单位类型、业务活动、财务状况以及科学发展等方面构建统计指标体系，用于测度包括科技进步、资本投入、人力资源等在内的七大发展指数。[①] 可以预测，随着统计数据的日臻完善，中国对文化产业集群的评价会愈加客观、科学，基于数据的扶持优化工作也会更加公正、合理。

2. 调整政府角色定位

在文化产业集群演进过程中，要明确政府只是促进文化产业集群形成、发展的外部因素而非直接动力。为加快集群的成长，政府可以和影响集群的内部动力共同作用，协同发力，尤其在内部动力不足时，政府可以暂时介入充当主要角色，扶持集群发展。一旦集群力量逐渐壮大，政府的推动、干涉、控制必须由强减弱，直至退出。传统计划经济背景下“全能型”政府已不再被需要，新形势下的政府应当是以服务的方式提供和完善相关政策和措施，将“有形的手”与市场“无形的手”相结合，以避免受外界影响而造成文化产业集群建设盲目跟风的现象。此外，对于目前存在的文化产业集群随优惠政策而移动的问题，各级政府应给予重视。根据本地区市场优势、资源优势、技术优势、人力优势、品牌优势等多方位吸引力来引导集群企业入驻，特别是外资文化企业。同时，应加强集群内文化企业的关联度，通过不断细化的分工，使企业产生参与感与互补性，依靠开放的文化氛围和公平的竞争环境，使企业根植于当地社会环境中，产生认同感与归属感。

① 陈悬. 我国文化产业统计问题研究［J］. 广东技术师范学院学报，2010（4）：24-27，138.

第三篇

文化产业组织与竞争

第七章　产业组织基本理论

第一节　产业组织理论的发展与演变

产业组织理论于20世纪30年代以后逐渐发展起来，与现实经济问题息息相关，是产业经济学的重要组成部分。产业组织理论以价格理论为基础，通过考察研究产业内部企业竞争与垄断、规模经济与效率的关系和矛盾，探讨产业组织状况及其演变对产业内部资源配置的影响，揭示产业组织活动规律性，为维持公平合理的市场竞争秩序和市场运行效率提供理论支持和政策依据。[①] 产业组织理论作为产业经济学的核心理论对研究文化产业经济有着重要的指导意义，在充分了解已有产业组织理论基础之上，才能更好地研究文化产业市场结构、文化企业行为和文化企业市场绩效，从一般的产业组织发展规律中归纳总结文化产业特殊的演变轨迹。

产业组织的概念最初由新古典学派经济学家马歇尔引入经济学领域，其将产业内部结构定义为产业组织，并于1890年出版的《经济学原理》一书中，在生产三要素即劳动、资本和土地的基础上，加入“组织”这一要素。马歇尔在分析规模经济成因时，发现了规模经济和竞争活力之间的矛盾关系：大规模生产能为企业带来规模经济性，使企业产品的单位生产成本不断下降、市场占有率不断提高，但结果必然导致市场结构中垄断因素的不断增强，阻碍竞争机制资源配置作用的发挥，从而扼杀自由竞争，使经济丧失活力，降低社会福利和资源配置效率。[②]

19世纪末到20世纪初，资本主义经济逐渐从自由竞争过渡到资本垄断时期，兼并浪潮造就了许多大型垄断企业，反垄断呼声也越发高涨。垄断组织拥护者认为垄断有利于生产力进一步发展，能够改善企业经营，降低生产成本，提高劳动生产率；反对者则担心国民经济命脉掌握在少数垄断者手中，会损害公共利益。1929年爆发经济危机，美国推行罗斯福新政，政府对众多产业开始实施严加管制措施，开启了资本主义国家经济干预时代。

这一时期，纪伯伦和罗宾逊夫人分别发表了《不完全竞争经济学》和《垄断竞争理

---

① 臧旭恒，杨蕙馨，徐向艺. 产业经济学（第五版）[M]. 北京：经济科学出版社，2015：57.

② 石奇. 产业经济学（第三版）[M]. 北京：中国人民大学出版社，2015：20.

论》，核心观点是由于存在产品差异，垄断和竞争在市场中是同时存在的，在垄断竞争的市场中，由于企业具有决定产品价格的市场权力，使得市场自发的调节不足以实现资源的最优配置。[①] 垄断竞争理论也被认为是产业组织的重要理论基础。

一、哈佛学派

1938 年，梅森在哈佛大学成立了产业组织研究小组，在继承纪伯伦等垄断竞争理论的基础上，构建出产业组织理论体系，开始着重分析市场竞争过程中的组织结构、竞争行为和市场竞争结果，并于 1939 年出版了《大企业的生产价格政策》一书。1940 年，克拉克发表《论有效竞争的概念》一文指出，不完全竞争存在的事实表明，市场竞争与规模经济存在矛盾，完全竞争不可能存在。同时，必须要明确有效竞争的概念，寻求市场竞争和规模经济之间的均衡状态，确定既有利于维护竞争又有利于发挥规模经济效应的市场格局。随后，经济学家们将有效竞争的标准进一步扩展为市场结构的标准、市场行为的标准和市场绩效的标准。其中，市场结构的标准[②] 包括：①集中度不太高；②市场进入容易；③没有极端的产品差别化。市场行为的标准包括：①企业对价格没有共谋；②对产品产量和质量没有共谋；③对竞争者没有压制政策。市场绩效的标准包括：①存在不断改进产品和生产过程的压力；②随着成本大幅下降，价格也在向下调整；③企业与产业处于适度规模；④销售费用在总费用中的比重不存在过高现象；⑤不存在长期的过剩生产能力。

1959 年，梅森的弟子贝恩出版了第一部系统论述产业组织理论的著作《产业组织》。在书中，贝恩将产业集中、产品差别化、进入壁垒、规模经济性、纵向生产一体化等看作是市场结构的主要组成部分，分析了市场结构与市场绩效的关系，并指出较高的市场集中度必然导致垄断。[③] 谢勒在 1970 年出版了《产业市场结构和经济绩效》一书，进一步揭示了市场行为与市场绩效之间的关系，总结了有关市场行为特别是价格形成、广告活动、研究开发等方面的研究成果，弥补了贝恩《产业组织》一书中对市场行为论述的不足，并考察了微观和宏观经济的周边条件对市场结构、市场行为和市场绩效的影响。[④]

哈佛学派通过研究，推导出市场结构、市场行为和市场绩效之间存在一种单向的因果联系——市场结构决定了企业的市场行为方式，而企业行为又决定了企业市场绩效的好坏。这便是著名的“市场结构—市场行为—市场绩效”（Structure-Conduct-Performance，SCP）范式。哈佛学派建立的 SCP 分析范式，为早期产业组织理论研究提供了基本的分析框架，使该理论得以沿着一条大体规范的途径发展。[⑤]

在 SCP 分析框架中，关于市场结构衡量指标之一的集中度和市场绩效判别标准之一的利润率关系的研究处于核心地位。如贝恩通过调查美国制造业中 42 个产业，依据

---

① 石奇. 产业经济学（第三版）[M]. 北京：中国人民大学出版社，2015：20-21.

②④ 夏大慰. 产业组织与公共政策：哈佛学派 [J]. 外国经济与管理，1999（8）：3-5，24.

③ 李悦. 产业经济学（第四版）[M]. 大连：东北财经大学出版社，2015：603.

⑤ 董维刚. 产业组织理论的哈佛学派 [J]. 辽宁税务高等专科学校学报，2005（2）：19-22.

市场集中度，将其分为两组：一组是 8 家最大企业的市场集中度（CR8）大于 70%的 21 个产业；另一组是 CR8 小于 70%的另外 21 个产业。调查结果显示，两个不同集中度的产业群之间存在着明显的利润率差异，前者平均利润率为 11.8%，而后者平均利润率仅为 7.5%。据此，贝恩认为，在具有寡占或垄断市场结构的产业中，存在着少数企业间的共谋、协调行为以及通过市场进入壁垒限制竞争的行为，削弱了市场竞争性，产生了具有超额利润的市场绩效，从而破坏着资源配置效率。这便是贝恩“集中度—利润率”假说。[①] 贝恩提出，有效的产业组织政策首先应该着眼于形成和维护具备有效竞争的市场结构，必须采取企业分割、禁止兼并等直接作用于市场结构的公共政策，恢复和保护有效竞争的市场秩序。

哈佛学派的主张对以美国为首的西方市场经济国家反垄断政策的开展和强化产生过重大影响。最为典型的是 1968 年美国总统特别咨询委员会基于哈佛学派理论，出具了关于反托拉斯政策的报告书。该报告书提出，现行法律（《谢尔曼法》）对市场中寡占结构的规制过于薄弱，需要通过加强立法予以解决。依照此观点起草的新法律草案于 1972 年正式在国会提出，新法案试图通过结构规制和企业分割来构筑竞争性市场。[②] 随着其他资本主义国家崛起，美国产业国际竞争力不断下降，实施严厉的反垄断法渐渐被看作削弱美国产业竞争力的原因之一，而大型反垄断事件所花费的社会成本并没有带来显而易见的实际效果，再加上芝加哥学派对哈佛学派强有力的批判，各国经济政策开始逐渐倾向于缓和的反垄断法。

哈佛学派的主要理论成果“结构—行为—绩效”范式，为早期经济学者们研究产业组织提供了一套基本的分析框架和思维逻辑，对产业组织理论的发展做出了巨大贡献。哈佛学派认为公共政策是协调市场竞争和规模经济矛盾的主要手段，在一定时期内对世界各国经济政策制定产生了重要影响。

二、芝加哥学派

20 世纪 60 年代，美国经济出现了大量财政赤字和贸易赤字，一些重要产业的生产活动开始向国外转移，美国经济在国际上的竞争地位不断下降，国内经济出现了明显的“滞胀”现象。不少研究者认为，过于强硬的垄断政策是导致美国经济低迷的主要原因。由此，从 20 世纪 70 年代后期开始，以斯蒂格勒、德姆塞茨、布罗曾、波斯纳等为代表的芝加哥大学学者对哈佛学派的观点展开了激烈抨击，并逐渐形成了产业组织理论中的“芝加哥学派”。[③]

芝加哥学派在理论上继承了传统经济自由主义思想和社会达尔文主义，信奉自由市场经济中竞争机制的作用，相信市场能够自发实现资源最优配置，认为市场竞争过程是一个适者生存、劣者淘汰，即所谓“生存检验”的过程。该学派强调新古典学派

---

① 赵玉林. 产业经济学：原理与案例（第三版）［M］. 北京：中国人民大学出版社，2014：173.
② 产业组织与公共政策：哈佛学派［J］. 外国经济与管理，1999（8）：3-5，24.
③ 李悦. 产业经济学（第四版）［M］. 大连：东北财经大学出版社，2015：605.

价格理论在产业活动分析中的适用性，坚持认为产业组织及公共政策问题仍然应该从价格理论的视角来研究，力图重新把价格理论中完全竞争和垄断这两个传统概念作为剖析产业组织问题的基本依据。①

芝加哥学派对哈佛学派的批判与发展集中在以下几点：

（1）市场结构方面，芝加哥学派断定在高集中度的市场结构中创造的高额利润，是来自大企业的生产效率而非垄断势力。即使市场中存在着某些垄断势力或不完全竞争，只要不存在政府设置的进入壁垒，这种利益分配不均衡状态在现实中只是暂时的。例如，在高集中度的市场中，企业之间采取卡特尔等共谋或协调行为，也许可以暂时获得高利润率，但只要没有政府进入壁垒的限制，高集中度产生的高利润率会因为新企业的大量进入或卡特尔协定的破裂而难以长期维持。② 高集中度市场中的高利润率与其说是市场配置失灵的指标，不如说是生产效率提高的结果。布罗曾经研究发现，在贝恩于 1951 年调查的 42 个产业中，高度集中的产业群（$CR_8 > 70\%$）和较不集中产业群（$CR_8 < 70\%$）存在 4.3%的利润率差异，到 20 世纪 50 年代中期，已降至 1.1%。③ 由于一些企业在激烈的市场竞争中能取得更高的生产效率，所以才能获得高额利润，进而促进企业规模的不断扩大和市场集中度的进一步提高，形成以大企业和高集中度为特征的垄断市场结构。在芝加哥学派学者看来，高集中度市场中大企业必然具有高效率，而高集中度之所以能够持续，是因为它能够带来效率，或者说是优秀企业经营管理的必然结果。如果一个产业持续出现高利润率，完全可能是企业在大规模生产中的规模经济性、先进的技术和生产设备、优越的产品质量和完善的企业组织管理等因素作用的结果，而非哈佛学派所认为的垄断势力。

（2）市场行为方面，修改了由贝恩创设的进入壁垒理论。斯蒂格勒把进入壁垒定义为新进入市场的企业必须负担，而市场上现存企业不需负担的成本。从这一定义出发，许多传统因素，如产品差别化等不再被看作是进入壁垒，而是实现经济效率性的手段。在斯蒂格勒看来，除政府的进入壁垒以外，真正的进入壁垒在实际中几乎不存在，因此市场中现存企业都面临着潜在进入者的竞争压力。④

（3）市场绩效方面，芝加哥学派认为判断市场性质的标准是效率，而不是市场结构。在对市场的分析中，哈佛学派认为结构最重要，而芝加哥学派认为效率最重要。芝加哥学派将效率分为资源配置效率和生产效率。企业如果实现生产效率，等于解决了生产技术和规模经济的问题，可以在高效率条件下低成本地进行生产。但是，低成本产品不一定能够满足消费者需求，为了实现更大收益，企业就要生产消费者需要的产品品种，调整生产要素在市场间的进出，这样就实现了资源配置效率。大企业在生产和配置方面所具有的高效率是超额利润的根源，而不是像哈佛学派所认为的那样，来自高集中度市场条件下的垄断。⑤

---

① 赵玉林. 产业经济学：原理与案例（第三版）[M]. 北京：中国人民大学出版社，2014：174.
②④ 赵玉林. 产业经济学：原理与案例（第三版）[M]. 北京：中国人民大学出版社，2014：175.
③ 夏大慰. 产业组织与公共政策：芝加哥学派 [J]. 外国经济与管理，1999（9）：3-6.
⑤ 李悦. 产业经济学（第四版）[M]. 大连：东北财经大学出版社，2015：605.

（4）公共政策方面，芝加哥学派奉行自由经济主义，提出应减少政策规制。该学派认为自由的企业制度和自由的市场竞争秩序，才是提高生产活动效率、保证社会福利最大化的基本条件。对企业市场行为判定，关键不在于看其是否损害了市场竞争者，而在于它是否促进社会整体的经济效率提升，因此反垄断法应该是保护竞争，而不是单纯地保护竞争者。斯蒂格勒等在对政府反垄断经济政策实际效果进行了检验后指出，政府规制在很多产业中并未收到预期效果，反而产生了显著的不良影响，进而对政府介入的正当性提出质疑，由此认为，政府应尽可能地减少政策对产业活动的干预，以扩大企业和私人的自由经济活动范围。芝加哥学派提出反垄断政策的目的在于实现经济效率性，因此反垄断政策的重点应放在对企业的市场行为干预上，即主要对卡特尔等企业间的价格共谋行为和分配市场的协调行为进行禁止和控制，目的在于促进资源流通，进而提高生产活动效率。① 同时，应尽可能地满足消费者对产品和服务的需求。只要不存在人为的市场进入限制，潜在的竞争压力会迫使兼并后的大企业仍然置于竞争压力之下，政府没有必要对企业兼并采取严格控制政策。

1981 年，里根就任美国总统后，芝加哥学派直接推动了美国反垄断政策的重大转变，促使美国政府开始对航空、铁路、银行、电信、广播等行业实行宽松管制，反垄断诉讼案件数量也大幅度减少，引发的一系列反垄断政策变化被称为“芝加哥革命”。②

三、新奥地利学派

新奥地利学派是 20 世纪 70 年代兴起以米塞斯、哈耶克为代表的产业组织理论学派，其主要理论建立在门格尔、庞巴维克创始的奥地利经济学派传统思想和方法上。③ 新奥地利学派对经济现象研究建立在个人行为理论基础之上，从“人是有目的的行为”这一论断出发，推衍出经济学即为人类行为学这一独特的理论体系。④ 因此，新奥地利学派的产业组织理论思想更强调市场竞争过程和企业行为。

新奥地利学派否定了完全竞争概念，他们认为新古典学派所假设的市场均衡状态其实应该是一个竞争过程引发的结果。哈耶克指出，完全竞争概念描述了一个均衡状态，却不谈导致均衡的竞争过程是不合理的。“竞争”一词的含义是为某种利益相互争夺。在现实经济生活中，企业围绕新产品开发、产品质量、价格、成本展开竞争，这一对抗性过程才是竞争的本意。但是完全竞争的概念夺走了企业“竞争行为”过程。完全竞争理论在定义中排除了提高或降低价格、区分产品、广告宣传等竞争因素，仅仅描述了作为竞争结果的均衡状态，没有对竞争过程做出任何有用解释。此外，完全竞争理论的基本前提——市场参与者都具有充分掌握各种市场信息和知识的能力及条件，也是不合理的。实际市场中存在大量不确定性，无论是政府还是个人，都不可能完全掌握所有的信息和知识。⑤

---

①② 夏大慰. 产业组织与公共政策：芝加哥学派［J］. 外国经济与管理，1999（9）：3-6.

③ 臧旭恒，杨蕙馨，徐向艺. 产业经济学（第五版）［M］. 北京：经济科学出版社，2015：57.

④ 张桂萍. 产业组织理论的奥地利学派研究［D］. 沈阳：东北财经大学硕士学位论文，2010.

⑤ 夏大慰. 产业组织与公共政策：新奥地利学派［J］. 外国经济与管理，1999（10）：26-29.

新奥地利学派认为，市场竞争过程中会出现不可预期的变化，但是参与者能够学习、改正错误并发现新的利润机会。在竞争过程中，企业家行为及创业精神发挥着至关重要的作用，能够指导资源合理流动，更好地满足消费者需求，推动市场趋于均衡。新奥地利学派认为，经济生产手段与目的之间的关系并非一成不变，而是受到具有创造性企业家行为的制约，这种创造性行为背后是创业精神，本质上是发现新市场需求，以及发掘满足这些需求的资源、技术或其他手段的能力。企业家通过发现市场上已经存在但未被注意的利润机会，提供新产品或服务，从而比其他参与者率先或更好地满足消费者，以获得利润。市场不均衡是因为市场参与者的无知，即存在着未被发现或者因为信息不完全造成错误决策而丧失的利润机会。竞争过程实际上是对不均衡的调整过程，企业家在这一过程中起着维护均衡的重要作用。[①] 企业家在市场竞争过程中不断试错，通过学习知识和收集信息来实现市场绩效的提升。市场竞争的根源也是企业家创业精神，如果市场上有旺盛的创业精神，无论垄断程度多高，都能形成强大的竞争压力。因为只要新进入的企业供给符合消费者需求的新产品，垄断企业就不可能阻止得了新企业的进入。虽然尝试新产品、引进新技术、开发新市场的企业家要承担创业风险，但是创业成功带来的利润和精神上的成就感能激励企业家不断进行创新活动，从而推动市场发展。[②]

在公共政策方面，新奥地利学派崇尚自由市场经济，反对一切形式的政府干预，主张自由放任的产业政策。在自由市场中，价格运行机制是有效率的，买卖双方自愿交易所形成的价格能够起到协调各参与者追求自身利益活动的目的，这种协调方式能够增进所有人的利益。虽然可能会发生不可逆转的经济停滞，但是时间不会长，在市场竞争作用下经济始终会得以复苏。新奥地利学派认为真正的垄断是政府干预引起的行政垄断。传统产业组织理论赞同政府规制是因为前提假设就是错误的，即在给定信息前提下，政府规制是可行的。但事实是政府在信息不完全的情况下对市场强制干预，往往会扭曲市场自发调整的过程，阻碍竞争，并最终损害经济绩效。政府规制并不能促进市场经济发展，制定政策只是反映了立法者的偏好，由于政府干预扰乱市场运行秩序，对市场来说弊大于利。[③] 米塞斯认为，从长期来看，如果没有政府保护且进入某个领域是自由的，一国的卡特尔就不可能一直维持其垄断地位。与其把产品差别化看作影响垄断程度的因素，不如将其看作正常竞争过程的一部分。同时，还应区分垄断利润与企业家利润，后者与垄断无关，它是对企业家创业活动的回报。[④] 信息不完全导致市场中存在很多未知的利润机会，市场中存在非效率、非均衡状态正是因为有些利润机会尚未被企业家发现。政府对市场进行不必要的规制会阻碍市场机会被发现，制约企业家获取新利润。在新奥地利学派看来，政府需要做的只有通过制定法律来确保

① 夏大慰. 产业组织与公共政策：新奥地利学派［J］. 外国经济与管理，1999（10）：26-29.

② 夏大慰，王步芳. 新奥地利学派：产业组织学的行为流派［J］. 山西财经大学学报，2004（5）：71-76.

③ 张桂萍. 产业组织理论的奥地利学派研究［D］. 沈阳：东北财经大学硕士学位论文，2010.

④ 刘志铭. 竞争性市场过程、产业组织与经济增长：奥地利经济学派的发展［J］. 南开经济研究，2001（4）：75-80.

竞争的公平和自由，保证市场自发秩序的产生，这样市场才能达到高效率，在充分满足消费者的同时，抓住获取利润的机会。[①]

尽管新奥地利学派架构的市场进入完全自由就能确保充分竞争这种极端自由主义的政策主张在经济生活中是不现实的，但其关于市场竞争过程、企业家创业精神的理论分析丰富了产业组织理论，对产业组织理论发展有着重要促进作用。

四、新产业组织理论

20 世纪 70 年代以来，产业组织理论经历了重大变化和发展，传统产业组织理论及 SCP 范式逐渐衰微，产生了新产业组织理论。其代表人物主要有梯若尔、夏皮罗、萨勒普、施马兰西、施瓦茨等。[②] 新产业组织理论的创新集中在：不再强调市场结构，而是突出市场行为，将市场初始条件及企业行为看作是一种外生力量，而市场结构则被看作内生变量，寻求将产业组织理论与新古典微观经济学进行更加紧密的结合；突破了传统产业组织理论单向、静态的研究框架，建立了双向、动态的研究框架；引入了博弈论、信息经济学、可竞争市场理论等现代微观经济学的最新成果，[③] 对传统产业组织理论进行了突破和创新。

新产业组织理论对具体的产业组织问题进行了新的探索，丰富了研究成果，其中最具代表性的理论论断有以下五个：

（1）策略性行为理论。策略性行为理论主要包括两个方面的内容：一是影响未来市场需求函数和成本函数的策略性行为。二是影响竞争者对事件估计信念的策略性行为。前者包括过度生产能力策略、提高对手成本策略、品牌多样化策略等，后者包括限制性定价策略、掠夺性定价策略、消耗战策略、研发竞赛策略等。在垄断或寡占的市场中，市场环境不再是外生的，主导企业可以通过策略行为改变市场环境，从而影响竞争对手的预期，改变竞争对手对未来事件的信念，迫使竞争者做出对主导企业有利的决策行为。[④]

（2）市场不完全假定理论。市场不完全存在的原因主要有两个：首先是信息不对称和不完全。在此条件下，价格机制不能有效地配置资源，也无法均衡市场供求，市场竞争程度就越弱，需要一系列其他机制来替代或者补充。其次是存在不确定性。传统产业组织理论有一个很强的倾向，即以生产者和消费者能够掌握有关成本和需求的全部信息为前提进行分析研究，隐含假定企业可以完全预见未来发生的所有事情，并完全有能力解决。实际上，企业没有获得市场瞬息变化信息的能力和途径，不可能做出无条件的最大化决策。新产业组织理论突破了传统假定，将生产者和消费者对成本（包括生产技术）和需求等信息的掌握程度，用 0~1 的概率表示，进而分析不确定性条

---

① 张桂萍. 产业组织理论的奥地利学派研究［D］. 沈阳：东北财经大学硕士学位论文，2010.

② 魏娟，邢占文. 产业组织理论三大流派综述及最新进展［J］. 内蒙古财经学院学报，2009（1）：81-87.

③ 卫志民. 20 世纪产业组织理论的演进与最新前沿［J］. 国外社会科学，2002（5）：17-24.

④ 余东华. 新产业组织理论及其新发展［J］. 中央财经大学学报，2004（2）：49-54.

件下企业和消费者静态与动态的市场行为。①

（3）可竞争市场理论。作为对 SCP 范式的批判，鲍莫尔、伯恩查和韦利格等在借鉴芝加哥学派产业组织理论的基础上，于 1982 年合作出版《可竞争市场与市场结构理论》一书，系统提出了可竞争市场理论。他们认为，可竞争市场是完全竞争市场的一般化，可以代替完全竞争衡量市场绩效，可竞争市场存在“打了就跑”（hit-and-run）的潜在进入威胁，这种潜在竞争压力可以产生社会合意的市场绩效，可竞争市场中政府规制完全没有必要。② 该理论认为，决定市场进入壁垒和退出壁垒的因素仅有沉没成本（已经发生而且无法收回的成本 ③），可竞争市场是自由进入—退出的市场，意味着沉没成本为零，即使具有垄断性，由于潜在竞争的威胁，垄断企业也不可能获得超额利润。④

（4）引入博弈论研究方法。早期产业组织理论将研究重点集中于市场结构问题，主要采用静态实证分析方法，过于依赖经验性推理，缺乏理论依据和正式的寡头市场分析模型，充其量只是基于大量观察的经验性描述或是理论上的推测。新产业组织理论认为，市场结构由企业规模决定，企业规模取决于交易费用的高低，交易费用的高低则取决于交易活动所具有的复杂程度和不确定性，而这一切又都源自市场参与者的行为属性，因此，将研究重点从市场结构转向了市场行为。由于市场行为具有很强的不确定性，企业之间行为会相互影响，传统实证方法很难再沿用，新产业组织理论便引入了以推理演绎为主的博弈论，不仅为产业经济研究提供了理论基础，还为有关企业行为和市场绩效的经验性研究提供了精确指导。⑤ 现在博弈论已成为产业组织研究中占主导地位的工具，常用于探究寡头垄断、不完全市场定价、企业兼并、反垄断规制等问题，也正是由于博弈论的应用，才使得产业经济学成为经济学进展最为迅速的领域之一。⑥

（5）公共政策主张变化。新产业组织理论更加注重产业组织理论政策含义的研究，追求公共政策的理论依据。相对于传统产业组织理论的反垄断政策，新产业组织理论的反垄断政策出现了三个明显变化：一是从注重反垄断结构到注重反垄断行为的变化。新产业组织理论认为，垄断结构不一定导致垄断行为，从而不一定损害消费者利益。因此，反垄断实施机构开始把调查重点从商业行为的结构效应转移到商业行为对经济效益和消费者福利的影响上。二是反垄断政策目标有了潜移默化的变化。20 世纪 80 年代以来，西方国家反垄断政策主要目标取向由过去的保护消费者利益，逐渐转移到提高市场效率，在效率优先的前提下兼顾保护消费者利益。三是反垄断政策有了明显松动。只要市场是可竞争的，少数几家大企业纵向或横向兼并，并不一定损害市场效率

---

① 魏娟，邢占文. 产业组织理论三大流派综述及最新进展［J］. 内蒙古财经学院学报，2009（1）：81-87.

② 赵玉林. 产业经济学：原理与案例（第三版）［M］. 北京：中国人民大学出版社，2014：181.

③［美］曼昆. 经济学原理（第 7 版）［M］. 梁小民，梁砾译. 北京：北京大学出版社，2015：515.

④ 余东华. 新产业组织理论及其新发展［J］. 中央财经大学学报，2004（2）：49-54.

⑤ 刘和旺，王春梅. 西方新产业组织理论述评［J］. 学习与实践，2013（7）：47-55.

⑥ 卫志民. 20 世纪产业组织理论的演进与最新前沿［J］. 国外社会科学，2002（5）：17-24.

和消费者利益，政府的竞争政策应该重视是否存在充分的潜在竞争压力，而不必匆忙进行反垄断起诉。在政府管制方面，新产业组织理论认为传统建立在价格理论基础上的管制理论，已经被新的以机制设计为核心的管制理论所取代。新的管制理论强调管制者与被管制企业之间的非对称信息，从而进一步强调建立激励性管制机制的重要性，以激励企业通过技术创新提高效率、降低成本。在新产业组织理论影响下，西方国家管制政策发生一系列变化：首先是伴随着公共事业部门的自由化和私有化，实施放松管制政策；其次是以激励性管制取代过去传统管制；最后是在放松经济性管制的同时，强化社会性管制，加强环境保护、实施可持续发展，并确保消费者权益不受侵害。[①]

新产业组织理论在借鉴其他学科研究方法的同时，运用产业组织基本原理分析新的经济问题，使产业组织理论得到极大的丰富。在这些新领域中，关于企业制度问题的探讨、国际经济现象的分析、网络经济等新经济因素的研究等取得了显著成就。[②] 新产业组织理论克服了传统产业组织 SCP 分析范式的缺陷，推动了产业组织理论进一步向前发展。

五、新制度学派

新制度学派于 20 世纪 80 年代中期兴起，着重从制度角度研究产业经济生活，其代表人物有科斯、威廉姆森、阿尔钦、詹森和麦克林等。该学派的基本理论有四个：交易费用理论、产权理论、企业理论和制度变迁理论。新制度学派关于产业组织的观点建立在交易费用理论之上，彻底改变了只从技术角度考察企业和只从垄断竞争角度考察市场的传统思路，将研究重点深入到了企业内部，对产业组织理论的深化起到了直接推动作用。[③]

新制度经济学对产业组织理论的发展主要集中在以下几个方面：

（1）运用交易费用理论说明产业组织的效率来自交易成本。交易费用指市场经济过程中产生的费用，包括运输费用、佣金、谈判所花费的时间、包括关税在内的各种税收等。[④] 在完全竞争条件下，如果交易成本为零，私人成本等于社会成本，市场交易不需要通过企业就可以完成。但是在现实经济生活中，交易成本却是大于零，市场或价格机制运行存在成本，促使买卖双方必须依靠市场交易替代物——企业。企业的存在是为了节约交易成本，企业的建立使得一种生产要素（或其所有者）无须再与同在企业内部的其他生产要素签订合约来促成生产交易，如果没有企业则需要大量谈判才能完成合作，这会大幅度增加交易成本。企业使得一系列合约被一个合约替代，一系列短期市场契约被一个长期契约替代，可以说企业取代了市场，帮助人们节约了交易成本。交易成本与企业行为的互动，影响着企业经营策略，进而间接影响了企业绩效。当企业内部的交易成本大于市场交易成本时，企业将选择市场交易；而当市场交易成

①② 余东华. 新产业组织理论及其新发展［J］. 中央财经大学学报，2004（2）：49-54.

③ 马中东. 新制度经济学中的产业组织理论探析［J］. 改革与战略，2009（1）：12-14.

④ 苗金萍. 新制度经济学理论述评［J］. 甘肃科技纵横，2004（6）：104-106.

本大于企业内部交易成本时，企业往往选择内部解决。[①] 在新制度学派看来，复杂的组织形式，都有交易成本问题需要解决，要从各种可以相互替代与互补的组织形式中，选择最有效率的组织形式，以最大限度地节省交易成本。[②]

（2）运用产权理论说明市场资源配置的失误在于产权配置的缺陷。传统西方微观经济学中更注重用基于方程式的数学计算来衡量市场供给与需求双方的关系，忽视了生产和交换过程中的产权问题。新制度经济学派把产权视为经济体制中一种激励参与者行为的制度安排。科斯从产权角度对资源配置效率进行了分析，指出产权制度不仅影响产权转让和市场交易，关于产权的法律界定将直接影响企业的经济行为和资源配置效率。如果交易成本大于零，不同的法律规定或制度安排，会带来不同的资源配置结果，直接影响经济效率。反之，在解决某一类经济问题时，采取哪种制度安排又取决于哪种制度形式下的交易成本最低。明晰产权归属，建立有效率的产权制度，不仅有助于发挥经济主体的积极性，保证经济主体把资本和精力用于最有社会效率的生产活动，从而使个人收益与社会收益趋向最大化，而且有助于减少未来的不确定性，降低机会主义行为发生的可能，节省交易成本。[③]

（3）提出中间性组织的概念。科斯认为，将产业组织学的研究对象仅局限于大企业与市场是片面的，“按我的观点，产业组织研究所需要的是对问题的直接探讨……除了研究企业内部出现的情况之外，还应研究企业之间的契约安排（长期合同、租借、各种许可，包括特许权等），因为市场安排总是可以替代企业内部组织。同时，对兼并的研究应予扩大，使之成为主要课题的组成部分。除了研究兼并对企业之间职能的重新安排效应外，也应重视‘反兼并’、企业之间部门或分部的转移、新活动的出现、老活动的放弃，还有新企业组织的出现——这往往被人遗忘”。[④] 新制度学派把企业看作一个开放系统，认为企业因为交易成本太高、法律限制以及可能降低自身灵活性等原因，想要采用内部扩大或外部并购等垄断方式获取外部环境资源，是没有必要或不可能实现的，企业间的信任与契约关系或许是更合理获取资源的方式。这种契约安排存在于市场和企业两种极端制度安排之间，形成了多种类型的中间性经济组织。中间性组织理论形象地将组织间协调称为“看得见的手”和“看不见的手”的“握手”，并将原有的企业和市场二层次分析框架提升为市场、中间性组织和企业的三层次制度分析框架，从而较好地弥合了传统抽象理论研究和现实世界脱节的情况。[⑤]

新制度学派对产业组织理论的发展在于引入了制度研究，强调经验验证，主要从企业经营管理的角度，探究企业垄断行为和市场绩效，且加入了制度因素的考量，使产业组织理论研究对现实经济生活更具有指导意义。

---

① 马中东. 新制度经济学中的产业组织理论探析［J］. 改革与战略，2009（1）：12-14.

② 孟令彤. 西方产业组织理论追踪［J］. 山东理工大学学报（社会科学版），2011（2）：10-12.

③ 苗金萍. 新制度经济学理论述评［J］. 甘肃科技纵横，2004（6）：104-106.

④［美］R.科斯. 论生产的制度结构［M］. 盛洪，陈郁译. 上海：上海三联书店，1994：212.

⑤ 马中东. 新制度经济学中的产业组织理论探析［J］. 改革与战略，2009（1）：12-14.

第二节　产业组织的研究范式与逻辑

哈佛学派的产业组织理论以新古典主义经济学为基础，以实证研究为主要手段，把产业分解成特定的市场，按结构、行为、绩效三个方面，对其进行分析，构造了一个既能深入具体环节又有系统逻辑的市场结构（Structure）—市场行为（Conduct）—市场绩效（Performance）分析框架（SCP 分析范式），并对市场关系各方面进行实际测量，从而规范了产业组织的理论体系。[①] 哈佛学派创立的 SCP 分析范式长期是产业组织研究的核心。

市场结构通常指的是企业之间市场关系的表现形式，包括买方之间、卖方之间、买卖双方之间以及市场内已有的买卖双方与正在进入或可能进入市场的买卖双方之间在交易、利益分配等方面存在的竞争关系。市场结构用来描述一国经济中市场和产业的特点及其构成要素，它的含义包括：第一，在总量水平上，结构表示一国经济中不同部门相对比重和重要性的变化；第二，结构是指某一特定市场和产业中企业的数量和规模；第三，结构涉及某一特定市场和产业的重要性与特点。产业经济学所研究的正是第三层含义的结构，也就是生产同类产品（严格说是生产具有密切代替关系的产品）的生产者在同一市场上的集合。这些生产者之间的关系结构就是产业组织理论研究的对象。产业组织理论中的结构是用来描述在某一特定市场和产业中经营的企业所面临的竞争环境，这种竞争环境主要通过买者和卖者数量和规模分布（市场集中度指标）、产品差异程度、企业进入退出壁垒、企业一体化和多样化经营程度、规模经济等来描述。[②]

市场行为是指企业在充分考虑市场供求条件和其他企业关系的基础上，所采取的各种决策行为。企业的市场行为，主要表现为定价策略、产品与广告策略、研究开发策略和排挤竞争对手的行为等。另外，卡特尔共谋也属于市场行为范畴。[③]

市场绩效是指在一定的市场结构下，通过一定的企业行为使某一种产业在价格、产量、成本利润、产品质量、品种以及技术进步等方面达到的状态，即企业的经营是否提高了社会经济福利，是否能够满足消费者的需求。通过价格、成本、盈利水平之间关系的考察能够揭示企业的绩效水平，企业行为是否避免了生产要素的浪费，获得了生产上的效率，实现了资源的有效配置。[④]

哈佛学派在运用 SCP 分析范式时，将市场结构作为产业组织分析的重中之重，因而哈佛学派理论的追随者也通常被称为“结构主义者”。在分析框架中突出市场结构，

---

① 产业组织与公共政策：哈佛学派［J］. 外国经济与管理，1999（8）：3-5，24.

② 臧旭恒，杨蕙馨，徐向艺. 产业经济学（第五版）［M］. 北京：经济科学出版社，2015：64.

③ 赵玉林. 产业经济学：原理与案例（第三版）［M］. 北京：中国人民大学出版社，2014：172.

④ 臧旭恒，杨蕙馨，徐向艺. 产业经济学（第五版）［M］. 北京：经济科学出版社，2015：65.

在研究方法上偏重实证研究，是哈佛学派的两个重要特征。哈佛学派学者把完全竞争和垄断作为两极，将现实的市场置于中间进行分析，并将市场中企业数量的多少作为相对效率改善程度的判定标准，随着企业数量的增加、完全竞争市场的接近，基本就能实现较为理想的资源配置效率。在哈佛学派看来，高集中度的市场中，由于存在着少数企业间的共谋、协调以及通过提高进入壁垒限制竞争等行为，会削弱市场的竞争性，其结果往往是产生超额利润，破坏资源配置的效率，削减社会福利。① 哈佛学派强调垄断的市场结构会产生垄断的市场行为，进而导致不良的市场绩效，特别是资源配置的非效率。为了获得理想的市场绩效，最重要的是通过公共政策来调整和改善不合理的"市场结构"，并对经济生活中企业的兼并行为采取规制措施。②

哈佛学派以实证推导出企业的市场结构、市场行为和市场绩效的关系，为早期的产业组织理论研究提供了一套基本的分析框架。但是他们的研究往往带有经验主义的性质，缺乏坚实的理论基础和模型分析，面临着一系列的计量难题。而且过于强调市场结构是导致企业不同行为和绩效的决定性因素，忽视了市场结构、市场行为和市场绩效之间的相互影响关系。芝加哥学派对 SCP 范式片面强调市场结构提出了批判，认为高集中度并不意味着必然存在垄断行为，更不意味着资源配置的非效率性，反而是市场绩效和市场行为决定了市场结构，产业组织问题应该通过完全竞争理论而不是垄断竞争理论来加以说明。芝加哥学派认为市场竞争过程是一种"生存检验"的过程，大企业的高利润是适者生存进化机制选择的结果，不应对企业的规模进行干涉，因为垄断的形成恰恰是高效率的体现。但是芝加哥学派仅从生产的规模经济出发来解释垄断企业的高效率又过于简单，而且在研究方法上重新回到了新古典主义的价格理论，偏重于均衡状态的分析，在很大程度上偏离了经济现实。③

新奥地利学派在 SCP 范式研究过程中补充了企业行为和竞争过程，特别指出企业家行为在竞争市场上能够促进资源的合理配置。市场不均衡是因为市场参与者的无知，竞争过程实际上是对不均衡的调整，企业家在市场中起着重要的维护均衡的作用。基于这一观点，该学派对垄断组织和垄断行为的解读有所创新，按照其观点，竞争的强弱无法用集中度、企业数量、市场占有率等定量指标来衡量，主要是由于竞争源于企业家的创业精神。新奥地利经济学派推崇市场是一种人类的行为秩序，强调对其开展动态研究，这些观点深化了人们对产业组织的理解。但是该学派强烈反对企业分割、禁止兼并等政策主张，全面否定反垄断政策和规制政策的必要性，鼓吹市场的自由放任，这类主张并不适合现实经济生活。

新产业组织理论在范式上的创新表现为三个"突破"：④ 一是突破了传统产业组织理论只重视市场结构的分析框架，从重视市场结构转向了重视市场行为，即由"结构主义"转向"行为主义"；二是建立了双向、动态的研究框架；三是突破了传统产业组织

① 产业组织与公共政策：哈佛学派［J］. 外国经济与管理，1999（8）：3-5，24.
② 魏娟，邢占文. 产业组织理论三大流派综述及最新进展［J］. 内蒙古财经学院学报，2009（1）：81-87.
③ 王辉. 产业组织理论及其研究范式的演化分析［J］. 中国市场，2007（44）：80-81.
④ 余东华. 新产业组织理论及其新发展［J］. 中央财经大学学报，2004（2）：49-54.

理论的新古典假定，建立了不完全信息条件下市场行为的分析范式。研究方法上采用了以推理演绎为主的博弈论方法，虽然比实证方法更具理论逻辑性，但其最大不足是缺乏实证数据的有力支持。博弈论的许多推论都以严格的假定为前提条件，其结论无法得到证实或证伪。随着大数据技术的发展，产业组织理论研究也开始寻求更具实证支持的研究方法，将实证计量与推理演绎融合起来，将使产业组织理论研究更具说服力。①

新制度学派对 SCP 范式的拓展是在市场行为分析过程中引入交易费用理论，改变了传统 SCP 范式只从技术角度考察企业，或只从垄断竞争角度考察市场的逻辑，深入剖析由企业内部产权结构和组织结构的变化所导致的企业行为及市场绩效的变化。该学派认为由于市场交易过程中客观存在的信息不对称问题，导致现实交易成本总是大于零，企业替代市场的制度安排则可使交易费用大大降低。新制度学派认为不能片面判断竞争和垄断孰优孰劣，一定条件下的垄断能够降低交易成本，并获取规模经济效应和资源有效配置。新制度学派的不足之处在于，制度的形成与演变是一个复杂的过程，简单化的研究方法并不能有效地揭示经济活动复杂系统的本质，也难以深刻描述制度的动态演化，文化、观念、意识形态、认识能力等非经济因素都对制度的起源和变迁产生深远影响，新制度理论方面的研究还远远不够。②

20 世纪 70 年代以前，SCP 范式假定在市场结构、市场行为和市场绩效之间存在着单向的、静态的因果关系。市场结构决定市场行为，从而市场结构通过市场行为，影响市场绩效。这种因果关系为政府制定竞争政策、反垄断政策和产业发展战略提供了理论依据。以此为基础，强调控制市场结构，坚决反对垄断，禁止可能导向垄断的市场行为。随着产业组织理论发展延伸，许多经济学家指出，并不能单纯地根据市场结构、市场行为和市场绩效之间的相关关系，推导出因果关系。在引入新的经济学理论如信息经济学、博弈论等之后，SCP 分析范式开始转变为双向的、动态的分析范式。③近年来，随着定量化实证研究趋势的发展，产业组织理论更注重在企业经营和企业内部组织的基础上，探讨其市场行为和市场绩效，从而使研究更加接近现实，对解释和指导现实经济生活实践的作用也更为直接。

传统产业组织理论研究的对象主要是制造业，经过半个多世纪的发展，已经形成了比较成熟的理论体系和分析框架。面对复杂的文化产业，两者能否兼容，对于产业组织理论的正确性来说也是一种考验。文化产业经济学作为新兴的交叉学科，理论研究还比较薄弱，将已有产业组织理论与文化产业现状相结合，从一般产业经济学的角度深入探究当前中国文化产业市场经济形态，具有重大意义。本书在运用产业组织基本理论开展文化产业组织与竞争研究时，依然遵从市场结构、市场行为和市场绩效三个核心维度的关系，分析当前文化产业市场存在的突出问题，故第八章至第十三章将基于 SCP 范式，依次就文化产业市场结构、文化企业行为和文化企业市场绩效展开具体讨论和分析。

---

① 曹颖，解利艳. 产业组织理论的演化［J］. 东北林业大学学报，2005（4）：92-94，99.

② 孙绪娜. 新制度经济学理论概述［J］. 资料通讯，2007（Z1）：51-55.

③ 臧旭恒，杨蕙馨，徐向艺. 产业经济学（第五版）［M］. 北京：经济科学出版社，2015：65.

第八章 文化产业市场结构

哈佛学派的结构主义认为，市场结构决定企业行为，并通过企业行为影响市场绩效，尽管芝加哥学派、新奥地利学派等继续从不同角度发展了结构主义、行为主义等，但基本都认同市场结构、企业行为、市场绩效三者间存在特定的相互作用关系。为此，从本章开始，沿着SC范式的思维逻辑，依次讨论文化产业市场结构、文化企业行为、文化市场绩效及其相互关系，有助于全面了解当前文化产业组织与竞争态势，认知文化企业经营的薄弱环节和效应结果，为文化产业各类资源的优化配置和效率提升提供参考。所谓文化市场结构，指的是文化企业数量、规模、分布以及由此形成的文化市场竞争与垄断格局。[①] 合理的市场结构是文化产业资源配置及有效利用的前提条件，为此，本章在着重测算文化产业市场集中度的基础上，判断中国文化产业市场结构类型，探讨文化产品差别化、规模经济效应、资本、行政等因素促成的文化产业进出壁垒，分析文化产业市场过度竞争的原因，并提出文化市场结构优化的合理建议。

第一节 市场结构理论

产业组织理论中，市场结构反映的是企业之间的市场关系特征，包括买方（企业或消费者）之间、卖方（企业）之间、买卖双方之间以及市场内已有买卖双方与正在进入或可能进入市场的买卖双方之间的关系。市场结构反映了市场竞争和垄断的程度，决定了市场价格形成的方式，从而明确了产业组织的竞争性质。[②]

一、市场结构类型

基于企业数量比例、产品差别程度、进入市场难易程度等因素，可以判断市场竞争和垄断的程度，据此可将市场结构分为四种类型：完全竞争市场、完全垄断市场、垄断竞争市场和寡头垄断市场。

（一）完全竞争市场

完全竞争市场，又称纯粹竞争市场，是指不存在任何垄断因素，市场主体不受任

---

① 江奔东. 文化产业经济学［M］. 济南：泰山出版社，2008：138.

② 赵玉林. 产业经济学：原理与案例（第三版）［M］. 北京：中国人民大学出版社，2014：190.

何外力干扰，完全依照市场经济规律自由进行生产和交易的市场。[①] 完全竞争市场是一种理想化的市场，一般具有以下四个特点：[②]

（1）市场集中度很低。市场上产品需求者和供给者由于数量众多，每个主体的购买量或产量，相对于整个市场的总购买量或总产量来说是微不足道的。单个消费者或者企业并不能影响产品的市场价格，双方都是市场价格的遵从者。

（2）产品的同质性。产品不存在差别，都是同质的标准化产品，并且可以相互替代。没有品牌差异和消费偏好，不同企业之间可以平等竞争，消费者可以随机购买任何一个企业的产品。

（3）不存在进出壁垒。市场主体可以依据自己的意愿自由进出市场，无论是企业还是消费者，都不会因进出市场而产生成本或费用。资源在市场中自由流动，不存在任何法律、社会、技术或资金阻碍企业进出，政府、工会或其他组织也不能影响产品的价格和产量。

（4）市场信息完全对称。企业和消费者拥有包括价格、质量等在内的全部市场信息。所有企业和消费者都是理性的，必须根据市场的全部信息进行决策，不会出现任何人以高于市场价格购买或低于市场价格销售的现象。市场信息完全对称保证了产品价格的唯一。

完全竞争市场的存在条件非常严格，在这种市场结构中，价格可以充分发挥调节作用。但事实上，完全竞争市场几乎是不存在的，尤其对于文化产业来说，产品之间总会存在差异。提出此种理想的市场竞争状态，是为了确保理论体系的完整性，加深对非完全竞争市场的理解，同时确立最佳市场绩效的衡量标准。

（二）完全垄断市场

完全垄断市场又称垄断市场或独占市场。只有唯一产品生产者，且没有相近替代产品的市场，被称为卖方垄断市场；只有唯一消费者的市场，则被称为买方垄断市场。完全垄断市场上作为产品唯一供给者的垄断企业，能够通过控制产量决定产品价格，不存在任何竞争压力，从而获得超额利润。[③] 完全垄断市场具有以下三个特征：[④]

（1）市场集中度最高。垄断企业本身构成一个产业，市场上只有一家企业生产产品，完全垄断产品的市场生产和供应，因而成为价格决定者。

（2）企业生产的产品没有任何相近替代品。如果存在相近替代品，企业就要面对其他企业的竞争，便无法完全控制价格。完全垄断市场中的产品必须无可替代。

（3）进入壁垒非常高。新企业进入该市场存在很大障碍，有极高的进入成本，包括资本壁垒、技术壁垒、法律壁垒等。完全垄断企业起始资本投入较大，或掌握着某种其他企业没有的生产技术，加上一些独家经营特权受到法律保护，使其他企业很难进入。

---

① 王海文. 文化产业经济学——原理·行业·政策［M］. 北京：高等教育出版社，2013：49.

② 赵玉林. 产业经济学：原理与案例（第三版）［M］. 北京：中国人民大学出版社，2014：191.

③ 赵玉林. 产业经济学：原理与案例（第三版）［M］. 北京：中国人民大学出版社，2014：192.

④ 王海文. 文化产业经济学——原理·行业·政策［M］. 北京：高等教育出版社，2013：50.

形成完全垄断市场的原因有多方面，一方面是生产发展趋势和规模经济（长期平均总成本随产量增加而减少的特性[①]）的要求；另一方面是存在自然垄断和政府特许经营的情况。完全垄断市场在现实经济实践中也较为少见，研究完全垄断市场的意义在于明确政府对垄断企业及其行为进行干预、调节的必要性，以及政府干预对经济正常运行的影响。[②]中国文化市场中的电视广播产业在一定行政区域内可视为完全垄断市场。

（三）垄断竞争市场

垄断竞争市场既有垄断因素也有竞争因素，该市场于20世纪30年代由美国经济学家张伯伦和英国经济学家罗宾逊夫人提出。垄断竞争市场是指市场中有许多企业生产和销售有差别的产品，使每个企业都有一定垄断力量，但是产品差别不大又导致了企业之间的竞争。垄断竞争市场既存在一定程度的垄断，又存在一定的竞争，市场结构更接近完全竞争市场。[③]垄断竞争市场通常具有以下四个特征：[④]

（1）市场集中度较低。市场上存在众多企业，单个企业所占市场份额很小，在市场中都没有明显竞争优势，无力对整个市场产生影响，更无法控制价格。企业之间存在激烈的竞争行为。

（2）产品具有差别。垄断竞争市场中同类性能的产品是有差别的，产品差别包括产品本身品质的差别、销售条件的差别和消费者认同的差别。企业提供的产品只能部分替代，不能完全替代。

（3）进入和退出壁垒较低。垄断竞争市场内企业原始投资较低，企业规模较小，资金和技术不足以构成新企业进入市场的障碍，原有企业遭受亏损时退出也相对容易。

（4）非价格竞争。垄断竞争市场中产品存在众多替代品，产品价格差异有限。企业之间更多是基于非价格行为的竞争，如提升产品品质、增加服务和广告营销等，目的是引导消费者偏好，从而扩大销量。

垄断竞争市场有利于满足消费者多样化的需求，鼓励企业创新研发。但是由于广告宣传投入增加产品成本，企业不能以最低成本进行生产，在一定程度上造成了生产要素的浪费。[⑤]文化产业中，文化专业设计产业、广告产业、文化软件产业等市场结构一般表现为垄断竞争，市场上很多企业提供着有差别的文化产品和服务，满足消费者不同文化需求，企业之间通过文化产品品质、增值服务、营销策略等进行竞争，吸引消费者。

（四）寡头垄断市场

寡头垄断市场又称寡头或寡占，是指少数几家大企业主导市场，生产和销售市场全部或极大部分产品，竞争只在几家大企业之间展开。寡头垄断也同时包含垄断因素

---

① [美] 曼昆. 经济学原理（第7版）[M]. 梁小民，梁砾译. 北京：北京大学出版社，2015：512.

② 李承友，王冰. 论完全垄断市场形成的原因及对垄断市场的评论 [J]. 当代经济研究，1999（10）：10-13，39.

③ 王亚娟. 垄断竞争理论的演进与发展 [D]. 郑州：郑州大学硕士学位论文，2014.

④ 赵玉林. 产业经济学：原理与案例（第三版）[M]. 北京：中国人民大学出版社，2014：193.

⑤ 王冰. 垄断竞争市场及其评论 [J]. 经济师，1999（8）：8-10.

和竞争因素，但市场结构更接近于完全垄断市场。[①] 寡头垄断市场的特征有以下三点：[②]

（1）市场集中度较高。从构成寡头垄断市场的企业数目来看，市场可能由两家企业（双头垄断）、三家企业（三头垄断）或多家企业（多头垄断）组成。企业既可以独立决定产品的价格和产量，通过竞争来获得超额利润；也可以互相合作，通过协调产量和定价来增加集体利润。

（2）产品基本同质或差别较大。根据产品之间的差别程度，可将寡头垄断市场分为两种：一是产品没有差别，企业彼此依存度较高，是纯粹寡头；二是产品服务有差别，彼此依存关系较低，是差别寡头。

（3）进入和退出壁垒较高。市场中已有企业在规模、资本、专利技术等方面占绝对优势，其他企业进入相当困难，且由于企业之间相互依存，休戚相关，退出比较困难。

寡头垄断形成的原因可归结为：一是存在规模经济效用。由于单位产品生产成本随着生产规模扩大而递减，生产者为追求更多利润必然要扩大生产规模，追求垄断。二是存在市场进入障碍。新企业进入市场会遇到资金、技术、制度等方面的阻碍，加剧了已有企业的垄断程度。[③] 文化产业中，文化贸易代理与拍卖服务、电影和影视录音服务、版权服务等产业多为寡头垄断市场结构，由少数企业巨头控制整个行业。

二、市场结构决定因素

决定市场结构的因素包括市场集中度、产品差别化程度、企业进入退出壁垒、企业一体化、多样化经营程度、规模经济等。[④] 其中，市场集中度、产品差别化和市场壁垒被看作影响市场结构的决定性因素。

（一）市场集中度

市场集中度是表示在特定市场中企业或消费者具有相对规模结构的指标，反映了特定市场的集中程度，与市场中竞争或垄断态势的形成密切相关，产业组织理论通常把市场集中度作为考察市场结构的首要因素。市场集中度可以分为卖方集中度和买方集中度，市场结构理论研究的集中度一般指卖方集中度，即指某一市场中企业规模结构的状况。[⑤] 影响市场集中度的因素主要有规模经济、市场规模、企业垄断动机、政策因素等。

由于存在规模经济效用，企业在市场竞争压力下，总是尽可能扩大规模，降低产品单位生产成本，取得竞争优越地位。在市场总规模不变的条件下，具有规模经济效用的产业，通常市场集中度较高或者有向高集中度发展的趋势，而规模经济效用不明

① 刘淑梅，张洪庆. 寡头垄断市场的显著特点分析［J］. 管理观察，2009（15）：233-234.
② 王海文. 文化产业经济学——原理·行业·政策［M］. 北京：高等教育出版社，2013：51.
③ 王冰. 寡头垄断市场及其评论［J］. 经济师，2000（1）：8-10.
④ 臧旭恒，杨蕙馨，徐向艺. 产业经济学（第五版）［M］. 北京：经济科学出版社，2015：64.
⑤ 石奇. 产业经济学（第三版）［M］. 北京：中国人民大学出版社，2015：32.

显的产业，往往缺乏扩张规模的动力，市场集中度也相对较低。[①] 然而，现实经济实践中，市场规模并不是一成不变的，在需求增长高的产业中，市场规模不断扩大，一方面会抵消大企业和合并企业规模扩大而造成的集中趋势，另一方面可为新进入或规模较小的企业提供发展机会，使原有企业实现规模经济较为困难。反之，需求增长低的产业，容易出现稳定的高集中度市场结构。[②]

企业追求垄断地位也会提高市场集中度。垄断企业的优势不仅在于增强对市场的控制，还在于将数个生产、交换环节内部化，节省交易成本，并通过多元化经营降低和分散风险。企业为了占据垄断地位，通过掠夺性定价、与主要竞争对手达成协议、进行市场合谋，或者实施收购、兼并、控股、合并等行为，设置种种进入壁垒，尽量减少竞争对手，限制市场内竞争，以扩大自身市场占有率。[③]

国家经济调控的法律法规亦会影响市场集中度。如《著作权法》为了维护作者智力劳动成果，促成了版权垄断；关税保护政策为了限制外国竞争者，助长了国内垄断。许多国家通过制定反垄断法，来防止垄断企业对市场配置资源效率和消费者利益的损害，其主要通过限制超过一定规模企业之间的合并与兼并，来控制市场高度集中。

（二）产品差别化

产品差别化作为一种非价格竞争手段，是为了引起消费者对该产品的特殊偏好，减少同一产业内其他企业产品的可替代性，从而帮助企业在市场竞争中占据有利地位，带来市场竞争的不完全性和垄断。[④] 产品差别化的两个基本特质[⑤] 体现在：一是产品存在差异的根本原因是消费者认为产品不同，而非实质上不同；二是当两个企业产品是关系密切的替代品时，一个企业产品定价对另一个企业定价有较强影响。

现实中无差别产品或者完全可替代产品几乎不存在。形成产品差别化的原因是存在产品客观上和主观上的差别。客观上的差别包括：产品物理性差别，产品用途本质相同，但性能构造外观有所不同，直接影响产品使用效果；产品服务差别，包括向消费者提供有关商品信息、技术维修服务等方面的差异；企业销售产品地理位置不同，产生购买时间和运输成本的差异。主观上差别是因为消费者个人偏好和选择不同。广告宣传活动会引起消费者对某一产品偏好；消费者对商品缺乏了解，造成对产品存在知识偏差，容易受广告等手段影响；特殊的促销活动，如赠送礼品、打折、抽奖活动等也会影响消费者选择。[⑥]

（三）进入壁垒和退出壁垒

进入壁垒和退出壁垒指企业在进入或退出某一市场时所遇到的阻碍因素，是衡量一个市场竞争程度的重要指标，只有当一个市场可以自由进入和退出时，才是可竞争

---

① 李悦. 产业经济学（第四版）［M］. 大连：东北财经大学出版社，2015：615.
② 贾晓峰. 对市场集中度的应用统计分析［J］. 财贸研究，1995（3）：61-65.
③⑤ 石奇. 产业经济学（第三版）［M］. 北京：中国人民大学出版社，2015：33.
④ 赵玉林. 产业经济学：原理与案例（第三版）［M］. 北京：中国人民大学出版社，2014：200.
⑥ 赵玉林. 产业经济学：原理与案例（第三版）［M］. 北京：中国人民大学出版社，2014：201.

市场。[①]

进入壁垒是与市场中原有企业相比，潜在进入市场企业需要承担的生产成本。[②] 反映了原有企业与新进入企业之间竞争条件的差异，能够对市场竞争状况产生较大影响。进入壁垒可以分为结构性进入壁垒、行为性进入壁垒和政策性进入壁垒。结构性进入壁垒来自于市场，包括规模经济、绝对成本优势，产品差异化和必要的资本投入；[③] 行为性进入壁垒产生于企业行为，市场集中度较高的产业中，原有企业会通过阻止进入定价、掠夺性定价、形成过剩生产能力等行为阻止新企业进入市场；[④] 政策性进入壁垒主要来自政府限制，政府授予少数企业对某些产品生产经营特许权；对发明创造予以专利权保护；以关税和进口配额对国外厂商构成障碍等措施都会成为壁垒。[⑤]

退出壁垒是市场中的企业停止生产经营活动在退出市场竞争时遇到的阻碍，包含沉没费用、劳动者辞退费用和关联性生产。[⑥] 沉没费用是企业固定资产（包括机器设备、专用房屋建筑等）之中有部分特定用途的资产在企业退出市场后，不容易转作其他用途或转卖给其他企业，出现不可避免的沉没费用损失；劳动者辞退费用是企业退出市场时，辞退现有部分或全部劳动者，而需要支付的退职金、基本生活费用等；关联性生产是指由于协作化生产，准备退出市场的企业若与其他企业之间达成了生产协议，虽然自身产品市场亏损，但考虑到协作企业的整体利益，还需设法维持生产，难以退出市场的壁垒。

第二节 市场结构模型

一、基本理论分析

按照不同结构特点，市场被分为完全竞争市场、完全垄断市场、垄断竞争市场和寡头垄断市场。无论在哪一种市场结构之下，企业始终追求利润最大化。

经济学中，利润等于总收益减总成本。总收益（Total Revenue，TR）是企业出售其产品所得到的货币量，总成本（Total Cost，TC）是企业用于生产的投入品的市场价值，包括固定成本和可变成本。在考察企业如何实现利润最大化时，还需要引入以下概念：[⑦]

（1）平均收益（Average Revenue，AR），表示企业从销售一单位产品中得到的收

---

① 王海文. 文化产业经济学——原理·行业·政策［M］. 北京：高等教育出版社，2013：60.

② 李太勇. 进入壁垒理论评述［J］. 经济学动态，1998（12）：62-66.

③ 李世英. 市场进入壁垒问题研究综述［J］. 开发研究，2005（4）：98-100.

④ 石奇. 产业经济学（第三版）［M］. 北京：中国人民大学出版社，2015：36.

⑤ 臧旭恒，杨蕙馨，徐向艺. 产业经济学（第五版）［M］. 北京：经济科学出版社，2015：110.

⑥ 慕永和. 产业市场壁垒问题研究［J］. 北方经贸，1996（5）：15-16.

⑦［美］曼昆. 经济学原理（第 7 版）［M］. 梁小民，梁砾译. 北京：北京大学出版社，2015：278-286.

益。对所有企业而言，平均收益 AR 等于产品价格 P。

总收益 = 价格 × 销售量

平均收益 = 总收益/销售量

$$AR = TR/Q = \frac{P \times Q}{Q} = P$$

(2) 边际收益（Marginal Revenue，MR），表示每增加一单位销售量，所引起的总收益变动量。

边际收益 = 总收益变动量/销售量变动量

$$MR = \Delta TR/\Delta Q$$

(3) 平均总成本（Average Total Cost，ATC）表示总成本在生产的所有产品中平均分摊，普通单位产品消耗的成本。

平均总成本 = 总成本/产量

$$ATC = \frac{TC}{Q}$$

(4) 边际成本（Marginal Cost，MC），表示每增加一单位产量所引起的总成本的增加量。

边际成本 = 总成本变动量/产量变动量

$$MC = \Delta TC/\Delta Q$$

边际成本 MC 曲线与平均总成本 ATC 曲线在平均总成本 ATC 曲线的最低点处相交。当产量水平较低时，边际成本 MC 低于平均总成本 ATC，两条曲线相交以后，边际成本 MC 增加到平均总成本 ATC 之上，平均总成本 ATC 随之上升，交点是平均总成本 ATC 的最低点，最低点所对应的产量 Q，代表的是平均总成本 ATC 最小时的产量，也被称为企业有效规模产量。

二、完全竞争市场结构模型

完全竞争市场中，企业和消费者都是价格的遵从者。对于竞争市场中的企业而言，价格 P 是固定不变的。当产量 Q 增加一单位时，总收益增加 P 元，因此在完全竞争市场中，边际收益 MR 始终等于物品的价格 P。

如图 8-1 所示，产量小于 Q 时，边际收益 MR 大于边际成本 MC。说明企业提高一单位产量水平，增加的收益（MR）将大于消耗的成本（MC），企业可以通过增加生产来增加利润。相反地，产量大于 Q 时，边际成本 MC 大于边际收益 MR，说明企业减少产量，节约的成本（MC）将大于失去的收益（MR），企业可以通过减少生产而增加利润。

对于任何一个既定价格来说，竞争企业可以通过观察价格 P 与边际成本 MC 曲线的相交来找出利润最大化的产量。企业只有把生产调整到产量 Q 时，边际收益和边际成本正好相等，利润才能实现最大化。

企业利润的计算公式可以表示为：

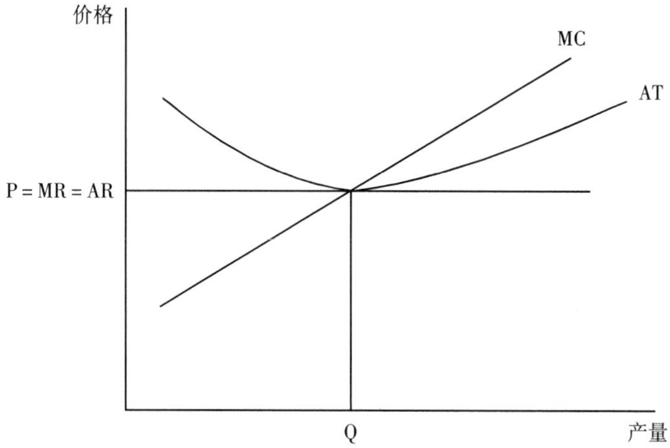

图 8–1 完全竞争市场长期均衡

$$利润 = TR - TC = \left(\frac{TC}{Q} - \frac{TR}{Q}\right) \times Q = (P - ATC) \times Q$$

只有当 P ≥ ATC 时，利润才不为负，企业不会选择退出市场。但是从长期来看，价格 P 高于平均总成本 ATC，利润为正时，就会鼓励新企业进入。只有当价格 P 与平均总成本 ATC 相等时，进入与退出过程才结束。完全竞争市场中，一方面，企业产品价格 P 等于 MR 等于边际成本 MC；另一方面，自由进入与退出的企业行为，使价格 P 等于平均总成本 ATC。边际成本 MC 总是和平均总成本 ATC 相交于最低点。只有当企业在平均总成本 ATC 最低时运营，价格 P 才和边际成本 MC、平均总成本 ATC 均相等。因此，完全竞争市场长期均衡一定是企业产量在有效规模上运行。①

三、完全垄断市场结构模型

完全垄断市场中，垄断企业是价格决定者。如果垄断企业提高其物品价格，消费者会减少购买这种物品；而垄断者减少销售量，其产品价格就会上升。不同于完全竞争市场中企业边际收益等于产品价格，垄断企业增加一单位产量时，必须降低产品价格才能出售，价格下降减少了已经卖出的产品收益，因此垄断企业边际收益总是小于价格。

如图 8–2 所示，如果企业在低于 Q 点产量水平上生产，边际成本 MC 小于边际收益 MR，企业增加一单位产量，增加的收益将大于增加的成本，利润将增加。如果企业产量高于 Q 点，边际成本大于边际收益，企业减少一单位生产，节省的成本将大于失去的收益。因此，垄断企业最佳生产量仍然是边际成本 MC 和边际收益 MR 相交时对应的产量 Q，需求曲线上 B 点对应的价格 P，就是垄断企业能获取最大利润的价格。垄断市场中，垄断企业的利润用公式表示为：

① ［美］曼昆. 经济学原理（第 7 版）［M］. 梁小民，梁砾译. 北京：北京大学出版社，2015：302–307.

$$利润 = TR - TC = \left(\frac{TR}{Q} - \frac{TC}{Q}\right) \times Q = (P - ATC) \times Q$$

价格 P 高于平均总成本 ATC 的部分，正是垄断利润的来源。①

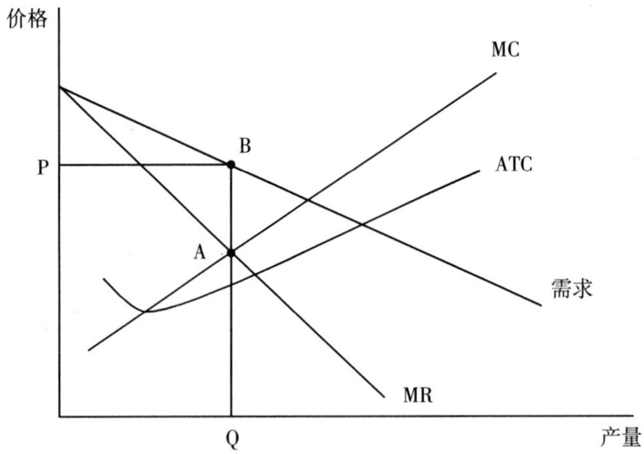

图 8-2　垄断竞争市场模型

四、垄断竞争市场结构模型

垄断竞争市场介于竞争和垄断两种极端市场之间。从短期来看，垄断竞争企业选择产量和价格的方式和垄断一样，即边际收益 MR 等于边际成本 MC 的产量，然后根据这种产量 Q 确定相应价格 P。

与垄断市场不同的是，垄断竞争市场只要有利可图，对新企业就有进入市场的激励。新企业进入增加了顾客可以选择产品的数量，减少了市场上已有企业的销售量，已有企业利润随之下降。相反，当企业出现亏损，市场上部分企业会选择退出，随着企业退出，顾客可选择的产品数量变少，留下来的企业产品需求量将增加，企业利润也会增加。进入和退出的过程一直持续到市场上企业经济利润为零为止。

因此，如图 8-3 所示，垄断竞争市场保持长期均衡时，需求曲线将与平均总成本 AT 曲线相切。销售每单位产品的利润是价格（根据需求曲线找出）与平均总成本之间的差额，所以只有在这两条曲线相切而没有相交时，利润才为零。这个切点对应的产量与边际收益 MR 等于边际成本 MC 时对应的产量 Q 相同，Q 点是使短期利润最大化的产量，也是在长期中利润等于零的产量。②

垄断竞争市场长期均衡中利润也为零，与完全竞争市场长期均衡的差别是：首先，垄断竞争市场存在生产能力过剩，长期均衡中并没有以平均总成本最低的有效规模生产，而是通过低于有效规模的产量，提高了产品价格。其次，垄断竞争市场出现了高于边际成本 MC 的价格加成，垄断竞争企业多销售一单位产品利润也会随之增多。

① [美] 曼昆. 经济学原理（第 7 版）[M]. 梁小民，梁砾译. 北京：北京大学出版社，2015：326-328.
② [美] 曼昆. 经济学原理（第 7 版）[M]. 梁小民，梁砾译. 北京：北京大学出版社，2015：354.

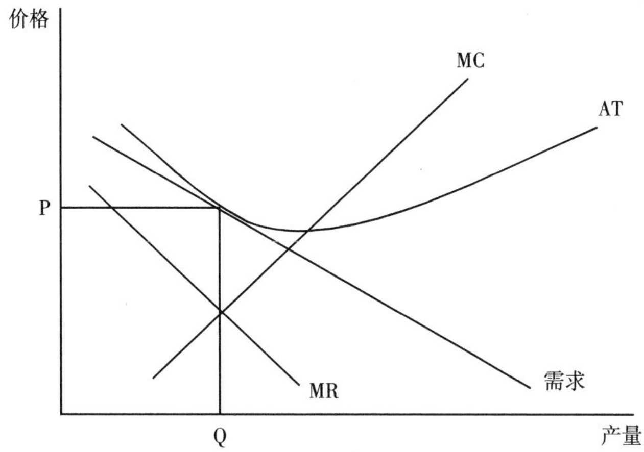

图 8–3　垄断竞争市场长期均衡

五、寡头垄断市场结构模型

寡头垄断市场分析离不开博弈论的基础，博弈论是研究在策略情况下个体如何行为。策略是指个体在决定采取什么行为时，必须考虑其他人对这种行为作出的反应。由于寡头竞争市场只有少数几家企业，因此每一家企业都必须有策略地行事，需要明确企业利润不仅取决于自己生产多少，而且还取决于其他企业生产多少，在做出自己的生产决策时，寡头垄断市场每一家企业都要考虑自己的决策，会如何影响市场上所有其他企业的生产决策。[①] 寡头垄断市场的经典分析模型主要有三种：古诺模型、伯川德模型和卡特尔模型。

（一）古诺模型

古诺模型又称双寡头模型，其假设条件为：[②] 产品市场只有两个企业，并且相互间没有勾结行为；两个企业生产的产品是无差别的；每个企业都根据对手的策略采取行动，并假定对手也会这样做，据此来做出自己的决策；每个企业的边际成本为常数，每个企业的需求函数是线性的（见图 8–4）。

设 Q_1、Q_2 分别是两家企业的产量，P 代表价格，R 代表收益，C 代表成本。两家企业共同的需求曲线为 $P = f(Q_1 + Q_2)$，则利润函数为：

$$\pi_1 = R_{Q1} - C_1 = f(Q_1 + Q_2) \times Q_1 - C_1$$

$$\pi_2 = R_{Q2} - C_2 = f(Q_1 + Q_2) \times Q_2 - C_2$$

在企业 1 看来，Q_2 是不变的，在企业 2 看来，Q_1 是不变的，要使两家企业的利润最大化，则：

$$\frac{d\pi_1}{Q_1} = 0 \quad Q_1 = Q_1(Q_2)$$

① [美] 曼昆. 经济学原理（第 7 版）[M]. 梁小民，梁砾译. 北京：北京大学出版社，2015：368.

② 臧旭恒，杨蕙馨，徐向艺. 产业经济学（第五版）[M]. 北京：经济科学出版社，2015：164.

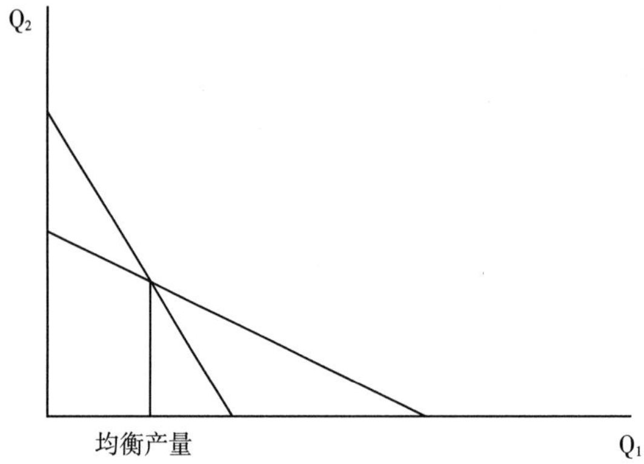

图 8-4　古诺模型

$$\frac{d\pi_2}{Q_2} = 0 \quad Q_2 = Q_2(Q_1)$$

求解反应函数，即可得到古诺模型均衡解。

古诺模型是把产量作为企业决策变量，双寡头企业竞争的最终结果是每个厂商生产市场产量的 1/3。对这一模型进行推广，在市场中寡头厂商数量为 m 的情况下：每个厂商的均衡产量=市场总容量 × 1/(m + 1)。能够看出，古诺模型的缺陷在于假定了竞争对手企业不改变产量，而现实经济生活中，企业的产量是不断调整而非静止的。

（二）伯川德模型

伯川德模型研究的是寡头垄断企业的价格竞争行为（见图 8–5），其假设条件为：[①] 市场上只有两家企业，生产的产品完全相同；双方同时定价，通过价格高低进行竞争；企业互相之间没有任何正式或非正式的串谋行为。

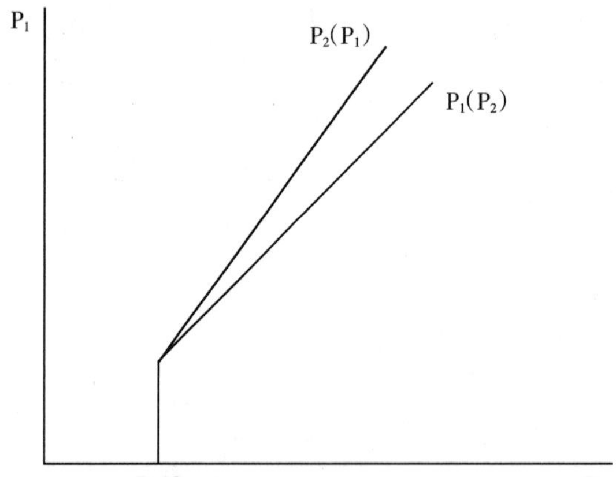

图 8–5　伯川德模型

由于两个企业产品无差异，因此两个企业中价格低者，获得市场需求更多，定价高者将失去整个市场。伯川德模型的最优定价也是根据两家企业的价格反应函数，求

① 臧旭恒，杨蕙馨，徐向艺. 产业经济学（第五版）[M]. 北京：经济科学出版社，2015：168.

解最优价格。$P_2(P_1)$、$P_1(P_2)$ 分别表示企业 1 和企业 2 的最优反应函数，两个坐标轴分别代表两个企业的价格策略选择。当两家企业的价格都等于边际成本时，没有哪个企业能通过单方面改变价格而获利，利润等于零。因此伯川德模型中，边际成本是两家寡头企业的最优定价。

但在现实经济中，企业间的价格竞争往往并没有使均衡价格降低到边际成本的水平，而是高于边际成本，对于大多数寡头竞争市场而言，即使只有竞争者，也能获得超额利润。会产生“伯川德悖论”主要是因为：首先，现实中企业产品存在差异，企业没有必要把价格降到边际成本水平，因为即便价格低于竞争对手也不能保证获得整个市场需求。其次，考虑到动态竞争因素，削价会引起价格战，如果企业认为自己降价后，会引起另一家企业更低定价的报复，企业未必还愿意降价。最后，现实中企业生产能力是有限的，只要一个企业不能满足社会全部需求，另一个企业对于尚未满足的那部分社会需求，就可以收取超过边际成本的价格。①

（三）卡特尔模型

企业之间有关生产与价格的协议被称为勾结，联合起来行事的企业集团被称为卡特尔，卡特尔模型研究的是企业会谋求决定使双方共同利润最大化的产量（见图 8-6）。卡特尔的形成和存在需要成员企业严格遵守规则，即以全体企业总利润最大化为目标，共同确定产品价格，按照分配的产量限额进行生产。②

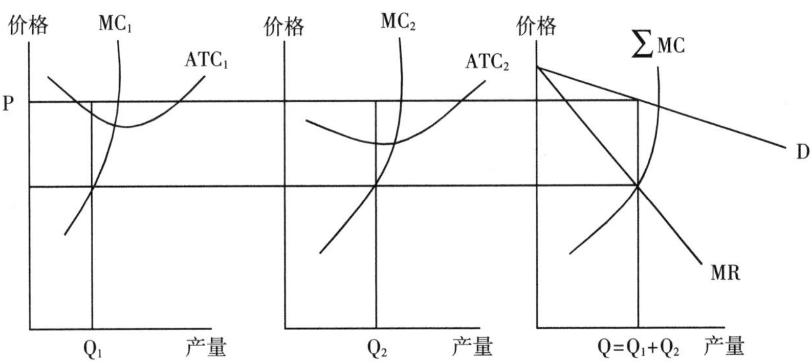

图 8-6 卡特尔模型

假定两寡头的边际成本曲线分为 MC_1、MC_2，卡特尔作为整体的边际成本曲线可通过将这两家的边际成本曲线按水平方向加总得到 $\sum MC$。整个行业需求曲线为 D，则全行业的边际收益曲线为 MR。卡特尔即可根据 MR = MC 的利润最大化准则，确定其总产量为 Q，相应的“垄断价格”为 P，按照边际成本 MC 相等原则，确定各企业的产量分别是 Q_1、Q_2。

卡特尔往往是不稳定的，因为一方面，一些政府会通过反垄断法禁止企业间的勾

① 臧旭恒，杨蕙馨，徐向艺. 产业经济学（第五版）[M]. 北京：经济科学出版社，2015：170–171.

② [美] 曼昆. 经济学原理（第 7 版）[M]. 梁小民，梁砾译. 北京：北京大学出版社，2015：370.

结串谋；另一方面，企业很有可能为了追求自身利润最大化，而背弃协定。对于寡头垄断市场中的企业来说，最有利的情况是寡头企业合作，形成垄断市场结构，生产少量产品并收取高于边际成本的价格，总体上提高整个行业的利润水平。但是，每个企业都想通过继续扩大产量追求自身利益的最大化，但随着产量的增加，价格也在不断下降，每个企业可以获得的利润将逐渐减少，很难形成理想的垄断结果。因此，现实中寡头企业联合的行为并不普遍，通常为暂时现象。

第三节　中国文化产业市场结构测算

市场集中度是产业组织理论中反映市场垄断和竞争程度的重要指标，是考察市场结构的关键因素。市场集中度分为企业集中度和消费者集中度两种，一般市场结构中研究的是企业集中度。市场集中度的主要测算方式有：集中率、洛伦兹曲线、基尼系数以及赫芬达尔—赫希曼指数。

由于文化产业覆盖面广，文化企业数量众多，本节对文化市场结构的测算集中在文化产业产值较高的 30 家文化上市公司，如表 8-1 所示，根据 2015 年文化产业各项数值和 30 家文化企业的相关数据，得出中国文化产业市场结构类型。

表 8-1　选取文化上市公司样本名单

分类	样本企业
有线电视网络	歌华有线 天威视讯 华数传媒 湖北广电 电广传媒 东方明珠 广电网络 吉视传媒
影视动漫	长城影视 奥飞动漫 华谊兄弟 华策影视 光线传媒 华录百纳 新文化
出版传媒	大地传媒 华闻传媒 粤传媒 天舟文化 中文在线 中文传媒 时代出版 浙报传媒 长江传媒 新华传媒 博瑞传播 中南传媒 皖新传媒 凤凰传媒 出版传媒

一、市场集中率计算

集中率，也被称为产业绝对集中度。通常用市场上前几位企业的产量、销售额、职工人数、资产数额等，占整个产品或产业总产量、总销售额、职工总人数和资产总数额的比例来表示。其基本公式为：

$$CR_n = \sum_{i=1}^{n} \frac{x_i}{x} \tag{8-1}$$

其中，n 为企业数量；x_i 为居于市场第 i 位的企业产量、销售额、职工人数或资产等；x 为市场中所有企业的产量、销售额、职工人数或资产总额；CR_n 为最大 n 家企业集中率，通常取 n = 4 或 n = 8。

美国学者贝恩最早运用市场集中率指标，对产业的垄断和竞争程度进行了分类研究，将集中类型分成六个等级，[①] 如表 8-2 所示。

表 8-2　贝恩基于市场集中率的市场结构分类

市场结构＼集中率	CR_4	CR_8
寡占Ⅰ型	$75 \leqslant CR_4 < 100$	$85 \leqslant CR_8 < 100$
寡占Ⅱ型	$75 < CR_4 \leqslant 85$	$85 \leqslant CR_8$
寡占Ⅲ型	$50 \leqslant CR_4 < 85$	$75 \leqslant CR_8 < 85$
寡占Ⅳ型	$35 \leqslant CR_4 < 50$	$45 \leqslant CR_8 < 75$
寡占Ⅴ型	$30 \leqslant CR_4 < 35$	$40 \leqslant CR_8 < 45$
竞争型	$CR_4 < 30$	$CR_8 < 40$

日本学者植草益根据市场前八位企业的市场集中率，将市场结构细分为以下四种，[②] 如表 8-3 所示。

表 8-3　植草益基于市场集中率的市场结构分类

基本要素＼市场结构		寡占型		竞争型	
		极高寡占型	高、中寡占型	低集中竞争型	分散竞争型
CR_8		$70 < CR_8$	$40 < CR_8 < 70$	$20 < CR_8 < 40$	$CR_8 < 20$
产业规模状况（亿日元）	大规模	年产量额 > 200			
	小规模	年产量额 < 200			

为全面考察中国文化产业市场结构，运用 2015 年营业收入，从不同维度计算集中率，所得结果如下。

文化产业整体市场集中率指数为：$CR_{30} = 0.0118$

15 家出版传媒企业集中率指数为：$CR_4 = 0.293$，$CR_8 = 0.464$

8 家有线电视网络企业集中率指数为：$CR_4 = 0.517$，$CR_8 = 0.657$

7 家影视动漫企业集中率指数为：$CR_7 = 0.111$

按照植草益的分类，中国文化产业市场结构总体偏向分散竞争型，但是少数产业，如有线电视网络和出版传媒属于中、高寡占型。市场结构出现差异的原因是电视网络、新闻出版等产业长期受到政府行政把控，形成了较高的产业壁垒，新企业难以进入市场。而影视动漫等产业进出相对自由，市场结构偏向竞争型。可见，中国文化产业的部分市场集中度现象并非企业自由竞争的结果。

集中率测算方式的优点是概念清楚，计算所需数据也容易获得。但其缺点也十分明显：一是仅考虑前面 n 家最大的企业，没有考虑其他企业在市场中的重要作用，计

① 赵玉林. 产业经济学：原理与案例（第三版）[M]. 北京：中国人民大学出版社，2014：196.

② 吴璇. 陕西演艺产业市场结构研究 [D]. 西安：长安大学硕士学位论文，2015.

算仅以一种经济指标为主，并不能全面衡量企业的真实竞争地位和市场整体的竞争与垄断态势；二是无法显示最大 n 家企业间的相对大小，忽略了最大几家企业之间的差异，及其分别对市场的贡献程度。①

二、洛伦兹曲线和基尼系数计算

洛伦兹曲线和基尼系数是市场相对集中度指标，能够反映企业规模分布。其中，洛伦兹曲线表示市场占有率与市场中由小到大企业的累积百分比之间的关系，横轴是市场企业数量百分比，纵轴是市场份额百分比，对角线 OL 为等分布线，表示市场结构完全等分，洛伦兹曲线与等分布线不重合表明市场占有率分布不均匀，洛伦兹曲线向下凸的程度越大，市场集中度就越高；反之，洛伦兹曲线向下凸的程度越小，市场集中度越低。

洛伦兹曲线能用图示的方法形象地表示市场集中度，以反映市场的垄断与竞争程度，但较难用具体数字把其度量出来。基尼系数是洛伦兹曲线反映出来的特定市场中企业规模的差异值，基尼系数被定义为洛伦兹曲线与绝对平均线所包围面积的比值，基本公式为：

$$G = \frac{A}{A + B}(0 \leqslant G \leqslant 1) \tag{8-2}$$

基尼系数越大，表明企业规模的差异越大，基尼系数越小，企业规模差异越小。根据 30 家文化企业营业收入，可以绘制出反映文化市场集中程度的洛伦兹曲线，如图 8-7 所示。

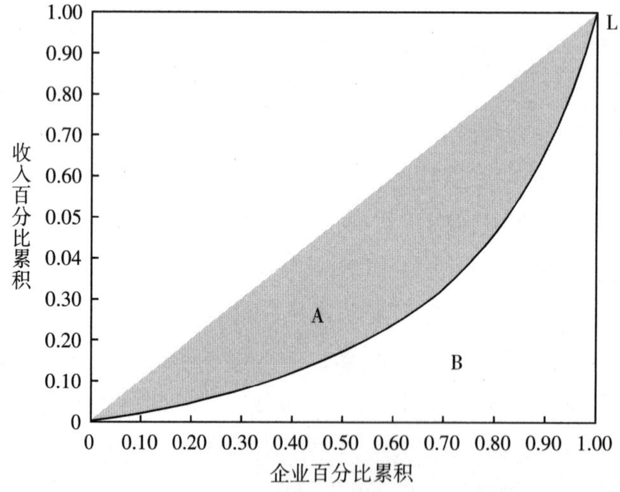

图 8-7 2015 年 30 家文化上市公司洛伦兹曲线

根据洛伦兹曲线计算得知 2015 年 30 家文化上市公司营业收入基尼系数为：

G = 0.16/0.5 = 0.32

① 李悦. 产业经济学（第四版）［M］. 大连：东北财经大学出版社，2015：617.

从洛伦兹曲线凹凸程度以及基尼系数的取值可以看出，30 家文化企业组成的市场结构集中度不高，更偏向于竞争型市场，这与集中率指标测算出整个文化产业市场结构结果是一致的。

相对集中度指标具有了全面性的特点，考虑了企业总数和企业规模分布因素影响。但也有不足之处。[①] 首先，从统计调查的范围上看，数据收集须进行全面调查，成本较高，计算起来也比集中率烦琐。其次，只要曲线和对角线所围的相对面积大小相等，那么从两条形状不同的洛伦兹曲线也可以得到相同的基尼系数，从而难以反映市场结构的真实特点。

三、赫芬达尔—赫希曼指数计算

赫芬达尔—赫希曼指数又称赫芬达尔指数，是一种测量产业集中度的综合指数，是指一个产业中各企业所占产业总收入或总资产百分比的平方和，用来计量市场份额的变化。基本公式为：

$$HHI=\sum_{i=1}^{N}\left(\frac{x_i}{x}\right)^2=\sum_{i=1}^{N}(S_i)^2 \tag{8-3}$$

其中，x 为市场总规模；x_i 为第 i 位企业的规模；N 为市场中企业总数；S_i 是第 i 位企业的市场占有率。当市场上有很多企业，并且企业规模相差不大，用指数来测算市场集中度，HHI 就无限接近于零，表明市场集中度很低，垄断态势不明显；相反，HHI 越大，市场集中度越高，垄断态势越明显，当市场处于完全垄断时 HHI 等于 1。[②] 还有一种表示方法是将 HHI 值乘以 10000 予以放大。美国司法部利用 HHI 作为评估产业集中度的指标，定出如表 8-4 所示的标准：[③]

表 8-4　基于 HHI 指数的市场结构分类

市场结构	寡占型				竞争型	
	高寡占Ⅰ型	高寡占Ⅱ型	低寡占Ⅰ型	低寡占Ⅱ型	竞争Ⅰ型	竞争Ⅱ型
HHI 值	HHI ≥ 3000	3000 > HHI ≥ 1800	1800 > HHI ≥ 1400	1400 > HHI ≥ 1000	1000 > HHI ≥ 500	500 > HHI

以 30 家文化企业营业收入总和作为市场总收入，计算得到 30 家文化企业的赫芬达尔指数为：HHI = 673，属于竞争Ⅱ型市场结构。

15 家出版传媒企业赫芬达尔指数为：HHI = 955，属于竞争Ⅰ型市场结构。

8 家有线电视网络企业赫芬达尔指数为：HHI = 2791，属于高寡占Ⅱ型市场结构。

7 家影视动漫企业赫芬达尔指数为：HHI = 1686，属于低寡占Ⅰ型市场结构。

30 家文化企业赫芬达尔指数得出的结论和基尼系数、集中率结果基本一致，由此

① 贾晓峰. 对市场集中度的应用统计分析［J］. 财贸研究，1995（3）：61-65.

② 王海文. 文化产业经济学——原理·行业·政策［M］. 北京：高等教育出版社，2013：64.

③ 苏东水. 产业经济学［M］. 北京：高等教育出版社，2015：267.

可以确定，中国文化产业属于竞争型市场结构，市场集中度很低。

15 家出版传媒企业的赫芬达尔指数较低，说明这 15 家企业之间市场占有率差不多，是一种竞争关系，结合集中率指标，进一步印证出中国出版传媒产业属于寡占型市场结构。

8 家有线电视网络企业的赫芬达尔指数较高，结合集中率指标，说明产业中龙头企业无论是在小范围市场（8 家企业）还是大范围市场（整个广播电视服务产业）都具有较大的市场占有率，市场结构呈现出较高的垄断水平，可见，有线电视网络产业也属于寡占型市场结构。

7 家影视动漫企业赫芬达尔指数也比较高，原因在于选取的样本之中，排在第一位的华谊兄弟营业收入几乎是排在第二位和第三位企业营业收入的总和。但是从整个影视动漫产业来看，电影行业集中度较高，而动漫产业市场集中度较低，集中率指标显示市场呈现竞争性，故可判定中国影视动漫产业属于竞争型市场结构。

HHI 指数考虑了市场中所有企业的市场占有率，同时照顾到不同规模企业对市场的不同影响力，能够反映市场中企业数目及规模分布的差异性，但是计算 HHI 指数需要掌握市场中所有企业的占有率情况，数据收集方面存在一些难度。

第四节 中国文化产业市场结构研究成果与结论

从 1992 年中国政府主管部门首次使用“文化产业”概念至今已有二十多年，中国文化产业发展速度不断加快，正力争成为国民经济支柱性产业。随着文化产业不断发展壮大，文化企业持续增多，文化市场结构也越来越复杂。对于中国文化产业市场结构的理论研究，主要是在已有产业组织理论的基础上，运用其普遍规律和结论，研究文化产业市场结构中的特殊性质及问题。目前，国内学者关于文化产业市场结构的研究主要集中在三个方向：文化产业市场结构基础性研究、分行业文化产业市场结构研究和区域性文化产业市场结构研究。

一、文化产业市场结构基础性研究

对文化产业市场结构进行理论分析，首先是明确文化产业市场结构的概念。国内学者关于文化产业市场结构的定义，大多参照产业经济学中市场结构定义。如江学恭（1991）提出，文化市场结构主要指文化市场各构成要素的内部组成和外部相互间的组合方式，其根据社会经济环境和文化消费结构的变化而不断发展，同时也反作用于社会、经济和文化消费结构。[①] 王海文（2013）认为，文化市场结构是一种特殊的市场结构，是指在文化市场中，文化企业与文化企业之间在数量和规模上的关系，以及由此

① 江学恭. 略论中国文化市场的结构优化［J］. 理论与创作，1991（2）：41-45.

决定的竞争形式。[①] 胡惠林（2014）提出，文化市场结构是指文化市场存在内容与形态构成上的比例关系，是立体多维网状的空间形态，不是平面的空间形态。[②]

从文化产业整体高度研究市场结构的文献较少，魏鹏举（2010）提出，目前中国文化产业市场结构呈现为竞争和垄断并存的多元格局，文化产业市场主体分布为“两头大中间小”的哑铃形态，在文化创新与设计环节，大量工作室以及中小企业形成了分散、独立、自由竞争的市场环境；在文化产品生产以及提供服务环节，由于市场主体数量不多，部分企业通过规模效益集聚了较多市场资源，占据了主导地位；而在文化产品渠道环节中，特别是批发环节，已经出现了寡头垄断的趋势，在零售环节则也趋向自由竞争。[③] 胡林荣和李双宁（2011）主要研究了创意产业市场结构，认为创意产业市场具有多元化和混合性特征，在内容创意与研发环节，产业集中度很低，经济主体是自由竞争的市场关系；创意产品生产和服务提供环节，市场结构具有垄断竞争的特征；营销渠道环节则出现了寡头垄断的特点。[④] 何希（2013）重点探讨了市场集中率指标在文化市场结构分析中的适用问题，指出在计算文化产业的市场集中率时，不同行业选取的市场份额计算指标需略有不同。[⑤] 王卓英和罗萍（2016）主要论述了文化产业意识形态属性对文化产业市场结构的影响，认为国家机器必须在适当的时候制造文化企业进入壁垒，特别是发展中国家在国际文化市场中构筑文化产品和服务进出口壁垒十分必要，同时，为了保护濒危非物质文化遗产，国家也应通过法律和规定设置退出管制壁垒，对某些艺术表演院团进行财政补贴，阻止文化企业退出市场。[⑥]

文化产业市场结构基础性理论研究继承了市场结构理论，并没有在理论层面有所突破和创新。无论是四种市场结构分类、市场集中度测算方法或是进入退出壁垒等，都成为学者在针对文化产业研究时运用的理论工具。

二、分行业文化产业市场结构研究

中国文化产业有 10 大类、50 中类，进行整体性研究难度较大，因此，许多学者选择其中细分产业进行专门研究，具体分析某一产业中的市场结构。

（一）传媒市场

周曾（2010）研究了 15 家上市传媒公司 2007~2009 年的财务数据，发现媒体市场呈现多头竞争局面，媒体产业进入整合时代，中小型企业通过整合，市场份额进一步提升，市场进入壁垒也因为规模效应和资产效应等因素而逐渐建立，市场进入相对稳定的垄断竞争发展时期。[⑦] 陈斌（2013）立足于文化体制改革背景，分析传媒产业市场

---

① 王海文. 文化产业经济学——原理·行业·政策［M］. 北京：高等教育出版社，2013：48.

② 胡惠林. 文化经济学［M］. 北京：清华大学出版社，2014：176.

③ 魏鹏举. 文化产业的市场结构及其全球市场趋势研究［J］. 思想战线，2010（3）：64-67.

④ 胡林荣，李双宁. 论中国创意产业的市场结构特征及其决定因素［J］. 商业时代，2011（30）：126-127.

⑤ 何希. 市场集中度测量指标在文化市场研究中的适用——以市场集中率（CRn 指数）为例［J］. 中外企业家，2013（11）：46.

⑥ 王卓英，罗萍. 文化产业意识形态属性对文化市场体系建设的影响［J］. 当代传播，2016（4）：64-67.

⑦ 周曾. 媒体行业的市场集中度分析［J］. 湖南大众传媒职业技术学院学报，2010（5）：44-48.

结构失衡主要表现在传媒产业市场规模巨大，但大型传媒集团控制力和竞争力不强，区域分割和媒介同质竞争现象较为明显。从优化传媒产业市场结构角度来看，需要适度调整传媒产业市场进入退出壁垒，实施产品创新策略。① 陶喜红（2014）研究发现处于不同产业生命周期的传媒市场结构表现出不同的特征：在产业引入阶段，传媒受众市场与产品市场发展速度不一致，市场进入壁垒较低，市场集中度较高，但呈下降趋势；在产业成长阶段，制度性进入壁垒日趋规范，结构性进入壁垒不断提高，但依然有大量传媒涌入市场，市场集中度进一步下降，媒介产品差别化竞争越发显现；在产业成熟阶段，市场进入壁垒明显提高，市场结构趋于稳定。产业经营转型是市场结构变化的重要驱动力量，因此在传媒市场结构调整过程中，要针对不同生命周期的传媒，采取相应调整路径，从而优化传媒市场竞争机制和市场绩效。②

李欣（2010）认为传媒业进入壁垒主要体现在：一是进入该产业需要大量的资本投入；二是全球竞争中各国政府设置的制度障碍；三是受众对原有品牌的忠诚度；四是传媒业的规模经济效应；五是版权或特许经营权等专有权力。③ 陶喜红（2008）也赞同规模经济、媒介产品差异、一定的资源、必要资金量等构成了传媒产业的结构性进入壁垒，但是结构性进入壁垒具有双重效应，既可以维护在位媒介的利益，并形成规模效益，也会排斥竞争机制、限制资源自由流动，因此，应当辩证地看待媒介产业进入壁垒。④

中国传媒市场规模较大，很多企业都是文化事业单位转型而来，依靠政府支持，市场结构呈现出多头垄断的趋势。同时，传媒产业进入壁垒成为学界比较关注的问题，形成壁垒的原因包括规模经济、资金、专利技术、政府等多个方面。未来传媒行业市场结构优化着眼于降低行业壁垒，促进传媒企业转型升级，并实施产品差异化战略。

（二）出版市场

封延阳（2002）针对图书出版产业市场集中度很低的现状，提出影响图书出版集中度的三个主要因素有：规模经济效应不明显、专业分工体制不完善、产业布局不完善，需要进一步通过生产要素在产业内自由流动，实现资源优化配置。⑤ 张芽芽（2006）对 1998~2003 年图书市场集中度进行分析，发现出版集团的组建带来了 CR4、CR8 和 HHI 等指标的持续增长，但图书市场总体集中度仍然非常低，远远未到形成垄断的地步，目前图书市场结构存在的问题主要是教育出版比重过大，一般图书市场有待培养，且出版集团地域和行政色彩过浓，加剧了图书市场过分均衡化的发展趋势，不利于良性市场竞争的形成。⑥ 肖东芝（2014）研究发现，图书出版产业市场结构表现出四个方

① 陈斌. 文化体制改革背景下中国传媒产业市场结构失衡及其调整路径［J］. 编辑之友，2013（1）：60-63.

② 陶喜红. 不同生命周期状态下传媒市场结构的特征［J］. 现代传播（中国传媒大学学报），2014（1）：110-114.

③ 李欣. 传媒业进入壁垒分析［J］. 中国广播电视学刊，2010（4）：29-30.

④ 陶喜红. 传媒产业结构性进入壁垒探析［J］. 新闻界，2008（4）：10-12.

⑤ 封延阳. 影响中国图书出版产业市场集中度的主要因素［J］. 中国出版，2002（9）：26-27.

⑥ 张芽芽. 出版集团化前后变化对比——中国图书市场集中度分析（1998~2003）［J］. 出版发行研究，2006（6）：37-39.

面的特点：一是出版社数量较少，增长特别缓慢；二是集中度低，出版社规模相差不大，没有形成两极化发展模式；三是产业布局过于均衡、分散；四是行政性市场垄断和低层次过度竞争并存，其中行政垄断、竞争不充分是图书出版产业存在诸多问题的根源，缺乏良好的阅读习惯以及图书质量不高也是制约整个产业发展的症结，通过提高产业集中度能够改善图书出版产业的市场绩效。[①]

总的来看，当前中国出版产业市场集中度较低，存在严重行政垄断，缺乏自由竞争的市场氛围，无法实现资源优化配置。只有提高规模效益，增强市场活力，才能更好地满足消费者日渐多样化的图书需求。

（三）报业市场

王艳萍（2006）测算了1999年、2001年、2003年中国报业市场集中度，指出中国与欧美报业市场几乎同时出现集中趋势，但行政干预是中国报业集团形成垄断的原因，而欧美报业市场集中则是竞争导致，应当通过市场化运行机制来实现传媒业的竞争与扩张，创建真正意义上的传媒企业，培养世界性传媒品牌，才能增强报业的国际竞争力。[②] 商建辉（2008）计算分析出都市类报业市场集中度偏低，存在过度竞争现象，其中，地市级都市类报纸主要是双寡头垄断市场，为了促进报业市场发展，应当鼓励报业集团或报社将定位重复的都市类报纸合并，通过《反垄断法》和《反不正当竞争法》等法规和相应制度监管都市类报纸的垄断行为，且在调整过程中应充分发挥市场竞争机制作用，弱化政府干预。[③] 苏林森（2013）通过对中国报业发行和广告市场的集中度分析，发现无论是发行量、发行额还是广告额，中国报业都属分散竞争型市场，且过度竞争使报业无法实现规模经济，低集中度与泛专业化成为中国报业的典型特征，亟须通过建立完善的市场体制，主动淘汰一部分企业。[④]

中国报业市场集中度较低，缺乏规模经济，学者们普遍建议完善市场机制，通过市场竞争淘汰一部分低效企业，以提高市场集中度，增强企业竞争活力，同时，必须减少政府对报业市场不必要的行政干预，保证市场的有序运行。

（四）视频网站市场

商建辉和韩亚聪（2013）对国内网络视频市场集中度进行分析，认为造成网络视频市场集中度偏低的原因：一是内容同质化造成受众注意力分散和用户黏性降低；二是庞大的用户基数和稳步增长的行业利润使竞争者不断进入，竞争日益激烈；三是规模经济偏低，继而降低了市场集中度。针对已有问题，提出通过并购和整合提高市场集中度，同时增强产品差异化竞争，并加强对网络视频市场的监管。[⑤] 王晓晨（2015）对中美视频网站市场结构做了比较性研究，发现中国和美国视频网站市场集中度较高，

---

① 肖东芝. 我国图书出版产业集中度研究［D］. 南昌：南昌大学硕士学位论文，2014.

② 王艳萍. 报业市场集中度的中外比较［J］. 学术研究，2006（8）：62-65，148.

③ 商建辉. 都市类报业市场集中度分析［J］. 当代传播，2008（4）：67-69.

④ 苏林森. 中国报业广告与发行市场集中度研究［J］. 西南民族大学学报（人文社会科学版），2013（5）：169-172.

⑤ 商建辉，韩亚聪. 中国网络视频市场集中度分析［J］. 声屏世界，2013（12）：67-68.

都属于寡占型市场结构。[①] 同时，中美两国视频网站市场进入壁垒存在明显差异，制度性进入壁垒是影响中国视频产业市场结构的核心要素，结构性进入壁垒和策略性进入壁垒则是影响美国视频网站市场结构的主要因素。中国视频产业缺乏完善的市场退出机制，而美国退出机制比较健全。

同样的测算数据结果，不同学者对视频网站市场集中度的判断却存在差异。主要原因是王晓晨运用集中率 CR 计算得出市场结构属于寡占Ⅲ型，商建辉等运用赫芬达尔指数 HHI 得出市场结构属于低寡占Ⅰ型，表明视频网站市场既存在垄断又有竞争，不同的衡量标准产生了不同结论。总体来看，对于视频网站未来发展的建议都包括增强原创能力、优化用户体验和规范视频市场。

（五）电影市场

高铖（2007）运用集中率和赫芬达尔指数从综合制片、发行和放映三环节计算得知，2002~2005 年中国电影已形成寡占型市场结构。[②] 杨蕾（2010）通过计算 2002~2005 年电影票房收入，得出相同结论。[③] 邓向阳（2011）认为中国电影市场结构还不是真正意义上的竞争垄断型，只是准竞争垄断市场结构，主要原因是当前中国电影市场还存在一定的行政壁垒和垄断行为，电影发行和院线市场进入壁垒较高、内容审查和电影评价成本过高等，都阻碍了电影市场的自由竞争。[④] 杨蕾（2010）认为市场规模偏小导致了电影产业规模经济效应未得到充分体现，建议实行纵向和横向兼并，以集团化经营提升规模经济效应。[⑤] 王红艳（2011）建议电影企业通过上市，以资本运作作为支撑，提升生产能力，加大技术创新投入，完善上下游产业链条，加强国际间合作，巩固资源优势，从而进一步提高市场占有率和市场集中度。[⑥]

电影市场一直是国内学者比较关注的文化产业分支，当前电影市场呈现出一定程度的集中，未来发展方向是通过电影集团整合兼并，进一步提高市场集中度，实现资源的优化配置，但政府在电影审查等方面需要改进工作，应制定出更符合市场规律的规制政策。

（六）其他市场

在动漫产业方面，耿蕊（2012）运用 SCP 分析范式对动漫产业组织进行分析，得出其是行政性垄断与过度竞争并存的市场结构，市场集中度偏低，呈现出高度分散、普遍弱小的产业格局，产业内绝大多数动漫企业没有实现规模经济，创新能力也较低，优化动漫产业市场结构可以从加快广播电视制播分离改革、培育龙头企业和建设国家产业基地入手。[⑦] 赵乾海（2005）则从创新、品牌、内容、人才、原创、资源、合作、网销等方面研究了如何打通中国动漫产业发展壁垒。[⑧]

---

① 王晓晨. 中美视频网站市场结构比较研究［D］. 武汉：中南民族大学硕士学位论文，2015.
② 高铖. 中国大陆电影产业的市场结构：集中度分析［J］. 北京电影学院学报，2007（2）：103-106.
③⑤ 杨蕾. 基于 SCP 分析框架的中国电影产业结构现状和对策研究［J］. 现代商贸工业，2010（5）：32-33.
④ 邓向阳. 基于市场结构分析的中国电影产业发展研究［D］. 长沙：湖南大学博士学位论文，2011.
⑥ 王红艳. 中国电影产业市场结构及绩效分析［J］. 中国电影市场，2011（7）：20-22.
⑦ 耿蕊. 中国动画产业组织分析——基于 SCP 的理论范式［J］. 出版发行研究，2012（9）：29-32.
⑧ 赵乾海. 打通中国动漫产业发展壁垒［N］. 中国文化报，2005-07-01（3）.

在电视产业方面，王璐（2015）运用SCP分析框架得知，中国电视剧产业集中度偏低，市场结构属于竞争型，虽然产量过剩，但是精品电视剧较少，专业人才稀缺，盈利状况不乐观，未来在政府层面应该控制电视剧年产量，在行业层面应当拓宽盈利模式、培养专业人才，在企业层面应当整合资源，提升市场集中度，推进制作技术升级，以三方联动实现电视剧产业社会效益与经济效益递增。① 楼彩霞（2011）则认为，解决制播矛盾，平衡制作机构和电视台之间的收益，保证制作水平，减少广告时段，同时实行纵向和横向兼并，建立权责明晰、流转便利的现代产权制度，是改进电视剧产业结构和绩效的途径。②

在网络游戏产业方面，国内学者同样多是基于SCP范式展开研究，并普遍认为中国网络游戏产业市场属于高集中寡占型。但是，聂庆璞（2012）认为中国网游产业的市场壁垒主要是网络用户资源（相当于制造业的绝对成本优势），且沉没成本也比较大。③ 邹亮（2014）却认为网游市场进入壁垒较低，因网游市场中只要有创意，之后的生产或运营自然水到渠成。④

动漫、电视剧和网络游戏市场是文化产业重要的组成部分，动漫和电视剧市场结构属于竞争型，网络游戏市场结构偏向寡头垄断型。不同市场结构优化的方向不一样，动漫和电视剧市场还需要进一步整合资源，提高市场集中度；网络游戏市场则需要在现有基础上增强创新能力，更好地满足消费者需求，打造企业品牌开拓海外市场。政府可以从内容审查等方面入手，控制这些市场的产品数量，提高质量，协助企业实现良性发展。

三、区域性文化产业市场结构研究

区域性文化产业市场结构研究并不多，目前仅有针对北京、湖南、安徽、陕西、海口等地文化产业市场的成果，同时也有一些具体案例分析。

代表性成果及结论主要有：罗宗贵（2010）指出北京市体育休闲产业市场结构属于垄断竞争型，市场集中度较低，政策环境、产品差异化、规模经济等进入壁垒较低，资产的专用性较高，沉淀成本较大，退出壁垒较高，可以从政府引导产业发展、体育资源与其他各类文化娱乐资源有机整合、品牌企业市场扩张等方面优化市场结构。⑤ 焦德武（2010）基于市场结构、市场行为、市场绩效三个维度研究安徽文化产业市场结构，发现其市场集中度不高、区域集中度较高，差异化程度继续加大，产业进入壁垒逐步交由市场主导，同时，文化产业市场行为主要表现为产业链不断延伸、产业资本持续壮大、集聚效应逐渐体现、融资渠道日趋多元，在结构和行为的影响下，文化市场绩效显现出技术创新贡献率增强、资源配置效率不断上升，但规模结构效率不高的

① 王璐. 基于SCP分析框架的中国电视剧产业现状研究［D］. 西安：长安大学硕士学位论文，2015.
② 楼彩霞. 基于SCP分析框架的中国大陆电视剧产业研究［J］. 当代电影，2011（7）：142-145.
③ 聂庆璞. 基于产业组织理论SCP范式的中国网络游戏产业研究［D］. 长沙：中南大学博士学位论文，2012.
④ 邹亮. 基于SCP范式的我国网络游戏产业发展研究［D］. 哈尔滨：哈尔滨商业大学硕士学位论文，2014.
⑤ 罗宗贵. 北京市体育休闲产业的现状及市场结构分析［D］. 北京：首都体育学院硕士学位论文，2010.

现状。[1] 吕群超等（2013）基于SCP分析范式，研究了宁德市白水洋文化旅游节市场结构，得出该市场需求量小、市场结构单一、对市场外部依赖性强，提出了创新开发理念、塑造节庆品牌、完善营销模式等优化白水洋文化旅游节市场结构的建议。[2] 詹继宗（2015）以“市场力量假说”与“效率结构假说”为出发点，从行业整体运行情况、主要行业现状、产业结构偏离度三个维度对北京市文化创意产业结构进行分析，以软件、网络及计算机服务行业为例，分析得知其市场集中程度不高，且随着新企业的进入，行业竞争有所加剧，同时，通过建立实证模型分析软件业市场结构与绩效的关系，得出北京市文化创意产业存在市场绩效决定市场结构与市场行为的因果关系，证明“效率结构假说”成立，为北京市文化创意产业政策制定提供了理论依据。[3] 吴璇（2015）通过对2012年陕西演艺产业市场结构进行测算，确定该产业属于低寡占型垄断竞争市场结构，同时发现陕西省许多演艺企业一直靠财政收入和事业收入维系，浪费了诸多产业资源。此外，剧作品牌老套单一且票价较贵促使众多消费者放弃对演艺类产品的消费，而演艺人员、剧目版权以及票务系统等行业壁垒仍待突破。[4]

四、已有研究成果述评

目前，国内文化产业市场结构研究取得了一定成果，尤其是在分产业研究方面。学者们一致认为，中国文化产业市场结构整体集中水平偏低，少数产业如网络游戏、电影等形成了集中度较高的寡头市场结构。中国文化产业市场结构的发展方向是通过企业整合，进一步提升市场集中度，继续优化资源配置效率；企业可通过创新提升产品差异，满足消费者不同文化需求，完成文化品牌培育，来提升产业进出壁垒；政府则需要逐步降低行政干预壁垒，从管理者转变为服务者，将精力更多放在维护市场正常运行以及保护消费者权益方面，积极制定产业政策，鼓励文化产业市场自由竞争。总体来看，针对文化产业市场结构研究还有诸多不足。

第一，基础性研究缺失。从宏观角度研究文化产业市场结构的文献较少，定量测算较不常见，且对于已有产业组织理论、市场结构衡量指标及标准是否适用于文化产业的探讨则几乎没有。对于文化产业来说，均衡的市场结构、丰富的文化产品会带来意识形态多元化，与国家文化安全保障是否存在冲突？拥有消费者忠诚度等优势的文化产品能够帮助企业获取巨额利润，其市场占有率怎样评价更为准确？文化产品作为一种精神消费品，除经济价值外还有十分明显的社会价值，是否应将社会价值也列入文化企业市场绩效考察之中？从消费者角度考虑，文化产品大多是唯一且不可替代的，

---

① 焦德武. 市场结构、行为与绩效：安徽文化产业现状研究［J］. 江淮论坛，2010（4）：54-59.

② 吕群超，谢新丽，谢新暎，郑立文. 基于SCP模型的节庆旅游市场结构体系优化研究——以宁德市中国白水洋文化旅游节为例［J］. 云南农业大学学报（社会科学版），2013（3）：47-51.

③ 詹继宗. 北京市文化创意产业市场结构与绩效关系研究［D］. 北京：北京交通大学硕士学位论文，2015.

④ 吴璇. 陕西演艺产业市场结构研究［D］. 西安：长安大学硕士学位论文，2015.

其间的竞争关系怎样衡量?[①]已有市场结构理论和文化产业具体实践的结合，随着文化产业发展必定会不断丰富，文化产业和一般经济部门存在显著差别，对两者兼容性研究应当成为未来关注的重点之一。

第二，对文化产业具体市场结构研究还存在缺失。例如网络文学产业、音乐产业、版权产业等，其市场结构也值得深入思考研究。此外，随着文化产业发展，不断有新的产业崛起，如正在流行的直播产业、新媒体产业等，关注新兴产业市场结构的演变及规律，有助于更好地掌握产业发展方向、规范企业行为、提升产业绩效，提出针对性的市场结构调整方案，促进新产业实现良性运转。

第三，区域性文化市场结构研究还需要加强。不同地区文化产业市场结构呈现出显著的差异性。只有特别针对某地区文化产业市场结构进行深入探究，才能清晰掌握其文化产业市场结构的优缺点，因地制宜地进行文化产业市场结构调整，从而有助于制定出最适合当地的文化产业发展战略，也能够帮助文化企业明确应有的行为方式。然而，目前国内学界所选区域范围仍较小，对多数地区文化产业市场结构研究尚不深入、不具体，所得结论的实践指导作用十分有限。

第四，文化市场集中度衡量指标不明晰。国内文化产业市场结构研究中，衡量市场集中度一般采用贝恩的集中率 CR 或是赫芬达尔指数 HHI，两种指标都有对应的市场结构分类，这些分类均是建立在西方一般商品经济的市场结构基础上，对于中国不完全市场经济条件下的文化产品是否完全适用，尚不得知，但在文献中已经出现了同数据得出不同结论的现象，加之指标数据选取和观点采用的主观偏好，更容易导致研究结果的偏差和矛盾。

国内文化产业市场结构理论发展尚处在起步阶段，没有形成独立、完整的理论体系，领域内尚有较大的空间有待探索。以后研究的重点可聚焦在，一是对文化产业和已有产业组织理论、市场结构指标相容性的研究，二是对文化各具体产业、地区市场结构的研究。在研究方法上面，集中率和赫芬达尔指数被广泛应用，但应当逐步建立起与文化产业市场特征相匹配的衡量标准，以确保市场结构演进方向的准确性和科学性。

第五节　中国文化产业市场结构形成原因及优化

一、中国文化产业市场结构形成原因

通过本章第三节和第四节研究表明，目前中国文化产业市场结构呈现出整体市场集中度较低、个别产业市场集中度较高的特点，但无论是竞争型市场结构还是寡头型

① 聂庆璞. 基于产业组织理论 SCP 范式的中国网络游戏产业研究［D］. 长沙：中南大学博士学位论文，2012.

市场结构，竞争程度均较激烈。深究之下，中国文化产业市场结构的形成主要受市场集中度、政府干预和市场壁垒三者的影响。

（一）市场集中度

中国文化产业市场结构总体呈现集中度较低的主要原因是尽管生产规模不断扩大，但尚未形成规模经济效应。

中国文化产业起步较晚，正处于快速发展时期，文化市场需求不断增多，但多数文化企业同时增加产量，加之新企业不断涌入该市场，给提高市场集中度增加了难度。而且由于技术利用水平低下，资源配置不当导致局部浪费闲置现象较为严重，使绝大多数文化企业未能产生规模经济效应。具体而言，政策方面，国家正在大力鼓励文化产业发展，提供了多方面的支持；市场方面，消费者日益增长的文化消费需求是推动文化产业发展的根本动力，文化消费比重越来越大；文化产业作为新兴市场，还有许多尚未被挖掘的利润机会，这些因素都促使原有企业之间、原有企业和新企业之间竞争越发激烈，获取超额利润的机会不断减少。同时，中国大多数文化企业仍处于萌芽、成长阶段，整个市场尚未出现超大型文化企业集团，在国际竞争中，未有知名文化品牌作引导。尽管一些文化企业正在通过收购、兼并、联盟等方式不断扩大规模，向着规模经济方向发展，市场占有率不断提高，但与寡头垄断企业仍有较大差距。随着文化产业市场愈加成熟，越来越多的文化企业会走上扩张之路，来寻求规模经济，市场集中度和垄断水平也会随之提高。

（二）政府干预

改革开放以前，与中国传统计划经济体制相对应，文化市场上所有文化事业归属国有，文化市场体现为单一的垄断型结构，受政府直接管理，经费由国家财政负责，人事制度上没有正常的人员流动和淘汰机制，机构臃肿，行政化、机关化严重。[①] 随着改革开放，文化体制改革逐渐提上议程，推动了经营性文化单位的转企改制，重塑了文化市场新型主体，加上积极推进政企、政事分开和管办分离，探索建立新型国有文化资产管理体制机制，重新定义文化行政部门与文化企业、事业单位之间的关系，[②] 使中国文化市场结构不断向竞争性方向发展。目前，各类文化产业中，新闻出版、广电网络等产业仍然存在明显的垄断因素主要是由于政府干预迹象的残留。而在市场中自发成长起来的文化企业和产业门类，大多为自由竞争的结果，其市场也多为分散竞争型结构。

就目前改革成果来看，尽管取得了一定成就，但依然存在很多问题。首先，文化产业立法相对滞后，很多领域存在法律空白，如游戏产业、艺术品市场、出版产业等尚未有明确的法律法规管制，导致不正当垄断行为时有发生。其次，政府管理职能发挥失常，有时政府管得过严，有时政府又管得太松，政府职能转变跟不上市场化进程。如动漫、电视剧等产品同质化竞争严重，且企业多依靠政府补贴生存，在很大程度上

---

① 焦斌龙. 文化产业经济学［M］. 北京：高等教育出版社，2014：115.

② 于迅来. 中国文化体制改革历程及发展路径演化［D］. 长春：吉林大学博士学位论文，2014.

妨碍了市场的优胜劣汰和结构的正常调整。最后，现行内容审查制度，一直被诟病，审查过于严格，不利于文化产品艺术的自由表达，审查委员会中政府工作人员占据主导，时常出现外行指导内行的情况，干扰了市场的正常运转，使市场结构呈现人为化的集中，导致资源配置效率的低下。

（三）市场壁垒

中国文化产业市场结构目前集中度偏低，接近于竞争型市场结构，理论上来说，新企业进入市场和已有企业退出市场都较容易，但实践中，无论是进入市场还是退出市场，都存在较高的市场壁垒。

对于想要进入文化产业的新企业来说，资金、人才和政策三方面限制形成了进入壁垒。进入新市场的企业，必定需要投入一定的资金量。以报业为例，《北京青年报》《新民晚报》等在20世纪80年代进入市场时，启动资金只需要30万元。到了2001年，《京华时报》创刊时启动资金达到5000万元，两年之后，《东方早报》的启动资金已经接近1亿元。[①] 不同产业初期投入的资金有所差异，但中国要求申请电视剧制作经营单位的注册资金不得低于300万元，[②] 电影制作经营公司注册资本不少于100万元人民币。[③] 随着电视、电影行业近年来投资规模越来越大，无形中更是增加了新企业进入的资金壁垒。同时，人才壁垒也深刻影响着新企业进入文化市场。文化产业具有内容为王的特点，非常重视创意，而创意来源于人，因此文化企业能否长远发展，很大程度上取决于创意人才的拥有和开发。且人才壁垒关系到产品差异化竞争，新企业想要进入文化产业市场，必须发掘相关文化人才，增强企业在文化产品创新创意方面的竞争力，在市场上提高品牌知名度，以培养消费者偏好。若说资金壁垒和人才壁垒文化企业还有解决途径，政策壁垒却是难以克服。如中国出版行业基本由政府严格把控，出版企业多属于国有企业，国家对出版社实行特许经营制和行政许可制管理，政策上的限制使新企业很难进入市场。

此外，文化产业市场的退出壁垒也很高，由于文化产品前期开发通常经历了漫长的创作过程，投入了大量资金和人力成本，文化生产的专用设备也很难另寻他用，因此，文化企业退出市场时，沉没费用往往十分高昂。

二、中国文化产业市场结构优化建议

文化产业可以细分出许多类别，不同文化产业市场结构必然存在差异。对于新闻广电出版产业来说，由于关系到国家文化安全和群众文化权益，政府不可能也不应该完全开放，将其推向市场，其市场结构仍将在较长一段时间内保持垄断态势不变。对于动漫、电影、电视、游戏等产业来说，寡头垄断或者垄断竞争的市场结构都比较合理，企业有一定规模，且保持竞争局面，不仅有助于形成规模经济效应，避免资源浪

① 陶喜红. 传媒产业结构性进入壁垒探析［J］. 新闻界，2008（4）：10-12.

② 王璐. 基于SCP分析框架的中国电视剧产业现状研究［D］. 西安：长安大学硕士学位论文，2015.

③ 国家广播电影电视总局，商务部. 电影企业经营资格准入暂行规定［EB/OL］. http：//www.mofcom.gov.cn/article/b/g/200412/20041200325799.shtml，2004-10-10.

费和产品同质化，而且有利于为消费者提供丰富多彩的文化产品，满足多样化的文化消费需求。因此，文化产业市场结构应该是什么样子，没有绝对定论，根据不同产业的特点和需求，应当形成多元化的市场结构。

虽然文化产业市场结构没有绝对的正确形态，但是根据目前中国文化产业市场发展现状，可以从以下几个方面入手优化市场结构。

(1) 政府层面：第一，继续坚持大力发展文化产业的政策，鼓励和扶持新兴、特色文化产业发展，通过法律法规，规范产业秩序，维护市场公平竞争，尤其注意警惕文化市场发展到一定程度可能会出现的垄断势力损害公共文化利益现象。第二，充分借鉴外国文化产业管理的经验，转变政府职能，发挥政府在文化市场中的服务功能，推进文化体制改革，真正实现文化生产单位转企改制，实现社会效益和经济效益的统一，提升市场绩效。第三，加强市场监管。在文化产品审查环节，控制数量，提升质量，促进市场资源优化配置，并着重依靠市场进行企业和产品的优胜劣汰，确保文化市场结构正常调整。第四，适当建立起外来文化产品和企业进入壁垒，一方面保护本国文化企业和文化产品发展，另一方面提防西方国家利用文化产品进行意识形态渗透。政府要始终把满足人民日益增长的文化需求放在首位，繁荣文化产业市场，引导文化市场结构多元化同步演进。

(2) 企业层面：第一，扩大文化企业规模，提升市场集中度。文化企业可通过兼并、收购、联合等扩大生产规模，降低单位生产成本，提升市场占有率，实现资源的合理配置，拓展文化企业的产业链经营能力，实施多元化发展战略，降低企业经营风险，并提高市场绩效，如华策影视通过并购克顿传媒，实现了两家影视公司的强强联合，帮助华策影视在业务规模和版权规模上完成了全面扩张，带动了企业业务升级和规模经济效应的提升。第二，实施产品差异化战略，提供更多优质文化产品。文化产品的价值体现在创意和内容方面，在内容为王的文化市场竞争中，企业生产大量同质化产品迟早会被淘汰，文化企业只有为消费者提供了差异化的产品或者服务，才能形成市场进入壁垒，在激烈的市场竞争中立足，获得应有绩效。第三，打造文化品牌，参与全球市场竞争。对中国文化企业来说，广阔的市场既是机遇也是挑战，虽然目前具备走出国门实力的文化企业还不多，但是通过市场集中度的进一步提高，部分文化企业规模不断扩大，在资源集聚效应、规模效应下实现生产效率的不断提升，中国也能出现强有力的文化市场竞争品牌，代表国家积极开拓国际市场。第四，成立产业协会，实行行业自主监督。产业中间组织的建立有助于规范文化市场秩序，解决企业间矛盾纠纷，规范企业垄断行为尤其是密谋定价行为，维护市场机制作用的充分发挥，打造产业内自由竞争的氛围，形成对政府部门工作的补充。

第九章　文化企业价格行为

第一节　市场价格行为理论

传统的企业理论主要从企业所处的外部市场结构出发，通过阐释、说明表现市场综合经济现象的供给曲线和需求曲线来研究企业的市场行为。对于企业市场行为的系统研究以亚当·斯密提出的“经济人”假定为开始，该假定认为企业的市场行为都是为了实现自身收益最大化。由于在现实经济中完全竞争型和完全垄断型市场较为少见，市场行为理论则把研究重点集中在了有几个规模较大、相互依存又相互竞争企业的寡头垄断型市场上，并认为处于寡头市场结构中的每个企业的市场行为都会对其他企业的市场行为产生影响。

一、市场行为的内涵及表现形式

企业的价格变动、新产品的研发推出、产品的广告促销甚至是企业在组织结构上的调整变化等，这些发生在特定市场环境下的行为，都可以被认作企业的市场行为，其与企业的非市场行为是相对的概念。

（一）市场行为的内涵

市场行为是指企业在市场上为实现其目标，如利润最大化、市场占有率提升、产品销售量增加等，而采取的为适应市场要求不断调整企业战略的行为。单个目标价值的最大化和多重目标效用的最大化是企业采取和坚持一定市场行为的不懈动力，企业的市场行为会受到外部环境和内部结构的双重影响，市场行为也会反作用于市场结构和市场绩效，影响和改变着市场结构与绩效。

（二）市场行为的表现形式

企业的市场行为可大致分为两类：一类是以控制和影响价格为基本特征的价格行为，另一类是以拓展市场、增强市场竞争力等为目的的非价格行为，主要包括市场信息行为、产品营销行为、组织调整行为以及创新研发行为等。非价格行为将在其后三章讨论。

二、价格行为的内涵及策略

（一）价格行为的内涵

企业价格行为是指处于特定市场结构中的企业通过采用一定方法、手段影响产品价格的市场行为，可大致分为价格竞争行为和价格协调行为两类。价格竞争行为也称非合作价格行为，企业以价格竞争作为市场竞争的主要手段，主要行为包括价格歧视、限制性定价、掠夺性定价、捆绑销售定价、多重收费等。企业实行价格竞争需要建立在所处市场结构具备竞争条件这一前提下，一般为垄断竞争型或寡头垄断型市场结构，同时需要企业具备一定的降价实力。

价格协调行为也称合作价格行为，指企业之间为了避免因同类型产品降价而造成的损失，针对有关价格调整、协定等问题采取合谋或默契达成一致价格水平的行为。价格协调行为，通常发生在以下两种情况下：一是在寡头垄断市场结构中，企业既希望保持寡头垄断所带来的超额利润，也为了尽可能防止产业内部恶性竞争，而选择与其他企业进行价格协调；二是当市场上产品差异化程度较低时，企业较容易采取价格协调行为，而产品差异化程度高的企业拥有较强的市场独立性与竞争力，一般不会与其他企业进行价格合作。

（二）影响企业定价的因素

企业目标是企业市场行为的重要内在决定因素，企业市场战略、策略的制定和部署同样是基于一定企业目标下进行的，追求企业利润最大化、占据更高的市场份额、完成某一阶段的销售量等都可能是企业的市场行为目标，企业的价格行为应该服从于企业的经营目标。

价格是企业最基本的竞争手段，产品价格的高低影响着企业的市场占有率、市场竞争力、产量等，还决定着企业的收益。企业采取的其他竞争手段如质量竞争、创新研发、广告促销等都是建立在价格竞争基础上进行相应的拓展或权变。企业产品价格的制定受多方面因素的影响，除企业目标是影响企业产品定价的重要因素外，产品的生产成本、市场需求、企业所处的市场结构、竞争者的定价、产品的质量以及消费者对产品价值的感受等因素都会对产品定价产生影响。

（三）定价策略

企业的定价策略是指企业在全面分析影响产品价格的内外部因素的基础上，为达到企业预定目标而采取的价格策略。价格策略选择的恰当与否影响着企业目标的实现，处于不同市场结构中的企业所采取的定价策略有所不同。

1. 垄断型市场结构中的企业定价策略

垄断型市场分为完全垄断型市场和寡头垄断型市场。在完全垄断市场下，企业采取定价策略的基本原则是遵循边际成本等于边际收益，企业通过调整产量和价格实现企业利润最大化的目标。[①] 虽说垄断企业牢牢掌握了市场价格的控制权，但是为了制定

① 王珏. 企业定价策略的分析与应用［J］. 现代企业，2007（10）：34，27.

出较为科学合理的产品价格，垄断企业也需要充分考虑市场需求，准确分析出边际收益、产品价格与需求价格弹性系数三者之间的对应关系。当需求富有弹性时，企业只能确定较低的定价水平；当需求缺乏弹性时，企业则有了选择高价的契机。

在寡头垄断市场中，存在着几个相互依存、相互竞争的大型企业进行生产经营活动，任何一家寡头企业对产品的价格和产量都有一定的控制力，但在制定企业价格决策时都必须考虑其他寡头企业的价格策略。寡头企业产品价格在经过彼此制约达到均衡后会在一段期间内保持相对稳定，继而将从产品品质、广告宣传、销售服务等多方面展开非价格竞争。

2. 竞争型市场结构中的企业定价策略

竞争型市场分为完全竞争市场和垄断竞争市场。在竞争型市场结构中，企业数量众多，市场上产品差异化程度低，市场信息充分，企业对市场信息的反应也较为灵敏，因此，绝大多数企业无法控制市场均衡价格。但为了抢占市场份额，短期内可采取一些应对性定价策略，主要有：根据产品生命周期的不同，如进入期、成长期、成熟期和衰退期而制定不同阶段的定价策略；在具备必要前提下，采取的撇脂定价策略和略有提高的定价策略；在竞争激烈时，采取的竞争定价策略（通常表现为“价格战”）以及跟进定价策略等。

第二节　中国文化企业价格行为

一、价格歧视

（一）内涵和实施条件

英国福利经济学家阿瑟·庇古在其1920年出版的《福利经济学》一书中对“价格歧视”理论作了最早的阐述：价格歧视是指同一种商品在市场上以不同的价格出售。[①] 但是庇古的定义尚不够准确，就算企业对所有消费者制定相同的价格也可能存在其他形式的价格歧视，如同价不同质，同价不同成本等。芝加哥经济学派的乔治·斯蒂格勒则对“价格歧视”进行了较为精确的定义：当两个或更多的商品以不同的价格/边际成本比率销售时就存在价格歧视。[②] 价格歧视的本质就是企业对同一产品进行差别定价。一般而言，企业实施价格歧视策略应该具备以下条件：①具备一定的市场垄断力，能将产品价格控制在边际成本之上以保证企业的获利空间，企业拥有的垄断实力越强，对价格的把控力也越高，其产品也一般不会被其他企业的产品所替代，还能较为容易地向消费者索取高于市场均衡价格的利润。②必须熟知消费者需求价格弹性的差异，能

① 高兴佑，高文进. 价格歧视理论［M］. 北京：光明日报出版社，2013：2-3.

② 唐晓华等. 产业组织与信息［M］. 北京：经济管理出版社，2005：55.

够较为准确地推测出不同消费者对于每一单位产品的最大支付意愿，以便确定其对哪一类消费者索取高价，最终获得比同一定价时更大的利润。③能够限制或阻止消费者之间的套利行为，即企业有能力将有不同支付意愿的市场分开，使支付低价购买产品的消费者无法将产品以较高价转卖给愿意支付高价的消费者，假若套利行为存在的话，价格歧视策略也就失去了效果。

价格歧视是市场经济发展的必然产物，作为一种正常的经济现象对企业、消费者以及市场效率结果都产生了一定的影响。①对于企业而言，可以根据消费者在不同地域、不同时期、不同阶层的支付意愿差别而制定不同的价格，获得比同一定价时更高的消费者剩余，从而增加企业的整体利润。价格歧视是企业对消费者剩余再分配的重要形式，是促进企业获得更多利润的一种价格促销策略，是企业把握产品流通主渠道的重要手段，通过实施该策略形成属于企业产品自身的垂直营销系统，并在一定程度上分担企业的市场风险。②消费者同样是企业实施价格歧视策略的受益者，其在支付意愿之内可能以更便宜的价格享受到企业的同质产品，通过参加企业的打折促销活动、获得特殊折扣以及免费赠品等提高消费者剩余。③价格歧视也影响着市场的资源配置效果，其发挥了价格杠杆对资源配置进行有效调节的功能。如对一些供求矛盾较为突出的基础性资源（水、电、气等），凭借垄断资源供给对消费者进行同物不同价的区别对待和供给量调整，可实现整个资源更高效的分配。由于价格歧视从某种程度上来说是一种垄断行为，是将原本属于消费者的剩余大幅度转移至企业手中，因此必须在遵守相关法律法规的条件下才能实施，只有这样方能推动市场经济健康和谐发展。

（二）典型案例

1. 一级价格歧视

也称完全价格歧视，指企业的每一单位产品以其消费者所愿意支付的最高价格出售，也就是说每一单位产品的销售价格都不一样，不同消费者所支付的价格均不相同。[①] 企业使用一级价格歧视要求其能够准确区分、推测出不同消费者对产品的价值预期或支付意愿，并向对产品预期值较高的消费者卖高价，低的卖低价，即企业尽可能将消费者剩余全部转化为收益，从而实现企业利润最大化的目标。但在现实市场交易中，由于企业很难估计出不同消费者的价值预期或最高支付意愿，因此，一级价格歧视行为较为罕见。

文化企业无法做到完全了解每个消费者的最大支付意愿，当然，消费者也不会主动向文化企业透露自己对文化产品或服务的最大支付意愿，因此，文化企业也很难对消费者实行一级价格歧视策略。不能实施这一价格策略，并不代表一级价格歧视理论无法成为文化企业定价行为的参考依据，尤其是针对不同消费者生产定制型产品的文化企业，可以通过对消费者的相关调查与数据统计，对不同消费者的最大支付意愿有大致了解，有针对性地实施接近于一级的价格歧视，从而使企业实现更多的利润收益。

① 唐占应. 逆向二级价格歧视的提出与现实意义 [J]. 商场现代化，2016 (1)：4-5.

2. 二级价格歧视

又称批量价格歧视，是指企业根据消费者购买产品数量的不同而设定不同的价格，对产品购买量进行分批次定价，从而获得更多利润的价格策略行为。这种定价策略实际上是对消费者购买量的一种优惠激励方法，虽然降低了单位产品的价格，却通过购买量的增多使企业实现总体收益的增加。

文化企业依据消费者对文化产品购买数量多少或对文化服务消费时间的长短、次数或消费时段而设定不同的价格，被称为文化企业的二级价格歧视。[①] 如在实体唱片业时期，唱片公司通常将一张唱片 CD 的价格定为 20 元，但对购买 10 张以上 CD 的消费者可以打八折。一般而言，消费者购买文化产品或服务数量越多，所支付的单位产品价格就越低。当前，众多电商企业的“团购”促销行为也算是二级价格歧视运用的延伸。

3. 三级价格歧视

亦称“对象”价格歧视，指企业根据不同消费群体或不同市场对产品价格敏感度的差异，而对同种产品进行差别定价的行为。文化企业实施三级价格歧视策略较为普遍，主要有四种表现：①针对消费者不同的支付意愿进行的价格歧视，最为典型的是演唱会门票的定价策略，越靠近舞台的座位票价越高，这些高价座位主要针对具备一定经济实力的“铁粉”来销售，消费者对价格的敏感度较低，相反，看台区的站票则是提供给价格敏感度较高的普通消费者。②根据市场所在区域的不同而对消费者实行价格歧视，如欢乐谷在全国不同地区的门票价格不尽相同。③依据不同的消费群体而实行价格歧视，如一些话剧演出在针对白领阶层和工薪阶层分别上演时，即使是同一剧院内同一区域的票价也会有所差别。④基于不同的消费时段而进行的价格歧视，如电影院每天不同时段、不同场次的票价不尽相同，旅游产品的“淡、旺季”价格差别也较明显。

二、限制性定价

（一）内涵和主要内容

限制性定价主要指市场中在位企业将其价格和产量定在新企业进入市场后所剩需求不足以使它生存的水平。[②] 限制性定价主要依靠在位企业当前的价格策略去影响潜在进入企业对进入市场后利润水平的预期，继而影响潜在企业是否进入市场的决策。对于限制性定价理论的研究存在三种不同的理解：第一种，以早期贝恩等学者为代表，认为限制性定价是企业阻止其他企业进入市场的垄断行为，即在位企业所制定的产品价格可以完全阻止潜在企业的进入，但由于利润水平是进入企业自己的价格行为所决定的，当期价格对进入企业的利润水平并不起直接作用，仅是发挥预期利润“指示器”

① 唐月民. 文化企业价格歧视行为分析［J］. 齐鲁艺苑，2007（3）：91-96.

② 干春晖. 企业非合作策略性行为的产业组织理论述评［J］. 经济学动态，2001（11）：64-68.

的作用。[①②] 第二种，以卡米恩和施瓦茨等学者为代表，提出在位企业通常以跨时期利润现值之和最大化为目标进行产品定价，即最优限制性定价，也被称为动态限制性定价，限制性价格可以不用设在完全阻止潜在企业进入的水平上，而可设在短期垄断价格水平之下和完全阻止进入的水平之上。第三种，以米尔格罗姆、罗伯茨、哈瑞顿等学者为代表，提出不完全信息下的限制性定价，强调在信息不对称的情况下，进入企业不知道在位企业的生产成本，在位企业可以利用限制性定价手段向进入企业显示自己是个低成本的厂商，使进入企业认为进入是无利可图的，从而放弃进入。这一结果在博弈论中被称为分离均衡。

（二）案例：数字音乐企业的限制性定价策略

文化企业的限制性定价是一种短期非合作策略性行为，主要指市场上原有的文化企业通过当前价格策略去影响潜在文化企业对进入市场后利润水平的预期，从而影响潜在文化企业的进入决策。当数字产品进入成熟期后，数字产品市场将逐渐从垄断竞争型市场演变为寡头垄断型市场。在寡头市场结构中，几个龙头企业凭借规模经济为其创造的低价优势，往往采取限制性定价策略，通过适当降低产品价格，阻止潜在竞争企业进入，以牺牲短期企业利润为代价，实现长期占领市场的目的。这是处于数字音乐市场上的寡头企业普遍采取的价格形式，如国内的 QQ 音乐、网易云音乐、虾米音乐、酷狗音乐等都在发展的某些阶段实施过此类定价策略。

数字音乐企业能够实施限制性定价的原因，主要有三点：①数字音乐产品具有高固定成本、低边际成本的特点，使其存在享受规模经济的可能，生产规模的扩大不会受到边际成本、平均成本递增规律的限制，即“产量无限制”的规模经济特性，为数字音乐产品生产的垄断和限制性定价提供了可能，寡头企业不会因此产生较大损失。②数字音乐产品在生产前预付的较高沉没成本使市场存在一定的进入壁垒，对于市场上的跟随者或新进入者而言，必须考虑是否能在现有的价格水平下做到用较短的时间收回沉没成本，若不能，则会使现有寡头企业的垄断地位得到进一步巩固，为其实施限制性定价增加可能。③数字音乐产品难以进行差别化，当数字音乐产品生产进入规模化时期后，各寡头企业拥有的数字音乐产品基本类似，在曲库 IP 来源相同的情况下，很难将产品和服务做出明显的差别化，便会促使寡头企业竞争由差别化竞争转向价格竞争来实现阻截竞争对手的目的。

三、掠夺性定价

（一）内涵和分类

掠夺性定价指市场中在技术、规模、盈利等方面占据主导地位的企业为了将市场上现有竞争对手逐出市场，选择暂时以低于成本的价格连续销售其产品或服务，等到竞争对手退出市场后再重新提高价格来获取超额利润的行为。企业实施掠夺性定价的

---

① Joe S. Bain. A Note on Pricing Monopoly Oligopoly ［M］. American Economic Review，1949：448-464.

② Joe S. Bain. Barriers to New Competition ［M］. Cambridge：Harvard University Press，1956：235.

潜在动力是掠夺成功后的垄断收益足以弥补甚至多出掠夺时发生的损失，企业的掠夺性定价行为分为理性（即垄断企业有目的、有计划地实施）和非理性（即“价格战”）两种类型。与限制性定价的相同点是，两种行为都是企业借低价手段击退竞争对手，而不同点是企业通常采用的掠夺性价格比限制性价格更低，且多发生在与已有竞争对手之间的市场争夺过程中。虽然中国《反垄断法》及其他相关法律法规都有明确禁止掠夺性定价的规定，但对于该行为实施的一些具体问题，尚未有相应的规定来提供指引和解读。

所谓“价格战”是指在一段时期内，企业有意或无意、自愿或非自愿地以降价行为快速回应市场竞争形势变动，或反击竞争对手降价行动的策略性价格竞争行为。[①] 在现实市场价格竞争中，价格战是企业间经常使用的定价策略，其体现的是竞争对手双方进行行为互动的策略性博弈过程。

对于企业间的价格战行为进行博弈分析，最著名的例子就是“囚徒困境”。假定现在市场上有 A、B 两家企业，同时生产着无差别产品，并且采用等同的价格销售产品。在最初，两家企业各自利润分别为 5 万元；现在企业 A 发现如果采用降价的销售策略，可以使自己的利润增加到 7 万元，此时 B 的利润下降到 3 万元。假定 A、B 企业所能选择的降价价格相同，由于 B 的利润降低，为了增加自身利润，同样会选择降价策略，此时 A、B 的利润均变为 4 万元。如图 9-1 所示。

B / A	降价	原价
降价	（4，4）	（7，3）
原价	（3，7）	（5，5）

图 9-1　A、B 企业的价格博弈矩阵

可以发现，如果 A、B 两个企业同时选择维持原价的策略，双方获得的利润都比采取降价策略获得的利润更高，但是在实际竞争中，企业往往是以追求自身利润最大为前提，最终陷入“价格战”的“囚徒困境”。如果企业双方采用合作的方式，则将达到“双赢”的局面。

（二）案例：在线旅游企业间的“价格大战”

随着携程 2015 年 5 月合并艺龙、“联姻”去哪儿后，国内在线旅游市场的垄断格局开始初显。但在此之前的在线旅游寡头企业间的价格战可以说使各企业都元气大伤，从 2014 年艺龙发布的财报可以看出，其全年净利润为-268.94 万元，这一数字比 2013 年的-167.73 万元有了明显的下降。另一大在线旅游巨头携程旅行网 2014 年的净利润为 242.74 万元，同比下降额达到了 76%。

按照掠夺性定价行为的界定，文化企业的掠夺性定价主要指文化企业将价格削减

① 刘志彪，安同良. 现代产业经济分析（第 3 版）[M]. 南京：南京大学出版社，2009：279.

至对手平均成本之下，以便将其驱逐出市场或者遏制新企业进入，即使有可能遭受短期损失也在所不惜。年净利润都大幅度下滑，主要原因在于“价格战”使企业运营成本上升的同时，也使其盈利空间显著下降。额外的成本支出主要用于服务开发、营销活动、销售渠道铺设以及总务协调管理等方面。在线预订率较低的酒店预订是各大在线旅游企业开展价格战的主要领域，携程、艺龙、同程网、号码百事通等企业都加入到这一市场的激烈竞争中，特别是每年暑期，这些企业都会以牺牲短期利润为代价低价争抢酒店在线预订市场，甚至还专门筹集几十亿资金去备战“价格战”。结果不仅导致企业自身利益显著下降，而且引发了在线预订市场秩序的混乱，妨碍了市场的正常运转和发展。

此外，掠夺性定价策略也常常被报社（或报业集团）应用在报业发行市场的激烈竞争中，报纸生产企业将报纸的价格降到远远低于成本之下，以期达到将竞争对手驱逐出报业市场的目的。当掠夺成功后，会再提高报纸的价格，从而获得高额的垄断利润。20 世纪末，国内一些大型报社就曾为了争夺有限的市场空间，不惜大打价格战。如在南京报业市场上，《江苏商报》《江南时报》《现代快报》分别以 2 毛钱、2 毛钱和 1 毛钱的低价位冲击市场，《新华日报》《南京日报》等也随即推出了“买一赠一”的活动。继南京报业市场的价格战之后，全国其他一些城市也相继出现报纸行业掠夺性定价竞争行为，但却鲜有达到挤出竞争对手的目的。自江浙报社在南京市场出现低价竞争之后，很多报社为了维护自己的利益，纷纷联合起来签署协议，约定报纸的价格最低限价为 3 毛钱，且所有的报社不允许再实行“买一送一”之类的优惠方式，以维护报业市场的正常运转。

四、捆绑销售定价

（一）含义

捆绑销售是共生营销的一种形式，是指两个或两个以上的产品或企业在促销过程中进行合作，以几件产品的组合为一个单位销售，几件产品都不是同一件产品的不同组成部分，都可以单独出售。捆绑销售作为一种跨产品、跨行业和跨品牌的新型营销方式，开始被越来越多的企业重视和运用。不是所有的企业产品都能随意地“捆绑”在一起。捆绑销售要达到“1 + 1 > 2”的效果取决于两种产品的协调和互补。经济学家对于捆绑销售的观点随着时代的不同渐渐有所改变：早期观点基于杠杆理论认为捆绑具有反竞争的效果，当垄断企业在某一市场上具有较强市场势力时，其可以利用捆绑行为将垄断势力延伸到被捆绑产品的市场上进而在被捆绑市场获取利润，此种定价行为减少了消费者的自主性，且极有可能损害被捆绑产品市场的竞争环境；然而芝加哥学派的学者则认为，垄断企业不可能通过将竞争市场产品与垄断市场产品一起捆绑的方式获得额外利润，[①] 因为垄断企业一定是在某些促进竞争因素的驱使下才会选择捆绑

① 臧旭恒，尹莉. 美国现行反垄断法对软件产业的适用性探析——以搭售和掠夺性定价为例［J］. 中国工业经济，2005（5）：28-29.

定价策略，且捆绑行为因能够创造规模经济、保证产品品质，而有利于市场竞争和绩效的提升。

（二）案例：中国职业足球比赛门票的捆绑定价

实行捆绑销售的基础是不同的消费者对两种产品的相对支付意愿有所不同，如以两位观众对中国足球超级联赛门票的不同支付意愿为基础，分析中超联赛有限责任公司的捆绑定价行为。A、B 观众对球赛门票的支付意愿如表 9–1 所示，对于 A 而言，季节对观看球赛与否的影响较大，其对夏季和冬季的门票支付意愿相差较大，差额为 100 元；对于 B 来说，季节影响较小，夏季和冬季的门票支付意愿相差较小，差额为 20 元。如果将夏季和冬季门票分开销售，夏季门票只能定在 180 元，因为高于 180 元的票价，观众 B 将选择不购买球赛门票；同理，冬季球赛门票只能定在 100 元，高于 100 元，观众 A 将放弃购买门票。分开销售，中超联赛有限责任公司可获得观众 A、B 两人的门票总收入为 560 元。若公司采取捆绑销售策略，将夏、冬两季的门票总价格定为 300 元，不仅两位观众都会购买，而且所获得的门票总收入将达到 600 元，显然高于分开销售的定价策略。可见，捆绑销售不仅可以降低销售成本，提高营销效率，使顾客能够更为方便地购买产品，还能增强企业抵抗市场风险的能力，使资源配置向帕累托最优状态更逼近了一步。

表 9–1　观众 A、B 对夏季、冬季门票的支付意愿

	夏季门票支付意愿	冬季门票支付意愿
观众 A	200	100
观众 B	180	160

足球联赛运营企业在实践中还经常将门票和其他与足球赛事用品，如球衣、队旗、加油棒等联合在一起捆绑，从而提升企业捆绑销售的综合效益。

五、多重收费

（一）含义

多重收费是指企业在消费者购买同一或系列产品和服务时，以不同的名义进行多次相关费用的收取。企业针对消费者的多重收费往往是在消费者不知情的情况下，通过巧立名目的收费方式增加企业利润。

（二）案例：腾讯游戏的多重收费

当前，腾讯公司的相当一部分收入是依靠游戏产品实现的。据统计，腾讯公司的游戏营业收入已位列世界第一，排名第二的索尼公司仅为腾讯的 1/3。腾讯游戏作为腾讯公司四大网络平台之一，也是国内最大的网络游戏社区，拥有休闲游戏平台、大型网游、中型休闲游戏、桌面游戏、对战平台五大类共计 60 款游戏。在一定程度上，游戏铸就了腾讯的“企鹅帝国梦”。

但腾讯对游戏产品尤其是网游产品的多重收费现象较为普遍，例如，腾讯部分网游需和QQ绑定在一起，玩家在购买网游产品的皮肤、装备等时不仅要充蓝钻还要买金币，看似免费注册的QQ号其实隐藏着诸多不透明的收费陷阱。针对同一网游产品设置多种收费项目，这种不合理的收费制度让游戏玩家既苦恼也无奈。

第三节　中国文化企业价格研究成果与结论

价格行为作为企业市场行为的重要组成部分，其经济学层面的理论研究成为学界关注的重点板块，涉及的领域有房地产企业、电商企业、航空企业、医药企业等，但对文化企业价格行为的理论探讨则相对较少。企业理论主要探讨的是企业的本质、边界和内部激励制度，其开创者是科斯，后继者包括奥利弗-威廉姆森、克莱恩、奥利弗·哈特、霍尔姆斯特伦姆、让·梯若尔等，[①] 当前有关企业行为的经济学研究主要沿着交易费用、产权以及企业本质观等脉络展开，在这些西方理论研究的基础上，学者们对中国文化企业价格行为的论证也取得了一些理论成果。按照不同市场结构下价格行为的不同种类，当前文化企业价格行为研究主要集中在价格歧视、限制性定价、掠夺性定价和捆绑定价四个方面。

一、文化企业价格歧视行为研究

三级价格歧视是在文化企业价格行为研究中被运用最多的理论，不同学者从文化企业价格歧视的概念、分类及具体案例等方向展开了针对性研究。如唐月民（2007）对文化企业的三级价格歧视行为做了系统分析和实施效果评价，认为价格歧视是文化企业为实现利润最大化经常采取的行为，实行的价格差别不是建立在文化产品生产成本差异的基础上，而是建立在市场供求、消费者嗜好、产品信息等差异的基础上。[②] 王金鹏和李伟（2013）认为三级价格歧视是文化企业经常采用的一种定价策略，在一定条件下能够带给文化企业丰厚的利润回报，由于受到各种内外部因素的制约，价格歧视有时并不能给文化企业带来预期的经济效益。[③] 李翔和褚蓓（2016）在对文化产品价格歧视界定及特性分析的基础上，阐述了文化产品歧视定价的目标和策略。[④] 除以上学者从文化企业的整体层面做了价格歧视行为的相关探讨，还有学者研究了价格歧视理论在旅游业的运用。如邹鸿旋（2013）以深圳欢乐谷主题公园为例，研究了价格歧视理论观照下的旅游景区门票定价问题，并提出借助政府平台、以文化体验为基础、以

---

① 唐志强，周秀兰. 一个企业理论的研究综述——从亚当·斯密到新兴古典经济学［J］. 北方经贸，2013（3）：18-20.

② 唐月民. 文化企业价格歧视行为分析［J］. 齐鲁艺苑，2007（3）：91-96.

③ 王金鹏，李伟. 浅析文化企业三级价格歧视策略的运用［J］. 学理论，2013（17）：99-100.

④ 李翔，褚蓓. 基于价格歧视的文化产品定价策略［J］. 财讯，2016（3）：64-66.

市场为导向等一系列定价行为改进建议。[①] 罗茜（2015）阐述了旅游行业实施价格歧视行为的利弊，引出针对价格歧视行为的成因探究。[②]

国内学者将价格歧视概念运用在文化企业的价格行为分析中，大多采取理论结合案例的形式，具体涉及文化产业的细分门类有电影、音乐、出版、体育等。学者们发现，价格歧视策略被文化企业较为广泛地运用在文化产品或服务的销售过程中，在一定程度上帮助文化企业获得了超额利润。

二、文化企业限制性定价行为研究

目前，国内学界关于文化企业限制性定价行为的研究尚不多见。干春晖、赵农、叶泽等学者主要将研究重点放在了限制性定价理论梳理及其演变发展探讨等方面，为研究文化企业的限制性定价行为提供了一定参考。解梅娟（2011）在限制性定价理论基础上提出，数字产业主要有垄断竞争和寡头垄断两种可持续的市场结构，其对应的典型定价形式分别为差别化定价和限制性定价，在技术创新力量的作用下，数字产业的市场结构将由垄断竞争向寡头垄断再向新的垄断竞争转换。[③]

三、文化企业掠夺性定价行为研究

国内学者对文化企业掠夺性定价行为的研究也相对较少，关注点几乎都放在了互联网企业及其掠夺性定价的判定上。如叶明（2015）认为反垄断立法的不足和现有研究针对性不强等妨碍了对互联网企业掠夺性定价的准确认定。[④] 曲衍东（2016）提出了免费软件的掠夺性定价行为，认为需要突破价格的困境，通过衡量盈利模式与其本身使用价值的关联性，来判断盈利与成本的比重和经营者的竞争意图。[⑤] 黄勇和杨利华（2016）以第三方支付平台企业为例，论证发现如果依照单边市场规制理论，第三方支付平台企业非中性的定价机制与现有反垄断法所规制的掠夺性定价行为之间存在着悖论，因此，在以“结构—行为”为分析框架的基础上，提出应依据双边市场理论对第三支付平台企业的掠夺性定价行为进行反垄断规制。[⑥]

四、文化企业捆绑销售行为研究

文化企业的捆绑销售行为在市场上较为常见，对于文化企业的捆绑定价相应的研究也较多。其中，周霄等（2005）从捆绑定价策略出发，对旅游景区套票的内涵、理论基础和主要形式进行了分析和介绍，指出旅游景区套票定价策略对于旅游景区发展有积极意义，在实行过程中应该准确评估旅游者对景区的支付意愿，采用多样化的套

---

① 邹鸿旋. 价格歧视理论观照下的旅游景区门票研究——以深圳欢乐谷主题公园为例［J］. 闽江学院学报，2013（3）：103-107.

② 罗茜. 旅游价格歧视行为的成因及对策［J］. 山西师大学报（社会科学版），2015（S2）：41-42.

③ 解梅娟. 数字产品定价问题初探［J］. 生产力研究，2011（4）：17-19.

④ 叶明. 互联网企业掠夺性定价的认定研究［J］. 西北政法大学学报，2015（5）：194-200.

⑤ 曲衍东. 试论免费软件掠夺性定价行为的竞争法规制［J］.法制与经济，2016（1）：124-126.

⑥ 黄勇，杨利华. 第三方支付平台企业掠夺性定价的反垄断法分析［J］. 河北法学，2016（4）：29-38.

票形式，灵活运用混合定价等策略。[①] 舒成利和刘翠娟（2007）以俱乐部收益最大化为基础，利用边际成本、边际收益、价格歧视和捆绑定价等理论，研究了职业足球比赛门票定价策略，并得出三个级别的价格歧视和捆绑销售策略能优化俱乐部的门票收益。[②]

从现有文献来看，对文化相关企业捆绑销售行为的研究对象大多选择了双边平台型互联网企业，捆绑定价是现实中双边平台企业常用的促销策略之一，这也是由双边平台市场结构所决定的，其有着市场主体之间的交叉网络外部性、产品与服务具有依赖性和互补性、企业采用多产品定价方式等特征。张凯和李向阳（2010）通过动态博弈模型分析得出了，不论是垄断市场还是竞争市场，捆绑销售对买卖双方均衡价格的影响都不确定，捆绑产品的定价应按照传统单边市场的定价方式制定，垄断市场中，捆绑能增加买方数量、卖方数量及双边平台企业的利润，而竞争市场中，捆绑产品成本较小的双边平台企业将获得较大买方数量、卖方数量及利润。[③]

五、已有研究成果述评

从已有研究成果能够看出，对于文化企业价格行为的探讨远不如对其他企业涉及范围广、程度深，仅有不多的文献里关注了该行为，且所得研究结论较为分散，尚未形成完整的理论体系和全面的实证总结。整体而言，该领域的研究还存在诸多空白和缺陷之处，也侧面反映了对于文化企业价格行为的研究较有前景和现实意义。目前，关于我国文化企业价格行为的研究主要存在以下空白与不足之处。

（一）概念界定与辨析的缺失、模糊

概念界定是研究事物的关键一步，也是进行学理探究的第一步。从对文化企业价格行为的学术研究结果来看，相关概念的界定十分模糊甚至有所缺失，如“文化企业多重收费”、“文化企业捆绑销售”等概念尚未有学者提及，而对“文化企业限制性定价”与“文化企业掠夺性定价”等看起来较为相近的概念，也缺少相应辨析。对文化企业可采用的多种定价行为的相同点，以及各种定价策略对价格的控制程度及其实施时间、实施效果等不同点，也未能予以探索，使文化企业定价行为理论研究成果对实践的指导意义十分有限。

（二）案例选取类型较为单一

在文化企业价格行为研究中加以案例分析，以小见大、从特殊性中总结普遍性，能使理论成果更为具体形象、有说服力，有学者将案例分析文献分为单一案例和多重案例两类，发现前者主要用于挑战某一理论，后者则主要用于理论的构建。可知，案例选取的多少、类型等都会对文化企业价格行为理论研究产生较为关键的影响，而多数学者仅选取诸如旅游产业、报纸产业、音乐产业、数字产业等业域内单一的企业作为样本进行归纳演绎，鲜有从多个案例的横向对比中总结规律，不仅使研究结论的普

---

① 周霄，冯健，何彪. 旅游景区套票策略的经济学分析［J］. 山东工商学院学报，2005（2）：20-23.

② 舒成利，刘翠娟. 中国职业足球比赛门票定价的经济学解释［J］. 首都体育学院学报，2007（1）：23-25.

③ 张凯，李向阳. 双边市场中平台企业搭售行为分析［J］. 中国管理科学，2010（3）：117-124.

适性存在问题，也导致理论探讨的宽度和深度都存在较大欠缺。

（三）研究方法等缺乏学术创新

西方学界关于企业价格行为研究的理论成果和推理模型都是特定条件下的经验总结，并不完全适用于中国文化产业这一特殊领域，加之一些中国文化企业的“计划经济”痕迹仍较为明显，文化企业的市场化运营经验还略有不足，西方企业价格理论直接用于文化企业或许会在一定程度上“失效”，尤其是现有关于文化企业价格行为的研究大多数局限于价格歧视，尚无对文化企业价格行为可采取的类型、实施影响因素、效果评价等长期的、系统的追踪研究，更是缺乏针对当前文化企业价格行为单一、价格竞争手段低劣等问题的解决策略研究，依据简单的定性分析方法所得对策建议往往不够深入、具体，在研究理论和研究方法的选取上都亟待创新。

研究空白与不足之处意味着文化企业价格行为领域尚有诸多可探寻的方向，可尝试从以下方面予以改进：首先，可在市场结构划分的条件下，对处于四种不同类型市场结构中的文化企业，分别开展价格行为的种类、特征、实施条件、影响因素、实施效果等分析，从“面”上研究深入到“线”和“点”上去，并附上多重案例佐证，加强研究的系统性、针对性和代表性，做到理论阐述与案例对比的有机结合。其次，研究关注点可以聚焦在某价格行为分支或完整的理论体系架构上，通过具有针对性或基础性的研究工作，填补文化企业价格行为理论空缺，为进一步的深入探索打下坚实的基础，完成对文化企业多重收费、限制性定价、捆绑销售等的界定及其特征推演。最后，尝试与其他相关理论如行为经济学、心理学等结合，全面探讨当前中国文化企业价格行为存在的缺陷，并给出实用性解决策略，或用一些逆向推理的方法，重新检查西方价格行为理论和已有实证结论在中国文化市场现状下的正确性，探讨中国文化企业价格行为改进空间和具体方略。现阶段，国内学者关于文化企业价格行为的研究成果不算丰富，得出的研究结论也不多，研究存在诸多空白之处和缺陷之处，需要通过学术探讨和企业实践来共同推动。

第四节　中国文化企业价格行为优化

价格是市场经济引导资源实现最优配置的一个基本变量，其变动情况会相应地传导到生产、流通和消费等各个环节中，从而产生“牵一发而动全身”的变化。受不同市场结构的竞争环境、产品特性、生产成本和政府政策等多方面因素的影响，从创意、生产到批发、零售环节的文化企业价格行为优化存在着一定的非对称性、非均衡性。目前，中国文化企业价格行为还存在诸多缺陷与现实障碍，需要通过多项具体措施去规范、优化。

一、市场结构对文化企业价格行为的影响

文化企业价格行为会受到市场结构状态及其特征的明显制约。在不同的市场结构中，文化企业价格行为实施的种类及所起到的效果有所不同。在集中度较高的文化市场中，文化企业数量较少，主导企业有着较强的市场力量，新的文化产品设计、服务内容开发等较容易通过主导企业的发起而迅速在产业内展开。[①] 当市场中非主导文化企业的产品定价偏离主导企业给出的“指导价”时，很容易被主导企业发现，而会面临价格偏离行为的处罚，这一近似于价格垄断的现象，将使整个市场有效地避免残酷的价格竞争，促成文化企业间的价格合作，当然，由于非价格竞争的存在，市场默认的产品“指导价”通常也不会太高。可见，在集中度较高的文化产业链环节或区域市场中，主导企业的价格行为将对整个市场的定价策略产生显著影响。随着文化产品消费需求的不断旺盛，中国文化企业逐渐向专业化、规模化、集群化方向发展。从总体上看，部分文化市场如文化产品生产环节、文化产品批发环节已经呈现高集中度趋势，寡头垄断格局明显，尤其是在北上广等文化产业发展较好的地区，“领头羊”企业对其他文化企业的价格行为产生了重要影响，不仅其价格水平受到了普遍响应，其引领的价格歧视、限制性定价、捆绑销售定价等策略也得到广泛追随。此外，特定市场结构下的市场进入壁垒、产品同质性和市场需求状况等也在较大程度上影响着当前中国文化企业的价格竞争行为。

二、中国文化企业价格行为不规范的表现

文化企业价格行为受经济利益和社会利益的双重制约，盲目制定价格会造成文化市场的秩序混乱，不仅不符合市场经济内部规律的要求，影响价格机制作用的发挥，也会妨碍文化企业自身的长远发展。焦斌龙（2014）认为，文化产品价格的确定有别于其他一般商品，其价格要从三个方面进行考虑：一是文化产品定价目标；二是文化产品定价决策空间；三是文化产品定价策略。[②] 当前，中国文化产业迎来了发展的春天，但从整体水平来看，文化市场、文化消费能力以及文化企业本身等仍存在着诸多问题，制约着文化产品的定价能力。

（一）文化产品定价目标：过分追求经济效益

文化产品有别于其他一般商品的一个重要特点是：其作为精神消费品，与生活必需品之间存在显著差异，一旦哄抬价格的“利益流水线”遇上消费者的理性消费，就要承担被消费者放弃的风险。文化产品的定价目标，体现着文化企业的经营目标。就当前来看，中国文化企业往往过分追求经济效益，忽视了文化产品本身的社会效益和精神价值，造成了产品的经济逐利性与文化传播功能之间的冲突。文化产品在生产过程中存在劳动投入的特殊性，即脑力劳动投入比例较大，一方面使文化产品的价格制

---

① 魏翔. 基于博弈分析的旅游企业价格行为优化度评价［J］. 桂林旅游高等专科学校学报，2005（6）：37-40.

② 焦斌龙. 文化产业经济学［M］. 北京：高等教育出版社，2014：47.

定确实困难，另一方面也给企业盲目抬高价格提供了噱头，使文化产品定价经常脱离消费者的理性预期，不仅造成文化产品终端消费至今规模不足，而且妨碍了文化产品价值传播、情操陶冶、精神体验等社会效益的充分实现。

（二）文化产品定价决策空间：竞争优势不明显

文化产品定价决策空间是指文化产品价格可以上下浮动的范围，一般而言，其取值范围介于产品成本和消费者价值认同之间，而竞争对手的相似产品会为其提供参考价格。目前，中国文化企业产品的开发大多缺乏吸引消费者长期消费或体验的“亮点”，文化产品的开发与其说是“文化创造”，不如说是“文化制造”。低创意、低品牌、低卖点的“三低”产品不仅在市场中缺乏竞争优势，也使得消费者对其价值认同普遍较低，导致产品定价的实际决策空间愈加狭窄，仅能在产品成本线之上较小的范围内徘徊。文化产品具有一般商品所不具备的可再生性，只有经过不断地开发与再创造，才能成为具有丰富文化内涵和劳动附加值的消费品，文化产品缺乏创造力就等于缺少了在市场中脱颖而出的定价优势。尤其是文化产品的开发若缺少了一定的文化内涵，仅凭科技或新颖的形式吸引消费者，在初期可以维持一定的定价空间，但随着时间的推移，在同行产品同质化竞争的影响下，很难维持持续性的定价优势。在“内容为王”的时代，文化企业要想保持较高的定价空间，依托差异性创新创意不断进行文化元素挖掘必不可少。

（三）文化产品定价策略：存在盲目性

文化产品的价格容易受供求、竞争等因素的影响，在很大程度上，文化产品的交换行为存在价格背离价值的现象。许多文化企业本着“要么不赚钱，赚钱吃一年”的心态进行定价，加剧了文化产品定价的混乱与“漫天要价”等不道德行为。一些“热门”的流行文化产品问世时，更容易引发投机、哄抬、杀价等行为。在经济利益驱动下，部分文化企业不顾法律约束，更不管商业道德，对存在的不规范定价行为不但不加以约束，反而明知故犯，垄断抬价、多重收费、欺诈定价等现象时有发生。

三、优化中国文化企业价格行为的必要性

基于目前中国文化企业价格行为存在的主要问题，对其进行行为规范与优化在当前文化市场环境下有着重要的现实意义。首先，优化文化企业价格行为是市场经济条件下实现经济主体公平竞争的客观要求，文化企业在市场中充分竞争的前提是每个企业都按照自身利益最大化原则作出合理的价格决策，且发生的价格竞争必须在有效的市场规则和秩序下进行。其次，市场经济不是自由放任的经济，国家要从宏观管理的目标出发，制定并实施对不规范价格行为进行干预和调节的各种经济政策，既是政府实现宏观调控的重要内容，也是维护文化市场正常运转的可靠手段。最后，优化价格行为是文化企业建立自我发展和约束机制的基础，有利于强化并提高企业管理水平和运营能力，市场竞争的核心是价格竞争，作为价格行为主体的文化企业，为在竞争中立于不败之地，必须掌握相对全面的市场信息，按照价值规律和供求关系科学制定价格，采用合理的定价目标、策略和方法积极应对市场挑战，以灵活的定价空间和规范

的价格行为赢得经济效益和社会口碑。

四、中国文化企业价格行为优化思路

对中国文化企业价格行为进行有效规范，制止其不正当的价格竞争，成为建立和完善文化市场经济体系及价格调节机制，促进文化产业持续、快速、健康发展的关键一环。

（一）文化企业自身的努力

文化企业在价格行为优化过程中的努力付出是决定优化效果最关键的因素。由于市场经济有追求经济效益的动力，并无承担散播社会效益的责任，因此，文化企业在市场机制下并不会率先关注社会效益的生成。市场经济本身存在的固有缺陷，容易促使一些文化企业采取不规范的价格行为获取暴力，催生价格密谋、高价宰客、假冒伪劣等行为，不仅损害了消费者的利益，而且损害了用正当手段竞争的其他企业的利益。因此，特别需要文化企业从观念上树立起进行正当、合法的价格竞争意识，在市场经济活动中严格规范自身价格行为，才能在最大程度上保障市场价格机制运行的有序和健康。

（二）加大法律惩处力度

市场经济从某种意义上说是法制经济，即使在发达的资本主义国家也没有绝对自由的价格制度。为使文化企业价格行为受到有效制约，必须尽快完善《价格法》《反垄断法》《市场交易法》等相关法律法规，针对文化企业价格行为的特殊性，提供充足的法律约束依据，在帮助文化企业通过定价策略实现经济效益的同时，也维护文化产品社会效益的公平实现。除此之外，应该建立起一支强有力的文化市场执法队伍，加大对文化企业不法价格行为的制裁和惩治力度，发挥工商、税务、质量监督等有关部门审查、监督的整体优势，克服各自为政的不良局面，通过协同作战、综合治理，促使文化企业价格行为的规范化、合理化。

（三）加强社会舆论宣传

充分利用一切媒体宣传工具，加强有关文化企业价格行为的舆论宣传力度，特别是利用当前微博、微信等新媒体平台，完善对有关价格行为法律法规的宣传工作。同时，及时对文化企业不良的、违法的价格行为进行“曝光”，通过社会舆论压力的制造，让文化企业在良好的社会环境氛围中寻求和谐、公平、有效的价格竞争手段。

（四）明确政府对价格的调控定位

充分发挥政府对文化市场经济的调控职能，建立和完善文化产业价格机制，用经济手段打压文化企业的不规范定价行为，在充分体现文化产品价值的前提下，以稳定文化产品价格为目标，推动文化企业定价策略的科学化、秩序化。中国文化企业脱胎于原来的文化事业单位，体制上受到传统事业体系的束缚，管理上受到政府行政式的干预，加上激烈的市场竞争，在产品价格制定上时常处于两难境地，既难以充分实现经济效益，又不能确保社会效益的普及。一方面，文化企业经营目标的演变离不开政治意图的驱动，文化产品生产从来都不单纯涉及经济领域，还要受到政府和社会的影响，如果将文化产品市场供需之间的矛盾完全交由市场这只“看不见的手”解决，文化企业依据生产成本加成制定的定价策略肯定将一部分消费者挡在市场之外，显然有悖于保障公众文化权益的初衷，且放松管制，容易让文化企业之间产生无序恶性竞争，导致文化产品定价的自发性、盲目性和滞后性。但另一方面，如单纯以政府的行政思维去干涉文化产品价格，也会导致文化企业缺少市场竞争意识和经营动力，使企业忽视文化产品生产与公众需求的对接，既难以满足市场日益多元的文化产品需求，又打击了文化企业生产的积极性。基于此，政府应该创新理念和思路，继续深化文化体制改革和管理方略，明确自身定位，在帮助建立文化市场良性定价机制后，削弱对文化企业价格行为的行政式干预，转而进行导向性管理，对文化企业实施政策扶持和外部服务支持，进一步确保市场自身要素的合理发挥，以使文化产品的生产与市场需求紧密结合。

第十章 文化企业竞争行为

第一节 市场竞争理论

企业进入市场以后，首先碰到的问题就是如何去参与市场竞争，如何在市场竞争中谋求发展。对企业竞争行为的研究早在19世纪就开始了，最初古典竞争理论主要从静态层面进行分析，以古诺模型、均衡理论等为核心工具。19世纪中期，克拉克提出有效竞争理论，实现了市场竞争理论由古典竞争理论向现代竞争理论的过渡。以芝加哥学派、新奥地利学派等为代表的现代竞争理论，将企业竞争行为研究置于动态环境之下，研究的重点不再放在既定条件下如何决定产品价格以及如何适应当前市场结构、实现供需均衡，而是落脚于现实市场竞争过程中各种竞争要素的组合形式，以及在何种竞争形式下企业才能实现技术进步和创新。

一、博弈论和均衡分析

博弈，也被称为对策论，在英文里为“Game”，意即“游戏”。从很大程度上来说，博弈论就是从充满博弈思维的游戏中衍生开来。在经济学文献中，对博弈论最早进行研究的是古诺，后来伯川德、埃及沃斯等相继发表了关于垄断定价和生产的论文，通过对“双头垄断”条件下企业行为相互影响的分析，揭示了经济活动过程所蕴含的博弈行为特征，为经济博弈分析提供了思想雏形。[①] 现代博弈论的研究可以追溯到20世纪20年代，1928年，冯·诺依曼证明了博弈论的基本原理；1944年，冯·诺依曼和摩根斯坦共同完成的时代著作《博弈论与经济行为》将传统两人博弈推广到了n人博弈结构中，并将博弈论系统地应用到经济领域中，成为博弈论诞生的公认标志。

简单而言，博弈论研究的是在公式化的激励结构下个体间行为的相互作用，现已成为产业组织理论中占据主导地位的研究方法。在完全竞争市场和垄断竞争市场里，单个企业的市场行为难以对市场整体和其他企业产生较大影响，因此在进行产品价格、产量等决策时几乎不用考虑其他企业的策略而只遵循自身最优化原则即可。但在寡头垄断市场，企业面对的市场环境及竞争对手行为将随其行为而变动，寡头企业之间有

① 朱富强.博弈论［M］.北京：经济管理出版社，2013：3.

着显著的相互作用关系，所作决策都要建立在对竞争对手行为猜测或者对竞争对手行为作出反应的基础上。[①] 在寡头垄断市场的激烈竞争中，各寡头企业会在产品价格、产量、质量、广告宣传、投融资等决策中相互比较、彼此影响，使得决策过程较为复杂。当然，寡头企业为了最大限度地降低不确定因素带来的风险，获取更高的利益，通常也会采用合作的方式去实现共赢。这些动态竞争与合作过程中企业策略的制定都可以运用博弈论模型加以分析、论证。

1950 年和 1951 年，纳什分别发表了两篇关于非合作博弈的文章，阐明了包含任意人数和任意偏好的零和博弈通用解概念，这一概念被称为纳什均衡。均衡原本是一个物理学概念，英国经济学家马歇尔将其引入到经济学范畴中，主要指经济行为主体认为其决策调整（如价格、产量等调整）已经不可能再为其增加任何好处，便不再有改变决策的倾向，或者当两种相反的市场力量势均力敌时，其力量所作用的对象（如均衡价格、均衡产量等）不再发生任何变化。均衡是一种相对静止的经济状态，均衡分析可分为局部均衡分析和一般均衡分析。局部均衡分析是假定在其他条件不变的情况下，分析某一时间里市场上某种产品或者生产要素的供给与需求达到均衡状态时的价格决定；一般均衡分析则是指在各种产品和生产要素的供给、需求、价格相互影响的条件下，分析所有产品和生产要素的供给和需求达到均衡状态时所有产品和生产要素的价格决定。一般均衡分析虽然全面，但是推演过程非常复杂且耗时长，因此，在西方经济学中大多采用局部均衡分析的方法进行相关研究。

二、动态竞争理论

亚当·斯密提出了“经济人”假设、“看不见的手”以及自然秩序等内容，率先构建了古典竞争理论，主要从静态的角度分析企业的市场竞争行为，而后，静态竞争理论经历了从古典竞争理论到均衡竞争理论的演变。但在现实经济活动中，企业间的决策会相互影响，必须采用动态博弈的方法来分析。一段时间以来，主流经济学讨论的竞争仅仅集中于“结果”和“状态”，对形成结果、状态的过程和行为却被抽象掉了。现代奥地利学派的拉赫曼、里佐等学者在发展了米塞斯和哈耶克市场过程理论的基础上提出，静态均衡理论只关注于均衡状态及其决定因素，而抽象掉了非均衡状态下的问题及其走向均衡的路径，从而不能提供对均衡过程本身的分析的观点。[②] 基于这一缺陷，动态竞争理论把关注的重点放在过程及行为研究上，参与动态竞争的主体既可以是具有完全信息的竞争者，也可以是不具有完全信息的竞争者，且在讨论时应区别开来，由此形成了斯坦克尔伯格模型、米尔格罗姆—罗伯兹模型等经典动态竞争分析模型。

---

① 苏东水. 产业经济学（第四版）[M]. 北京：高等教育出版社，2015：134.

② 张艳，常永胜. 动态竞争理论的研究视角与分析框架 [J]. 生产力研究，2008 (2)：11-12，26，161.

（一）斯坦克尔伯格模型

1. 模型的提出

在古诺模型假定的双寡头市场中，企业 1 和企业 2 有着同等的市场地位，但在实际市场中，企业之间存在着显著的强弱差距，市场的主动性一般掌握在实力更强的企业手中，当强企业做出相应决策后，弱企业会根据强企业的决策制定为获取自身利益最大化的决策，这说明强弱企业决策有先后顺序，且不同企业对市场的影响力不同，基于此，斯坦克尔伯格提出了一种产量领先决策模型。

2. 模型的假定及求解

斯坦克尔伯格模型是采用产量为变量的博弈模型，通过建立反应函数的形式来对模型求解。假定市场中有两个寡头企业，分别为 1 厂家和 2 厂家，生产完全相同的产品，但 1 厂家具有先动能力，是领导者，2 厂家是跟随者，即由 1 厂家先确定自身的产量 q_1，然后 2 厂家根据 1 厂家的产量决定自身的产量 q_2，产品的价格 P 由两个厂家的总生产量 Q 决定，两个厂家的边际成本相同，均为 c。假定市场的价格与总生产量 Q 之间为线性相关，即反需求函数为：

$$p = a - Q = a - (q_1 + q_2)$$

1 厂家的利润：$w_1 = q_1(p - c) = q_1\{[a - (q_1 + q_2)] - c\} = q_1(a - c)^2 - q_1q_2 - q_1$

2 厂家的利润：$w_2 = q_2(p - c) = q_2\{[a - (q_1 + q_2)] - c\} = q_2(a - c)^2 - q_1q_2 - q_2$

由于 2 厂家需根据 1 厂家的产量 q_1 来确定产品的价格，首先推导 2 厂家的反应函数，即有：

$$\sigma w_2/\sigma\sigma_2 = 0，a - c - q_1 - 2q_2 = 0$$

可得：

$$q_2 = (a - c - q_1)/2$$

可知这与古诺模型中 2 厂家的反应函数一样，对于 1 厂家来说，因为是领导者，所以无法得知 2 厂家的产量 q_2，只能进行预先的判断，根据 2 厂家的反应函数，1 厂家可以得知对于不同的 q_1，2 厂家都会选择 $q_2 = (a - c - q_1)/2$ 的最优解，将此式代入则有 1 厂家的利润：

$$w_1 = q_1(p - c) = q_1\{[a - (q_1 + q_2)] - c\} = q_1(a - c)^2 - q_1q_2 - q_1$$
$$= [(a - c)^2q_1 - q_1]/2$$

1 厂家为了获得更大的利润，同样使上式对 q_1 一阶倒数为 0，即 $a - c - 2q_1 = 0$ 可得 $q_1 = (a - c)/2$；此时的(q_1，q_2) 点即是该模型的子博弈精练纳什均衡点，此时 1 厂家的产量为 $(a - c)/2$，2 厂家的产量为 $(a - c)/4$。

3. 斯坦克尔伯格的实际意义

斯坦克尔伯格模型与古诺模型一样都是产量决策模型，不同点在于两个寡头之间的决策有了先后顺序，强企业具有主动性。通过对比斯坦克尔伯格模型与古诺模型最后的均衡点可以发现，古诺模型中双寡头获得的利润是一样的，但在斯坦克尔伯格模型中，1 厂家的利润高于古诺模型中的利润，而 2 厂家的利润却大幅度低于古诺模型中的利润，说明 1 厂家的主动性使其获得了竞争优势，这一市场绩效结果与现实更为贴近。当双寡头达到均衡产量点时，可以发现在 q_1 不变的情况下，2 厂家无法通过调整产量来提升自己的利润。而对于平衡点对应的 q_2，可以发现此时的 1 厂家可以通过调整自身产量 q_1 来增加利润，如果此时 1 厂家进行产量 q_1 的调整，接下来 2 厂家也会进行相应调整，以此下去，最后达到的就是古诺模型的纳什均衡点。可见，强企业的"领先性"是造成两模型结果差距的根本原因。

（二）米尔格罗姆—罗伯兹垄断限价模型

1. 模型的提出

针对寡头市场的讨论，不再局限于已经存在市场上的寡头之间的竞争，也包括在位寡头与潜在进入者之间的竞争。在位寡头与潜在进入者之间的竞争主要体现在：在位寡头会想尽办法阻止潜在进入者的进入，而潜在进入者会根据在位寡头的种种表现进行推断，通过分析来决定自己是否进入；由于进入者会根据在位寡头的各种行为来判断自己是否进入，所以在位寡头也会通过一定的掩饰行为对自己的真实状况进行隐藏，以达到扰乱进入者视线，防止其进入的目的。针对这一博弈，米尔格罗姆和罗伯兹在 1982 年提出了垄断限价模型，试图进行解释。

2. 模型的建立

垄断限价模型提出的本义是，在位者试图通过自身的行为，传递给进入者一个重要信息，即其为低成本企业，进入者进入市场参与竞争将无利可图，从而打消其进入意愿。假设此博弈过程有两个阶段：在第一阶段，企业 1 知道自己的成本类型 t，企业 2 不知道。为了简化讨论，假定在第二阶段企业 2 一旦进入，就得知 t，这样，第二阶段进行寡头竞争最后达成的价格，将与第一阶段的价格 P_1 无关。用 D_1^t 和 D_2^t 分别代表当企业 1 为成本类型 t 时，企业 1 和企业 2 在第二阶段的寡头利润，如果有进入成本的话，D_2^t 是剔除进入成本后的净利润。

为了使分析有意义，假定 $D_2^H > 0 > D_2^L$，即若企业 2 知道企业 1 是低成本的话，就不会进入，只有在知道企业 1 是高成本时，才会进入。δ 表示两企业共同的贴现因子。企业 1 企图保持市场垄断地位 $M_1^t > D_1^t$，将发出信号让企业 2 认为自己是低成本的，但即使其真是低成本，也很难直接达到该目的。假设有 P_1^L，使得高成本的企业 1 不敢选择，因 P_1^L 会使其掩饰成本太大，甚至造成损失。根据利润最大化原则，高成本的企业在第一阶段只会选择其垄断价格 P_M^H。首先，找出分离均衡的两个必要条件，即成本类型 H 的在位者不愿选择类型 L 的均衡价格 P_1^L，类型 L 的在位者也不愿选择类型 H 的均衡价格 P_1^H；其次，描述在进入者非均衡路径上的后验概率，使得没有任何类型的在位者有兴趣偏离均衡价格。则有：

(A)LLLL$M_1^H + \delta D_1^H \geqslant M_1^H(P_1^L) + \delta M_1^H$

即(A′)LL$M_1^H - M_1^H(P_1^L) \geqslant \delta(M_1^H - D_1^H)$

也就是说，高成本在位者选择 P_1^L 导致的第一阶段利润减少额将大于第二阶段保持垄断地位得到的利润增加额的贴现值。

类似地，当低成本在位者选择 P_1^L 从而阻止进入时，其总利润为 $M_1^L + \delta D_1^L$；另外，如果选择任何其他 $P_1 \neq P_1^L$，将导致进入者进入，则第一阶段的 P_1 定为 P_1^L 是最优的，故其总利润不会低于 $M_1^L + \delta D_1^L$。因此，只有当下列条件成立时，P_1^L 才是低成本在位者的均衡价格：

$$(B)LLLLM_1^L(P_1^L) + \delta M_1^L \geqslant M_1^L + \delta D_1^L(P_m^L)$$

即 $(B')LLM_1^L - M_1^L(P_1^L) \leqslant \delta(M_1^L - D_1^L)$

为了使分析有意义，假定不存在 $P_1^L = P_m^L$ 的分离均衡，即如果 $P_1^L = P_m^L$，高成本的在位者也会选择 P_1^L，故要满足以下条件：

$$(C)LLLM_1^H - M_1^H(P_m^L)p\delta(M_1^H - D_1^H)$$

为寻找满足条件（A）和（B）的 P_1^L，可以设想，在合理的条件下，条件（A）和条件（B）定义了一个价格区间 $\lfloor\hat{P}, \tilde{P}\rfloor$。

因此，为了得到分离均衡，低成本在位者必须定一个足够低的价格（低于自己的垄断价格 P_m^L），使得高成本的在位者要模仿的话成本太高。

只要以下条件满足，区间 $\lfloor\hat{P}, \tilde{P}\rfloor$ 一定存在：

$$\frac{\partial}{\partial P_1}(M_1^H(P_1) - M_1^L(P_1))f\,0$$

即 $\frac{\partial M_1^H(P_1)}{\partial P_1}f\frac{\partial M_1^L(P_1)}{\partial P_1}$

以上条件被称为"斯宾塞—莫里斯分离条件"，或单交叉条件。容易证明，对一般成本函数来说，分离条件是容易满足的。如假设边际成本不变，两类企业成本分别为 C_H 和 C_L，$C_H > C_L$，需求函数为 $Q(P_1)$，那么：

$$\frac{\partial M_1^H(P_1)}{\partial P_1} = \frac{\partial}{\partial P_1}[P_1 - C_H Q(P_1)] = Q(P_1) + (P_1 - C_H)\frac{\partial Q(P_1)}{\partial P_1}$$

$$\frac{\partial M_1^L(P_1)}{\partial P_1} = \frac{\partial}{\partial P_1}[P_1 - C_L Q(P_1)] = Q(P_1) + (P_1 - C_L)\frac{\partial Q(P_1)}{\partial P_1}$$

由于，$C_H f C_L$，$\frac{\partial Q(P_1)}{\partial P_1}p0$，所以，$\frac{\partial M_1^H(P_1)}{\partial P_1}f\frac{\partial M_1^L(P_1)}{\partial P_1}$，满足分离条件。

分离条件保证了曲线 $\gamma = M_1^L - M_1^L(P_1^L)$ 与 $\gamma = M_1^H - M_1^H(P_1^L)$ 在 P_1^L 为横轴，与以 γ 为纵轴的坐标空间只相交一次，又被称为但相交条件，如图 10-1 所示。

$\tilde{P}$ 对应条件（A′）的等式，$\hat{P}$ 对应条件（B′）的等式，$\tilde{P} < P_m^L$ 对应条件（C），也是实际生活中观察到的现象。从图 10-1 中可以看出，$P_1^L \in \lfloor\hat{P}, \tilde{P}\rfloor$ 的价格都满足分离条件（A′）和（B′）。其中，$\hat{P}$ 是最低垄断限价，$\tilde{P}$ 是最高垄断限价。

可以证明条件（A）、条件（B）也是分离均衡的充分条件。假定高成本在位者选择 P_m^H，低成本在位者选择 $P_1^L \in \lfloor\hat{P}, \tilde{P}\rfloor$，进入者观察到 P_m^H 时，可认为在位者是高成本的概

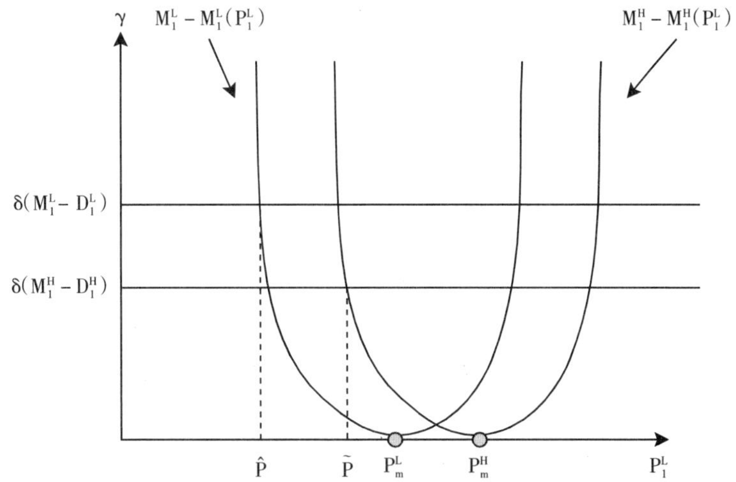

图 10-1 斯宾塞—莫里斯分离条件

率是 1，将选择进入；当观察到 P_1^L时，认为在位者是高成本的概率为 0，将选择不进入；当观察到的价格不属于这两个价格（非均衡路径）时，进入者关于在位者是高成本的后验概率是任意的，但其必须保证所假定的策略组合（P_1^L，P_m^H）构成贝叶斯纳什均衡，最简单的办法是令 $\mu(H|P_1 \neq P_m^H, P_1 \neq P_1^L) = 1$，即当进入者观察到价格不是 P_1^L或 P_m^H时，可认为在位者是高成本，将选择进入。这样就使得没有任何类型的在位者有兴趣偏离所假定的均衡策略。由此，得到在满足条件（A）、条件（B）、条件（C）的情况下有连续的分离均衡，即无穷多个均衡。

高成本在位者选择 P_m^H，低成本在位者选择任何 $P_1^L \in \lfloor \hat{P}, \tilde{P} \rfloor$，进入者观察到 P_1^L，就判断 $\mu(H|P_1^L) = 0$，选择不进入，观察到任何 $P_1 \neq P_1^L$时就认为 $\mu(H|P_1 \neq P_1^L) = 1$，选择进入。对于任何先验概率 P(H)f0 这样的连续均衡都是存在的。对比之下，如果 $\mu(H) = 0$，进入者不管接收到什么信号，修正后的 $\mu(H|P_1) = 0$，始终不会进入，那么不管什么类型的在位者都乐于选择垄断价格 P_m^t。

通过以上推导表明，信息结构的较小变化会导致均衡结果的很大不同，只要进入者认为在位者是高成本的先验概率 $\mu(H) > 0$，低成本的在位者就不得不连续降低价格，直到高成本在位者吃不消（即达到 $\tilde{P}$ 点），使其不能继续跟进模仿，便实现了低成本在位者与高成本在位者的分离，显示出低成本的在位者是低成本的，从而能够遏制进入者的进入。可见，不完全信息博弈对信息的结构非常敏感。该模型证明，在现实中观察到的以低价格（小于垄断价格）来阻止潜在市场进入者的策略是有效的，同时为潜在进入者决策是否进入市场提供了一个判断标准，即观察到低于垄断价格的定价就最好不要进入；观察到等于垄断价格的定价，就大胆进入。

第二节 中国文化企业竞争行为

竞争是企业参与市场经济活动的重要行为之一，也是市场经济运行的第一原则。处于市场环境里的企业，每一家都不可避免地接受竞争者的“挑战”，与此同时，其自身也可能成为竞争行列的先进者，抑或因试图改变市场地位而主动展开竞争攻势。[①] 可见，竞争行为决策是企业在进行短期管理中的一项重要内容，企业在市场上为获取更多的利润或更高的市场占有率所采取的有关措施或行动，既有价格竞争，也有非价格竞争。所谓价格竞争就是企业试图通过降低产品的售价去提高销售量，以达到增加企业收益的目的。非价格竞争则是通过改进产品的品质和实行各种推销活动等去增加产品的销售量。[②] 在文化市场活动日渐开放、活跃的背景下，中国文化企业也在产品质量、企业服务、广告宣传等多方面进行着较为激烈的非价格竞争活动。

一、产品质量竞争行为

通常消费者对产品的要求既要“价廉”还要“物美”，在此种要求下，企业间也有了针对产品质量而展开的市场竞争行为。质量竞争是市场竞争的本质，主要指企业把产品的质量保障作为争取更多消费者和打败竞争对手的重要手段，其包括内在质量竞争、外观质量竞争、包装装潢质量竞争等多方面内容。可以说，质量是产品的灵魂所在，也是企业参与产品竞争的核心要素，当其他条件相同时，哪家企业提供的产品质量优良、有品质保证，就能在激烈的竞争中占据优势地位。

（一）影响产品质量竞争的关键因素

从价格竞争到质量竞争是企业参与市场竞争的发展、转换和跨越。在质量竞争过程中有两类关键的影响因素：一是市场需求，在现代市场环境中，消费者有着多元的文化消费观，其对产品的需求也是复杂多变的，对产品的满意度更多地来自于主观质量方面，使得产品质量竞争开始呈现日趋多样化的特征；二是技术进步，企业生产技术进步的速度与广度深深影响了其产品质量竞争的模式选择，企业对生产技术、工艺流程等的系统整合，以及对产品质量链条的全面把控，都越来越成为质量竞争中应具备的核心能力。简单而言，市场需求引导着企业的质量竞争，而技术进步则推动了这一过程的实现。

（二）案例：质量竞争铸就出版企业的“精品图书”

互联网的迅猛发展对图书产业产生了革命性的影响，网络图书、电子书籍、电子阅读器等的普及在一定程度上削弱了纸质图书的市场竞争力，对于经历了转企改制

---

① 徐孟洲等. 企业竞争行为规范［M］. 北京：中国计量出版社，1995：41.

② 孙丽文. 企业竞争行为的经济分析［J］. 河北工业大学学报，1999（2）：48-51.

“阵痛”后的中国出版企业而言，必须更加重视图书质量这一核心竞争要素。

图书质量是出版企业的生命线。在当前的图书市场竞争环境下，高质量的纸质图书对消费者的吸引力较大，也就要求出版企业在图书的内在、外观等多方面质量上都下足了功夫，使出版的图书具备不可替代的阅读感受和收藏价值。精品图书是出版企业开拓市场的“利剑”、保护市场的“法宝”、经济收益的“加速器”和参与国际市场竞争的通行证。[①] 出版企业在质量上日渐激烈的竞争，使得越来越多优质的精品图书涌入市场。

商务印书馆和中华书局两家出版企业都有近百年的历史，发展至今已成为海内外闻名的出版社。两家企业出版的图书有的已印行几十年，畅销不衰，成为读者的必备书，在同类书中有很高的权威性。[②] 两家企业都有着较强的市场竞争意识，在辞书和期刊方面的内在质量竞争可以用“针锋相对”来概括，如表 10–1 和表 10–2 所示。

表 10–1 商务印书馆与中华书局辞书出版对照

商务印书馆	中华书局
《新字典》	《中华大字典》
《学生字典》	《新式学生字典》
《国音字典》	《标准国音字典》
《辞源》	《辞海》

资料来源：根据徐学俭的《在市场竞争中提高图书质量》相关内容整理。

表 10–2 商务印书馆与中华书局期刊出版对照

商务印书馆	中华书局
《教育杂志》	《中华教育界》
《小说月报》	《中华小说界》
《少年杂志》	《中华童子界》
《学生杂志》	《中华学生界》
《妇女杂志》	《中华妇女界》
《英文杂志》	《中生英文周报》
《儿童世界》	《小朋友》
《儿童画报》	《中华儿童画报》
《东方杂志》	《大中华》

资料来源：根据徐学俭的《在市场竞争中提高图书质量》相关内容整理。

根据新闻出版总署在《图书质量保障体系》和《图书质量管理规定》中对提高图书质量的意义、图书质量的分级和标准等方面作出的详尽规定，[③] 图书质量既包括内容质

① 李晏墅. 以精品图书开拓市场［J］. 南京师大学报（社会科学版），1998（3）：139–143.
② 徐学俭. 在市场竞争中提高图书质量［J］. 中国出版，1995（10）：16.
③ 李琪. 图书质量与成本的矛盾关系和出路［J］. 出版与印刷，2004（1）：5–7.

量和编校质量，也含有装帧设计质量和印刷装订质量等内容。从两个对照表可以看出，两家出版企业无论是在辞书出版还是期刊出版上，都有一一对应的竞争图书，内容皆为上乘，且两家企业在编辑工作方面发挥各自的优势，精益求精，以质取胜，采取了最佳版本影印、对其他版本配补等多种方式来提高图书的编校质量和印刷装订质量，在激烈的市场竞争中，力求以全面的图书质量为支撑，满足现代读者多样化的需求，并尽可能地适应世界图书市场的竞争要求，最终实现了企业持续发展、市场共荣共赢的效果。

二、服务竞争行为

在市场竞争日益激烈和科学技术不断发展的背景下，企业间的市场竞争逐渐从价格、质量等转向了服务这场“无形”竞争之中，企业拥有了极具竞争力的服务行为也就更加能够“克敌制胜”。经济学家戴维斯指出，企业向顾客提供的无形服务产品也许正成为经济活动中价值创造的主要来源。[①] 当先进生产力为不同企业所共有时，企业往日的技术优势在市场竞争中也开始显得苍白无力，而这时企业服务便成了一副“保鲜剂”。

服务竞争是市场经济中一种崭新的竞争形式，有别于产品质量竞争、价格竞争、技术竞争、管理竞争或广告竞争等竞争方式，其是企业为满足顾客需要、提高顾客对产品的满意度而进行的市场竞争。[②] 在传统的产品营销观念中，服务仅仅是企业用来推销产品的一种手段，其内涵只集中在了技术化服务、售后服务等方面，而现在市场竞争中的“服务”作为一种产品类型，已成为企业追求顾客更高满意度的基础和参与市场竞争的核心力量。

（一）企业服务竞争行为的特点

在现实经济活动中，企业的服务行为往往不能直接看到或触摸到，作为独特的无形产品，企业的服务竞争行为与有形的产品竞争行为相比，也呈现出不同的特点：以有形产品为依托，企业为顾客提供的服务多为有形产品的价值延伸，如将服务与有形产品脱离开来，不仅不会提高服务的竞争力，也会降低产品的价值；紧紧围绕顾客展开竞争活动，企业的服务只有满足了顾客的切实需要，才能实现服务效果的准确性与高效性，从而赢得竞争；服务竞争给企业带来的收益变现形式也较为特殊，企业为顾客提供的服务常常是附加在产品上的无偿行为，意味着企业生产、销售等成本会增加而利润会减少，但从长远来看，无偿的服务能够增进顾客对企业的好感，即使花费较高的价格也愿意支持服务优良的企业，使得服务能够间接增加企业的收益。

（二）案例：“多元服务，只为观众”——保利文化集团股份有限公司

自 2008 年首届“中国文化企业 30 强”评选活动开展以来，保利文化集团股份有限公司（以下简称“保利文化”）成为仅有的两家实现五度蝉联的文化艺术类企业之

① 李启斌. 企业竞争的焦点——服务竞争 [J]. 广东茶叶，2002（2）：14-16.

② 李加兵. 服务竞争力及顾客排队优化管理研究——以湖南省 X 医疗体检中心为例 [D]. 昆明：云南大学硕士学位论文，2015.

一。自2000年2月成立至今，经过10年的探索和发展，保利文化已拥有30多家全资及控股企业，形成了以演出、大型活动组织策划、创意设计制作、剧院管理及建设咨询、文物收藏、拍卖及艺术品经营、电影院线与影院投资经营等为主体的文化产品与服务格局，成为国内经营范围最广、实力最强的大型文化企业之一。[①]保利文化能在不算长的时间里取得骄人的成绩，与其“渠道为先、内容强势”的战略导向和优质、多元的服务理念分不开，尤其是日渐专业化的“服务”为其创造了无穷的竞争实力。

2008年，保利文化旗下的保利影业着手开发了一个让业界较为惊奇的项目，即在北京南四环建设一家五星级的社区影院，该影院共有四个厅，总计500多个座位，影院内的放映机、音响等配置与保利其他地方的影院完全一样，而该影院的不同之处是其定位于专门为附近的社区居民服务，被称为“从出门到看完电影回家只要两个小时的电影院”。从该影院的市场反响来看，由于票价不贵且设施齐全、设备先进，开业以来广受周边居民欢迎，甚至居住较远的观众也前去消费，既提高了上座率，也争得了更高的消费者满意度。可以说，保利影业凭借社区影院为居民所带来的“便民文化服务”，成为其开拓市场的一次成功尝试。

三、广告竞争行为

商业广告既是一门创造性的艺术形式，也可视为一种通过利用声音、画面等多种艺术表现手法，吸引受众注意力，尝试将受众转变为消费者，并刺激其尽快购买产品的市场行为。商业广告不仅具有美学价值，也有强大的经济功能，于企业而言能为其带去销售增长率和市场占有率，最为关键的是可提高企业的品牌知名度，扩大其市场影响力和竞争潜力，因而日渐成为企业参与市场竞争的重要手段。在不同的市场结构中，企业的广告行为也有所不同，寡头垄断市场和垄断竞争市场中的企业采用广告竞争行为居多。

（一）商业广告的分类

经济学家通常将商业广告划分为两类：信息型广告和说服型广告。信息型广告是指通过描述产品的客观性质，包括价格、用途、外观等，向消费者提供产品存在的相关信息，以引导其消费；说服型广告则是期望通过广告的内容和形式去改变消费者的“口味”，[②]使其放弃原来的品牌和产品，以达到影响消费者偏好，增加其购买量的目的。由于市场的结构特点，寡头企业常常借助于说服型广告开展市场竞争，在深入考虑如何捕捉消费者心理诉求的基础上，构思广告的内容和形式，而垄断竞争企业经常基于信息型广告向消费者宣告自己的存在。

（二）商业广告的经济因素

处于寡头市场和垄断竞争市场中的企业，其生产的产品既有差别又存在相互替代性，广告便成为企业在竞争中实施差异化战略的必要助力。在开展广告竞争的过程中，

---

① 乔申颖. 保利文化集团有限公司：文化建设结出丰硕果实［N］. 经济日报，2010-08-01（007）.

② 任方旭，邵云飞，唐小我. 寡头垄断市场下的广告竞争策略研究［J］. 河南科学，2002（3）：320-323.

企业需对以下经济因素加以考虑，以抉择广告行为实施的数量和方式：首先是最优广告费用的确定，即从经济的角度考察广告是否能增加企业利润，以及是否能使市场经营更有效率，[①] 由于市场需求客观上存在极限值，无限制实施广告行为并不总能带来销售的相应增长，广告行为带来的边际收益等于边际成本时，才是广告规模经济的最优点。其次是企业长期利润的衡量，短期时间内，广告对企业能够起到类似于增加产品附加值的作用，但是从长期来看，由于广告不如价格效应敏感，可能给企业带来正的或负的经济效益，必须视产品和营销对象的差别，来斟酌广告的使用策略。再次是对信息对称性的考量，由于决策是信息的函数，消费者在获得更多有关产品的信息后，会做出是否购买的决策，在稳定的市场环境中，广告所能带来的经济效益将随着信息对称程度的提高而同比增长，因此，即使采用说服性广告也应尽可能地增加广告的信息含量，以打消信息不对称带来的负面影响。最后是对社会福利影响的判断，一方面，过度的广告诱使消费者购买实际上并不需要的产品，是对社会福利和市场效率的损害；另一方面，大量的广告费用将形成市场进入壁垒，带来市场集中度的提高，在一定程度上降低了市场的竞争性，导致垄断势力的形成，也会使社会总体福利水平有所下降。因此，合理、适度的广告竞争行为才是企业提高经济利益和社会效益的有效途径。

（三）案例：多档综艺节目让广东长隆集团“火了”

多年来，广告营销是广东长隆集团最擅长的营销手段，依托强大的资金实力，在市场竞争中始终坚持“高举高打”的广告策略，在央视、凤凰卫视等电视平台投放广告，与顶级电视媒体、电视节目等“强强联手”，长隆品牌由此逐渐建立起来。

2012 年，浙江卫视的《中国好声音》是当年颇受欢迎的电视综艺节目，长隆集团抓住时机与浙江卫视合作，在长隆欢乐世界推出十余场巡演，获得了良好的市场口碑。2013 年，长隆集团与湖南卫视合作拍摄贺岁片《爸爸去哪儿》，这部影片全程在长隆野生动物世界取景，让长隆再次被人们广为认知。2014 年底，长隆集团与湖南卫视合作拍摄了中国第一档动物环保真人秀节目《奇妙的朋友》，收视率高居同时段第一。电影、综艺节目等可以借长隆的各个场地提升整体视觉效果，而在节目里涉及的宣传长隆的广告内容，又成为长隆竞争时制胜的王牌，极大地增加了集团的曝光率，一次次用广告赚足了受众的关注度。

第三节 中国文化企业竞争研究成果与结论

现代竞争理论是在打破古典竞争理论中将完全竞争市场作为现实和理想状态的基础上建立起来的，将竞争视为一个动态演变的过程，并将研究重点放在了企业各种竞争要素的组合，以及在何种竞争形式下才能实现技术进步与创新。总体来看，企业市

① 赵金蕊. 垄断竞争中广告行为的经济学阐释［J］. 经济研究导刊，2008（16）：92-95.

场竞争行为的理论探讨大多基于博弈分析，形成了包括均衡状态、古诺模型、伯川德模型、斯坦克尔伯格模型以及米尔格罗姆—罗伯兹垄断限价模型等经典理论模型。中国文化企业市场竞争行为的研究按照不同细分行业、不同竞争行为的划分与选择而展开，主要对文化企业市场竞争行为的具体表现和改进进行了直接阐释。研究成果主要集中在以下几个方面。

一、不同行业文化企业市场竞争行为研究

从行业细分来看，关于文化企业市场竞争行为的探讨涉及图书出版业、邮政业、电视业、电影业以及文化旅游业等多种业态形式，学者们从各文化行业市场竞争不同的特点入手，基于理论引用或案例实证的方法对文化企业的某些市场竞争行为做了相关论证与总结。如吴洪（1992）将研究领域落脚于邮政市场，通过分析邮政业务竞争的原因和邮政市场竞争的特点，对邮政企业的竞争策略做了延伸性思考，提出了应避免降价竞争，依靠提高质量特别是具有邮政特色的服务质量占领市场，部分业务需在条件成熟时走专业化道路等竞争策略。[①] 王秋林（2004）基于产业组织理论，研究了转轨期出版发行企业所在的市场结构及其行为，认为竞争是转轨后出版企业普遍存在的行为之一，主要有差异化竞争、同质化竞争和价格竞争等，差异化竞争是大势所趋，但"高定价、高折扣"是一种不正当竞争行为，必须通过多种途径予以制止。[②] 谢耘耕和党芳莉（2005）通过数量对比、图表展示等形式分析了中国电视广告竞争的新格局，发现央视虽然继续保持龙头地位，但与国际传媒尚有距离，且凤凰卫视、湖南卫视等竞争对手已渐成气候，亟须通过加强策略性服务和传播服务主动参与到行业竞争中去，同时实现频道专业化、栏目品牌化和内容差异化，也是在竞争中取胜的关键。[③] 陈筱敏（2012）运用 PEST、五力模型和 SWOT 等分析工具，对湖南外教社图书公司的背景、内部资源和能力、湖南市场的经营环境、竞争现状等进行分析发现，湖南外教社图书公司存在市场定位不清晰、缺乏行之有效的市场竞争战略、企业发展缺乏可持续性等问题，提出应在物流系统、创作出版、销售网络和营销服务等方面开展区别于竞争对手的"差异化"竞争策略。[④]

也有学者关注到了中国电影产业的市场竞争问题，如司晴川（2000）指出电影作为一种商品，其产出和销售离不开预算、成本、利润等指标衡量，新世纪浪潮带来的信息工程、网络世界、知识经济等新事物，为中国电影企业构建有序竞争和有效垄断的市场格局带来了挑战。[⑤] 唐榕（2006）依据产业竞争力理论体系，通过对世界发达国家电影产业竞争力的比较，剖析了中国电影产业目前的竞争力状况，发现逐渐放开的市场与旧有电影管理体制日益不协调，转型期资金、技术、人才、市场资源等相当薄

① 吴洪. 邮政市场竞争理论初探［J］. 现代邮政，1992（3）：13-15.
② 王秋林. 转轨期我国出版产业市场结构与行为研究［D］. 武汉：武汉大学硕士学位论文，2004.
③ 谢耘耕，党芳莉. 中国电视广告竞争新格局［J］. 新闻界，2005（1）：4-8.
④ 陈筱敏. 湖南外教社图书公司竞争战略研究［D］. 长沙：湖南大学硕士学位论文，2012.
⑤ 司晴川. 试论电影业的有序竞争和有效垄断［A］. 中国电影市场探索［C］. 2000：10.

弱和不足，形成了巨大规模的中国电影市场与电影业惨淡经营的巨大反差，进而在产业国际竞争力研究的分析框架下，提出打造中国电影产业核心竞争力的对策性建议。[①] 胡黎红和胡慧（2016）以阿里影业、腾讯影业、爱奇艺影业、乐视影业为例，基于各自战略布局，从内容策略、商业模式、平台策略、服务策略四个层面对大型互联网电影企业的差异化竞争及其存在的问题进行分析，发现四家电影企业的战略竞争目标都指向全产业链布局，但由于内容创意不足、新型平台运营尚未成熟、给消费者带来的服务体验欠缺等，并未显示出与企业战略布局相匹配的重视度和行动力。[②]

二、不同类型文化企业市场竞争行为研究

文化企业市场竞争行为的类型主要有价格竞争行为、质量竞争行为、服务竞争行为、广告竞争行为、有奖销售竞争行为等，也有学者们按照竞争行为类型的划分对文化企业的某种或者多种市场竞争行为进行探讨。如宋毅彬（2007）研究了中国现代茶馆的发展现状，发现其在市场竞争中缺乏文化营销意识、经营项目单一、品牌缺少文化特色、服务质量有待提高、与其他行业之间协调不够、消费观念有待增强等问题，从而以服务营销 7P 理论为基础，提出了产品文化、价格、有形展示、服务过程等竞争行为提升措施，并制定了相应的营销策略。[③] 桂敬丽（2013）认为，小旅游企业应在市场竞争激烈的大环境下，明确定位高端定制旅游市场，通过提升产品和服务质量来规避价格战并赢得企业核心竞争力，由此提出了由注重旅游产品差别化向注重旅游者差别化转变、由追求市场占有率向追求顾客占有率转变、注重客户关系管理等服务质量提升策略。[④]

三、文化企业竞争行为规范与优化研究

在对不同行业、不同类型的文化企业市场竞争行为分析之后，不少学者也将研究重点瞄向了规范和优化竞争行为的对策建议上，并着重强调了反垄断等法制建设的重要性。如周一苇（1988）提出了提高书店领导指挥和经营决策的竞争能力、提高图书经营品种满足率的竞争能力、提高图书主动销售和上市速度的竞争能力等六条竞争行为优化建议。[⑤] 王秋林（2004）通过对出版发行市场不正当竞争行为的表现形式、危害和存在原因的分析，提出了根治出版发行市场不正当竞争行为的四点建议，包括严格执法、行政管制、规范企业产权制度、发挥舆论监督作用等。[⑥] 方小敏（2006）基于文化企业的创新性、多样性和导向性，提出了针对其竞争问题加紧制定反垄断法律规定的建议，以为文化市场的有序竞争提供法律保障。[⑦] 陆佳欢（2012）基于当前中国网络

---

① 唐榕. 电影产业国际竞争力：国内现状·国际比较·提升策略［J］. 当代电影，2006（6）：8-14.
② 胡黎红，胡慧. 四家大型互联网电影企业的差异化竞争评述［J］. 当代电影，2016（9）：45-49.
③ 宋毅彬. 中国现代茶馆的文化营销策略研究［D］. 合肥：安徽农业大学硕士学位论文，2007.
④ 桂敬丽. 小旅游企业提供高端定制旅游服务的营销分析［D］. 上海：华东理工大学硕士学位论文，2013.
⑤ 周一苇. 增强新华书店图书市场竞争能力初探［J］. 出版发行研究，1988（3）：37-40，63.
⑥ 王秋林. 转轨期我国出版产业市场结构与行为研究［D］. 武汉：武汉大学硕士学位论文，2004.
⑦ 方小敏. 文化产业发展中的反垄断法制建设新问题［J］. 现代法学，2006（5）：166-172.

文化产业市场竞争的乱象，借鉴美国对网络文化产业限制竞争行为及其规制的经验，提出了加强反垄断执法的必要性。[①] 王家鹏（2012）认为由于文化市场竞争的特殊性，尤其是当代信息传播技术、影印复制技术的革命性创新及推广应用，使文化产品知识产权保护面临严峻考验，提出必须通过加强知识产权保护，完善知识产权保护的法律制度，来确保文化市场竞争的有序进行。[②] 刘学明（2014）在明确竞争政策、竞争法律与电影产业政策、电影行业监管之间协调的一般原则后，探讨了针对电影行业竞争行为规制的法律技术问题。[③]

四、已有研究成果述评

从目前已有研究成果来看，有关中国文化企业市场竞争行为的研究涉及行业、类型较为丰富，部分学者们根据竞争现状与存在问题提出了有针对性、可操作的规范与优化建议，研究结论真实且较有说服力。在进行文献梳理后不难发现，对于文化企业市场竞争行为的研究虽然取得了一定的成果，但也暴露出了许多缺陷与不足。

（一）理论体系远未形成

理论成果是客观实践的主观反映，由于市场竞争机制引入文化产业领域时间较晚，现有文化企业竞争行为尚不健全，尽管已有价格竞争、服务竞争、质量竞争、广告竞争等行为探索，也针对数个细分领域的竞争力、竞争形势等进行了探究，但由于文化企业市场运营经验不足，诸多市场竞争矛盾尚未全面暴露，竞争行为实施的长期效果也未充分显现，使得该领域许多理论共识远未达成，关于文化企业竞争行为的类型、特点、实施策略、影响因素、实施条件、实施结果以及反垄断、反不正当竞争等措施均未深入探讨，未能形成全面的文化企业竞争行为理论框架，研究成果分布零散，对实践的普遍指导意义不强。

（二）缺乏新环境下竞争行为探讨

当前，国内学界尤其缺乏针对网络新环境下文化企业竞争行为的研究。尽管已有学者关注到了文化企业在互联网环境下的新型不正当竞争行为，如捆绑销售、虚假炒作、商业诋毁、恶意垄断等，但对这些新型竞争行为的特点、表现形式、后果、规制方式、法律适用等均未予以探讨、总结。对互联网环境下文化企业合理、正当、公平竞争行为的引导和激励研究也处于空白状态，严重滞后于正在探索互联网转型的文化企业竞争实践，对文化企业"互联网+"的生产方式转变、生态圈扩展、内容创意生产、渠道平台自搭等活动引发的市场竞争态势突变，显然无法起到指导、借鉴和提升的作用。

（三）研究视角和方法亟待深入

国内学者们对文化企业竞争行为大多采用归纳、演绎等定性方法开展研究，且以

① 陆佳欢. 美国网络文化产业中的限制竞争行为及其规制［J］. 商品与质量，2012（S3）：280.

② 王家鹏. 文化产业知识产权保护制度研究［J］. 西南农业大学学报（社会科学版），2012（12）：51-55.

③ 刘学明. 电影产业竞争法律问题研究［D］. 北京：对外经济贸易大学博士学位论文，2014.

案例论证和比对为主，仅在竞争力评价领域有少量定量分析，对各行业内文化企业的各类竞争行为缺乏长期、全面的实证研究，对文化企业竞争行为的引导、监督、规范、治理等也未能系统、深入探究，许多对策建议流于形式，对实际工作的指导意义和具体功用不大。同时，从时间上来看，多数研究成果出现较早，对该领域新近发展趋势的研究较少，对文化市场整体竞争态势的关注度不高，跟进度不强，缺少了应有学术研究的持续性、整体性和批判性，亟待从长远、系统的视角，基于博弈论等理论框架和定量模型，予以突破。

随着中国科技实力和经济水平的进一步发展，国内的文化市场环境也发生了巨大变化，绝大多数文化企业开始主动开拓市场，积极参与市场竞争。与此同时，市场的准入政策与不断扩大的投资规模吸引了一大批跨界、跨国文化企业进驻，使得文化企业不得不把目光从关注内部因素的整合和分配转向外部环境的竞争和应对，尤其开始注重对竞争对手行为的预期与分析，以在动态竞争博弈中，获取最大化经济利益。[①] 动态竞争理论克服了古典竞争理论和波特竞争分析模式的不足，但是目前关于竞争对手动态性的分析工具与方法尚不明确，尽管有学者提出用资源相似性和市场共通性作为引进竞争对手分析工具的依据，[②] 但如何构建适宜文化企业动态竞争分析的工具尚需进一步的检验和论证。对于中国文化企业竞争行为未来的研究而言，既可以从继续挖掘动态竞争分析工具在文化企业市场竞争的实证应用入手，也可以针对研究空白之处和不足之处的三个方面对新环境下的文化企业竞争行为进行持续、跟进、深入的关注与探究，不断补充、完善并适时修改规范、优化竞争行为的路径与政策，以助推中国文化企业市场竞争理论与实践迈上新台阶。

第四节 中国文化企业竞争行为优化

企业的市场竞争行为作为一种普遍的经济现象，其是否合理、有序、公平会对市场运行秩序、产业资源配置、企业核心竞争力、市场绩效等多方面产生重要的影响。竞争行为是企业受内在利益驱动，为占领与竞争者共同面对的市场而作出的具有规律性的反应或活动，或者说是一种企业内部的深层利益结构与外部社会经济环境进行有机联系的具体表现形式。[③] 企业市场竞争行为是产业组织理论的重要研究内容，其既是市场结构的产物，也是产业组织的结果。在产业组织理论中，企业市场竞争行为是连接市场结构和产业绩效的中间环节，[④] 对于企业而言，产品价格竞争和质量竞争是其与竞争者“角逐”的核心环节，此外，还包括服务竞争、广告促销竞争、专利技术竞争、

---

① 张艳，常永胜. 动态竞争理论的研究视角与分析框架 [J]. 生产力研究，2008（2）：11-12，26，161.
② 皮圣雷. 动态竞争理论研究视角与路径演进综述 [J]. 外国经济与管理，2014（9）：12-19，51.
③ 王章留. 论企业竞争行为的合理化 [J]. 郑州航空工业管理学院学报，1991（2）：30-34.
④ 李小冬，张智慧，关柯. 中国建筑企业市场竞争行为实证研究 [J]. 建筑经济，2004（10）：22-25.

人才竞争、投资竞争等多个环节。

一、影响文化企业竞争行为的因素

在文化企业参与市场竞争的过程中，为了战胜竞争对手，实现企业自身的利益，企业会持续实施追求生存和发展机会的系列策略行为，这一系列策略行为较为复杂且富有变化性，主要由企业内在本质及其运行机制所支配，外部环境因素同样有着制约影响。

（一）企业自身因素

文化企业自身是否能够实现自主经营和自负盈亏是影响其市场竞争行为的重要因素。对于利润的追求是文化企业开展竞争活动最直接、最大的内在驱动力，文化企业为了能在激烈的市场竞争中战胜对手获取最大的利益，需要直面市场竞争挑战并根据市场需求的变化来决定自身行为的取向。能够参与市场竞争的文化企业是那些对生产要素组合及经营活动可进行自主决策的市场主体，其有着独立承担参与市场竞争后果的能力。对于那些生产什么文化产品、如何进行文化产品的生产、如何经营文化企业以及如何参与市场交流合作等都不能自主决策的主体，如文化事业单位等，不可能充分地参与市场竞争，更不会有参与市场竞争的动力与活力，同时，也不能感受到市场竞争中所存在的风险，也就没有了参与竞争的迫切压力。

（二）市场因素

文化企业的竞争行为扎根于文化市场，其往往表现在市场上的企业间的相互联系上。文化企业在市场竞争中所采取的方法、策略、手段包括战略等都会受到其所处的同一市场上其他企业数量、规模以及竞争激烈程度的影响，此外，产业组织的市场结构、消费者需求的具体情况、企业目标市场的大小等许多来自市场的影响因素同样会对文化企业的竞争行为选择产生或多或少的作用。与此同时，文化企业间的竞争行为也会对市场影响因素产生一定的反作用，引发的因素变化又会反过来影响市场竞争情况和市场运行的有序性。

（三）社会因素

竞争行为是文化企业一种意识层面上的活动结果，同样会受到来自外部社会环境诸多因素的影响。就文化企业而言，国家的文化管理体制、文化政策、法律制度、社会人文环境甚至是文化产业的基础设施条件等都是影响因素的重要组成部分。[①] 这些外部社会因素常常不能为文化企业所控制，其完善的程度却会直接影响到文化企业竞争行为的规范度，还可能催生文化企业扭曲的不正当、不公平竞争行为。

二、中国文化企业竞争存在的问题

由于部分文化企业经历了“转企改制”的转轨发展，经过 30 多年的探索，目前，中国文化市场的竞争机制仍不完善，文化企业对于市场竞争的认识与了解也尚不够全

① 杨建华. 浅析我国企业的竞争行为及其规范［J］. 山西大学学报（哲学社会科学版），1999（4）：36-39.

面，尤其是政府层面的规范和控制存在诸多漏洞，给了许多文化企业"钻空子"的机会，纵容了文化企业竞争的某些不规范行为，其中存在的问题突出表现在两个方面，即文化企业的不正当竞争和不平等竞争。

（一）不正当竞争

所谓不正当竞争是指企业、经济组织或个人违反国家法律和政策，违背市场规则和社会公共道德，在生产、服务、流通及其他经济活动领域内采取虚假、欺诈和损人利己等手段谋取不正当的经济利益，损害国家和他人利益，扰乱社会主义经济秩序的行为。① 目前，中国文化企业不正当的竞争行为主要有：

（1）作假、欺诈行为。很多文化企业会在产品商标或直接在产品上"掺假"、"窃取"、"抄袭"，其作假、欺诈行为尤其以知识产权侵犯最为常见和严重。不仅出现了大量伪劣的山寨文化产品，如山寨版兵马俑、狮身人面像等数不胜数，盗版产品也源源不断，音乐、电影、书籍、电视剧等产品的直接复制、剽窃现象愈加突出，尤其在互联网传播的助力下，网络数字盗版资源不绝于迹，对美术、舞蹈、文学等文艺作品的抄袭也普遍存在，这些行为都大大影响了文化市场上产品的品质与价值，干扰了文化企业的正常生产和市场的健康运转。也有文化企业在产品说明书和广告宣传中弄虚作假，对文化产品的部分功能进行夸张说明。还有相关企业在产品销售量上动手脚，为吸引更多消费者的注意力，诸如电影票房造假、电视节目收视率造假等新闻屡见不鲜。甚至还有文化企业直接在文化产品质量上滥竽充数，如将电视剧集数加长、内容注水等。作假、欺诈等低劣竞争行为，不仅扰乱了文化市场运转秩序，也形成了"劣币驱逐良币"的产业恶性发展。

（2）虚假炒作、商业诋毁。目前，一些文化企业利用网络媒体信息传播、舆论引导等方面突出的优势，通过雇用网络公关公司、水军等恶意捏造事实，利用网络和善意的网民群体来发布虚假信息，甚至诋毁竞争对手商誉的事件层出不穷。如许多电影、电视节目在即将上映时，都会以发布明星"绯闻"、披露黑幕、反复爆料等为手段，持续热炒、推波助澜，增加艺人或影视作品的曝光度和知名度，提升其市场覆盖面，最终达到收获名气和利益的目的。更有甚者，个别文化企业以密集发帖、删帖等方式恶意诋毁竞争对手，蓄意编造对竞争对手不利的事实，引发了诸如华谊兄弟与万达院线排片之争等恶性争斗。各种突破底线、违背道德的虚假炒作、商业诋毁，不仅给受众的精神上带来污染，殃及社会的公序良俗和价值取向，造成了社会信息紊乱，不良风气盛行，使得公共道德水准日渐下降，也扰乱了正常的文化市场秩序，使部分文化市场走向低俗浮躁、泛娱乐化、纯商业化的极端，加剧了文化产业"泡沫化"的倾向，加大了文化企业运营和政府行政管理的成本。

（二）不平等竞争

所谓平等竞争，就是指竞争者在地位平等、机会平等、权力平等、条件平等的前

① 杨建华. 浅析我国企业的竞争行为及其规范［J］. 山西大学学报（哲学社会科学版），1999（4）：36-39.

提下进行的竞争。[1] 目前，由于多方面原因的共同影响，中国文化企业竞争的不平等现象仍然存在。从文化市场中竞争主体的地位和权力来看，文化企业的不平等竞争集中表现为政府对于不同文化企业进行的行政干预程度有所不同，导致部分政府“近亲繁殖”的文化企业依托裙带关系、优势资源、垄断势力等占据了有利的市场竞争地位，对其他企业形成了不公平挤压。比如一些能够使文化企业获取超额利润的文化项目审批，大多未经过公开、透明的招投标程序，而直接由主管部门指定或偏袒授予，导致市场竞争秩序被干扰，产业资源配置严重失衡；还有一些文化企业依靠背后的行政权力，通过兼职、掺暗股等方法介入到其他文化企业的生产经营活动中，使自己在市场竞争中享有诸多特殊的优势。现阶段文化市场自由竞争机制尚不成熟完备，全国统一的、开放的大文化市场尚未形成，地区间文化市场发展成熟度、文化资源存在的差异等都使得位于不同行政区域的文化企业面临的机会是较为不平等的，也使得文化市场资源不足与浪费现象并存，市场绩效亟待提升。

三、文化企业竞争行为规范与优化

为实现较高的市场经济效率，要求文化企业在正当、平等的价值规律下，发挥全力竞争的优势，采取合理、合法的手段去排除市场上的制约条件，以达到利润最大化和市场绩效提升的目标。但在现实经济活动中，有很多文化企业在巨大的利润面前选择了违背市场经济正当、有序竞争的原则，进行着不正当、无序的竞争活动。对文化企业竞争行为进行规范和优化是一个较为困难、复杂的过程，针对当前中国文化企业竞争行为存在的突出问题，为使竞争有序、合理地进行，也为了给文化企业创造较为公平的竞争环境和机会，主要可以从文化企业伦理道德提升、法律完善和政府管理行为转变等方面入手，进行规制与优化。

（一）提高文化企业的伦理道德

市场竞争并不是单个文化企业的孤立行为，其反映的是一种文化企业间的社会经济关系。文化企业的竞争行为不仅会影响企业自身利益，也会影响到市场上其他企业甚至是整个社会的总体利益。因此，文化企业在参与市场竞争时要兼顾自身经济效益和社会效应二者的统一。伦理道德对文化企业竞争行为有着约束功能，其主要通过伦理道德对竞争行为的调节功能以及对竞争者的教育功能两个方面得以实现。在社会主义市场经济条件下，文化企业的伦理道德会对其竞争策略的选择和实施产生积极的规范与约束作用。一个有伦理道德的文化企业在市场经济活动中会以合理、合法的行为去讲效益、追求企业利润和口碑，而不是一味要求眼前利益的获得。要增强文化企业敢于与竞争对手比高低的竞争自信，以合乎法律规定的竞争策略和手段参与市场优胜劣汰的选拔，在不随意违背和破坏国家有关政策、法令的前提下，不断改革、创新企业核心竞争力，以实现自身和市场的长久共赢。对文化企业竞争行为进行规范和优化的第一步也是最为关键的环节在于对文化企业自身的“改造”，改其本、树其根，才能

---

① 聂婴智. 反垄断法法益平衡问题研究［D］. 长春：吉林大学博士学位论文，2012.

促进文化市场竞争朝着有序、和谐、正当、公平的方向发展。

（二）相关法律法规的规范完善

目前，涉及规范文化企业竞争行为的法律法规有《广告法》《著作权法》《拍卖法》《专利法》《招标投标法》《反垄断法》《反不正当竞争法》《价格法》以及《电影产业促进法》《信息网络传播权保护条例》等，这些法律法规以及相关产业政策为文化企业在整体上提供了一个较为优良的竞争环境和制度保障，但是部分法规、条款的缺失使许多文化企业市场竞争行为缺少了约束和优化的法律依据。在涉及文化企业市场竞争的重要领域，如文艺创作、产权交易、传播推广、广告营销、服务体验等方面，还没有从根本上解决统筹协调、有法可依的问题。文化企业竞争行为的法律规范就是通过有关市场秩序维护的法律、法规和法令，由严格的司法保证去规范文化企业的竞争行为，把其竞争活动牢牢约束在法律允许范围内。就文化企业市场竞争法律规范的完善而言，可以通过制定《文化产业促进法》等基本法，并在市场规范基础性法律的统筹下，出台各类相关法规、条例、政策等，形成属于文化产业自身的法律体系，去合理约束、规范文化企业竞争行为，并为其优化指明方向。

（三）政府角色和行为的转型优化

进入文化产业发展的深改阶段，政府的行政管理行为需要适应这种发展变化的调整，以服务型政府建设和执政理念改革为契机，营造宽松的文化市场竞争氛围，通过以促进对等交流、公平交易为核心的文化企业信息平台建设，进一步抑制政府失范行为，实现政府行为转型导向下的文化市场竞争模式变迁。[①] 文化企业竞争行为的政府规制是指国家行政管理机关凭借政治权威，通过制定政策、规定、条例和发布命令、指示等方式，对文化企业的竞争活动、行为及关系进行指导、协调、监督和约束的活动。目前，针对文化企业竞争行为规范优化的行政管理，存在着管理职能交叉、部门各自为政、人为干预过多、监管责任缺位、协调服务缺失等薄弱和不足环节，这就需要在完善政府职能、转变行政定位的基础上，改进文化企业市场竞争行为的规制方式和措施，使政府规制更加适度、合理、高效。

总体来看，对于文化企业市场竞争行为的优化是社会主义市场经济发展的客观需要，在这一过程中，必须率先提高文化企业自身的伦理道德，同时辅以完善的法律体系和规范的政府行为的通力配合，也就是说不仅需要通过法律、行政手段进行宏观管理和监督，还要通过加强思想道德方面的教育，对文化企业正当、公正的竞争行为进行引导和激励，这样才能使文化企业在步入正常竞争轨道后获得充分的发展和成长。

---

① 林芳强，王鲁捷. 基于企业竞争战略的政府行为优化［J］. 中国行政管理，2015（6）：92-96.

第十一章　文化企业合作行为

第一节　市场合作理论

由于资源的相对稀缺性，社会经济活动中的文化企业会为此展开激烈竞争，甚至可能引发冲突。但为了在总资源一定的情况下实现其高效率配置，文化企业同样会选择相互合作的方式开展市场活动。随着市场竞争环境日益复杂多变，诸多文化企业开始从对立转向合作，在既竞争又合作的关系网络中寻求着不断发展。市场化合作行为是一种以较小或者为零的交易成本代价实现企业间资源整合的途径，参与合作的企业致力于寻求各方共赢的策略性博弈行为，[①] 在此之下，企业间的合作形式呈现出多样性的特点。

一、企业合作的内涵及主要形式

企业合作是市场经济活动中较为普遍的话题，学者们根据研究需要对其内涵、外延的阐释不同，除了“企业合作”这一概念外，还有“企业协作”、“企业战略联盟”、“企业集团”、“集团企业”、“企业联合”、“企业购并”等类似概念。

（一）企业合作的内涵

大多数学者仅仅从企业市场行为的角度界定企业合作的概念，没有对企业合作的主体进行限定，也没有明确企业合作、企业市场交易和企业内部管理之间的关系，[②] 在这里，参照贾若祥等学者在《企业合作与区域发展》一书中的相关界定，将“企业合作”定义为“在某种经济体制下，两个或两个以上的具有法人资格且不具有行政隶属关系的企业为了实现资源共享、优势互补、风险共担等特定目标而建立的超越寻常市场交易的企业关系，以经济交往为主，同时包括技术、资金、信息、人才交流等在内的密切往来关系”。[③] 企业合作是基于一定经济体制环境下产生的市场行为，其目的是通过“经济合作为主，技术、信息等合作为辅”的方式实现企业间“1+1>2”的整体利益。

---

① ［美］何维·莫林. 合作的微观经济学：一种博弈论的阐释［M］. 童乙伦，梁碧译. 上海：格致出版社，2010：18.

② 贾若祥，刘毅等. 企业合作与区域发展［M］. 北京：科学出版社，2006：11.

③ 贾若祥，刘毅等. 企业合作与区域发展［M］. 北京：科学出版社，2006：11-12.

（二）企业合作的主要形式

由于对概念界定的不同，对“企业合作”形式的划分标准也有所不同。赛蒙因将企业合作分为非正式合作、契约性协议、合资、股权参与、国际联合五类形式；福克纳等根据合作方式、伙伴数量将企业合作分为集中联盟、复合型联盟、合资、协作和国际联合；迈克尔·波特则从价值链角度分析了企业合作，并将其分成横向合作和纵向合作。

在这里，根据企业从产品研发到销售的过程，将企业合作形式划分为研发合作、生产合作、销售合作以及资金合作四类。“研发合作”主要指企业之间就生产技术的改进提高、科技研究等内容开展的联合研发行为；“生产合作”是合作企业各自发挥生产优势、承担相应生产任务从而实现产品的共同生产；“销售合作”的企业则共同开发和利用市场，通过采取共同分担销售费用、策划产品促销活动等方式实现各自的销售目标；“资金合作”是指合作企业以资金的筹借与投放为主要内容的经济行为。

二、企业合作的动因分析

市场上的企业进行合作往往是受多种原因驱动，有市场利益的直接驱动，也有所处社会网络结构的刺激影响，还有可能与政府政策的鼓励推动有关。国外学者对于企业合作动因理论的研究开始得较早，主要成果集中在以下四个理论上。

（一）专业化分工理论

以亚当·斯密为代表的古典经济学派最早关注、研究专业化分工问题，其基本思想是，分工带来的专业化导致技术进步，技术进步产生报酬递增，进一步的分工则依赖于市场范围的扩大。[①] 新古典经济学时期，马歇尔提出“地方性工业（工业区域）”的概念，特指具有分工性质的企业在一定地区的集聚，并指出，产业集群有利于技能、信息、技术、新思想、新知识等在企业之间的传播与应用，极大地促进了区域经济的发展。从古典到新古典经济学再到后来不断深入的分工学派研究，不难发现，企业间的专业化分工是企业选择合作的重要原因之一。产品的生产过程不是单一的，包含了许多不同的阶段和技术环节，为了不断提高生产效率，一定数量的企业会发挥各自不同的技术、知识等优势，在不同的时空下组织着各种形式的生产合作活动。

（二）规模经济理论

劳动分工出现的基本前提是一定规模下的批量生产。规模经济理论的代表人物有马歇尔、张伯伦、罗宾逊和贝恩等。对于规模经济的理解可以从内部规模经济和外部规模经济两个方面着手：内部规模经济是指在一定的技术条件或生产要素投入价格相对不变的情况下，单个企业在生产或经营单一产品过程中，由于企业规模的增加而减少了产品生产或经营的单位成本，从而产生的经济性（收益递增）；外部规模经济是指在技术进步和市场竞争日趋加剧的情况下，市场需求的个性化与多样化特征更加明显，

---

① 汪斌，董赟. 从古典到新兴古典经济学的专业化分工理论与当代产业集群的演进［J］. 学术月刊，2005（2）：29-36，52.

使得原来依赖于批量生产的企业，难以满足市场多样化需求而妨碍了其内部规模经济的扩张，为了增强生产的灵活适应性，一些企业逐步将生产链向外延伸或剥离，与其他企业共同进行研究开发或生产销售活动。[①] 市场上的企业以费用较低的内部交易去替代费用较高的市场交易，其规模的大小被决定在内部交易的边际费用等于市场交易边际费用的重合点上。简单而言，规模经济是指在某一特定时期内，企业产品的绝对产量增加而单位成本下降，企业通过扩大经营规模来实现企业利润提高的目标，具有逐利性的企业自然会通过合作来提高其规模经济效应。

（三）交易成本理论

新古典经济学研究生产、消费和市场均衡的一个重要前提假定就是不发生交易成本，即交易费用为零。新制度经济学的创始人科斯于 1937 年在论文《论企业的性质》中提出了“交易成本”的概念，其认为市场交易是有成本的，包括运用价格机制的成本和为完成市场交易而进行的谈判和监督成本，此外，还有由未来不确定性风险引致的成本以及度量、界定和保护产权的成本。[②] 达尔曼对科斯的观点进行总结，提出交易成本包含搜寻信息的成本、协商与决策成本、契约成本、监督成本、执行成本与转换成本六种形态；奥利弗·威廉姆森则进一步界定了“交易费用”的相关内容，并将其分为事先交易成本和事后交易成本两类。交易成本理论是规模经济理论的重要延伸，由于人性与交易环境因素等的相互影响让市场出现了失灵的情况，市场交易变得困难，投机主义、信息不对称等都成了交易成本的来源。一般而言，降低费用能够增加企业利润，而选择互通、稳定的合作有利于减少企业的交易费用，巩固企业的市场交易关系，还有可能对市场垄断起到一定制约作用，从此角度来看，企业合作是多赢的选择。

（四）范围经济理论

建立在多样化经营基础上的规模经济被称为范围经济，主要是指企业通过扩大经营范围，即增加产品的种类，生产两种或两种以上产品来实现单位生产成本的降低。就企业而言，范围经济同样包含内部范围经济和外部范围经济两种。内部范围经济是指一个企业能够在生产两种或两种以上产品时，降低单种产品的平均成本并在生产过程中实现收益递增，便存在范围经济；外部范围经济则是在专业化分工愈加细致、产品创新日渐困难的情况下，企业通常会选择集中于生产某一专门的产品或从事价值活动的某一部分，同时联合其他专门化企业进行多样化产品的联合生产，从而实现整个行业的范围经济，提升规模效应。[③] 范围经济理论的出现意味着企业实现产品单位成本下降的方法是多样的，除了扩大企业生产规模以外，还可以合作的方式与相关企业进行联合生产、分销、研发和服务等。

---

① 贾若祥，刘毅等. 企业合作与区域发展［M］. 北京：科学出版社，2006：14-15.
② 贾若祥，刘毅等. 企业合作与区域发展［M］. 北京：科学出版社，2006：13.
③ 贾若祥，刘毅等. 企业合作与区域发展［M］. 北京：科学出版社，2006：15.

三、重复博弈

从“囚徒困境”的案例中可以看出，当博弈只进行一次且没有合约约束的情况下，非集体理性的结果很可能会出现。如果博弈重复进行有限次，使用逆推归纳法可以得出，原博弈有唯一均衡的有限次重复博弈均衡解与单次的博弈结果没有任何区别。[①] 但是，博弈过程也可能是无限次重复的，其结果将会大不相同。

（一）重复博弈简介

重复博弈就是指某些同样结构的博弈重复多次（两次以上，有限次或无限次）进行，每次博弈被称为“阶段博弈”，“同样结构”是在重复博弈过程中的每次博弈条件、规则和内容等都相同。[②] 但在现实中，参与博弈的主体往往会考虑长期利益，也就是各博弈方在当前博弈阶段要考虑不能引起其他博弈方在后面阶段的对抗、报复或恶性竞争等行为，而作出不同的选择，这是在单次静态博弈过程中不会出现的情况。在对“重复博弈”的概念界定中有“两性”需要特别关注：一是“可信性”，即在动态重复博弈过程中，先采取行动的博弈方是否可以信任后行动者采取对自己有利害影响的行为；二是“完美性”，强调的是一种博弈结果，也就是在动态博弈过程中，各个博弈主体所采取的策略与动态博弈本身和所有子博弈之间都能构成均衡关系，就能使本次博弈策略组合具有子博弈的完美性。

（二）重复博弈的特征

总的来说，重复博弈具有以下特点：“阶段博弈”间不存在物质上的联系，即前一阶段的博弈对后一阶段的博弈结构不会产生任何影响；所有参与博弈过程的主体都能观察到“博弈历史”，其行动选择更多的是依赖于其他主体之前所采取的行动；在更多策略可以选择的情况下博弈产生的均衡结果很可能与单次博弈不尽相同；参与博弈过程各主体的总得利益是所有博弈阶段所得利益的贴现值之和。重复博弈是动态博弈理论中极为重要的内容，可以分为完全信息的重复博弈和不完全信息的重复博弈。

（三）重复博弈下企业的合作行为

首先分析一下单次博弈，假如市场上的两家企业甲和乙都采取不合作的竞争策略，其各自获得的利润都会低于实施合作策略下的利润。虽然采取合作策略能够使甲、乙获得更高收益，但只要任何一方采取不合作策略，主动选择合作的一方将会蒙受更大的经济损失，使得单次博弈的均衡结果只能是双方都选择不合作。

但当甲、乙两个企业对所处市场进行长期垄断时，双方的博弈会重复进行，可能是有限次的博弈也有可能是无限次的博弈。

对于有限次博弈而言，假定甲、乙两个企业博弈的对局次数为 N，运用反向思维从第 N 次也就是最后一次对局开始分析：甲企业基于理性思考推理乙企业会采取“针锋相对”的策略，现在是双方最后一次对局，就算采取不合作策略，乙企业也再没有

① 董保民，王运通等. 合作博弈论［M］. 北京：中国市场出版社，2008：185.

② 赵小惠，孙林岩. 寡占理论与重复博弈［J］. 系统工程理论与实践，2001（3）：116-119.

机会进行“报复”了，且自己可能在不合作竞争过程中获取更高的利润，于是，甲企业会在最后一次博弈对局中采取不合作的策略。同理，乙企业出于理性考虑也会做出和甲企业同样的分析和选择，并且还会进一步推理，甲企业在第N次选择不合作，那自己在第N-1次对局中选择合作就没有任何意义了，因此乙企业在第N-1次对局中便会选择不合作。反理，甲企业也会如此，并且类似的甲、乙间的相互推理还会发生在第N-2次、第N-3次……，直到第一次对局。可见，甲、乙两个企业在一开始就会选择不合作，有限次博弈和单次博弈在本质上结局都是一样的。

但是对于无限次重复博弈而言，具有经济理性的甲、乙双方都清楚合作对双方都有利，如果任何一方选择不合作，另外一方一定也会选择不合作策略，博弈的结果就是“两败俱伤”；当一方选择合作另一方却不合作时，对于选择合作的一方来说有机会在下一次对局中惩罚对方。由此，无限次的重复博弈会使得甲、乙双方基于理性判断而选择合作，达到互利共赢和博弈均衡。

四、默契合谋

在经济学领域，合谋或合谋行为是指企业共同协调行动的一种行为，[①]其中包含“为达成协议而进行的交流、讨论和信息交换过程”和“针对获得短期利润的背叛等违反协议行为而采取的惩罚措施”这两个因素。就寡头垄断市场而言，合谋有两种类型即公开合谋和默契合谋，二者的区别集中在第一个要素上，无论是公开合谋还是默契合谋，都存在“惩罚机制”。

（一）合谋理论的提出与演进发展

企业间的合谋行为很早就已出现，但是合谋理论进入经济学视野却相对较晚。经济学研究最早研究的是企业合谋的卡特尔组织，也就是企业间价格竞争中出现的默契合谋。而后张伯伦在对生产同类产品的寡头垄断企业研究中指出，企业会意识到它们之间的相互依赖性，残酷的价格战威胁足以阻挡削价的诱惑，因而寡头垄断企业能够以一种纯粹合作的方式进行勾结，达成默契合谋，从而协调各寡头的行为，抑制竞争，以维持垄断价格。其后，贝恩、特尔泽、斯蒂格勒、奥尔和麦卡沃伊等均对企业间的合谋研究做出过卓有成效的贡献，[②]使得合谋理论的研究蔚为大观。以让·雅克·拉丰和让·梯若尔为代表的经济学家结合博弈论和不完全契约理论，将合谋理论引入到产业组织的研究中，建立了组织内合谋行为的一般分析框架，奠定了组织内合谋理论的研究范式。

（二）影响企业合谋稳定性的因素

企业间合谋的成功必须建立在达成一定协议并且严格遵守协议的基础上，而维持企业合谋不仅要能发现背叛行为，还需对背叛行为进行惩罚。对于企业合谋稳定性影响的因素较为多样，一方面，达成并维持企业间合谋的难度会随着企业数量的增加而

---

① Rees R. Tacit Collusion [J]. Oxford Review of Economic Policy, 1993 (4): 27-40.

② 曹文琴. 基于产品差异性的厂商竞争与合谋博弈研究 [D]. 南昌：南昌大学博士学位论文，2015.

变大，而当市场上企业数量增加时，其产品的差异度也会提高，更给企业合谋增添了阻碍；另一方面，随着企业数量的增加，单个或某几个企业退出合谋组织对其而言或许能够获得更高的经济收益。同样，需求波动也会对企业合谋产生一定影响，但是学者们对一问题尚未达成共识，其争论点主要在于频繁的需求变化是让企业间的合谋更加稳定还是会影响合作的稳定性。合谋企业间关于产量、价格、市场需求等信息的交流顺畅与否同样也会影响合谋的稳定程度，充分、有效的信息交流会助推合谋行为。此外，企业产能、市场结构、政策环境等因素都可能会影响企业合谋的稳定性。

（三）促进企业默契合谋的措施

在现实经济环境中，有诸多措施和方法可促进企业间合谋的达成与加强，如：①加强企业间的信息交流，通过事先签订信息协议，在协议约束条件下减弱合谋企业间背叛的可能性；②组建行业协会，负责收集和分发成本、产量、价格等信息，同时发挥建议价格清单和维持价格或产量协议等作用；[①] ③实施价格领导制，在众多可能的价格协议中选择最为合适的价格，通过控制产量达成合谋企业的共赢，且通过一定的市场垄断力去惩罚背叛者；④企业间通过合作研发、共享或交换知识产权，在考虑固定成本费用、规模经济效益和共担风险等益处下，选择合法、有序的“分享”可以刺激企业加强默契合谋。总结来看，主要是通过契约精神提高企业彼此的信任度，以巩固合谋的稳定性。

第二节　中国文化企业合作行为

管理学家彼得·德鲁克于 1995 年指出，工商业正在发生的最伟大变革不是以所有权为基础的企业关系的出现，而是以合作伙伴为基础的企业关系的加速度增多。[②] 企业间的合作经营正在逐渐变为企业战略的重要选择，合作已成为许多企业管理的核心内容之一。文化企业的成长壮大同样需要通过企业间的合作来实现。文化企业合作是基于某种经济体制，在一定文化背景下，两个或两个以上的文化企业为达成共同的利益目标，采取协商、承诺、契约等多种“约定”方式，以资源共享、优势互补、风险共担等为条件，在资金、技术、人才、信息、内容等方面确立的相互协作伙伴关系。文化企业间的合作一般包括企业合作网络、战略联盟、产业链管理、企业集团并购、虚拟企业等形式。

一、文化企业合作网络

随着文化企业合作的不断发展，其合作形式更加多样化，现代文化企业间的合作

---

① 李雪. 产品差别化、市场透明度与合谋 [D]. 上海：上海财经大学博士学位论文，2006.

② 颜倩. 我国企业合作行为研究 [D]. 南昌：江西财经大学硕士学位论文，2001.

更是带有较为明显的网络性特征。文化企业合作网络就是基于某种技术、IP 内容之上而形成的相互协作的文化企业集合，通过事先协议而结成相互依赖、优势互补、风险共担的合作伙伴关系，形成具有“小世界”特性的网络组织结构。

（一）文化企业合作网络的动因分析

文化企业合作网络在组织形式上的演化发展绝不是偶然发生的，而是有一定的内在发展必然性。文化企业合作网络形成的动因主要有：①降低交易成本，分散经营风险。文化企业合作网络将市场结构内有着经常交易的企业组织起来，通过建立长期信任与合作关系，对网络成员进行一定的组织管理，通过降低契约谈判费用、简化协调合作过程、增加关系性专用资产投资等，实现总交易成本降低、总经济收益提升的目标，在提高经营弹性的同时分散各企业经营风险。②实现规模扩张。在文化企业获取规模经济过程中，由于外部市场和内部机制协调成本增高、信息上传下达速度减缓等问题，会出现背离规模扩大初衷而产生规模不经济现象，文化企业合作网络无须通过设施、组织和机构等扩张，就能够实现文化企业产品开发、生产、销售等功能扩大，从而更快、更好地提升企业和产业的规模经济效应。③共享网络中增值利益。文化企业合作网络中的组织成员不仅可以共享网络资源，还可以利用其特有的价值整合功能，使网络向最终用户所提供的产品和服务价值大于各企业独立创造价值之和，在合作网络中产生增值利益，并由组织成员共享。总之，文化企业合作网络主要是出于降低交易成本、获得规模经济效应、提高经济效率等原因而产生的有效合作形式。

（二）文化企业合作网络的结构特征

1937 年，科斯提出“企业和市场是两种性质不同，但可以在一定条件下相互替代的资源配置方式”。文化企业合作网络从本质上说，是一种超越了传统市场与企业两分法的经济组织形式。与企业和市场不同，合作网络代表的是相互选择的伙伴间的双边关系。文化企业合作网络包含了企业间的相互信任以及合作过程中应该遵守的行为规范。网络组织结构不仅可以保证合作的可靠性，也可以确保处于合作网络中的文化企业有着不断提高的知识、能力、技术、资产等实力。与市场相比，合作网络可以更好、更直接地处理企业间的关系，尽量减少知识、信息、科技等交流的遗漏，既比文化市场更为稳固，也比文化企业内部组织更为灵活。

（三）案例：上海 M50 艺术产业园的企业合作网络

目前，M50 拥有香格纳、华府艺术、迈纳迈图文、吉品堂、上海大学 99 艺术中心、复旦大学美术学院、半度雨棚等优质客户，在入驻企业的选择上，始终遵循园区定位，有针对性地引进在文化创意领域内有影响力的机构。经过十几年的发展，从最初的“春明粗纺厂”演变成为具有国际知名度的创意园区，已形成由来自 20 多个国家和地区的创意企业、艺术家、公共管理部门、大学、消费者等共同组成的合作网络。

合作网络的形成更好地促进了园区内文化企业间的交流与合作，如汽车品牌丰田发起的“混合”艺术展，就是由 M50 内的“六岛”工作室和 Joshibi Art Gallery 两家企业单位共同完成的。合作现象在 M50 里广泛存在，如位于 17 号楼的“多少”家具品牌中心所展出的家具产品是由园区内另一家设计室提供的布艺设计；“良玺”工艺设计等创意企业还常把自己的场地提供给其他企业举办小型聚会；甚至互相邻近、风格接近的画廊会互相借用艺术家的作品举办展览等。[①] 基于 M50 园区内地理要素、企业业务等形成的合作关系网络，通过文化企业之间的互动交流，增进了彼此的信任，也促进了知识、技术、创意、资金、设备等要素的流动与扩散，在园区内文化企业合作关系的稳定上发挥着重要作用。

二、文化企业战略联盟

战略联盟的概念最早由美国 DEC 公司总裁简·霍普兰德和管理学家罗杰·奈格尔共同提出，但目前学界对两者的概念界定尚无统一定论，只是达成了几点共识：①战略联盟既可以是从事类似活动也可以是从事互补性活动的企业间达成的合作关系；②合作形式可以是强强型联盟也可以是强弱型联盟，不要求联盟内企业实力的均等匹配；③战略联盟不包括企业兼并，组建战略联盟的各个企业间关系是相互独立且平等的。[②] 文化企业战略联盟是指两个或两个以上有着共同战略利益的文化企业，为了达到共享市场、共用资源等战略目标，通过协议、契约而结成的优势互补、风险共担、生产要素水平式双向或多向流动的一种松散组织合作形式。战略联盟是文化企业合作的重要形式。

在“一带一路”发展战略深入推进的过程中，中国与“一带一路”沿线国家间的文化交流与合作机制日益完善，许多联盟合作机构相继设立，如丝绸之路国际剧院联盟、丝绸之路国际图书馆联盟、丝绸之路国际博物馆联盟、丝绸之路国际美术馆联盟、丝绸之路国际艺术节联盟等。其中，成立于 2016 年 10 月的丝绸之路国际剧院联盟主要由中国对外文化集团公司牵头，至今该联盟成员已覆盖“一带一路”沿线 23 个国家和 2 个国际组织，包含国外 43 家、国内 27 家共计 70 家的主流剧院、文化机构和知名演出团体。[③] 联盟成员既有英国伦敦南岸艺术中心、广州大剧院等艺术殿堂，也有匈牙利布达佩斯艺术宫、乌克兰国家大剧院、西班牙马德里皇家剧院等综合性文化艺术中心。剧院联盟以开放、包容、共商、共建、共享为行动纲领，把加强信息沟通与合作，推动优质文化资源和市场互换、共享、合作开发作为努力方向，为战略联盟内的成员发展搭建了一个世界性的合作舞台。战略联盟的建立和健全可为推动信息交流、资源共享与企业合作的机制化提供坚实的组织保障。

三、文化企业产业链合作

对产业链的探讨最早可以追溯到 17 世纪中后期古典经济学家的相关研究。产业链作为一种应对激烈市场竞争的合作模式，已经成为企业获得市场竞争优势的重要组织

---

① 高会芳. 文化创意产业的创新网络研究——基于上海 M50 园区的实证分析［D］. 上海：华东师范大学硕士学位论文，2015.

② 柳春锋. 旅游企业战略联盟成功运作关键影响因素研究［D］. 杭州：浙江大学硕士学位论文，2003.

③ 张婷. 文化部推动与“一带一路”国家文化机构共建 5 个合作联盟［EB/OL］. http：//www.ce.cn/culture/gd/201705/15/t20170515_22804141.shtml，2017-05-15.

形式。文化企业产业链是各文化企业之间基于一定的技术经济联系，依照特定的上下游逻辑关系和时空布局，客观形成的一种链条式合作关系形态。

产业链合作在文化企业间的互动交流、交换中较为常见，也不乏成功案例。如《喜羊羊与灰太狼》从动画片到动漫电影、人偶剧以及周边产品系列的制作、宣传、销售、推广无一不是原创动力文化传播有限公司与其他文化企业合作开展的过程。《喜羊羊与灰太狼》系列的产业链合作包含了多种形式，合作主体主要由原创动力、北京悠扬、上海文广等企业协议组成。在产业链上，主要采取品牌授权的合作方式，与其有品牌授权关系的企业主要有深圳耀邦、广州欢乐反斗城、上海青一禾、广发制鞋、珠海市华丰食品、澳宝化妆品、童趣出版社等。同时，也采取了推广授权的合作方式，合作企业有肯德基、雀巢、光明乳业、招商银行等。

选择产业链条上的品牌授权合作，让原创动力无论在企业收入还是品牌形象上都收获了良好的合作效益。《喜羊羊与灰太狼》电视动画总投资约 2000 万元，其在播出后三年已收回 60%的制作成本，单集动画收视率最高达 17.3%，系列电影中仅前四部的票房收入就已超过 5 亿元，人偶剧《记忆大盗》同样获得了不错的票房收益，加之相关漫画图书等衍生品多种多样，使原创动力的市值在 2010 年就已突破 10 亿元。[①] 对于企业品牌而言，原创动力、北京悠扬、上海文广等企业凭借《喜羊羊与灰太狼》收获了各类动画大奖，合作企业在渠道控制力、市场运营力等方面均得到显著提升，市场核心竞争力不断增强，并且吸引了更多企业达成与之合作的意向。

但是，文化企业进行产业链合作通常存在成本与收益分配不均、IP 内容被窃取、品牌使用混乱、产品质量控制不力、盗版产品猖獗等问题，尤其是文化企业合作收入与分成的不透明、知识产权使用的风险等，使得产业链合作的搭建受到很大的制约，在一定程度上挫伤了文化企业广泛参与的积极性，降低了文化企业合作的整体收益。文化企业产业链合作中的收入分配、知识产权使用等问题是应该倍加注意的矛盾来源。

四、文化企业兼并收购

企业集团化是成员企业间通过相互控股或参股等方式集中资本、生产技术、管理要素等从而获得规模经济效益。参与到集团化过程中的企业间形成了一个利益共同整体，降低了在资源整合等方面的内部竞争力，这样一种市场行为方式可能直接影响到产业集中度以及市场结构。随着文化产业的纵深发展，文化企业的集团化尤其是直接并购活动也开始呈现频发态势。据统计，2013 年文化产业内合计发生了 96 起企业并购事件，涉及并购金额高达 500 亿元，被称为文化产业的“并购元年”。2014 年，文化企业延续了这种形势，并购现象又掀高潮，出现井喷状态。[②] 2015 年，文化产业领域共发

① 胡静宇. 我国文化企业合作行为及其绩效影响因素分析［D］. 长沙：湖南大学硕士学位论文，2014.

② 刘骁. 文化产业发展背景下企业并购风险的法律控制［D］. 成都：四川省社会科学院硕士学位论文，2015.

生并购事件 166 起，与 2014 年基本持平，涉及并购金额近 1500 亿元。[①] 近几年，文化企业并购成为企业合作最主流的方式，并购不仅存在于文化产业内部，跨产业并购现象也十分突出。

（一）文化企业并购类型

狭义上文化企业兼并是指文化企业以现金、有价证券或其他有偿形式取得其他企业产权的一种经营行为，广义上则是指两家或两家以上相互独立的文化企业合并成一家文化企业的行为。[②] 现阶段文化企业兼并主要为吸收兼并和新设兼并两种形式。文化企业收购则是文化企业使用现金、有价证券等手段去购买另一家企业的全部或者部分资产、股权等，从而获得被购买企业控制权的行为，具体形式有收购股权和收购资产之分。一般而言，文化企业并购是指文化企业通过兼并、收购文化企业或非文化企业的方式来实现企业经营的多元化、规模扩张、结构重组等目标，在充分发挥企业优势的基础上完成企业的做大做强。

总的来看，中国文化企业的并购主要包括以下三种类型：①文化企业通过并购上市公司实现借壳上市；②文化企业基于发展战略目标进行并购；③上市文化企业基于资本运作动机开展并购。在文化企业并购交易中，支付方式有现金支付、股票支付、混合支付三种。

（二）文化企业并购特征与案例

受国家战略、政府政策等综合支持，文化企业在资本市场上备受各方青睐，并购已成为文化企业升级发展的主要途径，现阶段文化企业并购也呈现出一些新的特点：①传统产业的跨界融合和文化产业的内部整合同步进行。文化企业并购既有传统产业转型升级的需要也有文化产业内部整合提升的驱动因素，文化产业企业（通常为大型龙头企业）通过利用资金、技术、内容创新、推广渠道、经营管理等企业优势，对其他企业进行并购，从而加速文化企业全产业链的整合与优化升级。②“文化+互联网”下的文化企业并购，催生了新的经济增长。随着文化产业与互联网的全面融合，出现了数个文化企业大型并购的案例，带动了文化产业经济加速发展，如阿里巴巴花 45 亿美元收购了优酷土豆，百度用 3.7 亿美元收购了 PPS 网络视频等，文化企业在资金、产品等领域的合作激发了消费者新的市场需求，从而使参与并购的文化企业获得了经济的新增长方式。③海外并购持续升温。目前，文化企业的并购范围已从亚洲逐步扩展到了欧洲、北美等地区，涉及互联网、广告、传媒、影视、旅游、社交等多个领域，如安徽出版集团全资收购了波兰时代马尔沙维克集团，万达集团收购了 AMC 院线，凤凰传媒收购了美国出版国际有限公司等，都说明了国内文化企业已逐渐在海外并购上实现主动出击。

---

① 邵希炜. 2015 年文化企业并购 166 起［EB/OL］. 艺恩网，http：//www.entgroup.cn/news/Capital/0227515.shtml，2016-01-02.

② 姚坤瑞. 基于资源基础理论的文化企业并购价值创造研究——以盛大网络系列并购为例［D］. 济南：山东财经大学硕士学位论文，2015.

五、文化企业业务外包

业务外包是从国外企业间流行开来的一种企业经营合作行为，其也是建立在降低企业成本提高综合竞争力这一前提下。1990 年，加里·哈梅尔等在《哈佛商业评论》上发表了题为《企业的核心竞争》的论文，首次提出“业务外包”的概念。[①] 如今，企业业务外包的合作形式已在各个产业中实现广泛应用，外包的对象不仅局限于制造业中的零部件生产，也包括了企业的财务审计、信息技术、后勤服务、人力资源管理等业务，都可以交由外部的专业公司去完成。

文化企业业务外包是文化企业在内部资源有限的情况下，为了拥有更强的市场竞争优势，通过契约关系，将文化企业内部的某些职能或非核心业务外包给外部专业化企业来完成的一种战略性合作行为。文化企业外包的一定是非核心业务，因核心业务往往涉及的知识产权是文化企业发展的生命线，只能牢牢掌握在文化企业自己手中。

以出版企业的业务外包为例，一些出版企业为了整合内外资源、突出并巩固企业的核心能力，常常选择将部分出版业务环节外包给其他专业机构，如排版、装帧设计、分销、物流等。总体来看，出版企业的外包业务可以划分为三个层次：外围层，包括排版、校对、装帧设计、复制等业务；次核心层，包括客户关系管理、人力资源管理、信息管理、物流管理等业务；核心层，主要为选题研发、图书分销等业务。遵循成本最小原则和可替代原则，出版企业总是致力于提高出版效率，着重培育企业核心能力，目前相当多的出版企业已不再单独设立美编室、校对科、印刷厂等而是选择将这些业务外包出去。如中国民主法制出版社出版的《于丹〈庄子〉心得》一书在市场上反响火爆，很好地印证了业务外包在出版产业的作用。从审时度势拿下图书出版权到将生产制作、装帧设计交给优秀的合作企业，再与中央电视台等优质媒体进行营销合作，中国民主法制出版社最终取得了不错的市场效益。[②]

通过恰当的业务外包，强化与其他优势企业合作的能力，并借助产业链运作的方式，实现文化产品高质量的供给，既提升了文化企业效率也进一步凝结了文化企业的核心竞争力。当然，如果盲目地实施业务外包，容易导致企业空壳化的后果，为其他企业所牵制，只有建立在明确自身核心竞争力基础上的业务外包，才能使文化企业获得真正的高效率和高效益。

六、虚拟文化企业

不同的时代往往会造就不同的企业组织模式。随着近年信息技术的广泛应用，对传统企业组织产生深刻影响的同时也催生了新型企业组织结构，如虚拟企业。早在 1991 年，美国学者肯尼斯·普莱斯等就已经在《21 世纪生产企业策略：一个产业的视

---

① 邓奕辉. 企业业务外包战略研究［D］. 延安：延安大学硕士学位论文，2012.

② 顾金亮，史建农. 出版业务外包与核心能力培养——以中国民主法制出版社《于丹〈庄子〉心得》为例［J］. 出版科学，2009（2）：53-57.

角》报告中首次提出“虚拟企业”的概念,[①] 引领虚拟企业研究20多年。所谓虚拟文化企业是由两个或两个以上的文化企业组成的一种有时限的、相互依赖、信任、合作的组织形式，其能以最少的投资、最快的反应抓住市场机遇，获取经济利益。在虚拟文化企业组织中，每个成员企业只做自己特长的工作，保持平等的伙伴关系，实行彼此知识产权、技能、信息等投入的共享及资源的有偿共享,[②] 产品生产或项目建设的结束就意味着虚拟文化企业的自动解散，将重新开始新一轮的动态组合。虚拟文化企业可以分为功能虚拟文化企业和形式虚拟文化企业，功能虚拟是文化企业将技术研发、生产、销售等环节委托给其他企业，并通过信息技术进行联系和管理；形式虚拟则是突破传统实体文化企业的形式，企业运行完全依赖信息技术和互联网，如电商文化企业就是典型的形式虚拟企业。2014年5月上线的“猪八戒虚拟产业园”是全国首个文化创意虚拟产业园，传统文化产业园需要文化企业租用办公场所，企业必须承担租金、水电等开销费用，而通过互联网建立的虚拟产业园，入驻的虚拟文化企业可以节省一大笔成本，更有利于“轻装”运营，标志着国内文化产业园发展迎来了全新的合作与发展模式。

第三节　中国文化企业合作行为研究成果与结论

随着经济社会的进步，合作越来越成为企业行为的主线，对于文化企业合作，国外学者进行了一系列研究。20世纪60年代美国战略管理学家伊戈尔·安索夫把协同理念引入企业管理，协同就是企业内部和外部都实现相互协作，企业内部各业务部门之间充分合作，企业与其他企业之间广泛合作，甚至通过对外部企业的兼并收购，实现更大的合作效应。凯夫斯（2000）提出文化企业是广泛与文化、艺术、娱乐、体育等相联系的产品或服务的提供者，具有集群合作的倾向。[③] 美国学者格列柯（2004）曾提出，图书企业有受人尊敬的地位和丰厚的利润作支撑，很容易受到投资者的追捧，形成合作关系。[④] 与此同时，国内学者也对文化企业的合作行为展开了相关研究，有概念界定，也有具体行为模式的分析论证，在取得一定研究成果的同时也存在一些不足。总体而言，国内学界对于文化企业合作行为微观层面的直接分析较少，但有针对文化企业竞争力、文化企业发展现状、文化企业商业模式、文化企业特点和价值评估等方面的研究，这些研究中有部分内容分析了文化企业合作行为及其影响因素。

---

① Preiss K., Steven L., Nagel Roger N.. 21th Century Manu-facturing Enterprises Stratey: An Industry-led View [M]. Benthlehem: Iacocca Institute, Lehigh University, 1991: 134.

② 杨昌辉. 虚拟企业的构建与管理研究 [D]. 合肥：合肥工业大学硕士学位论文，2003.

③ Caves R.. Creative Industries: Contracts between Art and Commerce [M]. Cambridge, Mass: Harvard University Press, 2000: 134.

④ Graham Tessa. Graham Review of the Small Firms Loan Guarantee [M]. London: HM Treasury/Her Majesty's Stationery Office, 2004: 231.

一、文化企业集团相关研究

学者们主要关注了文化企业集团运营中的并购行为。如杨荣（2013）从规模经济与范围经济理论、网络外部性理论、长尾经济理论、受众碎片化理论、媒体不可知论和媒体话语权理论等新角度分析了文化企业并购的动因。[①] 赵廷飞（2014）在对中国文化企业并购特征进行定性描述的基础上，从交易数量、交易规模两个角度，关注了文化企业并购的行业分布、区域分布、主体背景、收购比例、支付方式、关联属性、并购类型七个方面的总量特征与趋势。[②] 张雅鋆（2015）以企业并购理论为基础，以文化企业和游戏企业的发展现状为依据，分析了中国文化企业并购游戏企业的主要动机及其经济效应。[③] 王楠（2016）认为由于文化企业轻资产的特性，并购溢价普遍较高，容易造成并购失败，如熊猫烟花终止收购华海时代，蓝色光标海外并购造成巨额损失、商誉骤减等。[④]

二、文化企业业务外包研究

关于文化企业业务外包行为的研究主要集中在图书出版业和档案管理业，如顾金亮和史建农（2009）依据出版业务的关键程度将出版企业的业务外包划分为外围层、次核心层和核心层，探讨了各种业务外包形式对培育出版企业核心能力的影响，认为出版企业通过适当的业务外包可以有效提升自身的核心能力，开创出一种新型文化资源与媒体共振的“文化再生产”模式。[⑤] 史江等（2010）就历史档案数字化进程中的业务外包方式进行了探讨，提出档案馆、专业公司和高校三方合作是一种现实可行的外包模式，同时分析了这一模式的优势、现状、存在问题以及相应对策。[⑥]

三、文化企业战略联盟研究

柳春锋（2003）通过对影响中国旅游企业战略联盟运作的关键因素及其重要程度进行深入研究，建立了理论模型，利用 SPSS 统计软件对收集的数据进行了因子分析、相关分析、回归分析和方差分析，在实证分析的基础上提出了促进旅游企业战略联盟成功运作的对策建议；[⑦] 王三平（2008）以“一卡游河南”为例论述了旅游景区战略联盟的运行机制和发展对策，通过案例分析探索出确保旅游企业战略联盟成功的有效路

---

① 杨荣. 文化企业并购动因理论新探［J］. 企业导报，2013（18）：5-7.

② 赵廷飞. 我国文化企业并购特征及其与并购绩效相关关系的研究［D］. 济南：山东大学硕士学位论文，2014.

③ 张雅鋆. 文化企业并购游戏企业的动机及效应研究——基于浙报传媒并购边锋网络［D］. 西安：长安大学硕士学位论文，2015.

④ 王楠. 文化企业并购风险的识别、评价及防范研究——以蓝色光标并购 Huntworth 为例［D］. 济南：山东大学硕士学位论文，2016.

⑤ 顾金亮，史建农. 出版业务外包与核心能力培养——以中国民主法制出版社《于丹〈庄子〉心得》为例［J］. 出版科学，2009（2）：53-57.

⑥ 史江，秦慧等. 历史档案数字化进程中的业务外包问题探索［J］. 档案学通讯，2010（1）：37-40.

⑦ 柳春锋. 旅游企业战略联盟成功运作关键影响因素研究［D］. 杭州：浙江大学硕士学位论文，2003.

径。[①] 史征和李文兴（2010）提出，R&V 战略联盟（非竞争性战略联盟）不仅使网络媒体创新了经营理念，也催生了专注于资源整合的全新媒体出世，是以新媒体为代表的文化产业战略联盟新方式。[②] 朱田林和罗军（2010）把供需链思想导入图书馆联盟管理，对其可行性作出论证，从图书馆联盟的内部流程分析供需链管理对图书馆资源的调配作用，并结合企业管理理念，提出适合图书馆联盟的四种管理方式，并对方式的具体实施做了进一步探讨。[③]

四、文化企业其他合作行为研究

高源（2006）探析了中国大陆传媒企业与境外公司合作的模式，并对合作模式的改进提出了对策建议。[④] 梁国（2007）对文化企业赢利模式进行研究，归纳出文化企业一般赢利模式，特别提出一体化、多元化、战略联盟等模式优势较为突出，文化企业可以通过合作获得更大的利润空间。[⑤] 岳贤平（2012）结合市场经济发展状况总结了文化企业的特性，并对其发展策略进行了阐述，指出为了实现文化企业的可持续发展要借鉴其他优秀企业的运行机制与发展经验，加强对外交流与合作。[⑥] 陈少峰（2012）认为，中小文化企业特别是中小民营文化企业是文化产业创作与生产的主力军，但是其整体经营能力不强，难以满足打造全产业链和制作精品的要求，应通过政府政策促进文化企业上市，实现文化资源整合和企业间的并购或项目并购。[⑦]

五、已有研究成果述评

综观国内学界文化企业合作研究现状，可以发现，相比于其他领域，文化企业合作研究成果较少，尚存在诸多空白领域和不足之处，主要体现在以下几方面。

（1）对文化企业的研究常注重于单个企业的竞争力研究，而忽视了对文化企业之间合作行为的探索，与其他领域企业合作研究相比，尚未进行系统的理论概括，更未形成成型的研究体系，研究内容仅限于简单探讨并购行为、业务外包、战略联盟等优势及其实施对策，对文化企业合作行为的构成、功能、阶段、特征等基本问题均未进行深入考证和总结，对文化企业合作行为的博弈规律尚未论证，导致理论研究严重滞后于实际工作需要。

（2）对文化企业合作行为分析侧重于定性论述而缺乏定量分析，在仅有的文化企业合作行为案例研究中，学者大多用定性描述的方法对文化企业某些合作行为进行了表

---

① 王三平. 论旅游景区战略联盟的运行机制及发展对策——以“一卡游河南”为例［D］. 郑州：河南大学硕士学位论文，2008.

② 史征，李文兴. 文化产业集群中企业战略联盟嬗变——基于资源整合的 R&V 战略联盟研究［J］. 生产力研究，2010（1）：209-211，242.

③ 朱田林，罗军. 基于供需链管理的图书馆联盟研究［J］. 图书馆学刊，2010（1）：62-64.

④ 高源. 中国大陆传媒与境外公司合作模式探析［D］. 上海：华东师范大学硕士学位论文，2006.

⑤ 梁国. 文化企业赢利模式初探［J］. 现代管理科学，2007（10）：77-78，114.

⑥ 岳贤平. 文化企业的特性和发展策略分析［J］. 时代金融，2012（6）：232.

⑦ 陈少峰. 中小文化企业与文化内容产业［J］. 北京联合大学学报，2012（1）：20-23.

层探讨，未能对文化企业合作行为实施原因、影响因素及其运作机理开展定量实证研究，运用博弈论等相关模型进行归纳演绎的成果也未得见，为数不多的定量分析仅集中在了文化企业并购市场绩效的论证研究上。

（3）目前仅有的文化企业合作行为研究基本扎堆于文化企业并购、文化企业集群网络等个别领域，从现有文献内容来看，约 2/3 的文献都在探讨文化企业的并购案例或是文化产业集群（园区）内的文化企业产业链关联，而对文化企业战略联盟、业务外包、虚拟文化企业等其他合作行为的研究占比很少甚至有所缺失，更是缺乏针对当前文化企业特性开展的合作新方式、新理念、新方案的研究，现有依据定性分析制定的文化企业合作策略往往浮于表面、流于形式，对文化企业的指导意义和具体功用不强。

目前，对于文化企业合作行为研究的空白领域是今后可以继续关注的方向所在：首先，学界站在竞合视角下对文化企业竞争与合作行为进行整体性研究，无论是文化企业的竞争行为还是合作行为，都不应该鼓励独立存在，需要在对两种市场行为均衡匹配的基础上，以整合的研究视角作全方位、系统性把握研究，以确保文化企业市场行为促进和优化的理论和实用价值。其次，立足于文化企业特性，运用多学科理论，深入探讨文化企业合作行为的类型、功能和特征，对行为实施原因、影响因素等进行推演，将更多的合作行为理论和定量分析模型，如博弈论、社会网络分析法等，运用到文化企业合作行为理论与实证研究中，有针对性地制定文化企业合作行为实施策略，并对实施效果开展综合绩效实证评估。最后，是细化文化企业合作具体行为的研究，多方探寻文化企业可采取的新型合作方案，及时、准确地对一些新产生的文化企业合作行为进行追踪研究，如互联网经济环境下的虚拟文化企业等。

第四节　中国文化企业合作行为优化

在社会经济持续进步的总趋势下，随着公众对精神文化需求日益增多，国内涌现出了一批发展势头强劲的文化企业，文化企业在数量上的增多不断推动着文化市场上更为细致的社会分工，文化企业间的合作行为开始涌现。在现阶段的文化市场中，消费者对文化产品和服务需求日渐多样且极具个性化，在一定程度上促成了文化企业在更广范围内合作的达成，不仅在文化产品的创意研发领域充分合作，还在文化产品生产流通、品牌延伸、销售推广及后续服务等多方面开展了广泛合作。

一、中国文化企业合作现状

随着交通、通信技术的发展，大大拓宽了文化企业合作的渠道、提高了合作的效率。目前，中国文化企业合作形式较为多样且广泛。如影视作品在全国宣传展出时，电影、电视制作企业会采取与网站合作独播、电视台授权等形式进行作品播放合作；创意工作室会通过电商平台销售其创意点子。同时，区域文化产业集群、城市文化产业园区等的全面铺设，为文化企业加深了解提供了稳固的交流、交易平台，迅速促进了文化企业各类合作模式的开展，加快了产业整体合作发展的良好势头。如深圳华侨城创意文化园、北京 798 艺术区等都是众多文化企业选择共赢模式下的合作成果代表。近年来，随着文化产业博览会等大型会展活动的增多，为文化企业合作创造了更多契机，比如每年举办的深圳国际文化产业博览交易会、北京国际文化创意产业博览会以及其他各省份的文博会等，都为参展企业提供了展示自我的平台，在很大程度上促成了文化企业间的深度合作。目前，中国文化企业合作行为取得了较为良好的市场绩效，很多文化企业通过加强合作逐步实现了自身的做大做强，如华谊兄弟、凤凰传媒等选择并购合作、业务外包等形式完成了企业的挂牌上市，积极开展各项合作的文化企业纷纷成为文化产业的标杆代表。

二、中国文化企业合作存在的问题

在文化企业合作过程中，取得一定成果的同时也仍然面临着诸多问题与挑战，主要表现在以下方面：

（一）合作模式过于单一

中国文化企业虽然数量众多，但大多发展水平不高且规模较小，同规模文化企业之间的合作通常停留在产业链上下关联的市场交易层面，而规模差别较大的文化企业之间的合作则以兼并、收购为主。由于信息不对称、市场地位不对等，建立系统的、深层次的文化企业合作网络或战略联盟十分困难，导致了进行合作的文化企业不能真正实现和发挥合作的规模效应、范围经济，更谈不上实现整个文化产业链条的充分延伸、扩展。

（二）合作战略目标不明确

在当前合作过程中，文化企业往往过分注重眼前利益，忽视了合作企业群体长期、共同发展的战略目标设计。文化企业在完成特定项目合作后，通常不能延伸后续的合作行为，参与合作的文化企业之间信任程度普遍不高，在资源整合、信息互通、市场共享、优势互补、开发共荣等方面没有形成通力合作的局面，甚至时常造成文化企业合作关系中断、合作项目以失败告终，合作战略目标的不明确和合作关系的不稳定极大地妨碍了文化企业合作行为的全面、连贯、持续、深入地开展。

（三）合作利益分配不合理

由于文化资源、文化创意、内容产权或是文化产品和服务在很大程度上有着虚拟性、公共性、外溢性的特点，给文化企业合作利益的评估和分配带来诸多困难。尤其是规模不同、性质不同的文化企业在进行合作时，由于信息的不对称和合作中地位的不对等，相对优势的文化企业依托一定的垄断势力，使中小型文化企业在合作中的贡献难以得到充分肯定和回报，引致合作利益分配的不均衡，不仅给中小型企业运营造成巨大压力，加剧市场结构的“马太效应”，而且在合作中容易出现“偷奸耍滑”、“各自为政”等违规现象，导致文化企业的合作难以为继。

（四）合作效益不高

由于目前中国文化产业相关法律法规、政策制度不尽完善，对于文化企业的知识产权等有效权益保护力度较弱，加之整个社会诚信体系尚未建立等现实障碍的影响，导致文化企业之间的合作效益往往不高，或者合作效益较高但无法得到有效保护，从而无法实现企业合作的预期目标。其实，合作行为不仅是各文化企业理性博弈选择的结果，也深受其他相关因素的影响，如政府态度、地理位置、后备人力资源、网络技术水平、创新能力等都会对文化企业合作顺利与否及其行为效益的高低产生一定的促进或阻碍作用。

三、中国文化企业合作行为优化建议

在总结中国文化企业合作现状与存在问题的基础上，有针对性地提出规范与优化文化企业合作行为的具体对策才能更好地解决当前弊端，并促进合作行为的长效发展。对于文化企业合作行为的规范与优化，可以从政府、企业、社会三个不同主体分别着力。

（一）充分发挥政府引导职能

目前，中国文化产业的发展尚未步入成熟稳定阶段，文化企业间深入合作的条件尚不完备，尤其需要政府有针对性地加以扶持和引导。政府在推动文化企业合作中的作用应当是全方位的，出台的政策和相关服务支持不仅要为文化企业可实现合作的领域指明方向，促进文化企业合作的广泛达成，还应敦促提高文化企业合作的效率与绩效。为促进文化企业合作的有效开展，政府可从以下方面进行多方位职能的发挥。

（1）制定促进文化企业合作的政策和战略规划。首先，政府应继续出台文化行政体制改革和文化企业合作的激励政策，尽力消除文化企业在进行跨区域、跨产业合作时面临的行政壁垒和地方保护，用政策保障地区间文化企业合作行为开展的充分性和协调一致性，同时为文化企业合作创造一个稳定和谐、充满信任的整体社会环境。其次，需要政府结合中国文化产业现状及趋势制定科学系统的文化企业合作战略规划，为文化企业合作提供方向性引导，特别对文化产业集群（园区）更要分阶段地促进各类文化企业有步骤、有条理地开展产业链上下和社会化网络合作，以集群战略联盟达成为基础，在利益共同体的发展模式下，广泛推进相关文化企业及其与其他企业之间长期、深度合作项目的达成。

（2）完善相关法律法规。基于各类文化资产的虚拟性、公共性和外溢性，文化企业合作的充分、高效开展离不开有关法律法规的保护与监管。尤其是知识产权保护、利益分配保护等相关法律法规的出台和完善，将企业合作中的具体行为规范明确界定下来，更能促进文化企业合作朝着更加合理、有序、均衡的方向发展，也能从立法层面上防范政府在文化企业合作监管中的错位和缺位。特别是针对文化企业合作时经常出现的知识、创意、技术等外溢现象，必须建立相关产权交易保护制度，对盗版、假冒伪劣等行为予以严厉打击，最大可能地确保文化企业合作的有效性。

（3）提供文化企业合作公共服务平台。政府需要在完善信息网络等基础设施的前提下，融合电视广播、互联网、电信网等技术搭建促进文化企业合作的公共服务平台，保障资源、市场、人才等信息及时、有效地交流与沟通，帮助有合作可能的文化企业尽快达成协议，同时确保协议的顺畅、有效实施。此外，还可以采取组织文化企业洽谈会、成立文化企业合作联络处等方式为文化企业合作提供固定的咨询服务平台。

（二）积极开展并落实文化企业合作

文化企业是合作开展的实践主体，也是合作落实的关键所在。首先，文化企业要通过增强自身竞争实力、提高企业声誉等吸引其他企业的注意，积极争取合作机会，借助多方优势实现合作共赢。其次，文化企业在签订合作协议时，要明确合作的短期和长期目标以及利益的评估和分配方式，结合文化企业自身的长短期战略目标，寻找利益契合点，客观分析合作风险，在战略目标一致的基础上选择适宜的合作方式，提高合作的有效性和分配利益的合理性，使文化企业合作在实现经济效应的同时也产生良好的社会效应，为其他文化企业合作提供可资借鉴的框架和样板。最后，文化企业间应通过相互了解，加深彼此信任，在充分进行信息交流和资源共享的基础上，积极整合各方企业优势，共同创意创新，共担风险，以实现市场利益的规模化提升和公平分配。需要注意的是，文化企业在合作时一定要对合作项目进展、财务报表等常规信息进行及时沟通与汇报，对合作中出现的摩擦和矛盾要给予对方充分的理解并进行有效协商，在通力合作的情况下收获文化企业合作的协同效应。

（三）创造有利于合作的社会大环境

文化企业合作行为在一定程度上属于意识形态行为，其合作开展与否、成效高低都受到社会环境的深刻影响。

(1) 需要建立良好的社会信用环境。可通过广泛宣传、弘扬企业诚实守信的精神，让文化企业在道德保护与约束的主流环境下开展合作活动，增强文化企业的社会责任感和使命感，通过舆论监督使文化企业明了背叛合作契约所带来利益损失、信誉下降、市场流失等严重后果。同时，进一步完善文化企业诚信档案，建立起社会诚信体系。由相关社会机构负责广泛搜集文化企业信息，及时更新文化企业财务、非财务等记录，用较为完善的数据支撑构建起文化企业信用体系，提高文化企业合作的信任度，降低文化企业合作信用风险，促进形成公开、透明的合作环境和违规惩罚机制。

(2) 需要形成尊重和保护创新的社会氛围。文化企业是依赖内容、科技、知识等创新创意成果生存的市场主体，但这些创新创意成果往往是无形的，容易被其他企业窃取、模仿、复制、抄袭。很多文化企业在合作过程中，发生了无形资产外泄现象，导致市场上出现盗版、模仿等低劣产品，给企业造成严重损失。基于此类合作风险，迫切需要全社会强化尊重原创、保护原创的意识，构建维护创新创意的社会环境，发动公众对盗版等侵权行为坚决予以抵制，切实保护文化企业的合作成果，从而保障合作的持续、顺利推进。此外，还可以通过社会表彰奖励等方式来提高文化企业的创新创意积极性，激发创作灵感。

(3) 需要成立促进文化企业合作的中介组织。通过行业协会等中介组织对文化市场补充、协调、监督、服务等作用的发挥，可在很大程度上增强文化企业的合作信息来源，实现各类金融服务、股权收购、并购重组、企业上市等信息的广泛发布和沟通，拓宽合作交流渠道，增加合作机遇。同时，中介组织还能在减少合作摩擦、降低协调成本等方面发挥重要作用，打破行政壁垒、行业偏见和企业排斥，通过积极斡旋，促进各地区、各文化产业、各文化企业沟通、交流、合作的达成。此外，中介组织还可发挥第三方担保作用，为文化企业的合作拉拢多方资金支持，提供良好的资本条件，切实敦促文化企业合作行为的实施。

第十二章　文化企业创新研发行为

第一节　创新、研究与开发行为的功能

企业自主创新能力是现代企业核心竞争力的关键组成部分。随着科学技术的不断发展，文化企业更新产品的周期也变得越来越短。在越发激烈的市场竞争环境下，文化企业要拥有并保持持续的发展动力，就必须不断地进行新产品的研发和技术、管理等方面的创新活动。

一、企业创新

创新作为一项与市场密切相关的活动，激烈的市场竞争和巨大的市场需求刺激了企业在产品、技术、营销、管理等创新上的积极性和主动性。创新就是企业通过核心能力的市场体现，实现其竞争优势的打造，同时，促就企业的成长与发展。从本质上说，创新就是推动企业转型发展的内生动力。

（一）创新的界定

创新是个体基于一定的目标和任务，运用一切已知条件，产生出新颖、有价值的成果（精神成果或物质成果）的行为活动。按照管理学家熊彼特的理论，企业创新是生产要素的重新组合，包括五方面的内容：引进一种新的产品；采用新的生产方式；开辟新的市场；利用新的原材料；实行新的组织形式。[①] 随着对创新理论研究的深入，企业创新还加入了观念创新和文化创新。

（二）企业创新的形式

说到企业创新，首先联想的是技术创新和产品创新，但现代企业创新还包含更多方面的内容：①观念创新，是指革除旧有的既定看法和思维模式，以新的视角、新的方法和新的思维模式，形成新的结论或思想观点，进而用于指导新的实践的过程。在企业各种创新活动中，观念创新扮演着重要的先导作用，企业观念超前可以促使其在其他方面不断创新，较早地发现其他企业尚未注意到的机遇。②组织制度创新，是指企业根据已经变化了的条件对组织结构和制度安排进行创新性设计与调整。企业所有

① 白文彬. 浅议企业创新的意义及内容［J］. 科技情报开发与经济，2005（1）：165-166.

的创新活动都有赖于组织制度创新的积淀和持续激励，组织制度创新是促进企业其他创新和绩效提升的重要保证。③技术创新，是指企业通过对知识、资金、人才等要素的投入，创造出新的产品、工艺或者是新设备等的创新活动，既包括商业性地应用自主创新技术，也包括创新地应用从他方或公共领域取得的新技术。④产品或服务创新，是指创造某种新产品或新服务，或对某一老产品或服务的功能进行创新，以进一步满足消费者需求或开辟新的市场。全新产品创新的动力既有技术推进，也有需求拉引；改进产品创新的动力一般是需求拉引。⑤市场创新，是指企业从微观的角度促进市场构成的变动和市场机制的创造以及伴随新产品的开发对新市场的开拓、占领，从而满足新需求的行为。⑥文化创新，是指为了使企业的发展与环境相匹配，根据企业的性质和特点形成体现企业共同价值观和信念体系的企业文化，并不断创新和发展的活动过程。企业文化创新的实质在于企业文化建设中突破与经营管理实际脱节的、僵化的文化理念和观点的束缚，实现新型经营管理方式的转变。⑦管理创新，是指企业在特定的时空条件下，通过计划、组织、指挥、协调、控制、反馈等手段，对企业所拥有的资本、信息、人力等资源要素进行再优化配置，并实现特定生产、经营目标的活动。此外，企业创新还包括战略创新、人力资源创新、营销创新等。

二、企业研发

随着经济全球化的不断发展、科学技术的日益进步，创新对于产业乃至国家经济发展的推动作用越来越明显。作为创新能力的重要组成部分，企业要想在日趋激烈的市场竞争中立于“不败之地”，必须具备强大的研发能力。

（一）研发的内涵和分类

研发是“研究开发”或“研究发展”的简称，英文简称为R&D，是指各种研究机构、企业或个人为获得科学技术（不包括人文、社会科学）新知识，创造性运用科学技术新知识，或实质性改进技术、产品和服务而持续进行的具有明确目标的系统活动。一般而言，研发包括基础研究、应用研究和技术研究三个层面的细分内容：基础研究是为了探索新的规律，创建基础性的知识体系；应用研究则是将基础研究中的新知识、新理论应用于具体领域中，起到增进经济与社会福利的效果；技术研究是将应用研究中所取得的成果进一步发展为新产品、新系统和新工程的设计活动。企业的研发活动主要是在技术领域进行，其目的是为企业开发设计出更多市场适销的产品或服务，并建立起有效的分工协作系统。

（二）企业研发的形式

在一定技术资源的基础上，企业为了实现某一研究目标，会有针对性地开展不同类型的研发活动。按照研发主体的不同，企业研发有自主研发、合作研发和委托研发三种不同形式：自主研发是企业利用自身资源独立进行的研发活动；合作研发是整合企业内外部资源通过与其他企业合作进行的研发活动；委托研发则是企业完全利用外部资源委托其他单位完成的研发活动，该种研发形式也被称为研发外包。

（三）企业研发的作用与意义

企业通过研发活动可以创造出一定的新技术、新工艺，且能为企业的日常运作提供新的生产方式和经营管理模式，从而开发和生产出新的产品与服务，不断提高产品、服务的质量与附加值，在增进产品和服务竞争力的基础上，占据更有利的市场地位，最终实现企业增值。企业研发活动是将智力资本与物质资本相结合的创造性产出过程。通过将相关资源投入到研发部门，在尊重客观规律、发挥主观能动性的基础上，充分利用资源进行工艺、产品、服务或组织等的创新，为企业赢得竞争优势，帮助企业获得可持续发展及价值供给不竭的动力。研发的积极意义在于能够为企业把握市场商机、提高技术含量、巩固市场地位等提供新契机，也是企业不断追求卓越、进步与发展的市场行为之一，可以为企业的生产经营活动注入新动力并创造一定的经济效益。

第二节　中国文化企业创新研发行为

文化企业创新研发行为是其市场行为的重要组成部分，在尤为重视“创新创意”的文化产业领域，创新研发能力的提高对文化企业而言有着更加重要的现实意义。文化企业创新研发能力是组织能力、适应能力、创新能力、技术和信息获取能力的综合，是文化企业在研究开发、产业化应用、市场运作、组织管理等关键环节体现出的独特竞争优势。

作为战略性新兴产业，文化产业以创意为源头，以内容为核心，以新技术为手段，逐渐演变为技术和文化的统一体。当下亟待振兴的文化企业需要掌握关键核心技术，通过内容创意、技术创新和规模经济效应等途径促进文化产业大发展。文化企业只有依靠内容和科技创新创意，注重研发成果转化，才能把握未来的发展方向，满足文化产业旺盛的投资需要，生产出适应多样化市场的产品与服务，推动产业向高级化、集约化方向演进。目前，中国文化企业创新研发行为基于不同市场结构下呈现出不同的行为特点与绩效结果，但总的来看，大多数文化企业仍需将创新研发作为发展战略的重要内容加以长远考虑。在文化产业发展过程中，也涌现出一批取得创新突破的典型案例。

一、北京字节跳动科技有限公司的产品创新研发

北京字节跳动科技有限公司研发的一项重要产品是“今日头条”，其为技术推动型产品创新。自 2012 年 8 月发布第一个版本，截至 2016 年 5 月，“今日头条”累计激活用户数已达 4.8 亿，日活跃人数超过 4700 万，月活跃人数超过 1.25 亿，单用户每日使用时长超过 62 分钟，其中，“头条号”平台的账号数量已超过 12 万个，“头条号”自媒体账号总量超过 8.5 万个，与“今日头条”合作的各类媒体、政府、机构等总计超过

3.5 万家。[①] 在竞争较为激烈的自媒体平台市场，作为聚合类分发平台的“今日头条”展现出了强劲的竞争优势，其在技术上的创新应用更是在一定程度上推动了自媒体行业的历史革新。

当“今日头条”用户通过 QQ 号、微博号等社交账号登录时，能“秒懂”用户的兴趣点并进行有针对性的个性化推荐，凸显出“今日头条”背后强大的技术支撑，即“网络爬虫”和“矩阵算法”的叠加使用。其中，“网络爬虫”技术是基础，“矩阵算法”是关键步骤，两项技术的先后叠加使用让“今日头条”实现了为用户进行精准阅读内容推荐的目标。

（一）基础技术：“网络爬虫”

“网络爬虫”技术并非“今日头条”的首创，绝大多数网络媒体平台都使用这种网络爬取技术，如百度、谷歌等。如图 12-1 所示，“网络爬虫”整个网络架构如同一张树状图，由各个节点组成，各节点间可能存在多条“回路”。为阐释方便，以树状图结构作为“网络爬虫”示意的简图，现实中的网络状态远远比图中显示的结构更为复杂。

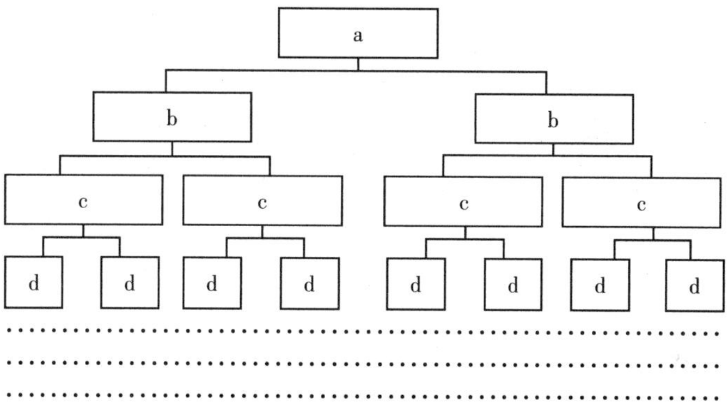

图 12-1　“网络爬虫”工作原理示意图

网络爬虫的工作机制依赖于互联网上的超链接网络。互联网上多数网页，都有超链接存在，这些超链接将各个网页链接起来构成一个庞大的网络，即为超链接网络。[②] 如图 12-1 所示，“爬虫”作为一种网络程序从网页“a”开始工作，当爬取并保存了“a”网页的内容后，寻找并访问“a”网页中的超链接，继而爬取到“b”网页，由此循序递进的爬取工作，将到达 c、d 以及之后无穷尽的网页节点。在这个过程当中，“爬虫”的爬取工作分为横向和纵向两个维度，并形成了两种截然不同的爬取策略：横向爬取，即“爬虫”会在穷尽了一个层级上所有页面内容后才会爬取下一个层级，这种策略强调的是“广度优先”，尽最大可能挖掘、收集到各门类的信息；如果是纵向爬取，爬虫则会在发现一个超链接后顺着这个网页链接持续深入下去，体现了“深度优

① 百度百科. 今日头条［EB/OL］. http：//baike.baidu.com/link？ url=FCghO-qb_Mwhwla7UdYAInsByLQHg7Gz9Td1jpObxZUPCtDVKtFBa7GqJgmedCEHx-WVP8bVwTyOwXXy4AKEL_.2016-06-22.

② 王成军. “今日头条”的技术逻辑网络爬虫+矩阵算法［J］. 传媒评论，2015（10）：34-37.

先”。不同的网络媒体平台可能会采取不同的爬取策略，当然也有综合使用纵横向两个维度的平台。

“今日头条”作为聚合类分发平台，采用的则是“横纵”联合。以其“新闻板块”为例，“爬虫”开始工作后，从互联网的各个角落收集信息并将信息中的“新闻类内容”进行汇总，随后通过使用学习机器的分类和排序功能，划分出每一时段的热点新闻并进行实时展示，区别于传统新闻平台，“今日头条”提供了该时刻受用户关注的一系列新闻信息而不是一条信息，给各细分内容提供了一个充分展示的媒介平台。

（二）产品逻辑创新：“网络爬虫”和“矩阵算法”的叠加使用

“今日头条”个性化推荐功能也深受好评。“今日头条”允许用户通过 QQ 号、微博号等社交账号登录平台，简洁的登录流程不仅增加了用户的好感度，还能获取用户的个性化信息，如好友关系、兴趣爱好、地理位置等，基于个性化信息更能快速、准确地推荐给用户可能感兴趣的内容，且用户在平台上操作越多，就越懂用户，在推荐内容时能做到更加精准。推荐系统是可以关联用户和产品的一种自动化工具，用于构建推荐系统的数据来源可分为三类：好友、历史兴趣、注册信息。[①] 但与其他媒体平台不同的一点，也是“今日头条”的“制胜法宝”，是在运用“网络爬虫”技术的基础上叠加使用了“矩阵算法”，这种算法构造出了一个物与物、物与人或者人与人等“两个主体”间的相似性矩阵，如图 12–2 所示。

首先，如图 12–2 所示，假设“今日头条”平台上有用户 1、用户 2、用户 3 和用户 4 四位用户，其中用户 1 在平台上浏览记录为［a、b、c］，用户 2 的浏览记录为［b、c、d］，用户 3 的浏览记录为［b、c］，用户 4 的浏览记录为［a、b、c、d］。

用户 1					用户 2				
	a	b	c	d		a	b	c	d
a	1				a				
b			1		b				
c		1			c		1		
d					d				1

用户 3					用户 4				
	a	b	c	d		a	b	c	d
a					a			1	
b			1		b				
c		1			c		1		
d					d	1		1	

图 12–2 “今日头条”用户相似性矩阵图（1）

① 王成军.“今日头条”的技术逻辑网络爬虫+矩阵算法［J］. 传媒评论，2015（10）：34–37.

其次，将以上四位用户的“浏览记录”进行矩阵相加得到图 12-3 的结果，即汇总所有用户的所有浏览记录用矩阵 M 表示，那么 M_{ij} 则表示第 i 条内容与第 j 条内容被平台上的用户同时阅读的次数。这样的矩阵相加不仅能轻松得出此刻的热点内容，还能对新进入的用户更加有针对性地推荐。假设新进入用户先阅读了“a”内容，那么“今日头条”则向其推荐相似度最高的“c”和“d”内容。

	a	b	c	d
a	1		1	
b			2	
c		4		
d	1		1	1

图 12-3　“今日头条”用户相似性矩阵图（2）

二、当当网千家实体书店计划的组织创新研发

2015 年底，当当网第一家实体书店在长沙开业，该书店占地 1200 平方米，采取线上线下同书同价的策略，开业当天即吸引了大量读者捧场，实现了可观的营业收入。当当网表示三年内计划开 1000 家实体书店，涵盖 MALL 店、超市书店、县城书店等多种形式。通过实体书店，当当实现了线下体验、线上订购与回家收货一体化的功能。

（一）当当网“线上销售”与“实体书店”的比较分析

如表 12-1 所示，通过成本、渠道、产品、服务四个方面的对比分析，不难看出当当网在组织创新上的具体实践。

表 12-1　当当网“线上销售”与“实体书店”的比较

项目	线上销售	实体书店
成本	较低	较高
渠道	树状型	“O2O”闭环型
产品	图书为主，母婴、美妆、服装、家居家纺等为辅	图书、文创产品、电子产品、餐饮等
服务	物流、在线客服等	“面对面”服务为主，亲子、社交、讲座、布展等服务为辅

1. 成本

在成本方面，实体书店经营需要付出比线上书店更高昂的成本，如店面装修、租金等投入。由于图书等产品价格线上线下保持一致，为避免实体书店亏损，当当网积极争取了诸多地方政府和商业地产的优惠扶持政策，如零房租、装修补贴、运营补贴、税收优惠等，大幅度降低了实体书店的综合成本。与此同时，也充分利用图书等规模采购的成本优势，并通过综合业态来反哺实体书店。

2. 渠道

实体书店的设立，使当当网从单纯的线上销售转向“O2O”模式，在渠道上更为多元化。实体书店是“线上销售”的产品、内容、服务等综合体的延伸，包括主营店、连锁店等形式，让更多分销渠道加入到当当网整体图书产业链条中，通过各渠道相互配合，形成了更加立体的“O2O”闭环。线上、线下同时销售的渠道相当于树状图，由各个网络节点链接彼此，在物流、数据挖掘等环节建立相应的联系。

3. 产品

自1999年11月当当网正式开通至今，已从早期的网上卖书拓展到售卖图书、音像、美妆、家居、母婴、服装和3C数码等几十大类产品，其在库图书、音像商品已超过80万种，百货50余万种。目前，当当网的注册用户遍及全国31个省份，平均每天有450万独立访客，需发出20多万个包裹。为提高生产效率，当当网在全国11个城市设有21个仓库，并在21个城市提供当日达服务，在158个城市提供次日达服务，在11个城市提供夜间递服务。除图书以外，母婴、美妆、服装、家居家纺是当当着力发展的四大目标品类，其中，当当网婴童已经是中国最大线上婴童商店，美妆则是中国排名前五的线上店。

4. 服务

在当当网实体书店中，除了主营“图书”这一传统产品，还增添了文具、电子等文创产品，同时，增加了咖啡角、阅读体验区、亲子、社交、讲座、布展等衍生服务，旨在提供一个更加综合的文化产品展示与销售空间，消费者可获得除购书外的更多体验，且优质的“面对面”服务能够赢得消费者更高的满意度。

（二）当当网组织创新带来的启示

当当网的逆向创新发展为当前正面临“寒冬”的实体书店提供了诸多启示与思考。首先，“物美价廉”仍是吸引顾客的关键。网络书店极具弹性的价格优势是其发展成为图书产业链条中最强者的关键因素，在与传统实体书店的竞争中，价格仍将是继续在线下发挥竞争力的核心，尤其在拥有闭环产业链后，“物美价廉”的优势条件将赢得更多用户和市场。其次，通过打造文化综合体，增强用户体验。即便有了租金、税收等优惠支持，实体书店只靠卖书仍然很难维持经营，必须紧紧围绕消费者与时俱进的新需求，用“综合经营”的方式给用户带来更多维度的消费体验，增强用户黏性与品牌忠诚度。如在台湾诚品书店的经营中，约七成是非图书收入，其打造的咖啡厅、文创品空间、餐厅甚至小舞台都有强大的市场竞争力。再次，有针对性地培养消费习惯，针对没有网购习惯的读者，通过实体书店的搭建推广“在线销售”平台，培育新的网购用户群体；针对偏好电子书阅读的读者，则可以通过读书沙龙等线下活动将其吸引到实体店中，接受更好的用户体验服务，拉动其他产品的销售增长。最后，利用创意，让图书等相关产品“活”起来。虽然数字化时代弱化了图书的知识功能，但图书的艺术、娱乐等功能却被不断挖掘出来，尤其是限量版、个性化、收藏级的图书目前正广受消费者欢迎，有声书的发展也风生水起。利用创意，如在书中加入插画作品，把书做成日历等相关衍生产品，都会极大地延长图书的生命力和影响力。

当传统实体零售商纷纷“触电”之后，电商不仅失去了先天优势，反而因为线下产品体验环节的缺失，面临严峻的生存压力。如几乎所有电商平台都爆出过化妆品等售假事件，导致消费者对电商平台越发不信任。实体店能让消费者近距离接触并直接体验产品，可对电商品牌起到正面宣传作用，增强消费者网购信心的同时，还可拓宽消费群体范围。可见，在“互联网+”大行其道的今天，创新研发与文化产业增长已呈周期性、螺旋式上升态势，逆向等创新思维显得尤为重要。文化企业要抓住产业增长期的市场机遇，大力推行各类创新研发战略，加速新科学技术、新产品内容、新组织形式、新管理模式等的研发及应用，在文化产品的内容创作、生产制造、传播销售、消费方式等方面，借助整体创新思维的力量，推动文化企业迈向新的发展阶段。

第三节　中国文化企业创新研发行为研究成果与结论

自 1912 年熊彼特提出创新概念以来，学者们对创新内涵的研究和认识不断深化，最初对创新的研究仅以技术创新为主，战后计量经济学、制度经济学、产权学说等理论的发展促使创新理论进入繁荣发展阶段，关于创新的研究对象不断拓展，几乎涵盖了所有生产要素和生产环节。在创新基础之上，更加具体的研发行为被视为经济增长的驱动机，学者们在试图解释企业、产业或者国家的创新能力时，往往将关注点集中在研发强度上，普遍认为研发强度反映了经济的持续增长能力。成功的研发可以直接带来新技术、新产品或新模式，进而对企业的生产经营产生效率提高、市场扩大、利润提升等积极作用，帮助企业获得显著的竞争优势和良好的市场绩效。目前，国内关于文化企业创新研发的学术研究，主要以文化企业创新能力分析为代表，而对其创新研发行为研究则集中在了产品创新研发和技术创新研发两个板块，具有代表性的成果及结论如下。

一、文化企业创新能力现状研究

大多数学者都从分析中国文化企业创新现状入手，揭示其创新能力存在的问题，并提出创新能力提高的具体建议。如常卫（2007）指出，发达国家文化产业国际竞争力强是由于其大型文化企业通常具备良好的创新能力，而中国虽然部分文化企业已经开始积极探索自主创新，但整体创新能力仍较差，建议从国际化战略、培养创新人才、鼓励规模化经营和专业化协作、建立科学管理体制等方面提高文化企业创新能力。[①] 江凌（2013）认为，中国文化企业自主创新能力普遍不高，严重制约了文化产业的发展壮大，其在阐释知识与技术创新助力文化企业可持续发展的基础上，分析了文化企业自主创新能力不强的原因主要为：企业家精神不足、高层次创新人才不足、创新激励机制不足、知识产权保护意识不强等，针对原因给出的改进建议，主要包括建立文化

① 常卫. 试论中国文化企业创新能力的提高［J］. 中国特色社会主义研究，2007（2）：73-78.

创新保障机制、搭建文化企业技术创新平台、鼓励企业规模化经营、培养专业化创新人才、提升知识产权保护力度等。[①] 许红军（2014）站在当前新媒体环境下，研究了中国文化企业创新发展的现状及趋势，认为文化企业是当代社会文化的传播者和建设者，其发展与新媒体息息相关，而新媒体给文化企业创新既创造了机遇，也带来了挑战。[②]

二、文化企业产品创新研发研究

关于文化企业产品创新研发的研究主要体现在学者们进行的个案探讨上，多为实证分析成果。如贺宏丽（2010）以山西天拓共享文化传播有限公司为例，着重介绍了该公司的“适用于基层群众文化活动的嵌入式一体化便携扩声系统”研发项目。[③] 黄岑（2012）将中小文化企业产品创新的动力分为外部动力和内部动力两类，其中，外部动力有市场拉动力、技术推动力和政府支持力，内部动力有利润驱动力、企业家精神、内部激励机制和创新能力。[④] 强音（2012）在大量文献资料调研和实践工作总结的基础上，对主题板的概念进行了重新界定和划分，提出了一套有别于西方传统制作方法，且能更好地适用于中国服装设计企业的主题板构建方法论，以在产品研发过程中帮助企业找到设计创新的灵感，强化产品的原创性。[⑤] 金萍（2013）就义乌中小企业产品研发及专利保护战略问题进行了阐述，发现义乌中小企业在产品上的资金投入与研发力度不断增强，但知识产权及专利保护方面没有站在更高的战略角度深入考虑，造成了一些中小企业知识产权管理的缺失，给企业带来了不同程度的损失。[⑥] 包旦妮和高志强（2016）以江苏中华老字号产品创新发展为例，通过产品创新中市场需求驱动、技术创新驱动、设计创新驱动等几种类型的对比，探讨了中华老字号产品创新发展的途径。[⑦]

三、文化企业技术创新研发研究

国内学界关于文化企业技术创新研发的研究成果较多，且涉及产业领域较广，研究内容呈现出细致、深入的特点。如张雷和丛湖平（2012）通过研究发现，体育用品制造企业技术创新是多组织共同作用的系统行为，影响其技术创新的组织要素包括制造企业研发部门、生产部门、销售部门、高校和科研机构、中介机构、政府、原材料供应企业、金融机构、用户、同行业竞争者等。[⑧] 叶元龄（2013）通过对广州的两家较大型软件企业技术创新、知识共享实践活动的案例分析，提出了软件企业技术创新能力构成维度，建立了软件企业技术创新能力提升机理框架，同时结合知识共享组织行

① 江凌. 中国文化企业自主创新的现状与提升路径［J］. 云南社会科学，2013（1）：98-102.

② 许红军. 新媒体环境下的文化企业创新发展现状及趋势［J］. 东方企业文化，2014（19）：98-99.

③ 贺宏丽. 天拓共享公司研发科技型文化产品［N］. 山西经济日报，2010-07-07.

④ 黄岑. 中小文化企业的产品创新动力研究［D］. 长沙：湖南大学硕士学位论文，2012.

⑤ 强音. 服装企业产品研发中主题板的构建研究［D］. 上海：东华大学硕士学位论文，2012.

⑥ 金萍. 义乌中小企业产品研发与专利保护战略研究［J］. 市场研究，2013（1）：22-23.

⑦ 包旦妮，高志强. 江苏中华老字号企业产品创新略论［J］. 艺术研究，2016（3）：196-197.

⑧ 张雷，丛湖平. 体育用品制造企业技术创新要素及作用路径研究［J］. 体育研究，2012（1）：8-22，47.

为因素的界定，对软件企业技术创新能力提升机理框架进行了拓展，构建了技术创新能力与知识共享关系的理论模型。[①] 张洁（2013）根据技术创新与文化产业各环节结合的紧密程度，将文化产业创新分为现有技术基础上的文化产品开发、借助新技术开发新产品、将原有文化产品进行包装开发和商业化、文化制造业的技术创新四种类型，继而从制造技术、展示技术和传播技术三个方面探讨了技术创新对文化产业的积极影响，发现技术创新对文化产业发展的推动机理体现在四个层面，即技术创新是文化组织创新的润滑剂、技术创新是文化产业发展的根本基础、技术创新是文化产业形态变迁的中介平台、文化产业能够借技术创新产生市场需求创造效应。[②] 林明华和杨永忠（2013）则在分析文化企业技术创新影响因素的基础上，探讨了文化企业技术创新的动力机制，认为文化企业技术创新不足的主要原因为技术创新意识不强、企业资金不足及侵权现象普遍等，与其他企业不同，文化企业技术创新的动力不仅来源于企业内在推动力，还来源于消费者的外在推动力，且两种动力均受制于制度环境。[③]

四、文化企业研发投入绩效研究

少数学者关注了研发投入对文化企业市场绩效的影响，基于计量模型，在严密的逻辑思路和假设条件下，形成了较为深入的研究结论和规律总结，但研究对象主要为文化上市企业，对普通文化企业的关注亟待拓展。魏亚平和陈燕飞（2015）以 112 家在中小板和创业板上市的文化创意企业为样本，考察研发投资决策影响因素和以研发周期为视角的研发投资绩效规律，发现基于企业内在特征的企业规模、控制权和关系型债务水平，对研发投资决策有显著正向影响，而以专利和新产品销售收入表示的不同研发周期绩效水平均与研发投资呈显著正相关，此外，政府直接补贴有利于促进专利增长，尤其在开发阶段，税收优惠政策有利于增加企业新产品销售收入。[④] 冯静（2016）选取 2010~2013 年 80 家文化上市公司为研究样本，通过实证分析认为，在加大研发投资力度之后，教育程度均值、年龄异质性、任期时长和财务绩效呈正相关且显著，教育程度异质性和财务绩效呈负相关且显著，说明文化企业团队特征并非独立作用于企业的财务绩效，而是通过影响企业的研发投入，进而对财务绩效产生影响。[⑤]

五、文化企业创新研发行为与政府关系研究

还有极少数学者探讨了政府政策对文化企业创新研发行为的促进或阻碍作用，但未形成普遍意义上的研究结论。如赵倩等（2014）基于演化博弈分析方法，通过构建

---

① 叶元龄. 基于知识共享的软件企业技术创新能力研究［D］. 北京：北京大学硕士学位论文，2013.

② 张洁. 技术创新与文化产业发展［J］. 社会科学，2013（11）：36-45.

③ 林明华，杨永忠. 文化企业技术创新制约因素、动力机制及其对策研究［J］. 科技进步与对策，2013（11）：94-97.

④ 魏亚平，陈燕飞. 文化创意企业研发投资决策与研发绩效实证研究——基于研发周期视角［J］. 科技进步与对策，2015（3）：103-108.

⑤ 冯静. 文化企业团队特征、研发投入与财务绩效的实证研究［D］. 天津：天津商业大学硕士学位论文，2016.

政府与文化创意企业创新行为的动态演化博弈模型，分析了地方政府与文化创意企业创新行为选择不一致的原因和演化路径，发现政府与文化创意企业的创新策略选择过程是一个动态演化过程，在产业发展的不同周期阶段，二者具有不同的最优策略行为组合，但最终会朝着“双赢”的方向演化。[①] 在文化产业发展过程中，文化创意企业的创新行为往往滞后于产业发展，因此，产业政策的制定必须具有前瞻性。

六、已有研究成果述评

目前，关于文化企业创新研发的研究成果主要集中在上述五个方面，总的来说，研究角度较广，研究结论也较为丰富，且部分成果建立在一定的实证基础上，可信度较强。从文献发表的时间来看，几乎所有成果都集中在近十年内，说明国内学界对于“文化企业创新研发”这一与时俱进特征明显的领域保持了较好的学术动态跟进，研究结论具有一定的及时性和更新性。

但目前，关于文化企业创新研发行为的研究，仍存在许多空白与不足之处。一是学者们大多从单一视角研究了文化企业的创新研发行为，缺少对文化企业创新研发行为的整体探讨，虽然分别对文化企业创意研发行为的种类、影响因素、市场绩效等进行了分析，但尚未进行系统的规律总结和理论梳理，且由于针对中国文化企业创新研发行为的概念界定、特征分析、趋势预测等基础问题尚未深入探讨，使得理论体系框架远未完整搭建。二是目前大部分研究成果都集中在了对文化企业创新能力的定性分析和提升对策上，而对创新尤其是研发的具体行为实施条件、影响因素作用机理、实施效果等缺少了详尽分析和系统阐释，基于多重案例横向比对得出的普适性结论也鲜少见到，从产业组织理论分析范式来看，更是缺少了关于市场结构与文化企业创新研发行为的关系探索，仅有为数不多的学者关注到了文化企业创新研发的绩效。

文化企业的创新研发是其生存发展的根本之源，在文化企业持续成长过程中扮演着举足轻重的角色。弥补该研究领域中的空白与不足，夯实基础理论研究，可以尝试在分工合作下架构中国文化企业创新研发行为的整体理论框架，在此基础上，分别对各类具体的创新研发行为进行较为深入、完整的追踪探讨，通过进一步的理论加深，也定能为中国文化企业创新研发行为的优化实践提供有益的借鉴和参考。

第四节　中国文化企业创新研发行为优化

随着“创新”这一时代主题不断延伸，中国文化企业也在自身的市场实践中根据业务范围实施了相关的创新研发活动。但从总体来看，其在内容创意、产品设计、制

① 赵倩，杨秀云等. 文化创意产业政府规制与企业创新行为的演化路径 [J]. 西安交通大学学报（社会科学版），2014（3）：50-56.

作生产、传播推广、营销服务等环节中的创新度还明显不够，在特别强调创新创意的文化产业领域，大部分文化企业在文化产品和服务的生产过程中仍然沿用传统的技术手段，拥有自主知识产权和专利的企业占比极少，文化企业的创新研发能力特别是内容原创能力亟待进一步提高与巩固。

一、中国文化企业创新研发现状

中国文化企业经过多年的市场化运营，整体的“散、小、弱”特点仍十分明显，绝大多数文化企业规模较小，企业效益和效率都不高，核心文化资源集中在了一些大型文化企业手中，中小型文化企业的市场竞争力尤为不足。在近年的发展实践中，部分大型文化企业能够把握时代脉搏，将领先技术、前沿技术与文化产业特点紧密结合，加快了新式文化产品和服务的创新研发步伐，如 VR 技术、物联网技术、3D 打印技术等新科技都被文化企业运用到产品和服务的生产、展示或推广过程中，研发出了多款深受用户喜爱的文化创意产品，如体感游戏、3D 军模等。虽然有部分优秀企业在创新研发中实现了技术突破，但与欧美文化企业相比，中国文化企业整体创新研发能力仍十分落后，主要表现在以下方面。

（一）自主创新研发动力不足

出于文化企业家自身素质、理念限制以及创新研发投资风险大等原因，中国文化企业的自主创新热情普遍不高，研发投入不成规模，大部分文化企业的研发投入在其营业收入中占比很小，且所谓的研发投入仅仅局限在了购买生产设备、器械等方面，真正用于内容创意、产品设计或组织结构、管理模式等研发的经费很少，投入不足直接影响到了自主研发内在动力的形成。加之，政府、行业组织等对文化企业创新研发的外在激励机制不健全，企业发展方式粗放，已建成的高新技术主导型文化企业、创意型文化企业、文化企业创新技术研发中心、文化企业科技孵化器等创新研发平台较少。

（二）高级创新研发人才缺乏

人才是保证文化企业获取竞争力并持续发展的关键要素，这当中，智力型、技术型、创意型等高层次人才，更是在创新研发环节发挥着至关重要的作用。但目前中国文化企业拥有的创新研发人才十分匮乏，大批有经验的高层次创新研发人才由于企业重视程度不够、激励措施不足，流失十分严重，往往转行，或聚集在高校、科研院所等机构，或被境外文化企业挖走。院校正在培养的创新人才由于与市场脱节严重，距离成长为企业所需员工尚有较长时间。人才的流失和断层在很大程度上制约了文化企业创新研发能力的形成与提高。

（三）知识产权保护意识不强

知识产权和文化产业有着特别紧密的联系，与文化企业发展切身相关的知识产权有版权、商标权和专利权等。其中，版权 IP 已被视为文化企业的核心资产之一，与股债权等具有一样的资产属性，且在实际运营过程中还会发挥出比其他资产更大的增值潜力。在当前以版权制度为支撑的创意经济时代，文化企业作为重要的创新创意主体，都希望能够获得、占有强劲市场号召力的版权。但"山寨"、"盗版"已经成为文化产业十分突出的竞争现象，文化企业的模仿能力、"窃取"能力远远高于自主创新和改进能力。如国内大多数综艺节目都是在国外综艺节目的基础上，进行的模仿开发或盗版制作，拥有自主版权的原创节目占比很小。此外，即使有部分文化企业进行了创新研发，也经常被抄袭、模仿，暴露出知识产权保护意识上的严重匮乏与不足。

二、影响文化企业创新研发行为的因素

一般而言，文化企业的创新研发行为不仅受企业家精神、投资、人才、资产保护等核心因素驱动，同时也受市场需求、企业规模和政府政策等关联要素影响。

（一）文化市场需求

文化市场需求代表了消费者对文化产品或服务的购买欲望和购买意向，是激发文化企业创新研发的主要外部动力。除广告、设计、商标、专利、软件等少数文化产品满足着其他企业的生产需求之外，绝大多数的文化产品和服务满足的是个人、家庭以及团体消费者精神层面的需求。一般而言，文化企业创新研发行为的第一动机是获取经济利益，力求通过合理的资源整合和组织调配，实现创新研发成本投入小于收益。在激烈的市场竞争中，文化企业要想获得更多的收益必须依托先进的理念、技术或管理手段实现高效率创新研发，以比竞争对手更好、更快、更准的创新研发成果去占领更高的文化市场地位。但由于目前国内人均经济总量偏小，居民在文化消费上虽然有了明显提高，但规模还十分有限，尤其是对高质量、高科技和高创意的文化产品和服务需求拉力明显不足，在一定程度上影响了文化企业在创新研发上的资金、人员等投入。

（二）文化企业规模

文化企业规模大小直接影响到了其在创新研发上的投入和风险承担能力。目前，国内大型文化企业数目较少，而大量创新人才都散布在了文化产业之外的领域，一方面，多数大型文化企业创新激励机制不健全，对市场上创新人才的吸引力不够强大；另一方面，由于资本等资源分布不均，科技应用水平有限，许多大型文化企业存在资源配置效率低下、规模经济效益不足等问题，制约了其在创新研发环节的发力。为了扭转中小微文化企业在创新研发方面的劣势，国家为文化企业制定了一系列财政优惠政策，如对研发费用在管理成本税额中予以抵扣、对有创新研发成果的企业予以奖励等，但这些扶持政策在实际执行时却很难落实到位，几乎每年的优惠都倾向了"有门路"的文化企业，中小型文化企业真正获得的创新研发激励远远不足。可见，无论是大型还是中小型文化企业由于自身因素的限制和外在激励的欠缺，都使得创新研发行为难以被激发，获得的成果也十分有限。

（三）政府法规政策

目前，政府对文化企业的发展激励政策涉及层面较多，既有对内容创意和技术研发等相应的中介服务，也有为文化企业提供智力保障和人才支持的延伸政策，不仅可在一定程度上确保文化企业较为全面地获取技术、内容、知识等创新信息和市场需求

信息，而且有助于提高其创新研发成果转化为生产力的效率。但由于政府法规政策在知识产权保护层面的缺陷，始终未能真正提供对文化企业创新研发行为的根本性激励和保障。当前，国家在经济、文化、法律等多方面进行的“深改”，将在很大程度上影响文化企业的创新研发行为，以知识产权法律保护为核心，从多层次、多角度出台法律、法规、政策、方针推动文化企业创新改革，致力于提升其自主创新研发能力，势必所趋。

三、文化企业创新研发行为优化建议

当前，中国文化企业创新研发行为存在的不足严重制约了其在市场竞争与合作中优势的获取和发挥，结合影响文化企业创新研发行为的因素分析，可将中国文化企业创新研发行为的优化、提升对策总结如下。

（一）建设创新研发激励保障机制

由于目前中国涉及文化企业知识产权尤其是版权保护的法规政策还不健全，对于文化企业创新研发的政策支持与保障机制需要进一步充实完善。为了激发并优化文化企业的创新研发行为，需要制定更多惠及各类型文化企业的优惠政策和法规制度，一方面，用严格的法律手段保护文化企业创新研发的知识产权成果；另一方面，切实加大对各类型文化企业创新研发的财政支持，以直接投资、BOT 建设—经营—转让（Build-Operate-Transfer）、公私合伙（Public-Private Partnership，PPP）、资产证券化（Asset-Backed Securitization，ABC）等形式，充分发挥政府的引导作用，千方百计鼓励文化企业的创新研发行为。同时，营造良好的创新创意环境，从税收激励、政府奖励、金融扶持、政府采购、项目安排等各方面采取有力措施，全面支持文化企业创新研发和知识产权保护力度的加强。

（二）加强企业自主创新体系建设

中国文化企业尤其是大型企业的自主创新研发体系尚未建立，在很大程度上制约了创新研发活动的引领性、持久性和效率性，可通过树立高新技术主导型文化企业、创意型文化企业等典型，加快文化企业创新技术研发中心、科技孵化器等平台建设，引领文化企业创新研发行为的实施和改进。通过获取专业化程度高、实践价值强的内容、知识、科技等信息，基于文化市场新型需求，开展内容创意、产品设计、技术开发、服务改造或组织结构、管理模式等研发，并努力提高创新研发成果的转化程度。同时，建立健全文化企业的创新激励机制和人力资源管理体系，以合理、翔实的人力资源发展规划为凭借，多方吸引高层次创新研发人才的进驻，并为其创新研发行为和成果提供充足的激励与保障。此外，可通过科学的培训和实践的检验，提升现有员工的创新研发能力，依靠每一位员工的努力，全面提升文化企业的创新研发水平。

（三）鼓励文化企业开展研发合作

在文化产业领域，部分文化企业基于契约、并购、联盟、产业链关联等结成了创新统一体，通过加强信息交流、资源要素对接、高级人才流通、市场同步开拓等，实现了合作企业间的创新协同共赢，最为突出的是在各个文化产业园区内达成的创新研发合作。但是目前中国大多数文化产业园区并未形成密切的关联网络，为防止机密泄露，园区内企业“单打独斗”地进行创新研发是常态，只有个别产业链关联的文化企业进行了以买卖关系为主的研发合作交流，跨产业链、跨界甚至是跨园区、跨区域的合作较少，使得文化企业创新研发实现的真正内容、科技、知识等突破鲜少见到，对文化产品和服务升级换代的益处也未充分显现，创新研发所能带动的资源优化配置和生产效率提高效用发挥有限。针对此现状，应进一步更新合作理念和眼界，打破企业边界、园区边界、行业界限、地域区隔，鼓励具有相似或互补性的文化企业积极开展产品、服务、科技、组织、管理等各方面的合作交流，将优质合作项目落地、实施和推广，以推进文化产业整体绩效提升为己任，共同带动文化产业更新改造和创新发展。

（四）搭建企业创新研发综合平台

除了文化企业自主创新研发体系需要建立以外，社会层面上的综合服务平台也应该搭建起来，只有通过企业内在体系与社会外在系统的整体联结才能切实促进创新研发行为的进一步优化发展。通过组建文化企业创新协会等中介组织，将“产、学、研”创新研发环节联系起来，逐渐搭建起能够协调、促进并服务于文化企业创新研发的综合平台，为文化企业特别是创新研发能力较低的中小型企业提供孵化、检测、融资、技术、管理、培训等服务。文化企业创新研发综合服务平台可以在确定创新研发的优先领域和关键技术等内容的基础上，以适应时代发展的数字化生产、网络化传播为方式，对原创度高的文化产品和服务创新、研发过程加以宣传，在全社会营造出鼓励创新并有利于创新的整体氛围，全面提高文化企业的整体创新研发能力。

第十三章　文化企业市场绩效

依照SCP范式，文化市场结构、文化企业行为与文化市场绩效紧密相连，文化市场结构是文化产业组织的表现形式，文化企业行为是文化市场结构演变的结果及其助推力量，文化市场绩效是判断文化市场结构与文化企业行为结果的衡量标尺。评价文化市场绩效，即是在梳理文化企业行为对文化市场绩效产生影响的基础上，以文化产业资源配置效率、文化产业规模经济、文化产业技术进步、文化企业生产经营绩效、文化企业组织管理水平等为考察对象，评判文化企业乃至整个文化产业的运营效果，作为改进文化市场结构、引导文化企业行为的依据。

第一节　市场绩效理论

产业经济学领域的市场绩效，主要以贝恩学说为理论基础，反映了在特定产业市场结构和企业行为条件下市场运行的效果。目前关于市场绩效的研究主要从两个方面展开：一是从学理和实证上，通过探讨市场结构、市场行为与市场绩效之间的因果关系，寻求市场绩效的影响因素，以便更好地改善绩效结果。二是对产业市场绩效本身进行直接评价分析，一方面利用利润率、勒纳指数、贝恩指数等常用指标、平衡计分卡等工具对企业经营绩效进行测评；另一方面基于资源配置效率、产业规模经济、产业技术进步等衡量整个产业运营绩效，以揭示产业市场最终经济成果。

具体而言，所谓的市场绩效指的是在一定市场结构条件下，通过企业行为使产业在产量、价格、成本、利润、品种、质量及技术等方面达到的状态。① 有学者认为，应将市场绩效的内涵继续延展到公平分配、合理竞争、自由选择、风险规避等多重社会与个人目标上，并认为增进社会福利是产业发展的目标之一，因此也应对效率与公平、稳定与进步等社会福利内容进行绩效考评。通常而言，产业市场绩效主要基于资源配置效率、规模结构效率、技术进步程度、X非效率等标准来判断。

① 龚仰军. 产业经济学教程（第四版）［M］. 上海：上海财经大学出版社，2014：161.

一、市场绩效的构成

（一）资源配置效率

根据新古典经济学理论，完全竞争市场结构能够带来最优的资源配置效率，该效率通过社会福利，即生产者剩余和消费者剩余的最大化表现出来，任何偏离完全竞争的产业市场结构，都会造成社会总福利降低，影响资源配置效率，降低市场绩效。在此理论基础上，学界形成了通过测评产业市场结构和企业利润率水平来判断资源配置效率和市场绩效的逻辑。与完全竞争市场相比，任何有垄断性质的市场由于产品供应量相对较少，价格较高，企业在夺取一部分消费者剩余的同时，也造成了社会福利的无谓损失，加之高昂的广告费用、差异产品研发费用、人为进入壁垒设置费用等支出，都造成了社会福利的损耗，因此不能达到理想的资源配置最优状态，市场绩效也受到较大影响。

（二）规模结构效率

产业规模结构效率也被称为产业技术效率，反映的是产业能够在多大程度上以最小成本提供任何产品产量。换言之，产业的企业数量和相对规模需要达到技术效率，产业产品必须由最具规模效率的企业提供，才能用最小的投入获得最大产出。产业规模结构效率既与单个企业的规模经济水平有关，也受企业之间分工协作水平的影响。诸多实证研究表明，产业市场结构的过度集中和分散都会降低产业规模经济效益，进而影响市场绩效。产业的规模结构效率一般从三个方面来衡量：①接近规模经济的企业产量占整个产业产量的比重；②实现产业链垂直一体化的企业产量占各环节产量比重；③产业内是否存在生产能力过剩的企业。

（三）技术进步程度

技术进步既是产业经济增长的源泉，也是衡量产业市场绩效的重要指标。经济学领域所谓技术进步不仅包括智力、资本投入，而且涵盖产业结构优化、创新研发、组织调整、素质提高等所有有利于提升产量水平和生产效率的因素。因技术进步是在一定市场结构中经由企业行为引发，学界通常将判断何种市场结构有利于技术进步作为研究重点，但得出了两种截然不同的结论。一是熊彼特、[①] 加尔布雷斯等学者认为，大企业由于在研发新技术时能够提供大量资金、人才和研发设备，且有长期的知识和技术积累，可以抵御一定的市场风险，因此在很大程度上集中的市场结构能够促进技术进步，大企业更符合投产技术研发的条件。二是谢勒、艾罗[②]等学者认为，竞争才是技术进步的原动力，企业规模并非越大越有利于研发，规模经济反而可能成为技术进步的障碍，许多中小厂商为获得竞争优势能够对技术研发作出重要贡献。尽管迄今尚未有足够证据支持或反驳任一方观点，但已得知的是：①研发投入随着企业规模扩大

---

① [美] 熊彼特. 资本主义、社会主义与民主 [M]. 吴良健译. 北京：商务印书馆，1999：142.

② K. Arrow. Economic Welfare and the Allocation of Resources for Invention [A]. Douglas Needham. Reading in the Economics of Industrial Organization [C]. New York：Holt，Rinehart and Winston，1970.

而增长，但超过临界点，研发投入反而逐渐减少；②任何规模的企业都可能在发明、革新技术方面发挥作用，这与产业类别、发展阶段、专业化分工、政府政策等因素有较大关系；③大小企业的作用通常互为补充，大企业往往负责产品主体的市场研发，小企业则擅长进行细分技术的研发，但无论是以大企业还是小企业为主的市场结构，一旦排斥了竞争，也就丧失了技术进步的动力，从而降低市场绩效。

（四）X 非效率

美国经济学家莱宾斯坦于 1966 年首次提出企业内部低效率理论，也被称为 X 非效率理论。[①] 该理论指出，垄断型大企业由于市场竞争压力小，没有追求生产成本最小化的动力，且企业组织内部层级多、机构庞杂，容易导致信息沟通的数量和质量下降，加之所有权和控制权的分离易引发企业内部利益目标不一致，往往使得企业管理成本显著上升，造成企业资源配置处于低效率状态，成本通常超过产业平均成本曲线，市场绩效也随之降低。尽管 X 非效率性质与资源配置效率不同，但如果资源配置效率有所改进，如下调产品价格，也会引发 X 效率的提升，使市场绩效得到改进。

二、企业行为与绩效

（一）价格行为与绩效

竞争市场中企业和消费者是价格的接受者，面临的需求曲线就是其边际收益曲线，和边际成本曲线的相交处进行生产，需求曲线和边际成本曲线围成的三角形 ADG 就是买卖双方的剩余价值。但是垄断企业的边际收益小于它的价格，尽管它依然选择由边际收益与边际成本两曲线相交（即 MR=MC）点进行利润最大化产量进行生产，但显然，由于边际收益曲线在需求曲线下方，垄断企业确定的产量将小于竞争市场的产量，价格就会高于均衡价格，尽管垄断企业最终得到的剩余很高，但是社会福利整体发生了“无谓损失”EFG：一方面，由于垄断企业收取大于边际成本（MC）的价格（P），一些对物品评价低于垄断价格（P），但高于物品的边际成本的消费者退出了市场，一部分交易未能达成，造成了社会福利损失；另一方面，垄断企业自身的生产能力未能得到充分利用，导致了资源配置效率下降，也使得社会福利发生损失。此外，垄断企业的高利润或者说高福利主要来自对消费者的自由定价，赚走了一部分的消费者剩余，亦使得社会福利分配发生失衡。

价格行为总是与有一定垄断势力的企业相关，由于垄断企业通常存在相互依存关系，常常通过协定或暗中配合共同采取定价行为，达到增加利润的目的，可见垄断市场结构导致的垄断定价行为，将使其市场绩效低于竞争市场结构。特别是如果垄断企业向不同消费者出售同种产品但收入不同价格，即实行价格歧视时，对市场绩效的影响更是显著。一级价格歧视虽不会导致无谓损失的发生，但会使社会福利全部被垄断企业攫取，造成分配格局严重失衡，而二级和三级价格歧视都会带来严重的无谓损失以及一定程度的分配失衡，降低市场绩效（见图 13-1）。

---

① Leeibenstein. Allocative Efficiency Vs. “X-efficiency”［J］. American Economic Review，1996（3）：13-19.

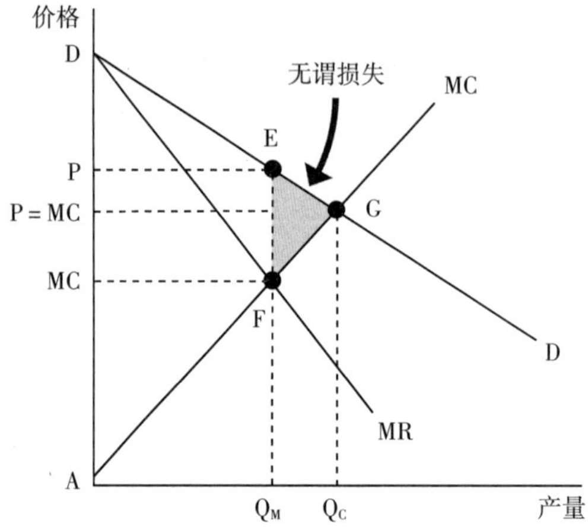

图 13-1　垄断企业定价行为与无谓损失

（二）广告行为与绩效

经济学领域对于广告行为褒贬不一，大致有三种观点：一是认为广告具有劝说的功能，可让消费者观念发生改变，使消费者在主观上认为原本相似的产品存在差异，甚至产生品牌忠诚度。二是广告能够提供有关产品价格、质量、销售地点等信息，改善市场的信息不对称性，让消费者选择更加多样化。三是广告能够增加产品时尚元素，对产品具有补充作用，从而刺激消费，增加社会福利和市场绩效。但学者们通常认为，由于最优福利的获得与边际成本有关，社会最大广告水平并不能达到社会福利最优状态，在垄断市场结构中，劝说型广告的均衡量远低于社会最优水平。其推理①如下：

设垄断企业产品需求曲线为 $Q(A, P) = \beta A^r P^e (\beta > 0, 0 < r < 1, e < -1)$，其中 A 为企业广告支出，Q 为产品需求量，P 为价格，由此有产品需求量随广告规模递减而递增（$r < 1$），分别以 $\eta A(A, P)$、$\eta P(A, P)$ 表示产品需求量的广告弹性和价格弹性，则有 $\eta A(A, P) = r$，$\eta P(A, P) = e$。设产品单位生产成本为 C，垄断企业通常改变 A 和 P，使之：

$$\max\pi(A, P) \equiv PQ - CQ - A \equiv \beta A^r P^{e+1} - c\beta A^r P^e - A$$

对 A 和 P 求导，得 $(P^m - c)/P^m = e^{-1}$，$(P^m - c)/P^m = \beta r A^{r-1} P^{e+1} - 1$。当 $Q^m \equiv Q(P^m)$ 时，则有，$-re^{-1} = A'''/Q^m P^m$。该条件被称为多夫曼—斯坦纳条件，能够得知为获得垄断利润最大化，广告支出和价格行为应满足广告支出占总收益的比重等于广告弹性与价格弹性之比的绝对值，当广告弹性较大或价格弹性较小时，应当提高广告支出占销售额比重。

劝说型广告作为树立产品形象的手段，能够增加消费者对产品的吸引力进而促进消费，创造更多的社会福利。劝说型广告带来的市场绩效通常判定如下：令 $\beta = 64$，$r = 0.5$，$e = -2$，则垄断企业面临的需求曲线为 $Q = 64A^{0.5}P^{-2}$，同时令单位生产成本 $C = 1$，则有：

① 王俊豪. 现代产业经济学 [M]. 杭州：浙江人民出版社，2003：144-151.

$\max\pi(A, P) = PQ - Q - A = 64A^{0.5}P^{-1} - 64A^{0.5}P^{-2} - A$

能够求出 $P^m = 2$，$Q^m = 16$，由于需求弹性不变，从而可得 $A^M = 64$，$Q^m = 16^{A-1} = 128$。为计算此时广告支出是否处于社会最优状态，需要计算广告水平所对应的消费者剩余 $CS(A) = 32A^{-1}$，当 $P^m = 2$ 时，垄断企业利润与广告支出的函数关系能够确定为：$\pi(A, 2) = 2Q(A) - Q(A) - A = 16A^{-0.5} - A$，设 A^* 为决策变量，有 $\max(A) = CS(A) + \pi(A, 2) = 48A^{-0.5} - A$，得：$A^* = 24^2 > 64 = A^M$（见图 13-2）。

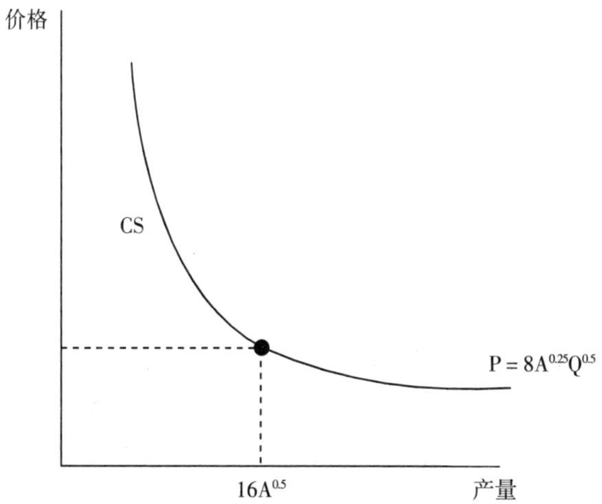

图 13-2 垄断企业广告行为与消费者剩余

（三）创新研发与绩效

在市场竞争中，具备强劲创新研发实力的企业通常能够实施差异化战略，依托差异化产品抬高产业进入壁垒，以享受一定的垄断利润。学界通常从创新动力和创新能力两方面来衡量创新研发与市场绩效的关系。如图 13-3 所示，完全竞争市场有 P = MR = MC = C，若创新研发使单位生产成本从 C 降至 C′，产量不变，则 CHIC′为节省下来的成本。创新企业转让研发成果，可获得 CHIC′数量的转让费。若处在垄断市场结构中，边际收益曲线 MR 位于需求曲线 D 之下，则企业能够获得的超额利润为 P′AEC，创新后超额利润则为 PBGC′，利润增加数值为 PBGC′ − P′AEC，即为垄断企业的创新研发绩效。将其与竞争企业的创新收益 CHIC′进行比较，则有：CHIC′ −（PBGC′ − P′AEC）= CHIC′ + P′AEC − PBGC′ = FHIG + P′AEC − PBFC。P′AEC 和 PBFC 为垄断企业在创新之前不同价格产量下的超额利润，其中，P′AEC 为最大化利润，则有 P′AEC − PBFC > 0，可见 CHIC′ −（PBGC′ − P′AEC）> 0，因此有 CHIC′ >（PBGC′ − P′AEC）。能够得知，竞争市场结构中的企业比垄断企业的创新动力更强，进而有更好的市场绩效。[①] 但在创新能力上，如前所述，垄断型大企业和竞争型中小企业各有利弊，尚未能确定创新能力与企业规模之间的关系。

① 戴伯勋，沈宏达. 现代产业经济学［M］. 北京：经济管理出版社，2001：165-168.

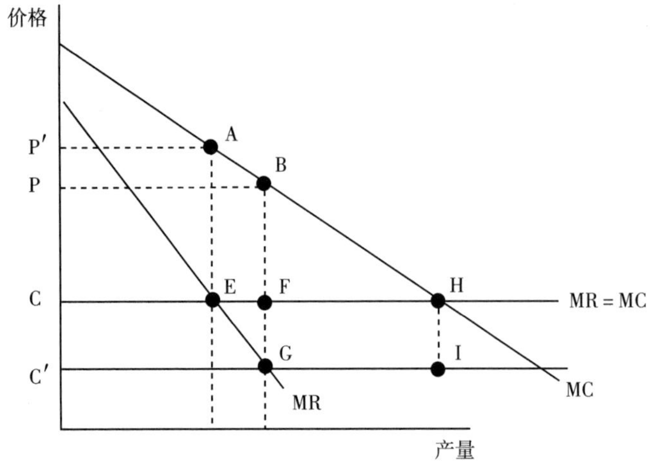

图 13-3　垄断企业与竞争企业创新动力比较

（四）进入威胁与绩效

前述垄断定价模型没有考虑新企业进入的威胁，但在多数高速发展的产业中，垄断企业时刻面临新进竞争者，必须衡量是否利用一些手段限制新企业参与市场竞争。如图 13-4 所示，设处于规模经济递增阶段的垄断企业在没有新企业进入威胁的情况下，定价为 P_M，产量为 Q_M。当新企业进入时，垄断企业为保持市场竞争力，通常会采用平均成本定价策略，将价格下降至 P_C，产量增加至 Q_C。若新企业以低于 P_C 的价格参与市场竞争，将会遭受损失，原垄断企业的地位得以保持。但如果垄断企业制定高于 P_C 的价格，新企业则可以通过降价参与市场竞争，使垄断企业的地位受到威胁。可见，由于新企业威胁的存在，限定了垄断企业的定价策略，从而能够改进市场绩效。同时，新企业的威胁还能够促使垄断企业持续保证产品质量不下降，也能激发企业的创新研发投入热情。因此，存在进入威胁的产业，通常市场绩效不会太低。①

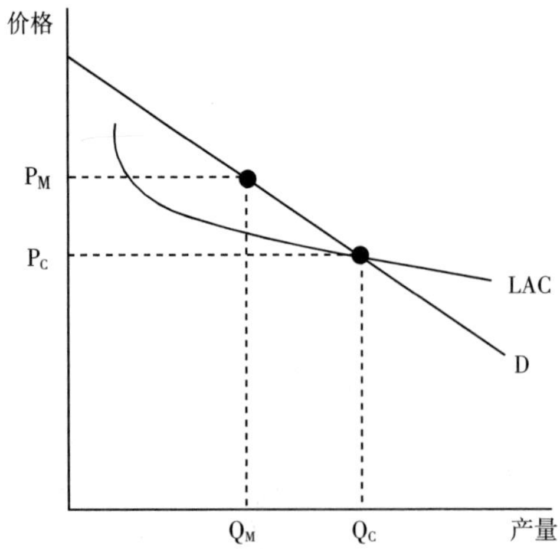

图 13-4　受进入威胁的垄断企业定价行为

① 干春晖. 产业经济学教程与案例（第 2 版）[M]. 北京：机械工业出版社，2015：172.

第二节 市场绩效评价指标与模型

如何衡量特定市场结构下的产业市场运行效率是早期产业经济学试图解决的核心问题。随着产业组织理论和测量工具的演变，一些常规财务指标和数量模型逐渐被用于市场绩效的测定，但由于指标、模型本身的缺陷及基础数据的不足，在测评某产业市场绩效时，需要对指标和模型进行综合考量和应用。

一、市场绩效评价常用指标

（一）利润率

在完全竞争市场中，由于各类生产要素能够自由流动，企业利润率趋于均等且无超额利润，长期超额利润总是与产业的垄断态势有关。因此，通过对主要企业或产业是否存在相对稳定的超额利润率进行计算，能够对产业内市场结构效率和企业行为结果是否达到理想状态进行判断，超额利润越高，则垄断导致的社会福利损失越多，市场绩效越差。所谓利润率指的是收入减去机会成本后的经济利润，计算公式为：

$$F = \frac{\pi - T}{E} \times 100\% \tag{13-1}$$

其中，F 表示税收资本收益率，π 表示税前利润，T 表示税收数量，E 表示自有资本或股东资产净值。

（二）勒纳指数

勒纳指数是以价格与边际成本的偏离程度来反映市场结构中存在的垄断势力，继而判断市场绩效的算法。其计算公式为：

$$L = \frac{P - MC}{P} \tag{13-2}$$

其中，L 表示勒纳指数，P 表示价值，MC 表示边际成本。

勒纳指数取值范围为［0，1］，在完全竞争市场中，由于价格等于边际成本，勒纳指数等于 0，而市场结构越集中，单个垄断企业势力越大，勒纳指数则越高，但不会超过 1。可见，勒纳指数能够简单明了地通过对价格的衡量，来判断产业的市场结构和企业的垄断势力，同样，垄断程度越高则市场绩效越差。然而，由于边际成本数据通常难以获得，以平均成本为替代往往使指数计算出现偏差，且若存在多种产品，产品的平均价格也难以确定，仅以一种主导产品价格为基础进行计算，不能完全反映产业结构效率和企业垄断行为结果。此外，若企业采取了限制性定价或掠夺性定价行为，尽管勒纳指数接近于 0，却不能说明该市场为竞争型市场。

（三）贝恩指数

贝恩提出，如果某产业或企业能够持续获得超额利润，则说明该产业或企业存在垄断因素。① 由此，贝恩采用利润率来考察产业或企业垄断势力的大小。与勒纳指数的边际成本不同，贝恩利润率计算所需数据通常较易获得，且计算偏差出现的可能性较小。贝恩将利润划分为经济利润与会计利润，其中会计利润计算公式为：

$$\pi_\alpha = R - C - D$$

其中，π_α 表示会计利润，R 表示总收益，C 表示总成本，D 表示折旧。

经济利润计算公式为：

$$\pi_\beta = \pi_\alpha - i\nu$$

其中，π_β 表示经济利润，i 表示正常投资收益率，ν 表示投资总额。

则贝恩利润率指数计算公式为：

$$B = \frac{\pi_\beta}{\nu} \tag{13-3}$$

尽管贝恩指数规避了勒纳指数数据获取的困难，但若垄断企业成本统计过高，也会降低对其垄断真实性的判断，且有些产业或企业超额利润的获得不一定与垄断势力有关，可能是暂时的市场需求波动、创新等因素所导致，而确实存在垄断势力的市场，为了驱逐竞争对手和新进企业可能采取限制性、掠夺性低价策略，使整个市场无利可图，也无法得知其垄断程度，进而无法判断其市场绩效。

（四）托宾 q 值

托宾 q 值通过对企业已公开发行、出售的股票和债券来衡量企业的市场价值与资产重置成本的比例，从而反映企业市场绩效。其计算公式为：

$$q = \frac{R_1 + R_2}{Q} \tag{13-4}$$

其中，q 表示托宾指数，R_1 表示企业股票的市值，R_2 表示企业债券的市值，Q 表示企业资产的重置成本。若 $q > 1$，则表明企业的市场价值大于其资产重置成本，意味着企业在市场中获得了超额利润。托宾 q 值越大，说明企业获得的超额利润越多，企业造成的社会福利损失也便越大，带来的市场绩效则越低。

托宾 q 值的分子反映的是企业的市场价值，能够预示企业将来的市场利润，且包含了对市场风险的估计，而会计利润反映的是企业过去的利润，对数据精确度要求较高，相对而言，托宾 q 值在评价特定市场结构下的企业市场绩效更加理想。然而，虽然托宾 q 值避免了利润率、勒纳指数或贝恩指数所用数据不易获得的问题，但其所用的企业资产重置成本同样估算困难，因此学界采用较少。

（五）技术进步率

技术进步率即为生产效率，反映的是一定生产要素投入下能够获得的产出，通常通过资本和劳动力两种生产要素来体现。企业或产业技术水平越高，便越能够以较小的投入获得较大产出，其市场绩效则越高。经济学领域一般采用以柯布—道格拉斯全要素生产率来测算技术进步率，具体计算如下：

---

① Bain. Industrial Organization [M]. New York: John Wiley, 1959: 231.

$$Y = AL^{\alpha}K^{\beta}$$

其中，Y 表示总产量，L 和 K 分别表示劳动和资本的投入量，A 表示技术水平，参数 α 和 β 分别用以衡量劳动和资本在产出中的份额权重，即劳动和资本在产业经济发展中的重要程度。对因变量求导，则得出：

$$\frac{\Delta Y}{Y} = \alpha\frac{\Delta L}{L} + \beta\frac{\Delta K}{K} + \frac{\Delta A}{A}$$

由此得到全要素生产率为：

$$\frac{\Delta A}{A} = \frac{\Delta Y}{Y} - \left(\alpha\frac{\Delta L}{L} + \beta\frac{\Delta K}{K}\right) \tag{13-5}$$

全要素生产率能够直接反映技术进步对产业或企业经济增长的作用，尽管全要素生产率采用的劳动力和资本数据较难取舍，如采用劳动力数量还是劳动工时，采用资本重置成本还是原始成本，计算结果差别较大，且数据不能反映投入生产要素质量的差别，也会造成误差，但其仍被大量运用于不同企业或产业的市场绩效衡量中。

二、DEA 绩效评价模型

DEA（Data Envelopment Analysis），即数据包络分析，是根据样本数据评价具有多投入、多产出的决策单元（DMU）相对有效性的方法，无须事先指定决策单元投入产出的函数形态，且模型中各类数据权重基于数学规划产生，降低了人为主观因素的影响。该方法最初由 Charnes、Cooper 和 Rhodes（1978）提出，是第一个 DEA 模型，即 CCR 模型，后经过 Banker、Charnes 和 Cooper（1984）进一步完善，将 CCR 模型中关于规模效应不变的假设改为可变，形成了 BCC 模型。由于中国文化企业各类生产要素分布不均等，不平等市场竞争现象较多，导致许多企业（即决策单元）无法达到最佳生产规模，技术效率便会受到规模效应的制约。BCC 模型能够体现规模效应的变动对技术效率的影响，对固定规模效应下的线性规划问题进行了完善，增加了凸面条件。因此，DEA-BCC 模型更能满足文化市场绩效评估的需要。该模型构建如下：

假设有 n 个决策单元（即文化企业），每个决策单元有 m 类生产要素输入和 s 种市场绩效输出，$x_{ij}(x_{ij}>0,\ i=1,\ 2,\ \cdots,\ m)$，表示第 j 个决策单元的第 i 种生产要素输入量，$y_{rj}(y_{rj}>0,\ i=1,\ 2,\ \cdots,\ s)$，表示第 j 个决策单元的第 r 种市场绩效输出量，设 $X_j = (x_{1j},\ x_{2j},\ \cdots,\ x_{mj})^T$，$Y_j = (y_{1j},\ y_{2j},\ \cdots,\ y_{rj})$，$j=1,\ 2,\ \cdots,\ n$，θ 为第 j 个决策单元的纯技术效率值。

为避免规模效应不变的情况发生，增加凸面假设条件，$\sum_{j=1}^{n}\lambda_j = 1$，则生产可能集 T 可以描述为：$T_{BCC} = \left\{(x,\ y)\middle|x \geqslant \sum_{j=1}^{n}\lambda_j x_j,\ \sum_{j=1}^{n}\lambda_j = 1,\ j=1,\ 2,\ \cdots,\ n\right\}$。由此，单个决策单位生产有效性的效率测量则有，当且仅当决策单位 DMU 位于有效生产前沿面，效率指数为 1 时，规模效应可以无效。基于生产可能集 T_{BCC} 的 BCC 模型，可以构建为：

$$\begin{cases} \min\theta = V_{D_2} \\ \text{s.t.} \quad \sum_{j=1}^{n} X_j\lambda_j \leqslant \theta X_0 \\ \sum_{j=1}^{n} Y_j\lambda_j \geqslant Y_0 \\ \sum_{j=1}^{n} \lambda_j = 1 \\ \lambda_j \geqslant 0，j = 1，2，\cdots，n \end{cases} \tag{13-6}$$

其对偶问题：

$$\begin{cases} \max(u^TY_0 + u_0) + V_{P_2} \\ \text{s.t.} \quad w^TX_j - u^TY_j - u_0 \geqslant 0，j = 1，2，\cdots，n \\ w^TX_0 = 1 \\ w \geqslant 0，u \geqslant 0 \end{cases} \tag{13-7}$$

若上式能够解得最优解 w_0、u_0、$\hat{u}_0$，满足：$V_{P_2} = u_0^T Y_0 + \hat{u}_0 = 1$，则可称第 j 个决策单元 DMU_j 为弱 DEA 有效，如继续有 $w_0 > 0$，$u_0 > 0$，则称第 j 个决策单元 DMU_j 为 DEA 有效。

随后，引入阿基米德无穷小量 ε、投入松弛变量 s^-、产出松弛变量 s^+，则第 j 个决策单元 DMU_j 的 BCC 模型演变为：

$$\begin{cases} \min[\theta - \varepsilon(\hat{e}^Ts^- + \hat{e}^Ts^+)] \\ \text{s.t.} \quad \sum_{j=1}^{n} X_j\lambda_j + s^- = \theta X_0 \\ \sum_{j=1}^{n} Y_j\lambda_j - s^+ = Y_0 \\ \sum_{j=1}^{n} \lambda_j = 1 \\ \lambda_j \geqslant 0，j = 1，2，\cdots，n \\ s^- \geqslant 0，s^+ \geqslant 0 \end{cases} \tag{13-8}$$

上述公式的经济意义为：当纯技术效率为 1 时，表示第 j 个决策单元达到技术有效状态，即市场绩效产出相对于生产要素投入达到了最大化；当纯技术效率小于 1 时，表示第 j 个决策单元未达到技术有效，企业偏离了最佳生产状态。当规模效应为 1 时，表明第 j 个决策单元生产活动的规模报酬正处于由递增到递减的临界点最佳状态；当规模效应小于 1 时，表明该决策单元的生产活动正处于规模报酬递增或递减的阶段，非规模有效。若规模效应和纯技术效率两者均为 1，就达到了 DEA 有效状态；若两者仅有一个值为 1，则达到了弱 DEA 有效状态；若两者均不为 1，则是非 DEA 有效。

第三节　中国文化企业市场绩效评估

一、文化上市企业市场绩效综合评估

（一）文化上市企业市场绩效评估指标体系构建

为综合反映中国当前文化市场结构下，经过价格行为、竞争行为、合作行为和创新研发行为取得的成效，以文化上市公司市场绩效为代表，参考现有成果，依据科学性、适用性、系统性、实用性的原则，从盈利能力、资产管理、营运能力、发展能力、社会责任五个方面构建中国文化企业绩效评估指标体系。

1. 盈利能力

盈利能力指标主要用以反映文化企业获取市场利润的能力，也被称为资本增值能力，经过运算能够衡量出一定时期内文化企业收益数额的大小及其水平的高低。这里选取净资产收益率、总资产收益率、销售净利率三项指标来测算文化企业的盈利能力。

净资产收益率用一定时期内文化企业净利润与净资产的比率来表征，能够衡量出文化企业对自有资金的利用程度和投资收益能力。一般而言，净资产收益率越高，表明文化企业对自由资本的利用能力越强，投资收益效果越好，对文化企业的债权人、投资人的利益保障水平越高。其计算公式为：

净资产收益率 = 净利润/净资产 × 100%　　(13–9)

其中，净资产 =（所有者权益年初数 + 所有者权益年末数）/2

总资产收益率又称资产报酬率、资产回报率，主要用以测算每单位资产创造的净利润大小，基于一定时期内文化企业的净利润与总资产的比值来表征。总资产收益率越高，说明文化企业对所拥有资产的利用能力越强、利用效率越高，文化企业的获利能力便越强，经营管理水平越高。其计算公式为：

总资产收益率 = 净利润/总资产 × 100%　　(13–10)

销售净利率指的是一定时期内文化企业获得的净利润与销售收入之间的比值，用以衡量文化企业的销售收入获利能力。在文化企业经营过程中，由于市场范围的扩大，在销售收入增长的同时，所花费的营销费用、财务费用、管理费用等也将大幅增加，文化企业净利润不一定随着销售收入的增长而同比例上升，盲目扩大生产、销售规模未必会给文化企业带来正收益，所以，应当关注文化企业在每增加 1 元销售收入时，净利润的增减幅度，以反映销售收入上涨带来的收益，促使文化企业在扩大生产、销售规模的同时，改进经营管理水平，控制成本。其计算公式为：

销售净利率 = 净利润/销售收入 × 100%　　(13–11)

2. 资产管理

在文化企业整个运营周期中，资产管理能力的高下直接决定着企业的生存状态，影响着企业经营的成败，因此，资产管理是文化企业每个利益相关者关注的重点。这里选择资产负债率、总资产周转率两项指标来衡量文化企业的资产管理能力。

资产负债率，也称负债比率或举债经营率，以负债总额与总资产的比值来表征文化企业利用债权人供给的资金进行生产经营的能力，一方面反映债权人投入资金的安全程度，另一方面衡量文化企业对负债资金的利用程度和利用效率。其计算公式为：

资产负债率 = 负债总额/资产总额 × 100% (13–12)

总资产周转率指的是一定时期内文化企业主营业务收入净额与资产总额的比值，反映的是文化企业对全部资产的利用效率及其经营质量。通过纵向对比，该指标能够看出文化企业对总资产的运营效率变化，发现文化企业与其他企业在资产利用上的差距，促使文化企业充分发挥资金潜力、积极创收，努力提高文化产品的市场占有率。其计算公式为：

总资产周转率 = 营业收入额/资产总额 × 100% (13–13)

3. 营运能力

营运能力即经营运行能力，指的是文化企业利用各项资产赚取利润的能力。这里选取营业毛利率、成本费用利润率、每股收益对文化企业的营运能力进行衡量。

营业毛利率以营业收入与营业成本之差与营业收入的比值为表征，反映的是每 1 元营业收入中赚取的毛利额，是净利润的基础，没有足够的毛利率便没有显著的企业盈利。营业毛利率越高，表明扣除各项支出后的利润越高，文化企业的营业获利能力越强。此外，毛利率也能反映文化企业对产品定价的灵活程度，毛利率越高文化企业在市场价格战中越有利。其计算公式为：

营业毛利率 =（营业收入 – 营业成本）/营业收入 × 100% (13–14)

成本费用利润率指的是一定时期内文化企业的利润总额与成本费用总额的比值，反映的是文化企业每付出 1 元成本费用所赚取的利润，体现了文化企业经营耗费所带来的经营成果，成本费用利润率越高，表明文化企业的经济效益越好。其计算公式为：

成本费用利润率 = 利润总额/成本费用总额 × 100% (13–15)

每股收益也称每股盈利（EPS）、每股税后利润、每股盈余，以税后利润与股本总数的比值来表征，是文化企业普通股股东每持一股所享有的企业净利润或承担的净亏损，通常用来反映文化企业的经营成效，衡量普通股投资的风险和获利水平。每股收益能够表明文化企业的盈利能力、成长潜力，帮助投资者作出经济决策，每股收益越高，表示文化企业创造的利润越多，企业营运能力越强。其计算公式为：

每股收益 = 净利润/股本数 (13–16)

4. 发展能力

发展能力即文化企业经营增长状况，反映的是文化企业扩大生产、销售规模，提升市场占有率和竞争优势的潜在能力，主要表征文化企业未来生产经营活动的发展趋势。这里选取营业收入增长率、总资产增长率、净利润增长率来衡量文化企业的发展能力。

营业收入增长率衡量的是文化企业营业收入增减的变动幅度，能够用以判断文化企业生产运营所处的生命周期及其业务增长水平，表征的是文化企业持续发展潜力和市场拓展能力。营业收入增长率大于零，说明文化企业营业收入同比有所增长，增长率越高，表明营业收入增长速度越快，文化企业的市场前景越好。其计算公式为：

营业收入增长率 =（本年营业收入 - 上年营业收入）/上年营业收入 (13-17)

总资产增长率也称总资产扩张率，以文化企业本年度资产总额增长幅度同年初资产总额的比值来表征，反映的是文化企业本年资产规模的积累上升情况，通常处在成长期、稳定期的文化企业能够保持资产总额的逐步上升。总资产增长率越高，表明一定时期内文化企业资产经营规模扩张的速度越快。其计算公式为：

总资产增长率 =（本年资产总额 - 年初资产总额）/年初资产总额 (13-18)

净利润增长率指的是文化企业本年度利润总额扣除所得税后的余额上涨幅度与上年同期余额的比值，反映的是文化企业经营最终成果增长的潜力，净利润增长率越高，表明文化企业的经营效益潜力越大，盈利能力的上升空间越多。其计算公式为：

净利润增长率 =（本年净利润 - 上年净利润）/上年净利润 (13-19)

5. 社会责任

社会责任指的是文化企业在生产经营过程中所履行的社会职责和义务，是当代文化企业绩效评估的重要衡量方面，受到越来越多文化企业的重视。当前社会，随着政府逐渐演变为社会服务机构，要求文化企业在接受法律、政府规定的合法经营、照章纳税等相关责任和义务的同时，也应承担起弘扬社会主旋律、传播社会主义价值观、提供内容、创意和技术的正外部溢出效应等责任，从而充分实现文化产品和服务的社会价值。这里选择政府补助占净利润比和社会贡献率两项指标来衡量文化企业承担的社会责任。

政府补助占净利润比反映的是在政府对文化产业大力支持的背景下，许多文化企业依靠政府补贴实现了业绩提升，使其市场经营的实际能力遭到质疑，因此以政府补助占净利润的比值来表征文化企业净利润的构成，能够判断出文化企业取得的真实市场绩效，反映文化企业确切的经营水平。该指标为反向指标，占比值越大，表明文化企业经营成果越依赖政府的扶持，其真实经营能力越差。其计算公式为：

政府补助占净利润比 = 政府补助/净利润 × 100% (13-20)

社会贡献率主要从经济价值的角度反映文化企业对社会做出的贡献。以货币为表征，文化企业所能为社会作出的贡献主要包括工资、劳保退休统筹、增值税、利息支出净额、所得税、关税等。社会贡献率能够直观地反映出文化企业每积累 1 元资产能为社会贡献的资金，社会贡献率越高，表明文化企业为社会做出的经济奉献越大。其计算公式为：

社会贡献率 = 社会贡献总额/资产总额 × 100% (13-21)

由此，根据以上指标选取，建立起针对文化上市公司的市场绩效评估指标体系，由 5 项一级指标和 13 项二级指标构成，如表 13-1 所示。

表 13–1 文化上市公司市场绩效评估指标体系

一级指标	二级指标	计算公式	指标属性
盈利能力	净资产收益率	净资产收益率 = 净利润/净资产 × 100%	正指标
	总资产收益率	总资产收益率 = 净利润/总资产 × 100%	正指标
	销售净利率	销售净利率 = 净利润/销售收入 × 100%	正指标
资产管理	资产负债率	资产负债率 = 负债总额/资产总额 × 100%	适度指标
	总资产周转率	总资产周转率 = 营业收入额/资产总额 × 100%	正指标
营运能力	营业毛利率	营业毛利率 = (营业收入–营业成本)/营业收入 × 100%	正指标
	成本费用利润率	成本费用利润率 = 利润总额/成本费用总额 × 100%	正指标
	每股收益（元）	每股收益 = 净利润/股本数	正指标
发展能力	营业收入增长率	营业收入增长率 = (本年营业收入 – 上年营业收入)/上年营业收入 × 100%	正指标
	总资产增长率	总资产增长率 = (本年资产总额 – 年初资产总额)/年初资产总额 × 100%	正指标
	净利润增长率	净利润增长率 = (本年净利润 – 上年净利润)/上年净利润 × 100%	正指标
社会责任	政府补助占净利润比	政府补助占净利润比 = 政府补助/净利润 × 100%	负指标
	社会贡献率	社会贡献率 = 社会贡献总额/资产总额 × 100%	正指标

（二）文化上市企业市场绩效评估结果分析

以在深圳证券交易所和上海证券交易所上市的文化企业为研究对象，利用 2015 年各文化上市公司年度报告披露的财务数据，如表 13–2 所示，开展文化企业市场绩效评估。鉴于数据的可获得性及横向可比性，剔除财务数据缺失、经营业绩较差以及被特利处理的文化上市公司，共选取 30 家文化上市公司为样本，将其按照所属产业分类，如表 13–3 所示。

为避免层次分析法（AHP）、模糊评判等模型主观因素的影响，这里运用相对客观且常用的主成分分析法对 30 家文化上市公司的市场绩效进行测评。为检验选取指标变量是否适宜主成分分析，采用 Bartlett 球形检验法（Bartlett's Test of Sphericity）和 KMO（Kaiser–Meyer–Olkin）进行检验，当 Bartlett 球形检验显著性小于 0.01 时，表明指标变量拒绝单位原假设，适宜做主成分分析；KMO 检验结果为 0.7 以上且越接近于 1，表明指标变量相关性越强，则指标变量适宜做主成分分析。由表 13–4 可知，选取的 13 项指标变量通过了 Bartlett 球形检验和 KMO 检验，适宜进行主成分分析。由此，基于 PASW Statistics 18.0 开展对 30 家文化上市公司市场绩效的评估。

如表 13–5 所示，按照特征值大于 1 原则提取主成分，13 项市场绩效评估指标可综合为四个主成分，其涵盖信息量可达原始指标的 77.80%，超过一般标准的 70%，表明此四个主成分可替代原有 13 项市场绩效评估指标。

表 13–2 2015 年 30 家文化上市公司市场绩效原始数据

单位：%

上市公司名称	盈利能力			资产管理		营运能力			发展能力			社会责任力	
	净资产收益率	总资产收益率	销售净利率	资产负债率	总资产周转率	营业毛利率	成本费用利润率	每股收益（元）	营业收入增长率	总资产增长率	净利润增长率	政府补助占净利润比	社会贡献率
歌华有线	11.67	4.80	26.21	17.74	18.32	19.98	32.75	0.59	4.14	34.12	18.28	51.23	1.03
天威视讯	23.05	8.02	15.85	26.99	50.60	34.74	24.29	0.53	37.65	17.85	33.55	2.42	2.50
华数传媒	11.54	4.21	18.66	26.96	22.55	44.25	33.48	0.4	18.51	128.05	38.95	10.81	1.66
湖北广电	13.91	4.89	15.45	29.67	31.66	48.04	29.74	0.58	35.21	1.20	51.90	1.60	4.26
电广传媒	7.11	1.89	6.37	43.27	29.70	31.20	9.26	0.27	9.34	27.76	14.52	6.05	2.00
东方明珠	23.25	8.24	13.76	15.00	59.88	21.79	17.59	1.53	35.53	26.24	26.10	3.06	2.13
广电网络	13.97	2.46	5.58	63.81	44.11	34.63	8.54	0.24	3.87	5.72	13.87	7.60	2.33
吉视传媒	13.65	4.18	18.91	38.58	22.13	46.26	35.18	0.13	6.14	5.05	0.33	4.46	0.49
长城影视	48.12	7.95	23.35	60.45	34.06	48.19	45.07	0.44	95.56	111.54	15.39	19.59	3.39
奥飞动漫	32.29	10.17	18.89	35.81	53.84	53.38	40.51	0.39	6.55	17.01	14.26	7.71	3.02
华谊兄弟	19.65	5.46	25.20	40.03	21.65	50.28	50.69	0.76	62.14	82.24	8.82	0.63	3.39
华策影视	16.10	5.83	17.89	26.89	32.59	37.20	28.49	0.48	38.69	62.27	21.92	31.45	1.96
光线传媒	11.70	4.91	26.40	14.88	18.60	33.68	39.80	0.25	25.07	64.31	22.21	5.40	0.59
华录百纳	13.78	5.68	14.16	17.00	40.12	25.73	19.07	0.38	148.01	16.03	79.13	10.02	1.60
新文化	18.74	6.67	24.19	28.33	27.56	46.31	45.05	0.47	65.23	165.33	105.10	6.11	2.31
大地传媒	23.05	7.56	9.85	34.08	76.77	29.50	13.97	0.89	0.50	8.43	9.53	13.82	2.17
华闻传媒	18.95	6.54	19.33	26.24	33.82	43.92	34.46	0.41	9.68	18.28	–14.85	3.95	2.52
粤传媒	–22.96	–9.84	–34.47	13.99	28.55	29.47	–48.87	–0.38	–20.13	–10.59	–293.66	–0.46	3.58
天舟文化	18.27	8.45	32.38	7.03	26.09	56.68	74.74	0.42	5.48	2.80	49.34	8.33	1.09

续表

上市公司名称	盈利能力			资产管理		营运能力			发展能力			社会责任力	
	净资产收益率	总资产收益率	销售净利率	资产负债率	总资产周转率	营业毛利率	成本费用利润率	每股收益(元)	营业收入增长率	总资产增长率	净利润增长率	政府补助占净利润比	社会贡献率
中文在线	12.21	3.56	8.01	41.57	44.40	47.18	15.16	0.27	44.54	103.00	-32.06	45.35	3.72
中文传媒	21.68	6.01	9.12	41.44	65.89	35.71	14.18	0.78	10.46	41.95	30.77	11.19	3.10
时代出版	18.67	5.74	6.53	36.65	87.89	11.00	7.33	0.78	12.25	11.10	0.77	40.61	1.38
浙报传媒	28.88	7.61	17.65	31.80	43.11	41.96	30.41	0.51	12.77	13.19	18.05	8.19	3.50
长江传媒	12.93	3.44	2.73	45.65	126.15	12.24	3.11	0.27	153.63	31.35	53.81	31.39	3.35
新华传媒	4.52	1.34	3.67	40.44	36.38	31.34	5.35	0.06	-12.09	-25.88	15.59	2.79	1.17
博瑞传播	4.16	1.66	6.24	13.74	26.59	39.98	10.39	0.07	-26.28	-7.03	-73.43	67.58	1.63
中南传媒	29.61	10.14	16.81	28.17	60.31	41.10	28.53	0.94	11.58	10.46	15.39	12.88	3.32
皖新传媒	26.93	9.75	11.74	26.01	83.04	21.78	15.01	0.85	14.56	9.96	11.35	3.41	2.14
凤凰传媒	21.06	6.27	11.19	36.67	56.08	37.99	18.05	0.44	4.45	6.23	-6.71	16.06	1.74
出版传媒	8.60	2.74	5.21	36.16	52.59	20.73	6.58	0.15	2.79	4.36	6.92	44.04	1.03

资料来源：东方财富网，http：//data.eastmoney.com/bbsj/.

表 13-3　选取文化上市公司样本名单

分类	样本企业
有线电视网络	歌华有线　天威视讯　华数传媒　湖北广电　电广传媒　东方明珠　广电网络　吉视传媒
影视动漫	长城影视　奥飞动漫　华谊兄弟　华策影视　光线传媒　华录百纳　新文化
出版传媒	大地传媒　华闻传媒　粤传媒　天舟文化　中文在线　中文传媒　时代出版　浙报传媒　长江传媒　新华传媒　博瑞传播　中南传媒　皖新传媒　凤凰传媒　出版传媒

表 13-4　13 项市场绩效评估指标 Bartlett 球形和 KMO 检验值

主成分分析 KMO 和 Bartlett 的检验		
取样足够度的 Kaiser-Meyer-Olkin 度量		0.797
Bartlett 球形度检验	近似卡方	355.95
	df	78
	Sig.	0.000

表 13-5　市场绩效评估指标主成分特征值及贡献率

成分	初始特征值			提取平方和载入		
	合计	方差的百分比	累计百分比	合计	方差的百分比	累计百分比
1	4.765	36.654	36.654	4.765	36.654	36.654
2	2.333	17.945	54.599	2.333	17.945	54.599
3	1.726	13.277	67.876	1.726	13.277	67.876
4	1.290	9.922	77.798	1.290	9.922	77.798
5	0.911	7.011	84.809			
6	0.800	6.156	90.966			
7	0.521	4.006	94.972			
8	0.245	1.883	96.855			
9	0.213	1.639	98.493			
10	0.097	0.749	99.243			
11	0.076	0.586	99.828			
12	0.017	0.131	99.959			
13	0.005	0.041	100.000			

各评估指标对 4 个主成分的载荷量如表 13-6 所示，净资产收益率、总资产收益率、销售净利率、成本费用利润率四项指标在第一个主成分上有较高载荷，基本反映了文化上市公司的盈利能力，由此定义为盈利成分；总资产周转率一项指标在第二个主成分上有较高载荷，基本反映了文化上市公司的营运能力，由此定义为营运成分；资产负债率和社会贡献率两项指标在第三个主成分上具有较高载荷，均反映了文化上市公司对利益相关者责任的承担，由此定义为社会责任成分；营业收入增长率、总资

产增长率、政府补助占净利润比三项指标在第四个主成分上有较高载荷，能够反映出文化上市公司较为真实的发展能力，由此定义为发展成分。对文化上市公司的市场绩效进行四个主成分得分排名，能够从整体上更全面、更准确地把握文化上市公司的经营绩效，作出客观、综合、合理的评估。

表 13-6 市场绩效评估指标主成分载荷矩阵

指标	成分			
	1	2	3	4
净资产收益率	0.856	0.276	0.095	-0.187
总资产收益率	0.910	0.197	-0.205	-0.215
销售净利率	0.913	-0.295	-0.197	0.108
资产负债率	0.113	0.382	0.554	0.124
总资产周转率	-0.003	0.929	-0.080	-0.073
营业毛利率	0.394	-0.675	0.471	-0.234
成本费用利润率	0.881	-0.407	-0.064	0.035
每股收益	0.614	0.421	-0.250	-0.342
营业收入增长率	0.360	0.401	0.327	0.516
总资产增长率	0.452	-0.176	0.433	0.521
净利润增长率	0.829	0.159	-0.167	0.238
政府补助占净利润比	-0.171	0.136	-0.321	0.572
社会贡献率	0.021	0.297	0.780	-0.287

将载荷矩阵四列数据输入数据编辑窗口设为变量 B_1、B_2、B_3、B_4，运用转换计算变量命令，输入 $A_1 = B_1/SQR$（4.765）、$A_2 = B_2/SQR$（2.333）、$A_3 = B_3/SQR$（1.726）、$A_4 = B_4/SQR$（1.290），由此得到各主成分所载指标系数，并确定四个主成分线性表达式分别为：

$$y_1 = 0.39x_1 + 0.42x_2 + 0.42x_3 + 0.05x_4 + 0.00x_5 + 0.18x_6 + 0.40x_7 + 0.28x_8 + 0.16x_9 + 0.21x_{10} + 0.38x_{11} - 0.08x_{12} + 0.01x_{13} \tag{13-22}$$

$$y_2 = 0.18x_1 + 0.13x_2 - 0.19x_3 + 0.25x_4 + 0.61x_5 - 0.44x_6 - 0.27x_7 + 0.28x_8 + 0.26x_9 - 0.12x_{10} + 0.10x_{11} + 0.09x_{12} + 0.19x_{13} \tag{13-23}$$

$$y_3 = 0.07x_1 - 0.16x_2 - 0.15x_3 + 0.42x_4 - 0.06x_5 + 0.36x_6 - 0.05x_7 - 0.19x_8 + 0.25x_9 + 0.33x_{10} - 0.13x_{11} - 0.24x_{12} + 0.59x_{13} \tag{13-24}$$

$$y_4 = -0.16x_1 - 0.19x_2 + 0.10x_3 + 0.11x_4 - 0.06x_5 - 0.21x_6 + 0.03x_7 - 0.30x_8 + 0.45x_9 + 0.46x_{10} + 0.21x_{11} + 0.50x_{12} - 0.25x_{13} \tag{13-25}$$

根据各主成分的特征值，以每个主成分特征值占所提取四个主成分特征值之和的比例，作为各主成分的权重，得到文化上市公司市场绩效综合评估值表达式如下：

$$Y = 0.47y_1 + 0.23y_2 + 0.17y_3 + 0.13y_4 = 0.22x_1 + 0.18x_2 + 0.14x_3 + 0.17x_4 + 0.12x_5$$

$$+0.02x_6+0.12x_7+0.13x_8+0.24x_9+0.19x_{10}+0.21x_{11}+0.01x_{12}+0.12x_{13} \quad (13-26)$$

根据以上各主成分线性表达式及综合评估值表达式，计算得出 30 家文化上市公司各主成分得分及市场绩效综合得分，并予以排名，如表 13-7 所示。由评估结果可知，2015 年，文化上市公司市场绩效综合得分前五位的依次为新文化、长城影视、长江传媒、华录百纳、华谊兄弟，得分分别为 0.97、0.88、0.85、0.76 和 0.67，五家公司中除长江传媒为出版传媒外，其余四家均属于影视动漫产业，表明中国文化上市企业中较为突出的“领头羊”多产生于影视动漫领域，这些文化企业在市场集中度相对较高的市场结构下，经由密集的价格行为、竞争行为、合作行为和研发创新行为，基于数字技术、多媒体技术和三网融合技术，逐步形成相对完整的产业链条，激发出巨大的市场潜力，获得了较为突出的市场绩效。市场绩效综合得分最低的后五位依次为吉视传媒、出版传媒、新华传媒、博瑞传播、粤传媒，除吉视传媒外，其余四家均属于出版传媒产业，说明在移动终端新媒体的冲击下，这些传统媒体企业的市场垄断势力不断被稀释，市场主导地位有所下降，市场绩效显著下滑。

表 13-7 2015 年 30 家文化上市公司各主成分及综合绩效得分排名

公司	盈利成分	排名	营运成分	排名	社会责任成分	排名	发展成分	排名	市场绩效	排名
歌华有线	0.62	18	0.16	22	-0.05	29	0.27	10	0.36	21
天威视讯	0.74	11	0.44	9	0.19	17	0.07	13	0.49	10
华数传媒	0.92	7	-0.03	26	0.54	6	0.61	6	0.60	6
湖北广电	0.78	9	0.29	15	0.18	19	0.00	16	0.46	13
电广传媒	0.38	25	0.22	19	0.31	11	0.10	12	0.29	25
东方明珠	0.94	6	0.81	3	-0.06	30	-0.21	26	0.59	7
广电网络	0.35	26	0.37	12	0.32	9	-0.01	17	0.30	22
吉视传媒	0.45	22	-0.02	25	0.27	13	-0.03	18	0.25	26
长城影视	1.17	2	0.35	13	0.85	1	0.82	3	0.88	2
奥飞动漫	0.73	13	0.24	17	0.25	14	-0.09	22	0.43	16
华谊兄弟	1.04	3	0.16	21	0.57	5	0.37	8	0.67	5
华策影视	0.74	10	0.24	16	0.31	10	0.44	7	0.51	8
光线传媒	0.73	12	-0.04	27	0.30	12	0.35	9	0.43	15
华录百纳	0.94	5	0.69	5	0.34	8	0.77	4	0.76	4
新文化	1.46	1	0.13	23	0.69	2	1.07	1	0.97	1
大地传媒	0.58	19	0.69	6	0.01	25	-0.25	29	0.40	19
华闻传媒	0.52	20	0.10	24	0.24	15	-0.11	23	0.30	24
粤传媒	-1.69	30	-0.21	30	0.61	4	-0.71	30	-0.83	30
天舟文化	0.96	4	-0.10	29	0.00	27	-0.06	19	0.42	17
中文在线	0.47	21	0.22	18	0.66	3	0.65	5	0.47	12
中文传媒	0.72	14	0.58	7	0.22	16	0.02	14	0.51	9

续表

公司	盈利成分	排名	营运成分	排名	社会责任成分	排名	发展成分	排名	市场绩效	排名
时代出版	0.42	23	0.87	2	-0.04	28	0.01	15	0.39	20
浙报传媒	0.69	16	0.30	14	0.18	18	-0.08	21	0.41	18
长江传媒	0.70	15	1.37	1	0.47	7	0.94	2	0.85	3
新华传媒	0.14	28	0.21	20	0.11	21	-0.20	25	0.11	28
博瑞传播	-0.20	29	-0.06	28	0.01	26	-0.08	20	-0.12	29
中南传媒	0.78	8	0.53	8	0.05	23	-0.23	28	0.47	11
皖新传媒	0.63	17	0.76	4	0.01	24	-0.22	27	0.45	14
凤凰传媒	0.42	24	0.38	11	0.16	20	-0.12	24	0.30	23
出版传媒	0.20	27	0.40	10	0.07	22	0.17	11	0.22	27

从30家文化企业所在产业来看，影视动漫产业中7家上市公司的市场绩效最高，平均得分为0.66；其次为有线电视网络产业，8家上市公司的市场绩效平均得分为0.42；出版传媒产业的15家上市公司平均市场绩效得分仅为0.29。表明整体而言，影视动漫产业相较于出版传媒产业对自由资本的利用能力更强，投资收益效果更好，生产经营水平更高。

在盈利方面，新文化、长城影视、华谊兄弟、天舟文化、华录百纳位于前五位，多为影视动漫企业，说明这类文化企业利用各类经济资源获取利润的能力较强；出版传媒、新华传媒、博瑞传播、粤传媒等出版传媒企业在盈利方面表现最差，且与其他文化企业有着悬殊的差距，亟待改善企业对所拥有资本等资源的利用水平和效率，增加创收，提高对企业债权人、投资人的利益保障程度。从产业角度来看，影视动漫产业七家上市公司的盈利成分平均得分为0.97，远高于有线电视网络的0.65和出版传媒的0.36，表明出版传媒产业与其他文化产业相比在资产利用上存在较大差距，应促使文化企业充分发挥资金潜力，提高经济效益盈利能力。

在营运方面，得分排名靠前的五位分别为长江传媒、时代出版、东方明珠、皖新传媒和华录百纳，其中三家属于出版传媒，一家为有线电视网络，另一家为影视动漫，此处营运成分主要反映的是文化企业的资产管理能力，说明该五家文化企业的资产管理能力较强，总资产周转效率较高，而华数传媒、光线传媒、博瑞传播、天舟文化、粤传媒等文化企业的资产管理能力相对较差，对资产的利用效率不高，经营质量亟待提升。从产业角度来看，出版传媒产业15家上市公司的营运成分平均得分为0.40，高于有线电视网络的0.28和影视动漫的0.25，表明尽管盈利能力较好，但影视动漫产业在资金管理方面普遍存在欠缺，这与影视动漫产业所需固定资产较多有关，其资金周转期通常较长，投资风险较大，需要企业大力提升营运效率和营运安全程度。

在社会责任方面，长城影视、新文化、中文在线、粤传媒、华谊兄弟五家文化上市公司表现较好，得分在0.50以上，表明这些文化企业在发展壮大获取经济绩效的同时，也在积极为社会作出应有贡献，对政府补助的依赖较小，真实经营能力较强。但天舟文化、时代出版、歌华有线、东方明珠四家文化上市公司的社会责任得分为负数，说明这些文化企业主要依赖政府补助获得超额利润，对社会的实际贡献较小。从产业角度来看，影视动漫产业七家上市公司的社会责任平均得分为 0.47，高于有线电视网络的 0.21 和出版传媒的 0.18，表明影视动漫产业在较高的盈利水平支持下，对政府扶持的依赖较少，能够独立自主地完成生产经营任务，并承担更多社会责任和义务。

在发展方面，得分前 5 位的文化上市公司分别为新文化、长江传媒、长城影视、华录百纳和中文在线，说明这些文化企业能够通过自身生产经营行为，不断积累发展潜能，市场拓展能力和业务增长能力较强，市场前景良好，而东方明珠、皖新传媒、中南传媒、大地传媒、粤传媒等 14 家文化企业的发展成分得分均是负数，表明这些文化企业经过成长期逐步步入稳定期甚至衰退期，持续发展潜力减弱，增长速度骤降，未来生产经营活动的拓展能力堪忧。从产业角度来看，影视动漫产业七家上市公司的发展成分平均得分为 0.53，高于有线电视网络的 0.10 和出版传媒的-0.02，表明在互联网经济全面渗透的背景下，传统出版传媒企业普遍出现了增长乏力的问题，如不寻求生产经营方式转变和业务创新，发展趋势不容乐观。

从主成分系数权重计算结果能够看出，文化企业市场绩效评估指标体系中盈利能力最为重要，其次为运营能力和社会责任，发展能力处于末位。通常而言，经由价格行为、竞争行为、合作行为和创新研发行为的调整，促进文化企业盈利能力的不断提高，不仅能够确保运营能力的正常发挥，保持发展潜力的稳步增长，而且可以使企业有更多精力关注社会责任，在获得较高经济效益的同时，实现良好的社会效益，承担得起对消费者、政府和公众的责任义务，提升企业的口碑效应，从而使文化企业在争取到更有利社会环境的基础上实现持续发展。从计算结果可知，中国文化企业市场绩效能够通过指标数据的定量判断和全面分析，发现生产经营过程中存在的问题，得知各文化企业市场绩效在产业范围内的相对优劣，掌握自身在同业竞争关系中所处的位置和与先进水平的差距，找寻市场绩效不高的原因并有针对性地加以解决，从而有利于促使文化企业业绩再上新台阶。

二、文化上市企业市场绩效 DEA 测算

（一）文化上市企业市场绩效 DEA 测算指标选择

投入产出指标的选取对 DEA 模型计算极为重要，基于前文介绍的 DEA-BCC 模型，这里汇总学界相关研究成果，如表 13-8 所示，发现学者们使用最多的 DEA 投入指标为：总资产、营业成本和职工人数，此三项投入能够反映文化企业各类经济资源配置的情况，是文化企业生产运营的基础，故将其确定为文化企业市场绩效 DEA 测算的最终投入指标；产出指标选择最多的为：营业收入、净利润和每股收益，此三项产出能够衡量出文化企业的获利能力，是文化企业生产运营的核心成果，故将其确定为文化企业市场绩效 DEA 测算的最终产出指标。

表 13-8 学界常用 DEA 投入产出指标

学者	投入指标	产出指标	产业
陈鸿瑞	总资产、主营业务成本、员工薪酬	主营业务收入、净利润、每股收益	新闻出版
李倩	货币资金、技术投入、人力资源	主营业务收入、净利润、每股收益	传媒
闵素芹	总资产、主营业务成本	主营业务收入、净利润	传媒
匡海波	固定资产净值、净资产、职工人数	主营业务收入、净利润、每股收益	物流
韩学周	年末固定资产、职工人数	产业增加值	文化
戴新民	固定资产、职工人数	主营业务收入、净利润	文化
侯艳红	总资产、固定资产、职工人数	产业增加值、产业总产出、上缴利润	文化
郭淑芬	主营业务成本、总资产	主营业务收入、净利润	文化
赵琼	固定资产、职工人数、营业成本	营业收入、净资产收益率	文化

在进行 DEA-BCC 模型有效性判定时，主要依据综合效率、纯技术效率、规模效率三种效率值的高下判断文化企业是否达到生产前沿面，其中，综合效率（Technical Efficiency，TE）主要用以反映文化企业的资源配置效率和经营能力，有综合效率 = 技术效率 × 规模效率；纯技术效率（Pure Technical Efficiency，PTE）主要用以反映技术创新研发或技术引进带来的文化企业生产效率提升情况；规模效率（Scale Efficiency，SE）主要用以反映伴随文化企业生产规模扩大，引起的生产效率变动情况。三种效率值均是越接近于 1 越好，且综合效率达到 1 时可认为达到了 DEA 有效。此外，该模型还能反映文化企业规模效益的状态，“—”表示决策单元达到了规模有效，文化企业投入的增加能够换来同等比例的产出，是文化企业生产的最佳点；“irs”表示决策单元为规模效益递增状态，文化企业投入的增加能够换来更低单位生产成本，可以继续适度扩大生产规模，提高产出；“irs”表示决策单元为规模效益递减状态，投入的增加无法带来相应比例的产出，应适当缩小生产规模，降低单位生产成本。

（二）文化上市企业市场绩效 DEA 结果分析

通过对以上 30 家沪深文化上市公司 2012~2015 年年报财务数据进行整理，得到四年间 30 家文化上市公司净利润、营业收入、每股收益、总资产、营业成本、职工人数六项投入产出指标原始数据，输入 DEAP 2.1 软件，得到 30 家文化上市公司的综合效率、纯技术效率、规模效率和规模收益四种结果，如表 13-9 所示。根据 30 家文化上市公司 2012~2015 年各效率值计算结果，整理得出文化产业整体市场绩效效率值水平，如表 13-10 所示。

1. 具体文化企业 DEA 结果分析

由表 13-9 和表 13-10 能够看出，2012~2015 年 30 家文化上市公司四年间综合效率均值为 0.81，未能达到 DEA 有效，市场绩效整体效率水平偏低，文化企业的资源配置能力和配置效率有待提高。值得注意的是，四年间文化市场绩效综合效率值在经过 2013 年、2014 年下降后，2015 年显著上升，且上升幅度高于 2013 年，综合效率值整体提高了 9.85%，表明文化企业的资源配置能力和效率在逐渐提升，但尚未达到理想状

表 13-9 2012~2015 年 30 家文化上市公司 DEA-BCC 模型计算结果

文化上市公司	2012 年				2013 年				2014 年				2015 年			
	综合效率	纯技术效率	规模效率	规模收益	综合效率	纯技术效率	规模效率	规模收益	综合效率	纯技术效率	规模效率	规模收益	综合效率	纯技术效率	规模效率	规模收益
歌华有线	0.385	0.512	0.751	drs	0.375	0.463	0.811	drs	0.465	0.601	0.773	drs	0.600	0.821	0.731	drs
天威视讯	0.850	0.861	0.987	drs	0.710	0.745	0.954	drs	0.710	0.780	0.909	drs	0.942	1	0.942	drs
华数传媒	0.683	0.693	0.986	drs	0.560	0.576	0.973	drs	0.712	0.714	0.996	drs	0.788	0.871	0.904	drs
湖北广电	0.936	0.952	0.983	drs	0.543	0.595	0.913	drs	0.404	0.530	0.762	drs	0.869	1	0.869	drs
电广传媒	0.616	0.962	0.641	drs	0.471	0.474	0.995	drs	0.534	0.534	1	—	0.668	0.824	0.811	drs
东方明珠	0.990	1	0.990	drs	1	1	1	—	1	1	1	—	1	1	1	—
广电网络	0.660	0.661	0.999	irs	0.656	0.658	0.997	irs	0.661	0.665	0.994	irs	0.774	0.778	0.994	drs
吉视传媒	0.812	0.842	0.964	drs	0.518	0.712	0.728	drs	0.425	0.478	0.888	drs	0.812	0.867	0.937	drs
长城影视	1	1	1	—	1	1	1	—	1	1	1	—	1	1	1	—
奥飞动漫	0.882	0.911	0.968	drs	0.716	0.722	0.991	drs	0.984	1	0.984	drs	1	1	1	—
华谊兄弟	1	1	1	—	0.823	0.982	0.839	drs	0.811	1	0.811	drs	0.977	1	0.977	drs
华策影视	1	1	1	—	1	1	1	—	0.765	0.849	0.902	drs	1	1	1	—
光线传媒	1	1	1	—	1	1	1	—	0.600	0.674	0.890	drs	1	1	1	—
华录百纳	1	1	1	—	1	1	1	—	0.661	0.736	0.898	drs	1	1	1	—
新文化	1	1	1	—	1	1	1	—	1	1	1	—	0.993	1	0.993	drs
大地传媒	1	1	1	—	1	1	1	—					1	1	1	—
华闻传媒	0.877	0.878	0.999	—	0.752	0.835	0.900	drs	0.744	0.965	0.770	drs	0.815	0.944	0.863	drs
粤传媒	0.681	0.746	0.914	drs	0.614	0.770	0.797	drs	0.524	0.524	1	—	1	1	1	—
天舟文化	0.661	0.706	0.937	irs	0.690	1	0.690	Irs	0.561	0.645	0.870	drs	1	1	1	—
中文在线	1	1	1	—	1	1	1	—	1	1	1	—	1	1	1	—

续表

文化上市公司	2012年				2013年				2014年				2015年			
	综合效率	纯技术效率	规模效率	规模收益	综合效率	纯技术效率	规模效率	规模收益	综合效率	纯技术效率	规模效率	规模收益	综合效率	纯技术效率	规模效率	规模收益
中文传媒	1	1	1	—	1	1	1	—	1	1	1	—	1	1	1	—
时代出版	0.789	0.832	0.949	drs	0.868	0.885	0.981	drs	1	1	1	—	1	1	1	—
浙报传媒	0.837	0.876	0.955	drs	0.592	0.705	0.840	drs	0.734	0.754	0.973	drs	0.884	0.934	0.946	drs
长江传媒	0.917	0.944	0.971	drs	0.819	0.820	0.999	irs	0.865	0.868	0.997	irs	1	1	1	—
新华传媒	0.490	0.494	0.994	irs	0.463	0.464	0.998	irs	0.484	0.488	0.993	irs	0.766	0.768	0.998	drs
博瑞传播	0.760	0.855	0.889	drs	0.541	0.729	0.742	drs	0.594	0.595	0.997	drs	0.750	0.767	0.978	drs
中南传媒	0.809	1	0.809	drs	0.839	1	0.839	drs	0.933	1	0.933	drs	1	1	1	—
皖新传媒	0.861	0.965	0.893	drs	0.883	1	0.883	drs	1	1	1	—	1	1	1	—
凤凰传媒	0.766	1	0.766	drs	0.700	0.819	0.855	drs	0.821	0.870	0.944	drs	0.959	0.997	0.962	drs
出版传媒	0.680	0.682	0.997	irs	0.669	0.673	0.994	irs	0.731	0.742	0.985	irs	0.803	0.820	0.980	irs

表 13-10 2012~2015 年文化产业市场绩效效率值（30 家上市公司均值）

年份	2012 年	2013 年	2014 年	2015 年	四年均值
综合效率	0.83	0.76	0.75	0.91	0.81
纯技术效率	0.88	0.82	0.79	0.95	0.86
规模效率	0.94	0.92	0.94	0.96	0.94
DEA 有效企业个数（含弱有效）	10	9	10	15	—
规模收益递增企业个数	4	5	4	1	—
规模收益递减企业个数	16	16	16	14	—
DEA 有效企业所占比例	33.33%	30.00%	33.33%	50.00%	—

态。在纯技术效率方面，2012~2015 年 30 家文化上市公司 4 年间纯技术效率均值为 0.86，尽管 2015 年比 2013 年提高了 7.66 个百分点，但仍未实现 DEA 有效，说明文化企业创新研发行为未能带来预期的生产效率提升，创新研发水平以及研发成果转化尚有较大改进空间，目前不能满足文化产业发展的需要；在规模效率方面，2012~2015 年 30 家文化上市公司四年间规模效率均值为 0.94，是三种效率值中表现最好的一个，说明伴随生产规模的扩大，文化企业能够显著降低单位生产成本，提高生产效率，但规模效率四年间仅有小幅提升，为 1.92 个百分点，也尚未达到 DEA 有效状态。

在规模收益方面，2012~2015 年，达到 DEA 有效的文化企业个数在 1/3~1/2 之间，说明 30 家文化上市公司大多数处于规模收益不佳状态，企业的生产规模并不在最佳点上，但四年间达到 DEA 有效的文化上市公司个数有明显提高，表明一些文化企业的生产效率、管理能力、资源配置水平正在向好的方向演变，市场绩效的提升空间较大。同时，文化企业存在较为严重的问题是，每年近一半的文化上市公司处于规模效益递减状态，说明文化企业大多未达到规模经济有效状态，与投入的增加幅度相比，产出的增加幅度明显偏低，各类生产要素未能被充分利用，经济资源无法实现合理、高效的配置，存在一定的浪费现象，亟须重点关注投入生产要素规模和比例的调整，同时优化企业的价格行为、竞争行为、合作行为和研发行为，以更小的投入换取更大的产出，使资源配置效率达到更高水平，创造的市场绩效和社会福利不断提升，从而实现文化产业技术效率和规模结构效率的整体提升。

从具体文化企业来看，30 家文化上市公司中，有 9 家公司连续三年以上判定为 DEA 有效，仅有四家公司即长城影视、大地传媒、中文在线、中文传媒连续四年达到了 DEA 有效，说明在当前文化产业内技术先进、规模合理、经营管理能力优良、资源配置得当、发展较为成熟的领先杠杆企业较少。尤其是天舟文化等民营企业，由于在资本、品牌等方面存在明显“短板”，难以实现全产业链布局，资源整合和生产效率相对较低，但所幸 30 家公司中的 17 家保持了综合效率值上升态势，纯技术效率和规模效率不断改善，市场绩效日渐提升。

2. 三个文化产业 DEA 结果分析

以 30 家文化上市公司所在文化产业划分，对各个文化产业市场绩效效率值进行均值计算，如表 13-11 所示，能够发现 2012~2015 年影视动漫产业的综合效率始终较高，遥遥领先于有线电视网络和出版传媒产业，表明文化产业内部的市场绩效存在明显差异化。在纯技术效率方面，影视动漫产业的效率值一直最高，说明该产业对先进科学技术的利用、融合程度较高，科技运用大幅度提升了该产业的生产效率和市场绩效，其次为出版传媒产业，4 年间纯技术效率平均值为 0.80，而有线电视网络纯技术效率始终偏低；在规模效率方面，除 2013 年外，有线电视网络产业的效率值依然最低，影视动漫产业于 2015 年基本达到了规模有效状态。在 DEA 有效企业所占比例方面，除 2014 年，影视动漫产业 DEA 有效企业能占到该产业所评企业的 70%以上，出版传媒产业中 DEA 有效企业也有明显增多趋势，但有线电视网络产业中 DEA 有效企业始终较少。各项指标都垫底，说明有线电视网络产业整体生产、经营、管理水平不佳，这与其价格行为、竞争行为、合作行为和创新研发行为受行政垄断、区域市场分割等因素阻碍有关，与其他产业相比，有线电视网络产业当前市场化经营程度仍偏低，市场资源配置能力和效率亟待改善。

表 13-11 2012~2015 年不同文化产业市场绩效效率值

年份	指标（均值）	有线电视网络	影视动漫	出版传媒
2012	综合效率	0.74	0.98	0.81
	纯技术效率	0.81	0.99	0.87
	规模效率	0.91	1.00	0.94
	DEA 有效企业个数（含弱有效）	0	6	4
	DEA 有效企业所占比例	0.00%	85.71%	26.67%
2013	综合效率	0.60	0.93	0.76
	纯技术效率	0.65	0.96	0.85
	规模效率	0.92	0.98	0.90
	DEA 有效企业个数（含弱有效）	1	5	3
	DEA 有效企业所占比例	12.50%	71.43%	20.00%
2014	综合效率	0.61	0.83	0.80
	纯技术效率	0.66	0.89	0.83
	规模效率	0.92	0.93	0.96
	DEA 有效企业个数（含弱有效）	2	2	6
	DEA 有效企业所占比例	25.00%	28.57%	40.00%
2015	综合效率	0.81	1.00	0.93
	纯技术效率	0.90	1.00	0.95
	规模效率	0.90	1.00	0.98
	DEA 有效企业个数（含弱有效）	1	5	9
	DEA 有效企业所占比例	12.50%	71.43%	60.00%

从 2012~2015 年三个产业效率值的增长幅度来看，四年间影视动漫产业的综合效率仅增长了 1.28%，出版传媒产业增长了 15.25%，有线电视网络产业增长了 8.78%，处于中间水平，但该产业的纯技术效率增长了 10.46%，为第三产业最高，说明有线电视网络产业虽然各项效率值暂时最低，但目前最具发展活力，尤其在三网融合、互联网电视、IPTV、OTT TV 等新兴业态和产品的快速带动下，有线数字电视用户若能实现稳步拓展，产业前景将一片光明，规模效率乃至综合效率上升空间十分可观。

而影视动漫产业在经历了快速增长之后，各项效率值于 2015 年接近 DEA 有效状态，尤其是随着近年电影票房收入持续上升，新成立的影视动漫公司迅猛增加，兼并重组、借壳上市、IP 研发等企业行为密集实施，都说明了影视动漫产业正处在高速发展的辉煌期，在《电影产业促进法》的推动下，电影动漫产业更是有望迎来新一轮投资高潮。然而，尽管发展前景一片向好，影视动漫产业各项市场绩效效率值上升幅度却已明显放缓，尤其是规模效率出现了停滞不前现象，纯技术效率也提升不大，表明影视动漫产业将要到达重要转折点，资本投入风险、IP 研发质量、大型企业垄断、民营企业竞争、网络盗版等问题亟须重点关注，产业转型蓄势待发。

同时，应该看到，出版传媒产业各项效率值基本处于中间位置，但四年间增长幅度均较大，表明该产业尽管面临传统出版、杂志、报刊业绩下降、利润下滑的威胁，甚至许多报纸、杂志停刊，广告量急剧下降，但大多数企业都在积极谋求转型，迅速与互联网开展合作、与其他企业兼并重组或者开拓游戏、影视等新业务，优化调整企业行为应对威胁，全面布局新产业化发展蓝图，保持了良好的发展态势。随着数字技术应用、IP 研发的加紧，业务层面与其他产业的相互融合渗透，出版传媒产业未来仍有较大发展潜力和市场竞争优势。

3. 文化上市企业 DEA 结果改进

利用 DEA–BCC 模型对非 DEA 有效的文化上市公司进行投射分析，给出 30 家公司应有的投入和产出目标值，计算出其与现实原始值的差距，即各公司应对六项投入产出指标进行改进的幅度和方向，能够帮助各公司调整投入产出量，达到各效率的最优值，从而提高公司绩效水平。2015 年，30 家文化上市公司投入产出指标的改进量，如表 13–12 所示。

表 13–12　2015 年非 DEA 有效文化上市公司改进值

公司	数据类型	净利润（亿元）	营业收入（亿元）	每股收益（元）	总资产（亿元）	营业成本（亿元）	职工人数（百人）
歌华有线	原始值	6.73	25.68	0.59	140.21	20.55	28.40
	目标值	8.20	37.15	0.72	140.21	20.55	28.40
	改进幅度	21.87%	44.68%	21.86%	0.00%	0.00%	0.00%
天威视讯	原始值	2.87	18.12	0.53	35.80	11.82	24.46
	目标值	2.87	18.12	0.53	35.80	11.82	24.46
	改进幅度	0.00%	0.00%	0.00%	0.00%	0.00%	0.00%

续表

公司	数据类型	净利润（亿元）	营业收入（亿元）	每股收益（元）	总资产（亿元）	营业成本（亿元）	职工人数（百人）
华数传媒	原始值	5.34	28.59	0.40	126.75	15.94	47.59
	目标值	7.51	32.81	0.59	118.52	15.94	32.82
	改进幅度	40.77%	14.76%	47.25%	-6.49%	0.02%	-31.04%
湖北广电	原始值	3.72	24.08	0.58	76.05	12.51	83.39
	目标值	3.72	24.08	0.58	76.05	12.51	83.39
	改进幅度	0.00%	0.00%	0.00%	0.00%	0.00%	0.00%
电广传媒	原始值	3.81	59.85	0.27	201.53	41.18	142.50
	目标值	13.69	72.65	0.86	172.55	41.18	87.62
	改进幅度	258.85%	21.38%	217.78%	-14.38%	0.00%	-38.51%
东方明珠	原始值	29.07	211.26	1.53	352.79	165.22	61.71
	目标值	29.07	211.26	1.53	352.79	165.22	61.71
	改进幅度	0.00%	0.00%	0.00%	0.00%	0.00%	0.00%
广电网络	原始值	1.33	23.87	0.24	54.11	15.60	68.46
	目标值	5.40	30.66	0.41	54.11	15.60	48.34
	改进幅度	305.47%	28.46%	72.08%	0.01%	-0.02%	-29.39%
吉视传媒	原始值	4.11	21.76	0.13	98.34	11.69	71.52
	目标值	4.77	25.09	0.39	47.02	11.69	42.39
	改进幅度	15.91%	15.31%	200.77%	-52.18%	-0.03%	-40.73%
长城影视	原始值	2.32	9.93	0.44	29.17	5.15	4.01
	目标值	2.32	9.93	0.44	29.17	5.15	4.01
	改进幅度	0.00%	0.00%	0.00%	0.00%	0.00%	0.00%
奥飞动漫	原始值	4.89	25.89	0.39	48.09	12.07	43.92
	目标值	4.89	25.89	0.39	48.09	12.07	43.92
	改进幅度	0.00%	0.00%	0.00%	0.00%	0.00%	0.00%
华谊兄弟	原始值	9.76	38.74	0.76	178.94	19.26	23.29
	目标值	9.76	38.74	0.76	178.94	19.26	23.29
	改进幅度	0.00%	0.00%	0.00%	0.00%	0.00%	0.00%
华策影视	原始值	4.75	26.57	0.48	81.53	16.69	7.53
	目标值	4.75	26.57	0.48	81.53	16.69	7.53
	改进幅度	0.00%	0.00%	0.00%	0.00%	0.00%	0.00%
光线传媒	原始值	4.02	15.23	0.25	81.89	10.10	3.42
	目标值	4.02	15.23	0.25	81.89	10.10	3.42
	改进幅度	0.00%	0.00%	0.00%	0.00%	0.00%	0.00%

续表

公司	数据类型	净利润（亿元）	营业收入（亿元）	每股收益（元）	总资产（亿元）	营业成本（亿元）	职工人数（百人）
华录百纳	原始值	2.67	18.85	0.38	46.98	14.00	4.32
	目标值	2.67	18.85	0.38	46.98	14.00	4.32
	改进幅度	0.00%	0.00%	0.00%	0.00%	0.00%	0.00%
新文化	原始值	2.48	10.26	0.47	37.23	5.51	4.34
	目标值	2.48	10.26	0.47	37.23	5.51	4.34
	改进幅度	0.00%	0.00%	0.00%	0.00%	0.00%	0.00%
大地传媒	原始值	7.03	71.39	0.89	92.99	50.33	161.33
	目标值	7.03	71.39	0.89	92.99	50.33	161.33
	改进幅度	0.00%	0.00%	0.00%	0.00%	0.00%	0.00%
华闻传媒	原始值	8.38	43.36	0.41	128.18	24.32	99.81
	目标值	9.34	45.93	0.66	128.18	24.32	53.61
	改进幅度	11.45%	5.93%	60.24%	0.00%	0.02%	−46.29%
粤传媒	原始值	4.45	12.92	0.38	45.26	9.11	46.01
	目标值	4.45	12.92	0.38	45.26	9.11	46.01
	改进幅度	0.00%	0.00%	0.00%	0.00%	0.00%	0.00%
天舟文化	原始值	1.76	5.44	0.42	20.86	2.36	4.76
	目标值	1.76	5.44	0.42	20.86	2.36	4.76
	改进幅度	0.00%	0.00%	0.00%	0.00%	0.00%	0.00%
中文在线	原始值	0.31	3.90	0.27	8.79	2.06	6.01
	目标值	0.31	3.90	0.27	8.79	2.06	6.01
	改进幅度	0.00%	0.00%	0.00%	0.00%	0.00%	0.00%
中文传媒	原始值	10.58	116.02	0.78	176.07	74.59	70.22
	目标值	10.58	116.02	0.78	176.07	74.59	70.22
	改进幅度	0.00%	0.00%	0.00%	0.00%	0.00%	0.00%
时代出版	原始值	3.93	60.21	0.78	68.51	53.59	32.42
	目标值	3.93	60.21	0.78	68.51	53.59	32.42
	改进幅度	0.00%	0.00%	0.00%	0.00%	0.00%	0.00%
浙报传媒	原始值	6.10	34.58	0.51	80.19	20.07	46.02
	目标值	6.78	37.03	0.55	80.19	20.07	46.02
	改进幅度	11.13%	7.09%	7.06%	0.00%	0.00%	0.00%
长江传媒	原始值	3.25	118.88	0.27	94.23	104.33	49.53
	目标值	3.25	118.88	0.27	94.23	104.33	49.53
	改进幅度	0.00%	0.00%	0.00%	0.00%	0.00%	0.00%

续表

公司	数据类型	净利润（亿元）	营业收入（亿元）	每股收益（元）	总资产（亿元）	营业成本（亿元）	职工人数（百人）
新华传媒	原始值	0.58	15.73	0.06	43.23	10.80	21.10
	目标值	3.63	20.49	0.44	43.23	10.80	21.10
	改进幅度	528.60%	30.27%	633.33%	0.00%	0.00%	0.00%
博瑞传播	原始值	0.75	11.97	0.07	45.03	7.19	34.00
	目标值	3.32	15.61	0.41	34.41	7.19	24.24
	改进幅度	344.27%	30.40%	478.57%	–23.59%	0.07%	–28.71%
中南传媒	原始值	16.95	100.85	0.94	167.23	59.41	141.12
	目标值	16.95	100.85	0.94	167.23	59.41	141.12
	改进幅度	0.00%	0.00%	0.00%	0.00%	0.00%	0.00%
皖新传媒	原始值	7.73	65.81	0.85	79.26	51.48	52.52
	目标值	7.73	65.81	0.85	79.26	51.48	52.52
	改进幅度	0.00%	0.00%	0.00%	0.00%	0.00%	0.00%
凤凰传媒	原始值	11.24	100.46	0.44	179.14	62.29	86.23
	目标值	12.48	100.74	0.83	173.67	62.29	86.23
	改进幅度	11.01%	0.28%	88.18%	–3.06%	0.00%	0.00%
出版传媒	原始值	0.80	15.38	0.15	29.24	12.19	14.47
	目标值	1.55	18.76	0.33	29.24	12.19	14.47
	改进幅度	93.67%	21.97%	118.00%	0.00%	0.01%	0.00%

从非 DEA 有效的文化上市公司的投影结果能够看出，处于规模报酬递减状态的文化企业，由于公司生产规模超出了自身经营管理能力范围，使得产出增加的幅度小于生产要素投入增加的幅度，生产和销售工作无法实现高效协调，从而抬高了单位生产成本，降低了生产效率。根据计算出的改进幅度能够看出，大多数非 DEA 有效的文化上市公司除需要在充分利用现有资产、成本、人才等资源的基础上，优化资源配置，大幅度提高生产效率，获得应有营业收入、净利润和每股收益外，尤其需要剔除资产、成本、人才等资源的投入冗余，许多公司人才投入剔除量多在 30%~50%，需要改进的幅度最大，表明中国文化企业的劳动生产效率非常低，相当一部分人才没有得到合理配置和利用，使得人力成本成为文化企业较大的经济负担，未能实现应有的市场绩效。

第四节　中国文化市场绩效研究成果与结论

进入 21 世纪，伴随人们对文化产业的认知不断加深，国内学界关于文化产业市场绩效的探索不断增多，促使文化产业组织理论研究不断走向正轨。综观现有文化产业市场绩效研究，国内学者的探讨涉及普通文化企业、文化上市公司、国有文化企业、剧场文化企业、文化产业园区、文化产业集群、区域文化产业、某类具体文化产业等众多微观、中观对象，研究视角大多从文化市场绩效及其影响因素出发，基于各类财务指标及其他绩效指标，形成了多种文化市场绩效综合评估指标体系，所用模型涵盖EVA、DEA、平衡计分卡、主成分分析、因子分析、灰色关联、HLM 模型等数种专业性、综合性计量方法，且在改进文化市场绩效的管理措施上不断创新突破，使得研究成果日渐丰硕，为文化产业及相应企业实际运营提供了重要支持。总结研究成果可以发现，国内学界关于文化市场绩效的研究方向大致有四个：一是直接评价文化企业市场绩效，包括对文化产业园区、集群等企业绩效的关注；二是验证资本结构、团队性质、高管特征、智力资本、公司治理等因素对文化企业市场绩效的影响；三是探讨企业行为与文化企业市场绩效的关系，尤其以并购等合作行为为重点；四是比较区域文化产业绩效差异，涵盖对财政支出、政策等规制绩效的比对。

一、文化企业市场绩效评价研究

最初国内学者主要从理论角度定性探讨文化市场绩效，随着文化产业的纵深发展，学者们开始意识到将文化市场绩效纳入计量考评的必要性，依据产业经济学、经济学、计量经济学等理论与方法，不断延伸文化市场绩效的内涵，深入解剖文化市场绩效的构成，依托多种管理工具和统计模型，以上市文化公司为重点，考察企业财务成效并影射文化产业市场效率全貌，促使研究结论不断加深，但大多数研究仍以短期评价为主，缺乏细节性、跟踪性研究。

代表性成果及结论主要有：魏亚平和侯艳红（2009）将财务 EVA（Economic Value Added）绩效评价方法引入文化企业投入绩效考量中，加强了资本总额、税后净营业利润、平均资本成本、单位资本 EVA 等指标计算，并用实例进行了验证。[①] 黄欣和占绍文（2012）基于平衡计分卡，从财务指标、内部业务流程指标、顾客指标、学习与成长指标四个维度构建了文化产业绩效评估指标体系。[②] 张鲜华（2013）通过对 23 家文化上市公司的财务绩效分析发现，多数文化上市公司在资产管理、盈利能力、偿债能力等方面表现较好，但在资产利用效率、盈利现金流保障等方面尚有较大提升空间。[③] 王凡妹和黄子裕（2013）结合文化产业特征和国有企业特色，从数量、质量、成本、时间四个方面构建了演艺类国有文化企业绩效考核指标体系，并进行了实证研究。[④] 杨潇和陈亮（2013）基于灰色关联度对 12 家文化上市公司经营绩效进行了评价，发现文化上市

① 魏亚平，侯艳红. 文化企业 EVA 投入绩效评价方法的研究［J］. 会计之友，2009（5）：69-72.

② 黄欣，占绍文. 文化产业绩效评估指标体系的构建［J］. 统计与决策，2012（19）：41-43.

③ 张鲜华. 文化产业上市公司企业财务绩效评价与分析［J］. 财会研究，2013（10）：64-66.

④ 王凡妹，黄子裕. 国有文化企业绩效考核体系研究——以 BPA 公司为例［J］. 北京科技大学学报（社会科学版），2013，29（3）：90-97.

公司经营绩效存在显著差异。[①] 刘璐（2013）运用因子分析和DEA模型，对沪深50家文化上市公司进行经营绩效评价，结果表明文化上市公司总体经营效率偏低，尤以互联网、广播与电视业经营效率最差，动漫业和广告营销业相对较好。[②] 郭淑芬等（2014）应用超效率DEA模型和Malmquist指数法对30家文化上市公司进行了绩效评估，得知仅有八家企业达到了DEA有效状态，所有上市公司整体绩效一般，且由于技术进步率下降导致了全要素增长率的负增长。[③] 李婕（2016）从盈利能力、偿债能力、营运能力、发展能力、技术创新能力、社会影响力、社会责任力七个方面构建了文化上市公司绩效评价指标体系，并对33家上市公司进行了实证分析，发现文化上市公司最关注的是企业盈利，对技术创新和社会责任重视明显不够。[④] 张春河和尚倩（2016）基于转企改制文化企业的特殊性，提出改制后的文化企业绩效评估应当包括财务指标、成长指标和社会指标。[⑤] 宋百丰（2016）运用DEA模型对30家上市文化公司2012~2014年绩效进行衡量，结果表明，文化上市公司整体综合技术效率偏低，纯技术效率有所下滑，规模效率偏低但有上升趋势，三年间能够达到DEA有效公司个数很少，大多数公司处于规模不经济状态，资源配置能力、使用能力均有待提高。[⑥] 朱尔茜（2017）基于因子分析对81家文化上市公司的偿债能力、运营能力、盈利能力和发展能力进行评价，发现偿债能力和发展能力对文化上市公司绩效有决定性作用，运营能力和盈利能力的绩效影响相对较小，且绩效良好的企业主要集中在广播电影电视业和娱乐服务业。[⑦]

此外，还有学者如徐进和梁鸿（2009）、[⑧] 臧志彭（2013）、[⑨] 解学芳（2014）、[⑩] 袁丹和雷宏振（2014）[⑪] 等关注了文化产业园区、创意产业基地、文化产业集群等企业市场绩效。

二、文化企业市场绩效影响因素研究

随着文化企业市场绩效研究的推进，学界对文化企业市场绩效影响因素的探讨不断深入，除对资本结构、高管特征等常规要素进行测评分析外，近年继续将视野扩展到团队性质、流动资产管理、智力资本、创新网络、社会责任等新型要素方面，涉及

① 杨潇，陈亮. 基于灰色关联度的中国文化产业上市公司经营绩效评价［J］. 企业导报，2013（22）：33-34.

② 刘璐. 中国文化产业上市公司经营绩效研究——基于因子分析和DEA-Bootstrap法［J］. 时代金融，2013（27）：196-197.

③ 郭淑芬，郝言慧，王艳芬. 文化产业上市公司绩效评价——基于超效率DEA和Malmquist指数［J］. 经济问题，2014（2）：75-78.

④ 李婕. 文化产业上市公司绩效评价体系研究［D］. 天津：天津工业大学硕士学位论文，2016.

⑤ 张春河，尚倩. 转企改制文化企业绩效评估指标如何设计——基于文献的思考［J］. 人民论坛，2016（9）：78-79.

⑥ 宋百丰. 基于DEA模型的我国文化产业上市公司绩效评价研究［D］. 北京：北京理工大学硕士学位论文，2016.

⑦ 朱尔茜. 文化产业上市公司经营绩效评价——基于81家公司财务数据的实证分析［J］. 技术经济与管理研究，2017（1）：124-128.

⑧ 徐进，梁鸿. 上海张江文化科技创意产业基地的公共政策绩效分析［J］. 科技进步与对策，2009（2）：91-94.

⑨ 臧志彭. 文化产业示范园区基地绩效评估与管理机制构建研究［J］. 管理现代化，2013（6）：63-65.

⑩ 解学芳. 文化科技产业园区企业集群生态化与绩效评估体系构建［J］. 社会科学研究，2014（1）：35-41.

⑪ 袁丹，雷宏振. 中国文化产业集群绩效实证研究——以陕西省为例［J］. 东岳论丛，2014（6）：79-83.

内容较多、层面较广，但研究成果大多借鉴产业经济学的常规研究方法与模型，结论多有矛盾之处，缺乏系统性的规律总结。

代表性成果及结论主要有：刘颖斐等（2011）以18家文化上市公司数据证实了资产负债率与净资产收益率呈正相关关系，但资本结构与文化公司成长性关系不明确，提出应通过增加融资和创新投入改善市场绩效。[①] 白积洋（2012）通过对2006~2011年文化上市公司进行主成分和回归分析发现，文化上市公司普遍存在流动资产负债率高、资产负债率低、股权集中的特征，而资本结构与文化上市公司绩效存在显著负相关关系。[②] 吴慧香（2012）对2006~2010年A股文化上市公司进行实证研究发现，物质资本、人力资本与市场绩效均呈正相关，但物质资本对文化公司绩效的贡献仍占主导地位。[③] 孙万欣和陈金龙（2013）选择2002~2011年文化上市公司面板数据考察治理机制与市场绩效的关系，结果表明，高管激励与市场绩效显著正相关，股权结构与市场绩效显著负相关，董事会机制与市场绩效正相关，但在整体内部治理机制中不显著。[④] 杨斌和张晓青（2013）基于平衡计分卡构建了文化创意企业绩效评价指标体系，运用VAIC模型进行测算发现，智力资本对文化创意绩效的作用已大于物质资本。[⑤] 林亚囡（2014）选取2010~2012年沪深两市文化上市公司高管特征和企业绩效的数据进行回归分析，发现高管性别对企业绩效有显著正相关关系，高管学历、年龄、从政经历、任期、董事会规模、独立董事比例等均与企业绩效呈负相关关系。[⑥] 张庆等（2015）选取2008~2012年29家文化上市公司数据进行因子分析，发现文化企业在发展初期有较强股权融资偏好，但短期负债比重较大的资本结构能够起到较好的市场绩效，同时流动性负债率与公司综合价值呈现倒"U"形关系。[⑦] 郑强国和秦爽（2015）基于结构方程对65个文化创意团队的团队异质性、知识共享和市场绩效相互作用机理进行验证，结果显示知识共享对绩效有显著正向作用，而社会异质性、价值观异质性对绩效的负向影响均不显著。[⑧] 贾文军和张娜（2015）以2011年深沪文化上市公司数据为基础，运用因子分析和回归方程进行计算，得出社会责任与公司绩效呈较强正相关关系，其中承担股东和消费者责任对公司绩效促进作用最大，公益性社会责任对公司绩效短期有负作用，长期则有正影响；[⑨] 郭淑芬等（2016）运用结构方程探讨了创新网络对文化企业

---

① 刘颖斐，王长寿，李国强. 文化产业上市公司资本结构与企业绩效实证分析［J］. 价值工程，2011（36）：1-4.

② 白积洋. 中国文化产业上市公司资本结构与企业绩效的实证分析［J］. 上海商学院学报，2012（5）：26-38.

③ 吴慧香. 智力资本对文化创意企业绩效贡献研究［J］. 中国经贸导刊，2012（17）：75-77.

④ 孙万欣，陈金龙. 内部治理机制与绩效相关性——基于传播与文化产业上市公司的实证研究［J］. 宏观经济研究，2013（2）：80-90.

⑤ 杨斌，张晓青. 文化创意企业智力资本对企业绩效影响的实证分析［J］. 成都理工大学学报（社会科学版），2013（6）：70-77，83.

⑥ 林亚囡. 文化娱乐业上市公司高管特征与企业绩效的关系研究［D］. 济南：山东大学硕士学位论文，2014.

⑦ 张庆，桑磊泉，陈欢. 文化类上市公司资本结构与绩效的关系［J］. 财会月刊，2015（2）：78-81.

⑧ 郑强国，秦爽. 基于结构方程的团队异质性与团队绩效关系研究——来自北京市57家文化创意企业的数据［J］. 企业经济，2015（6）：111-115.

⑨ 贾文军，张娜. 文化创意企业社会责任与公司绩效关系研究［J］. 山西经济管理干部学院学报，2015（1）：33-36.

创新绩效的影响，发现企业—企业、企业—科研院所、企业—中介机构、企业—政府机构四种创新网络均与文化企业创新绩效呈正相关关系。[①]

三、文化企业行为与市场绩效关系研究

文化企业行为与市场绩效关系研究是文化产业组织理论、文化产业规制理论等研究的基础。国内学者关于文化企业行为与市场绩效的关系探讨主要集中在兼并、借壳上市等行为带来的绩效变化，少数学者还关注了创新研发行为对文化企业市场绩效的影响，初步形成了相对成熟的逻辑思路和计量方法，但研究视野较为狭窄，关注重点亟待拓展。

在文化企业并购行为绩效方面，严龙茂等（2015）以华谊兄弟并购银汉科技为例，从并购动因、风险、整合效应和市场绩效等方面分析发现，并购后公司股价处于攀升状态，规模效应、协同效应显著提高，资源优化配置能力亦有所增强，但总资产周转率、应收账款周转天数、流动比例等财务数据不甚理想，表明公司运营质量、资产利用率、偿债能力等都有所降低。[②]孙海彬（2015）以 26 家文化上市企业并购案为研究对象，通过比较企业并购前后的偿债能力、盈利能力、发展能力和运营能力等财务指标，发现大部分企业在并购后一年绩效显著下降，仅有小部分绩效有所提升，提升幅度较小，表明许多文化上市公司并没有实现预期并购效果。[③]曲虹霖（2016）以浙富控股并购梦想强音为典型进行分析发现，中国传统企业并购文化企业的动因主要为降低产业进入壁垒、增加新利润增长点、分享客户资源、分散经营风险和利用政府扶持政策。[④]吴宇飞和华宇虹（2017）基于平衡计分卡，从财务、客户、内部流程、学习和成长四个维度构建了并购绩效评价体系，以天舟文化并购神奇时代为个案开展实证研究，发现天舟文化在并购当年各项财务指标均呈现正向变化，经营上产生了良好的市场协同效应，创新和学习能力也有所增强，但内部整合造成的管理费用显著增加，需提高管理效率。[⑤]王立博（2017）选取 2011~2015 年沪深文化上市公司并购案例进行回归分析，发现新媒体特征对并购短期绩效影响不显著，长期有正向影响，跨界融合因素对并购短期绩效有正向影响，长期有负向影响，无形资产对并购短期和长期绩效都有正向影响。[⑥]

此外，在对文化企业并购行为绩效的影响因素研究方面，阎佳（2015）、[⑦]许立新和

---

① 郭淑芬，卢丽娜，郭金花．创新网络对文化企业创新绩效的影响研究［J］．山东财经大学学报，2016（1）：75-82，98.

② 严龙茂，黄朝生，郭萌萌．文化娱乐企业并购绩效分析——以华谊兄弟并购银汉科技为例［J］．财会通讯，2015（20）：93-95.

③ 孙海彬．文化传媒上市企业并购绩效研究［D］．保定：河北大学硕士学位论文，2015.

④ 曲虹霖．传统企业并购文化企业的动因及绩效研究［D］．济南：山东财经大学硕士学位论文，2016.

⑤ 吴宇飞，华宇虹．基于平衡计分卡的中国出版企业并购绩效评价研究——以天舟文化并购神奇时代为例［J］．北京印刷学院学报，2017（1）：41-45.

⑥ 王立博．中国文化传媒类上市公司并购绩效研究［J］．时代金融，2017（5）：152，157.

⑦ 阎佳．我国文化企业股权结构对并购绩效的影响研究［D］．长春：吉林大学硕士学位论文，2015.

董秀秀（2015）、[①] 李超（2016）[②] 等探讨了股权结构对并购绩效的影响，研究结果表明文化企业并购通常对市场绩效产生负作用，在一定范围内股权越集中，并购绩效越高，但超过一定范围，股权集中度与并购绩效呈负相关，适当的国家持股不会对并购绩效造成损失，但管理层持股的影响方向尚不明朗。潘爱玲和王淋淋（2015）研究了政治关联、产权属性对并购绩效的影响，发现文化企业的政治关联性与并购绩效呈正相关关系，国有文化企业相较于民营文化企业政治关联性更强，在并购时能获得更多财政补贴，而产权属性对并购绩效的影响较为复杂，政府持股对文化企业并购绩效有提升作用，但政府过多干预则对并购绩效有负影响。[③] 另有学者如邢君（2016）、[④] 林姗（2016）、[⑤] 王配配（2016）、[⑥] 刘晓燕（2016）、[⑦] 郭磊（2016）[⑧] 等对并购规模、支付方式、终极控股股东、高管薪酬、制度环境等因素与并购绩效的关系进行了探讨。

在文化企业创新研发行为绩效方面，魏亚平和陈燕飞（2015）以 112 家中小板和创新板上市文化企业为对象进行绩效评价发现，企业规模、股权、债务水平等对研发投资有正影响，而研发投资的增加能够显著拉动企业专利和新产品收入的提高，同时，财政补贴有利于刺激文化企业进行专利研发，税收优惠则有利于增进文化企业新产品收入。[⑨] 臧志彭（2015）通过对 2011~2013 年 161 家文化上市公司的面板数据进行统计发现，研发投入能够在当期、滞后期对政府补助与文化上市公司绩效的关系产生正向中介效应，而政府补助对文化企业绩效有显著正向促进作用，表明一方面文化企业应自主增加研发投入；另一方面，政府补助应当更多地用于文化企业研发投入的长效保障和引导机制。[⑩] 冯静（2016）通过对 2010~2013 年每年 80 家文化上市公司进行统计发现，文化企业的团体特征如教育程度、年龄、任期等通常不会对财务绩效产生直接影响，但会通过研发投入对财务绩效产生促进或阻碍的间接作用。[⑪]

四、区域文化产业市场绩效对比研究

近年来，国内学界越来越多地将文化市场绩效的研究对象扩大至区域范围，尤其

---

① 许立新，董秀秀. 从 EVA 看股权结构对并购绩效的影响——基于中国文化产业的实证研究［J］. 上海管理科学，2015（2）：43-48.

② 李超. 股权结构、内部控制有效性与文化企业并购绩效［D］. 济南：山东财经大学硕士学位论文，2016.

③ 潘爱玲，王淋淋. 产权属性、政治关联与文化企业并购绩效［J］. 华中师范大学学报（人文社会科学版），2015（3）：89-100.

④ 邢君. 中国文化企业并购特征与并购绩效研究［D］. 济南：山东大学硕士学位论文，2016.

⑤ 林姗. 并购支付方式对文化企业并购绩效的影响研究［D］. 济南：山东财经大学硕士学位论文，2016.

⑥ 王配配. 制度环境对终极控制股东与文化企业并购绩效关系的影响研究［D］. 济南：山东财经大学硕士学位论文，2016.

⑦ 刘晓燕. 终极控股股东对文化企业并购绩效的影响研究［D］. 济南：山东财经大学硕士学位论文，2016.

⑧ 郭磊. 文化企业并购绩效、高管薪酬与公司治理的关系研究［J］. 经济师，2016（1）：267-268.

⑨ 魏亚平，陈燕飞. 文化创意企业研发投资决策与研发绩效实证研究——基于研发周期视角［J］. 科技进步与对策，2015（3）：103-108.

⑩ 臧志彭. 政府补助、研发投入与文化产业上市公司绩效——基于 161 家文化上市公司面板数据中介效应实证［J］. 华东经济管理，2015（6）：80-88.

⑪ 冯静. 文化企业团队特征、研发投入与财务绩效的实证研究［D］. 天津：天津商业大学硕士学位论文，2016.

以省域为主，评价分析各省文化产业发展取得的绩效成就，并进行东、中、西分界、对比，初步形成了若干规律性总结和共识，为文化产业市场绩效空间结构的进一步深入探讨奠定了基础。

代表性成果及结论主要有：郭国峰和郑召锋（2009）运用数据包络技术、因子分析和结构方程对中部六省文化产业绩效进行了评价，发现中部六省文化市场绩效存在较大差异但普遍低于全国平均水平，多数省份进入规模收益递减或不变阶段。[①] 焦德武（2010）以 SCP 理论为基础，对安徽省文化市场结构、行为、绩效进行分析，发现安徽文化市场集中度不高、行业进入壁垒逐步由市场主导、区域差异化显著，其市场绩效指标中，技术创新贡献率和资源配置率在缓慢上升，规模结构效率仍需大幅提高。[②]张仁寿等（2011）运用 DEA 的 CCR 模型和超效率模型对广东 13 个省市 2007 年文化产业投入产出数据进行测算，发现广东文化产业投入产出综合效率虽为第一，但固定资产投入、财政投入、文化文物单位投入等方面仍不足，且自主创新能力明显缺乏，尚不具备国际市场竞争力。[③] 杨智勇（2011）利用谱系聚类法对 31 个省份文化产业发展绩效进行测评聚类，得知上海、浙江、山东、江苏、广东东部五省市属于高绩效地区，新疆、青海、宁夏等西部省份属于最落后梯队。[④] 张洁（2011）通过计量统计发现东部地区文化创意产业尽管规模较大，但利润水平、生产效率等市场绩效并不比全国平均水平高。[⑤] 江奔东（2013）提出应当拓宽内容创意元素事业、培育文化产业衔接技术、打造密集创意及交易平台、推进文化商品价格改革、营造宽容和谐创意环境等，以提高文化产业创意业态绩效。[⑥] 刘玉玲等（2014）基于模糊综合评价模型，从发展水平、投入程度、经济效益、社会效益四个方面构建了农村文化产业绩效评价指标体系，以蔚县剪纸产业为例进行了实证分析。[⑦] 裴耀琳（2016）运用 SFA 和 DEA 模型对 31 个省份文化产业创新水平进行评价，结果表明，大部分省份文化产业创新处于规模效益递增阶段，经济发展水平高的地区创新绩效普遍高于相对落后地区，基本呈现东部沿海向中西部地区递减的阶梯式分布格局。[⑧] 郭淑芬和裴耀琳（2016）基于创新过程，从过程绩效、条件绩效和产出绩效三个方面构建了文化产业创新绩效评价体系，以 31 个省份为实证对象进行测度，发现广东、福建、浙江、江苏文化产业各阶段创新绩效均较高，而西部大部分省份各阶段创新绩效均较低。[⑨]

---

① 郭国峰，郑召锋. 中国中部六省文化产业发展绩效评价与研究［J］. 中国工业经济，2009（12）：76-85.

② 焦德武. 市场结构、行为与绩效：安徽文化产业现状研究［J］. 江淮论坛，2010（4）：54-59.

③ 张仁寿，黄小军，王朋. 基于 DEA 的文化产业绩效评价实证研究以广东等 13 个省市 2007 年投入产出数据为例［J］. 中国软科学，2011（2）：183-192.

④ 杨智勇. 中国文化产业发展绩效评析［J］. 未来与发展，2011（9）：64-68.

⑤ 张洁. 中国文化创意产业的空间分布和地区绩效分析［J］. 商业经济与管理，2011（2）：64-70.

⑥ 江奔东. 关于提高文化产业创意业态绩效的思考［J］. 齐鲁学刊，2013（4）：71-74.

⑦ 刘玉玲，姚金安，张润清. 农村文化产业绩效评价指标体系研究——以蔚县剪纸产业为例［J］. 湖北农业科学，2014（22）：5589-5591，5596.

⑧ 裴耀琳. 中国文化产业创新绩效的省域水平测度及比较研究［D］. 太原：山西财经大学硕士学位论文，2016.

⑨ 郭淑芬，裴耀琳. 中国内地 31 省市文化产业创新绩效区域比较——基于过程视角［J］. 科技进步与对策，2016（4）：31-37.

此外，金雪涛和潘苗（2013）、[①] 刘鹏等（2015）、[②] 单天琪（2016）[③] 等通过对财政投入与市场绩效的关系评估发现，财政补贴能够促进文化上市公司或区域文化产业的经营绩效提升，但贡献度存在较大差异，且中国文化产业财政投入存在严重的总量结构失衡、项目失衡和区域、城乡失衡。杨吉华（2007）、[④] 孙淑芹等（2010）、[⑤] 江奔东（2015）[⑥] 则分别定性探讨了中国文化产业政策绩效、文化体制改革绩效、政府规制绩效，由此提出应继续做好深化文化体制改革、加强文化产业战略规划、科学掌控政府政策总供给、积极参与国际文化市场竞争、整合政府机构等改进措施。

五、已有研究成果述评

综观国内对文化市场绩效的研究不难发现，近年学者们十分重视文化企业和产业的市场经营成果，深刻认识到文化市场结构、文化企业行为与文化市场绩效的关系，从不同角度探讨了文化市场绩效的影响因素，采用各类定量模型、评价指标体系、技术支持手段等使研究对象不断拓展，研究结论不断深入，但总体而言，关于文化市场绩效的研究还存在以下不足。

（一）理论基础尚不完善

理论研究是客观实践的主观反映，由于中国文化产业发展起步较晚，现有统计数据尚不健全，尽管已有文化经济学、文化产业经济学、文化管理学等一系列学科理论支撑，但信息时代网络经济带来的复杂性，使得文化市场结构、文化企业行为与文化市场绩效的相互作用和制约关系尚未充分展开，文化市场运营的本质规律仍未全面暴露，使得该领域诸多基本问题，如文化企业绩效与文化市场绩效的区别和联系、文化市场绩效的特殊性质、文化市场绩效的衡量重点、文化市场绩效与其他产业市场绩效的关系等没有达成统一共识，研究成果分布零散，未能进行较为系统的理论概括和规律总结。

（二）研究视野不够开阔

在现有文化市场绩效研究中，尽管对文化市场绩效影响因素进行了诸多探讨，但绝大多数研究集中于并购行为带来的文化企业绩效变化，许多重要作用关系如文化市场结构与市场绩效、文化企业定价行为与市场绩效、文化企业广告行为与市场绩效、文化战略联盟与市场绩效、文化供需链管理与市场绩效、文化企业业务外包与市场绩效、文化虚拟企业与市场绩效等尚未引起重视，尤其对政府、公众等社会因素的考虑较为欠缺，同时，尚未有研究成果深入探讨各类影响因素对市场绩效形成的共同作用机理，对文化市场绩效的时空演变规律等也未全面涉及，这便对各类因素影响文化市

---

① 金雪涛，潘苗. 中国文化产业公共财政投入的绩效分析与对策选择［J］. 经济与管理，2013（6）：76-80.

② 刘鹏，赵连昌，杜啸尘. 文化产业财政补贴绩效评价及影响因素研究——基于上市公司的实证分析［J］. 中国海洋大学学报（社会科学版），2015（3）：55-60.

③ 单天琪. 文化创意产业财政支出绩效评价研究［D］. 北京：中国财政科学研究院硕士学位论文，2016.

④ 杨吉华. 对改革开放以来中国文化产业政策绩效的几点思考［J］. 攀登，2007（1）：88-91.

⑤ 孙淑芹，孙亚超，孙淑芳. 文化体制改革绩效评价与相关产业消费之影响［J］. 中国商贸，2010（28）：232.

⑥ 江奔东. 论文化产业的规制绩效［J］. 艺术百家，2015（4）：57-62.

场绩效的真实程度难以给出客观、合理的证明与评价，并使文化市场绩效及其改进措施的研究在深度上存在很大欠缺。

（三）研究方法有待更新

许多经济学、产业经济学领域的实证模型或结论都是特定条件下的经验总结，并不完全适用于文化这一社会效应十分显著的领域，文化产业具有相对独立性和完整性，且有着较为突出的外部性，直接照搬经济学、产业经济学等研究逻辑和方法可能会在某种程度上失效，或不能全面反映文化市场绩效的真实面貌。尤其是现有关于文化市场绩效的直接评价大多限于短期文化上市公司的财务指标，鲜有对文化市场绩效长期、系统的定量实证研究，更是缺乏针对当前文化市场生产效率低下，技术进步率和规模经济效益不显著所采取规制措施的新型研究思路和方案，目前以归纳演绎法制定的改进措施往往流于表面，对文化产业实际运营的指导作用不强。

整体而言，文化市场绩效研究涉及经济学、产业经济学、统计学、管理学、金融学等数种理论和学科，有一定的复杂性和系统性，目前国内学者对文化市场绩效方方面面的认知尚不统一、不全面，理论基础薄弱、研究方法不完善，无论是概念界定、研究视野还是方法创新都存在滞后性，亟须在连续调研、分析、测算、总结的前提下，深入探究，加大研究投入，形成客观、全面、深入的研究结论，从而为文化企业管理、文化产业规制提供科学的支持。

第五节　中国文化企业市场绩效优化

一、中国文化企业市场绩效现状

根据上文实证测算以及学界相关研究成果，能够得知，以文化上市公司为代表的文化企业和所在文化产业之间取得的市场绩效差距较大，在盈利能力、营运能力、资产管理能力、社会责任承担等方面表现参差不齐，随着新媒体经济的兴起，一些文化企业出现了持续发展乏力的问题，甚至面临被迫出局的威胁，一些优质文化企业则在激烈的竞争中脱颖而出，但多数中国文化上市公司未能达到 DEA 有效状态，文化市场绩效整体效率水平偏低，尽管资源配置效率、技术效率、规模效率等市场绩效指标正在向好的方向演变，但在技术效率方面，文化企业的创新研发行为未能带来预期的生产效率提升，创新研发水平以及研发成果转化亟待提升；在规模收益方面，文化企业大多处于规模报酬递减或递增的非最佳点，各类经济资源尤其是人力资源未能被充分利用，资产也存在一定浪费现象，必须重新关注生产要素投入规模和比例，以更小的投入换取更大的产出。整体而言，以文化上市公司为代表的文化企业资源配置能力和配置效率有待提高，创造的市场绩效和社会福利仍有较大上升空间，在后续深化体制改革和文化产业融合发展过程中，应积极寻求文化企业的跨界整合和产业链延伸拓展，通过对各类资源的再配置和再利用，不断提升生产效率与规模经济报酬，力争全面促进文化企业市场绩效的增长。

二、中国文化企业市场绩效优化对策

为实现当前文化企业市场绩效的进一步优化，可采取的措施如下：

（一）规避投资风险

当前文化产业迅猛增长，在低门槛的优势下吸引了大量资本涌入，文化企业频繁施行业务重组、跨界并购、借壳上市、IP 孵化等动作，但在高速发展的背后，却存在政府监管过多、市场波动过快、部分领域投资过热等风险，面对众多文化企业生产经营规模的盲目扩大，需持谨慎的态度理性对待，防止资金过度投入，带来规模不经济效应，造成浪费。无论资金来自股票市场、基金机构还是银行信贷，对于文化企业投资者而言，市场绩效评估结果能够为其投资决策提供相对客观、全面、科学的信息支持，尤其是文化上市公司绩效评估的排序结果可以直接作为投资参考，同时，投资者也可以重点关注文化企业某单项能力指标，确定几个互补、关联的文化企业，形成不同的投资组合，规避市场风险，防止资金冗余。此外，当前中小型文化企业大多数资金来自于银行等金融机构的信贷业务，文化企业市场绩效评估有助于解决长期以来金融机构对文化企业无重资产抵押的贷款难问题，将大型文化企业过多的投资适当向中小型文化企业转移，可缓解中小型文化企业融资困境，提高资金利用效率。政府部门也可以根据文化企业创造的市场绩效在产业中所处位置，有针对性地跟进相关政策，建立更为完善的文化企业激励约束机制。

（二）强化技术应用

当前中国文化企业纯技术效率不高，综合效率未能达到理想状态的现实，说明多数文化企业 R&D 投入与产出存在不合理现象，文化企业的创新研发行为尤其是对新兴科技的利用水平亟待改善。在三网融合、数字技术兴起、虚拟现实成果普及的背景下，各类文化生产器械、设备的科技含量不断提高，大部分文化企业加入了“互联网+”的经济浪潮，有条件的文化企业必须重视研发投入，强化自主创新能力，同时积极申请专利，保护知识产权，抵制假冒、盗版等侵权行为，以先进的企业生产经营技术改善市场绩效。为进一步优化创新研发的效率，文化企业在开展研发活动时，应当以成果转化为导向，合理并充分利用各类可获得的科技资源，一方面要注重增强自身 R&D 投入的规模效率，即在不断加大创新研发投入强度的同时，对投入比例作出结构性调整，提高研发成果产出；另一方面要加强对外来新兴创新科技的引用，增加新产品项目数，积极将外来科技资源转化为企业的经济效益潜能，改变以往文化企业仅仅依靠生产规模扩大的粗放式增长模式，提高科技附加值含量，改进绩效增长质量。政府方面可在优化文化企业创新研发行为方面进行统筹协调，平衡各文化企业之间创新研发资源的分配，根据创新研发效率的高低，合理引导创新研发资源适当转移，充分激励具有创新研发优势的大中型文化企业带动文化产业整体创新活力，推动重点技术进步，全面促进文化企业创新研发资源的优化配置、综合集成和高效利用。

（三）减少人员冗杂

在未达到DEA有效的文化企业中，投入指标的职工人数需要改进幅度最大，员工数量冗杂、生产效率低下是阻碍当前文化企业市场绩效提升的重要因素。由于中国文化企业市场化经营较晚，人力资源管理理论引入时间不长，许多文化企业尚未建立起规范的人力资源管理制度，招聘、培养、辞退等均不能得到科学、有效的管理措施支持；加之，许多文化上市公司由国有文化企业、集体文化企业转制而来，长期缺乏竞争意识，平均主义严重，使得企业员工普遍缺乏忧患意识，工作积极性不高；此外，在特定市场结构中的垄断经营，一些大型文化企业有能力承担较多的冗余人员，不需要对市场做出灵活、快捷的反应，也是企业组织层级过多、成员复杂、工作效率低下的原因。鉴于此，文化企业应当在设计科学的人力资源规划和考评制度的基础上，对职工绩效开展全面考评，作为招聘、培养、辞退的依据，推进职工危机意识和劳动素质提升，大力优化职工数量结构。同时，应当更新生产设备，合理分工，恰当安排职工工作内容和时间，重视对现有人才的充分开发和利用，改进人才使用机制，提升单位时间产出效率。更为重要的是，应当建立系统、合理的奖惩激励机制，加强培训力度，激发职工工作热情和积极性，设置人才发展上升渠道，全面提升企业人才梯队建设水平。

（四）实现规模经济

规模经济的理想状态是随着文化企业业务规模的扩大、职工数量的增加、生产销售网点的增多等而产生单位生产成本下降和单位收益上升。针对当前多数文化企业未实现规模经济的现状，首先，应当引导文化企业正确的投资方向，优化投资结构，增加对民营资本、外国资本等民间资本的引入，以市场的真实需求带动投资规模、方向及比例的调整，在招商引资过程中更重质量，使资本潜力被充分发挥。其次，应当在推进文化产业结构调整的前提下，引导文化消费结构升级，逐步控制劳动密集型、资本密集型文化产业的规模，大力发展技术含量较高的新兴文化产业，促使新兴文化产业得到合理的投入产出效率，逐步形成高级化、集约化的产业格局。最后，对处于规模报酬递增的文化企业应追加投资，增投各类生产要素，降低单位生产成本，确保生产效率的正常持续提升，而对处在规模报酬递减的文化企业则应考虑扩大优势业务，剥离低效益业务，调整各类生产要素投入比例，优化资本资源配置结构和效率。

（五）提升发展能力

发展能力主要以文化企业的成长速度和未来潜力来衡量，对文化企业市场绩效的提升具有重要作用。对于知识密集型、创意密集型、技术密集型的文化产业而言，改进文化企业的发展能力最关键的是要重视人才的作用，尤其发挥人才在科技创新、内容创意、知识传播、价值引领等产业链环节的增值作用。对文化企业人才作用的充分发挥，首先，要完善企业组织体系，明确责任分工，设立工作绩效优劣标准和一整套配合严密、过程流畅的生产链，通过恰当而明确地界定组织队员之间的工作关系，使企业决策科学、准确，执行及时、到位，确保各类人才工作成效的凸显。其次，应当注重管理人才的挖掘和培养，特别是具备文化产业专业技能、金融知识、管理才能于一身的多面手人才，充分发挥其在生产经营过程中的引导、衔接、协调功用，不仅让企业紧跟最新文化产业发展动态，而且对文化消费者需求、文化市场竞争态势等作出准确判断和及时反应，提高企业生产经营应变能力和增长能力。最后，需要着力建设企业文化，将创新作为企业文化的核心价值观，经由共同价值理念、思维方式和行为方式的整合，形成特定的软实力，发挥其协调企业组织运行、规范人才活动、聚集内外资源、激发市场需求等作用，通过新型文化业态、多元市场营销和现代流通形式，不断扩大企业的市场覆盖面和影响力，从而带来更多市场绩效。

第四篇

文化产业规制

文化的开放性特质使得文化市场难以在短期内形成自我调节及时和利益交换有序的理想形态，同时又因文化产品具有意识形态属性，其市场的开放性与文化的安全性之间存在矛盾点，必须依靠政府这只“看得见的手”予以调节和干预。在保障文化产业资源合理配置、最大限度满足社会需要的前提下，政府应对文化多样性、文化外部性、文化安全性等问题给予重点关注和管理，同时对广泛存在的文化市场失灵问题、供需结构失衡问题、竞争秩序混乱问题、缺乏价值导向问题等也需要进行引导、调控和规制。为此，设计了第十四章对市场经济内文化例外原则的考量，重点讨论了文化多样性维护、文化外部性溢出、文化版权保护、文化安全保障等议题，并在第十五章着重强调了政府对文化产业规制的必要性、当前存在的突出问题及未来发展趋势。

第十四章　文化例外

在经济全球化时代背景下，贸易自由化成为世界经济发展的重要趋势。文化产品作为商品在全球市场中流通，但又不同于一般商品，尤其当一个国家的文化产品在世界各地畅销时，无形之中把该国文化传播到了世界各地，其深刻的文化烙印会给其他国家和地区的传统文化和生活方式带来挑战。

美国可以说是最先发现文化产品特殊性的国家。1950 年，联合国教科文组织签订的《佛罗伦萨协定》是首个有关文化产品的国际协议，美国从保护本国文化产业角度出发，坚持增加一个修订协议：如果一种进口商品对与之构成直接竞争威胁的国内商品造成损害，美国可以单方面终止协定的执行。[①] 但是在随后国际贸易中，美国文化产品大量出口，反而是其他国家对美国文化产品的“侵略”忧心忡忡，如何抵制美国文化对本国文化的同化，成为自由贸易中的难题。以法国、加拿大为代表的国家开始争取在关税及贸易总协定框架下，将文化产品排除在自由贸易范围之外，提出“文化例外原则”。如果文化例外原则得到广泛认可，国家对外来文化产品采取排挤措施就变成正当行为。按照法国和加拿大等国的观点，“文化主权”是国家在疆域范围内享有的不可侵犯的权利，对本国文化产业实行保护属于文化主权范畴之内。美国却认为，文化产品同样以追求利润为目的，这一性质决定了文化产业也必须服从贸易自由化。[②] 可见，两类观点之间的分歧在于，文化产品究竟应该更加强调“商业”属性还是“文化”属性。从表面上看，文化例外原则不利于全球多边文化贸易的顺利进行，但从国家文化安全战略角度来看，文化例外原则有利于本国传统文化传承、促进国内文化产业发展。

第一节　文化多样性与保护

一、文化多样性概念的提出

全球化带来的国际贸易冲突波及了文化领域，为抵抗美国文化带来的同质化影响，

---

① 徐知兰. UNESCO 文化多样性理念对世界遗产体系的影响 [D]. 北京：清华大学博士学位论文，2012.

② 王晓德. 全球自由贸易框架下的“文化例外”——以法国和加拿大等国抵制美国文化产品为例 [J]. 世界经济与政治，2007 (12)：71-77，5.

在文化产品输出上相对弱势的国家开始寻求国际支持，促使联合国在不违背自由贸易原则的情况下，提出了“保护文化多样性”的理念，相比之前的文化例外原则，该理念更温和也更符合人类文化可持续发展的要求。文化多样性概念的提出与“全球化进程”和“生物多样性”密切相关。在全球化背景下，世界各地交往越来越密切，在互动过程中，不同文化之间存在的差异，促使人们更直观地感受到文化多样性带来的新鲜血液和精神启发。受到“生物多样性”概念启示，联合国教科文组织将人类社会和自然界进行类比，提出了人类文化生态系统，并认为不同文化和谐共处，才能生生不息，共同繁荣。

文化多样性概念最早在1995年联合国教科文组织的《我们具有创造力的多样性》报告中提出并进入学术界视野。① 明确的官方定义则于2001年联合国教科文组织第31次代表大会通过的《世界文化多样性宣言》中进行了表述：文化在不同的时代和不同的地方具有各种不同的表现形式。文化多样性的具体表现是构成人类各群体和各社会所具有的独特性和多样化所决定的。文化多样性是交流、革新和创作的源泉，对人类社会来讲文化多样性就像生物多样性对维持生态平衡那样必不可少。文化多样性是人类的共同遗产，应当从当代人和子孙后代的利益考虑予以承认和肯定。②《世界文化多样性宣言》是第一份正式确立文化多样性概念，并提出保护和促进文化多样性理念及行动的国际文件。该文件认为，在相互信任和理解的环境中，尊重文化多样性，宽容、对话及合作是国际和平与文化安全的最佳保障，希望各国和地区在承认文化多样性，并认识到人类是一个统一整体的基础上，开展更广泛的团结互助，尽管全球化和贸易自由化进程对文化多样性的维护构成了一种挑战，但也为各种文化和文明之间进行对话创造了新的条件。③

二、文化多样性保护的意义

联合国教科文组织于2005年10月22日通过了《保护和促进文化表现形式多样性公约》，该公约确认了文化多样性是人类社会的一项基本特征，应当为全人类的利益对其加以珍爱和维护。文化多样性创造了一个多姿多彩的世界，人类因此有了更多的选择，并得以提高自身能力，丰富价值观。④ 坚持文化多样性具有以下突出意义：

第一，文化多样性是民族平等和人权保障的基础。世界上各国、各民族无论大小，无论其社会处于何种发展阶段，一律平等。各民族应该尊重各自文化，相互理解，彼此认同。只有充分保护文化多样性，才有可能真正实现民族平等，保障每个人都能自由地享有本民族文化的权利。《世界人权宣言》第27条第1款专门规定：“人人有权自由参加社会文化生活，享受艺术，并分享科学进步及其产生的福利。”文化权利是人权的重要组成部分，每个人都有选择语言文字，特别是用母语来表达思想、进行创作和

① 徐知兰. UNESCO文化多样性理念对世界遗产体系的影响［D］. 北京：清华大学博士学位论文，2012.

②③ 世界文化多样性宣言［A］. 中国民族学学会. 民族文化与全球化研讨会资料专辑［C］. 中国民族学学会，2003：3.

④ 郭晓宇.《保护和促进文化表现形式多样性公约》［N］. 法制日报，2006-12-26（005）.

传播自己作品的权利。①文化多样性的维护是确保公众广泛参与文化生活，享受文化带来的种种物质和精神利益的前提，其对于增强民族凝聚力、提高公民素质、促进个人发展都具有重要意义。

第二，文化多样性是人类文明保存和延续的重要前提。在历史发展过程中，各地文化都是在不同物质生活的实践中创造出来的，有的文化绵延不绝，有的文化昙花一现。一种文化想要长久存在下去，需要不断吸收其他文化可取之处，取长补短，积极适应环境更迭，迎接种种革新、挑战。从人类文明的整体角度来看，离开了不同文化之间的互补整合，很有可能使一种文化缺陷放大为整个人类文明普遍具有的共同缺陷，从而危及人类文明的持续存在。②如果世界上只存在一种文化，那文化也不复存在。随着全球化进程的加快，文化多样性已有衰退迹象，许多弱小文化被侵蚀而不复存在，保护民族文化多样性愈加迫切。通过维护不同民族和国家独有的文化特征来保持和促进文化多样性，如同将濒危的动植物种子予以保护一样，以防止文化源泉枯竭，避免地球文化生态遭到严重破坏。若要维护文化多样性活力，不仅要保护现有的物质文化遗产，也要传承祖先留下的非物质文化遗产，不断加深民族文化印记。

第三，文化多样性的存在是文化保持活力的重要条件。联合国教科文组织《世界文化多样性宣言》第一条指出：文化多样性是交流、革新和创作的源泉。一方面，文化革新或者新文化诞生，在许多情况下是由于不同文化碰撞交流而促发，文化多样性的存在为文化选择和演进提供了多种可能性，在相互探索、交流、融合的过程中，能够激发文化的创造性与活力，繁荣文化自身发展。另一方面，维持文化多样性也能够促进对本民族文化的保护。各民族传统文化异彩纷呈，每一个民族都有独特的风俗、礼仪、饮食、居住、服饰等，构成了一道道独具魅力的人文风景。保护和发扬各民族传统文化不仅能够凝聚人心，增强认同感和自豪感，也具有重要的经济意义，可为文化旅游、创意产品、特色演艺等开发活动带来独一无二的素材，增强各类文化产品的精神内涵和体验价值，是文化产业发展中不可替代的重要资料和灵感来源。

文化多样性与人类发展繁荣息息相关，不同的民族文化是人类共同的遗产。正如自然界那样，因为有了多种多样的生物，生态才更加丰富和稳定。文化多样性对人类社会的贡献同样不可或缺，保护文化多样性，维护各民族文化平等发展，既是当代经济社会发展的要求，也是对人类未来负责任的表现。

三、文化多样性保护的措施

对文化多样性实施保护，并不是一个静态、单一的过程，而是需要从多个层面入手，通过多方长期、综合的协作，在实践中不断总结、探索，才能渐渐寻求到适合文化多样性不断演进需要的途径和措施。总的来说，经世界各国实践检验，高效、可行的文化多样性保护措施主要有以下几种。

---

① 何星亮. 文化多样性与全球化［J］. 湖北民族学院学报（哲学社会科学版），2004（3）：1-4，21.

② 于璨. 文化多样性研究述评［J］. 广西民族研究，2007（1）：25-29.

第一，不断完善保护和促进文化多样性法律法规。保护文化多样性，首要任务是保护本国传统文化，这项事业需要国家从立法层面开始予以强调和实施。联合国教科文组织于1972年制定了《保护世界文化和自然遗产公约》，把文化遗产和自然遗产纳入保护范围；1989年又提出了《保护传统文化和民俗的建议》，提议各国把民族传统和民俗文化也纳入保护范围；2001年倡导了《世界文化多样性宣言》；2003年通过了《保护非物质文化遗产国际公约》。一系列措施表明世界各国逐步达成了重视和保护传统文化的共识，各类公约对世界各国通过立法来保护和利用物质和非物质文化起到了促进作用。其中，日本是传统文化保护较好的国家，其立法较早而且十分完备。在19世纪下半叶起日本便开始寻求文化的立法保护，先后发布了《关于保存古器旧物的布告》《古社寺保存法》《史迹名胜天然纪念物保存法》《国宝保存法》《国宝保存法施行令》《国宝保存法实施细节》《关于保存重要美术品等的法律》和《文化财保护法》，保护的对象包括有形文化遗产、无形文化遗产、民俗文化遗产、史迹名胜天然纪念物、传统建筑群、埋藏文化遗产等。在现代文明迅猛发展的今天，具有民族特色的各种戏剧、舞蹈、工艺和体育活动等传统文化遗存，如果国家不通过立法的形式加以保护，不在财政上予以支持，而完全通过市场优胜劣汰和企业自负盈亏，将难以维持其生存，多数传统文化很可能逐步消亡。[①] 但目前，中国对文化多样性的立法保护还不到位，1982年才有第一部关于文化遗产保护的法律《文物保护法》（2002年再次修订），2011年才颁布实施《非物质文化遗产法》。文化多样性保护工作主要依托政府部门出台的一些政策性文件加以推进，如2005年国务院办公厅印发了《关于加强我国非物质文化遗产保护工作的意见》，明确了“保护为主、抢救第一、合理利用、传承发展”的非遗工作方针，同时下发了《关于加强文化遗产保护的通知》，确定自2006年起每年6月第二个星期六为“全国文化遗产日”；2006年文化部公布了《世界文化遗产保护管理办法》，开始对世界遗产实施监测巡视制度；另外，《著作权法》中虽然提及了要保护和促进民族文化发展，但缺乏有关民间文学、艺术等保护的具体规定。《对外贸易法》第19条虽然原则性地规定了“国家对限制进口或者出口的货物，实行配额、许可证等方式管理”，但并未明确提到文化产品。[②] 可见，中国应当进一步完善文化多样性相关法律、法规，鼓励地方因地制宜地推出符合当地传统文化保护需要的法规，增加有关民间文学、艺术等非物质文化遗产保护、文化产品进出口贸易限制等法律条文，以弥补当前存在的缺失，全面推进文化多样性保护工作。

第二，政府层面可以通过财政补贴和适当的贸易限额措施来保护本国传统文化。联合国教科文组织在《保护和促进文化表现形式多样性公约》中为国际社会保护和促进文化多样性提供了行动指南和框架，提出为保护和促进文化多样性，除可对国内文化产品生产者和传播者给予一定的财政补贴外，更为有效的措施是在关于文化产品知识产权的国际贸易中，给予外国文化产品进口以一定的配额限制。虽然中国已经设立国

---

① 何星亮. 文化多样性与全球化［J］. 湖北民族学院学报（哲学社会科学版），2004（3）：1-4，21.

② 胡开忠. 文化多样性保护对知识产权国际贸易体制的影响［J］. 法商研究，2008（6）：99-107.

家艺术基金，但其旨在繁荣艺术创作、打造和推广原创精品力作、培养艺术创作人才等，并没有非常明确地承担扶持资助民族文艺创作的任务，因此，可在国家艺术基金之下专门设立民族艺术基金，作为对各民族文化产品生产、传播提供资助的平台，并参与培养、扶持进行民族文化产品生产和传播的艺术家。正如文化部副部长项兆伦在2016年全国非物质文化遗产保护会议上指出，当前和今后一段时期非遗工作的指导思想是，巩固抢救保护成果，提高保护传承水平。[①] 为切实维护文化多样性，必须要以人才培养为核心，以融入现代生活为导向，在国家财政补贴的基础上，继续搭建有益于各种文化传承和展示的资金平台，调动社会各界积极性，努力扩大社会参与，着力提高文化多样性保护和促进的水平，推动此项事业可持续发展。

除此之外，适当的贸易限额措施也有利于文化多样性保护。以电影产业为例，进口电影对中国电影产业产生的强大冲击，如表 14–1 所示。2012 年以来，内地电影票房一直在增加，国产电影数量稳步增长，进口电影数量也在增加，国产电影海外收入不断增长，总体来看，电影产业发展势头良好。但不可忽视的是，进口片以少于国产片多倍的数量，与国产片争得了不相上下的票房，中国电影出口的收入远远小于进口电影在国内的收入。电影作为一种文化产品输出到其他国家，不仅是国家对外宣传的窗口，也是潜移默化影响其他国家历史意识、社团意识、宗教意识、文化意识的重要媒介，尤其能够淡化文化弱势地区的传统文化势力。在西方电影进入中国市场的同时，资本主义、拜金文化等也在悄然腐蚀着当下年轻人。为此，从保护民族文化多样性的战略高度来看，中国完全可以根据有关国际条约对电影产品进口设置一定的贸易限制。[②] 在 2016 年底通过的《电影产业促进法》中，中国首次提出要确保国产电影上映时间总和不得低于年放映电影时长总和的 2/3，同时鼓励境内外合作摄制电影，鼓励电影企业参与跨境投资。一系列措施的出台，不仅有利于促进国内外电影产业的合作交流，也有利于强化文化多样性保护力度。

表 14–1　2012~2016 年内地票房国产片和进口片差距比较

年份	内地总票房（亿元）	国产片数量（部）/票房收入（亿元）	进口片数量（部）/票房收入（亿元）	国产片与进口片收入比例	国产片海外收入（亿元）
2012	168	303/80	34/88	5：5	10.63
2013	217.69	638/127.67	60/90.02	6：4	14
2014	296	618/161.55	67/134.45	5：5	18.7
2015	440.69	686/271.36	64/169.33	6：4	27.2
2016	457.12	772/266.63	92/190.49	6：4	38.25

资料来源：时光网，www.mtime.com。

① 项兆伦. 在全国非物质文化遗产保护工作会议上的讲话［J］. 中国集体经济，2016（11）：65–70.

② 胡开忠. 文化多样性保护对知识产权国际贸易体制的影响［J］. 法商研究，2008（6）：99–107.

第三，继续大力推动文化产业的蓬勃发展。2017 年初，文化部在印发的《"十三五"时期文化发展改革规划》中提到，"十三五"时期是促进文化繁荣发展的关键时期，也是建设社会主义文化强国的重要时期。国内经济发展进入新常态，文化产业在稳增长、促改革、调结构、惠民生方面将发挥更加重要的作用，但当前文化产业的规模和质量与全面维护文化多样性发展的要求还存在一定差距，同时，世界范围内各种思想文化交流、交融、交锋更加频繁，综合国力竞争更加激烈，文化多样性发展形势更加复杂，提高民族文化软实力、增强国际话语权的任务日趋紧迫。在外来文化的不断冲击下，亟须依靠文化产业的发展壮大，不断涌现文化精品，将中华文化影响力持续扩大，使文化多样性得到有效维护。如日本在发展文化产业的基础上，促使诸多传统文化得以保留，尤其是文化产业"一村一品"的发展战略，既促进了产业经济的发展，也保护了当地的特色物产和精神财富。保护文化多样性与民族认同、国家利益密切相关，可以通过编写民俗故事读本，开设戏曲、书法、刺绣等兴趣课程，开发传统文化创意产品等，加强传统文化对青少年的吸引力，让普通青少年了解和认知优秀传统文化。同时，文化产业的繁荣不能脱离大众，把众多物质与非物质文化遗产内涵转化为文化产品的一部分，让每个公民都有机会去享受、去体验，让文化产品也"从群众中来，到群众中去"，以经济激励的方式促进文化多样性的保护和传承。[①]

第四，在保护中创新文化产品，在创新中保护文化多样性。保护文化多样性不等于对传统文化原封不动、一切照搬，而可以在保护的基础上加入创新元素，形成新式文化产品，既能增强传统文化活力，也能促使其社会和经济效益全面发挥。一个民族如果没有创新能力，等于没有新生命力，将无法促使自己的传统文化与时代相适应，实现持续发展。文化创新目的是使传统文化恢复活力，在尊重并弘扬传统文化的同时，吸收新思维、新概念、新理念，对传统的遗存进行新的诠释、新的改造、新的激发，推陈以致其新，从而丰富文化内容，保持文化价值不落伍。[②] 文化创新形式多种多样，其一是把传统文化内涵以全新形式重新包装，使其更符合当代人精神需求。如昆曲作为中国最古老的剧种，在年轻人中并不受欢迎，作家白先勇作出大胆尝试，集合数名艺术家，打造出《青春版牡丹亭》，通过精简剧本，把现代与古典相融合，形成了符合当下观众审美趣味的"新"昆曲，让传世经典以青春亮丽的形式重登舞台，获得了年轻人青睐。其二是为传统文化增加新内容。如无论是日常书写还是口头表达，汉语一直处在不断推陈出新的状态，每年现代汉语词典都会收录一批新词汇，2016 年度十大新词语是"两学一做"、冻产、表情包、洪荒之力、阿尔法围棋、网络大电影、摩拜单车、山寨社团、吃瓜群众、"闺蜜门"，[③] 从文言文到白话文，从繁体字到简体字，正是创新的力量，让汉语跨越千年，依然活跃在当下。

---

① 巩苏绮. 我国保护文化多样性政策研究 [D]. 北京：中国艺术研究院硕士学位论文，2016.
② 何星亮. 文化多样性与全球化 [J]. 湖北民族学院学报（哲学社会科学版），2004（3）：1-4，21.
③ "汉语盘点 2016" 年度字词揭晓 [J]. 现代语文（语言研究版），2016（12）：161.

第二节 文化外部性与公共物品理论

一、文化外部性含义及解决方法

（一）文化外部性的含义

经济学认为，市场价格机制能够很好地调控经济活动，达到供求平衡以及资源有效配置。但有时候也会出现市场失灵的情况，外部性就是市场失灵的典型表现。当一个人或组织从事一种影响旁观者福利的活动，且对这种影响既不付报酬又不得报酬时，就产生了外部性。如果对旁观者的影响是有利的，就称为“正外部性”，如果影响是不利的，就称为“负外部性”，① 外部性实质是私人收益和社会收益不相等。当一项产品或服务的私人收益大于社会收益时，产品或服务就会过度供给，此时存在负外部性；反之，社会收益大于私人收益则会产生供给不足，此时存在正外部性。②

文化产品具有显著的外部性，其对消费者和社会能产生深远影响。概括来说，文化外部性是文化产品对消费者和整个社会施加的成本或收益，但这些成本或收益不能在文化产品的市场价值中得到反映。如一场电影、音乐会、艺术展带来的审美享受无法简单用门票价格来衡量，而含有暴力、血腥内容的文学或影视作品会给人带来恐惧，产生心理负担。人们在消费文化产品时，既存在正外部性，也存在负外部性。正外部性的文化产品传播优秀内容和先进思想，在带来精神享受的同时，还可能产生知识、科技等溢出效应，为其他产品提供灵感和借鉴，提高社会整体收益；负外部性的文化产品不仅对消费者本身产生误导，损害消费者精神世界，也会给整个社会带来精神污染，损毁文化根基。③

（二）文化外部性的解决方法

对于具有外部性特征的文化产品，单纯依靠市场调节常常无法实现需求与供给平衡。例如，当下实体书店大量倒闭就与市场失灵有关。实体书店作为文化设施具有积极的正外部性，有利于培养公众的文化消费习惯，推动文化产业发展，但其外部性无法货币化，导致实体书店私人价值小于社会价值，④ 社会所需实体书店的最优数量大于市场决定的数量。为了使市场均衡向社会最优移动，政府需要对正外部性进行弥补，通过财政补贴或税收优惠等政策鼓励实体书店运营，保证实体书店的数量供给。

文化产品中同样也存在消极影响的负外部性文化产品。例如，网络直播作为文化

---

① [美] 曼昆. 经济学原理（第 7 版）[M]. 梁小民译. 北京：北京大学出版社，2015：353.

② 臧旭恒，杨蕙馨，徐向艺. 产业经济学（第五版）[M]. 北京：经济科学出版社，2015：231.

③ 左惠. 文化产品的外部性特征剖析 [J]. 生产力研究，2009（7）：22-24.

④ 周正兵. 实体书店的外部性与文化生态补偿——兼论实体书店倒闭现象及其应对 [J]. 中国出版，2011（11）：52-55.

产业和互联网融合的新业态，准入门槛低，需要的生产设备和技术简单，任何人都可以成为主播，但由于主播素质良莠不齐，行业竞争压力大，为博人眼球，直播过程中经常出现低级趣味的内容，带坏整个直播行业风气，对观看直播的受众产生不良影响，使直播的私人价值高于社会价值，社会最优数量小于市场均衡数量。为此，网信办于2016年底发布了《互联网直播服务管理规定》，着重规范网络直播市场，对主播的直播内容进行监管，限制不良内容传播，将含有不良内容的直播降到市场均衡水平之下，以引导网络直播向积极、健康方向发展。

外部性的重要特征是独立于市场机制之外，不通过市场发挥作用，不属于买者和卖者的关系范畴。[①] 虽然外部性会引起市场失灵，但是外部性并非无法解决，其解决方式通常有两种：一是私人解决，二是政府解决。

外部性私人解决方式是利益各方签订合约。根据科斯定理，如果私人各方可以无成本地就资源配置进行协商，私人市场将能解决外部性问题，实现资源的有效配置。[②] 但是，通过市场或私人间的谈判而消除文化产品的外部性缺乏可行性，是因为：一是如果交易成本很高，文化市场买卖双方相聚可能并不值得；二是双方都使用讨价还价的手段，可能最终无法达成协议；三是任何一方缺乏关于成本或收益的信息，结果可能就不是最优。[③] 文化市场买卖双方人数越多，达成有效协议就越困难，协调每个人的代价太高昂，导致私人解决方案常常难以实现。

比起私人解决，更为有效的是政府解决方式。政府通过对产生外部性的文化产品和服务进行鼓励或限制，来实现社会最优供给数量，维护文化产业资源有效配置。对于文化外部性来说，影响范围往往是整个社会和大多数人群，政府出面解决义不容辞，具体措施包括立法、补助、征税、管制等。立法能够帮助建立文化市场秩序，减少文化产业经济活动中的不确定性，鼓励正外部性文化产品供给的增加，并对负外部性文化产品予以惩罚；同时，政府可以补贴对社会具有正外部性的文化产品，而对负外部性文化产品征收更多赋税；政府管制则可以通过直接规定和明令禁止某些活动来解决外部性。以出版业为例，其正外部性显而易见，对个人教育、民族素质、经济和社会发展都至关重要，当前政府对出版业外部性的干预形式包括：颁布《出版管理条例》《著作权法》等，规范和保护出版业；专门设立国家出版基金，遴选资助优秀出版单位和出版项目；[④] 对出版业税收予以减免等。解决文化外部性问题，离不开政府的调控与支持。文化产业繁荣不仅能推动经济增长，也能够满足人民日益增长的精神文化需求，从长远角度来看，有利于提升国民素质、传承中华文化，但由于外部性的存在导致市场对文化产品供给调节无法实现社会最优，政府通过鼓励或限制弥补市场不足，使文化产品的供给满足社会总体需求，能够帮助产业实现资源更有效地配置。

---

① 臧旭恒，杨蕙馨，徐向艺. 产业经济学（第五版）［M］. 北京：经济科学出版社，2015：124.

② ［美］曼昆. 经济学原理（第7版）［M］. 梁小民译. 北京：北京大学出版社，2015：231.

③ 臧旭恒，杨蕙馨，徐向艺. 产业经济学（第五版）［M］. 北京：经济科学出版社，2015：23.

④ 国家出版基金规划管理办公室. 走进国家出版基金成果展［EB/OL］. http://www.npf.org.cn/NewNewDetailed.aspx? id=1&nid=1819，2016-08-29.

二、文化公共物品理论及案例

（一）文化公共物品理论

根据萨缪尔森在《公共支出的纯理论》一文中的定义，公共物品是指每个人对这种物品的享用，都不会导致其他人对该物品享用的减少。[①] 公共物品具有三个重要特征，即非可分割性，公共物品向社会提供，为全体社会成员所共享，不能分割给某个人；[②] 非排他性，只要社会存在公共物品，就不能排斥该社会任何人享用该物品；非竞争性，一个人享用公共物品，并不减少其他人的可用量。[③]

根据公共物品的特性，对文化产品进行分类，可分为纯公共物品和准公共物品，具体如表 14-2 所示。纯公共物品同时具有非排他性和非竞争性，如公用 WiFi，任何人都可以使用，且并不减少其他消费者的可用量。准公共物品则具有局部非竞争性和局部非排他性，具体又可以分为两类：一类准公共文化物品具有排他性和非竞争性，也被称为俱乐部物品，如博物馆可以重复利用展览文物，但是空间有限，同一时间内，正在参观的人数越多，其他人参观的机会就越小。另一类准公共文化物品与俱乐部物品刚好相反，即具有竞争性和非排他性，也被称为公共池塘资源，如敦煌等历史文化资源，每个人都可以享用，但是任何人享用都会造成一定程度的资源损毁，从而减少其他人享用的机会。[④]

表 14-2 公共文化产品分类

	非排他性	排他性
非竞争性	纯公共物品：公用 WiFi、公共广播	俱乐部物品：博物馆、图书馆
竞争性	公共池塘资源：历史文化资源、当代文化景观	私人文化物品：书本、CD

对于公共文化产品供给，同样面临市场失灵问题。公共文化产品一旦被提供，无论是否付费，都可以享受其带来的好处，此时容易出现“搭便车”者，即得到利益但没有为此付费的人。“搭便车”者的出现是因为公共文化产品存在正外部性，导致产品具有价值却没有价格。人们都希望能够免费获得文化产品或服务，而不用为此付费，结果将导致没有企业愿意提供公共文化产品。由于没有可供参考的价格信息，不能依靠市场自发调节供求关系，因此，公共文化产品的供给途径主要为政府和公益性机构。

政府供给的优势是可以确保公平，每个人可平等享有公共文化产品和服务。然而，政府只能保证平等权利却很难满足个性化需求，且由于财政直接拨款，盈亏不用自负，提供公共文化产品的部门存在效率低下的问题，容易造成一定的资源浪费。公益性机

① Samuelson P. A. The Pure Theory of Public Expenditure [J]. Review of Economics and Statistics, 1954, 36 (12): 123-138.

② 陈文军. 公共物品视域下的非物质文化遗产保护研究 [D]. 上海：华东师范大学硕士学位论文，2010.

③ 臧旭恒，杨蕙馨，徐向艺. 产业经济学（第五版）[M]. 北京：经济科学出版社，2015：45.

④ 左惠. 文化产品的公共物品属性及其供给模式选择 [J]. 中州学刊，2009 (5)：279-280.

构的自愿供给则存在较多不确定性，公益性机构虽然在满足居民文化需求方面起到了一定作用，但由于中国民间公益性机构的财政来源、人员构成、产品类型等有限，较难大面积满足公众的需求，未来尚有较大发展空间。

（二）文化公共物品供给案例

如能将市场和政府、公益性机构相结合，公共文化产品的供给将会更高效率，也更能满足公众需求。以非物质文化遗产华阴老腔为例，具体分析政府、市场和公益组织三者如何有机结合。陕西华阴老腔目前是中国现存的最古老剧种之一，相传发萌于西汉时期，是由船工号子演化来的独特剧种，全部演出五个人便可，也叫“五人忙”。2006年，导演林兆华将陈忠实的小说《白鹿原》改编为话剧，运用华阴老腔作为全剧背景音乐；2007年，华阴老腔在央视春节戏曲晚会上亮相；2009年，华阴老腔代表陕西参加全国女娲杯文艺会演并获得金奖，应邀赴美国纽约洛杉矶参加了中国文化艺术节演出；2016年，华阴老腔艺人在央视春晚上与流行歌手谭维维合作了《华阴老腔一声喊》。为壮大老腔演艺队伍，华阴老腔培训中心于2008年9月正式成立，并先后与西安曲江文化产业集团华山管委会、华山关中民俗风情山庄达成合作演出老腔的意向。

从以民间传承人自发组织宣传为主，到政府介入对华阴老腔的传承与保护，再到目前市场对华阴老腔传承、发扬的促进，华阴老腔作为一种公共文化产品，政府在其中扮演了非常重要的角色，不仅将华阴老腔列入国家非物质文化遗产名录，每年都有专项拨款资助，华阴县政府也成立了华阴市华山老腔保护发展中心，下设华阴老腔民间艺术团和华阴老腔培训中心，专门负责华阴老腔传承人培养和演出事宜。民间公益性机构则起到了辅助性作用，着重负责提供资金支持和志愿者服务，特别是跨国艺术类公益组织，不仅帮助华阴老腔翻译唱词，还负责联系境外演艺机会，以扩大其国际影响力。在政府和公益性机构的帮扶之后，华阴老腔渐渐步入创新发展正轨，便开始了市场化运营的尝试，目前已取得显著成效，在国内外市场知名度越来越高。为使其更加适应时代变化，具备强劲的市场竞争力，一是还需加强市场宣传推广，可在景区设立常态性演出，甚至走进校园开设兴趣课程，逐步培养起公众的消费习惯；二是要继续创新，尤其对唱词进行改写，推动华阴老腔面向青年群体进行改进。可见，政府、市场和公益组织三者互相支持、互相补充，促进公共文化产品创新，丰富公共文化产品供给，能够更好地契合时代，满足公众的需要。

第三节　文化产业版权保护

一、版权与文化产业

（一）版权与文化产业的关系

版权在大陆法系亦称著作权，是指作者对其创作的文学、艺术和科学技术作品所享有的专有权利。著作权是公民、法人依法享有的一种民事权利，属于无形财产权，与工业产权共同构成知识产权的主要内容。在广义上，著作权包括法律赋予表演者、音像制作者、广播电台、电视台或出版者对其表演活动、音像制品、广播电视节目或版式设计等的专有权利。在中国，受版权保护的作品包括：①文字作品；②口述作品；③音乐、戏剧、曲艺、舞蹈、杂技艺术作品；④美术、建筑作品；⑤摄影作品；⑥电影作品和以类似摄制电影的方法创作的作品；⑦工程设计图、产品设计图、地图、示意图等图形作品和模型作品；⑧计算机软件；⑨法律、行政法规规定的其他作品。不受版权法保护或不适用于版权法的作品[①]包括：①依法禁止出版、传播的作品；②法律、法规，国家机关的决议、决定、命令和其他具有立法、行政、司法性质的文件，及其官方正式译文；③时事新闻；④历法、通用数表、通用表格和公式。

版权实质上是认可知识产品与其他商品一样具有价值和使用价值，从法律上承认知识作为无形财产的地位。对于文化产业来说，版权保护与文化产业发展如影相随。文化产业生产的脉络核心是通过创意、创作转化为依附相应载体而表现的作品，经过规模复制生产成为文化产品或服务，在市场上传播，供消费者使用或体验。[②]版权保护贯穿文化产业生产活动的各个环节，具体表现为创作阶段产生版权，作者的灵感创意转化为作品，作为一种私有财产受到保护；生产阶段是版权被开发的过程，经过作者许可，作品被大规模复制，转化为商品；在传播阶段作为商品通过版权交易而扩散，作者通过转让全部或部分版权，来获得经济收益；消费阶段是消费者购买相应作品的版权，获得使用文化产品、体验文化服务的过程。

如果哪一个环节版权保护出现问题，对整个产业活动都会造成不良影响。在创作阶段，不强调版权保护，不承认知识产品是个人财产一部分，会出现作品归属权混乱的情况，作者的创作会失去动力和经济支持，后续市场版权交易也无法达成。在生产和传播阶段，如果没有版权保护，任何人都可以罔顾作者意愿随意改编作品，使用作品擅自盈利，任何收益将与作者无关，而被版权开发商和销售商瓜分，文化市场将被掌握在开发商等垄断者手中，打击创作者积极性，降低文化多样性。当不再对版权进行保护，公众不用为版权付费，短期看来，有利于知识的传播、推广和再创新，但长此以往，创作行为得不到回报，公众享受文化多样性的权利被阻碍，只能被动接受垄断者提供的低劣文化产品。

（二）版权保护合理性辨析

文化产品具有外部性，其分享与传播过程能够促进社会知识、信息、科技、内容等积累。但文化产品生产也具有高成本和高投入，必须建立一定的规则和制度，来平衡文化产品成本与收益的关系，防止高成本文化产品被“搭便车”而无偿使用。[③]版权保护的核心是保护作者权利，使作者创意、创作行为通过市场交换和交易获得应有回

---

① 国家版权局. 版权知识［EB/OL］. http：//www.ncac.gov.cn/chinacopyright/channels/579.html，2001-01-11.

② 彭辉，姚颉靖. 版权保护与文化产业：理论与实证研究——基于价值链分析为视角［J］. 科学学研究，2012（3）：359-365.

③ 曾绚琦，汪曙华. 论版权制度对版权产业发展的经济影响［J］. 编辑之友，2012（5）：103-105.

报。版权保护是对创造性活动的支持，调动创新积极性，规范文化市场运作，进而推动文化产业繁荣发展。

但是从另一个角度讲，版权本身具有垄断性质，作者在行使权利过程中可能为追求自身利润最大化，以牺牲公共利益为代价来扩大垄断权利，妨碍社会公众对作品的获取，影响全社会知识、信息、科技、内容等增长。[①] 对版权过度保护可能导致版权扩张现象，版权扩张幅度越大，后续作品挖掘先前作品的能力就越受到限制，未来作者自由发挥的空间将变得狭小，[②] 甚至还有观点认为，版权保护的激励措施在实践中无效，尤其在艺术领域的诸多分支里，版权激励从未实现，近些年天王巨星与文艺创作者的收入差距变得比以往更加突出，便能说明一二。版权实际所有者多为大型文化企业，而非作者本人。文化企业巨头拥有大量版权，通过复制、改编、销售这些版权，获得了市场控制权，随着市场地位的稳固，其能够决定版权使用与否、使用方法和使用条件，进而对版权创作实现控制。文化企业巨头决定着哪些文化产品可以面市，也在一定程度上决定了哪些产品可以得到认可与青睐。[③]

版权保护不可避免地会造成私人利益和社会利益之间的矛盾，《世界文化多样性宣言》第 8 条特别强调，面对目前为创作和革新开辟了广阔前景的经济和技术的发展变化，应当特别注意创作意愿的多样性，公正地考虑作者和艺术家的权利，以及文化产品和服务的特殊性，因为它们体现的是特性、价值观和观念，不应被视为一般的商品或消费品。综合考虑作者私人利益和整体社会利益，在文化产业发展过程中既要保护版权，同时又要防止版权扩张现象，政府在其中的调节作用至关重要。

二、国外版权保护政策

（一）国际版权保护公约

1709 年，英国通过《安娜女王法》，被认为是世界上第一部近代版权法，[④] 以保护作者和激励学术为目的，该法在世界上首次确认作者为版权的收益人，使版权不再是统治者赋予的特权，而成为受法律保护的公民权利，奠定了近代版权制度的基石。[⑤]

1887 年生效的《伯尔尼公约》（全称为《保护文学艺术作品的伯尔尼公约》），是世界上第一个保护文学、艺术和科学作品的国际公约。其确立的版权保护基本原则包括：国民待遇原则、自动保护原则、完全独立保护原则、最低保护限度原则。该公约不仅明确了出版的概念，承认作者的精神权利，而且确定了著作权保护期为 50 年。中国于 1992 年 10 月加入了《伯尔尼公约》，国内的著作权法体系便是在其影响下建立起来的。1955 年生效的《世界版权公约》（于 1971 年进行了修订），目的在于给文学、科学和艺

---

① 彭辉，姚颉靖. 版权保护与文化产业：理论与实证研究——基于价值链分析为视角［J］. 科学学研究，2012（3）：359-365.

② 王华芳. 版权行政保护研究［D］. 桂林：广西师范大学硕士学位论文，2009.

③［荷］斯密尔斯，斯海恩德尔. 抛弃版权［M］. 刘金海译. 北京：知识产权出版社，2010：23.

④ 曾绚琦，汪曙华. 论版权制度对版权产业发展的经济影响［J］. 编辑之友，2012（5）：103-105.

⑤ 王海文. 文化产业经济学——原理·行业·政策［M］. 北京：高等教育出版社，2013：121.

术作品以版权保护，保证对作者个人权利的尊重，并鼓励文学、艺术和科学的发展，促进人类精神产品更加广泛地传播，增进国际文化了解。1992 年 10 月，中国成为该公约成员国。

除了上述两部国际性公约之外，还有国际劳工组织与世界知识产权组织及联合国教科文组织共同发起的《保护表演者音像制品制作者和广播组织罗马公约》（以下简称《罗马公约》，1964 年生效），联合国教科文组织倡议通过的《佛罗伦萨协议》（1950 年生效，1976 年修订为《内罗毕草案》）。除了签订国际公约，联合国还成立了世界知识产权组织（World Intellectual Property Organization，WIPO），总部设在日内瓦，现有成员 139 个，中国于 1980 年 6 月加入该组织，其宗旨是通过国与国之间的合作，并在适当情况下，通过与其他国际组织的协作，促进全世界对知识产权的保护，保证各知识产权联盟间的行政合作。①

（二）发达国家版权保护政策

除了在国际上签订公约保护版权之外，各国政府在制定本国政策时，也从促进经济发展和保护本国文化的角度采取了诸多保护版权的措施。

美国文化产业也被称为“版权产业”，其强调文化的生产能力，因此特别注重保护文化版权。美国第一部《版权法》颁布于 1790 年，当时保护对象仅限于地图、图表和图书，对版权作品只提供为期 28 年的保护。随着文化产业的发展，美国《版权法》于 1831 年、1856 年和 1865 年先后在保护对象中增加了音乐作品、戏剧作品和电影作品，也增加了相应版权主体。《版权法》随后又于 1873 年、1891 年、1909 年和 1976 年进行了四次大的修订，使其对版权作品的保护不断强化。此后一系列更加具体的版权法规先后出台，包括《计算机软件保护法》（1980 年）、《唱片出租修正法》（1984 年）、《伯尔尼公约实施法》（1988 年）、《视觉艺术家权利法》（1990 年）、《乌拉圭回合协议法案》（1994 年）、《反电子盗版法》（1997 年）、《跨世纪数字版权法》（1998 年）、《伪造访问设备和计算机欺骗滥用法》（1999 年）等。在数字版权保护方面，1995 年美国国会颁布《录音制品数字表演权法》赋予电台广播更大的权限，使之免受表演权的约束。1998 年颁布了《跨世纪数字版权法》，对世界各国的数字版权立法产生了深远的影响。② 美国政府版权保护制度为顺应科技与市场的发展，不断进行调整和完善，一系列法律法规的出台，使美国形成了全球保护范围最广、相关规定最为详尽的版权法律体系，为文化产业的繁荣提供了强有力的法律保障。

日本同样把保护版权上升到国家战略高度，在文化产业发展进程中建构了完善的法律法规体系。日本《版权法》颁布于 1970 年，是修订频率最高的法律，共进行过 20 多次修订，于 2001 年改名为《著作权管理法》。2001 年，日本通过了《振兴文化艺术基本法》，同年，针对文化市场的中介机构、经纪公司等文化传播中间主体，制定了《著作权等管理事业法》。2002 年和 2004 年日本分别出台《知识产权基本法》和《内容

---

① 南飞. 世界知识产权组织简介 [J]. 知识产权，1994（3）：48.

② 王孝. 文化创意产业中的版权问题研究 [D]. 北京：中国政法大学硕士学位论文，2010.

促进法》，使得日本版权强制许可制度涉及面愈加宽泛。[①] 同时，日本政府十分重视利用民间组织力量开展版权的集体监管，版权以及与版权相关的行业普遍建立起了集体管理机构（相当于行业协会），并形成了整一套高效率、规范化的运行机制。政府一般不介入版权保护的具体事务性工作，主要通过对各集体管理机构进行指导和协调，达到管理和保护全国版权的目的。[②]

英国也非常重视创意作为私人财产的经济价值。英国版权立法在世界上最早，从1709年的《安娜法令》到2014年英国现行《版权法》，300多年的时间里，版权保护的内容不断更新和修订。英国版权局于2014年初向议会提交了新《版权法》修订议案，主要涉及对版权例外制度的修订，包括私人复制例外、研究及个人学习例外、文本和数据挖掘例外等在内的九个版权例外，几乎重构了英国的版权例外制度。[③] 英国认为，版权是一种在商业利用中有着突出价值的产权，除对版权产生的条件、保护对象等一般事项加以规定外，还较详细地规定了版权合同、版权转让、版权继承、版权赠与、诉讼程序及诉讼时效等。[④]

澳大利亚也是施行现代版权制度时间较长、版权立法相当完善的国家。首部《著作权法》颁布于1905年，现行《著作权法》于1968年制定。为适应数字网络背景下版权管理和保护的需要，澳大利亚在2000年9月颁布了《著作权法修正案（数字议程）》。澳大利亚版权保护中的一大特点是刑事惩罚相当严格，明知或应知是侵权复制品而进口、为商业目的而持有侵权复制品、未经许可在公共场所公开播放唱片或放映电影、明知或应知作品受版权保护而故意在公共场所公开表演文学、戏剧或音乐作品等行为，均被规定为犯罪。[⑤]

总的来说，美、日、英、澳四个国家的版权保护措施各有特色，但共同之处在于保护版权的传统久远，立法体系都比较完善，且随着时代变化在不断更新、演变，能够适应文化市场发展的新需求。

三、中国版权保护现状与建议

（一）中国版权保护现状

相比于发达国家的版权保护中国起步较晚，专门针对版权的法律法规自20世纪90年代才开始建立。现已出台的法律法规如表14-3所示。

从表14-3中能够清楚看到，随着文化产业的纵深发展，中国政府对于版权保护越来越重视。2010年发布的《国家知识产权战略纲要》，首次将版权保护提升到国家战略高度，并对版权发展制定了四项具体目标。[⑥] 国家版权局于2017年1月发布的《版权

① 邓琳. 文化创意产业中的版权保护研究［D］. 合肥：安徽大学硕士学位论文，2011.
② 贾永清. 日本著作权集体管理的启示［J］. 中国出版，1997（12）：43-44.
③ 胡开忠，赵加兵. 英国版权例外制度的最新修订及启示［J］. 知识产权，2014（8）：73-78.
④ 张梅. 政治学视野中的中国版权保护问题研究［D］. 苏州：苏州大学博士学位论文，2006.
⑤ 张凤杰. 澳大利亚版权产业、版权保护及其对我国的启示［J］. 中国版权，2011（4）：46-47，55.
⑥ 国务院办公厅. 国家知识产权战略纲要［EB/OL］. http：//www.nipso.cn/onews.asp？id=9592，2010-06-6.

表 14-3　中国版权法律法规体系[1]

法律名称	实施时间	修订时间
《中华人民共和国著作权法》	1991 年	2001 年、2010 年
《中华人民共和国著作权法实施条例》	1991 年	2002 年颁布新版本，2013 年修订
《计算机软件保护条例》	1991 年	2002 年颁布新版本，2011 年、2013 年修订
《实施国际著作权条约的规定》	1992 年	
《著作权行政处罚实施办法》	2003 年	2009 年
《著作权集体管理条例》	2005 年	
《互联网著作权行政保护办法》	2005 年	
《信息网络传播权保护条例》	2006 年	2013 年
《广播电台电视台播放录音制品支付报酬暂行办法》	2010 年	
《使用文字作品支付报酬办法》	2014 年	

工作“十三五”规划》中，更加具体地列出了“十三五”时期版权工作的目标，即通过完善版权法律制度体系、完善版权行政管理体系、完善版权社会服务体系和完善版权涉外工作体系，加快版权强国建设，为建成中国特色、世界水平的版权强国奠定坚实基础。到 2020 年，版权法律制度体系更加完备，版权工作法治水平进一步提高；版权执法监管力度不断加大，版权保护环境明显改善；版权社会服务体系更加完善，版权产业又好又快发展；版权创作、运用、保护、管理和服务能力显著增强，全社会版权意识大幅提升；版权国际交流合作不断拓展，中国在国际版权体系中的话语权和影响力进一步提高。[2] 能够看出，为顺应文化产业发展要求和国际文化市场总体趋势，中国对版权保护的力度在未来一段时间将持续增强，强调并执行版权的严格界定和保护仍将是工作重心。但为了有效应对互联网等新型传播技术对版权保护的挑战，还需进一步妥善处理保护版权与保障知识、信息、科技和内容广泛传播、积累的关系，既要依法保护版权，又要充分促进创新。

在实践层面，中国的版权保护工作依然存在诸多弊端，主要表现为盗版侵权现象屡禁不止和行政部门执法水平有待提高。当前，中国盗版侵权现象无法遏制的原因主要有两个：其一是公众对于版权还不够重视，尚未普遍形成自觉尊重他人智力劳动成果的意识和习惯；其二是盗版违法成本较低，依据现有法律法规对盗版行为实施打击难以产生有效威慑。据统计，2016 年底中国网民规模已达 7.31 亿，其中在网络视频用户 5.45 亿，[3] 但是网上付费观看视频的人数仅有 7500 万。[4] 网络文学领域的盗版现象尤为严峻，仅 26.5%的用户选择正版，44.7%的用户表示正版盗版都会看，甚至有 27.1%

① 中华人民共和国国家知识产权局. 法律与行业法规［EB/OL］. http：//www.sipo.gov.cn/zcfg/flfg/bq/，2015-11-18.

② 国家版权局. 版权工作“十三五”规划［EB/OL］. http：//www.nipso.cn/onews.asp？id=35026，2017-02-16.

③ 中国互联网络信息中心. 第 38 次中国互联网络发展状况统计报告［EB/OL］. http：//www.cnnic.net.cn/hlwfzyj/hlwxzbg/hlwtjbg/201608/t20160803_54392.htm，2016-08-01.

④ 艺恩. 2016 中国视频行业付费研究报告［EB/OL］. http：//www.entgroup.cn/Views/38420.shtml，2017-01-01.

的用户不清楚看的是正版还是盗版，还有 1.7%的用户表示只看盗版。[①] 随着数字技术的蔓延，文化产品的复制和传播更加容易，版权保护工作将面临更为严峻的挑战。当前，中国法律对于盗版行为的处罚仍以警告、罚款等行政处罚为主，相比盗版行为背后巨大的经济利益，行政处罚难以起到有效的警示作用，应当通过增加罚款金额或采取刑罚制裁等措施，进一步提高盗版行为违法成本。

（二）中国版权保护建议

除需提高公众版权意识和打击盗版行为之外，行政部门的执法水平还有很大提升空间，引导服务功能有待开发。

首先，需要明确执法主体。中国目前参与盗版打击行动的部门包括公安部、文化部、广播电影电视部、新闻出版署、国家版权局、国家工商局、海关总署、民航总局和财政部等，各省市也由相应的部门成立领导小组，[②] 参与执法的部门主体多，不同部门之间责任划分不明确，职能交叉、权力分化等问题严重，在执法过程中容易出现互相推诿、多次处罚以及执法空白等现象，社会公众难以分辨部门具体职责，也往往导致求助无门。根据《著作权行政处罚实施办法》等规定，国家和地方版权局是版权侵权案件中合法的执法和处罚主体，在今后的版权保护工作中应当进一步突出版权局的主体地位，其他部门发挥辅助功能，为版权局的执法和处罚提供便利。

其次，比起事后处罚，行政部门应该更加重视事前预防。不仅要向社会普及版权知识，还应当对相关文化企业进行版权保护工作的具体指导，特别是对如何确定版权权利、在交易中如何处理版权归属和纠纷、如何有效防止侵权行为发生、如何追究侵权责任等问题提供针对性的帮助。[③]

最后，可以参照日本版权保护的模式，由政府行政部门负责宏观把控，行业协会负责具体实施。中国现已成立音乐著作权协会（1992）、音像著作权集体管理协会（2008）、摄影著作权协会（2008）、文字著作权协会（2008）、电影著作权协会（2009）、网络文学版权联盟（2016）等著作权集体管理组织，这类协会组织可以在政府指导下，成为保护版权的中坚力量，为本产业提供版权交易、侵权维护等方面的服务，与政府工作既形成补充，也可以互相监督，从而确保版权所有者和社会公众的共同利益。

第四节　国家文化安全

一、文化安全

随着全球化进程的推进，世界经济结构、政治结构和文化结构发生了巨大改变，

---

① 艾瑞咨询. 2016 中国网络文学行业报告［EB/OL］. http：//www.iresearch.com.cn/report/2540.html，2016-03-01.
②③ 王华芳. 版权行政保护研究［D］. 桂林：广西师范大学硕士学位论文，2009.

虽然文化全球化不像经济全球化那样得到大多数国家认可，但少数国家凭借经济、政治等优势，对其他国家不断进行意识形态和文化渗透，严重影响和改变了当地传统文化与生活方式，直接危害了众多国家的文化安全，这种文化霸权主义的背后，实际是对经济和政治利益的追求。

文化安全是国家安全的重要构成之一。不同于经济、军事和科技这类“硬实力”，文化属于“软实力”，是一种无形的力量源泉，是建立在价值观念、社会制度、行为准则基础上的同化力与规制力。[①] 文化安全的内容包括文化主权和文化认同两个方面。从国家主权意义来看，文化安全主要是指一个国家的文化主权神圣不可侵犯，文化传统和文化发展选择必须得到尊重，文化主权主要涵盖文化立法权、文化管理权、文化制度和意识形态选择权、文化传播和文化交流独立自主权等，维护国家文化安全，就是捍卫国家文化主权的独立性和自主性。[②] 从公众角度来看，文化安全主要指公众对本国文化保持较高的认可程度，对意识形态、价值观念、基本政治制度、文化制度、国家形象、文化遗产、民俗节日等主要文化要素有比较一致的认同。文化认同是连接个人利益与国家利益的纽带，是维系国家和民族团结稳定的重要基础，是综合国力的重要组成部分，在很大程度上维护文化认同就是维护国家安全。

全球化时代的国际竞争是综合国力的较量，在综合国力构成中，文化越发具有至关重要的战略地位。一切经济、科技、军事竞争追本溯源都是人的竞争，而人是受到文化因素影响的社会主体，文化能够潜移默化地塑造人、改变人，深远持久地影响人。世界文化秩序正处于变动之中，各国都无法独善其身，如果不注重保护本国文化，抵御外来文化的侵袭，不仅文化多样性将会大大减少，人的观念和行为都会发生改变，对国家长远发展将产生重大影响。

二、维护国家文化安全面临的挑战

当前，中国文化安全面临的挑战来自两个维度，既有国家内部挑战，也有来自发达国家的外部挑战。

（一）维护国家文化安全面临的内部挑战

内部挑战最主要的危机是马克思主义在意识形态领域的指导地位有所下降。从现阶段来看，资本主义国家无论是经济发展还是社会形态，都呈现出繁荣的态势，特别是亚洲四小龙——日本、韩国、中国香港、中国台湾的飞速发展，使许多人对中国坚持社会主义道路的理想信念产生动摇。从学术界对意识形态领域的研究，可以窥见端倪。2001~2005 年，国内研究社会主义意识形态的文献年均数是 30.8 篇，出现了意识形态（安全）研究低潮，而 2006~2015 年，研究文献年均数增加到 114.2 篇。一方面，与国家强调意识形态安全和各大高校设立马克思主义学院有关；另一方面，也同以美国为首的西方国家加紧对中国的意识形态攻势，导致中国意识形态安全危机再度加剧

① 沈洪波. 文化全球化与中国国家文化安全［J］. 山东大学学报（哲学社会科学版），2004（6）：155-160.

② 胡惠林. 文化产业学［M］. 北京：高等教育出版社，2006：122.

有关。文献数量多少的变化反映出国内学界对意识形态安全缺乏内在持久性的研究动力与长期沉静式的观察探究。[①] 当前，马克思主义在意识形态领域指导地位有所下降的实际，与中国对文化安全尤其是意识形态领域不够重视、宣传工作僵化等有很大关系。而且目前针对在校学生的思想教育还是机械的理论灌输，而没有依靠学生的自觉学习，容易引起学生厌烦心理，产生排斥。加之，资本主义国家的言论煽动和文化产品中意识形态的输送，导致部分人出现了社会主义信仰危机，给国家文化安全造成威胁。

除意识形态领域面临挑战，中国人对自身传统文化的认同也存在很多问题。首先是本民族文化传承问题，越来越多的非物质文化遗产传承后继无人，处于濒危状态，尤其是中国对传统文化的立法保护和传承激励尚未形成体系，与欧美日韩等国家相比还有较大差距。其次是文化自信缺失问题，外来文化之所以能够对中国传统文化造成巨大冲击，主要是由于历史沿革断裂等原因造成国人普遍对传统文化缺乏信心，“外来的和尚会念经”的心理长期存在，交流本是有利于文化自我更新，促进其与时代相适应，但由于国人心理的弱势地位，使得外来文化扩张日渐占据上风，甚至在年轻人中流行起了“哈日”“哈韩”风潮。最后是对传统文化创新意识和能力不足，中国是传统文化资源大国，2015 年文化产业增加值占 GDP 的比重却仅为 3.97%，反而是外国人拍摄了蕴含中国传统文化元素的《花木兰》《功夫熊猫》等作品，在市场上大获成功，反映出中国传统文化资源转化为文化产品的能力不足，文化创新水平较为落后，影响了公众尤其是年轻人对传统文化的认知和认同。

（二）维护国家文化安全面临的外部挑战

发达国家给中国文化安全带来的外部挑战集中在文化交流和文化市场等领域。文化交流领域的威胁主要来自于英语对汉语的压制。语言不仅是文化的载体，也是文化的传播渠道，当今青少年学英语的热情却高于学汉语的热情。国家推行英语学习或许是为了更好地融入国际竞争，但文化交流本来是一个平等过程，如今却出现“一边倒”现象。发达国家还借着文化交流的名义，对中国优秀人才进行诱导，出国留学和海外定居的人越来越多，导致大量人才不断外流。

文化市场领域的挑战更是严重，从 2011~2015 年版权引进和输出对比中可以看出中国版权贸易始终处于逆差，如表 14-4 所示。以美国为首的西方国家借以通过文化产品增强了文化影响力。同时，跨国公司的经营也在无形中帮助了外来文化的渗透。跨国公司作为经济全球化运动的主要参与者和推动者，对经济发展和国际贸易的确起到了一定促进作用，但跨国公司运用母公司的经营理念对中国子公司进行文化同化，很难进行有效防范，结果造成了一定范围国家文化认同被解构的危险。[②]

① 蒋英州. 我国意识形态安全研究（2001~2015）评析与展望——基于中国知网收录文献的计量分析［J］. 武汉大学学报（哲学社会科学版），2017（2）：129-138.

② 张俊国，梁勇. 论经济全球化背景下的中国文化安全［J］. 湖北行政学院学报，2005（4）：90-93.

表 14-4　2011~2015 年中国版权引进输出对比　　单位：项

版权引进和输出情况	2011 年	2012 年	2013 年	2014 年	2015 年
引进合计	16639	17589	18167	16695	16467
输出合计	7783	9365	10401	10293	10471

资料来源：《中国文化及相关产业统计年鉴》(2016)。

三、国家文化安全维护的主要措施

维护文化安全，就是增强本民族文化凝聚力，抵御外来文化入侵，在全球化发展过程中，从国家和民族的根本文化利益出发，平衡经济利益和文化利益，积极应对威胁和挑战，谋求自身发展。从文化安全的角度来保护国家利益，可以从以下几个方面入手：

（一）坚定社会主义道路，加强理想信念教育

社会主义和资本主义两相对比，全球范围内资本主义意识形态在数量上占据了绝对优势。虽然意识形态的对抗已经不是目前主要矛盾，但是意识形态的对抗并没有完全消失。以美国为首的资本主义国家对中国虎视眈眈，妄图用多种手段阻止中国的崛起。意识形态是文化认同中最基本的问题，意识形态安全是国家文化安全的核心。如果连意识形态认同都出现问题，会割裂国家利益和个人利益的统一，破坏民族凝聚力和团结奋斗的思想基础。因此，在文化安全问题上，意识形态安全不容动摇。坚持社会主义道路是经过历史检验的正确选择，马克思列宁主义、毛泽东思想、中国特色社会主义理论体系都反映了中国社会发展规律和最广大人民的根本利益要求。面对改革开放以后思想意识多元化的新特点，积极培育和践行社会主义核心价值观，扩大主流价值观念影响力，不断提高国家文化软实力势在必行。对社会主义意识形态教育，单纯说教已经不适应时代发展的要求。可以运用多媒体手段，基于网络信息技术创新宣传方式，把理论和已经取得的社会经济文化成果有机结合，丰富宣传内容，对内坚定社会主义理想信仰，对外有力反驳资本主义国家的污蔑。

（二）制定文化发展战略，建立文化预警机制

中国和平崛起和中华民族的伟大复兴不是一蹴而就，需要做好设计规划，制定具有全局性、前瞻性、可持续性的文化发展战略，统一部署安排，实现文化社会效益的充分发挥。着重解决文化与国民经济和社会发展的有机协调问题，不仅要满足当代人对文化的需求，而且要为后代人满足自身的文化需求创造和提供尽可能多的丰富文化遗产。[①] 政府在战略制定实施中有着不可替代的作用，文化立法的完善和文化政策的调整，都离不开政府支持；文化市场也需要政府宏观调控引导，弥补市场失灵，实现资源有效配置，满足人民日益增长的文化需求。面对文化霸权主义，逐步建立起国家文化安全管理预警系统，就具体产业增长率、市场占有率、市场集中度等要素建立起系

① 胡惠林. 文化政策学［M］. 北京：清华大学出版社，2015：356.

统的指标体系。信息时代更要注重网络文化安全，打造国家文化安全技术平台，运用技术手段规范网络运行，建立起技术性的文化安全屏障。[①]

（三）大力发展文化产业，推动文化“走出去”

文化产品具有外部性，不仅能带来经济价值，优秀的文化产品对于塑造民族品格、提高文化素质、增强文化软实力都有积极作用。在全球化浪潮中，保持中国文化主权完整，发扬和传承中华文化，都离不开对文化市场的争夺。既要保护本国文化市场的安全，也要增强对外文化交流，重塑中国文化形象和影响力。当前发展文化产业，不能“一刀切”地排除所有外来资本和文化产品进入，要有选择、有步骤地引进国际文化金融资本和文化产品。保护国家文化安全和国家利益，不是关起门来自己发展，而是通过建立健全的文化法律体系，规范文化市场秩序和对外贸易条例，从文化产业发展实际出发，适当向国际文化金融资本和跨国文化集团放开文化产业和文化市场经营权。文化市场的多元化发展，既可以通过引进国外在文化产业经营方面先进管理经验和创新技术，又可以通过市场竞争机制，继续推动中国文化体制改革，加快中国文化产业现代化、高级化步伐来实现。[②] 打造具有竞争力的文化产业，需要坚持先进文化的前进方向，需要提升文化创新能力，充分开发各地丰富的传统文化资源，在保持自身文化特色的基础上，融入时代性和普适性，推动文化和文化产品走出国门，让其他国家了解真正的中华文化，而不是被外国媒体曲解的文化。文化产业竞争力越强，文化安全程度就越高。如果一个国家文化产品进口数量大于出口，本国文化产业发展处于弱势，文化安全通常就难以得到保证，外来文化产品会给国内原有意识形态、价值观念、文化传统等带来冲击和改变。相反，如果一个国家文化产业对外贸易处于顺差地位，说明该国文化产业相对发达，文化安全将能得到更有效的保证。发展文化产业是对本国文化发展性的保护，是对抗外来文化侵略的有力武器。实施“文化走出去”战略，不是为了去同化其他文化或者推行文化霸权主义，而是为了推动中华文化走向世界，广泛参与世界文明对话，促进文化相互借鉴，增强国际话语权，增进国际社会对中国基本国情、价值观念、发展道路、内外政策等的了解、认识乃至认同。

国家利益与个人利益息息相关，国家文化安全关系到个人文化权利。面对全球化带来的文化安全问题，在激变的文化和价值观念中，应着力弘扬中华民族优秀传统文化，提高民族文化的自信心和认同感。通过文化创新和文化交流，不断增强中华文化的活力，使其积极参与全球文化资源配置，以在挑战面前抓住机遇，推动世界多元化发展。

---

① 郝良华. 美国文化霸权与中国国家文化安全［D］. 济南：山东大学博士学位论文，2012.

② 胡惠林. 国家文化安全：经济全球化背景下中国文化产业发展策论［J］. 学术月刊，2000（2）：10-18.

第十五章　文化产业政策规制

在以上关于文化产业结构、文化产业布局、文化产业集群、文化产业市场结构、文化企业竞合行为、文化多样性保护、文化版权保护等问题讨论中，已经涉及政府在其中发挥的作用。所谓文化产业规制，专指政府部门对文化产业的行政管理与规范治理。文化产业规制作为一种基于经济性规制和社会性规制工具的独立产业规制形态，是文化产业发展的必然产物。在不断成熟的制度、体制、法律、法规等框架下，中国文化产业规制正逐步由硬性的强制规制手段转向软性的引导措施，成为政府层面应对市场机制失效导致市场失灵的有效作为方式。如今，文化产业的形成、成长、发展、运营、壮大、成熟均需要政府积极从中规制，确保文化产业迅速、健康、可持续地发展，从而满足保障国家经济利益、文化安全、国民福利的需要。

第一节　文化产业规制类型与工具

全球文化产业的兴起与繁荣标志着社会经济的高级化发展与产业结构转型升级时代的来临，文化产业不仅给世界各国间经济、政治及文化交流带来了新的契机，还直接影响着各族人民的文化传承与发展。然而，文化产业作为新兴产业，其所蕴含的深刻文化属性与经济属性，仍未完全发挥效用，需要借助一定的产业规制方式对其进行规范和管理。

一、文化产业规制的内涵

当今世界，自由与放任似乎成为了一种潮流，但产业的规制依然存在于市场经济国家的几乎所有行业。[①] 产业生长与产业监管，就如同市场“无形之手”与政府“有形之手”的相互制约一样，都试图在市场运行中寻求一个平衡点，以促进产业更好更快地发展。规制是现代市场经济发展体系中一个重要的环节，从其本意理解，规制具有设定、规定、限制的意思，规制的主角是政府，规制的对象则是相关企业或市场的经济行为。政府进行规制的根本目的并非是干扰或牵制市场行为，而是因为在现实市场的运行中存在一定弊端，产业发展距离完全竞争的理想状态差距较大，且难以依靠自

① 焦斌龙. 文化产业经济学［M］. 北京：高等教育出版社，2014：176.

身修复达到最佳状态，这时就需要借助一定的“外力”对其进行自外而内的规定、限制，使产业活动与经济行为实现合理化发展。

文化产业规制是产业规制行为的细分，是一种以经济为视角指引、干预、限制或约束文化生产、传输、销售、消费活动的行为。从更全面的角度来看，文化产业规制是政府行政机构以治理文化市场为目的，以法律为根据，以颁布相关法规、规章、规划、命令以及裁决等为手段，对文化及其相关产业不完全公平市场交易行为进行的直接或间接干预。[①] 一般而言，文化产业规制包括狭义与广义两种。其中，狭义的文化产业规制仅指政府对文化市场行为的监督与管理，而广义的文化产业规制则是基于微观、中观和宏观的视角，对文化市场行为、文化产业运行机制以及文化相关领域进行的监督、管理、指引以及调控等一系列行为，具有一定的广泛性和深入性。

二、文化产业规制的依据

市场经济在满足资源与信息自由流通的同时，也带来了调控失灵的危机。政府作为公共利益的守护者，在面对资源配置效率低下、市场秩序混乱、经济外部性严重、产业结构低劣、空间布局失衡、企业竞争行为不当等情况时，往往通过其“有形之手”无代价地改善和维护社会的公平与效率，实现整个经济社会的稳定运转。与其他产业相比，文化产业作为一个初步崛起的新兴产业，其在发展运行过程中存在着诸多缺陷和不足，特别是市场配置资源的效率仍十分低下、产业结构和空间布局的不均衡现象突出、内容外溢导致的经济外部性较为显著、文化企业的垄断竞争行为尚不规范等。在此种情况下，需要政府适当采取规制手段，加以约束、调整、引导、治理，以促进文化产业及其相关产业的健康、持续发展。

（一）文化产业规制是规范产业外部性的方式

文化产业不同于其他产业，其集知识、审美、价值、娱乐及观念于一身，具有很强的外部性。所谓文化产品的外部性是指文化企业的生产行为对其他生产者或消费者产生的影响，而这种影响无法通过市场机制反映出来。[②] 如果文化产品生产合理、消费理性，不仅可以促进社会经济发展，还能够通过传递正能量来改善消费者的价值观，提升民族认同感，弘扬优秀文化内涵，由此形成的社会效益就大于私人利益，文化产品发挥出正外部性；反之，如果文化产品生产不合理，文化企业过分追求经济效益而忽视社会效益，破坏文化资源原有形态，传播有害的价值理念，危害社会稳定，此时文化产品形成了负外部性，不利于文化市场的有序发展。

此外，文化产品具有公共物品属性，即多人可以同时共享同一文化产品，且不会互相干扰。这种固有属性极易造成文化消费的“搭便车”行为，导致文化产品供应方的利益损失，使得供应方受利益驱使只为那些愿意付费的消费者提供文化产品，忽视

① 余晖. 政府与企业：从宏观管理到微观管理［M］. 福州：福建人民出版社，1997：39.

② 张秉福. 我国文化产业政府规制的现状与问题探析［J］. 图书与情报，2012（4）：39-47.

低收入消费者的文化需求，从而引发社会不公平现象。①

由于文化产品的外部性及公共物品属性，难以通过市场来调节，因此必须依靠政府规制来进行直接或间接的引导、管制，鼓励正外部性行为，惩罚负外部性行为，保护消费者利益，维护社会公平。

（二）文化产业规制是合理配置产业资源的要求

在信息经济时代，信息作为一种资源逐渐成为产业发展的重要一环。文化产业作为一种市场活动，难免会出现因市场失灵而造成的生产者与消费者信息不对称现象。②这种不对称现象往往导致两种不良后果：一是占有信息优势的一方受经济利益驱使垄断信息，做出损害另一方利益的行为，如提供虚假信息、诈骗信息等；二是由于信息的封闭造成信息延迟使文化企业错过市场竞争的最佳时机。如果这种不对称现象不能及时遏制，不仅文化市场难以进行公平交易，而且市场的正常资源配置也会受到一定影响。因此，政府应当对文化市场进行信息规制，通过提供统一的信息交流平台，促进信息自由、广泛流通，来弱化信息不对称现象，提升市场资源配置效率。

（三）文化产业规制是提升产业地位的途径

自文化产业诞生以来，关于其产品内容真善美与假恶丑的争辩就没有停止，单纯追逐经济利益与坚持社会效益左右摇摆的现象未发生转变。③文化产业在争议声中逐渐发展与壮大，成为世界各国难以忽视的一种经济与文化引擎。自中共十七届六中全会制定了中国文化大发展、大繁荣的宏伟蓝图以来，打造“文化强国”的观念逐渐深入人心，中国经济的发展逐步进入经济与文化双驱动的时代。加快发展文化产业、实现文化产业成为国民经济的支柱性产业，已成为中国的一项重要经济发展战略。因此，文化产业的发展要服务于国家文化战略的实施，而这一项任务的实施需要以一定的规制予以保障。

三、文化产业规制的工具

文化产业本身具有文化与经济的双重属性，可以转换为一定的社会效益与经济效益。在实际的市场运营中，受产业特性的影响，市场对文化产业经济效益的追逐不断壮大，并在一定程度上损害了社会效益。因此，为了加强文化产业双效益的共同提升，中国政府应该审时度势，及时采用恰当、科学的规制方式对其进行约束、管制。

（一）文化产业规制的类型

文化产业规制同产业规制一样，基于不同的方式与优势可以分为不同的类型，在实际应用中，各种规制往往交叉使用、相互渗透，共同作用于文化市场。

其中，按照规制目的的不同，可分为竞争性规制与保护性规制，前者以促进竞争为目的，后者以维护利益公平分配为目的；按照规制性质的不同，可分为积极规制与

---

① 韩平，平安. 中外文化产业政府规制比较研究［J］. 产业经济评论，2014（5）：110-116.
② 焦斌龙. 文化产业经济学［M］. 北京：高等教育出版社，2014：178.
③ 江奔东. 经济发展下的文化产业［EB/OL］. http：//www.zhazhi.com/lunwen/whls/whcylw/79360.html，2017-04-02.

消极规制，前者主要用以引导与鼓励文化市场行为，后者主要从反向出发，抑制与矫正文化市场行为；按照规制发生时间的不同，可分为事前规制、事中规制与事后规制，一般而言，事前规制重防范，事中规制防范与矫正并重，事后规制重惩戒与补救。[①]

按照规制方式的不同，可分为直接规制与间接规制。所谓直接规制是指政府直接介入文化市场失灵的领域，即政府依法直接干预文化经济主体的决策，如依法对文化企业的市场准入、退出、价格、服务、投资、利润分配、财务会计等活动进行的规制。间接规制是指政府不直接干预文化经济主体的决策，仅通过制约与行业引导来规范文化市场机制职能的发挥，并以完善法律制度、加强行业自律、实现文化市场机制顺畅运行为目的。

按照规制主体数量的不同，可分为联合规制与单独规制。联合规制是指由于文化产业的跨领域性，许多文化市场行为往往需要不同规制主体之间的相互协调配合，以达到共同规制的目的。例如，中国对互联网的规制就是联合规制，国务院信息产业部门和各省级电信部门对互联网服务场所进行共同监管，公安部门对网络安全进行监管，文化部门对网络暴力和色情等不良行为进行监管，工商部门则通过审核互联网实体营业场所的营业执照对其进行监管。单独规制则是某一部门对某些局部现象进行的规制。

按照规制内容的不同，可分为经济性规制与社会性规制，这是中国最常用的规制分类方法。所谓经济性规制一般存在于对市场失灵与市场缺陷的矫正中，通过政府的规制对其进行调节、缓解、控制，以保证文化市场活动的有序进行，其主要手段包括：价格规制、进入与退出规制、质量规制等；社会性规制则是以实现社会平等、公平与公民健康为目的，对社会主体的经济活动进行行政性规范与制约的政府行为，主要手段包括：许可证规制、信息规制以及标准规制等。具体如表 15-1 所示。

表 15-1　经济性规制与社会性规制简介

分类	主要手段	简介
经济性规制	价格规制	基于资源配置的有效性，政府针对价格情况展开的规制，其根本目的是通过价格水平来反映资源的紧缺性。在文化产业领域主要表现为政府决定相关文化产品或服务的价格，或指定相关的标准来约束文化企业的定价行为
	进入和退出规制	进入规制是指在自然垄断行业内，政府为了确保企业的规模经济效益与生产效率以及避免市场出现恶性竞争现象，由规制机构对申请企业从业资格、产品以及服务的内容与标准进行审查和认证，确定少数企业获得特许经营证并承担一定责任；退出规制是指为保证市场供求平稳，政府责令相关企业退出或禁止退出市场的行为
	质量规制	政府为防止相关企业因垄断或激烈竞争而导致产品质量下降的问题出现，制定相关政策与规则直接进行干预的行为总称
社会性规制	许可证规制	政府根据实际情况针对文化产业提出具体的资格限定标准，只有符合相关标准的企业与个人才有资格获得许可并开展生产经营活动
	标准规制	相关机构通过调研、审核、测试等程序制定出符合客观情况的标准，并通过强制或建议的方式促使文化企业相应进行规范化调整

① 杨建顺. 论经济规制立法的正统性［J］. 法学家，2008（5）：48-59.

续表

分类	主要手段	简介
社会性规制	信息规制	针对市场信息不对称问题，政府利用相关手段强制企业向市场提供真实有效的信息。在文化产业领域主要表现在广告规制方面，以保证广告内容的真实、有效为目的
	监督检查	一般与其他社会性规制配合使用。监督的对象既包括文化企业，也包括相关规制机构，具有双向性。而检查的对象往往指规制机构

资料来源：根据百度资源整理。

（二）文化产业规制的主要工具

文化产业规制的实施，需要借助一定的规制工具来配合。目前，中国文化产业主要的规制工具包括立法、政策以及行业自律。俗话说："工欲善其事，必先利其器"，在实际应用中，各种类型的规制行为都离不开以下工具的配合。文化产业规制可采取的主要工具如表 15-2 所示。

表 15-2　文化产业规制的工具简介

工具	简介	举例
立法	中国文化产业立法主要是指国家制定关于文化活动和文化管理方面的法律与法规，其往往体现了一定的国家意志并通过国家强制力保证实施。其中文化产业立法包括宪法、法律、法规、地方性法规、政府规章以及有关部门颁布的有关文化产业管理的规范性文件[①]	一般法： 《文化市场管理条例》 文化产业部门法： 《文物保护法》 《电影产业促进法》 《娱乐场所管理办法》
政策	文化产业政策是为了促进中国的经济繁荣和文化的可持续性发展，综合应用经济手段、法律手段和必要的行政手段，为调整文化产业生产关系，规范文化产业活动而制定的政策。中国文化产业规制的实施主要依靠相关文化政策的制定	《文化部关于文化事业若干经济政策意见的报告》 《国务院关于加快发展对外文化贸易的意见》
行业自律	行业自律是文化产业为了规范文化市场行为，协调同行利益关系，维护企业间的公平竞争和正当利益，促进自身正常演进而产生的一种自我约束行为，同时也是一种基于社会道德的行业信任行为。一般而言，行业自律包括两个方面，一方面是行业内对国家法律、法规政策的遵守和贯彻，另一方面是通过行业内的行规行约约束自身的行为。[②] 每一方面都包含了对行业内成员的监督和保护机能	《中国电视剧制作行业自律公约》 《中国报业自律公约》 《关于加强行业自律的若干规定》

资料来源：根据百度资源整理。

四、文化产业规制的特点

文化产业不同于一般产业，具有自身运行的规律与特点。因此，以经济和社会双利益为导向的文化产业规制在其发展过程中也具备了一般产业规制不具有的特殊性。

（一）监管的复杂性

文化产业具有文化与经济的双重属性，普通的经济手段功利性较强，在监管过程

① 陈敏. 我国文化产业立法研究［D］. 合肥：安徽大学硕士学位论文，2010.

② 范双梅，吴庆文. 浅析我国陶瓷行业自律管理体制中存在问题及对策［J］. 中国陶瓷，2010（7）：61-62，79.

中往往忽视文化产业的社会效益，过分追求经济价值，容易造成文化资源的浪费与文化价值导向的偏离。文化产业究其本质，是精神的产业，除了凝聚在物质产品上的文化内涵外，还具有特定的价值观导向性与精神的多领域扩散性，其影响之广之深，在很大程度上超越了一般物质财富。① 对其监管需要综合各类规制手段和工具，仅仅依靠经济规制明显不够。

（二）干预的适度性

正如查理德·佛罗里达在《创意阶层的崛起》一书中所提到"3T"（Talent，Technology and Tolerance，即人才、科技和宽容度）理论，一个国家或地区如果能够包容外来移民、不同的生活方式和对社会地位、权利结构等有独到看法的新观点，就必将大大受益于这个富于创意的时代，对于这些国家或地区的政策制定者而言，挑战在于如何制定相关政策和措施，以创造具有普遍性包容的社会环境。② 文化产业规制应像标准大气压下 100℃的水，只有达到准确的临界点，才能更好地发挥作用。如何在掌控与自由之间寻求平衡，使文化产业在合理与宽容的界限之内发挥出最大效益——释放创意灵感、挖掘文化资源价值、开发新的文化产品，是当前文化产业规制的主要目标。

（三）治理的交叉性

文化产业规制的交叉性主要体现在两个方面：一方面，由于文化产业内容的广泛性，在世界范围内对文化产业尚缺乏统一的权威界定，文化产业的发展仍处于各国独立探索的不完善阶段，所以文化产业规制的发展不应该局限于一个领域，而需要多视角、多产业、多工具的共同配合；另一方面，随着信息网络化时代的演进，文化产业的发展因其极强的"兼容性"，逐渐呈现出一种"文化产业+"的新局面，实现了多领域与跨领域的交叉融合，所以文化产业规制的发展也应紧随时代的步伐，对众多文化产业市场问题进行多重配合监管、共同规制。

第二节　国外文化产业规制概况

一、国外文化产业规制概略

各国文化产业的发展，如春日里盛开的百花，依据各自的品性，不同种类绽放的时间不尽相同，但最终共同装点了春天的风景。文化产业的发展差异又与各国政府所采取的规制行为不同有很大的关联。

（一）美国文化产业规制简介

美国文化产业规制的发展比较独特，至今没有一个正式的官方文件，无论在政府

① 焦斌龙. 文化产业经济学［M］. 北京：高等教育出版社，2014：177.
② ［美］佛罗里达. 创意阶层的崛起［M］. 司徒爱勤译. 北京：中信出版社，2010：1-15.

法律文件中还是官员的讲话中，都未曾出现“文化规制”这个词，如果非要探究美国如何规制文化产业，答案是“无为而治”。[①]

所谓“无为而治”是指美国政府在文化艺术领域的监管少、投资少，且为给文化艺术的发展创造自由宽松的环境，将其最大限度地交由给市场运营。当然，这种“无为而治”是针对狭义文化层面而言，在广义层面，美国的文化规制行为“无处不在”。虽然没有明确的条款规定，但在实践上，文化规制行为已经渗透到美国整体国家战略中。

（1）规制机构。在美国，国会通过立法手段对文化产业及市场行为进行监督，但各级政府将自己定位为协助与鼓励的角色，着重通过一系列管理法规与审查制度激励文化产业的自由发展。同时，美国拥有广播理事会、联邦通信委员会、博物馆和图书馆服务局、国家艺术与人文基金会四个独立机构，分管文化产业的不同领域。

（2）规制阶段。美国文化产业的发展可以划分为三个时期，在各个时期文化产业规制呈现出不同的特点。

第一阶段：自由监管阶段（第一次世界大战至第二次世界大战前后）。美国初期文化产业规制的着力点在于界定言论自由、出版自由的边界，试图在保护言论自由、出版自由和进行行业监管之间寻求平衡，且这种自发的努力一直贯穿于美国文化产业规制的整个进展过程。[②]一方面，美国对文化自由的界定延续了宪法第一修正法案“人民有宗教、言论、出版的自由权利”，为其文化产业的自由发展提供了纲领性的立法依据。然而另一方面，美国又出台一系列法律文献，如 1917 年《间谍法》、1927 年《无线电法》、1934 年《通信法》等，间接加强了对出版、广播、电台等领域的进入规制。

第二阶段：扩张性凸显阶段（“二战”结束至冷战结束）。美国与苏联对峙的半个多世纪是插手文化领域最多的时期，这一时期也是美国文化产业规制痕迹最明显的阶段。在对外方面，美国政府的文化产业政策逐渐意识形态化，开始在全球大力推广美国文化、价值观念和生活方式，进行文化扩张；在对内方面，美国政府试图营造宽松的政策环境，促进文化产业的发展，如为促进人文艺术的发展，联邦政府设立了以奖励为目的的国家人文基金会和国家艺术基金会，并协助各市镇成立了地方艺术人文委员会。

第三阶段：开拓新领域阶段（20 世纪 90 年代初冷战结束至今）。随着冷战结束，美国文化产业迎来了新的发展机遇。这一时期，全球化的浪潮使得世界掀起了发展文化产业的巨浪，同时美国国内的信息革命、知识革命也带给文化产业翻天覆地的变化，冲击着传统文化产业领域的转型，而战争与冷战时期严苛的产业规制阻碍的新兴文化产业发展，在这一时期得到了释放。为了确保公众利益和文化产业的良性发展，20 世纪 90 年代开始，美国进入放松规制时期。如 1996 年出台的《电信法案》是美国规制广播电视业的重要法律，与 1934 年的法规相比，明显放宽了有线电视经营权限，延长了

① 熊澄宇. 世界文化产业研究［M］. 北京：清华大学出版社，2012：54-74.

② 张慧娟. 美国文化产业政策的形成与发展［J］. 科学社会主义，2012（6）：147-150.

许可证的期限。①

（二）英国文化产业规制简介

英国是探索文化产业较早的国家，自 1998 年英国文化媒体体育部成立“创意产业工作组”以来，创意产业成为英国重点发展的产业，现已成为仅次于金融服务业的第二大产业。与美国的“市场主导型”相比，英国的文化产业规制显得较为保守，属于“政府—市场并重型”，政府干预相对更多。②

（1）规制机构。英国的文化产业规制机构主要形成了从中央到地方的三级文化管理体制。其中，“文化、新闻和体育部”为中央级管理机构，统管全国；地方政府以及非政府公共文化执行机构为中间机构，负责执行文化政策和分配文化经费；基层管理机构主要由地方政府、地方艺术董事会及各种行业性文化联合组织构成。

（2）规制阶段。英国文化产业规制演进缺乏明确的时间界限，可大致将其划分为三个阶段。

第一阶段：严格规制时期（20 世纪 20 年代至“二战”时期）。“二战”以前，英国政府对文化产业的参与并不积极。只对少数几种稀缺性较强的文化产业资源进行了严格的控制，最为典型的就是广播电视产业。1922 年，英国广播公司（BBC）成立，且建立了覆盖全国范围的广播传输电路系统。1927 年，BBC 获得皇家承认，并由政府直接任命理事会负责公司运作。1936 年，BBC 将业务扩展至电视服务，但唯一不变的是其长久以来实施的特许独占制。

第二阶段：适度竞争时期（“二战”后至 20 世纪 80 年代）。随着反垄断呼声的日渐高涨，政府逐渐开始调整文化产业领域的进入规制，适度引入了竞争机制。1946 年，国家艺术局成立，国家开始通过艺术局向文化艺术领域拨款，直接赞助各项文化活动。1965 年，教育部与科技部从财政部手中接过艺术拨款的职权，打破了长期以来政府对文化艺术领域的直接干预。同时，广播电视领域也开始出现了小范围的私人广播公司，虽然广播电视领域仍面临政府严格的管辖，但总体形势适应了公共利益发展的需求。

第三阶段：放松规制时期（20 世纪 80 年代至今）。这一阶段，英国文化领域逐渐由事业化向产业化方向迈进。自 1998 年《英国创意工业路径》文件中“创意产业”概念提出以来，政府逐步加强了对文化产业组织、人才培养、资金支持、生产经营等环节的监管，助推了文化产品的研发、制造、经销等机制建设。在广播电视领域，1990 年的《广播法案》、1995 年的《白皮书》以及 1996 年的《广播法》均是政府放松规制下的产物，进一步推动了英国广播电视领域的公私并立结构。

（三）韩国文化产业规制简介

近年来，随着“韩流”之风在世界范围席卷，韩国已悄然跻身世界文化产业强国的发展行列。其文化产业的快速发展离不开政府的大力支持与监管。

（1）规制机构。韩国以文化观光部为管理文化产业的最高行政部门，下设 9 个直属

---

① 焦斌龙. 文化产业经济学［M］. 北京：高等教育出版社，2014，189.

② 程栋. 我国文化产业政府规制研究［D］. 哈尔滨：哈尔滨商业大学硕士学位论文，2012.

机构和2个研究与支援机构（韩国工艺文化振兴院、文化产业支援中心）配合其工作。此外，在2000年成立的文化产业振兴委员会着重处理海外文化事宜，并支援文化产业培养。

（2）规制阶段。总体而言，韩国文化产业规制的历史进程可大致分为严格管制时期、大力扶持时期、调整推进时期三个阶段。

第一阶段：严格管制时期（20世纪50年代至80年代末）。这一时期，韩国本土文化产业处于萌芽阶段，发展相对缓慢，而在世界范围内，随着市场经济一体化的运转，大量文化产品涌入韩国市场，冲击着文化产业的发展与文化价值的传承。在此背景下，韩国政府果断采取了一系列措施对文化产业领域进行全面规制，从此进入了严格的封闭管制时期。特别是20世纪60年代以后，政府开始对文化产业进行严格的内容控制，其管控范围逐渐从传统艺术部门扩大到多种艺术创作部门乃至国民文化生活领域。

第二阶段：大力扶持时期（20世纪80年代末至2007年）。这一阶段，韩国政府逐渐意识到封闭发展只会令文化产业陷入被动、僵化的局面，因此，政府开始制定一系列文化产业相关政策法规，对文化产业领域实行安抚和鼓励。一方面，为把文化产业的地位上升到国家战略高度，引起各领域的重视，韩国政府于1993年颁布了《文化畅达五年计划》，以国家最高计划的形式把文化产业发展确定为重要战略目标之一。另一方面，政府对各部门负责的文化产业监管事项进行了调整，如文化体育部接管了交通部所负责的观光业务，文化部接管了公报处负责的媒体业务等。同时，建立了专门的文化产业局来保障文化产业运营。为进一步激励文化产业发展，韩国于1999年制定了《文化产业发展五年计划》，又于2001年出台了具体的计划实施方案——《内容韩国蓝图21》，并修订了《电影振兴法》《演出法》等一系列扶持性的法律法规。

第三阶段：调整推进时期（2007年至今）。进入21世纪，韩国文化产业开始步入稳健发展时期，文化产业规制也向着更为宽松的模式演进，具体体现在政府对文化产业所采取的一系列激励与扶持的政策上。如2011年，韩国政府发表了《内容产业振兴基本计划》，提出了促进文化内容产业发展的五大核心战略：[①] 一是要创造泛国家化内容培育体系；二是要提高国家创造力以实现青年就业；三是要扩大国际市场；四是要创造相互依存的生态系统；五是要强化制作和技术等核心基础，政府角色逐步由管控转变为提供基础服务。2013年又提出了“创造经济”的增长思路，积极促使内容与创意的生产力转化，以推进文化产业经济的纵深发展。

二、国外文化产业规制特点

国外文化产业规制特点如下：

第一，监管的“一臂间隔”。总结国外文化产业规制经验，能够发现间接管理的模式日渐盛行，多数西方国家政府不直接干预文化产业各个组织的运作，而是通过设立

① 向勇，权基永. 韩国文化产业立国战略研究［J］. 华中师范大学学报（人文社会科学版），2013（4）：107-112.

一些官方与非官方的中介机构，由这些中立性的智库为政府提供专业化意见并负责具体的资金划拨等管理事项。[①] 在市场机制主导下，国家形成了完善的监督管理辅助体制。

第二，放松规制是发展趋势。文化产业规制犹如杯中之水，水满则溢，适度的规制才是推动文化产业发展的催化剂。随着文化产业的壮大，新思想、新理念使得各国政府逐渐意识到文化产业需要广阔空间来促进创意萌发，需要通过市场需求实现产业运营的优胜劣汰，因此在文化产业规制上越来越向着宽松与激励的方向演变。

第三，规制机构权力的分散。总体而言，国外文化产业各类规制机构分工明确、界限清晰，并随着产业发展的深化与细化变得更具针对性、专门性。文化产业监管需要的是完善的规制，而非无限的权力，规制机构越具针对性，其职能范围也愈加有限，在一定程度上也更利于文化产业的充分发展。

第三节　中国文化产业规制演变

不同国家进行文化产业规制的路径与方法不尽相同，但有一点却是一致的：文化产业逐渐成为各国新兴发展战略的支柱性产业，在网络时代背景下，文化产业各层面制度的转型已成为世界各国面临的又一重大课题。中国正处于文化产业大发展与大繁荣的重要时期，文化产业的健康有序运营，更离不开产业规制的保驾护航。中国文化产业规制并非独立前行，其伴随了中国文化体制机制的改革而不断进行着调整与演变。随着中国文化体制的不断完善，处于规制体系下的文化产业将逐渐走向成熟。

一、中国文化体制的改革历程

改革开放以前，中国对文化领域实行高度中央集权化的计划管理体制，从中央到地方都设立了文化行政管理机构，政府对各级文化部门和单位实行全面的控制，进行直接领导和严格管理。自改革开放以来，中国经济发展逐渐步入市场化轨道，原有的计划管理体制难以满足人民群众日益增长的文化需求，因此，体制改革迫在眉睫。

中国新时期的文化体制改革，自 1978 年中共十一届三中全会拉开序幕以来，已经走过了三十余年的历程，大体经历了四个发展阶段：

（一）文化体制改革的启动期（1978~1992 年）

1978 年 12 月中国共产党召开十一届三中全会后，文化体制改革提上日程，该时期主要是改变传统计划经济体制下高度集中的文化管理体制，探索适应文化生产力发展的新机制，实现以“阶级斗争为纲”的文化范式向以“经济建设为中心”的新范式转向。[②]

---

① 焦斌龙. 文化产业经济学［M］. 北京：高等教育出版社，2014：188.

② 俞晓敏. 中国文化管理体制改革与创新研究［D］. 长春：吉林大学博士学位论文，2008.

不可否认的是，在当时特殊的历史背景下，高度集中的文化管理模式，在一定程度上为中国文化事业的发展构建了相对完整的体系与框架，也为文化事业日后的复苏与繁荣积累了大量的经验。但这种政企不分、国家统包统管的单一全民所有制组织管理模式也带来了诸多发展弊端：在总体布局上，层层设立专业文艺团体，重复设置，造成了严重的人、财、物浪费；在结构上，单一公有制使得文化发展基本由国家供养，个别产业一家独大，结构严重失衡，经济缺乏活力；在分配上，实行平均主义，严重抑制了创作的积极性等。

1979 年 10 月，邓小平代表党中央在中国文学艺术工作者第四次代表大会上的祝辞，提出了新时期中国文学艺术事业发展的一系列指导方针，为文化体制改革指明了前进的方向。[①] 1980 年 2 月，文化部主持召开全国文化局长会议，会议初次提出要“坚决地有步骤地改革文化事业体制，改革经营管理制度”。[②] 1983 年 6 月，全国六届人大一次会议《政府工作报告》继续提出，“文艺体制需要有领导有步骤地进行改革。”

在以上纲领性政策与方针的指导下，针对这一阶段文化体制的弊端，中国文化管理体制改革进行了以下几方面调整，如表 15-3 所示。

表 15-3 1978~1992 年中国文化体制改革重点

实践内容	相关政策	简介
调整艺术部门和艺术团体	1985 年《关于艺术表演团体的改革意见》	改革全国专业艺术表演团体数量过多、布局不合理的状况，在大中城市，精简专业艺术表演团体，合并或撤销重复设置的院团
承认文化市场的发展地位	1988 年《关于加强文化管理工作的通知》	设置文化市场管理局，开始建立全国文化市场管理体系
在文化领域推行承包经营责任制	1987 年《文化事业单位开展有偿服务和经营活动的暂行办法》	部分文化单位通过“以文补文”、“多业助文”的方式自筹资金进行文化设施建设，开展多种文化经营活动
文化事业单位企业化	1989 年国务院财政 2 号令	鼓励与促进有条件的事业单位由全额预算管理向差额预算管理过渡、差额预算管理向自收自支管理过渡、自收自支管理向企业管理过渡
实行“双轨制”改革	1988 年《关于加快和深化艺术表演团体体制改革的意见》；1989 年《关于进一步繁荣文艺的若干意见》	“双轨制”：一轨指对具有特殊价值的少数民族地区的艺术表演团体实行国有国办；另一轨指市场化的、大多数规模较小、较分散、流动性强的艺术团体实行多种所有制形式，自主经营，自负盈亏

（二）文化体制改革的深化期（1993~2002 年）

1992 年邓小平同志视察南方的重要谈话发表和中共十四大的召开，标志着中国改革开放和现代化建设进入了新的历史阶段。深化改革，扩大开放，在现有市场经济发展的基础上，走中国特色的社会主义道路，不但为经济发展奠定了基础，也推动了文化体制改革，给文化事业发展带来了活力，注入了新鲜血液。

① 韩永进. 新的文化发展观［M］. 北京：文化艺术出版社，2006：20.

② 周全华. 新时期 30 年文化体制改革述略［J］. 桂海论丛，2011（2）：1-6.

1996 年中共十四届六中全会在《中共中央关于加强社会主义精神文明建设若干重要问题的决议》中提出“改革文化体制是文化事业繁荣和发展的根本出路”，“改革的目的在于增强文化事业的活力，充分调动文化工作者的积极性，多出优秀作品，多出优秀人才”。强调改革要符合精神文明建设的要求，遵循文化发展的内在规律，发挥市场机制的积极作用。1999 年 3 月文化部制定《文化部文化立法纲要》，提出要依据法律法规处理好文化行政部门与文化企业的关系，解决好“缺位”与“越位”的矛盾。

总体而言，在这一阶段中，中国文化体制改革逐渐向着系统化与规范化的方向发展，其主要取得的成就体现在以下几方面，如表 15-4 所示。

表 15-4　1993~2002 年中国文化体制改革重点

<table>
<tr><th colspan="2">改革方向</th><th>内容</th><th>简介</th></tr>
<tr><td colspan="2">理论创新</td><td>明确指出文化具有产业属性和意识形态属性</td><td>2000 年《中共中央关于制定国民经济和社会发展第十个五年计划的建议》，第一次在中央正式文件里提出了“文化产业”这一概念，并要求完善文化产业政策，加强文化市场建设和管理，推动有关文化产业发展</td></tr>
<tr><td rowspan="4">实践工作</td><td>管理方式</td><td>实现从“直接管理向间接管理”、“办文化向管文化”的转变</td><td>打破国家对文化单位统包统管的管理模式，确立分类管理、分级指导的管理思路，国家主要进行宏观管理</td></tr>
<tr><td>文化投融资</td><td>国家对文化企事业单位单向投资转向以激励为基准的“绩效投入方式”</td><td>文化主管部门采取定额补助、差额补助等多种资助方式，变单向的静态投入为有偿制、借贷制、奖励制等动态投入，由无偿向有偿转变</td></tr>
<tr><td>文化市场</td><td>培育中国特色社会主义文化市场</td><td>规范市场行为，完善运行机制，初步建立起文艺演出市场、电影电视市场、音像市场、文化娱乐市场、文化旅游市场在内的文化市场体系</td></tr>
<tr><td>文化政策</td><td>注重法制建设</td><td>逐步细化文化领域的法制建设，努力做到文化发展有法可依，如出台了涵盖舞台艺术、新闻出版、广播影视、互联网、文化经济等诸多领域的 200 多部法律法规、政策性文件或部门规章等</td></tr>
</table>

（三）文化体制改革的扩展期（2003~2012 年）

步入 21 世纪，随着中国顺利加入世界贸易组织和成功召开中共十六大会议，中国文化体制改革的步伐明显加快。在全球经济一体化的背景下，中国致力于进一步解放和发展文化生产力，探索走出一条中国特色的社会主义文化发展新路，逐步实现文化体制改革从局部向整体的依次推进。

2010 年，胡锦涛总书记在主持中央政治局第二十二次集体学习时强调，一定要从战略高度深刻认识文化的重要地位和作用，以高度的责任感和紧迫感，顺应时代发展要求，深入推进文化体制改革，推动社会主义文化大发展、大繁荣。在党中央的领导下，中国文化体制改革逐渐向纵深方向发展，如表 15-5 所示。

（四）文化体制改革的新时期（2013 年至今）

自 2012 年中共十八大以来，伴随着全面深化改革的大潮，文化体制改革在新的起点上破浪前行。这一时期文化领域继续大胆推进改革，在坚持走中国特色社会主义文化发展道路的基础上，推动社会主义文化大发展大繁荣，努力建设社会主义文化强国，

表 15-5　2003~2012 年中国文化体制改革重点

改革方向	内容	简介
理论深化	第一次将文化分成文化事业和文化产业，明确了整个文化体制改革的方向、目标和任务	①2003 年党的十六届三中全会进一步指明文化体制改革的总目标，即按照社会主义精神文明建设的特点和规律，适应社会主义市场经济发展的要求，逐步建立党委领导、政府管理、行业自律、企事业单位依法运营的文化管理体制 ②2007 年中共十七大提出“文化软实力”这一概念，明确把“激发全民族文化创造活力，提高国家文化软实力”作为重要的文化发展战略
实践工作	开展文化体制改革试点工作	2003 年 6 月在北京召开了全国文化体制改革试点工作会议，提议由 39 个宣传文化单位参加改革试点，为推动全国文化体制改革积累经验
	公益性文化事业单位机制的转换和经营性文化单位的转企改制	深化公益性文化事业单位的用人制度、分配制度、激励机制和社会保障方面的改革；加快国有文化事业单位转企改制，从“分离改制”到“整体改制”再到“股份制改造”，逐步建立现代企业制度
	加强基础设施建设	国家大剧院、国家博物馆、国家图书馆等六个大型文化项目相继进入二期扩建和整体维修阶段

推动文化发展逐步实现由“中国制造”向“中国创造”转变。

2013 年，习近平总书记在全国宣传思想工作会议上强调，要在继续大胆推进改革、推动文化事业全面繁荣和文化产业快速发展，在建设社会主义文化强国的同时，把握好文化意识形态属性和产业属性、社会效益和经济效益的关系，始终坚持社会主义先进文化的前进方向，始终把社会效益放在首位。[①] 强调建设社会主义文化强国，关键在于增强全民族的文化创造创新活力，实现“中国速度”向“中国质量”的转变。在党中央精神的指引下，中国文化体制改革为社会主义文化建设注入了新的动力、带来了新的面貌，如表 15-6 所示。

表 15-6　2013 年至今中国文化体制改革重点

实践内容	简介
完善文化管理体制	深化文化行政部门职能转变，建立健全行政权力和责任清单制度。在文化市场领域，推进文化领域跨部门、跨行业综合执法
推进文化事业单位改革	①积极探索文化事业单位政事分开、管办分离的有效形式； ②推动公共图书馆、博物馆、文化馆等建立事业单位法人治理结构，健全决策、执行和监督机制； ③完善绩效评估考核，引入第三方评估
建立健全有文化特色的现代企业制度	加快国有文化企业公司制、股份制改造，完善社会效益和经济效益综合考核评价指标体系，进一步深化国有文艺院团体制改革，通过政府购买服务、原创剧目补贴等方式扶持转制院团的艺术创作生产
培育和规范文化类社会组织	①加强对业务主管的文化类行业协会、基金会、民办非企业单位等社会组织的引导、扶持和管理，促进规范、有序发展； ②加大政府向文化类社会组织购买服务力度，将适合由社会组织提供的公共文化服务事项交由社会组织承担

资料来源：人民网. 中共中央办公厅　国务院办公厅印发《国家“十三五”时期文化发展改革规划纲要》，http：//politics.people.com.cn/n1/2017/0507/c1001-29259218.html.

① 刘盛钱. 以改革创新精神谱写“中国梦”的文化篇章（治国理政新思想新实践）[N]. 人民日报，201-05-11（1）.

总体而言，中国文化体制改革不是简单的模仿和追随，文化产业化过程中旧体制的瓦解和新体制的形成，事业性质的文化部分和产业性质的文化部分此消彼长最后形成一种动态平衡，需要一段立新破旧的时间。旧的计划经济体制、事业型管理方式不可能一夜之间消失，新的市场经济体制、产业发展模式也不可能一蹴而就，文化体制改革是一个渐进式的演化过程。[①] 在这一过程中，文化产业规制也随之演变。

二、中国文化产业化过程中规制的演变

改革开放以来，中国的文化规制为了适应社会经济转型的需要和意识形态发展的需要，经历了一系列重大转变，主要体现在：

（一）文化行政部门职能逐渐转变

中国文化行政部门逐步由传统体制下政事不分、管办不分的行政职能机构向市场体制下政企分开、政事分开、管办分开的行政职能机构转型。改革开放后，随着中国文化行政部门逐渐从直接管文化企事业单位人、财、物的微观管理模式转向管政策、管规划、管法规的宏观调控领域。[②] 在新形势下，中国文化企事业单位逐渐拥有了自主权，同时，一些文化企事业单位逐渐向着自主经营、自负盈亏、面向市场、面向群众的市场化方向发展。文化行政部门的分工更加明确，权责更加清晰，其政策调节、市场监管、社会管理和公共服务等职能不断得到强化。

（二）文化规制手段逐渐转变

随着中国文化事业的发展逐渐从计划体制向市场体制过渡，文化行政部门规制的方式也逐渐从严格规制向放松规制和激励规制的方向转变。首先，文化产业概念的出现和推行就是政府放松规制的显著体现，自文化产业发展以来，文化行政部门规制的手段逐渐从单一的行政手段开始向行政、法制手段并用转型，特别是文化产业细分领域相关法律法规不断完善，如 2016 年《电影产业促进法》的出台，对文化产业电影市场的规范发展起到了极大的激励作用。近年来，中国不仅在文化立法方面取得了长足的进展，文化领域各类法律法规相继出台，《文化产业促进法》也在积极起草，文化法律体系不断完善，且文化执法力度也得到大大加强，文化市场管理中长期存在的职能交叉、多头执法等问题得到初步解决，文化市场秩序明显好转。2016 年文化部在《“十三五”时期文化发展改革规划纲要》中明确提出要“深入推进文化体制改革，建立健全党委领导、政府管理、行业自律、社会监督、企事业单位依法运营的文化体制机制”。总体而言，中国文化产业规制方式不断完善，初步形成了以政策和立法为主体，行业自律为辅助，综合运用法律、经济、行政、技术等多种手段共同管理的体系，实现了文化产业领域的科学规制、依法规制。

（三）文化行政部门发展方式逐渐转变

中国文化行政部门从单一型文化行政机关向混合型文化行政机关转型，并逐步依

① 刘庆振. 论我国文化产业化进程中规制变迁的渐进性［J］. 广西职业技术学院学报，2016（5）：85-89.

② 俞晓敏. 中国文化管理体制改革与创新研究［D］. 长春：吉林大学博士学位论文，2008.

托文化社会组织、文化中介组织进行辅助规制。随着中国文化企事业单位转制改革的不断推进，文化产业的行业自律也变得越来越规范。目前，中国文化行政部门的发展方式转变主要体现在三方面：一是注重发挥文化社会组织和文化中介组织的作用，改变文化行政部门包办一切的做法，如设立公益性文化事业资助平台成为政府引导、扶持社会公益性文化事业的新途径；二是组建文化投资公司，按照市场化运作的方式，通过建立科学的评估论证机制、专家咨询机制、申报审批和过程监控机制等，引导并规范文化投资行为，提高文化产业投资效益；三是参与组建文化行业协会，按照“行业资源组建为主，政府推动力为辅”的原则，积极推进文化行业协会建设，充分发挥行业组织在行业自律、行业管理、行业交流等方面的重要作用。

第四节 中国文化产业政策发展

文化产业政策是政府为了实现一定的经济和社会目标而对文化产业领域的形成与发展进行干预的各种政策的总和。[①] 从中国文化产业发展历程来看，文化产业政策是中国文化产业规制最重要的一种工具，也是国家对文化领域进行宏观调控的主要手段，即利用其“有形之手”保障文化产业领域的健康有序发展，促进中国文化的大繁荣与大发展。

一、中国文化产业政策的演进历程

中华人民共和国成立以来，中国文化产业政策经历了一次历史性转折，这次转折将中国文化产业政策的演变划分为两大历史时期，即改革开放前与改革开放后。在改革开放以前，中国没有文化产业的概念，对于文化产业政策而言也只是基于计划经济体制下，对文化经济层面的初步探索，但为日后市场经济体制下文化产业政策的制定积累了一定实践经验。1978 年中共十一届三中全会的召开，拉开了中国改革开放的序幕，使得文化产业政策伴随着文化经济体制改革进入了一个全新时期，在这一时期，文化产业政策的发展历程又可具体划分为以下几个阶段。

（一）文化市场酝酿期的相关政策（1978~1987 年）

改革开放最初的十年，中国文化事业的发展出现了空前的繁荣，其经济属性与产业属性得到极大提升。但由于改革的春风仍未完全拂过文化领域，文化的市场化改革面临着止步不前的困境，主要体现在政府依然依靠严格的管制与监督来掌控文化事业的发展，使得中国文化事业始终处于浓厚的计划经济氛围之下。随着改革开放的深入发展，国家陆续出台了一些文化政策适当放松了对文化事业的管制，市场上开始出现现代化的文化娱乐场所与广告制作公司。然而，国家在些许放松管制的同时并没有过

① 胡立夏，李贤沛. 21 世纪初中国产业政策［M］. 北京：经济管理出版社，2004：14.

多减少对文化领域的监督与调整，例如 1987 年出台的《关于改进舞会管理问题的通知》《广告管理条例》等文件，都是为规范文化生产单位市场行为而进行的严格规制。

（二）文化市场全面推进期的相关政策（1988~1998 年）

该阶段是中国文化产业发展的引导与培育期，政策的制定开始更倾向于文化的“经济属性”。1988 年文化部与国家工商总局联合发布了《关于加强文化市场管理工作的通知》，首次提出“文化市场”字眼并划定了其经营范围；在 1991 年《文化部关于文化事业若干经济政策意见的报告》中，正式提出“文化市场”的概念，象征着中国“文化市场”地位的正式确立。1993 年，中共中央与国务院联合发布《关于加快发展第三产业的决定》，提出要以产业化为方向，促进文化事业单位的转型经营。文化事业逐渐向产业化、市场化的过渡标志着中国文化产业的崛起初步进入觉醒期。总体来说，该阶段的文化产业政策以经济政策为着力点，以促进社会主义文化市场经济的繁荣发展为导向，以推动文化体制改革为目的，包含了从整体宏观领域到金融、投资等细分领域在内的政策体系，但由于起步晚、基础差，取得的实际效果尚不显著。

（三）文化产业发展初期的相关政策（1999~2002 年）

改革开放前 20 年的积累与铺垫，使中国文化产业在一定市场经济的基础上阔步前行，部分文化产业逐渐走向集群化成长的道路，形成了一定的规模效应。同时，随着文化产业的加速拓展，政府越来越重视文化产业存在的合法性与规范性。2000 年，中共十五届五中全会第一次提出“文化产业政策”的概念，标志着政府开始有意识地运用产业政策推动文化产业的发展。2002 年，中共十六大报告不仅在概念明确区分的前提下，提出要积极发展文化事业和文化产业，还进一步对文化产业的战略演进给出定性指导和剖析。至此，中国文化领域正式进入文化产业、文化事业“双轨”发展的新阶段。

（四）文化产业快速发展期的相关政策（2003~2008 年）

改革开放的深入推进和文化产业的“合法化”拉开了新时期中国文化产业发展的帷幕，文化产业逐渐成为战略型新兴产业。在文化生产力进一步释放、文化竞争力不断提升和文化建设活力显著增强的背景下，中国文化产业逐步进入发展的“快车道”。该时期，文化产业政策建设更具合理性与系统性，主要以深化文化的经济和社会属性为方向，注重区域的特色文化产业培育和人民群众的精神文化建设。如在 2005 年《中共中央关于制定国民经济和社会发展第十一个五年规划的建议》中提出：“要丰富人民群众精神文化生活，积极发展文化事业和文化产业”。2007 年中共十七大报告中则提出：要“大力发展文化产业，实施重大文化产业项目带动战略，加快文化产业基地和区域性特色文化产业群建设，培育文化产业骨干企业和战略投资者，繁荣文化市场，增强国际竞争力”。

（五）文化产业纵深发展期的相关政策（2009 年至今）

2009 年，国务院常务会议通过了《文化产业振兴规划》，是继纺织、轻工等规划之后呈现的第十一大产业振兴规划，该规划指出，“国家将重点推进的文化产业包括文化创意、影视制作、出版发行、印刷复制、广告、演艺娱乐、文化会展、数字内容和动漫等的全面发展”，不仅表明中国文化产业的战略地位得到进一步提升，同时，文化产业不再被简单地看作是推动国家经济增长的一支力量，而是成为助推整个经济社会转型、促进国家产业结构调整的重要新动力。在此背景下，国家陆续出台了《关于金融支持文化产业振兴和发展繁荣的指导意见》《中共中央关于深化文化体制改革、推动社会主义文化大发展大繁荣若干重大问题的决定》等政策措施，为新形势下中国文化产业的良性演进提供了坚实的政策保障。

二、中国文化产业政策的核心内容

2003 年以后，随着文化产业快速发展期、纵深发展期相关政策的持续跟进，中国文化产业发展进入“快车道”，但从整体来看，文化产业还是一个幼稚产业，尚处于调整、成长阶段，仍面临着诸多困难和问题。文化产业的长足健康发展仍需要大力借助政府的规制，通过制定合理有效的产业政策继续加以推进。下面着重对该两个时期的政策内容进行梳理，以为后续政策出台提供思路和支撑。

（一）直接规制政策

直接规制政策是指政府为消除资本主义经济在社会基础设施部门，如金融、运输、通信、公共事业等中易出现的自然垄断及过度竞争的弊端，在价格、进入、退出、合并、投资、财务会计、事业计划等方面对企业活动进行直接干预的行为。[①] 一般而言，直接规制政策主要存在自然垄断产业，如电力、铁路等部门，尽管文化产业通常不存在自然垄断现象，但由于产业本身的特殊属性，政府为了更好地维护国家文化安全与公众文化利益，针对文化产业个别领域也采用了直接规制的手段，尤其是通过进入壁垒的设置，对文化产业进行严格管控。如广播电台、电视台、报纸、杂志、出版等领域往往肩负着确保国家“政治稳定”与“精神文化建设”的重要任务，具有“喉舌功能”，同时也是传达国家政策法令的渠道，涉及政府与民意能否顺利沟通的问题，因此成为政府管制的特殊对象，[②] 不允许社会资本和企业的随意涉足。

（二）文化产业扶持政策

所谓产业扶持政策是指国家或者地方政府在制定区域发展计划或规划纲要时，针对当地经济的发展实际，采取重点倾斜、优先扶持某些产业或部门的措施，促使其优先发展、快速发展，以期带动其他产业的共同发展，从而推动整个地区经济的全面提升。[③] 文化产业扶持政策即是各级政府针对文化产业领域制定的相关政策，其主要包含以下两个方面：

（1）培植大型文化服务企业。中国文化产业组织长期以来处于小而分散的状态，具有核心竞争力的大型骨干企业较少，中小微型企业所占比例较高，且普遍属于初创阶段，缺乏强劲的规模效应、竞争实力和资源配置能力。从 2016 年世界 500 强名单来

---

① 赵峰. 全面建设小康社会时期中国产业组织政策研究［D］. 哈尔滨：哈尔滨工程大学博士学位论文，2006.

② 刘菲. 我国传媒产业与政府管制之间的问题及对策［D］. 长沙：东南大学硕士学位论文，2008.

③ 胡立夏，李贤沛. 21 世纪初中国产业政策［M］. 北京：经济管理出版社，2004：14.

看，入围的中国企业大多集中在金融、地产、制造、汽车、石化、房地产等产业，文化企业无一入选。根据文化部最新出台的《"十三五"时期文化产业发展规划》显示，"要重点培育一批具有核心竞争力的文化企业，打造一批具有较强影响力的文化产品和品牌"。培育骨干文化企业是推动文化产业升级的重要一环，近年来，各级政府纷纷出台相关政策以促进文化骨干企业的规模化成长。该类政策主要体现在三个方面：一是在加大财政补贴力度的同时，积极构建完善的投融资体系；二是从整体上加强对知识产权的保护力度，强化文化企业的创新意识；三是着重构建良好的文化市场体系，改善文化企业发展环境，加强文化产业集群的合理布设，从多维度培育大型文化企业。

（2）鼓励新兴文化产业发展，加快传统文化产业转型，推动重点文化产业壮大。在文化产业纵深发展的新时期，政府尤为重视新兴文化产业的发展，如数字出版、网络游戏、动漫产业、新兴媒体等，通过采用鼓励性政策，扩大新兴产业的发展规模，提升其在整个文化产业结构中所占的比例。如 2010 年新闻出版总署下发《关于加快中国数字出版产业发展的若干意见》，提出到"十二五"末期，中国数字出版产业要力争达到新闻出版产业总产值的 25%。文化部在《国家"十一五"时期文化发展规划纲要》中指出要大力发展影视制作、出版、发行、印刷复制品、广告、演艺、娱乐、文化会展、数字内容和动漫产业 9 个重点文化产业；在《"十三五"时期文化产业发展规划》中又提出重点发展演艺、娱乐、动漫、游戏、创意设计、网络文化、文化旅游、艺术品、工艺美术、文化会展、文化装备制造 11 个产业门类。面对传统文化产业，中国政府侧重于推动其升级转型，实现与新兴文化产业的融合发展，出台了《关于推进文化创意和设计服务与相关产业融合发展的若干意见》等政策。十年期间，中国文化产业扶持政策的导向逐步由以规制传统文化产业为主向以引导新兴文化产业为主转变，在很大程度上体现了文化产业政策出台的与时俱进。

（三）反垄断与不正当竞争政策

垄断在很大程度上限制了公平竞争，阻碍了资源的合理配置，损害了消费者的权益，导致文化企业生产效率低下、技术创新能力减弱，危害市场化运作。[①] 文化产业作为一种产业经济现象，垄断与不正当竞争行为也广泛存在。改革开放以前，中国长期实行计划经济，国家垄断曾是中国经济显著的特征，甚至至今仍在文物艺术品、新闻出版、广播电视电影服务等文化产业领域留有痕迹。随着改革开放的实行和不断深入，反垄断与反不正当竞争成为中国促进社会主义市场经济发展、确保市场公平竞争、维护公众利益的一项重要举措，而文化产业领域里的反垄断与反不正当竞争作为该项举措的延伸，一直未被轻视。[②] 反垄断与不正当竞争政策主要从干预文化市场行为与干预文化企业行为两个方向入手。为了规范文化市场竞争秩序，防止文化产业发展过程中的过度竞争、不正当竞争和垄断行为的发生，基于《中华人民共和国反不正当竞争法》和《中华人民共和国反垄断法》，中国出台了数部政策法规，对文化产业领域进行干预，

① 胡惠林，单世联. 文化产业学概论［M］. 太原：书海出版社，2006：236.

② 焦斌龙. 文化产业经济学［M］. 北京：高等教育出版社，2014：134.

如《网络游戏管理暂行办法》《文物艺术品拍卖规程》《关于进一步整顿和规范文化市场秩序的通知》《关于深化新闻出版广播影视业改革的若干意见的通知》等。

（四）中小微文化企业政策

目前，中国文化产业仍处在发展的初级阶段，从市场结构来看，中小微文化企业过多，大型文化企业较少，在整个文化产品供给侧，中小微企业是不可忽视的一支重要力量，尤其需要政府制定相关政策加以引导与激励，以促进其健康发展。目前，中国已出台的中小微文化企业相关政策主要体现在以下几个方面：

第一，积极构建投融资担保体系，为中小微企业融资提供有利条件。从国家层面来看，2014 年《关于支持小微文化企业发展的实施意见》《关于完善和创新小微企业贷款服务，提高小微企业金融服务水平的通知》，2015 年《关于申报 2015 年度文化产业发展专项资金的通知》，都是针对中小微文化企业金融服务的特别倾斜政策。2015 年保监会、商务部、银监会等联合发布的《大力发展信用保证保险服务和支持小微企业的指导意见》中，也重点支持了处于“蹒跚”起步阶段的创新型文化企业。从各地方政府层面来看，四川省人民政府转发《省科技厅等八部门关于促进高新技术产业发展的投融资政策与服务若干意见的通知》、北京市人民政府办公厅印发《关于进一步加强金融支持小微企业发展的若干措施》的通知等都通过疏通金融机构、担保公司及文化企业三者的关系，为中小微文化企业的发展打造了“绿色通道”，从而促进其更好地获得社会融资支持。

第二，正面促进中小微文化企业自主创新，为提高其市场生存能力提供支持。为提升中小微文化企业的自主创新能力，培育其市场竞争力，改善经营管理水平，政府一般通过完善相关配套措施、加快培育要素市场、敦促文化品牌建设、支持创业服务机构和管理咨询机构发展等具体有效措施，着力为中小微文化企业创造条件。如江苏省《关于促进文化科技融合发展的二十条政策措施的通知》中提出，应加大多层次资本市场建设，支持文化科技企业通过发行债券融资，鼓励担保机构为中小微文化科技等创新企业发债提供担保，加强地方财政为其提供贴息服务。

此外，近年有关中小微文化企业的政策方向还包括：建立健全中小微文化企业服务平台，改善中小微文化企业的经营环境；建立国际市场平台，引导中小微文化企业积极开拓国内区外市场以及提升自身市场适应和开拓能力；建立健全中小微文化企业的财政扶持体系，从资金、财税、融资、财务管理以及政府采购等方面出台政策，为中小微文化企业的发展提供公平竞争的平台等。[①]

（五）文化产业投融资政策

良好的融资渠道和金融环境是促进文化产业健康发展的重要条件。近年来，中国相继出台了《关于金融支持文化产业振兴和发展繁荣的指导意见》《关于深入推进文化金融合作的意见》《关于继续实施文化体制改革中经营性文化事业单位转制为企业若干税收政策的通知》等投融资和财税政策，以为文化产业获取更充分的金融支持助力。总

① 焦斌龙. 文化产业经济学［M］. 北京：高等教育出版社，2014：133.

体而言，有关投融资政策的内容主要体现在两个层面：一是鼓励、支持投资主体的多元化，充分调动国内外企业、社会团体、个人资助等积极投产文化产业，为其打造多渠道融资平台；二是创造宽松的金融环境，着力于疏通金融机构、担保公司、文化企业三者的关系，为文化产业的发展壮大构建良性的投融资平台。如2014年文化部、人民银行、财政部联合出台的《关于深入推进文化金融合作的意见》中，从建立文化金融合作惠商机制、创新文化金融服务组织形式、支持金融中介文化服务体系等方面制定了较为系统完善的文化产业投融资扶持措施。

第五节　中国文化产业规制趋势

自改革开放以来，中国文化产业经历了从无到有，从弱到强，从单一事业到产业、事业“双轨化”的变化过程，总规模由最初的不足千万，发展到2016年2.72万亿的增加值规模，由一个文化产业小国一跃成为世界文化产业大国。在此过程中，中国文化产业规制方式也随之走过了从不自觉到自觉、从被动到主动的演变过程。文化产业规制是一个动态调整的过程，随着中国文化产业的纵深演化，需要不断加以调整与优化。

一、中国文化产业规制存在的问题

目前，中国对文化产业的政府规制主要是经济和政治上的规制。合理的规制行为有利于优化文化产业资源配置，提升文化企业生产效率，促进文化产品经济效益和社会效益的统一。无效和不当的规制行为不仅难以实现资源配置效率提升，还会因文化产业关联效应过大而阻碍经济的整体发展。[①] 现阶段，中国文化产业仍属于市场竞争力较弱的部门，规模效率、技术效率均不突出，与规制行为存在缺陷不无关系。

（一）文化产业规制体制不完善

1. 规制机构缺乏独立性与权威性

中国文化产业的规制机构多基于政府行政部门直接设立，往往听命于政府官员或上级主管部门的命令和指示，并在规制实施过程中常常受到其他行政部门的干涉，无论是政策制定还是管理执法均缺乏独立性与权威性，也注定了中国文化产业规制机构难以实现其职能的专业化。

2. 规制机构繁多且缺乏统一协调

当前，中国文化产业规制机构繁多，形成了从中央到地方政府多个部门多头规制的现象。由于多方共同管理文化产业，造成一类政策实施、一种问题解决、一个项目运作往往需要经过多道关卡，多重审批，严重影响了文化产业规制效率和生产积极性。[②]

---

① 张秉福. 我国文化产业政府规制的现状与问题探析［J］. 图书与情报，2012（4）：39-47.

② 卢福财，吴昌南. 产业经济学［M］. 上海：复旦大学出版社，2013：163.

此外，众多规制机构之间因缺乏统一的协调与制衡，常常出现职责不清、权责不一的现象，极易造成规制冲突与权力滥用。规制机构之间不仅存在相互争夺权力的现象，而在规制不利时又相互推诿和扯皮，有利争着管，无利都不管，造成了文化产业规制机构既存在行政职能交叉，又有未被关注的空白领域。

3. 政企不分导致规制不力

文化产业规制机构不是由立法直接产生，其权力也不受宪法等法律规定制约，规制机构存在一定的权力交叉，极易被政治集团、商业集团所俘获。[①] 目前，中国主要存在两类文化产业规制机构：一是处于政府部门中的行政规制机构；二是处于企业中的管理规制机构。有些文化产业规制机构本身就是文化企业主管部门，规制机构与被规制机构合二为一，规制行为往往是为自身利益服务。如许多文化上市公司的内部董事和国有文化集团的高层管理者由政府部门直接任命，造成了严重的政企不分、政事不分、事企不分等问题。在规制实施过程中，管理者出于眼前利益考量，难以做出客观、公平、公正的决策，在很大程度上损害了规制的权威性，导致规制不力。

（二）文化产业规制方式存在缺陷

中国多采用经济规制手段，即在市场运行中，通过设定进入壁垒、实行价格干预等措施对文化产业领域进行管制。相较于发达国家，中国规制的行政色彩较为浓厚，限制了文化市场的自由与灵活运行。

1. 重经济性规制轻社会性规制

一直以来，中国政府对一些文化产业设置了较高的进入壁垒，以维持对文化市场的掌控。然而过于严格的门槛限定不仅限制了文化市场的自由竞争和资源的快速流通，还导致了相关部门权力的滥用，阻碍了文化产业化、市场化进程。相对于经济性规制，中国的社会性规制多采用事后的行政干预手段，缺乏事前预防、检测和事中引导、调节。随着文化产业经济规模不断增长，一些官员甚至认为可以暂时牺牲社会公平，追求效率，以经济利益弥补社会效益，更加助长了对社会性规制的放松。[②]

2. 规制手段相对落后

目前，中国文化产业规制手段仍以政府直接的行政干预为主，规制工作具有一定的主观性和强制性，激励型或市场化的规制手段运用较少，极易造成文化市场竞争活力的缺乏，且被过多规制的文化企业往往生产效率低下，无心于产品创新和服务提升。政府行政机构往往片面地认为只要对文化市场实施严格的进入审查，就能够有效避免文化产品和服务质量问题的发生，限制文化企业之间的恶性竞争，而忽视了对整个文化市场运营的持续引导和激励，造成一些文化企业因缺乏持久“关注”而行为“变质”。

3. 干涉定价机制不合理

目前，中国对许多文化领域的产品定价进行了干涉，如博物馆、纪念馆、文艺演

---

① 韩平，闫慧婷. 我国文化产业政府规制研究［J］. 哈尔滨商业大学学报（社会科学版），2014（1）：81-86，119.

② 张秉福. 我国文化产业政府规制的现状与问题探析［J］. 图书与情报，2012（4）：39-47.

出、报刊等基本都由政府直接定价，使得文化企业缺乏足够的动力来降低成本、提升生产效率和规模效应。[①] 此外，物价部门作为规制文化产品价格的机构，却不参与监控文化市场的进入限制、需求管理及成本控制，与被规制文化企业之间有严重的信息不对称，导致定价随意性大，使定价结果缺乏科学性、合理性，[②] 从而妨碍文化企业的正常生产和运营。

（三）文化产业规制权力缺乏制约

规制的本质是为了控制市场失灵，维护和保障社会公共利益，目前中国文化产业规制还未完全发挥其效用的另一原因在于规制权力缺乏监督与制约。

一方面，中国社会对于文化产业规制机构缺少必要的监督，公众对相关的规制内容、规制方式和规制目的缺少必要的了解，不了解也就无从谈起社会监督，而社会监督的缺失又极易滋生腐败或不作为；另一方面，中国文化产业规制内部缺少一套完整且透明的决策、执行和监督机制，就目前大部分规制策略的制定和实施程序而言，从立案、起草、出台、实施直到实施效果的评估、反馈，均由某一文化行政部门独立进行，该程序对其他行政部门和公众而言基本处于不透明状态，既无法实际参与相关规制的最初制定，也不能对执行过程进行检查、审核和督促，在绝大多数文化产业规制策略中，对规制者本身的限制几乎未有涉及。

二、中国文化产业规制的改进策略

一般而言，市场调节失灵时，需要政府采取一定的宏观调控，弥补和完善市场的内在缺陷，通过统筹兼顾重新调整产业资源配置；但当政府规制失灵时，就需要政府及时进行规制创新，纠正规制中存在的种种弊端，使其适应市场发展，以发挥最大效用。[③] 目前，中国文化产业规制失灵的现象时有发生，要推动文化产业实现跨越式发展，就必须针对现有规制中存在的突出问题，及时进行创新式调整。

（一）适度强化社会性规制

1. 放松经济性规制

中国政府一直致力于采取相对宽松的经济性规制政策，但基于文化产业的特殊性，仅仅依靠市场调控或经济性规制手段都易导致失灵问题，只有实现政府和市场的双重驱动，才能保障文化市场的健康稳定发展。一方面，政府应该遵循文化市场运行规律，多采用激励手段，逐步将直接行政干预转化为引导、扶持与服务行为，降低市场准入与投资准入壁垒，建立统一的、开放性市场体系，形成以市场配置为基础，政府规制为辅助，充分发挥市场在政府宏观调控下对文化要素进行资源配置的决定性作用。此外，政府要动员多方社会力量共同参与建设文化产业，鼓励文化市场的良性竞争，扶持新型文化产业业态发展。在资源紧缺且缺乏竞争的文化产业领域适当引入竞争机制；

① 卢福财，吴昌南. 产业经济学［M］. 上海：复旦大学出版社，2013：164.

② 张庆盈. 关于我国文化产业立法建设的几点思考［J］. 社会科学辑刊，2008（5）：93-95.

③ 张红凤，杨慧. 政府微观规制理论及实践［N］. 光明日报，2011-04-22（11）.

在竞争过于激烈的文化产业领域则适度采取规制手段，如控制企业数量、规范企业行为，避免恶性竞争的出现。

另一方面，引入文化产业激励性规制。文化产业是创意性产业，创意的形成往往需要足够的空间与自由，因此，政府对文化产业领域的规制应以规范为主，管制为辅。对于必须实施管制的文化产业，也应该遵循市场化原则多采用激励性规制手段。所谓激励性规制即在保持原有规制结构下给予被规制企业提高内部效率刺激的各种机制，激励被规制企业主动顺应规制要求，实现规制目标。[①] 可在文化产业规制中引入社会契约制度，即规制机构和文化企业通过合同的方式来规定文化企业的准入标准、价格标准、竞争行为等，然后根据文化企业的执行效果来制定实施相应的奖惩措施，还可以采取引入竞争和特许投标制，给予企业适当的激励等。

2. 完善社会性规制

由于文化产业的特殊性，其社会性规制多指针对内容的规制，即规制机构根据当前文化市场普遍存在的盗版、暴力、色情等产品以及虚假、垃圾等信息，对文化产业生产的内容进行规范、引导、监督、控制，从而促进其科学健康发展，实现文化产业经济效益和社会效益的统一，最大限度地发挥文化产品作为准公共物品的正外部性。[②] 在采取社会性规制时，政府还应着力加强对知识产权、消费者权益以及文化产品和服务质量等方面的规制，以推动文化产业的规范发展。如广电总局叫停整容真人秀节目《美丽新约》并明令禁止整容、变性类节目的播出和制作，以儆效尤。标准规制是社会性规制的主要手段。文化产业规制机构应制定合理的市场行为标准，为文化企业的生产、传播、经营行为提供具体的实行依据，从而实现对其的事前引导和预防。此外，政府在完善相关立法的同时，充分发挥社会监督功能也是进一步强化文化产业社会性规制的一种重要方式。

（二）合理设置文化产业规制机构

科学合理地设置文化产业规制机构是保证文化产业顺利运行的基础，也是提升规制效率的重要前提。

1. 设立相对集中的文化产业规制机构

目前，中国文化产业规制机构大多处于政府或企业之中，深受政府人为干扰和企业商业利益的侵蚀，具有很强的被动性，加之政出多门，难以进行公正、客观、完整的规制实施和反馈。因此，中国要建立相对集中的、权威性的文化产业规制机构，既要和政府各部门及文化企业保持一定的联系，又要独立于各部门与文化企业之外，既要有独立实施规制、不受其他外界因素干预的能力，又要接受相关部门及社会的监督、审查和规制。其中，对于处于政府之中的规制机构，要通过法律赋予其一定的权力和职责，保证其摆脱政府人为行政控制；对于处于文化企业的规制机构，则要保证其具有充足的规制资金，使其能够隔断利益相关者的干扰，降低被俘获的可能。[③]

---

① 卢福财，吴昌南. 产业经济学［M］. 上海：复旦大学出版社，2013：158.

② 张秉福. 我国文化产业政府规制的现状与问题探析［J］. 图书与情报，2012（4）：39–47.

③ 韩平，闫慧婷. 我国文化产业政府规制研究［J］. 哈尔滨商业大学学报（社会科学版），2014（1）：81–86，119.

2. 协调文化产业规制机构的权力使用

文化产业规制制定部门与执行部门、监督部门应是彼此相对独立的机构，且三者权力应相互制衡。其中，对于规制制定部门应形成以专业人士为主导，政府人员为辅助的智囊团，共同进行宏观规制手段和工具的设定；规制执行部门应由政府人员组成，负责具体规制手段和工具的实施，并接受实施效果反馈；规制监督部门则应由其他政府机构和社会公众共同参与设立，以确保规制制定和实施过程的科学、合理、公正、透明，并对规制实施效果进行监督、审查。需要注意的是，在建立相对独立的规制三方机构的基础上，应尽可能使规制权力集中，避免出现权力重叠、交叉和多头分权的问题。此外，还应将文化产业规制机构的责任落实到岗，实施失误问责等制度，防止规制机构的不作为。

（三）加强对规制机构的规制

对文化产业规制机构的规制一般包含两层含义：一是加强对规制制定者的规制；二是加强对规制执行者的规制。无论是对于哪个层面来说，加强社会监督、提高规制行为的透明度、确认和保障具有裁判职能的监督机构的独立地位、在条件成熟时制定统一程序法典等都是切实可行的方法。①

1. 加强对规制机构的社会监督

文化产业所涉范围的广度决定了文化产业规制范围的宽度，对文化产业规制机构的监督不应仅依靠某单方力量，而应是鼓励社会各方共同参与，加强综合监督力度，可促成文化企业、行业协会、政府机构、新闻媒体以及其他社会组织和个人多领域、多形式、全方位的社会监督体系。

2. 提高规制行为的透明度

文化产业规制行为的透明化是保证社会监督顺利进行的必要条件之一。然而目前中国针对文化产业的许多规制行为都是以秘而不宣的掩盖方式进行的，很大程度上形成了“监督死角”。尤其是文化产业的政府规制行为应在不影响政府执行工作的前提下，最大可能地公开在社会面前，主动接受社会公众的监督，实现文化产业规制在“阳光”下进行。

3. 保障监督机构的独立地位

保障裁判性监督机构与人员的相对独立性，逐渐将文化产业规制监督裁判司法化，既有利于提高中国文化产业规制机构的权威性，又有利于加强规制行为的科学、客观、公平程度，是切实保障文化市场自由竞争、文化企业独立运营和社会公众合法权益的重要途径。

4. 制定统一的程序法典

在条件成熟时，建立统一的法律法规，既有利于规范文化产业规制机构的行为，又有利于规范被规制者的市场行为，使任何随意损害市场运营和企业生产、经营活动的行为以及俘获行为等都受到法律的约束和制裁。

---

① 廖进球，陈富良. 政府规制俘虏理论与对规制者的规制［J］. 江西财经大学学报，2001（5）：10-12，80.

参考文献

一、中文图书

[1]［德］阿尔弗雷德·韦伯. 工业区位论［M］. 李刚剑等译. 北京：商务印书馆，1997.

[2]［美］艾伯特·赫希曼. 经济发展战略［M］. 曹征海，潘照东译. 北京：经济科学出版社，1991.

[3] 陈仲常. 产业经济理论与实证分析［M］. 重庆：重庆大学出版社，2005.

[4] 程恩富. 文化经济学通论［M］. 上海：上海财经大学出版社，1998.

[5] 戴伯勋，沈宏达. 现代产业经济学［M］. 北京：经济管理出版社，2001.

[6] 邓聚龙. 灰色预测与决策［M］. 武汉：华中理工大学出版社，1986.

[7] 董保民，王运通等. 合作博弈论［M］. 北京：中国市场出版社，2008.

[8] 范晓屏. 工业园区与区域经济发展［M］. 北京：航空工业出版社，2005.

[9]［美］佛罗里达. 创意阶层的崛起［M］. 司徒爱勤译. 北京：中信出版社，2010.

[10] 干春晖. 产业经济学教程与案例（第2版）［M］. 北京：机械工业出版社，2015.

[11] 高兴佑，高文进. 价格歧视理论［M］. 北京：光明日报出版社，2013.

[12] 龚仰军. 产业经济学教程（第四版）［M］. 上海：上海财经大学出版社，2014.

[13] 韩永进. 新的文化发展观［M］. 北京：文化艺术出版社，2006.

[14]［美］何维·莫林. 合作的微观经济学：一种博弈论的阐释［M］. 童乙伦，梁碧译. 上海：格致出版社，2010.

[15] 胡惠林，单世联. 文化产业学概论［M］. 太原：书海出版社，2006.

[16] 胡惠林. 文化产业学——现代文化产业理论与政策［M］. 上海：上海文艺出版社，2006.

[17] 胡立夏，李贤沛. 21世纪初中国产业政策［M］. 北京：经济管理出版社，2004.

[18]［美］霍夫曼. 工业化阶段和类型［M］. 北京：中国社会科学出版社，1991.

[19] 贾俊平，何晓群，金勇进. 统计学［M］. 北京：高等教育出版社，2015.

[20] 贾若祥，刘毅等. 企业合作与区域发展［M］. 北京：科学出版社，2006.

[21] 江奔东. 文化产业经济学［M］. 济南：泰山出版社，2008.

[22] 焦斌龙. 文化产业经济学［M］. 北京：高等教育出版社，2014.

[23]［美］克鲁格曼，［日］藤田昌久，［英］维纳布尔斯. 空间经济学——城市、区域与国际贸易［M］. 梁琦译. 北京：中国人民大学出版社，2005.

[24] 李京文，郑友敬. 技术进步与产业结构——模型［M］. 北京：经济科学出版社，1989.

[25] 李悦. 产业经济学（第三版）［M］. 大连：东北财经大学出版社，2014.

[26] 李悦. 产业经济学（第四版）［M］. 大连：东北财经大学出版社，2015.

[27] 刘吉发，陈怀平，李雯. 中西方文化产业比较研究［M］. 北京：中国社会科学出版社，2013.

[28] 刘志彪，安同良. 现代产业经济分析（第 3 版）[M]. 南京：南京大学出版社，2009.

[29] 刘志彪. 产业经济学 [M]. 北京：机械工业出版社，2015.

[30] 卢福财，吴昌南. 产业经济学 [M]. 上海：复旦大学出版社，2013.

[31] [美] 马歇尔. 经济学原理（中译本）[M]. 朱志泰译. 北京：商务印书馆，1964.

[32] [美] 迈克尔·波特. 国家竞争优势 [M]. 李明轩等译. 北京：华夏出版社，2004.

[33] [美] 曼昆. 经济学原理（第 7 版）[M]. 梁小民，梁砾译. 北京：北京大学出版社，2015.

[34] 齐骥. 中国文化产业集群研究 [M]. 昆明：云南出版社，2014.

[35] [日] 青木昌彦，安藤晴彦. 模块时代：新产业结构的本质 [M]. 周国荣译. 上海：上海远东出版社，2003.

[36] [美] R. 科斯. 论生产的制度结构 [M]. 盛洪，陈郁译. 上海：上海三联书店，1994.

[37] [美] W. A. 刘易斯. 劳动无限供给条件下的经济发展 [A]. 现代国外经济学论文选（第 8辑）[C]. 外国经济学说研究会译. 北京：商务印书馆，1984.

[38] [美] W. W. 罗斯托. 经济成长的阶段：非共产党宣言 [M]. 郭熙保，王松茂译. 北京：中国社会科学出版社，2001.

[39] 石奇. 产业经济学（第三版）[M]. 北京：中国人民大学出版社，2015.

[40] [荷] 斯密尔斯，斯海恩德尔. 抛弃版权 [M]. 刘金海译. 北京：知识产权出版社，2010.

[41] 苏东水. 产业经济学（第四版）[M]. 北京：高等教育出版社，2015.

[42] 孙安民. 文化产业理论与实践 [M]. 北京：北京出版社，2005.

[43] 唐杰. 城市产业经济分析—— 一项经济案例研究 [M]. 北京：经济学院出版社，1989.

[44] 唐凯江，江永穆. 产业集群演化论 [M]. 北京：社会科学文献出版社，2013.

[45] 唐晓华等. 产业组织与信息 [M]. 北京：经济管理出版社，2005.

[46] [日] 藤田昌久，[比] 蒂斯. 集聚经济学：城市、产业区位与区域增长（中译本）[M]. 刘峰等译. 成都：西南财经大学出版社，2004.

[47] 王海文. 文化产业经济学——原理·行业·政策 [M]. 北京：高等教育出版社，2013.

[48] 王俊豪. 现代产业经济学 [M]. 杭州：浙江人民出版社，2003.

[49] [英] 威廉·配第. 政治算术 [M]. 马妍译. 北京：中国社会科学出版社，2010.

[50] 魏后凯. 现代区域经济学 [M]. 北京：经济管理出版社，2006.

[51] [美] 西蒙·库兹涅茨. 各国的经济增长：总产值和生产结构 [M]. 北京：商务印书馆，2015.

[52] [美] 西蒙·库兹涅茨. 国民收入及其构成 [M]. 常勋等译. 北京：经济科学出版社，1992.

[53] [美] 熊彼特. 资本主义、社会主义与民主 [M]. 吴良建译. 北京：商务印书馆，1999.

[54] 熊澄宇. 世界文化产业研究 [M]. 北京：清华大学出版社，2012.

[55] 徐康宁. 产业聚集形成的源泉 [M]. 北京：人民出版社，2006.

[56] 徐孟洲等. 企业竞争行为规范 [M]. 北京：中国计量出版社，1995.

[57] 杨小凯. 新兴古典经济学与超边际分析 [M]. 北京：社会科学文献出版社，2003.

[58] 尹继左. 2000 年上海文化发展蓝皮书 [M]. 上海社会科学院出版社，2000.

[59] 余晖. 政府与企业：从宏观管理到微观管理 [M]. 福州：福建人民出版社，1997.

[60] 臧旭恒，杨蕙馨，徐向艺. 产业经济学（第五版）[M]. 北京：经济科学出版社，2015.

[61] 张龙平，李璐. 现代审计学 [M]. 北京：北京大学出版社，2012.

[62] 张晓明，王家新，章建刚. 中国文化产业发展报告（2015~2016）[M]. 北京：社会科学文献出版社，2016.

[63] 赵晶媛. 文化产业与管理（第 2 版）[M]. 北京：清华大学出版社，2013.

[64] 赵玉林. 产业经济学：原理与案例（第三版）[M]. 北京：中国人民大学出版社，2014.

[65] 郑金洲. 案例教学指南 [M]. 上海：华东师范大学出版社，2000.

[66] 朱富强. 博弈论 [M]. 北京：经济管理出版社，2013.

二、中文期刊

[1] 安烨，钟廷勇. 吉林省文化创意产业规模、结构的时空分布和趋势——基于信息熵和区位熵的分析 [J]. 税务与经济，2012 (5).

[2] 安应民，高新才. 论建立文化经济学的几个问题 [J]. 兰州大学学报，1995 (1).

[3] 白积洋. 中国文化产业上市公司资本结构与企业绩效的实证分析 [J]. 上海商学院学报，2012 (5).

[4] 白文彬. 浅议企业创新的意义及内容 [J]. 科技情报开发与经济，2005 (1).

[5] 包旦妮，高志强. 江苏中华老字号企业产品创新略论 [J]. 艺术研究，2016 (3).

[6] 蔡旺春. 文化产业对经济增长的影响——基于产业结构优化的视角 [J]. 中国经济问题，2010 (5).

[7] 曹洪军，王已伊. 国外产业集群发展模式及启示 [J]. 理论参考，2006 (9).

[8] 曹颖，解利艳. 产业组织理论的演化 [J]. 东北林业大学学报，2005 (4).

[9] 柴国君，陈通. 内蒙古文化产业与区域经济的耦合关联分析 [J]. 干旱区资源与环境，2015 (11).

[10] 产业组织与公共政策：哈佛学派 [J]. 外国经济与管理，1999 (8).

[11] 常卫. 试论中国文化企业创新能力的提高 [J]. 中国特色社会主义研究，2007 (2).

[12] 陈斌. 文化体制改革背景下中国传媒产业市场结构失衡及其调整路径 [J]. 编辑之友，2013 (1).

[13] 陈斐，杜道生. 空间统计分析与在区域经济分析中应用 [J]. 武汉大学学报（信息科学版），2002，27 (4).

[14] 陈继海，唐翌. 中国产业集聚模式的动态考察 [J]. 当代财经，2003 (10).

[15] 陈建军，葛宝琴. 文化创意产业的集聚效应及影响因素分析 [J]. 当代经济管理，2008 (9).

[16] 陈恳. 我国文化产业统计问题研究 [J]. 广东技术师范学院学报，2010 (4).

[17] 陈庆德. 文化经济学的基点与内涵 [J]. 湖南师范大学社会科学学报，2006 (2).

[18] 陈少峰. 关于提升文化产业集聚园效益的思考 [J]. 北京联合大学学报（人文社会科学版），2009 (3).

[19] 陈少峰. 中小文化企业与文化内容产业 [J]. 北京联合大学学报，2012 (1).

[20] 陈要立. 文化创意产业促进区域产业结构高级化的机理研究 [J]. 湖北社会科学，2011 (7).

[21] 程金亮. 文化产业集群研究述评 [J]. 吉林工商学院学报，2014 (4).

[22] 迟树功. 调优文化产业结构研究 [J]. 理论学刊，2012 (1).

[23] 仇勇懿，沈玉芳. 城市集群发展与网络化现象研究 [J]. 世界地理研究，2005 (3).

[24] 单奎，朱洪兴，李璐. 北京市文化创意产业发展对经济结构转型的影响——基于 1992~2013 年时间序列的协整分析和格兰杰因果检验 [J]. 中国商贸，2014 (26)：161-162.

[25] 邓安球. 文化产业的结构演变与调整 [J]. 商业时代，2012 (29).

[26] 董红琴. 山西文化产业内在结构的调整路径 [J]. 山西社会主义学院学报，2011 (2).

[27] 董维刚. 产业组织理论的哈佛学派 [J]. 辽宁税务高等专科学校学报，2005 (2).

[28] 杜聪，王欣欣. 文化产业集群演化动力的多学科视角分析 [J]. 商，2016 (2).

[29] 范双梅，吴庆文. 浅析我国陶瓷行业自律管理体制中存在问题及对策 [J]. 中国陶瓷，2010 (7).

[30] 范晓屏，刘志峰. 网络化——产业集群发挥效应的关键 [J]. 特区经济，2005 (12).

[31] 范中原，刘长喜. 上海文化产业及贸易发展影响因素的灰色关联度分析 [J]. 资源开发与市场，2012 (6).

[32] 方小敏. 文化产业发展中的反垄断法制建设新问题 [J]. 现代法学，2006 (5).

[33] 封延阳. 影响中国图书出版产业市场集中度的主要因素 [J]. 中国出版，2002 (9).

[34] 冯邦彦，叶光毓. 从区位理论演变看区域经济理论的逻辑体系构建 [J]. 经济问题探索，2007 (4).

[35] 干春晖. 企业非合作策略性行为的产业组织理论述评 [J]. 经济学动态，2001 (11).

[36] 高铖. 中国大陆电影产业的市场结构：集中度分析 [J]. 北京电影学院学报，2007 (2).

[37] 高艳艳，王方雄，毕红星，付革. 城市公共体育设施布局规划研究进展 [J]. 吉林体育学院学报，2015 (1).

[38] 耿蒙蒙. 福建省文化产业融合发展研究——基于灰色关联分析 [J]. 龙岩学院学报，2016 (6).

[39] 耿蕊. 中国动画产业组织分析——基于 SCP 的理论范式 [J]. 出版发行研究，2012 (9).

[40] 顾金亮，史建农. 出版业务外包与核心能力培养——以中国民主法制出版社《于丹〈庄子〉心得》为例 [J]. 出版科学，2009 (2).

[41] 郭国峰，郑召锋. 中国中部六省文化产业发展绩效评价与研究 [J]. 中国工业经济，2009 (12).

[42] 郭海明. 浅析完全消耗系数与完全需要系数的关系 [J]. 甘肃高师学报，2014 (2).

[43] 郭磊. 文化企业并购绩效、高管薪酬与公司治理的关系研究 [J]. 经济师，2016 (1).

[44] 郭胜利. 中国产业集群分类研究 [J]. 中国市场，2010 (32).

[45] 郭淑芬，郝言慧，王艳芬. 文化产业上市公司绩效评价——基于超效率 DEA 和 Malmquist 指数 [J]. 经济问题，2014 (2).

[46] 郭淑芬，卢丽娜，郭金花. 创新网络对文化企业创新绩效的影响研究 [J]. 山东财经大学学报，2016 (1).

[47] 郭淑芬，裴耀琳. 中国内地 31 省市文化产业创新绩效区域比较——基于过程视角 [J]. 科技进步与对策，2016 (4).

[48] 郭新茹，谭军. 相关性产业关联互动、企业分蘖机制与文化产业空间集群演化研究 [J]. 江苏社会科学，2014 (6).

[49] 韩平，平安. 中外文化产业政府规制比较研究 [J]. 产业经济评论，2014 (5).

[50] 韩平，闫慧婷. 我国文化产业政府规制研究 [J]. 哈尔滨商业大学学报（社会科学版），2014 (1).

[51] 韩增林，狄乾斌，刘锴. 辽宁省海洋产业结构分析 [J]. 辽宁师范大学学报（自然科学版），2007，30 (1).

[52] “汉语盘点 2016” 年度字词揭晓 [J]. 现代语文（语言研究版），2016 (12).

[53] 何希. 市场集中度测量指标在文化市场研究中的适用——以市场集中率（CRn 指数）为例 [J]. 中外企业家，2013 (11).

[54] 何星亮. 文化多样性与全球化 [J]. 湖北民族学院学报（哲学社会科学版），2004 (3).

[55] 贺寿昌. 创意产业价值系统的对外延伸与价值捕获 [J]. 湖南社会科学，2009 (2).

[56] 洪再生，俞剑光，赵城. 文化创意产业区在旧城空间发展策略研究 [J]. 建筑学报，2013

(S1).

[57] 侯婷婷. 黑龙江省文化产业关联度及波及效果分析 [J]. 北方经贸，2015 (5).

[58] 侯兴霞. 中国文化产业集群发展初探 [J]. 商场现代化，2012 (20).

[59] 胡惠林. 关于区域文化产业战略与空间布局 [J]. 山东社会科学，2006 (2).

[60] 胡惠林. 论文化产业结构的战略性调整与制度创新 [J]. 思想战线，2003 (4).

[61] 胡惠林. 区域文化产业战略与空间布局原则 [J]. 云南大学学报（社会科学版），2005 (5).

[62] 胡惠林. 国家文化安全：经济全球化背景下中国文化产业发展策论 [J]. 学术月刊，2000 (2).

[63] 胡静，彭坚. 江苏文化产业集群竞争力研究 [J]. 文化产业研究，2009 (00).

[64] 胡开忠，赵加兵. 英国版权例外制度的最新修订及启示 [J]. 知识产权，2014 (8).

[65] 胡开忠. 文化多样性保护对知识产权国际贸易体制的影响 [J]. 法商研究，2008 (6).

[66] 胡腊妹. 城市音乐创意文化产业集聚发展模式——以北京平谷区“中国乐谷”为例 [J]. 社会科学家，2011 (7).

[67] 胡黎红，胡慧. 四家大型互联网电影企业的差异化竞争评述 [J]. 当代电影，2016 (9).

[68] 胡林荣，李双宁. 论中国创意产业的市场结构特征及其决定因素 [J]. 商业时代，2011 (30).

[69] 胡序威，胡听主. 工业布局的技术经济论证 [J]. 地理学报，1965 (3).

[70] 花建. 面向 2020 年的上海文化产业空间布局 [J]. 上海城市规划，2012 (3).

[71] 华正伟. 文化创意产业集群空间效应探析 [J]. 生产力研究，2011 (2).

[72] 黄炳翔，谢映. 南宁市城区产业空间布局优化分析 [J]. 学理论，2011 (10).

[73] 黄常锋，何伦志，甘晓成. 基于投入产出法和 ISM 的文化产业关联度和波及效果分析——以新疆为例 [J]. 新疆大学学报（哲学·人文社会科学版），2012 (2).

[74] 黄鹤. 基于企业数据分析的文化创意产业城市空间布局研究——以北京市朝阳区为例 [J]. 西部人居环境学刊，2015 (1).

[75] 黄鹤. 文化及创意产业的空间特征研究 [J]. 城市发展研究，2008 (S1).

[76] 黄勤. 优化文化产业结构迫在眉睫 [J]. 政策，2015 (3).

[77] 黄欣，占绍文. 文化产业绩效评估指标体系的构建 [J]. 统计与决策，2012 (19).

[78] 黄勇，杨利华. 第三方支付平台企业掠夺性定价的反垄断法分析 [J]. 河北法学，2016 (4): 29-38.

[79] 贾传亮，胡发胜，孙颖. 主成分分析法在产业关联度研究中的应用 [J]. 运筹与管理，2006 (2).

[80] 贾春迎，甘巧林. 从区域和结构角度看广东文化产业——广东文化产业的演变特点与影响因素分析 [J]. 华南师范大学学报（自然科学版），2013 (2).

[81] 贾文军，张娜. 文化创意企业社会责任与公司绩效关系研究 [J]. 山西经济管理干部学院学报，2015 (1).

[82] 贾晓峰. 对市场集中度的应用统计分析 [J]. 财贸研究，1995 (3).

[83] 贾永清. 日本著作权集体管理的启示 [J]. 中国出版，1997 (12).

[84] 江奔东. 论文化产业的规制绩效 [J]. 艺术百家，2015 (4).

[85] 江浩. 论中国区域经济发展战略的演进和布局调整 [J]. 合肥工业大学学报（社会科学版），2005 (3).

[86] 江凌. 中国文化企业自主创新的现状与提升路径 [J]. 云南社会科学，2013 (1).

[87] 江学恭. 略论中国文化市场的结构优化 [J]. 理论与创作，1991 (2).

[88] 蒋慧，王慧. 城市创意产业园的规划建设及运作机制探讨 [J]. 城市发展研究，2008 (2).

[89] 蒋英州. 我国意识形态安全研究（2001~2015）评析与展望——基于中国知网收录文献的计

量分析［J］. 武汉大学学报（哲学社会科学版），2017（2）.

［90］焦斌龙. 文化产业怎样推动产业结构调整［J］. 思想工作，2008（1）.

［91］焦德武. 市场结构、行为与绩效：安徽文化产业现状研究［J］. 江淮论坛，2010（4）.

［92］解梅娟. 数字产品定价问题初探［J］. 生产力研究，2011（4）.

［93］解学芳. 文化科技产业园区企业集群生态化与绩效评估体系构建［J］. 社会科学研究，2014（1）.

［94］金萍. 义乌中小企业产品研发与专利保护战略研究［J］. 市场研究，2013（1）.

［95］金雪涛，潘苗. 中国文化产业公共财政投入的绩效分析与对策选择［J］. 经济与管理，2013（6）.

［96］康明. 我国六大文化产业带战略布局研究——基于点轴理论视角 ［J］. 重庆与世界（学术版），2013（8）.

［97］雷宏振，宋立森. 文化产业集群内组织间的知识外溢对知识创新的影响研究［J］. 软科学，2011（4）.

［98］李朝晖. 大众传媒与文化创意产业关联性分析［J］. 声屏世界，2010（1）.

［99］李承友，王冰. 论完全垄断市场形成的原因及对垄断市场的评论［J］. 当代经济研究，1999（10）.

［100］李高业. 文化产业集群竞争力的提升［J］. 理论学习，2008（4）.

［101］李连友，李宾. 基于投入产出方法的北京市文化创意产业对经济贡献分析［J］. 中央财经大学学报，2012（6）.

［102］李琪. 图书质量与成本的矛盾关系和出路［J］. 出版与印刷，2004（1）.

［103］李启斌. 企业竞争的焦点——服务竞争［J］. 广东茶叶，2002（2）.

［104］李世英. 市场进入壁垒问题研究综述［J］. 开发研究，2005（4）.

［105］李太勇. 进入壁垒理论评述［J］. 经济学动态，1998（12）.

［106］李翔，褚蓓. 基于价格歧视的文化产品定价策略［J］. 财讯，2016（3）.

［107］李小冬，张智慧，关柯. 中国建筑企业市场竞争行为实证研究［J］. 建筑经济，2004（10）.

［108］李欣. 传媒业进入壁垒分析［J］. 中国广播电视学刊，2010（4）.

［109］李晏墅. 以精品图书开拓市场［J］. 南京师大学报（社会科学版），1998（3）.

［110］厉无畏. 创意产业促进经济增长方式转变——机理·模式·路径［J］. 中国工业经济，2006（11）.

［111］厉无畏. 创意产业与经济发展方式转变［J］. 社会科学研究，2012（6）.

［112］梁碧波. 文化经济学：两种不同的演进路径［J］. 学术交流，2010（6）.

［113］梁国. 文化企业赢利模式初探［J］. 现代管理科学，2007（10）.

［114］梁纪尧. 山东省十七地市文化产业发展状况评价研究［J］. 山东行政学院学报，2015（6）.

［115］廖进球，陈富良. 政府规制俘虏理论与对规制者的规制［J］. 江西财经大学学报，2001（5）.

［116］林芳强，王鲁捷. 基于企业竞争战略的政府行为优化［J］. 中国行政管理，2015（6）.

［117］林明华，杨永忠. 文化企业技术创新制约因素、动力机制及其对策研究［J］. 科技进步与对策，2013（11）.

［118］林玮. 特色文化产业集群的资源开发与乡村实践［J］. 西北农林科技大学学报（社会科学版），2015（5）.

［119］刘彬，陈圻，王志华. 产业集群的识别研究——以江苏省为例［J］. 科学学研究，2007，25（1）.

［120］刘和旺，王春梅. 西方新产业组织理论述评［J］. 学习与实践，2013（7）.

［121］刘宏盈，马耀峰. 入境旅游流空间转移与省域旅游经济联系强度耦合分析［J］. 资源科学，

2008，30（8）.

［122］刘力菲. 北京科研行业的集聚发展与空间布局［J］. 海内与海外，2013（6）.

［123］刘丽伟，高中理. 世界文化产业发展的新趋势［J］. 经济纵横，2015（10）.

［124］刘璐. 中国文化产业上市公司经营绩效研究——基于因子分析和DEA-Bootstrap法［J］. 时代金融，2013（27）.

［125］刘鹏，赵连昌，杜啸尘. 文化产业财政补贴绩效评价及影响因素研究——基于上市公司的实证分析［J］. 中国海洋大学学报（社会科学版），2015（3）.

［126］刘庆振. 论我国文化产业化进程中规制变迁的渐进性［J］. 广西职业技术学院学报，2016（5）.

［127］刘飒，王强. 中国人力资本与文化产业发展的灰色关联分析［J］. 当代经济管理，2009（12）.

［128］刘淑梅，张洪庆. 寡头垄断市场的显著特点分析［J］. 管理观察，2009（15）.

［129］刘术. 文化产业结构特点研究［J］. 文学教育（下），2012（4）.

［130］刘蔚，郭萍. 文化产业的集群政策分析［J］. 江汉大学学报（社会科学版），2007（4）.

［131］刘杨，徐文廷. 新时期中国文化创意产业结构理论刍议［J］. 数位时尚（新视觉艺术），2012（3）.

［132］刘轶. 我国文化创意产业研究范式的分野及反思［J］. 现代传播（中国传媒大学学报），2007（1）.

［133］刘莹. 文化产业与相关产业的灰色关联度分析［J］. 沈阳工业大学学报（社会科学版），2012（2）.

［134］刘颖斐，王长寿，李国强. 文化产业上市公司资本结构与企业绩效实证分析［J］. 价值工程，2011（36）.

［135］刘玉玲，姚金安，张润清. 农村文化产业绩效评价指标体系研究——以蔚县剪纸产业为例［J］. 湖北农业科学，2014（22）.

［136］刘玉玲，张润清. 产业融合视角下河北省文化产业灰色关联度分析［J］. 统计与管理，2014(8).

［137］刘展展. 深圳市文化产业空间布局及区位因素研究［J］. 特区经济，2009（3）.

［138］刘振锋，薛东前，庄元，张志杰，马蓓蓓. 文化产业空间尺度效应研究——以西安市为例［J］. 地理研究，2016（10）.

［139］刘志铭. 竞争性市场过程、产业组织与经济增长：奥地利经济学派的发展［J］. 南开经济研究，2001（4）.

［140］柳晓玲，张晓芬. 产业集群生态系统演进及平衡分析［J］. 辽宁工业大学学报（社会科学版），2014（5）.

［141］龙志和，蔡杰. 中国工业产业发展中知识溢出效应的实证研究［J］. 经济评论，2008（2）.

［142］楼彩霞. 基于SCP分析框架的中国大陆电视剧产业研究［J］. 当代电影，2011（7）.

［143］陆佳欢. 美国网络文化产业中的限制竞争行为及其规制［J］. 商品与质量，2012（S3）.

［144］吕群超，谢新丽，谢新暎，郑立文. 基于SCP模型的节庆旅游市场结构体系优化研究——以宁德市中国白水洋文化旅游节为例［J］. 云南农业大学学报（社会科学版），2013（3）.

［145］罗党，刘思峰. 灰色关联决策方法研究［J］. 中国管理科学，2005，13（1）.

［146］罗茜. 旅游价格歧视行为的成因及对策［J］. 山西师大学报（社会科学版），2015（S2）.

［147］罗艳. 发展文化产业对广东贸易结构的影响分析［J］. 经济论坛，2014（6）.

［148］麻敏，李勇. 文化产业集群竞争力的评价方法［J］. 统计与决策，2014（1）.

［149］马文钰，毛根旺. 基于图论及矩阵理论的系统层次结构划分［J］. 兰州交通大学学报，

2009 (6).

[150] 马中东. 新制度经济学中的产业组织理论探析 [J]. 改革与战略, 2009 (1).

[151] 毛剑梅. 旅游业与制造业产业集群的比较分析 [J]. 经济问题探索, 2006 (6).

[152] 梅国平, 刘珊, 封福育. 文化产业的产业关联研究——基于网络交易大数据 [J]. 经济管理, 2014 (11).

[153] 孟来果, 李向东. 我国西部地区文化产业园集群发展的特征、问题及对策 [J]. 学术交流, 2012 (3).

[154] 苗金萍. 新制度经济学理论述评 [J]. 甘肃科技纵横, 2004 (6).

[155] 慕永和. 产业市场壁垒问题研究 [J]. 北方经贸, 1996 (5).

[156] 穆宝江. 韩国文化产业结构演进的政策指向解读 [J]. 经济视角 (中旬), 2012 (2).

[157] 南飞. 世界知识产权组织简介 [J]. 知识产权, 1994 (3).

[158] 欧阳雪梅. 十八大以来社会主义文化强国建设的理论与实践 [J]. 毛泽东邓小平理论研究, 2015 (9).

[159] 欧阳友权. 我国文化产业发展的四个拐点与两大趋势 [J]. 福建论坛 (人文社会科学版), 2010 (8).

[160] 潘爱玲, 王淋淋. 产权属性、政治关联与文化企业并购绩效 [J]. 华中师范大学学报 (人文社会科学版), 2015 (3).

[161] 彭辉, 姚颉靖. 版权保护与文化产业: 理论与实证研究——基于价值链分析为视角 [J]. 科学学研究, 2012 (3).

[162] 彭民安. 基于产业集群的城市文化产业竞争力提升研究——以长沙文化产业为例 [J]. 求索, 2006 (10).

[163] 皮圣雷. 动态竞争理论研究视角与路径演进综述 [J]. 外国经济与管理, 2014 (9).

[164] 齐骥. 国外文化产业集群发展的借鉴与思考 [J]. 城市观察, 2013 (3).

[165] 齐骥. 我国文化产业集群发展的障碍与路径 [J]. 中华文化论坛, 2013 (8).

[166] 钱光培, 高起祥. 发展文化产业与北京产业结构调整的战略抉择 [J]. 北京社会科学, 1997 (4).

[167] 钱紫华, 闫小培, 王爱民. 城市文化产业集聚体: 深圳大芬油画 [J]. 热带地理, 2006 (3).

[168] 曲金华. 文化产业结构优化中的问题及成因 [J]. 长春理工大学学报 (社会科学版), 2013 (10).

[169] 曲衍东. 试论免费软件掠夺性定价行为的竞争法规制 [J]. 法制与经济, 2016 (1).

[170] 任方旭, 邵云飞, 唐小我. 寡头垄断市场下的广告竞争策略研究 [J]. 河南科学, 2002 (3).

[171] 任赟. 环保产业对国民经济的影响 [J]. 商业文化 (学术版), 2008 (11).

[172] 阮仪三. 论文化创意产业的城市基础 [J]. 同济大学学报 (社会科学版), 2005 (1).

[173] 商建辉, 韩亚聪. 中国网络视频市场集中度分析 [J]. 声屏世界, 2013 (12).

[174] 商建辉. 都市类报业市场集中度分析 [J]. 当代传播, 2008 (4).

[175] 沈洪波. 文化全球化与中国国家文化安全 [J]. 山东大学学报 (哲学社会科学版), 2004 (6).

[176] 沈继松, 胡惠林. 中国文化产业结构内生动力机制探究 [J]. 学术论坛, 2016 (10).

[177] 沈望舒. 文化产业十年崛起历程: 新业态的文化产业与文化产业的新业态 [J]. 北京规划建设, 2009 (5).

[178] 沈正平, 刘海军, 蒋涛. 产业集群与区域经济发展探究 [J]. 中国软科学, 2004 (2).

[179] 史江, 秦慧等. 历史档案数字化进程中的业务外包问题探索 [J]. 档案学通讯, 2010 (1).

［180］ 史楠. 产业集群的发展与效应分析［J］. 辽宁经济，2006（12）.

［181］ 史振乐. 银行业产业组织理论综述［J］. 经济研究导刊，2014（16）.

［182］ 史征，李文兴. 文化产业集群中企业战略联盟嬗变——基于资源整合的 R&V 战略联盟研究［J］. 生产力研究，2010（1）.

［183］ 史征. 文化产业集群竞争力评价实证研究——以杭州数字娱乐产业集群为例［J］. 生产力研究，2009（18）.

［184］ "世界主要经济体文化产业发展现状研究"课题组. 世界主要经济体文化产业发展状况及特点［J］. 调研世界，2014（10）：3-6.

［185］ 舒成利，刘翠娟. 中国职业足球比赛门票定价的经济学解释［J］. 首都体育学院学报，2007（1）.

［186］ 宋充，程磊. 景德镇陶瓷文化产业集聚发展研究［J］. 江西社会科学，2014（11）.

［187］ 宋一森，陈海华. 我国区域产业结构趋同问题研究［J］. 市场论坛，2005（2）.

［188］ 宋志涛. 市场分割对区域文化产业结构趋同影响的实证分析［J］. 山东社会科学，2011（2）.

［189］ 苏林森. 中国报业广告与发行市场集中度研究［J］. 西南民族大学学报（人文社会科学版），2013（5）.

［190］ 孙东琪，朱传耿，周婷. 苏、鲁产业结构比较分析［J］. 经济地理，2010，30（11）.

［191］ 孙丽文. 企业竞争行为的经济分析［J］. 河北工业大学学报，1999（2）.

［192］ 孙淑芹，孙亚超，孙淑芳. 文化体制改革绩效评价与相关产业消费之影响［J］. 中国商贸，2010（28）.

［193］ 孙万欣，陈金龙. 内部治理机制与绩效相关性——基于传播与文化产业上市公司的实证研究［J］. 宏观经济研究，2013（2）.

［194］ 孙绪娜. 新制度经济学理论概述［J］. 资料通讯，2007（Z1）.

［195］ 孙智君，谢红玲. 长江中游地区文化产业发展对区域产业结构演进的影响分析［J］. 贵州财经大学学报，2016（4）.

［196］ 唐榕. 电影产业国际竞争力：国内现状·国际比较·提升策略［J］. 当代电影，2006（6）.

［197］ 唐士亚. 基于地域文化异质性与市场根植性的文化产业集群研究——以少女偶像组合产业集群为例［J］. 广西经济管理干部学院学报，2016（1）.

［198］ 唐月民. 文化企业价格歧视行为分析［J］. 齐鲁艺苑，2007（3）.

［199］ 唐占应. 逆向二级价格歧视的提出与现实意义［J］. 商场现代化，2016（1）.

［200］ 唐志强，周秀兰. 一个企业理论的研究综述——从亚当·斯密到新兴古典经济学［J］. 北方经贸，2013（3）.

［201］ 陶喜红. 不同生命周期状态下传媒市场结构的特征［J］. 现代传播（中国传媒大学学报），2014（1）.

［202］ 陶喜红. 传媒产业结构性进入壁垒探析［J］. 新闻界，2008（4）.

［203］ 田蕾. 世界文化创意产业结构优化的发展趋势及启示［J］. 经济问题探索，2013（11）.

［204］ 田园. 基于投入产出模型的环渤海地区文化产业关联效应研究［J］. 城市，2013（7）.

［205］ 汪斌，董赟. 从古典到新兴古典经济学的专业化分工理论与当代产业集群的演进［J］. 学术月刊，2005（2）.

［206］ 汪洋，王晓鸣，杨俊. 城市发展脉络视角下的文化产业空间布局研究［J］. 土木工程与管理学报，2011（1）.

［207］ 王冰. 垄断竞争市场及其评论［J］. 经济师，1999（8）.

[208] 王成军. "今日头条" 的技术逻辑网络爬虫+矩阵算法 [J]. 传媒评论，2015 (10).

[209] 王成强，毕西娟，刘兆莹. 我国文化产业布局存在的问题及对策探究 [J]. 电子测试，2016 (3).

[210] 王凡姝，黄子裕. 国有文化企业绩效考核体系研究——以 BPA 公司为例 [J]. 北京科技大学学报 (社会科学版)，2013，29 (3).

[211] 王国平，刘凌云. 新型文化业态是文化产业结构优化升级的先导 [J]. 求索，2013 (7).

[212] 王红艳. 中国电影产业市场结构及绩效分析 [J]. 中国电影市场，2011 (7).

[213] 王辉. 产业组织理论及其研究范式的演化分析 [J]. 中国市场，2007 (44).

[214] 王慧敏. 文化创意产业集聚区发展的 3.0 理论模型与能级提升——以上海文化创意产业集聚区为例 [J]. 社会科学，2012 (7).

[215] 王缉慈. 我国制造业集群分布现状及其发展特征 [J]. 地域研究与开发，2003 (6).

[216] 王家鹏. 文化产业知识产权保护制度研究 [J]. 西南农业大学学报 (社会科学版)，2012 (12).

[217] 王金鹏，李伟. 浅析文化企业三级价格歧视策略的运用 [J]. 学理论，2013 (17).

[218] 王娟，周骏. 文化创意产业的空间布局研究——以杭州市为例 [J]. 生产力研究，2012 (6).

[219] 王珏. 企业定价策略的分析与应用 [J]. 现代企业，2007 (10).

[220] 王俊票. 基于产业结构相似度的杭州文化创意产业分析 [J]. 经济视角 (上)，2012 (4).

[221] 王乐平. 赤松要及其经济理论 [J]. 日本问题，1990 (3).

[222] 王立博. 中国文化传媒类上市公司并购绩效研究 [J]. 时代金融，2017 (5).

[223] 王立真. 浅谈文化创意产业在中国产业结构优化中的作用 [J]. 现代经济信息，2012 (7).

[224] 王猛，王有鑫. 城市文化产业集聚的影响因素研究——来自 35 个大中城市的证据 [J]. 江西财经大学学报，2015 (1).

[225] 王铁军. 创意经济学 [J]. 金融管理与研究，2013 (2).

[226] 王晓德. 全球自由贸易框架下的 "文化例外" ——以法国和加拿大等国抵制美国文化产品为例 [J]. 世界经济与政治，2007 (12).

[227] 王信东. 文化创意产业促进中心城市产业结构优化升级路径分析——以北京为例 [J]. 工业技术经济，2011 (1).

[228] 王亚川. 论文化产业内部结构的划分与演进——基于核心要素的视角 [J]. 北京社会科学，2007 (3).

[229] 王艳萍. 报业市场集中度的中外比较 [J]. 学术研究，2006 (8).

[230] 王叶军. 北京市文化产业关联特征的动态演变——基于建设文化中心的视角 [J]. 未来与发展，2015 (12).

[231] 王章留. 论企业竞争行为的合理化 [J]. 郑州航空工业管理学院学报，1991 (2).

[232] 王志标. 文化产业关联效应分析 [J]. 统计与决策，2009 (20)：88-90.

[233] 王卓英，罗萍. 文化产业意识形态属性对文化市场体系建设的影响 [J]. 当代传播，2016 (4).

[234] 王茁宇，吴翔，印重. 中国文化信息产业与经济增长之间的关联性研究 [J]. 情报科学，2012 (11).

[235] 卫志民. 20 世纪产业组织理论的演进与最新前沿 [J]. 国外社会科学，2002 (5).

[236] 魏娟，邢占文. 产业组织理论三大流派综述及最新进展 [J]. 内蒙古财经学院学报，2009 (1).

[237] 魏鹏举. 文化产业的市场结构及其全球市场趋势研究 [J]. 思想战线，2010 (3).

[238] 魏翔. 基于博弈分析的旅游企业价格行为优化度评价 [J]. 桂林旅游高等专科学校学报，2005 (6).

［239］魏亚平，陈燕飞. 文化创意企业研发投资决策与研发绩效实证研究——基于研发周期视角［J］. 科技进步与对策，2015（3）.

［240］魏亚平，侯艳红. 文化企业 EVA 投入绩效评价方法的研究［J］. 会计之友，2009（5）.

［241］温如春. 网络文化产业的发展与湖北省支柱产业结构的调整［J］. 科技创业月刊，2006（4）.

［242］温雅茹. 广西文化产业的关联拉动效应分析［J］. 现代商贸工业，2016（30）.

［243］翁旭青. 文化创意产业与地区产业结构优化的关联度研究——基于杭州市的实证分析［J］. 经济论坛，2015（8）.

［244］吴洪. 邮政市场竞争理论初探［J］. 现代邮政，1992（3）.

［245］吴慧香. 智力资本对文化创意企业绩效贡献研究［J］. 中国经贸导刊，2012（17）.

［246］吴宇飞，华宇虹. 基于平衡计分卡的中国出版企业并购绩效评价研究——以天舟文化并购神奇时代为例［J］. 北京印刷学院学报，2017（1）.

［247］夏大慰，王步芳. 新奥地利学派：产业组织学的行为流派［J］. 山西财经大学学报，2004（5）.

［248］夏大慰. 产业组织与公共政策：哈佛学派［J］. 外国经济与管理，1999（8）.

［249］向蓉美. 互联网产业对国民经济影响的投入产出分析［J］. 统计与决策，2008（11）.

［250］向勇，权基永. 韩国文化产业立国战略研究［J］. 华中师范大学学报（人文社会科学版），2013（4）.

［251］项兆伦. 在全国非物质文化遗产保护工作会议上的讲话［J］. 中国集体经济，2016（11）.

［252］谢耘耕，党芳莉. 中国电视广告竞争新格局［J］. 新闻界，2005（1）.

［253］谢贞发. 产业集群理论研究述评［J］. 经济评论，2005（5）.

［254］熊正贤，何小松，陈立佳，秦鸿冰. 文化经济研究的国外进展评述［J］. 重庆文理学院学报（社会科学版），2014（1）.

［255］徐进，梁鸿. 上海张江文化科技创意产业基地的公共政策绩效分析［J］. 科技进步与对策，2009（2）.

［256］徐文燕，周佩. 文化产业园区的集聚效应与全产业链发展模式分析［J］. 南京财经大学学报，2012（5）.

［257］徐学俭. 在市场竞争中提高图书质量［J］. 中国出版，1995（10）.

［258］许红军. 新媒体环境下的文化企业创新发展现状及趋势［J］. 东方企业文化，2014（19）.

［259］许辉. 文化视域下文化创意产业在经济结构中的优益性研究［J］. 浙江工商职业技术学院学报，2013（4）.

［260］许立新，董秀秀. 从 EVA 看股权结构对并购绩效的影响——基于中国文化产业的实证研究［J］. 上海管理科学，2015（2）.

［261］许梦博，许罕多. 文化产业结构的演进及中国的战略选择［J］. 社会科学战线，2009（3）.

［262］薛东前，刘虹，马蓓蓓. 西安市文化产业空间分布特征［J］. 地理科学，2011（7）.

［263］严龙茂，黄朝生，郭萌萌. 文化娱乐企业并购绩效分析——以华谊兄弟并购银汉科技为例［J］. 财会通讯，2015（20）.

［264］杨斌，张晓青. 文化创意企业智力资本对企业绩效影响的实证分析［J］. 成都理工大学学报（社会科学版），2013（6）.

［265］杨国华. 论长三角地区文化创意产业集群竞争力的提升［J］. 中国浦东干部学院学报，2013（1）.

［266］杨吉华. 对改革开放以来中国文化产业政策绩效的几点思考［J］. 攀登，2007（1）.

［267］杨吉华. 中国文化产业结构存在的问题及对策［J］. 番禺职业技术学院学报，2007（1）.

[268] 杨建华. 浅析我国企业的竞争行为及其规范 [J]. 山西大学学报（哲学社会科学版），1999 (4).

[269] 杨建顺. 论经济规制立法的正统性 [J]. 法学家，2008 (5).

[270] 杨槿，陈雯，袁丰. 苏州老城区文化产业空间格局演化及其机理分析 [J]. 地理科学，2015 (12).

[271] 杨京钟. 文化产业经济发展与政府财税调控的关联度 [J]. 江南大学学报（人文社会科学版），2013 (3).

[272] 杨蕾. 基于 SCP 分析框架的中国电影产业结构现状和对策研究 [J]. 现代商贸工业，2010 (5).

[273] 杨荣. 文化企业并购动因理论新探 [J]. 企业导报，2013 (18).

[274] 杨润森. 新兴经济驱动下的文化产业结构演变 [J]. 艺术百家，2007 (1).

[275] 杨潇，陈亮. 基于灰色关联度的中国文化产业上市公司经营绩效评价 [J]. 企业导报，2013 (22).

[276] 杨宇，王子龙，许箫迪. 文化产业集聚的空间经济模型与实证检验 [J]. 经济问题探索，2014 (7).

[277] 杨智勇. 中国文化产业发展绩效评析 [J]. 未来与发展，2011 (9).

[278] 姚颉靖，彭辉. 版权保护与文化产业创新能力的灰色关联分析 [J]. 首都经济贸易大学学报，2011 (2).

[279] 叶明. 互联网企业掠夺性定价的认定研究 [J]. 西北政法大学学报，2015 (5).

[280] 应思思. 文化产业发展促进产业结构转型升级的机制研究 [J]. 中国传媒大学学报（自然科学版），2013 (5)：72-78，71.

[281] 于璎. 文化多样性研究述评 [J]. 广西民族研究，2007 (1).

[282] 余东华. 新产业组织理论及其新发展 [J]. 中央财经大学学报，2004 (2).

[283] 袁丹，雷宏振. 中国文化产业集群绩效实证研究——以陕西省为例 [J]. 东岳论丛，2014 (6).

[284] 岳贤平. 文化企业的特性和发展策略分析 [J]. 时代金融，2012 (6).

[285] 臧旭恒，尹莉. 美国现行反垄断法对软件产业的适用性探析——以搭售和掠夺性定价为例 [J]. 中国工业经济，2005 (5).

[286] 臧志彭. 文化产业示范园区基地绩效评估与管理机制构建研究 [J]. 管理现代化，2013 (6).

[287] 臧志彭. 政府补助、研发投入与文化产业上市公司绩效——基于 161 家文化上市公司面板数据中介效应实证 [J]. 华东经济管理，2015 (6).

[288] 曾贵. 深圳文化产业集群现状分析及其竞争力的提升 [J]. 南方论丛，2010 (2).

[289] 曾绚琦，汪曙华. 论版权制度对版权产业发展的经济影响 [J]. 编辑之友，2012 (5).

[290] 詹成大. 文化产业集群及其发展模式 [J]. 浙江经济，2009 (9).

[291] 占绍文，居玲燕，茆宇星. 基于偏离——份额分析法的陕西省文化产业结构效益研究 [J]. 江苏商论，2016 (2).

[292] 张秉福. 我国文化产业政府规制的现状与问题探析 [J]. 图书与情报，2012 (4).

[293] 张春河，尚倩. 转企改制文化企业绩效评估指标如何设计——基于文献的思考 [J]. 人民论坛，2016 (9).

[294] 张凤杰. 澳大利亚版权产业、版权保护及其对我国的启示 [J]. 中国版权，2011 (4).

[295] 张航航. 中国西北地区文化产业关联度比较分析 [J]. 洛阳理工学院学报（社会科学版），2016 (5).

[296] 张慧娟. 美国文化产业政策的形成与发展 [J]. 科学社会主义，2012 (6).

[297] 张洁. 技术创新与文化产业发展 [J]. 社会科学，2013 (11).

[298] 张洁. 中国文化创意产业的空间分布和地区绩效分析 [J]. 商业经济与管理，2011 (2).

[299] 张俊国，梁勇. 论经济全球化背景下的中国文化安全 [J]. 湖北行政学院学报，2005 (4).

[300] 张凯，李向阳. 双边市场中平台企业搭售行为分析 [J]. 中国管理科学，2010 (3).

[301] 张雷，丛湖平. 体育用品制造企业技术创新要素及作用路径研究 [J]. 体育研究，2012 (1).

[302] 张庆，桑磊泉，陈欢. 文化类上市公司资本结构与绩效的关系 [J]. 财会月刊，2015 (2).

[303] 张庆盈. 关于我国文化产业立法建设的几点思考 [J]. 社会科学辑刊，2008 (5).

[304] 张仁寿，黄小军，王朋. 基于 DEA 的文化产业绩效评价实证研究以广东等 13 个省市 2007 年投入产出数据为例 [J]. 中国软科学，2011 (2).

[305] 张文霞，林宪生. 大连市文化产业空间布局研究 [J]. 云南地理环境研究，2010 (6).

[306] 张鲜华. 文化产业上市公司企业财务绩效评价与分析 [J]. 财会研究，2013 (10).

[307] 张秀峰，康军. 甘肃省文化产业的关联特征——基于投入产出表的分析 [J]. 兰州交通大学学报，2016 (2).

[308] 张芽芽. 出版集团化前后变化对比——中国图书市场集中度分析 (1998~2003) [J]. 出版发行研究，2006 (6).

[309] 张亚丽，张延延，林秀梅. 中国文化产业的关联拉动效应分析 [J]. 统计与决策，2015 (11).

[310] 张艳，常永胜. 动态竞争理论的研究视角与分析框架 [J]. 生产力研究，2008 (2).

[311] 章迪平. 基于灰色关联分析的文化产业发展影响因素研究——以浙江省为例 [J]. 浙江工商大学学报，2013 (3).

[312] 赵金蕊. 垄断竞争中广告行为的经济学阐释 [J]. 经济研究导刊，2008 (16).

[313] 赵倩，杨秀云等. 文化创意产业政府规制与企业创新行为的演化路径 [J]. 西安交通大学学报 (社会科学版)，2014 (3).

[314] 赵小惠，孙林岩. 寡占理论与重复博弈 [J]. 系统工程理论与实践，2001 (3).

[315] 赵雅萍，吴丰林. 文化创意产业空间布局优化机制研究——以北京市为例 [J]. 开发研究，2015 (5).

[316] 赵莹，沈山. 中国文化产业结构演变及产品需求模型研究 [J]. 经济研究导刊，2012 (10).

[317] 赵云. 文化产业对国民经济的影响及内部关联分析——基于 2012 年投入产出表[J]. 中国市场，2016 (42).

[318] 郑强国，秦爽. 基于结构方程的团队异质性与团队绩效关系研究——来自北京市 57 家文化创意企业的数据 [J]. 企业经济，2015 (6).

[319] 钟韵，刘东东. 文化创意产业集聚区效益的定性分析——以广州市为例 [J]. 城市问题，2012 (9).

[320] 周宸宇. 试析文化资本运营同文化产业之间的关联 [J]. 大众文艺，2015 (3).

[321] 周强. 文化创意产业关联机制和关联度的动态分析——基于灰色关联模型 [J]. 重庆理工大学学报 (社会科学版)，2013 (8).

[322] 周强. 中国文化创意产业关联程度与波及效果分析——基于投入产出方法 [J]. 重庆工商大学学报 (社会科学版)，2014 (1).

[323] 周强. 文化创意产业的关联特性与关联度研究 [J]. 沈阳大学学报 (社会科学版)，2013，15 (4).

[324] 周全华. 新时期 30 年文化体制改革述略 [J]. 桂海论丛，2011 (2).

[325] 周霄，冯健，何彪. 旅游景区套票策略的经济学分析 [J]. 山东工商学院学报，2005 (2).

[326] 周一苇. 增强新华书店图书市场竞争能力初探 [J]. 出版发行研究，1988 (3).

[327] 周宇. 文化创意产业发展与产业结构调整的关系分析 [J]. 经济问题，2012 (10).

[328] 周曾. 媒体行业的市场集中度分析 [J]. 湖南大众传媒职业技术学院学报，2010 (5).

[329] 周正兵. 实体书店的外部性与文化生态补偿——兼论实体书店倒闭现象及其应对 [J]. 中国出版，2011 (11).

[330] 朱尔茜. 文化产业上市公司经营绩效评价——基于 81 家公司财务数据的实证分析 [J]. 技术经济与管理研究，2017 (1).

[331] 朱康对. 经济转型期的产业群落演进——温州区域经济发展初探 [J]. 中国农村观察，1999 (3).

[332] 朱田林，罗军. 基于供需链管理的图书馆联盟研究 [J]. 图书馆学刊，2010 (1).

[333] 朱文静，顾江. 文化贸易的产业结构变迁效应——基于中国 1997~2008 年数据的实证研究 [J]. 现代管理科学，2012 (6).

[334] 诸大建，黄晓芬. 创意城市与大学在城市中的作用 [J]. 城市规划学刊，2006 (1).

[335] 祝青. 文化产业发展与城市化发展的关联性分析 [J]. 中共浙江省委党校学报，2002 (3).

[336] 宗刚，徐珊珊. 北京市文化创意产业结构分析 [J]. 特区经济，2013 (3).

[337] 邹鸿旋. 价格歧视理论观照下的旅游景区门票研究——以深圳欢乐谷主题公园为例 [J]. 闽江学院学报，2013 (3).

[338] 左惠. 文化产品的外部性特征剖析 [J]. 生产力研究，2009 (7).

[339] 左惠. 文化产品的公共物品属性及其供给模式选择 [J]. 中州学刊，2009 (5).

三、学位论文

[1] 曹文琴. 基于产品差异性的厂商竞争与合谋博弈研究 [D]. 南昌：南昌大学博士学位论文，2015.

[2] 常艳. 北京市文化创意产业集聚区发展研究——空间分布及其演进机制 [D]. 北京：中国人民大学博士学位论文，2010.

[3] 陈敏. 我国文化产业立法研究 [D]. 合肥：安徽大学硕士学位论文，2010.

[4] 陈文军. 公共物品视域下的非物质文化遗产保护研究 [D]. 上海：华东师范大学硕士学位论文，2010.

[5] 陈筱敏. 湖南外教社图书公司竞争战略研究 [D]. 长沙：湖南大学硕士学位论文，2012.

[6] 陈煦. 文化产业集群的特性研究 [D]. 南京：南京艺术学院硕士学位论文，2014.

[7] 程栋. 我国文化产业政府规制研究 [D]. 哈尔滨：哈尔滨商业大学硕士学位论文，2012.

[8] 单康康. 文化资本对产业结构升级的影响效应研究 [D]. 成都：西南大学硕士学位论文，2016.

[9] 单天琪. 文化创意产业财政支出绩效评价研究 [D]. 北京：中国财政科学研究院硕士学位论文，2016.

[10] 邓琳. 文化创意产业中的版权保护研究 [D]. 合肥：安徽大学硕士学位论文，2011.

[11] 邓向阳. 基于市场结构分析的中国电影产业发展研究 [D]. 长沙：湖南大学博士学位论文，2011.

[12] 邓奕辉. 企业业务外包战略研究 [D]. 延安：延安大学硕士学位论文，2012.

[13] 杜聪. 文化产业集群竞争力评价及政策建议 [D]. 西安：西安建筑科技大学硕士学位论文，2016.

［14］冯静. 文化企业团队特征、研发投入与财务绩效的实证研究［D］. 天津：天津商业大学硕士学位论文，2016.

［15］高宏宇. 文化及创意产业与城市发展［D］. 上海：同济大学博士学位论文，2007.

［16］高会芳. 文化创意产业的创新网络研究——基于上海 M50 园区的实证分析［D］. 上海：华东师范大学硕士学位论文，2015.

［17］高乐华. 山东省旅游产业集群及其发展战略研究［D］. 青岛：中国海洋大学硕士学位论文，2009.

［18］高原. 文化产业结构、效益研究［D］. 重庆：重庆工商大学硕士学位论文，2016.

［19］高源. 中国大陆传媒与境外公司合作模式探析［D］. 上海：华东师范大学硕士学位论文，2006.

［20］巩苏绮. 我国保护文化多样性政策研究［D］. 北京：中国艺术研究院硕士学位论文，2016.

［21］桂敬丽. 小旅游企业提供高端定制旅游服务的营销分析［D］. 上海：华东理工大学硕士学位论文，2013.

［22］郝良华. 美国文化霸权与中国国家文化安全［D］. 济南：山东大学博士学位论文，2012.

［23］胡静宇. 我国文化企业合作行为及其绩效影响因素分析［D］. 长沙：湖南大学硕士学位论文，2014.

［24］黄斌. 北京文化创意产业空间演化研究——以杭州为例［D］. 北京：北京大学博士学位论文，2012.

［25］黄岑. 中小文化企业的产品创新动力研究［D］. 长沙：湖南大学硕士学位论文，2012.

［26］江沛. 杭州文化创意产业集聚区竞争力研究［D］. 金华：浙江师范大学硕士学位论文，2009.

［27］姜海燕. 临港产业集聚程度评估指标体系研究［D］. 大连：大连理工大学硕士学位论文，2005.

［28］康伟. 基于点轴理论的山东半岛蓝色旅游空间结构研究［D］. 青岛：中国海洋大学硕士学位论文，2012.

［29］李超. 股权结构、内部控制有效性与文化企业并购绩效［D］. 济南：山东财经大学硕士学位论文，2016.

［30］李加兵. 服务竞争力及顾客排队优化管理研究——以湖南省 X 医疗体检中心为例［D］. 昆明：云南大学硕士学位论文，2015.

［31］李鑫. 北京文化创意产业集聚区空间分布特征及其影响因素研究［D］. 长沙：中南大学硕士学位论文，2013.

［32］李雪. 产品差别化、市场透明度与合谋［D］. 上海：上海财经大学博士学位论文，2006.

［33］林洁. 基于投入产出表的山东省主导产业选择［D］. 济南：山东大学硕士学位论文，2010.

［34］林姗. 并购支付方式对文化企业并购绩效的影响研究［D］. 济南：山东财经大学硕士学位论文，2016.

［35］林亚囡. 文化娱乐业上市公司高管特征与企业绩效的关系研究［D］. 济南：山东大学硕士学位论文，2014.

［36］刘彬. 江苏省制造业产业集群分布及其经济效应分析［D］. 南京：南京航空航天大学博士学位论文，2006.

［37］刘菲. 中国传媒产业与政府管制之间的问题及对策［D］. 长沙：东南大学硕士学位论文，2008.

［38］刘丽娟. 县域文化产业发展与城乡空间布局研究［D］. 重庆：重庆师范大学硕士学位论文，

2011.

[39] 刘玲. 大连主题公园演艺文化产业发展研究 [D]. 大连：辽宁师范大学博士学位论文，2012.

[40] 刘蔚. 文化产业集群的形成机理研究 [D]. 广州：暨南大学博士学位论文，2007.

[41] 刘骁. 文化产业发展背景下企业并购风险的法律控制 [D]. 成都：四川省社会科学院硕士学位论文，2015.

[42] 刘晓燕. 终极控股股东对文化企业并购绩效的影响研究 [D]. 济南：山东财经大学硕士学位论文，2016.

[43] 刘学明. 电影产业竞争法律问题研究 [D]. 北京：对外经济贸易大学博士学位论文，2014.

[44] 刘莹. 北京文化创意产业集聚区"中关村"打造品牌的研究 [D]. 北京：首都经济贸易大学硕士学位论文，2013.

[45] 刘颖斐. 陕西省文化产业结构调整与升级研究 [D]. 西安：西安工业大学硕士学位论文，2012.

[46] 柳春锋. 旅游企业战略联盟成功运作关键影响因素研究 [D]. 杭州：浙江大学硕士学位论文，2003.

[47] 罗宗贵. 北京市体育休闲产业的现状及市场结构分析 [D]. 北京：首都体育学院硕士学位论文，2010.

[48] 聂婴智. 反垄断法法益平衡问题研究 [D]. 长春：吉林大学博士学位论文，2012.

[49] 裴洁. 文化产业竞争力与文化产业集聚关系的实证研究 [D]. 上海：上海师范大学硕士学位论文，2015.

[50] 裴耀琳. 中国文化产业创新绩效的省域水平测度及比较研究 [D]. 太原：山西财经大学硕士学位论文，2016

[51] 强音. 服装企业产品研发中主题板的构建研究 [D]. 上海：东华大学硕士学位论文，2012.

[52] 曲虹霖. 传统企业并购文化企业的动因及绩效研究 [D]. 济南：山东财经大学硕士学位论文，2016.

[53] 尚雪英. 区域旅游产业布局优化研究——以甘肃河西地区为例 [D]. 兰州：西北师范大学硕士学位论文，2008.

[54] 宋百丰. 基于 DEA 模型的中国文化产业上市公司绩效评价研究 [D]. 北京：北京理工大学硕士学位论文，2016.

[55] 宋毅彬. 中国现代茶馆的文化营销策略研究 [D]. 合肥：安徽农业大学硕士学位论文，2007.

[56] 孙海彬. 文化传媒上市企业并购绩效研究 [D]. 保定：河北大学硕士学位论文，2015.

[57] 王花毅. 文化产业聚集中的产业链关联性研究 [D]. 西安：陕西师范大学硕士学位论文，2010.

[58] 王华芳. 版权行政保护研究 [D]. 南宁：广西师范大学硕士学位论文，2009.

[59] 王锦秀. 产业集群竞争力评价指标体系研究 [D]. 广州：广东省社会科学院硕士学位论文，2007.

[60] 王璐. 基于 SCP 分析框架的中国电视剧产业现状研究 [D]. 西安：长安大学硕士学位论文，2015.

[61] 王楠. 文化企业并购风险的识别、评价及防范研究——以蓝色光标并购 Huntworth 为例 [D]. 济南：山东大学硕士学位论文，2016.

[62] 王配配. 制度环境对终极控制股东与文化企业并购绩效关系的影响研究 [D]. 济南：山东财经大学硕士学位论文，2016.

[63] 王秋林. 转轨期我国出版产业市场结构与行为研究［D］. 武汉：武汉大学硕士学位论文，2004.

[64] 王三平. 论旅游景区战略联盟的运行机制及发展对策——以“一卡游河南”为例［D］. 郑州：河南大学硕士学位论文，2008.

[65] 王晓晨. 中美视频网站市场结构比较研究［D］. 武汉：中南民族大学硕士学位论文，2015.

[66] 王孝. 文化创意产业中的版权问题研究［D］. 北京：中国政法大学硕士学位论文，2010.

[67] 王亚娟. 垄断竞争理论的演进与发展［D］. 郑州：郑州大学硕士学位论文，2014.

[68] 翁智刚. 产业集群论［D］. 成都：西南财经大学博士学位论文，2008.

[69] 吴健鹏. 广东省海洋产业发展的结构分析与策略探讨［D］. 广州：暨南大学硕士学位论文，2008.

[70] 吴璇. 陕西演艺产业市场结构研究［D］. 西安：长安大学硕士学位论文，2015.

[71] 肖东芝. 我国图书出版产业集中度研究［D］. 南昌：南昌大学硕士学位论文，2014.

[72] 邢君. 中国文化企业并购特征与并购绩效研究［D］. 济南：山东大学硕士学位论文，2016.

[73] 徐知兰. UNESCO 文化多样性理念对世界遗产体系的影响［D］. 北京：清华大学博士学位论文，2012

[74] 阎佳. 中国文化企业股权结构对并购绩效的影响研究［D］. 长春：吉林大学硕士学位论文，2015.

[75] 颜倩. 我国企业合作行为研究［D］. 南昌：江西财经大学硕士学位论文，2001.

[76] 晏林. 中国文化产业地区分布与结构分析［D］. 大连：东北财经大学硕士学位论文，2011.

[77] 杨昌辉. 虚拟企业的构建与管理研究［D］. 合肥：合肥工业大学硕士学位论文，2003.

[78] 杨从栏. 雅安市休闲旅游产业空间布局研究［D］. 成都：四川农业大学硕士学位论文，2008.

[79] 杨锦坤. 广州市创意产业园空间分布研究［D］. 广州：广州大学硕士学位论文，2011.

[80] 姚坤瑞. 基于资源基础理论的文化企业并购价值创造研究——以盛大网络系列并购为例［D］. 济南：山东财经大学硕士学位论文，2015.

[81] 叶元龄. 基于知识共享的软件企业技术创新能力研究［D］. 北京：北京大学博士学位论文，2013.

[82] 于迅来. 中国文化体制改革历程及发展路径演化［D］. 长春：吉林大学博士学位论文，2014.

[83] 俞剑光. 文化创意产业区与城市空间互动发展研究［D］. 天津：天津大学博士学位论文，2014.

[84] 俞晓敏. 中国文化管理体制改革与创新研究［D］. 长春：吉林大学博士学位论文，2008.

[85] 袁海. 文化产业集聚的形成及效应研究［D］. 西安：陕西师范大学博士学位论文，2012.

[86] 曾艳林. 成都市产业空间布局演变与发展研究［D］. 成都：西南交通大学硕士学位论文，2009.

[87] 詹继宗. 北京市文化创意产业市场结构与绩效关系研究［D］. 北京：北京交通大学硕士学位论文，2015.

[88] 张桂萍. 产业组织理论的奥地利学派研究［D］. 大连：东北财经大学硕士学位论文，2010.

[89] 张海燕. 论文化产业的结构形态与价值趋向［D］. 济南：山东师范大学硕士学位论文，2004.

[90] 张梅. 政治学视野中的中国版权保护问题研究［D］. 苏州：苏州大学博士学位论文，2006.

[91] 张雪. 北京市文化产业空间集聚特征及影响绩效研究［D］. 北京：北京大学硕士学位论文，2013.

[92] 张雅鋆. 文化企业并购游戏企业的动机及效应研究——基于浙报传媒并购边锋网络［D］. 西

安：长安大学硕士学位论文，2015.

[93] 张艳利. 广西海洋战略发展研究［D］. 南宁：广西大学硕士学位论文，2012.

[94] 赵峰. 全面建设小康社会时期中国产业组织政策研究［D］. 哈尔滨：哈尔滨工程大学博士学位论文，2006.

[95] 赵娉乐. 中国区域文化产业与其他产业关联度测算及协同发展研究［D］. 长沙：湖南大学硕士学位论文，2014.

[96] 赵廷飞. 我国文化企业并购特征及其与并购绩效相关关系的研究［D］. 济南：山东大学硕士学位论文，2014.

[97] 朱华晟. 杭州市创意产业园区空间布局的研究［D］. 杭州：浙江大学硕士学位论文，2015.

[98] 邹金凤. 城市双核空间结构形成中的产业布局研究——以成都为例［D］. 成都：西南财经大学硕士学位论文，2013.

[99] 邹亮. 基于 SCP 范式的我国网络游戏产业发展研究［D］. 哈尔滨：哈尔滨商业大学硕士学位论文，2014.

四、其他

[1] CCID. 2008 中国数字内容产业及 2009 ~2013 年预测研究报告［R］. 2009.

[2] 艾瑞咨询. 2016 中国网络文学行业报告［EB/OL］. http：//www. iresearch. com. cn/report/2540. html，2016-03-01.

[3] 百度百科. 今日头条［EB/OL］. http：//baike. baidu. com/link？ url=FCghO-qb_Mwhwla7UdYAInsByLQHg7Gz9Td1jpObxZUPCtDVKtFBa7GqJgmedCEHx-WVP8bVwTyOwXXy4AKEL_. 2016-06-22.

[4] 崔俊超. 2008~2016：历届"全国文化企业 30 强"名单［EB/OL］. 搜狐，http：//mt. sohu. com/20160622/n455729652. shtml，2016-06-22.

[5] 郭萌萌. 借势"口红效应"推进文化产业结构优化［A］. 山东省社会科学界联合会、山东社会科学院、中共山东省委党校. 建设经济文化强省：挑战·机遇·对策——山东省社会科学界 2009 年学术年会文集（4）［C］. 山东省社会科学界联合会、山东社会科学院、中共山东省委党校，2009.

[6] 郭晓宇. 保护和促进文化表现形式多样性公约［N］. 法制日报，2006-12-26（005）.

[7] 国家版权局. 版权工作"十三五"规划［EB/OL］. http：//www. nipso. cn/onews. asp？ id=35026，2017-2-16.

[8] 国家版权局. 版权知识［EB/OL］. http：//www. ncac. gov. cn/chinacopyright/channels/579. html，2001-1-11.

[9] 国家出版基金规划管理办公室. 走进国家出版基金成果展［EB/OL］. http：//www. mofcom. gov. cn/article/b/g/200412/20041200325799. shtml，2004-10-10.

[10] 国家广播电影电视总局、商务部. 电影企业经营资格准入暂行规定［EB/OL］. http：//www. npf. org. cn/NewNewDetailed. aspx？ id=1&nid=1819，2016-8-29.

[11] 国家统计局. 2009 年中国文化产业继续较快发展［EB/OL］. http：//www. anhuinews. com/zhuyeguanli/system/2010/05/14/002939613. shtml，2010-05-14.

[12] 国家统计局. 2012 年全国投入产出表［EB/OL］. http：//www. stats. gov. cn/tjsj/tjbz/201207/t20120731_8672. html，2012-07-31.

[13] 国家统计局设管司. 文化及相关产业分类（2012）［EB/OL］. http：//www. stats. gov. cn/tjsj/tjbz/201207/t20120731_8672. html，2012-07-07.

［14］国务院. 国务院关于推进文化创意和设计服务与相关产业融合发展的若干意见［EB/OL］. http：//www. gov. cn/zhengce/content/2014-03/14/content_8713. htm，2014-03-01.

［15］国务院办公厅. 国家知识产权战略纲要［EB/OL］. http：//www. nipso. cn/onews. asp？id=9592，2010-06-06.

［16］韩业庭. 文化产业与公共文化如何融合发展［EB/OL］. http：//www. ce. cn/culture/gd/201511/11/t20151111_6972355. shtml，2015-11-11.

［17］贺宏丽. 天拓共享公司研发科技型文化产品［N］. 山西经济日报，2010-07-07.

［18］花建. 上海文化产业的空间布局［N］. 解放日报，2012-11-17（008）.

［19］黄宙辉. 广东文化产业增加值连续十三年全国第一［EB/OL］. http://finance.southcn.com/f/2017-05/10/content_170448122.htm，2017-05-10.

［20］江奔东. 经济发展下的文化产业［EB/OL］. http：//www. zhazhi. com/lunwen/whls/whcylw/79360. html，2017-04-02.

［21］李后强. 大数据时代的互联网思维［EB/OL］. http：//www. qstheory. cn/laigao/2014-11/13/c_1113224609. htm，2014-11-13.

［22］刘盛钱. 以改革创新精神谱写“中国梦”的文化篇章（治国理政新思想新实践）［N］. 人民日报，2016-05-11（01）.

［23］乔申颖. 保利文化集团有限公司：文化建设结出丰硕果实［N］. 经济日报，2010-08-01（007）.

［24］邵希炜. 2015 年文化企业并购 166 起［EB/OL］. 艺恩网. http：//www. entgroup. cn/news/Capital/0227515. shtml，2016-01-02.

［25］沈阳晚报. 六大文化产业集群［J/OL］. http：//epaper. syd. com. cn/sywb/html/2009-09/17/content_507682. htm，2009-09-17.

［26］司晴川. 试论电影业的有序竞争和有效垄断［A］. 中国电影市场探索［C］. 2000.

［27］王斌. 东方文创网受权发布：2014 年上海文化产业发展报告［EB/OL］. http：//shcci. eastday. com/c/20150128/u1ai8558349. html，2015-01-28.

［28］王鑫，车林. 大运河文化产业带有望成国家战略［EB/OL］. http：//news. hexun. com/2014-07-29/167079177. html，2014-07-29.

［29］艺恩. 2016 中国视频行业付费研究报告［EB/OL］. http：//www. entgroup. cn/Views/38420. shtml，2017-01-01.

［30］詹蔷. 2015 中国文化企业 100 强名单［EB/OL］. http：//news. cnhubei. com/xw/jj/201512/t3469440. shtml，2015-12-01.

［31］张红凤，杨慧. 政府微观规制理论及实践［N］. 光明日报，2011-04-22（11）.

［32］张莉. 我国文化产业集群发展问题与对策建议［EB/OL］. http://biyelunwen.yjbys.com/fanwen/jingjiguanli/627752.html，2016-10-01.

［33］张婷. 文化部推动与“一带一路”国家文化机构共建 5 个合作联盟［EB/OL］. http：//www. ce. cn/culture/gd/201705/15/t20170515_22804141. shtml，2017-05-15.

［34］张雪. 北京文化创意产业发展白皮书［EB/OL］. http://www.ce.cn/culture/gd/201611/22/t20161122_18008974.shtml，2016-11-22.

［35］张雍雍. 文化产业空间布局与区域城镇发展互动机制初探——以浙江文化城·暨海宁文化产业集聚区规划为例［A］. 中国城市规划学会. 多元与包容——2012 中国城市规划年会论文集（01. 城市化与区域规划研究）［C］. 中国城市规划学会，2012.

［36］赵乾海. 打通中国动漫产业发展壁垒［N］. 中国文化报，2005-07-01（003）.

［37］智妍数据. 2016 年中国文化创意产业园区分布及关注格局现状回顾［EB/OL］. http://www.chyxx.com/industry/201610/461071.html，2016-10-01.

［38］智妍数据中心. 2016~2022 年中国文化创意产业园行业市场分析及发展趋势规划报告［EB/OL］. http://www.chyxx.com/industry/201610/461065.html，2016-10-10.

［39］智研数据中心. 2015 年中国文化创意产业现状［EB/OL］. http：//www. chyxx. com/industry/201609/452799. html，2016-09-01.

［40］中国互联网络信息中心. 第 38 次中国互联网络发展状况统计报告［EB/OL］. http://www.cnnic.net.cn/hlwfzyj/hlwxzbg/hlwtjbg/201608/t20160803_54392.htm，2016-08-01.

［41］中华人民共和国国家知识产权局. 法律与行业法规［EB/OL］. http：//www. sipo. gov. cn/zcfg/flfg/bq/，2015-11-18.

五、英文文献

［1］Anselin L.. The Local Indicators of Spatial Association-LISA［J］. Geographical Analysis，1995（27）.

［2］Bain. Industrial Organization［M］. New York：John Wiley，1959.

［3］Caves R.. Creative Industries：Contracts between Art and Commerce［M］. Cambridge，Mass：Harvard University Press，2000.

［4］David Throsby. Cultural Capital［J］. Journal of Cultural Economics，1999（23）.

［5］Graham Tessa. Graham Review of the Small Firms Loan Guarantee［M］. London：HMTreasury/Her Majesty's Stationery Office，2004.

［6］Joe S. Bain. A Note on Pricing Monopoly Oligopoly［M］. American Economic Review，1949.

［7］Joe S. Bain. Barriers to New Competition［M］. Cambridge：Harvard University Press，1956.

［8］K. Arrow. Economic Welfare and the Allocation of Resources for Invention［A］. Douglas Needham. Reading in the Economics of Industrial Organization［C］. New York：Holt，Rinehart and Winston，1970.

［9］Krugman P. R.. Increasing Returns and Economic Geography［J］. Journal of Political Economy，1991，99（3）.

［10］Leeibenstein. Allocative Efficiency Vs. "X-efficiency"［J］. American Economic Review，1996（3）.

［11］Preiss K.，Steven L.，Nagel Roger N.. 21th Century Manu-facturing Enterprises Stratey：An Industry-led View［M］. Benthlehem：Iacocca Institute，Lehigh University，1991.

［12］Rees. R. .Tacit Collusion［J］. Oxford Review of Economic Policy，1993（4）.

［13］SamuelsonP. A.. The Pure Theory of Public Expenditure［J］. Review of Economics and Statistics，1954，36（12）.

［14］Vernon. International Investment and International Trade in the Product Cycle［J］. Quarterly Journal of Econmics，1966（5）.